Christoph Stölzl
DIE ÄRA BACH IN BÖHMEN

VERÖFFENTLICHUNGEN DES COLLEGIUM CAROLINUM

Band 26

Herausgegeben vom Vorstand des
COLLEGIUM CAROLINUM
Forschungsstelle für die böhmischen Länder

R. OLDENBOURG · MÜNCHEN UND WIEN 1971

DIE ÄRA BACH IN BÖHMEN

Sozialgeschichtliche Studien zum Neoabsolutismus 1849–1859

von

CHRISTOPH STÖLZL

R. OLDENBOURG · MÜNCHEN UND WIEN 1971

© Collegium Carolinum, München 1971

Druck: Gugath & Sohn, 8 München 21, Kleinhaderner Straße 60
ISBN 3 - 486 - 47381 - 6

INHALT

VORWORT

Der Verfasser des vorliegenden Buches, das im Februar 1970 von der Philosophischen Fakultät der Universität des Saarlandes als Dissertation angenommen worden ist, empfindet das Danksagen an alle jene, deren Mithilfe den Abschluß der Arbeit erst ermöglicht hat, als seine erste und angenehmste Pflicht.

Mein herzlicher Dank gilt vor allem Herrn Prof. Dr. *Friedrich Prinz;* er hat als kundiger Mentor den Dissertanten durch manche Zweifel und Unsicherheiten geführt. Die Dankesschulden, die ich gegen meinen geduldigen Lehrer für die Freiheit in der Arbeit, verbunden mit großherziger Förderung, abzutragen habe, lassen sich in der gebotenen Kürze eines Vorwortes nicht abtun.

Zu danken habe ich auch dem *Collegium Carolinum*, das mir durch zwei Reisestipendien die Arbeit im Wiener Haus-, Hof- und Staatsarchiv und im Verwaltungsarchiv ermöglichte, durch eine Forschungsbeihilfe die nötige Ruhe zum Abschluß der Arbeit sicherte und schließlich den Druck übernahm. Ebenso dankbare Gefühle hege ich gegenüber dem Deutschen Akademischen Austauschdienst, der die Mittel zu zwei längeren Forschungsaufenthalten in Prag gewährte.

Herr Dr. *Josef Koči* vom Historischen Institut der Tschechoslowakischen Akademie der Wissenschaften öffnete freundlich den Weg in die Prager Archive; mein Dank geht an ihn und seinen Mitarbeiter Dr. *Miroslav Toegel.*

Besonders herzlich möchte ich allen Damen und Herren im Zentralen Staatsarchiv Prag danken, vor allem Frau *Sykorová-Chudobová*, Frau *Suková* und Frl. *Paličková*, ferner Herrn Dr. *Zdeněk Vais*: sie alle machten durch ihre Zuvorkommenheit und Hilfsbereitschaft die Arbeit in Prag zu einem Vergnügen. Auch den Damen und Herren im Wiener Haus-, Hof- und Staatsarchiv und Verwaltungsarchiv gilt mein Dank.

München, im Sommer 1970

Christoph Stölzl

EINLEITUNG

Wer sich mit der Geschichte des Landes Böhmen nach dem europäischen Revolutionsjahr 1848 befaßt, der wird sogleich der dominierenden Stellung gewahr, welche die sogenannte „nationale Frage" in der politischen Entwicklung des zweisprachigen Landes eingenommen hat. Dem Versuch, um fast jeden Preis gesellschaftliche, wirtschaftliche, schließlich staatliche Institutionen nach Nationen getrennt zu scheiden, und der Frage, welcher Nation aus welchen Gründen die politische Suprematie im Lande zukomme, scheinen ganze Generationen ihre alleinige Aufmerksamkeit gewidmet zu haben. Bis zur endgültigen gewaltsamen Lösung der böhmischen nationalen Problematik im Gefolge des 2. Weltkrieges war die Virulenz der politischen Auseinandersetzung so stark, daß die Historiographie weitgehend gleichsam bloß die Rolle eines Sekundär- bzw. Spaltprodukts der realen politischen Konflikte einzunehmen vermochte. Von der jeweils einseitigen Interessenlage befeuert, ist die deutsche wie die tschechische Geschichtsschreibung wenig über den von Palackýs Werk vorgegebenen Aspekt der Betrachtung des Geschehens als einem Ringen zweier „Völker" im modernen Sinn des Wortes hinausgekommen[1]. Die bürgerliche tschechische Historiographie des ausgehenden 19. und beginnenden 20. Jahrhunderts (z. B. Malý[2], Tobolka[3]) stand ganz im Banne der mehr oder weniger separatistischen tschechischen Nationalidee; der Sieg dieser Idee im Jahre 1918 hat in der historischen Beschreibung der Zeit nach 1848 dem Geschehen den Stempel einer zwangsläufigen, einem eindeutigen Ende zustrebenden Entwicklung aufgedrückt. Sozusagen spiegelbildlich ist das Thema der deutsch-österreichischen bzw. großösterreichischen Historiographie das gleiche: die zweite Hälfte des 19. Jahrhunderts steht im Zeichen der politischen Auseinandersetzungen zwischen den zentrifugalen Kräften der „Völker" bzw. „Nationen" und dem deutsch geprägten österreichischen Staat. Bei aller Verschiedenheit der Schlußfolgerungen sind sich doch über diese Prämisse, die sozusagen die Partner der politischen Kämpfe markiert, so unterschiedliche Autoren wie Friedjung[4], Redlich[5], Hantsch[6] und Kann[7] einig. Die spezifisch sudetendeutsche Ge-

---

[1] Vgl. dazu die Untersuchung von F. S e i b t : Der Nationalitätenkampf im Spiegel der sudetendeutschen Geschichtsschreibung 1848—1938. StJB 6 (1959) 18 ff.

[2] Jakub M a l ý : Naše znovurození. Přehled národního života českého za posledního půlstoletí [Unsere Wiedergeburt. Übersicht über das nationale tschechische Leben während des letzten Halbjahrhunderts] 6 Bde. Prag 1880—1884.

[3] Zdeněk T o b o l k a : Politické dějiny československého národa od roku 1848 až do dnešní doby [Politische Geschichte des tschechoslowakischen Volkes vom Jahre 1848 bis zur Gegenwart] 5 Bde. Prag 1932/37.

[4] Heinrich F r i e d j u n g : Österreich von 1848—1860. 2 Bde. 2. Aufl. Stuttgart-Berlin 1912.

[5] Josef R e d l i c h : Das österreichische Staats- und Reichsproblem. Leipzig 1920.

[6] Hugo H a n t s c h : Die Geschichte Österreichs II. 3. Aufl. Graz-Wien-Köln 1962.

[7] Robert K a n n : Das Nationalitätenproblem der Habsburger Monarchie. 2 Bde. 2. Aufl. Graz-Köln 1964.

schichtsschreibung schließlich (Bretholz[8], Pfitzner[9]) hat unter dem Eindruck der politischen Wirkkraft der tschechischen (historisch begründeten) Ideologie das historische Modell der tschechischen Seite übernommen und aus der Geschichte das — freilich gegenüber der tschechischen Nation später sichtbare — Wachsen einer sudetendeutschen „Nation" herauszulesen versucht. Die Differenzen zwischen den verschiedenen Historiographien sind also weniger methodischer Natur, es ist die Wertung der nationalen Bewegung, wodurch die Standpunkte sich unterscheiden: zwischen den extremen Polen des integralen Nationalismus (der tschechische politische Separatismus als Wiederfindung der „natürlichen" Gestalt der Nation) einerseits und der großösterreichischen Ideologie andererseits (nationaler Separatismus als letztlich irrationaler, widernatürlicher und fortschrittsfeindlicher Akt) sind die Meinungen angesiedelt.

Die Fixierung auf den dramatischen Ablauf des „Nationalitätenkampfes" hat lange Zeit verhindert, daß man sich der Frage zuwandte, in wieweit das politisch-nationale Geschehen in Böhmen Teil einer umfassenden europäischen Entwicklung war. Vor allem die Zusammenhänge zwischen der tiefgreifenden wirtschaftlich-sozialen Umformung Europas im 19. Jahrhundert und der nationalen Entwicklung harrten bis in die jüngste Zeit der Bearbeitung. Erstaunlicherweise hat auch die neuere marxistische Historiographie der ČSSR die — wie man annehmen sollte, gerade für den dialektischen Materialismus außerordentlich reizvolle — Fragestellung nach den detaillierten Wechselbeziehungen zwischen sozialen und wirtschaftlichen Vorgängen einerseits und nationaler Bewegung andererseits lange nicht aufgegriffen. Die Gründe für diesen „blinden Fleck" der Geschichtsschreibung, die sich mit Böhmen befaßt, ist zumindest für die deutschböhmische und die tschechische Seite auszumachen: eine Fragestellung wie diese wäre für das historische Selbstverständnis beider Völker heikel gewesen. Auf tschechischer Seite hätte die Einsicht in die Interdependenz von ökonomischer und nationaler Entwicklung eine Wertminderung der — für die Konstituierung des selbständigen tschechischen Staates geradezu unerläßlichen — Idee von der „Erfüllung der Geschichte" bedeutet. Dies war bei dem starken messianischen Gehalt der tschechischen Staatsidee der 1. Republik schlecht möglich; die Umwandlung der Tschechoslowakei in einen sozialistischen Staat hat daran nichts geändert.

Für den großösterreichischen bzw. deutschböhmischen Standpunkt aber hätte unsere Fragestellung die Entdeckung einer schlecht ins ideologische Konzept passenden Tatsache bedeutet: daß sich nämlich die — jahrzehntelang stolz für die deutsche Seite reklamierte — Entfaltung der modernen Wirtschaft bzw. Wirtschaftsgesinnung faktisch lange Zeit gegen die Stellung der Mehrheit der deutschen Bevölkerung Böhmens ausgewirkt hat. Sieht man einmal von Raupachs Studie über den böhmischen Vormärz[10] ab, so ist deutlich, daß erst die neueste deutsche und tschechische Historiographie damit begonnen haben, den vielfältigen Wechselwirkungen von wirtschaftlichen, sozialen und national-politischen Phänomenen

[8] Bertold B r e t h o l t z : Geschichte Böhmens und Mährens IV. Reichenberg 1924.
[9] Josef P f i t z n e r : Sudetendeutsche Geschichte. 2. Aufl. Reichenberg 1937.
[10] Hans R a u p a c h : Der tschechische Frühnationalismus. Essen 1939.

nachzugehen; die Arbeiten von Mommsen[11], Prinz[12], Hroch[13], Havránek[14] und Kárníková[15] sind nur ein Anfang.

Die vorliegende Arbeit ist deshalb der Sozial- und Wirtschaftsgeschichte der 50er Jahre des 19. Jahrhunderts gewidmet, weil die Veränderung des sozialen Kräftefeldes, welche die Voraussetzung für die Entstehung des „modernen" nationalen Konfliktes bildet, entscheidend in das erste Jahrzehnt nach der Revolution fällt. Die Zeit zwischen 1850 und 1860 bietet sich überdies einer sozial- und wirtschaftsgeschichtlichen Betrachtungsweise geradezu an: *politisches* Leben im eigentlichen Sinne des Wortes hat es in Böhmen, wie im österreichischen Gesamtstaat damals nicht gegeben. Wenn man es einmal abstrakt ausdrücken will, so könnte man die Akteure der vorliegenden Arbeit — im Gegensatz zu der oben bezeichneten Historiographie — *Wirtschaft, Gesellschaft* und *Staat* in den 50er Jahren nennen.

Wie sieht das Bild des Neoabsolutismus in der Geschichtsschreibung aus? In der tschechischen Historiographie findet sich bis heute ein Katalog von Vorwürfen, die im wesentlichen auf die schlechten Erfahrungen der nationalgesinnten bürgerlichen Zeitgenossen zurückgehen: Unterdrückung der nationalen Sammlungsbewegung ist bei Frič (1864)[16], Malý (1883)[17], Tobolka (1932)[18], Červinka (1957)[19] der Hauptinhalt des neoabsoluten Jahrzehnts; je nach Autor wird der Akzent auf die demokratischen bzw. sozialrevolutionären Untertöne der verschiedenen Schichten der nationalen Bewegung gelegt. Sozusagen als Korrelat dieser Unterdrückung findet man den Widerstand des gesamten tschechischen Volkes gegen das „imperialistisch-großdeutsche", „despotisch-polizeistaatliche", „klerikal-militaristische", „germani-

---

[11] H. M o m m s e n : Die Sozialdemokratie und die Nationalitätenfrage im habsburgischen Vielvölkerstaat. Wien 1963.

[12] Friedrich P r i n z : Die böhmischen Länder von 1848 bis 1914. In: Handbuch der Geschichte der Böhmischen Länder (Hrsg. Karl Bosl) Bd. 3. Stuttgart 1968, S. 3 ff.

[13] Miroslav H r o c h : Die Vorkämpfer der nationalen Bewegung bei den kleinen Völkern Europas. Eine vergleichende Analyse zur gesellschaftlichen Schichtung der patriotischen Gruppen. Prag 1968.

[14] Jan H a v r á n e k : Die ökonomische und politische Lage der Bauernschaft in den böhmischen Ländern in den letzten Jahrzehnten des 19. Jahrhunderts. JbWG 1966/II, 96 ff. Derselbe: Social Classes, Nationality Ratios and Demographic Trends in Prague 1880—1900. Historica 13 (1966) 171 ff.

[15] Ludmila K á r n í k o v á : Vývoj obyvatelstva v českých zemích 1754—1954 [Die Entwicklung der Bevölkerung der böhmischen Länder] Prag 1965. Durch den frühen Tod der Autorin ist das Ziel der Arbeit leider nicht erreicht worden, aufgrund einer detaillierten Kenntnis der Strukturveränderungen der Bevölkerung zu einer neuen Deutung der politisch-nationalen Geschichte Böhmens zu gelangen; das vorliegende Werk bietet weitgehend nur die demographische Basis.

[16] Josef Václav F r i č : Co se nam dělo těch posledních dvanáct let [Was man uns in den letzten 12 Jahren angetan hat]. In: Spisy [Schriften] I. Prag 1956, S. 190 ff.

[17] M a l ý : Naše znovurození III u. IV.

[18] T o b o l k a : Politické dějiny I/178 ff.

[19] František Č e r v i n k a : Období Bachova absolutismu [Die Zeit des Bach-Absolutismus]. Dějepis v škole 4 (1957) 445 ff. Vgl. auch des gleichen Verfassers: Český nacionalismus v XIX. století [Der tschechische Nationalismus im 19. Jahrhundert]. Prag 1965, S. 95 ff.

sierend-zentralistische" neoabsolute System (Tobolka[20], Červinka[21]). In der dogmatisch-marxistischen Historiographie der 50er Jahre ist diesem Modell noch die Folie des Klassenkampfes unterlegt worden; hier heißt es, der Neoabsolutismus habe die ausbeutenden Schichten der herrschenden Nation (Adel und deutsche Großbourgeoisie) gegen die Bourgeoisie des unterdrückten Volkes und gegen die demokratische Bewegung geschützt[22]. Übersieht man einmal die polemischen Bestandteile solcher Schematisierung, so bleibt als Substanz übrig, daß für die tschechischen Autoren die „Nation" jedenfalls unter dem Neoabsolutismus *bereits komplett vorhanden* war; sie konnte nach 10 Jahren erzwungener Untätigkeit da anfangen, wo man 1849 abgebrochen hatte.

In der deutschen Geschichtsschreibung hat der Neoabsolutismus kein wesentlich besseres Echo gefunden. Mit Ausnahme des Vorwurfs der Germanisierung taucht der gesamte „Sünden"-Katalog auch hier mehr oder weniger auf. Die Meinungen der liberalen Zeit gibt am besten die polemische Darstellung des Zeitgenossen Rogge[23] wieder; bei ihm ist das Jahrzehnt nach 1850 verlorene und vertane Zeit, bemerkenswert einzig durch seine Häufung von Unfähigkeit, Klerikalismus, bürokratischer Allmacht und Willkür. Friedjung[24], Charmatz[25] und Redlich[26] haben das Hinausschieben einer von den Nationen akzeptierten Lösung des verfassungsmäßigen „österreichischen Staats- und Reichsproblems" beklagt, die Entfremdung der Völker durch das „Polizeiregime" angeprangert. Hantsch hat die Klerikalisierung positiv bewertet, hingegen die finanzielle Mißwirtschaft für den Zusammenbruch verantwortlich gemacht[27]. Es erübrigt sich, auf die Neoabsolutismus-Geschichtsschreibung weiter einzugehen; im Grunde sind sich deutsche wie tschechische Stimmen darüber einig, den Neoabsolutismus letztlich für einen unhaltbaren, von vornherein zum Scheitern verurteilten Anachronismus anzusehen. Dem widerspricht nicht, daß man im allgemeinen eine gewisse Fortschrittlichkeit der Wirtschaftspolitik konzediert, die freilich die anderen gravierenden Fehler nicht mindert[28]. Ohne alle diese Ergebnisse grundsätzlich in Frage zu stellen, erscheinen sie dem Verfasser der vorliegenden Arbeit doch letztlich übermäßig stark geprägt von dem Bild, das der Neoabsolutismus in der dünnen Schicht des 1848 bereits politisch aktiven Bürgertums hinterlassen hat. Um nur ein Beispiel herauszugreifen: Die Begriffe von „Polizeiterror" und „Unterdrückung" sind heute, nach den Erfahrungen des 20. Jahrhunderts, zumindest mit Vorsicht anzuwenden.

Die vorliegende Arbeit möchte zu einer gründlichen Analyse des so entscheidenden Jahrzehnts gelangen; sie versucht deshalb ganz konkret den Veränderungen der

---

[20] T o b o l k a : Politické dějiny 188.
[21] Č e r v i n k a : Absolutismus 448; im gleichen Sinne Přehled československých dějin II, 1 [Übersicht über die tschechoslowakische Geschichte]. Prag. 1960, S. 148.
[22] Č e r v i n k a : Absolutismus 446.
[23] Walter R o g g e : Österreich von Vilagos bis zur Gegenwart. Bd. I. Wien 1873.
[24] F r i e d j u n g : Österreich II/510.
[25] Richard C h a r m a t z : Österreichischs innere Geschichte 1848 bis 1895. Bd. I. 3. Aufl. Berlin 1918, S. 26 ff.
[26] R e d l i c h : Staatsproblem I/454.
[27] H a n t s c h : Österreich II/355 ff.
[28] So z. B. C h a r m a t z : Österreich I/24 ff., K a n n : Nationalitätenproblem 93 ff.

wirtschaftlich-soziale Strukturen Böhmens nach 1848 nachzugehen und damit den Hintergrund zu beschreiben, auf dem sich das 1860 wieder beginnende „öffentliche" politische Leben abspielte. Denn vergleicht man den Zustand Böhmens im Jahre 1848 und 1860, so wird ganz offenbar, daß in der Epoche des Neoabsolutismus die nationalen und sozialen Fragen in aller Stille in die Breite und Tiefe gewachsen sind, und daß sie dabei an Gefährlichkeit und Explosivkraft bedeutend zugenommen haben[29]. In der zitierten Historiographie ist in dieser Hinsicht bisher wenig zu finden. Mit Ausnahme der Bauernbefreiung und der von Friedjung[30] übernommenen, häufig (z. B. Kann[31], Hantsch[32]) wiedergegebenen vagen Angabe, der Neoabsolutismus habe die Stellung des Bürgertums gestärkt und damit der deutsch-liberalen Bewegung wie auch den auf dem Bürgertum ruhenden nicht-deutschen nationalen Bewegungen Auftrieb gegeben, ist von den sozialen Umschichtungen der 50er Jahre wenig die Rede. Diese Lücke möchte die vorliegende Arbeit schließen helfen. Der Verfasser hat sich das Ziel gesetzt, einige bisher unzulänglich geklärte Fragen einer Klärung näher zu bringen, nämlich unter anderem a) warum zwischen 1848 und 1860 die tschechische nationale Ideologie über den von Hroch[33] analysierten, relativ engen Kreis von nationalbewußten „Patrioten" hinaus zu einer Massenbewegung wurde, ein Phänomen, das gewöhnlich mit der Wirkung des Revolutionsjahres erklärt wird, was m. M. nach ungenügend ist; b) woher die eigentümliche Schwäche der „nationalen" Position der deutschen Bevölkerung in Böhmen nach 1860 herrührt, eine Erscheinung, die mit dem zahlenmäßigen Übergewicht des tschechischsprachigen Bevölkerungsteils allein nicht erklärt werden kann, sondern in der sozialen Struktur der deutschböhmischen Bevölkerung begründet sein muß; c) warum auch die parlamentarischen Regierungen nach 1860 die zentrifugalen Kräfte nicht mehr haben binden können, obwohl unter ihnen die meisten Gravamina, die gegen den Neoabsolutismus vorgebracht wurden, längst beseitigt waren.

Zur Erhellung dieser Probleme versucht die vorliegende Arbeit einen neuen Weg zu gehen. Das zugrundeliegende Arbeitsprinzip ist, die Programmatik des Neoabsolutismus[34] gleichsam beim Wort zu nehmen, also einmal hypothetisch zu unterstellen, daß die politischen Probleme nur ein zu vernachlässigender Appendix der materiellen Fragen sind. Die Fähigkeit oder Unfähigkeit des Staates, die materielle Prosperität für alle Schichten zu garantieren, wird damit zum eigentlichen Gradmesser für die Haltbarkeit des Staatswesens. Aus solcher methodologischen Voraussetzung legitimiert sich auch die Heranziehung der für die vorliegende Arbeit häufig benützten amtlichen Stimmungs- bzw. Verwaltungsberichte, die selbstverständlich aus dem gleichen Blickwinkel, und der Sprachregelung des neoabsoluten Systems entsprechend geschrieben sind. Natürlich sind diese Berichte (über diese allen gemeinsamen Eigenschaften hinaus) auch noch von höchst

[29] F. Prinz : Prag und Wien 1848. München 1968, S. 105.
[30] Friedjung : Österreich II/295 ff.
[31] Kann : Nationalitätenproblem II/94.
[32] Hantsch : Österreich II/350.
[33] Hroch : Vorkämpfer 41 ff.
[34] S. unten 57 ff.

unterschiedlicher Qualität bzw. Objektivität, je nach Beobachtungsgabe und Freimütigkeit des Berichterstatters. Aber es scheint mir für die Brauchbarkeit des Materials zu sprechen, daß gerade die neuere marxistische Geschichtsschreibung der ČSSR (ansonsten der Bürokratie des Neoabsolutismus nicht wohlgesinnt) die Ansätze zu einer modernen Meinungs- und Sozialforschung in den amtlichen Berichten der Zeit nach 1850 zu würdigen weiß[35]. Bach, der Mitschöpfer des neoabsoluten Systems, hat sich von den Stimmungsberichten der Behörden zweierlei erwartet; sie sollten einerseits „demoskopisch" die öffentliche Meinung wiedergeben und andererseits die objektiven Verhältnisse beschreiben: „Die Wahrnehmung der Volksstimmung gehört zur wesentlichen Aufgabe der Polizeibehörden. Sie haben in dieser Beziehung die *politischen und sozialen, in das Staatsleben eingreifenden, Zustände* sorgfältig zu beobachten und ihre besondere Aufmerksamkeit auf die öffentliche Stimmung bei Erlassung neuer Reichs- oder Landesgesetze über politische und administrative Einrichtungen zu richten, wobei es *aber nicht genügt, bloß einzelne Stimmen zu hören und ihren Ansichten den Wert des allgemeinen Urteils beizulegen.* Die Polizeibehörden haben sich von den *Bedürfnissen* und *Wünschen* der Bevölkerung Kenntnis zu verschaffen, die *tatsächlichen Verhältnisse,* welche dem Bedürfnisse neuer Einrichtungen und dem Wunsche nach Änderungen in den bestehenden Einrichtungen zu Grunde liegen, sorgfältig zu prüfen und gerechte Wünsche und Beschwerden ungeschminkt zur höheren Kenntnis zu bringen"[36]. Außer amtlichen Quellen liegen der vorliegenden Arbeit alle erreichbaren sozial- und wirtschaftsgeschichtlichen Materialien zugrunde, neben der historischen Sekundärliteratur also Statistiken, Memoiren, Handelskammerberichte und zeit-

---

[35] Vgl. František K u t n a r : Sociální otázka tkalkovská v polovině 19. století [Die soziale Frage in der Weberei um die Mitte des 19. Jahrhunderts]. SbH 2 (1954); Jaroslav P u r š : The Situation of the Working class in the Czech Lands in the Phase of the Expansion and Completion of the Industrial Revolution (1849—1873). Historica 6 (1963) 145 ff.

[36] HHSTA, R. R. Praes. 1855/2/64 Grundzüge für die Organisation der Polizeibehörden. Wien 10. 12. 1850.
Die Funktionen der „Polizei" in diesem Sinne hatten in Böhmen mit Ausnahme der Landeshauptstadt Prag die Verwaltungsbehörden. Sie erstatteten seit 1851 nach folgendem Schema Bericht:
I. Stimmung der Bevölkerung nach „Ständen" (d. h. sozialen Gruppen)
a) allgemeine Klagen und Wünsche
b) öffentliche Meinung über Verwaltungsmaßnahmen
c) öffentliche Meinung über Gesetze und Verfügungen
d) Eindrücke und Besprechungen auswärtiger Ereignisse
II. Nachrichten über die Stimmung des benachbarten Auslandes
III. Betragen der Staatsbeamten, des Klerus und des Militärs
IV. Wechselseitige Haltung der „Stände" zueinander
V. Zustand der kommunalen Selbstverwaltung
VI. Zustand des Schulwesens
VII. a) Zustand der Landwirtschaft, der Industrie und des Handels
b) Verhalten der niederen Arbeiter in diesen Branchen (SÚA, PM 8/1/12 Nr. 1755 p. p. 1850—54; Sacher-Masoch an Bach, 17. 6. 1851).
Die Stimmungsberichte für die Jahre 1851—1859 liegen im Prager Staatsarchiv unter der Signatur PM 8/1/12 für 1850—1854 und PM 8/1/19:2 für die Zeit bis 1859; wenn in den Fußnoten eine dieser Signaturen genannt ist, bezieht sie sich ausschließlich auf den hier als zugehörig bezeichneten Zeitraum.

genössische Publikationen verschiedenster Art. Zuletzt seien zwei Hinweise gestattet: Der Verfasser ist sich der Tatsache bewußt, daß einem einzelnen die vollständige Lösung der mannigfachen historischen Probleme des beschriebenen Zeitraumes nicht möglich ist; die Schlußfolgerungen sind daher, wo nötig, mit Vorsicht formuliert worden. Zum anderen hofft der Verfasser, durch die exemplarische Untersuchung eines politisch kohärenten, wenn auch relativ kleinen Raumes zum Verständnis der Gesellschaft im 19. Jahrhundert überhaupt beitragen zu können; dies bezieht sich vor allem auf den zweiten Teil der Arbeit, welcher der „Sozialen Frage" gewidmet ist.

Alexander Frh. v. Bach (1813—1893)

Foto: Österr. Nationalbibliothek, Bildarchiv Pf 793 B (4)

TEIL I

WIRTSCHAFTLICHE UND GESELLSCHAFTLICHE DYNAMIK
DER 50er JAHRE

1. KURZER ABRISS DER POLITISCHEN GESCHICHTE DES NEOABSOLUTISMUS

Zum Verständnis der vorliegenden Arbeit ist ein kurzer Abriß der politischen Geschichte des österreichischen Neoabsolutismus erforderlich. Dieser soll gleichsam als Gerüst die folgenden Einzelteile der Darstellung aufnehmen und den Hintergrund der „großen" Politik geben. Zugleich soll damit eine gewisse Entlastung des (bei einer sozialgeschichtlich orientierten Arbeit unvermeidbar umfangreichen) Anmerkungsapparates erreicht werden.

Unter dem Begriff des „Neoabsolutismus"[1] versteht man die Zeit zwischen dem Zusammenbruch der Revolution von 1848 und dem Beginn der sog. Verfassungsexperimente in den 60er Jahren. Die militärische Unterdrückung des Prager Pfingstaufstandes und der Wiener Oktoberrevolution durch den böhmischen Aristokraten Fürst Alfred *Windischgrätz*[2] hatte den Weg frei gemacht für eine neue Kraftentfaltung der 1848 gelähmten Dynastie; äußeres Zeichen dieser Entwicklung war im Dezember 1848 die Thronbesteigung des jungen Kaisers *Franz Joseph I*[3], der bis zu seinem Tode im Jahr 1916 das Oberhaupt der Monarchie bleiben sollte. Zugleich übernahm ein neues Ministerium die Regierungsgeschäfte, dessen führende Köpfe das Gesicht des Jahrzehnts zwischen 1850 und 1860 prägten; unter dem Ministerpräsidenten Felix Fürst *Schwarzenberg*[4] wirkte der ehemalige demokratische Politi-

---

[1] D a h l m a n n - W a i t z : Quellenkunde d. dt. Gesch. 9. Aufl. Leipzig 1931/32. Nr. 14008 ff. — K. und M. U h l i r z : Handbuch der Gesch. Österr. u. s. Nachbarländer Böhmen u. Ungarn. Bd. IV. Graz-Wien 1944, S. 710 ff. — P r i n z : Die böhmischen Länder 56 ff. — R o g g e : Österreich I. — F r i e d j u n g : Österreich I/159 ff. u. II. — R e d l i c h : Staatsproblem 323 ff. — E. W i n t e r : Frühliberalismus in der Donaumonarchie. Berlin 1968, S. 231 ff. — F. W a l t e r : Die österreichische Zentralverwaltung III. Abt. Von der Märzrevolution 1848 bis zur Dezemberverfassung 1867. Teil I: Die Geschichte der Ministerien Kolowrat, Fiquelmont, Pillersdorff, Wessenberg-Doblhoff und Schwarzenberg. Bd. 1. Wien 1964, S. 319 ff.

[2] Vgl. Paul M ü l l e r : Feldmarschall Fürst Windischgrätz. Revolution und Gegenrevolution in Österreich. Wien-Leipzig 1934. — F. W a l t e r : Feldmarschall Alfred Fürst Windischgrätz. NÖB 14 (1960) 43 ff. — C. v. W u r z b a c h : Biographisches Lexikon des Kaisertums Österreich, enthaltend die Lebensskizzen denkwürdiger Personen, welche seit 1750 in den österreichischen Kronländern geboren wurden oder darin gelebt und gewirkt haben. 60 Bde. Wien 1856—1891. Hier 57 (1881) 1 ff.

[3] Lit. bei U h l i r z IV/711.

[4] Lit. bei U h l i r z IV/681 ff. H. v. S r b i k : Deutsche Einheit. Idee und Wirklichkeit vom Heiligen Reich bis Königgrätz. 4 Bde. München 1935/42. Hier I, S. 426 ff. — E. H e l l e r : Felix Fürst zu Schwarzenberg. Wien 1933. — R. K i s z l i n g : Fürst Felix zu Schwarzenberg. Graz-Köln 1952. — A. S c h w a r z e n b e r g : Prince Felix Schwarzenberg — Prime Minister of Austria. New York 1952. — E. v. S t e i n i t z : Mitteleuropas Vorkämpfer, Fürst Felix zu Schwarzenberg. Wien 1933.

ker und Justizminister des Jahres 1848 Alexander *Bach*[5] als Justiz- und (ab 1849) als Innenminister, der Liberale Karl Freiherr von *Bruck*[6] übernahm das Handelsministerium und der liberale Aristokrat Franz Graf *Stadion*[7] leitete bis 1849 das Innenministerium. 1849 übernahm Graf Leo *Thun*[8], ein böhmischer Aristokrat wie *Schwarzenberg* und *Stadion,* das Kultusressort. Im Frühjahr 1849 wischte das neue Kabinett die Verfassungsversuche des in Kremsier tagenden österreichischen Reichstages vom Tisch und oktroyierte eine eigene, allein von der Regierung ausgearbeitete Verfassung, deren hervorragendstes Merkmal die Vereinigung der vielgestaltigen Bestandteile der Monarchie zu einem *einheitlichen* Staat war[9]. Als Erbe der Revolution wurde die Zerschlagung der Reste des Feudalismus übernommen: die Erbuntertänigkeit verschwand ebenso wie die patrimoniale Verwaltung und Justiz, an deren Stelle staatliche Behörden traten[10]. Zugleich zeichnete das von *Stadion*

---

[5] Zu Bach vgl. H. L o e w : Alexander Freiherr v. Bach. Phil. Diss. (Masch.-Schrift) Wien 1947. — R. C h a r m a t z : Der Wegbereiter der Reaktion Dr. Alexander Bach. In: Lebensbilder aus der Geschichte Österreichs. Wien 1947, S. 59 ff. — E. M i k a : Bürgertum und Absolutismus in Altösterreich. Der Weg des Dr. Alexander Bach. Austria 1 (1946) Heft 4. — H. F r i e d j u n g : Alexander Bachs Jugend und Bildungsjahre. In: Hist. Aufsätze. Berlin-Stuttgart 1919, S. 24 ff. — M. R. F a l k : Alexander Bach and the Leseverein in the Viennese Revolution of 1848. JCEA 8 (1948) 139 ff. — E. S a t z i n g e r : Alexander Bach während des Jahres 1848. Phil. Diss. (Masch.-Schrift) Wien 1944. — R. L o r e n z : Alexander Freiherr von Bach. In: Gestalter der Geschicke Österreichs (Hrsg. H. Hantsch) Innsbruck-Wien-München 1962. — Bach (geb. 1813) war bereits im Vormärz ein erfolgreicher Wiener Rechtsanwalt, der sich auch im Kreis der liberalen Intelligenz einen Namen gemacht hatte. In der ersten Phase der Revolution spielte er eine bedeutende Rolle als Vertreter des „Juridisch-politischen Lesevereins". Über das Sprungbrett des Wiener „Sicherheitsausschusses" gelangte Bach in das Ministerium Doblhoff. Bach verhinderte die entschädigungslose Aufhebung der Untertänigkeit und gewann bis zum Winter 1848 soviel Abstand von seiner demokratischen Vergangenheit, daß er im Kabinett des Fürsten Schwarzenberg Aufnahme fand. Nach seiner Entlassung im Jahre 1859 war Bach noch einige Jahre Botschafter Österreichs am Heiligen Stuhl; die letzten Jahrzehnte seines Lebens verbrachte er in völliger Vergessenheit, von der liberalen Öffentlichkeit als Renegat verachtet. Im Jahre 1895 ist er gestorben.

[6] Zu Bruck Lit. bei D a h l m a n n - W a i t z Nr. 14948. — R. C h a r m a t z : Minister Freiherr v. Bruck, Vorkämpfer Mitteleuropas. Leipzig 1916. — J. S c h ö n i n g h : Karl Ludwig Bruck und die Idee Mitteleuropa. HJb 56 (1936) 1 ff. — NDB (1955) S. 643 ff. — ÖBL 1 (1957) 117. — W u r z b a c h 2 (1857) 165 ff.

[7] Zu Stadion W u r z b a c h 37 (1872) 1 ff. — R. H i r s c h : Franz Graf Stadion. Wien 1861. — R. M a t t a u s c h : Franz Graf Stadion. Ein Staatsmann und Reformer Altösterreichs. StJb 5 (1957) 61 ff.

[8] Zu Thun W u r z b a c h 45 (1882) 43 ff. — S. F r a n k f u r t e r : Graf Leo Thun-Hohenstein, Franz Exner und Hermann Bonitz. Wien 1893. — E. W i n t e r : Leo Thun. In: Sudetendeutsche Lebensbilder. Bd. 3. Reichenberg 1934, S. 301 ff. — T. v. B o r o d a j k e w y c z : Leo Thun und Onno Klopp. In: Gesamtdeutsche Vergangenheit. Festschr. H. v. Srbik. München 1938, S. 321 ff. — H. L e n t z e : Die Universitätsreform des Ministers Graf Leo Thun-Hohenstein. Sb. Ak. d. Wiss. H. 239/2. Wien 1962. — Zuletzt Ch. T h i e n e n - A d l e r f l y c h t : Graf Leo Thun im Vormärz. Grundlagen des böhmischen Konservativismus im Kaisertum Österreich. Graz-Wien-Köln 1967.

[9] Vgl. R e d l i c h : Staatsproblem 323 ff. — K a n n : Nationalitätenproblem 63 ff. — H. S c h l i t t e r : Versäumte Gelegenheiten. Die oktroyierte Verfassung vom 4. März 1849. Zürich-Leipzig-Wien 1930.

[10] S. unten 35 f.

geschaffene Gemeindegesetz[11] ein stufenweises System der Selbstverwaltung vor. Die konstitutionellen Einrichtungen der Verfassung traten nie in Kraft, so daß es sich erübrigt, an dieser Stelle darauf einzugehen; einzig der „Reichsrat", ein vom Kaiser berufenes Gremium begann unter dem Vorsitz des ehemaligen Präsidenten der Hofkammer (d. h. des Finanzministers des Vormärz) Karl Freiherrn von *Kübeck* 1850[12] seine Tätigkeit. Sie bestand hauptsächlich darin, den Absolutismus des Kaisers gegen den des Schwarzenbergschen Ministeriums zur Geltung zu bringen[13]. Neben der Egalisierung der provinziellen Besonderheiten erlangte für die 50er Jahre nur die bürgerliche Gleichheit aller vor dem Gesetz und die Organisation der untersten politischen Einheit, der Gemeinde, Bedeutung. Im Jahre 1850 fanden die ersten und bis 1860 einzigen Gemeindewahlen statt. Während des Sommers 1849 wurde mit Hilfe der russischen Armee der Separatismus Ungarns gebrochen, die Reorganisation des Reiches konnte — begleitet von einer lautstarken offiziösen Selbstdarstellung — als „Verjüngung" und „Neugestaltung" beginnen[14].

Den Grundstein für die Schaffung einer einheitlichen modernen Verwaltung legte noch Stadion; Alexander *Bach* führte Stadions Pläne fort und schuf mit dem reorganisierten Beamtenkorps eine straff zentralisierte, präzise und (bei der Abwesenheit repräsentativer Körperschaften nach 1851) zumindest den Intentionen ihres Schöpfers nach allmächtige „Verwaltungsmaschine", deren exekutive Gewalt durch reorganisierte Polizei[15] und neugeschaffene Gendarmerie verstärkt wurde. Der

---

[11] W a l t e r : Zentralverwaltung III/1, S. 337 ff.

[12] Zu Kübeck: M. v. K ü b e c k (Hrsg.): Tagebücher des Karl Friedrich Freiherrn von Kübeck. 2 Bde. Wien 1909. — F. W a l t e r : Aus dem Nachlaß des Freiherrn Carl Friedrich Kübeck v. Kübau. Tagebücher, Briefe, Aktenstücke (1841—1855). Graz-Köln 1960. — ÖBL 19. Lieferung S. 320 f. m. Lit. — F. W a l t e r : Carl Freiherr Kübeck v. Kübau. NÖB 16 (1965) 50 ff.

[13] R e d l i c h : Staatsproblem 385 ff. — F. W a l t e r : Karl Kübeck Freiherr von Kübau und die Aufrichtung des franzisko-josephinischen Neoabsolutismus. SOF 19 (1960) 193 ff.

[14] Zu den Reformen nach 1849 vgl. das ausführliche offiziöse Werk von Carl von C z o e r n i g : Österreichs Neugestaltung 1848—1858. Stuttgart-Augsburg 1858. Zuerst erschienen als Sonderdruck der österreichischen Ethnographie. Wien 1857. (Ich zitiere nach der früheren Ausgabe). —

Es ist in diesem Zusammenhang reizvoll, sich die biographischen Daten der leitenden Persönlichkeiten des Neoabsolutismus zu vergegenwärtigen: Im Jahre 1848 zählten der Kaiser 18 Jahre, Bach 35 Jahre, Thun 37 Jahre, Schwarzenberg 48 Jahre und Bruck 50 Jahre; Mecsery, der Staathalter von Böhmen war 44, Thuns Staatssekretär Helfert 28, Bachs Mitarbeiter Mayer und Lasser 37 und 33 Jahre alt.

[15] Die Chefs der Polizei in Böhmen waren während der 50er Jahre:

a) von 1849 bis 1854 Leopold Ritter von Sacher-Masoch, der Vater des österreichischen fin-du-siecle-Literaten gleichen Namens (nach dessen Namen der psychopathologische Begriff des „Masochismus" geprägt wurde).

b) von 1854 bis 1860 Päumann. — Über beide sind kaum biographische Details bekannt. Sacher-Masoch war bis 1848 Polizeidirektor in Lemberg. In den Jahren seiner Prager Tätigkeit wirkte er sehr geschickt gegen die tschechische Nationalbewegung; die Tatsache, daß er seine polizeiliche Aufgabe ebenso wie mit Rücksichtslosigkeit auch mit hoher Intelligenz ausübte, hat ihm begreiflicherweise den Haß der liberalen und nationalen Kräfte eingetragen. Springer gibt in seinen Memoiren eine äußerst negative Charakteristik Sacher-Masochs: „Die Natur hatte ihn gezeichnet, den Typus des Häßlich-Bösen in ihm verkörpert. Zum pockennarbigen Gesicht gesellten sich kleine schielende Augen,

Stellvertreter und verlängerte Arm der Wiener Ministerien in den Provinzen war der Statthalter, in Böhmen von 1849—1860 Karl Freiherr von *Mescéry*[16]; ihm unterstanden die 13 böhmischen Kreisämter, diesen wiederum die Bezirksämter. Bachs *zentralisierendes* und *egalisierendes* Reformwerk geriet zwangsläufig in Konflikt mit den widerstrebenden feudalen und nationalen Kräften in den Provinzen, so daß im Laufe des Jahrzehnts *Bach* zur negativen Symbolfigur des neoabsoluten Staates wurde; seit den 50er Jahren des 19. Jahrhunderts bis in die heutige Geschichtsschreibung der osteuropäischen Nachfolgestaaten der Monarchie wird daher das neoabsolute System auch als „Bach-Absolutismus" bezeichnet.

Brucks wirtschaftliche Reformtätigkeit sollte aus der rückständigen Monarchie eine mit den westeuropäischen Staaten konkurrenzfähige Wirtschaftsmacht machen. Diesem Ziel diente der Ausbau aller Kommunikationsmittel (Eisenbahn- und Straßenbau, Flußregulierungen, Ausbau des Post- und Telegraphensystems), die Aufhebung der Zwischenzollinie zwischen Trans- und Zisleithanien[17], wodurch die Monarchie ein einheitlicher Wirtschafts-Großraum wurde, und die Organisation der Handelskammern als Zentren wirtschaftlicher Aktivität. 1851 entschloß sich der Kaiser unter dem Einfluß *Kübecks*, die Märzverfassung auch offiziell aufzuheben. An ihre Stelle trat das aus mehreren kaiserlichen Erlässen bestehende „Sylvesterpatent" vom 31. 12. 1851, 36 „Grundsätze", die allerdings — wie seinerzeit die Märzverfassung — nur zum Teil verwirklicht worden sind[18]. Das Sylvesterpatent hob die Gemeindeautonomie auf, die ohnehin unter dem Druck des Belagerungszustandes in den großen Städten bzw. unter dem Einfluß der Behörden auf dem

---

struppiger Bart und unheimlich lauernde, an ein Raubtier erinnernde Bewegungen." (A. Springer : Aus meinem Leben. Berlin 1892, S. 188) — Springers Schwiegervater, der tschechische Politiker Adolph Maria Pinkas, hat, wenngleich widerwillig, die Intelligenz Sacher-Masochs ausdrücklich anerkannt. Pinkas bezeichnete den Polizeipräsidenten als einen Mann, „der die Liberalität wie eine Leimrute hinausstreckte, dumme Vögel daran zu fangen". 1854 vermutete Pinkas, man habe Sacher-Masoch abgelöst, „weil man jene schleichende, gleißende Verfolgung nicht mag, sondern die Eisenknute vorzieht; jedenfalls hat man sich eines der brauchbarsten Polizeiutensile entäußert" (SÚA, PMT P 1 Pinkas an Hyppolit Pinkas, 1. 11. 1854 u. 1. 12. 1854. Abschrift). — Päumann ist, dem geringeren Echo seiner Tätigkeit nach zu schließen, eine minder eindrucksvolle Persönlichkeit gewesen.

[16] Zu Mecséry (1804—1886) Wurzbach 17 (1867) 236 ff. — O. Knauer : Österreichs Männer des öffentlichen Lebens. Wien 1960, S. 61. Karl Freiherr v. Mecséry-Tsoor entstammte einer ungarischen Militäradelsfamilie. Er machte im Vormärz im böhmischen Verwaltungsdienst Karriere und war 1848 Kreishauptmann von Königgrätz. Graf Leo Thun berief Mecséry 1848 als Vizepräsidenten des Guberniums nach Prag; nach Thuns Absetzung im Sommer 1848 führte Mecséry so geschickt die Geschäfte weiter, daß er 1849 zum Statthalter ernannt wurde. Mecséry behauptete seine Stellung — gemessen an der Dienstzeit der anderen Provinzchefs — sehr lange, bis 1860. In diesem Jahr wurde Mecséry von Schmerling auf den Posten des österreichischen Polizeiministers nach Wien geholt. Von 1865 bis 1869 fungierte Mecséry als Statthalter der Steiermark.

[17] Transleithanien meint Ungarn mit seinen Nebenländern; Zisleithanien die deutschslawischen Erbländer. Der Begriff kommt von dem Ungarn und Österreich trennenden Grenzfluß Leitha.

[18] Walter : Zentralverwaltung III/1, S, 543. — Redlich : Staatsproblem 394 ff. — Hantsch : Österreich II/349. — E. Zöllner : Geschichte Österreichs. 2. Aufl. München 1961, S. 400.

flachen Land kaum ins Leben getreten war. Die amtierenden Selbstverwaltungen mußten jedoch die Weiterführung der kommunalen Geschäfte besorgen, so daß sich de facto wenig gegenüber dem vorherigen Zustand änderte. Die Trennung von Justiz und Verwaltung wurde in der untersten Instanz, den Bezirken, aufgehoben. In einem dichten Netz von „gemischten" Bezirksämtern rückte der Staat der Bevölkerung näher. Allerdings bewährte sich die um die Mitte des Jahrzehnts eingeführte neue Organisation der Unterbehörden nicht; die „gemischten" Ämter waren gegen Ende der 50er Jahre kaum noch in der Lage, die Geschäfte ohne langfristige Verschleppung zu führen[19].

Eine Folge der gesteigerten Machtfülle des Kaisers durch das Sylvesterpatent war auch die 1852 nach dem Tode Schwarzenbergs (5. 4. 1852) erfolgende teilweise Entmachtung Bachs; er mußte das Polizeiressort an eine neu errichtete Oberste Polizeibehörde abgeben, deren Leitung der bisherige Chef der Gendarmerie, General *Kempen*[20], übernahm. Das Gepräge des unumschränkten, allem politischen Eigenwillen der Bevölkerung feindlichen Absolutismus trugen auch die nach 1851 beschlossenen Presse- und Vereinsgesetze. Wirtschaftliche Reform wie innenpolitische Kraftentfaltung dienten gleichermaßen den außenpolitischen Zielen der Regierung Schwarzenberg, welche die Befestigung einer Hegemonialstellung Österreichs im deutschen Bund anstrebte[21]. Ein Schritt in diese Richtung war auch die von *Bruck* nach 1850 betriebene Annäherung Österreichs an den deutschen Zollverein. Die österreichische Wirtschaft wurde dadurch nach 1850 in den Weltmarkt eingegliedert. Nach dem Tode Schwarzenbergs wurde die Großmachtpolitik Österreichs weitergeführt. Der Kaiser übernahm dabei persönlich die Leitung. Im Krimkrieg (1853—1856), der ersten großen Erschütterung des europäischen Staatensystems[22] seit den napoleonischen Kriegen, isolierte sich Österreich durch unentschlossenes Taktieren nach allen Seiten. Die Staatsfinanzen, seit der Revolution ohnehin zerrüttet und überstrapaziert durch die Kosten von Reorganisation und Grundentlastung, gerieten durch den enormen Militärhaushalt in eine schwere Krise, von der sie sich bis 1859 nur unvollständig erholen konnten[23]. In der Innenpolitik brachte die Mitte des Jahrzehnts den Höhepunkt der seit 1848 unter reger Mitwirkung des Kaisers vollzogenen Abkehr vom josephinischen Staatskirchensystem: mit dem 1855 abgeschlossenen Konkordat[24] zwischen dem Heiligen Stuhl und Österreich errang

---

[19] SUA, PM 8/1/19:2 viele Belege.

[20] Zu Kempen (1793—1863): W u r z b a c h 11 (1864) 163 f. — ÖBL 3 (1965) 293. — J. K. M a y r (Hrsg.): Das Tagebuch des Polizeiministers Kempen von 1848—59. Wien 1931.

[21] Vgl. zuletzt Helmut B ö h m e : Deutschlands Weg zur Großmacht. Studien zum Verhältnis von Wirtschaft und Staat während der Reichsgründungszeit 1848—1881. Köln—Berlin 1966, S. 19 ff. — Lit. bei K a n n : Nationalitätenproblem II/321 ff.

[22] Vgl. D a h l m a n n - W a i t z Nr. 14321—23. — S r b i k : Deutsche Einheit II/204. — H a n t s c h : Österreich II/377 ff. — S. A. K a c h l e r : Realpolitik zur Zeit des Krimkriegs. HZ 174 (1952).

[23] Vgl. A. B e e r : Die Finanzen Österreichs im 19. Jahrhundert. Prag 1877, S. 260 f.

[24] Vgl. M. H u s s a r e k : Die Verhandlungen des Konkordates vom 18. August 1855. AÖG 109 (1922). — E. W i n t e r : 1000 Jahre Geisteskampf im Sudetenraum. Das religiöse Ringen zweier Völker. 2. Aufl. München 1955, S. 374 f. — Derselbe: Frühlibera-

die Kirche eine erweiterte Machtstellung und großen Einfluß auf Erziehung und bürgerliches Leben. Gegen Ende des Jahrzehnts spitzte sich die Lage in den italienischen Teilen der Monarchie zu: Lombardo-Venezien, das 1848/49 nur mit Waffengewalt im Verband der Monarchie gehalten bzw. zurückgeführt worden war, strebte stärker denn je zuvor der von Piemont geführten italienischen Einigung zu. Die Teilnahme Piemonts am Krimkrieg auf westlicher Seite hatte die Unterstützung der italienischen Nationalbewegung durch Frankreich *(Napoleon III.)* gefördert. Im Frühjahr 1859 erklärte Österreich Piemont den Krieg, um die Unterstützung des Separatismus in Lombardo-Venezien durch Piemont zu beenden. Indes erlitten die österreichischen Streitkräfte im Juni 1859 gegen die verbündeten Armeen von Piemont und Frankreich bei Magenta und Solferino zwei Niederlagen, die angesichts der Zerrüttung der Finanzen zu einem raschen Frieden führten (Frieden von Zürich 10. 11. 1859)[25]. Durch ihn verlor Österreich den Hauptteil seiner italienischen Provinzen. Die Niederlage in Italien wurde in Österreich auch als Katastrophe des neoabsoluten Systems empfunden; unter dem Druck der öffentlichen Meinung entließ der Kaiser Alexander von Bach (1852 geadelt) und Kempen und kündigte innenpolitische Reformen an. Damit war der Neoabsolutismus offiziell zu Ende gegangen; de facto haben aber gewisse Machtstrukturen und Regierungspraktiken des Jahrzehnts zwischen 1850 und 1860 noch lange überlebt.

lismus in der Donaumonarchie 237 ff. — F. M a a s s : Der Josephinismus. Quellen zu seiner Geschichte in Österreich, 1760—1850. Bd. 5. Wien 1961. — F. E n g e l - J a n o s i : Österreich und der Vatikan 1846—1918. 2. Bde. Graz—Köln 1958/60. — E. W e i n - z i e r l - F i s c h e r : Die österreichischen Konkordate von 1855 u. 1933. München 1960.
[25] Vgl. W. D e u t s c h : Habsburgs Rückzug aus Italien. Wien-Leipzig 1940. — H. B e n e - d i k t : Austria 1859. In: Atti del XXXVIII. congresso di storia del risorgimento. Mailand 1951.

2. SOZIALE VERÄNDERUNGEN DES FLACHEN LANDES NACH 1848

a) Die Grundentlastung

Im folgenden sollen die wirtschaftlich-sozialen Veränderungen beleuchtet werden, die im Jahrzehnt nach 1848 das Bild des flachen Landes in Böhmen verwandelten. Ausgangspunkt dieser Entwicklung war die Durchführung der Bauernbefreiung; sie blieb die bedeutendste Leistung des Neoabsolutismus. In der Literatur ist sie so erschöpfend behandelt worden[1], daß hier eine knappe Zusammenfassung der wichtigsten Momente ausreicht.

Die Bauernfrage war in Österreich der vitale Kern der Revolution von 1848 gewesen; der Widerstand der bäuerlichen Bevölkerung gegen den sozialen Makel der Untertänigkeit[2] war der entscheidende Druck, der hinter den politischen Wünschen von liberalem Bürgertum und Intelligenz stand und der revolutionären Bewegung Nachdruck verlieh. Das Gesetz zur Aufhebung der Untertänigkeit vom 7. September 1848 erfüllte die wichtigsten materiellen und sozialen Wünsche der Bauern. Im gleichen Maße, wie das Interesse der bäuerlichen Bevölkerung am weiteren Verlauf der politischen Entwicklung erlahmte[3], machte sich sehr stark der *nach unten gerichtete Konservativismus*[4] der besitzenden Bauern bemerkbar: so wie sich bis 1848 und während der Revolution der Adel und ein Teil des Besitzbürgertums gegen die unentgeltliche Aufhebung der Frondienste gestemmt hatten[5], so wandte sich im Winter 1848/49 das bäuerliche Interesse gegen alle Tendenzen

---

[1] Für die Vorgeschichte vgl. Karl G r ü n b e r g : Die Bauernbefreiung und die Auflösung des gutsherrlich-bäuerlichen Verhältnisses in Böhmen, Mähren und Schlesien. Wien 1894. — Zur Durchführung neben G r ü n b e r g : Die Grundentlastung in Österreich. Nach amtlichen Quellen dargestellt. Wien 1857. — M i s c h l e r / U l b r i c h : Österr. Staatswörterbuch. Wien 1905. Bd. 1, S. 60 ff. — H. R ö s s l e r / G. F r a n z : Sachwörterbuch z. dt. Gesch. München 1958, S. 69—71. — W. M o r a w i e t z : Die Durchführung der Bauernbefreiung unter dem Ministerium Schwarzenberg. Phil. Diss. Wien 1937. — H. F r i e d j u n g : Österreich I/345 ff.
[2] F. P r i n z : Hans Kudlich (1823—1917). München 1962, S. 7. Zur sozialen Lage der Bauern vor 1848 ebenda 33 ff.
[3] Ebenda S. 29. — Vgl. auch G r ü n b e r g : Bauernbefreiung I/389.
[4] G r ü n b e r g : Bauernbefreiung I/389. — P r i n z : Kudlich 4.
[5] Die Eigentumsfrage war eine Kernfrage der Revolution, hier schieden sich die Geister bzw. hier kam es zu Koalitionen, die, wenngleich begrenzt, doch den Fortgang der Ereignisse entscheidend beeinflußten. Der Pakt des Bürgertums mit der Gegenrevolution war in nuce schon vorhanden, als der selbst aus demokratischen Anfängen aufgestiegene bürgerliche Minister Alexander Bach die Entschädigung für die Robotaufhebung im Parlament durchdrückte und dabei den bezeichnenden Satz sprach, man könne „den Grundsatz des Eigentums nicht durch bloße Humanitätstheorien beseitigen" (Zitiert nach P r i n z : Kudlich 98).

einer über den Rahmen des Entschädigungsgesetzes hinausgehenden Sozialreform auf dem Lande. Die Petitionen der böhmischen Häusler und Inleute an den Reichstag und die Regierung, sich der Probleme der ländlichen Armut anzunehmen, fanden dort keinen Widerhall[6], zeigten aber dem besitzenden Bauerntum, daß auch seine Stellung durch ein Andauern der Revolution bedroht war. So war schon zu Beginn des Jahres 1849 der politische Wille der Bauern einzig auf Zementierung der „Errungenschaften" der Revolution des Jahres 1848 gerichtet[7].

Daß sich an der Aufhebung der Untertänigkeit nichts mehr ändern ließ, wußten die führenden Kreise des Staates freilich schon 1848. *Kübeck* hatte im Juni 1848 bemerkt: „In den bäuerlichen Verhältnissen steckt die wahre und bleibende Revolution, da alle herrschaftlichen Giebigkeiten de facto aufgehoben sind und nie wieder hergestellt werden können. Der Moment ist für die Verlierer sehr herb; allein die Folgen dürften sehr günstig sein."[8] Die eindeutige Garantie der 1849 antretenden neoabsoluten Regierung, die Bauernbefreiung nicht anzutasten, machte die Bauernschaft mit einem Schlag gleichgültig gegen die Weiterexistenz der parlamentarischen Institutionen. Indes hatte diese Gleichgültigkeit auch nichts mit einer grundsätzlichen Hinwendung zum neuen Staat zu tun[9]. Die politischen Konsequenzen der neuen Lage der Dinge zeigten sich bereits im Frühjahr 1849 bei der von der „*Slovanská lípa*" [„Slawische Linde", tschechisch-nationaler Sammlungsverein] organisierten Kampagne gegen die oktroyierte Reichsverfassung sehr deutlich: nur ein schwacher Widerhall der Dankbarkeit gegenüber der bürgerlichen Intelligenz, welche ihnen die Freiheit beschert hatte, vermochte die Bauern zur Beteiligung an den Petitionen zu bringen, die aber nicht über „Diskussionen und Unterschrift"[10]

---

[6] Joseph Alexander v. H e l f e r t : Gesch. Österreichs vom Ausgange des Oktoberaufstandes 1848. Prag 1872. Bd. 2, S. 318. — Vgl. auch: F. R o u b í k : Petice venkovského lidú z Čech k Narodnímu výboru z r. 1848 [Petitionen d. Landvolkes aus Böhmen an den Nationalausschuß i. J. 1848]. Prag 1954.

[7] G r ü n b e r g : Bauernbefreiung 390.

[8] M ü l l e r : Windischgrätz 141.

[9] „Daß das Entlastungsgesetz jedoch die lebhafte Teilnahme nicht fand, die es verdient hätte, dafür liegt der Grund darin, daß damit zu lange gesäumt wurde. Als die Entlastung des Bodens im Prinzipe ausgesprochen wurde, war der Enthusiasmus so groß, daß sich alle Grundbesitzer zu den dafür geforderten Opfern willig verstanden hätten, ja das Volk hatte eine Steuererhöhung aus diesem Anlaß selbst in Aussicht gestellt. Doch jeder Enthusiasmus erkaltet mit der Zeit. Zudem begann ein Teil bei dem langen Ausbleiben der Bestimmung über die Entschädigung sich der Hoffnung hinzugeben, daß die Lasten ohne Entschädigung aufgehoben werden dürfte." (SÚA, PG 46—49 1849/2/44, K.A. Leitmeritz an Innenministerium Wien 16. 4. 1849). Ein Stimmungsbericht aus Pilsen vom 3. 8. 1851 klagte, die Bauern dankten der Regierung ihre Emanzipation nicht, sondern rechneten den Beamten minutiös alle neuen Steuern nach, um sich dann darüber zu beschweren (SÚA, PM 8/1/12 Nr. 386 praes.).

[10] „Der Bauer ist solange zufriedengestellt, als die Urbarialentschädigungsleistung nicht zur Sprache kommt, und unterschreibt den, wie er glaubt, seinerseits durch die Robot- und Bierzwangaufhebung besonders verpflichteten Wühlern Petitionen gegen das hohe Ministerium mehr aus Dankbarkeit, will aber außer Diskussionen und Unterschrift nichts für Leben und persönliche Freiheit Gefährliches unternehmen." (SÚA, PG 46—49 1849/40/34. K.A. Bunzlau an Mecséry, 15. 5. 1849). Vier Tage später berichtete derselbe Beamte die bezeichnende Tatsache, daß die Bauern zwar mit den „Wühlern" sympathisierten, aber keinen Finger rühren wollten; er fügte hinzu, „daß man im vorigen Jahr ganz toll über

hinausging; etwas „für Leben und persönliche Freiheit Gefährliches" war niemand bereit zu unternehmen. Wenn schon so die „Sympathie im Großen" für die politisch-revolutionären Kräfte bedeutend abgekühlt worden war, so mußte erst recht der Versuch des linken Flügels der „Slovanská lípa", sich in der Dorfarmut eine politische Stütze zu schaffen[11], das besitzende Bauerntum der politischen Bewegung entfremden. Als die Regierung 1851 daran ging, auch die Fassade des Konstitutionalismus zu entfernen, war die Garantie der Untertänigkeitsaufhebung wiederum für die Bauern der einzig entscheidende Punkt; der Staat könne seine Institutionen nach Belieben einrichten, so meldeten die Behörden die Stimmung des Landvolks, solange er dies nicht antaste; man lasse sich aber „lieber totschlagen", als wieder Robot zu leisten[12]. Das Einzige, was die Bauern nach 1849 noch einige Zeit lang in Verbindung mit den politischen Bestrebungen hielt, war die Sympathie für den ungeheuer populären tschechischen Publizisten *Havlíček* und seine Schriften, eine Zuneigung, die indes eher ein Nachhall der Bewegung von 1848 blieb und an Havlíčeks Ausschaltung durch die neoabsolute Regierung nichts zu ändern vermochte[13].

Alexander *Bach*, selbst Enkel eines niederösterreichischen Bauern, führte die Grundentlastung energisch und sehr schnell zu Ende. In Böhmen wurde die riesige Aufgabe zwischen dem 16. 8. 1849 und dem 31. 10. 1853 bewältigt[14]. Der Widerstand eines bedeutenden Teils des böhmischen Hochadels gegen die Modalitäten der Entlastung, vor allem bei der Ablösung der emphyteutischen[15] Lasten, wurde dabei von Bach erfolgreich überwunden[16]. Die Grundentlastung war das endgültige

---

den Prager Belagerungszustand war und gleich auszog, und nun den vermeintlichen Freischarenzug so viel wie möglich verschiebt, weil keine Sympathie im Großen da ist . . ." (SÚA, PG 46—49/1849 40/34, K.A. Jungbunzlau an Mecséry, 19. 5. 1849). — Die Undankbarkeit der Bauern gegenüber der liberalen bzw. demokratischen Intelligenz, welche die Bauernbefreiung erkämpft hatte, mußte schon im Oktober 1848 Kudlich bei seinem Hilferuf für das revolutionäre Wien erfahren. Vgl. dazu P r i n z : Kudlich 127 ff.

[11] S. unten 234.

[12] Der Kreishauptmann von Pilsen berichtete am 4. 2. 1852 über die Reaktion der Landbevölkerung auf das Sylvesterpatent und zitierte als typische Äußerung einen „honorablen" Gemeindevorstand: „Die Nachbarn haben mir gesagt, sie machen sich nichts daraus, . . . wenn sie nur kaiserliche Behörden behalten; aber wenn sie etwa wieder roboten sollten, so ließen sie sich lieber totschlagen." (SÚA, PM 8/1/12 Nr. 114 praes. K.A. Pilsen an Mecséry). — Vgl. dazu auch Sacher-Masochs Äußerung vom 7. 6. 1851, der Bauer berechne „seine Vorteile nicht nach jenem Maßstabe, den die Apostel der Freiheit an die Institutionen der Neuzeit legen, sondern nach dem pekuniären Gewinne . . ." (SÚA, PM 8/1/12 Nr. 1466 praes. Sacher-Masoch an Bach).

[13] Sacher-Masoch bemerkte am 6. 1. 1852 schadenfroh, wie schmal letztlich doch der feste Freundeskreis Havlíčeks gewesen sei; seine Konfinierung (Verbannung) nach Brixen habe nur in Prag und bei persönlichen Freunden auf dem Land Sensation erregt: „ . . . der ungebildete Landmann ist im Allgemeinen nicht so gefühlvoll, als daß er dem gefallenen Freunde ein tieferes und nachhaltigeres Bedauern schenken möchte". (SÚA, PM 8/1/12 o. Nr. Sacher-Masoch an Kempen).

[14] Böhmen. Land und Volk. Geschildert von mehreren Fachgelehrten. Prag 1864, S. 165.

[15] Emphyteutisch = auf Pachtverträgen beruhend.

[16] Zum Widerstand des Adels gegen Bach vgl. H. F r i e d j u n g : Freunde und Gegner der Bauernbefreiung in Österreich. In: Historische Aufsätze 42 ff. und unten 36 f.

„Ende des Mittelalters" (Pekař); die vom engen gutsherrlich-bäuerlichen Verhält-
nis bestimmte agrarische Welt wurde nun dem Rechtszustand der bürgerlichen
Welt angeglichen[17]. Zumindest vor dem Gesetz gab es nun statt Untertan und
Grundherr nur noch gleiche Staatsbürger, die durch das Stadionsche Gemeinde-
gesetz (1849) in einer gemeinsamen politischen Korporation verbunden waren.
Die erste Instanz von Verwaltung und Justiz ging aus der Hand des Grundherrn
in die des Staates über. Für die Bauern entfiel eine Unzahl verschiedenartigster
Leistungen, aber auch Ansprüche gegenüber der Obrigkeit gingen verloren: der
Grundherr war nun frei von der Verpflichtung für die Armen zu sorgen, frei von
der Pflicht der Unterstützung in Notfällen (z. B. der Aushilfe mit Saatgut und
Bauholz etc.). Sanitäre Leistungen und die Gewährung der „kleinen Waldnut-
zung" (Holzlesen, Laubrechen, Graserei etc.) hörten auf. Ebenso verschwand die
Institution der obrigkeitlichen Waisenkassen[18]. Was fortfiel, waren also alles
Rechte und Institutionen, die vornehmlich der ärmeren Landbevölkerung zugute
gekommen waren und die sie jetzt bitter entbehrte.

Mit Ausnahme gewisser Teilungsbeschränkungen[19] war nun der Boden dem Kapi-
tal völlig gleichgestellt. Freie Veräußerlichkeit und freie Verschuldbarkeit des
Bodens machten Bauern und Großgrundbesitzer in gleicher Weise zu *selbständigen
Agrarunternehmern.* Die Landwirtschaft trat ein in die Reihe der freien Beschäfti-
gungen, bei denen Erfolg und Mißerfolg von der Fähigkeit zum kapitalistischen
Wettbewerb abhingen.

Mit der Grundentlastung begann die Geldwirtschaft die enge, lokal gebundene
grundherrliche Wirtschaft abzulösen, die noch naturalwirtschaftliche Züge aufge-
wiesen hatte. Ungeheuer war die Mobilisierung der Finanzverhältnisse auf dem
flachen Land: 56 930 Millionen fl. mußte die bäuerliche Bevölkerung in Böhmen
für die Entlastung und Ablösung bezahlen[20]. Um die auf alle Bauerngründe zur
Befriedigung grundherrlicher Ansprüche aufgenommenen Hypotheken zu tilgen,
mußten die Bauern nun beginnen, für den Markt zu produzieren, um zu Bargeld
zu kommen[21]. Der Großgrundbesitz konnte mit seinen Entschädigungssummen
daran gehen, die Rentabilität der Latifundien zu steigern oder sich an industriellen
Unternehmen zu beteiligen.

---

[17] Vgl. für das Folgende: P. S c h i f f : Österreichs Agrarpolitik seit der Bauernbefreiung.
Tübingen 1899, S. 14 ff. und G r ü n b e r g : Bauernbefreiung I/391 ff. — J. B. L a m b l ,
F. Z e m l i c z k a , F. H i l l e r (Hrsg.): Beiträge zur Geschichte der Landeskultur des
Königreiches Böhmen im Jahrhundert 1791—1891. Prag 1891, S. 38.

[18] Zur Institution der Waisenkasse s. unten 93.

[19] Es bestanden weiter die Verbote, gestiftete (d. h. zu einem Hof gehörige) Bauerngründe
unter 40 Metzen zu teilen, Grund und Boden ohne gerichtliche Einwilligung abzuver-
kaufen und mehrere Bauerngüter in einer Hand zu vereinigen (Beiträge Landeskultur
57). Indes wurden diese Bestimmungen bereits während der 50er Jahre durch Vor-
schützen langfristiger Pachtverträge faktisch wirkungslos gemacht (SÚA, PM 8/1/12
Nr. 15348 K.A. Prag an Mecséry, 29. 10. 1852).

[20] Zu den finanziellen Daten der Grundentlastung vgl. G r ü n b e r g : Bauernbefreiung
I/404 u. F. Plaček: Die österreichischen Grundentlastungskapitalien. Prag 1853.

[21] S c h i f f : Agrarpolitik 22 f.

28

Um einen Begriff von dem Ausmaß der Kapitalisierung zu geben, die nun stattfand, seien einige Zahlen genannt: es erhielten in Böhmen die Familien

Schwarzenberg	2 212 290 fl
Lobkowitz	1 205 429 fl
Waldstein	875 000 fl
Lichtenstein	890 747 fl
Kinsky	604 940 fl
Dietrichstein	543 542 fl
Colloredo-Mansfeld	531 283 fl[22]

b) Entwicklung der dörflichen Sozialstruktur: Bauern und Häusler

Wenden wir uns nun der Entwicklung der dörflichen Sozialstruktur nach der Grundentlastung zu.

Nutznießer der Ablösung waren in erster Linie der besitzenden Großbauern, die durch die gewonnene Arbeitszeit ihre Anbauflächen vergrößern und überdies durch die hohen Getreidepreise die Grundentlastungshypotheken günstig tilgen konnten[23]. Das Gemeindegesetz von 1849 gab den Großbauern überdies durch das Zensuswahlrecht die alleinige Verfügung über das Gemeindeeigentum[24]. Vielfach hat die „Bauernaristokratie" über die abhängigen bzw. durch Verwandtschaft verpflichteten Gemeindevertretungen[25] erfolgreich versucht, in gegenseitigem Arrangement das Gemeindegut in privaten Besitz übergehen zu lassen[26].

---

[22] Přehled Československých dějin II/1, 163. — Um die Startbedingungen der adeligen Großgrundbesitzer recht einschätzen zu können, muß noch der Umstand erwähnt werden, daß die Neuordnung aller die Waldnutzung bzw. den Besitz des Waldes betreffenden Rechtsverhältnisse für den ehemaligen Grundherrn außerordentlich vorteilhaft vorgenommen wurde, eine Tatsache, die in einer Zeit rapide steigenden Holzbedarfs (mit rasch steigenden Preisen) dem böhmischen Adel, der ca. ²/₃ der Waldfläche Böhmens besaß, wachsende Einkommen garantierte. Vgl. dazu S c h i f f : Agrarpolitik 91 ff. — Zum Holzpreis vgl. Anhang 344. — Zum Profit des Adels am Holzbedarf vgl. Bericht der Handels- und Gewerbekammer in Prag ... für 1851. Prag 1852, S. 9 f.

[23] Přehled Československých dějin II/1, 165.

[24] S c h i f f : Agrarpolitik 193; Schiff bemerkt richtig, das Stadion'sche Gemeindegesetz habe den Stempel der b ü r g e r l i c h e n Revolution getragen und durch seine Wahlbestimmungen zur Polarisierung und zum Zerfall der ländlichen Gesellschaft beigetragen.

[25] Über diese Interessenverfilzung der ländlichen Oberschicht sind in den Berichten der Bezirksbehörden während der 50er Jahre unzählige Klagen enthalten; über Nachgiebigkeit der Gemeindevorsteher gegenüber den Wünschen der Großbauern, „da sie denn doch in und mit der Gemeinde leben müssen" (SÚA, PM 8/1/12 Nr. 8126 K.A. Prag an Mecséry 14. 6. 1852); über „Bauernregiment" und „Sippschaft und Gevatterschaft" in den Dörfern (SÚA, PM 8/1/12 o. Nr. K.A. Pilsen an Mecséry, 21. 2. 1854) und über die Tatsache, daß „die in materieller Beziehung abhängige Stellung des Gemeindevorstehers jedes energische Auftreten desselben lähmt", sind die Berichte voll (SÚA, PM 8/1/12 Nr. 311 praes. K.A. Pilsen an Mecséry, 8. 7. 1851).

[26] Vgl. zu diesem Vorgang im allgemeinen nach 1850 S c h i f f : Agrarpolitik 211 ff. — Der Kreishauptmann von Jungbunzlau berichtete am 1. 5. 1853 über „gewissenlose Gemeindegrundabackerungen" und Aneignung von Gemeindeboden, „oft unter Beteiligung der Gemeindevorstände und Ausschüsse selbst"; bei der Neuanlage der Grundbücher sei

Ein amtlicher Bericht klagte 1851 darüber, daß „der Egoismus der einzelnen Insassen überwiegend und zunächst dahin gerichtet ist, aus dem Gemeindevermögen soviel Privatvorteile als möglich zu ziehen"[27]. Viele Gemeindewälder wurden „der Habsucht der gegenwärtigen Gemeindeglieder und oft nur einer Klasse derselben geopfert"[28]. Die Getreidevorräte der Kontributionsschüttböden[29] wurden während der Jahre des höchsten Getreidepreis-Niveaus immer wieder unter der Hand veräußert, wobei der Gewinn wiederum der bäuerlichen Oberschicht zugute kam[30].

„die Gemeinde selbst eigentlich von niemandem vertreten" (SÚA, PM 8/1/12 Nr. 1727). Der Teplitzer Bezirkshauptmann teilte am 20. 4. 1852 mit: „Auch im Wege der Grundentlastung ist ein ansehnlicher Teil des Gemeindevermögens durch fingierte, der Ablösung unterzogene Verträge ruiniert worden." (SÚA, PM 8/1/12 Nr. 89 pr. B.A. Teplitz an K.A. Eger). Aus dem Schüttenhofer Bezirk meldete man im April 1852, daß die Großbauern die Gemeindeeinkünfte aus Ablösungszahlungen unter sich verteilten, wodurch „das objektive Interesse der Gemeinde als moralischer Person dem persönlichen Eigennutze der Gemeindeinsassen ohne Rücksicht auf die Bedürfnisse der kommenden Generationen zu Opfer" gebracht werde (SÚA, PM 8/1/12 Nr. 318 praes. K.A. Pilsen an Mecséry, 14. 4. 52). Auch durch die Sistierung des Gemeindegesetzes änderte sich an dieser Tendenz nichts; 1856 wurde aus dem Jungbunzlauer Kreis berichtet: „Der § 26 des Gemeindegesetzes fängt an, im Bezirke auf eine bedrohliche Weise seinen Einfluß zu äußern. Rechtsfreunde haben sich desselben bemächtigt und beuten denselben zu Gunsten ihrer Klienten, der sogenannten Ansässigen nach Möglichkeit aus. Die eigentliche Gemeinde ist gar nicht vertreten, weil die Mitglieder die Gegner sind und die Häusler teils keine Ahnung und keinen wahren Begriff haben, teils die Unkosten fürchten, solche nicht einmal bestreiten können. So muß die politische Behörde mit dem Kreisgerichte ... aus der Entfernung in Verhandlung treten und zu retten versuchen, was zu retten ist." (SÚA, PM 8/1/19:2 Nr. 2371, B. A. Dauba an K. A. Jungbunzlau 18. 3. 1856).

[27] SÚA, PM 8/1/12 Nr. 386 praes. K.A. Pilsen an Mecséry, 3. 8. 1851.

[28] SÚA, PM 8/1/12 o. Nr. B.A. Teplitz an K.A. Eger, 20. 4. 1851. — Über diesen Vorgang viele Berichte unter SÚA, PM 8/1/12 1850—54.

[29] Zur Institution der Kontributionsschüttböden vgl. Beiträge Landeskultur 154. — Soziale Verwaltung in Österreich am Ende des 19. Jahrhunderts. Wien 1900. Bd. 1. Heft 5, S. 42. In Böhmen wurde in der ersten Hälfte des 18. Jahrhunderts auf manchen Dominien ein gemeinsamer Getreidespeicher errichtet, in den jeder Besitzer einer Rustikalwirtschaft alljährlich eine bestimmte Getreidemenge abliefern mußte. Die angesammelten Vorräte wurden an hilfsbedürftige Landwirte ausgeliehen, wodurch diesen auch in schlechten Erntejahren die Beschaffung von Saatgut ermöglicht war. Nach der nächsten Ernte mußte das Leihgut samt „Zins" in Getreide zurückerstattet werden. Aus dem Erlös der Überschüsse wurde ein Geldfond angesammelt, den die Herrschaften zu Kleinkrediten bzw. Unterstützungen verwendeten. Durch ein kaiserliches Patent vom Jahre 1788 wurden die Kontributionsschüttböden allen Dominien obligat gemacht. 1849 ging die Verwaltung der Schüttböden in die Hand der neuen Gemeinden über.

[30] Das K.A. Pilsen berichtete darüber am 21. 2. 1854, allenthalben seien die Kontributionsschüttböden leer, „weil leider kein Zweifel unterwaltet, daß die dermaligen außerordentlich hohen Getreidepreise für die spekulative Landleute ... viel zu lockend sind, um nicht alle disponiblen Getreidevorräte unter der Gönnerschaft unverantwortlicher und versippter Gemeindemitglieder aus den Kontributionsschüttböden borgweise an sich zu bringen, und dieselben um hohe Preise zu verkaufen, dagegen aber die Refundierung und Rückstellung in beliebiger Weise, und erst zu einer Zeit zu veranlassen, wo das Getreide weniger Anwert finden dürfte." (SÚA, PM 8/1/19:2 o. Nr. K.A. Pilsen an Mecséry). Bereits 1852 hatte ein Bericht prophezeit, „daß die von den ehemaligen Patrimonialämtern an die Gemeindeausschüsse übergegebenen Getreidevorräte in kurzer Zeit verschwinden und der eigentliche Fond nur in Ausständen, mithin bloß auf dem Papiere bestehen dürfte." (SÚA, PM 8/1/12 Nr. 318 K.A. Pilsen an Mecséry 4. 4. 1852).

Das kapital- und grundbesitzarme Kleinbauerntum hingegen wurde durch die Folgen der Grundentlastung benachteiligt. Die ärmeren Bauern gerieten bei der Abtragung der Entlastungsschulden oftmals in finanzielle Schwierigkeiten, weil dabei Geld- und nicht mehr Naturalleistungen erbracht werden mußten. Die Zerstörung der alten ländlichen Kreditorganisation durch die Stillegung der Waisenkassen wirkte sich dabei verhängnisvoll aus, viele Kleinbauern wurden finanziell abhängig von Großbauern oder Wucherern[31]. Wer infolge von Mangel an Betriebskapital und geringem Landbesitz seine freigewordene Arbeitskraft nicht für sich selbst einsetzen konnte, sah sich überdies oft dazu gezwungen, dem reichen Nachbarn zu gedrücktem Preis Dienste leisten zu müssen[32].

Zuungunsten der Stellung der ärmeren Bauern wirkte ferner der Umstand, daß die neuen Gemeindeorganisationen nicht in der Lage oder nicht willens waren, die Vorschuß- und Aushilfsleistungen der früheren Patrimonialorganisation — z. B. mit Saatgut — weiterzuführen[33]. Alle diese Umstände zusammen führten schon in den 50er Jahren zu einem allmählichen Verschwinden des Kleinbauerntums, zugunsten der arrondierenden Großbauern und des Großgrundbesitzes[34], eine Entwicklung, die auch durch die nur lasch eingehaltenen Gütertrennungsverbote[35] nicht wesentlich verzögert wurde.

Für die ländliche Armut war die neue Lage durchwegs noch ungünstiger als vor 1848[36]. Einmal verloren die Häusler und Inleute (der überwiegende Teil der ländlichen Bevölkerung[37]) das — wenngleich vielfach fragwürdige[38] — Mindestmaß an sozialem Rückhalt, das die Patrimonialorganisation ihnen geboten hatte. Zum

---

[31] Přehled Československých dějin II/1, 199. — Ein Beobachter aus dem Jahre 1853 stellte fest: „Auch bei uns steckt die Mehrzahl der Kleinwirte tief in Schulden, auch ihnen fehlt das hinreichende Betriebskapital, welches sie überhaupt schwer oder nur für übertrieben hohe Zinsen sich zu verschaffen vermögen. Es gibt bei uns in Böhmen Gegenden, und zwar fruchtbare und reiche Gegenden, wo unter 10, 12 bis 15 % bei noch genügender Hypothekar-Sicherheit oft kein Darlehen zu erlangen ist." (Zit. nach Beiträge Landeskultur 41). Daß die Zinsbeschränkungsbestimmungen der noch gültigen Wuchergesetze faktisch außer Wirkung waren, belegt auch F. S t a m m : Verhältnisse der Land- und Forstwirtschaft des Königreiches Böhmen. Prag 1856, S. 318. — S. auch unten 96.

[32] S c h i f f : Agrarpolitik 24.

[33] SÚA, PM 8/1/12 Nr. 7117 B.A. Schlan an K.A. Prag, 23. 4. 1854.

[34] Diese Entwicklung wurde durch die Kreditverknappung nach 1854 (s. unten 104) wesentlich beschleunigt. 1858 berichtete der Prager Kreishauptmann Obentraut über die rapide Zunahme von Gesuchen nach Gütertrennung und Exekutiv-Verkäufen (SÚA, PM 8/1/19:2 K.A. Prag an Mecséry, 12. 1. 1858 Nr. 81). Vgl. allgemein S c h i f f : Agrarpolitik 24.

[35] Siehe oben 28 Anm. 19.

[36] Zur ungünstigen sozialen Lage der Landarmut vor 1848 vgl. J. H. J e c h l : Der böhmische Großgrundbesitz. Prag 1874, S. XXI f. — L. K m o n í č e k : Námezdní práce na zlonickém velkostatku před a po roce 1848 [Lohnarbeit auf dem Großgrundbesitz Zlonice vor und nach dem Jahre 1848] SAP 7 (1957) Nr. 2, S. 99 ff.

[37] S t a m m (Verhältnisse 67) gibt drei Beispiele: im Bezirk Příbram gab es in den 50er Jahren 726 ganze Bauern (d. h. Bauern, deren Grundsteuer 14 fl. 30 kr. übersteigt), 254 halbe Bauern (zwischen 9 fl. 30 kr. und 14 fl. 30 kr. Steuerleistung), 3118 Häusler (unter 9 fl. 30 kr. Grundsteuerleistung); Im Bezirk Falkenau gab es 949 Bauern und 3096 Häusler; im Bezirk Neudeck 262 Bauern und 1548 Häusler.

[38] Vgl. P r i n z : Kudlich 50.

anderen dehnte das Gemeindegesetz die Gemeinde*lasten* auf *alle* Gemeindemitglieder aus. Im Unterschied zu der Zeit vor 1848, wo nur die *Nutznießer* der Gemeindegründe beitragspflichtig waren, erlaubte nun das Gesetz die Umlegung der Gemeindebedürfnisse (nach dem Maßstab der allgemeinen Steuerleistung) auf alle Dorfbewohner[39]. Unter solchen Voraussetzungen kam der vor der Revolution bereits latente Antagonismus zwischen Bauern und Häuslern, den die Klammer der feudalen Hofmark gedämpft hatte[40], offen zum Ausbruch. In der nun den Markt- und Konkurrenzgesetzen unterworfenen Agrargesellschaft verursachten die Großbauern rücksichtslos die Häusler aus dem Gemeindeverband hinauszudrücken[41]. Die Besorgnis, der eigene wirtschaftliche Aufstieg könne sich infolge erhöhter Anforderungen an die Sozialaufgaben der Gemeinde (Armenversorgung) verlangsamen, beförderte die Frontstellung gegen die besitzlosen Gemeindeglieder[42]. Die Exekutivbefugnisse der von den besitzenden Bauern beherrschten Gemeindevertretungen[43] wurde dabei zielstrebig gegen die Dorfarmut eingesetzt. Über die dabei angewandten Methoden äußerte sich ein amtlicher Bericht im Jahre 1851: „Mit der Unfähigkeit zur Verwaltung wichtigerer Geschäfte verbinden die Gemeindevorsteher eine besondere Härte und Tyrannei gegen die unbemittelten Angehörigen der Gemeinde, was sich besonders in den Angelegenheiten der Heimatsangehörigkeit offenbart. So liberal diese Vorsteher in der Erteilung von Heimatscheinen an jene sind, die sich aus der Gemeinde entfernen und als gefährliche Vagabunden im

---

[39] S c h i f f : Agrarpolitik 190 ff.
[40] Vgl. P r i n z : Kudlich 3 f. und den Satz von Kudlich über das Verhältnis Bauern-Häusler vor 1848: „Dem armen Häusler gegenüber war der Bauer der strengste, blaublütige Aristokrat." (H. K u d l i c h : Rückblicke und Erinnerungen. Bd. 1. Wien-Pest-Leipzig 1873, S. 65).
[41] „... die Häusler und Inleute sehnen sich nach einer Emanzipation von dem Drucke der Bauernaristokratie, die sich in dem gegenwärtigen Gemeindeleben mehr oder weniger als ein überwiegendes Element geltend macht." (SÚA, PM 8/1/12 Nr. 11902 K.A. Eger an Mecséry, 26. 10. 1852). Ähnliche Feststellungen sind sehr häufig in den Stimmungsberichten besonders der ersten Jahre nach 1849.
[42] Ein amtlicher Bericht aus dem Jahre 1851, der die Lage der Dinge aus dem Gesichtspunkt der Bauern ansah, führte dazu aus: „Die Furcht, daß ihnen diese über den Kopf wachsen können, zwingt die Bauern in allen Fällen, in welchen sie können, die Vermehrung dieser Klasse zu hindern, ihnen wo nur möglich entgegen zu treten, insbesondere gilt dies von Ehebewilligungen, bei Vergebung von Baustellen, bei Ansuchung um Duldung von Fremden in der Gemeinde." (B.A. Kaaden an K.A. Eger, 24. 6. 1851 SÚA, PM 8/1/12 Nr. 39). Wie erbittert die Feindschaft gegen die Häusler war, zeigte sich auch anläßlich der Volkszählung von 1857, wo die Gemeinden vielfach die Zusammenarbeit verweigerten: „Auch mußte der irrigen Ansicht des Landmannes, daß durch die Konskribierung eines Einwohners unter der betreffenden Hausnummer für ihn ein Wohnungsrecht für die Zeit seiner Arbeitsunfähigkeit erwachse, begegnet werden." (SÚA, PM 8/1/19:2 Nr. 1176 pr. K.A. Písek an Mecséry, 31. 12. 1857).
[43] Ein Bericht vom Jahre 1853 führt treffend aus, warum die Schicht der Häusler, über ihre Benachteiligung durch den Zensus hinaus, so wenig Einfluß auf die Gemeindeverwaltung nehmen konnte: „Da sie ohnehin durch die Notwendigkeit, ihrem Gewerbe nachzugehen, großenteils von der Teilnahme an der Gemeindeversammlung abgehalten wird, so ist ihre Wirksamkeit sozusagen null und daher tritt der Zwiespalt der Ärmeren den Besitzenden gegenüber immer nur noch greller hervor." (SÚA, PM 1850—54, 1/7/31 K.A. Pilsen an Mecséry, 20. 5. 1853).

32

Karl Frh. v. Mecséry de Tsoor (1804—1886)

Leopold Ritter v. Sacher-Masoch († 1874)

Lande herumstreichen, so strenge sind sie in Anerkennungen der Gemeindeange-hörigkeit der unbemittelten Inleute und Tagelöhner, welche in der Gemeinde ver-bleiben wollen und deren gänzliche Verarmung sie fürchten. Es ist dadurch in Böhmen bereits ein neues Proletariat von Tausenden entstanden, welches nirgends als heimatständig anerkannt, sozusagen zwischen Himmel und Erde schwebt"[44].

Auch die Eintreibung von Schulgeldern, welche den Häuslern vor 1848 meistens von den Herrschaften erlassen worden waren[45] und die Verweigerung der Heirats-erlaubnis wurden von den Gemeindevertretungen gegen die ohnehin prekäre Stel-lung der Dorfarmut eingesetzt[46]. Wo sich die Häusler dennoch zu demonstrativer Anmeldung ihrer Forderungen nach Teilhabe am Gemeindevermögen zusammen-taten[47], riefen die Großbauern Behörden und Gendarmerie zur Abwehr der „Gelüste zu kommunistischer Teilung"[48] zu Hilfe[49]. Indes haben die Behörden zum Teil

---

[44] SÚA, PM 8/1/12 Nr. 1466 pp. Sacher-Masoch an Mecséry, 7. 6. 1851.

[45] „Nicht zu verkennen ist es, daß die früheren Obrigkeiten dem ärmeren Teile der Ge-meindeinsassen manche Vergünstigungen zugestanden haben, welche denselben mitunter aus kleinlichen Rücksichten wieder entzogen wurden." (SÚA, PM 8/1/12 Nr. 219 pr. K.A. Pilsen an Mecséry, 5. 3. 1852). Diese „kleinlichen Rücksichten" veranlaßten die Gemeinden, die Mitwirkung der Behörden bei der Eintreibung von Schulgeldern in An-spruch zu nehmen, um nicht aus der Gemeindekasse für den Verdienstausfall der Lehrer aufkommen zu müssen. Es kam zu „schreiende(n) Ungerechtigkeiten" zwischen Bauern und Häuslern wegen der Schulgeldzahlung (SÚA, PM 8/1/19:2 Nr. 5529 pr. K.A. Písek an Mecséry, 30. 6. 1855). Es verschärfte die Situation, daß nach den gültigen Schulgesetzen nur d e r Anspruch auf Schulgelderlaß erheben konnte, der tatsächlich bereits aus den kommunalen Armenfonds unterstützt wurde; dies zu verhindern, war aber das Streben der Bauernaristokratie (SÚA, PM 8/1/19:2 Nr. 354 pr. K.A. Písek an Mecséry, 31. 12. 1855). Die Benachteiligung der Häusler äußerte sich auch darin, daß die karg besoldeten Lehrer ihren Lebensunterhalt durch ausgedehnten Privatunterricht bei den Kindern der bemittelten Bauern aufzubessern trachteten, wodurch wieder die Häuslerkinder geschä-digt wurden (SÚA, PM 8/1/12 Nr. 9261 B.A. Saaz an K.A. Eger, 25. 6. 1851).

[46] Zur Verweigerung der Ehebewilligung siehe oben Anm. 42. — Zugleich haben die Gemeindevorsteher vielfach die Söhne der besitzenden Bauern vor dem Militärdienst ge-schützt, indem sie die Heiratslizenz vor dem vollendeten 18. Lebensjahr erteilten (SÚA, PM 8/1/12 Nr. 918 pr. K.A. Pilsen an Mecséry, 28. 12. 1853).

[47] Die Stimmungsberichte der 50er Jahre sind voll von der Schilderung der häufigen Auf-tritte zwischen Bauern und Häuslern; schon im Frühjahr 1849 hatte ein Bericht prophe-zeit: „ . . . gütliche Auseinandersetzung steht da nicht anzuhoffen . . . " (SÚA, PG 46—49 1849/2/44 K.A. Rokitzan an Innenministerium Wien, 11. 4. 1849). Offenbar hielt sich bei den Häuslern das Bewußtsein, ihre gerechten Forderungen seien 1848/49 nur über-spielt worden; sie verlangten weiterhin „ohne Rücksicht auf die unterwaltenden privat-rechtlichen Verhältnisse" Anteil am Gemeindegut (SÚA, PM 8/1/12 Nr. 386 pr. K.A. Pilsen an Mecséry, 3. 8. 1851). Ein Bericht aus Westböhmen aus dem Jahr 1851 sprach davon, daß „die Häusler und Inleute vorzüglich durch Hausierer und Marktfahrer in dem Wahne bestärkt werden, ein gleiches Anspruchsrecht wie die Bauern auf den Mit-genuß aller Gemeindenutzungen zu besitzen." (SÚA, PM 8/1/12 Nr. 273 praes. K.A. Pilsen an Mecséry, 6. 6. 1851).

[48] SÚA, PM 1850—54 1/7/31 K.A. Pilsen an Mecséry, 20. 5. 1853.

[49] So z. B. 1851 in der Nähe von Podiebrad, als eine „Zusammenrottung in der Absicht . . . , die Verpachtung eines Hutweideanteils als Wiesenfläche durch gewaltsames Eintreiben der ganzen Viehherde auf diese Weise zu vereiteln" stattfand; die Gemeinde ließ durch Gendarmerie und Militäreinsatz den Widerstand der Häusler brechen (SÚA, PM 8/1/12 Nr. 97 g. P. K.A. Jičín an Mecséry, 15. 7. 1851).

auch versucht, den sozialen Frieden im Dorf zu fördern[50], ein Unterfangen, das trotz des großen Einflusses, den die Behörden seit 1851 auf die Gemeindeverwaltung nehmen konnten, am Egoismus der bäuerlichen Bevölkerung freilich scheitern mußte. Auf diese Weise wurden viele Häusler und Inleute in der Zeit nach der Grundentlastung auf den Status des reinen Lohnarbeiters herabgedrückt. Sie taten die Arbeit gegen den Tagelohn oder Deputat (Naturalentlohnung) auf den Großgrundbesitzen[51] oder wurden entwurzelt und wanderten in die neu entstehenden Industriegebiete ab[52].

Die Großbauern konnten die von den Häuslern oft vorzüglich kultivierten gepachteten Felder[53] mit Gewinn wieder in eigene Regie nehmen. Die Taglöhner beim Großgrundbesitz und Großbauern waren aufgrund ihrer ökonomischen Schwäche, ihrer Unfähigkeit, sich über das Existenzminimum emporzuarbeiten, schließlich nicht weniger abhängig als die Bauern vor 1848 es rechtlich vom Grundherrn gewesen waren[54]. Hinzu kommt, daß es der reiche Bauer vor 1848 oft verstanden hatte, vom Grundherrn durch Geld viele Vorteile zu erkaufen (Studienerlaubnis für die Söhne, Befreiung vom Militärdienst)[55], was den Inleuten nach 1848 unmöglich war. Abhängig blieben auch die Knechte und Mägde, an deren rechtlicher Stellung sich durch die Revolution nichts änderte. In der während der 50er Jahre erlassenen Dienstbotenordnung wurden einschneidende Beschränkungen der persönlichen Freiheit aufgenommen, die für die Dauer des Vertragsverhältnisses galten[56]. Cum grano

---

[50] „In dem Gemeindeleben hört man oft Klagen der unbefelderten Häusler gegen die befelderten Insassen in Betreff der Hartherzigkeit der letzteren gegen die ersteren, in Betreff der etwa angesprochenen Hilfe und Unterstützung. Es versteht sich von selbst, daß amtlicherweise mit Klugheit und Umsicht darauf hingearbeitet wird, daß der ansässige Bauer seinen Hochmut gegen den unbemittelten Inwohner ablege und ihn in seiner Not unterstütze." (SÚA, PM 8/1/19:2 Nr. 36 pr. B.A. Příbram an K.A. Prag, 23.12.1854). Zumindest einen Grad realistischer hatte schon 1851 ein westböhmischer Bezirkshauptmann die Chancen eines Interessenausgleichs gesehen; er forderte im Juni 1851 die schleunige Verwirklichung der in der Stadionschen Verfassung vorgesehenen Bezirks- und Kreisvertretungen, damit diese einen „parlamentarischen" Ausgleich der sozialen Spannungen auf dem Dorf in die Wege leiten könnten (SÚA, PM 8/1/12 Nr. 5623 B.A. Luditz an K.A. Eger, 22.6.1851).
[51] Vgl. dazu Oldřiška K o d e v o v á : Die Lohnarbeit auf dem Großgrundbesitz in Böhmen in der zweiten Hälfte des 19. Jahrhunderts. In: Historica 14 (1967) 123 ff. — J. P u r š : The Situation of the Working Class 185 ff. — Eine detaillierte Untersuchung eines einzelnen Großgrundbesitzes ist die Arbeit von K m o n í č e k : Námezdní práce.
[52] Vgl. unten 177 ff.
[53] „Am besten kultiviert sind jene Parzellen, die an das arme, nicht grundbesitzende Landvolk verpachtet sind. Eben dieses ist auch dasjenige, welches kleine, bisher nicht kultiviert gewesene Strecken in tragfähigen Zustand bringt." (SÚA, PM 8/1/19:2 o. Nr. K.A. Chrumdim an Mecséry, 2.1.1858).
[54] Zur sozialen Lage und zum Lebensstandard der Landarbeiter vgl. die oben zitierte Arbeit von P u r š ; zu den Löhnen siehe Anhang 343.
[55] Vgl. K u d l i c h : Rückblicke I/59 f. u. 71.
[56] Die für den Prager Kreis erlassene Dienstbotenordnung vom 2.8.1857 bestimmte, daß der Knecht bzw. die Magd das Haus des Arbeitgebers nur auf Bewilligung des Dienstgebers verlassen durften; die Zahl der Besuche, die der Knecht empfangen durfte, war begrenzt, der Dienstgeber hatte das Recht, das Geldgebaren seines Angestellten zu kontrollieren und nötigenfalls einzuschränken (z. B. bei Kleiderluxus); der Dienstgeber hatte

salis kann man sagen, daß auf dem flachen Land, besonders in den Gebieten vorherrschenden Großgrundbesitzes[57], feudale Strukturen auch nach der Revolution überlebten; nur daß nun die Abhängigkeits- und Unterordnungsverhältnisse einfach durch die wirtschaftliche Überlegenheit des Großgrundbesitzes erzwungen wurden. Die Entwicklung auf eine Polarisierung der ländlichen Gesellschaft hin ging in Böhmen rascher als in allen anderen Teilen der Monarchie vonstatten; 1869 standen sich hier die vergleichsweise kleinste Zahl selbständiger Agrar-Unternehmer und die vergleichsweise größte Zahl von abhängigen Landarbeitern aller Art gegenüber[58].

c) Adel und Bauern

Durch die Grundentlastung wurde die politische Stellung des Adels entscheidend beschnitten, aus einer exklusiven politischen Korporation wurde in Böhmen eine familiär verbundene Gruppe von einigen hundert Großgrundbesitzern. Die fürstliche Familie Schwarzenberg z. B. hatte nun statt eines *Herrschaftsbereiches* von 640 000 ha (6400 km²) mit 230 000 Untertanen einen *Großgrundbesitz* von 178 000 ha[59]. Wenngleich der Groll über die Zerstörung der feudalen Verhältnisse[60] während der 50er Jahre und später noch lange als treibende Kraft adeliger Inter-

---

für regelmäßigen Kirchgang zu sorgen, es stand ihm das Recht zur körperlichen Züchtigung zu (P u r š : The Situation 187). — Erst wenn man sich den Status des Knechts vergegenwärtigt, wird klar, warum einerseits die Häusler gegen das Absinken auf Knechtsniveau kämpften, warum andererseits die freie Industriearbeit, die oft schlechtere Lebensbedingungen bot, während der 50er Jahre gerade auf Knechte anziehend wirkte (Vgl. dazu unten 177).

[57] Zur Verteilung des Großgrundbesitzes in Böhmen vgl. die Karte bei K o d e v o v á : Lohnarbeit 168.

[58] Ebenda 128.

[59] Fürst Karl zu S c h w a r z e n b e r g : Geschichte des reichsständischen Hauses Schwarzenberg. Neustadt 1963, S. 243.

[60] Nicht ohne Schadenfreude berichtete darüber Sacher-Masoch am 7. 6. 1851 in seinem ersten Bericht über die politische Lage, der ein Resume der Entwicklung seit 1848 gab: „Der Adel, welchen die Umwälzungen der letzten Jahre mit den größten pekuniären und zum Teil auch persönlichen Opfern belasteten, hat daher auch die meiste Ursache, mit dem Geschehenen unzufrieden zu sein. Seine Stellung mußte eine unbehagliche werden. Die Märztage überraschten den Adel — obwohl manche Mitglieder desselben den Anlässen der Bewegung durch ihre Haltung in den Landtagsstuben nicht ganz fremd waren; ein übelverstandenes Interesse, und die infolge der kecken Warnungsrufe der Umsturzpartei über Reaktion entstandene Einschüchterung der Mehrzahl desselben ließ ihn damals einen Weg einschlagen, dessen Ziel Popularität sein sollte, der aber bei dem konsequent perfiden Vorgange der demokratischen Leiter der Bewegung nicht dazu führte. Die Aufhebung der Grundlasten, der Patrimonialgerichtsbarkeit, der privilegierten Jurisdiktion, das neue Gemeindewesen, alles Früchte des Reichstages, von dem der Adel durch die systematisch berechneten Vorgänge bei den Wahlen beinahe ganz ausgeschlossen war, führten den Adel einem dem früheren Verhalten ganz entgegengesetzten (sic) zu. Die Männer des Adels, deren Namen das Jahr 1848 mit unter jenen der Liberalen sah, sind beinahe durchwegs nicht mehr in diesen Reihen (...). Daß die Ansichten des Adels von jenen, die durch seine Opfer Vorteile errangen und von einem Teil der Mittelklassen, denen die Vorgänge der letzten Jahre bei aller ihrer konservativen Gesinnung dennoch den Charakter einer Art von Abneigung gegen die Aristokratie, — ich möchte sagen einer Art von Bürgerstolz aufgedrückt haben, nicht durchwegs geteilt werden, ist natürlich ... " (SÚA, PM 8/1/12 Nr. 1466 Sacher-Masoch an Bach).

essenpolitik seine Wirkung tat, so hat doch der überwiegende Teil des Adels schon 1848/49 die Zeichen der Zeit wohl zu deuten verstanden: daß es in der nun endgültig bürgerlichen Welt keine politische Macht ohne ökonomischen Rückhalt mehr geben könne[61] und daß es daher galt, den Weg in die Zukunft freien Unternehmertums materiell möglichst unbeschädigt anzutreten. Mit dem Feilschen um die Höhe und die Modalitäten der Entschädigung, das insbesondere Angehörige der böhmischen Aristokratie vermittels verschiedenster Druckmittel gegen den Staat begannen[62], zeigte der Adel seine Annäherung an die Maximen des *bürgerlichen Zeitalters*[63]; er hat in der Zeit nach der Revolution sehr geschickt die bürgerlichen Ziele der maximalen Besitz- und Gewinnvermehrung mit dem Bestreben nach Restaurierung seiner früheren politischen Stellung zu verbinden gewußt[64]. Allen Klagen über die „kommunistischen" Praktiken der Grundentlastung zum Trotz ging der böhmische Adel *materiell* letztlich doch ungeschwächt aus der Revolution hervor; Mo-

---

[61] Vgl. dazu die im Anhang ausführlich wiedergegebenen Gedanken des konservativen Grafen Karl Wolkenstein, eines Freundes von Leo Thun, der im Februar 1849, als die Zukunft des politischen Adelsinstituts noch ungewiß schien, sich zuversichtlich äußerte: die Basis des Adels in Böhmen sei unbeschadet aus der Revolution hervorgegangen. „Seine Grundlagen in unseren Ländern sind ein großer — in Böhmen, Mähren in der Tat kolossaler Grundbesitz (vielleicht ein Dritteil oder $1/4$ des Ackerlandes und $2/3$ des Waldbesitzes) und all die Bedeutung, der Einfluß, die ein solches Verhältnis, wohl benützt, auf die ganze Agrarbevölkerung gewährt ..." (Vgl. unten 318).

[62] Vgl. besonders F r i e d j u n g : Freunde und Gegner der Bauernbefreiung. — Die böhmisch-adelige Fronde gegen die Grundentlastungsbestimmungen führte Fürst Windischgrätz, das Haupt der Gegenrevolution im Jahre 1848.

[63] Es ist bezeichnend, daß in den Protesten der Aristokratie der zentrale Begriff die „Heiligkeit" des Eigentums ist; dem „bürgerlichen" Staat wird mit dem Ruin der Volkswirtschaft, mit dem Gespenst des „Kommunismus" gedroht (Siehe Anhang 315 f). Besonders die Ablösung der emphyteutischen Lasten wurde als „dem Kommunismus gemachtes Zugeständnis" bekämpft (SÚA, PM 8/1/12 Nr. 153 praes. B.A. Teplitz an K.A. Eger 22. 7. 1851). Windischgrätz bezeichnete seinen Schwager Schwarzenberg, weil dieser Bachs Grundentlastung deckte, als „Vertilger des Eigentums" (F r i e d j u n g : Österreich I/360); dem jungen Kaiser Franz Joseph warf Windischgrätz vor, gute habsburgische Traditionen aufzugeben; Kaiser Franz I. habe „wahrlich keinen anderen Gedanken" gehabt, „als jedem seiner Untertanen sein Recht auf das gewissenhafteste zu wahren, sein Eigentum zu schützen ..." (M ü l l e r : Windischgrätz 27). Graf Eugen Czernin beklagte sich noch 1861, der Staat habe durch die Grundentlastung den „r e c h t - m ä ß i g e(n) B e s i t z v i e l e r M i l l i o n e n mit außerordentlichem Scharfsinn auf das möglichste Minimum herabgedrückt" (Bemerkungen über Verhältnisse des böhmischen Adels 1860. Prag 1861, S. 13 f). — Mir scheint, daß gerade im Ringen um die Modalitäten der Grundentlastung der Adel s e l b s t beigetragen hat zur „Reduktion der Adelsidee auf die volkswirtschaftlichen Funktionen des großen Grundeigentums", die neuerdings wieder dem Liberalismus bzw. dem neoabsoluten Staat allein angelastet wird (T h i e n e n - A d l e r f l y c h t : Thun 131).

[64] Zur wirtschaftlichen Tätigkeit des Adels siehe unten 80 f. und 151. — Es muß in diesem Zusammenhang darauf hingewiesen werden, daß sich besonders die großen böhmischen Adelsfamilien bereits vor 1848 durch Industriegründungen praktisch der „bürgerlichen Welt" angeschlossen hatten, ohne freilich vorerst daraus die ideologischen Konsequenzen zu ziehen. Vgl. F. P r i n z : František Palacký als Historiograph der böhmischen Stände S. 89, und Karl R i c h t e r : Über den Strukturwandel der grundbesitzenden Oberschicht Böhmens in der neueren Zeit S. 61. Beides in: Probleme der böhmischen Geschichte. München 1964.

dernisierung und Intensivierung des Gutsbetriebs, kapitalistische und industrielle Tätigkeit sicherten der Aristokratie in der Folge eine Stellung, die sich durchaus mit jener vor 1848 vergleichen konnte.

Indes war das Jahrzehnt nach 1850 zunächst bestimmt durch die Probleme, die sich aus dem Widerspruch zwischen dem unbeschnittenen ökonomischen Übergewicht des adeligen Großgrundbesitzes[65] und der Forderung der neuen Gemeindeorganisation nach Unterordnung unter die Mehrheitsbeschlüsse der Selbstverwaltung ergaben. Die Unterstellung des Adels unter die Gemeindeverwaltung wurde als gesellschaftlicher Tort empfunden[66]; gegen die „naturwidrige(n) Vereinigung" von „Leute(n), die nun einmal nicht zusammenpassen"[67] richtete sich der ganze Unmut der entmachteten Grundherren. Man geht wohl nicht fehl, wenn man im Widerstand der — im Rahmen der ländlichen Gesellschaft „deklassierten" — ehemaligen Patrimonialherren gegen die sich nun sichtbar vollziehende „Fundamentaldemokratisierung"[68] einen wesentlichen Antrieb für die „feudal-konservative" Politik[69]

---

[65] 1874 (die Zahlen geben praktisch das Verhältnis der 50er Jahre, da sich wenig an der Bodenverteilung änderte) standen sich in Böhmen 699 Großbesitzer mit insg. 3 062 230 Joch Besitz und 742 254 Kleingrundbesitzer mit insg. 5 966 270 Joch Besitz gegenüber! (J e c h l : Großgrundbesitz, S. II) Der Großgrundbesitz war fast ganz in adeliger Hand, selbst am Ende des Jahrhunderts befanden sich erst 4,5 % des landtäflichen Arcals in bürgerlicher Hand (R i c h t e r : Strukturwandlungen 64).

[66] Vgl. den Kampf der Windischgrätz-Fronde gegen diese Unterordnung bei M ü l l e r : Windischgrätz 283.

[67] Die Bildung von Gutsgebieten in Böhmen. Von einem Mitglied der böhmischen Gemeindekommission. Prag 1860, S. 10 u. S. 17.

[68] Die Belege dafür sind außerordentlich häufig in den Stimmungsberichten der 50er Jahre. Der anonyme Verfasser der Broschüre „Die Bildung von Gutsgebieten in Böhmen" hat ganz präzise gegen das Stadionsche Gemeindegesetz vorgebracht, es habe die „h i s t o r i s c h b e g r ü n d e t e s o z i a l e S t e l l u n g" des Adels „g ä n z l i c h v e r - s c h o b e n" (S. 9 f); ein Gutsbesitzer könne kraft ökonomischen Übergewichtes niemals ein Gemeindemitglied natürlicher Art werden. (S. 14). — Die ehemaligen Herrschaften benützten „jede schickliche Gelegenheit, um ihre Reflexionen über die S c h w i e r i g - k e i t u n d U n a u s f ü h r l i c h k e i t i h r e s A n s c h l u s s e s a n d i e G e - m e i n d e an den Mann zu bringen" (SÚA, PM 8/1/12 Nr. 386 praes. K.A. Pilsen an Mecséry, 3. 8. 1851). Der Adel bestritt „auch fortwährend die im neuen Gerichtsverfahren und im Gemeindegesetze durchgeführte Gleichberechtigung, indem er dagegen anführt, daß z u r G l e i c h b e r e c h t i g u n g a u c h e i n e g l e i c h e B e r ü c k - s i c h t i g u n g d e r v e r s c h i e d e n e n B i l d u n g s s t u f e n u n d V e r h ä l t - n i s s e g e h ö r t, nach welchen für den Gebildeten oft eine schmerzliche Demütigung in einer Behandlung liegt, die gegen den Ungebildeten niemand auffällt. Die durchgeführte Gleichberechtigung hält dieser Stand für eine vom Radikalismus angestrebte Nivellierung und fordert zur Gleichberechtigung ... auch Berücksichtigung seiner Verhältnisse." (SÚA, PM 8/1/12 Nr. 153 praes. B.A. Teplitz an K.A. Eger, 22. 7. 1851). Die Quellen aus den späteren Jahren belegen, daß es sich mitnichten etwa nur um Anfangsschwierigkeiten gehandelt hat. 1855 berichtete Mecséry über „die Großbesitzer, die dem Walten der Gemeinde mit Mißmut zusehen und die Emanzipation aus der Macht der nicht immer in den Grenzen der Bescheidenheit bleibenden Gemeindevorsteher sehnlichst herbeiwünschen." (SÚA, PM 8/1/19:2 Nr. 9473 Mecséry an Bach/Kempen, 30. 9. 1855); der Kreishauptmann von Pilsen schrieb am 31. 3. 1855, daß die ehemaligen Herrschaften den Wunsch äußerten, „daß ... ihrer Person eine angenehmere Jurisdiktionsstellung zu Teil würde." (SÚA, PM 8/1/19:2 Nr. 141 K.A. Pilsen an Mecséry).

[69] S. unten 85 Anm. 22.

eines Teiles des böhmischen Adels erblickt. Der Adel fand „jeden Augenblick, daß der Dorfbürgermeister ihm zu nahe" trete[70]; das gereizte Klima der 50er Jahre geht auch aus den verbitterten Bemerkungen des Grafen Eugen Czernin aus dem Jahre 1860 hervor. Daß sich nun unter Umständen „der Herr mit 32 oder 64 Ahnen . . . jedem rohen Ortsvorstand beugen" mußte, daß der „unwissende Bauer, der öfters nicht schreiben konnte . . . der Vorgesetzte seines gebildeten reichen Herren werden"[71] konnte, das war der Kern der adeligen Gegenbewegung gegen die egalisierenden Tendenzen der Zeit. Der Widerstand gegen die zwangsweise Einbeziehung als steuerpflichtiges Gemeindeglied[72] äußerte sich vor allem in der Verweigerung der Schul- und Kirchenpatronatsleistungen[73], ein Verhalten, das auch Kollisionen mit den unteren Behörden mit sich brachte[74]. Der Wille zur Zusammenarbeit

---

[70] SÚA, PM 8/1/12 Nr. 52 B.A. Kaaden an K.A. Eger, 24. 7. 1851.

[71] C z e r n i n : Bermerkungen 15.

[72] Aus Südböhmen, wo das Übergewicht des feudalen Großgrundbesitzes besonders groß war, berichtete das K.A. Budweis 1852: „Das Vertrauen der großen Grundbesitzer zu den kleinen und umgekehrt erleidet durch die Mandatoren der Herrschaftsbesitzer wegen Beanstandung von Beiträgen zu den öffentlichen Gemeindeauslagen . . . in den p a t r i a r - c h a l i s c h e n G r u n d l a g e n e i n e i m m e r g r ö ß e r e Z e r k l ü f t u n g ." Ebenso wurde von „schroffem Widerstreben bei öffentlichen Gemeindeauslagen und Gemeindelastleistungen" berichtet (SÚA, PM 8/1/12 Nr. 687 und 826 praes. K.A. Budweis an Mecséry, 2. 7. 1852 und 27. 7. 1852).

[73] Die Pflicht der ehemaligen Grundherren, zu Schul- und Kirchenzwecken beizutragen, war als einziger Bestandteil des patrimonialen Rechts über die Grundentlastung immer „provisorisch" aufrechterhalten worden. — Aus den zahlreichen Quellen für den Streit um die Patronatspflichten greife ich nur eine typische heraus:
Der Bezirkshauptmann von Kaaden bemerkte 1851, „daß das Volksschulwesen in vormärzlicher Zeit besser, seit jener Zeit teilweise schon verfallen ist, und dem Verfalle entgegeneilt", weil von den Schulpatronen alle Bauleistungen in Erwartung eines für die ehemaligen Herrschaften günstigeren Gesetzes verzögert würden. „Der gemeine Verstand des schlichten Landmanns sieht dies Zögern, diese Anzüge und ich verarge es ihm nicht, wenn er die Schuld der Gesetzgebung zuschreibt, wenn er sich dieselben zum Muster nimmt; wenn er im Falle er dann zur Zehententrichtung mit Zwang verhalten wird, mit Staunen auf die Patrone hinweist, die sich dasselbe hinsichtlich ihrer Verpflichtung straflos erlauben." (SÚA, PM 8/1/12 B.A. Kaaden an K.A. Eger, 25. 8. 1851 Nr. 64 g.).

[74] So berichtete z. B. der Kreishauptmann von Jičín im Jahre 1852 an Mecséry, „daß die gewesenen Obrigkeiten von Senftenberg und Geiersberg keine Gelegenheit unbenützt lassen, ihre Abneigung gegen den dermaligen Bestand offen an den Tag zu legen, indem sie sich nicht nur aller Leistungen, zu welchen sie den Gemeinden gegenüber verpflichtet sind, zu entschlagen suchen, sondern selbst auch schon in der Erfüllung der Patronatspflichten derart zurückbleiben, daß Bezirkshauptmannschaft genötigt ist, sie zu allen solchen von ihnen verweigerten Leistungen durch Androhung sonstiger Zwangsmaßregeln verhalten zu müssen . . ." (SÚA, PM 8/1/12 Nr. 87 K.A. Jičín an Mecséry, 28. 8. 1852). Die Bezirkshauptmannschaft Plan zwang 1852 den Grafen Berchem-Haimhausen durch die Androhung von „Militärassistenz", seine Schulpatronatspflichten zu erfüllen (SÚA, PM 8/1/12 Nr. 3297 B.H. Plan an K.A. Eger, 25. 3. 1852). Daß es sich hier nicht um Einzelfälle handelt, belegt auch die Bemerkung K l u t s c h a k s (in dem Buch, das der beispielhaften patriarchalischen Haltung des Grafen Franz Anton Thun v o r u n d nach der Grundentlastung gewidmet ist) aus dem Jahr 1856, daß „man auf anderen Domänen seit 1848 gar nicht selten von Weigerungen hört, die Patronatspflichten zu erfüllen oder als solche anzuerkennen . . ." (F. K. K l u t s c h a k : Böhmische Adelssitze als Zentralpunkte volkswirtschaftlicher und humanitärer Bestrebungen. Bd. 1. Schloß Tetschen. Prag 1855, S. 127).

mit den bäuerlichen Gemeindevertretungen erlahmte in besonderem Maße, nachdem die *Kübeck*schen „Grundsätze" vom 31. 12. 1851 dem Adel für die Zukunft die Möglichkeit einer Ausscheidung des Großgrundbesitzes aus den Gemeinden andeuten[75]. Die „unangenehmsten und bittersten Folgen und Kollisionen"[76] dauerten bis zum Schluß des Jahrzehnts an, so daß ein kundiger Beobachter im Jahre 1860 das Verhältnis von Bauern und Adel als „grollende(r) Indifferenz"[77] bezeichnete. Es hat freilich hie und da eine Art Fortdauer des patrimonialen Bandes gegeben, so wurden z. B. in den Gemeindewahlen 1850 eine Reihe von ehemaligen Grundherren in die Gemeindeausschüsse gewählt[78]. Vor allem die Häusler und Inleute hatten zu Anfang des Jahrzehnts geglaubt, beim adeligen Großgrundbesitz Schutz gegen die Verdrängung aus dem Dorf zu finden[79]. Die adeligen Großgrundbesitzer haben jedoch die Chance nicht genützt, durch Stärkung der sozialen Position der besitzlosen Schichten quasi unter der Decke des Absolutismus einen rechtlich nicht fixierten, auf Schutzleistungen basierten Patrimonialverband aufzubauen. Durch die Umwandlung der adeligen Güter in moderne Agrarunternehmen, die aus dem Prinzip der *Effektivität* und *Rentabilität* lebten, hat der Adel ja selbst die Bildung eines zahlreichen

---

[75] In den Debatten im Ministerrat über die Vollziehung der „Grundsätze" brach zum ersten Mal der Gegensatz zwischen dem „liberalen" Bach und dem feudalen Reformer Thun auf. Bach wollte es dem freien Ermessen der Großgrundbesitzer überlassen, ob sie im Gemeindeverband zu bleiben oder einen eigenen Verwaltungskomplex zu bilden wünschten. Thun forderte die i m p e r a t i v e   A u s s c h e i d u n g   d e r   l a n d t ä f l i c h e n G ü t e r k o m p l e x e , um damit einen Damm gegen Zerstückelung und Zerfall der Basis des Adels zu schaffen. Indes drang Thun nicht durch, er stand als einziger gegen die Meinung des gesamten Ministerrats. Bach konnte sich auf die Ergebnisse einer Beratung aller Statthalter vom Jahre 1852 berufen, die ergeben hatte, daß der „Kern aller Beschwerden" in dem „dermal allerdings unleidlichen Zustande" lag, „daß in administrativer Beziehung die Intelligenz in der Regel einem ungebildeten Gemeindevorstand unterstellt und in der Frage der Beitragsleistung zu Gemeindezwecken der große Grundbesitz so schlecht vertreten ist...."; diesem „vornehmsten Übelstande" sei aber durch die fakultative Trennung abzuhelfen (AVA, MI Praes. 11/3933/1852: Protokoll einer Besprechung sämtlicher Statthalter; teilw. verbrannt und HHSTA, MCZ 1856/2060 Min. Konf. am 9. u. 10. Juni 1856).

[76] Die Bildung von Gutsgebieten in Böhmen 11.

[77] Jan P a l a c k ý : Böhmische Skizzen von einem Landeskinde. Leitomischl 1861, S. 56. — Aufschlußreich sind auch die in den Berichten der Behörden häufig wiederkehrenden Belege über das Mißtrauen der Bauern gegen eine mögliche Restauration der patrimonialen Stellung des Adels: 1854 schrieb der Kreishauptmann von Böhmisch-Leipa, daß „von der Bevölkerung vielleicht in ganz Böhmen g e r a d e   d a s j e n i g e ,   w a s   d i e   e h e - m a l i g e n   O b r i g k e i t e n   b e t r i f f t ,   a m   ä n g s t l i c h s t e n   b e o b a c h t e t wird und wahrscheinlich gar mannigfach geurteilt wird." (SÚA, PM 8/1/19:2 K.A. Böhm.-Leipa an Mecséry, 21. 12. 1854). 1857 berichtete der Kreishauptmann von Pilsen, die Bauern hielten „mißtrauisch und zäh an dem, was sie den ehemaligen Obrigkeiten gegenüber errungen habe(n)".

[78] AAZ 1850, S. 4117 aus Prag 10. 9. 1850 u. 17. 9. 1850. — Franz Anton Thun, der Vater des Kultusministers, wurde zum Bürgermeister von Tetschen gewählt.

[79] „... namentlich sind es die unbefelderten Häusler und Inleute, welche größtenteils das frühere Verhältnis der Unterordnung unangetastet lassen, eine Erscheinung, die zum Teile ihren Grund in der Opposition findet, welche durch die neuen Gemeindeinstitutionen und durch den Eigendünkel des Bauernaufstandes gegen den letzteren hervorgerufen wurde." (SÚA, PM 8/1/12 Nr. 1466 Sacher-Masoch an Mecséry, 7. 6. 1851).

Landproletariats[80] gefördert und damit die später von den böhmischen „feudalen Konservativen" *(Thun, Wolkenstein, Clam-Martinitz)* so lebhaft beklagte „Auflösung der agrarischen Verhältnisse"[81] vorangetrieben. Den tiefen Widerspruch zwischen den Gesetzen des unternehmerischen Egoismus und dem mehr mehr oder minder klar formulierten Streben nach einer „organischen" Gliederung der Gesellschaft[82], in welcher der Adel eine nicht nur auf seine Rolle als Großunternehmer zurückgehende Stellung einnehmen sollte[83], hat die feudale Politik nach 1859 nicht mehr überzeugend überwinden können[84].

---

[80] K o d e v o v á : Lohnarbeit 126 f.

[81] T h i e n e n - A d l e r f l y c h t : Thun 132.

[82] Die Massenlandflucht nach 1848 und die Tatsache, daß die Behörden die ständigen Klagen der Großgrundbesitzer über Arbeitermangel für grundlos erklärten, da die Tatsache, daß d i e L ö h n e d i e L a n d a r b e i t e r n i c h t d a s J a h r ü b e r e r n ä h r t e n , an der Abwanderung schuld sei, wirft ein bezeichnendes Licht auf die Verklärung der adeligen Position durch die Thun-Gruppe nach 1859 (SÚA, PM 1850—54 1/7/31 K.A. Pilsen an Mecséry, 20. 5. 1853). Zu ähnlichen Gedanken bietet die Tatsache Anlaß, daß es nach 1849 zu einer namhaften Auswanderungsbewegung aus der Gegend von Krummau kam, weil die fürstlich Schwarzenbergische Verwaltung die vor 1848 erlaubte Waldweide verbot (F. K u t n a r : Počatky hrodmanèho vystěhovalectví z Čech obdobì Bachova absolutismu [Anfänge der Massenauswanderung aus Böhmen während des Bach-Absolutismus]. Prag 1964, S. 17).

[83] Im Grunde hatte sich der Adel ja während der 50er Jahre mit seiner Forderung, in den Gemeinden einen seinem Steueraufkommen proportionalen Einfluß zu erhalten, der bürgerlichen Zensus-Ideologie angenähert (SÚA, PM 8/1/12 Nr. 10280 B.A. Eger an K.A. Eger 29. 9. 1851. — AVA, MI Praes. 11/3933/1852. — Die Bildung von Gutsgebieten in Böhmen 9 f. — SÚA, PM 8/1/12 Nr. 386 praes. K.A. Pilsen an Mecséry, 3. 8. 1851).

[84] Vgl. zu dieser Problematik auch die einen viel weiteren Zeitraum umfassenden Ausführungen Otto B r u n n e r s über den Untergang der Adelswelt im 19. Jahrhundert (Adeliges Landleben und europäischer Geist. Salzburg 1949, S. 313 ff).

3. DIE LANDWIRTSCHAFTLICHE FORTSCHRITTSBEWEGUNG UND DIE ERSTARKUNG DES BÄUERLICHEN TSCHECHISCHEN NATIONALISMUS

Mit der Grundentlastung begann der Aufstieg der böhmischen Landwirtschaft zur modernsten der ganzen Monarchie[1]. Begleiterscheinung und Voraussetzung zugleich war eine starke *landwirtschaftliche Fortschrittsbewegung*, die zunächst ihren Ausgang von der aus naheliegenden Gründen rasch erforderlichen Modernisierung des Großgrundbesitzes nahm. Hier vollzog sich im Jahrzehnt nach 1850 der Übergang von der extensiven zur intensiven Bodennutzung[2]. Durch die Einführung des Massenanbaus von Zuckerrüben, Kartoffeln, Raps[3] etc. wurde die Basis für die aufblühende Agrarindustrie[4] geschaffen. Der Großgrundbesitz begann mit der Verwendung von Landmaschinen[5] und Kunstdünger und mit großangelegten Bodenmeliorationen die Erträge der Gutswirtschaften zu steigern. Wie vorzüglich die Zukunftsaussichten einer rationell betriebenen Landwirtschaft um die Jahrhundertmitte beurteilt wurden, zeigt die Tatsache, daß sich nun auch ursprünglich industrielles Kapital der Großlandwirtschaft zuzuwenden begann[6].

Die Erfolge des Großgrundbesitzes blieben nicht ohne Einfluß auf die breiten bäuerlichen Schichten. Wenngleich die Gruppe der fortschrittsinteressierten Landwirte nicht zuletzt aufgrund der außerordentlich schlechten Bildungsvoraussetzungen der meisten Bauern[7], von wenigen der reichsten Familien abgesehen, vorerst noch

---

[1] Zur modernen Landwirtschaft Böhmens Lit. bei Zd. T o b o l k a : Das böhmische Volk. Prag 1916, S. 147 ff. — P r i n z : Die böhmischen Länder 229. — Přehled československých dějin II/1, S. 1290 f.

[2] Über die Veränderungen in der landwirtschaftlichen Produktionsweise gibt es eine reiche Literatur. Ich nenne auswahlsweise S t a m m : Verhältnisse. — J e c h l : Großgrundbesitz, S. XXII ff. — A. E. K o m e r s : Die landwirtschaftliche Fortschrittsbewegung in Böhmen. In: Jahrbuch für österr. Landwirte 1872; Beiträge Landeskultur 101 ff. — Přehled československých dějin II/1, S. 164 ff. — C z o e r n i g : Österreichs Neugestaltung 310 ff.

[3] Um ein Bild der Veränderungen zu geben, einige Zahlen: es wurden in Böhmen 1855/56 150 934 Metzen Raps verarbeitet, 1856/57 bereits 262 085 (Böhmen. Land und Leute 179). Die Zuckerrübenproduktion im Bereich der Handelskammer Prag betrug 1854/55 ca. 1 300 000 Zentner, 1858/59 ca. 4 000 000 Zentner (Jahresbericht der Handels- und Gewerbekammer in Budweis... 1857—60. Budweis 1863, S. 86).

[4] S. unten 154 ff.

[5] Vgl. neuerdings F. K u t n a r : K problematice orebné techniky v době Bachova absolutismu [Zur Problematik der Ackertechnik in der Zeit des Bachschen Absolutismus]. Prag 1966.

[6] Vg. H. B e n e d i k t : Alexander von Schoeller. 1805—1886. Wien 1958, S. 88 ff.

[7] „Die intellektuelle Bildung des Landbewohners, der auf die Unterrichtserteilung in den Elementarschulen beschränkt bleibt, wo sie meist nur formell ist und wenig materiellen Denkstoff bietet, kann nur als eine klägliche in der Regel bezeichnet werden." (SÚA, PM 1850—54 1/7/31 K.A. Pilsen an Mecséry, 20. 5. 1853).

klein blieb[8], konnte ein amtlicher Bericht im Jahre 1853 bereits erfreut vermerken, „daß es bei dem besseren Landmann zu tagen anfängt, da er nicht mehr den Verbesserungen wie sonst hartnäckig den Eingang verschließt, sondern Empfänglichkeit für Unterricht und gutes Beispiel zu entwickeln beginnt"[9]. Als Propagatoren landwirtschaftlicher Bildung betätigten sich — getreu ihrem volksbildnerischen Auftrag — teilweise auch Vertreter der Bürokratie[10]. Zur Verbindungsstelle, bei der sich Adel, Domänenbeamte, bürgerlicher Großgrundbesitz, Bauern und landwirtschaftlich interessierte Beamte, Lehrer und Pfarrer zusammenfanden, wurde nach 1848 die 1770 vom böhmischen Adel gegründete „Patriotisch-ökonomische Gesellschaft", die bis 1848 ein vorwiegend feudal orientierter Verein mit korrespondierenden Mitgliedern gewesen[11] war. Der Impuls zur Erweiterung der Vereinstätigkeit und die neue Zielsetzung, in einer im ganzen Land verzweigten Organisation ein Instrument für die rasche Modernisierung der Landwiratschaft zu schaffen, ging auf den reformatorischen Impetus der Jahre 1848—49 zurück, dessen sichtbares Resultat die Errichtung eines eigenen Ministeriums für Acker- und Landeskultur in Wien gewesen war[12]. 1849 plante die Gesellschaft die Gründung von 12 Kreisvereinen und insgesamt 200 Filial-Vereinen in den Bezirken[13]. Eine schnellere Entfaltung des landwirtschaftlichen Vereinswesens wurde indes in der Folgezeit bald durch das Mißtrauen des erstarkenden Neoabsolutismus behindert[14], außerdem wirkte der Bildungsrückstand des überwiegenden Teiles der Landbevölkerung und die nationale Problematik, die aller Vereinstätigkeit in

---

[8] Über die große Masse der Bauern äußerte sich ein Bericht aus Budweis vom 24. 5. 1853 sehr kritisch: „Die unverbesserliche Indolenz des Landmannes, das starre Festhalten an der Übung des Vaters und Großvaters, das unüberwindliche Mißtrauen gegen eine jede empfohlene Neuerung" sei nicht auszurotten; die durch die Grundentlastung gewonnene Zeit werde „in sorgloser Untätigkeit oder in luxuriösen Genüssen vergeudet." (SÚA, PM 1850—54 1/7/31).

[9] SÚA, PM 1850—54 1/7/31 K.A. Pilsen an Mecséry, 20. 5. 1853.

[10] Dafür gibt es viele Belege in den Berichten der Behörden unter PM 8/1/12 1850—54 und PM 8/1/19:2 1855—59.

[11] Beiträge Landeskultur 83 ff.

[12] Vgl. V. Č e r n ý : První ministerstvo zemědělství v Rakousku 1848—1853 [Das erste Landwirtschaftsministerium in Österreich 1848—1853]. Prag 1923.

[13] Jaroslav K a b e š : Počátky hospodářských spolků v Čechách 1848—1855 [Die Anfänge der landw. Vereine in Böhmen]. In: ČDV 23 (1936) 141 ff.

[14] Mecséry verglich die Filialvereine der Patriot.-ökon.-Gesellschaft ausdrücklich mit den vom neoabsoluten Staat als potentielle Keimzelle sozialrevolutionärer Tätigkeit verdächtigten Arbeiterunterstützungsvereinen. In einem Brief an Kempen aus dem Jahre 1853 führte der Statthalter aus, er halte „auch die Kreis- und Bezirksvereine zur Förderung land- und forstwirtschaftlicher Interessen, welche sich hierlands in neuester Zeit besonders infolge einer m i r   n i c h t   m i t g e t e i l t e n   A u f f o r d e r u n g des hohen k. k. Ministeriums für Landeskultur mehren, einer besonderen Aufmerksamkeit für würdig. Diese Vereine sind Zweigvereine der patriotisch-ökonomischen Gesellschaft, welche statutenmäßig das Recht hat, derlei Filialvereine zu gründen. Ich habe dem Herrn Minister des Inneren die B e d e n k e n , welche sich mir g e g e n die E r r i c h t u n g solcher förmlich o r g a n i s i e r t e r , gleichsam ein ü b e r   d a s   g a n z e   L a n d ausgebreitetes N e t z bildende Z w e i g v e r e i n e vom politisch-polizeilichen Gesichtspunkt aufdrängten, mitgeteilt und darauf eingeraten, die patriotisch-ökonomische Gesellschaft für einen p o l i t i s c h e n   V e r e i n zu erklären und ihr konsequenterweise das Recht zur Bildung förmlicher Kreis- und Bezirksvereine zu entziehen." Bach wurde durch den Pro-

Böhmen a priori innewohnte[15], als Hemmschuh. So entstanden während der 50er Jahre nur Vereine in Budweis, Pardubitz, Eger, Böhmisch-Leipa, Reichenberg, Beroun, Münchengrätz, Jičín, Sedlčany, Saaz, Laun, Třebíč, Jungbunzlau, Kolín, Příbram, Dobřichovice, Schluckenau und Pilsen[16]. Die Mehrzahl der Vereine befand sich also im tschechischsprachigen Gebiet. 1856 war die „Patriotisch-ökonomische Gesellschaft" mit ihren ca. 2000 Mitgliedern der größte böhmische Verein, der über ein Netz von Filialen verfügte. Seit 1850 gab die „Patriotisch-ökonomische Gesellschaft" auch ein Wochenblatt in deutscher und eines in tschechischer Sprache heraus[17], 1850 entstand aus ihrer Initiative die Ackerbauschule in Tetschen-Liebwerd (deutschsprachig, teilweise finanziert vom Grafen Franz Anton *Thun*[18]) und Rabín (tschechischsprachig, unterstützt durch die Familie *Schwarzenberg*[19]). Beide Schulen konnten bald den Andrang von Interessenten an einer hochqualifizierten landwirtschaftlichen Ausbildung nicht mehr bewältigen. Ausstellungen, Wettbewerbe, Broschüren und die Vortragstätigkeit der führenden Mitglieder der Gesellschaft trugen die landwirtschaftliche Fachbildung in die Breite. Es würde indes zu weit führen, die Tätigkeit der Gesellschaft in den 50er Jahren im einzelnen zu behandeln; es sollen im folgenden nur die für die politisch-nationale Entwicklung Böhmens wichtigsten Momente beleuchtet werden. Am bedeutendsten ist wohl die Tatsache, daß sich im Rahmen der eigentlich nur ökonomisch-fachlich orientierten Fortschrittsbewegung ein „agrarischer" Seitenstrang der tschechisch-nationalen Bewegung herausbildete. Dazu haben mehrere Umstände beigetragen: einmal hatte der materielle und soziale Aufstieg des vorwiegend tschechisch-sprachigen Bauerntums ganz zwangsläufig eine gewisse „Tschechisierung" der agrar-wissen-

---

test der hochadeligen Vorsitzenden der Gesellschaft daran gehindert, auf Mecsérys Ansinnen einzugehen; der Statthalter mußte sich mit einer scharfen Überwachung zufriedengeben (SÚA, PM 1850—54 8/5/5 Fasz. Petr. ökon. Gesell.; Mecséry an Kempen, 1853 s. d.).

[15] S. unten 229 Anm. 33.

[16] SÚA, PM 1850—55 8/5/5 fasz. Patriot. ökon. Gesellschaft.

[17] „Wochenblatt der Land-, Forst- und Hauswirtschaft für den Bürger und Landmann", 1850 ff. und „Hospodářské noviny" [Landwirtschaftszeitung] 1850 ff. Das deutsche Blatt wurde von dem ehemaligen liberalen Politiker Alois Borrosch redigiert, das tschechische von dem tschechischen Arzt und Naturwissenschaftler F. S. Kodym. — Zu Borrosch vgl. P r i n z : Prag und Wien 1848, bes. 166 f.; zu Kodym s. unten 47 ff.

[18] Zu Liebwerd vgl. T h i e n e n - A d l e r f l y c h t : Thun. — J. Pšeničková : Komers a počátky zemědělské školy v Libverdě [Komers und die Anfänge der Landwirtschaftsschule in Liebwerd]. Z minulosti děčínska [Aus Tetschens Vergangenheit] 1 (1965) 117 ff. — E. H a n k e : Die landwirtschaftliche Hochschule Tetschen-Liebwerd. In: Die deutsche Schule in den Sudetenländern (Hrsg. Th. K e i l). München 1967, S. 309 ff. — Theophil P i s l i n g : Nationalökonomische Briefe aus dem nordöstlichen Böhmen. Prag 1856, S. 126 ff. — K l u t s c h a k : Böhmische Adelssitze 88 ff.

[19] F. S t a m m : Verhältnisse 276. — Die Schule in Rabín hatte
1851 42 Schüler,
1852 51 Schüler,
1853 71 Schüler,
1854 80 Schüler,
1855 91 Schüler (S t a m m : Verhältnisse 283).
Vor allem junge Leute, die in der Verwaltung der Großgrundbesitze Karriere machen wollten, versuchten, in die Schulen in Liebwerd und Rabín aufgenommen zu werden.

schaftlichen Bildung zur Folge; die Hochblüte der populären Fortbildungspublizistik in den 50er Jahren[20] war darum schon aus Gründen der objektiven Sozialstruktur eine Blüte der tschechischen Publizistik. Der „Umsatz" an tschechischsprachiger Lektüre, der durch die Revolution erstmals in die Höhe geschnellt war, wurde durch die reiche Fachschriften-Literatur der 50er Jahre aufrecht erhalten[21] und überdauerte dadurch die allen politisch-literarischen Publikationen ansonsten so ungünstige Zeit des Absolutismus. Wenn sich das gebildete deutsche Bürgertum auch über die „Traktätlein" der tschechischen Fachschriftsteller mokierte und sicher war, daß sich damit die baldige Germanisierung nicht aufhalten ließ[22], so war doch nicht zuletzt der durch das volkstümliche Belehrungsschrifttum geschaffene *breite Markt* die Voraussetzung für den schnellen Erfolg der politisch-nationalen tschechischen Massenpresse nach 1860. Dazu kommen zwei weitere Voraussetzungen. Einmal gehörten führende Vertreter der landwirtschaftlichen Fortschrittsbewegung der tschechischen Nationalbewegung an: der Direktor der Liebwerder Anstalt Anton *Komers*[23]; neben dem Schwarzenbergischen Zentraldirektor Franz *Horsky*[24] überhaupt die Zentralfigur der landwirtschaftlichen Reformbewegung, ebenso wie die Agrarwissenschaftler Gebrüder Karel Milan und Jan Baptist *Lambl*[25], der Wirt-

---

[20] Details befinden sich in Beiträge Landeskultur 80 f.

[21] Der Bericht der Handelskammer Prag für das Jahr 1851 weist auf diesen „volksbildnerischen" Effekt der Revolution hin: Die Gewöhnung daran, „Geld für Drucksachen auszugeben", habe die Unterdrückung der Pamphlete, Broschüren und Plakate politischen Inhalts überlebt, wodurch nach 1849 ein Aufschwung des Sortimentbuchhandels erfolgt sei (Bericht der Handels- und Gewerbekammer in Prag ... im Jahre 1851. Prag 1852, S. 115 f.).

[22] Wie verbreitet eine solche Haltung gewesen sein muß, geht daraus hervor, daß sogar Pisling, der sonst einen für das Bürgertum der 50er Jahre erstaunlichen Sinn für die Realitäten hatte (vgl. unten 216 ff.), so geurteilt hat (Theophil P i s l i n g : Germanisierung oder Tschechisierung. Ein Beitrag zur Nationalitätenfrage in Böhmen. Leipzig-Heidelberg 1861, S. 13).

[23] Zu Komers vgl. P š e n i č k o v á : Komers u. W u r z b a c h 12 (1864) 400 ff. Zu Komers' national-tschechischer Tätigkeit vgl. P r i n z : Prag und Wien 165 f.

[24] Zu Horsky W u r z b a c h : 9 (1863) 309 ff.

[25] Zu den Lambls W u r z b a c h 14 (1865) 50 ff. — OSN 15 (1900) 583 f. — Die Biographie der Gebrüder Lambl ist für manche Züge der tschechischen Nationalbewegung typisch: Der Vater der Lambls war Verwaltungsbeamter bei dem Grafen Schönborn. Karel Milan L. (geb. 1822) studierte Naturwissenschaften, spezialisierte sich auf Agrarwissenschaft und war von 1850 bis 1860 Lehrer in Liebwerd. In den 60er Jahren leitete er eine Landwirtschaftsschule in Kroatien, kehrte aber zurück nach Böhmen. Er wurde Sekretär des landwirtschaftlichen Vereins (Patriot.-ökon.-Gesellsch.) im Kreis Pilsen und gründete das Blatt „Rolník nového veku" [Der Landwirt der Neuzeit]. In den 70er Jahren arbeitete er eng mit František Šimáček (s. unten 49 f.) zusammen.
Jan Baptist L. (geb. 1826) studierte Chemie und ging von 1851—1855 als Chemieprofessor nach Belgrad. 1855—1864 war er Lehrer in Liebwerd, später Direktor einer vom Grafen Harrach gegründeten tschechischen Ackerbauschule. Seit 1861 war Jan Baptist L. Abgeordneter im böhmischen Landtag. In den 90er Jahren war Jan Baptist L. Direktor der tschechischen Abteilung des Prager Polytechnikums. — Vílem Dušan L. (geb. 1824), Bruder der vorigen, vertrat am klarsten die panslavistischen Sympathien der Familie. Er war Arzt und hatte durch Reisen und persönliche Kontakte bereits 1848 sehr gute Beziehungen zur südslavischen nationalen Intelligenz. Während der Revolution war er Mitglied des „Národní výbor" [Nationalausschuß] und führendes Mitglied der „Slo-

schaftsrat Johann *Osumbor*[26], der in der „Patriotisch-ökonomischen Gesellschaft" für die nationale Sache wirkte ebenso wie die Publizisten Filip Stanislav *Kodym*[27] und Karel *Amerling*[28]; dies sind nur die bekanntesten Namen. Die Verquickung von nationaler und sozusagen neutral-fachlicher „Erweckungstätigkeit" bei diesen Männern zeigt, daß — wenn man es einmal ganz abstrakt ausdrücken will — die ursprünglich von der Intelligenz ausgehende nationale Bewegung sich nach dem Debakel von 1848 instinktsicher der fachlichen Hebung des Bauerntums zuwandte, weil allein dadurch eine tragfähige Basis für späteres politisches Handeln geschaffen werden konnte[29]. Andererseits hatte die Unterdrückung der tschechischen Sammlungsvereine nach der Revolution (Verbot der „Slovanská lípa" 1849) die Folge, daß national aktive Gruppen auf dem flachen Land versuchten, in ökonomischen Vereinen ein Minimum politischer Anknüpfungspunkte über die neoabsolute Zeit hin-

---

vanská lípa", außerdem eng befreundet mit Karel Havlíček. Die 50er Jahre verbrachte er teils in den südslawischen Ländern, teils als Arzt in Prag. In den 60er und 70er Jahren lebte Vilém Dušan L. z. T. auch in Rußland und Polen.

[26] Vgl. den von P r i n z publizierten Geheimbericht aus Böhmen für Bach, in dem vermerkt ist, daß Osumbor vor dem Jahre 1848 Ochsenbauer geheißen habe (P r i n z : Prag und Wien 165).

[27] Zu Kodym (1811—1884) vgl. W u r z b a c h 12 (1864) 201 f. — ÖBL 16. Lieferung, S. 26 f. — E. R e i c h : Literární a buditelské práce F. S. K. a jeho metody šíření zemědělského pokroku [Die literarische und aufklärererische Arbeit F. S. K. und seine Methoden der Verbreitung des landwirtschaftlichen Fortschritts] Věstník č. s. akad. zemědělsk. 11 (1935). — Kodym war zuerst Arzt im nordböhmischen Arbeiterbezirk Nixdorf. Seit den 40er Jahren wirkte er als Popularisator naturwissenschaftlicher Kenntnisse in tschechischer Sprache. Vielfach hat er eine verständliche tschechische Terminologie erst erfinden müssen. Im Revolutionsjahr war Kodym Mitglied der „Slovanská lípa", später Mitarbeiter von Havlíčeks „Národní noviny" [Nationalzeitung] und des „Slovan" [Der Slawe]. Nach einem Aufenthalt in Serbien übernahm er die Redaktion der „Hospodářské noviny"; er verlor sie Anfang der 60er Jahre wegen allzu nationaler Tendenz nach einem Streit mit der hochadeligen Führung der „Patriotisch-ökonomischen Gesellschaft". Später hat Kodym seine Aufmerksamkeit auch der Arbeiterfrage zugewandt.

[28] Zu Amerling (1807—1884) vgl. W u r z b a c h 1 (1856) 30 f. — OSN 2 (1889) 151 f. — Amerling war Arzt und Naturwissenschaftler, zugleich Pädagoge. Er leitete nach 1848 die tschechischsprachige Haupt- und Musterschule „Budeč" in Prag. Die nationale Einstellung der tschechischen Volksschullehrerschaft hat er wesentlich gefördert. 1848 war er Mitglied des „Národní výbor".

[29] Etwas pointiert drückte Jan P a l a c k ý in den „Böhmischen Skizzen" diesen Sachverhalt aus: die Bauern seien „die einzige, aber bedeutende Macht, die dräuend hinter den nationalen Bestrebungen steht, und die eine wirkliche Zukunft hat, den Bürger kaum ausgenommen, der ja in Böhmen meist nur ein in Städten wohnender Bauer ist." (a.a.O. 53). —
Es ist in diesem Zusammenhang nicht uninteressant, daß František Brauner, der „Agrarfachmann" der tschechisch-nationalen Bewegung im Jahre 1848, schon 1847 den krassen Egoismus der Bauern gegenüber der Dorfarmut unterstützt hatte. Brauner sah in den Häuslern und Inleuten eine Belastung für die Dorfgemeinschaft, er stellte die Landarmen den Bettlern, Dieben und Gaunern gleich und verlangte gesetzliche Erschwerung der Familiengründung. Die Häusler sollten den Traum von der Selbständigkeit aufgeben und sich in ihr Schicksal als „dienende(n) Subjekte für das bürgerliche Leben" schicken. (F. A. B r a u n e r : Böhmische Bauernzustände. Wien 1847, S. 19, 133 f. u. 218).

überzuretten[30]. Diese Tendenzen trafen sich mit dem Wunsch der tschechisch-national gesinnten Mitglieder in der Leitung der „Patriotisch-ökonomischen Gesell-schaft", die aus volksbildnerischen Gründen eine möglichst spontane und unbehindert selbständige Gründung der örtlichen Vereine anstrebten. Indes verhinderte die Wachsamkeit der Behörden und der deutschen Führungskräfte in der „Patriotisch-ökonomischen Gesellschaft" gleichermaßen die Entstehung eindeutig national-tsche-chischer Landwirtschaftsvereine[31]. Ungeachtet der offiziellen Zweisprachigkeit der Gesellschaft blieb die Verhandlungssprache der Vereine das Deutsche, eine Tatsache, die angesichts der Führungsrolle, die der landsässige Adel und die Beamten in den Filial-Vereinen meist einnahmen, nicht Wunder nimmt. Freilich haben alle diese Umstände eine andere, vom Prosperieren sichtbarer Organisationen unabhängige, viel bedeutsamere Entwicklung nicht aufhalten können: die Formierung einer numerisch kleinen, aber sehr aktiven Gruppe vorwiegend junger bäuerlicher Re-former, für die das Bekenntnis zur tschechischen Nationalidee gleichsam nur das Gehäuse für eine umfassende Erneuerungsbewegung war[32]. Durch die Modernisie-rung der Anbaumethoden (Maschineneinsatz, Plantagenwirtschaft) und die Nutz-barmachung der Naturwissenschaften (was in der Praxis den erfolgreichen Kampf gegen den im Bauerntum tief verwurzelten Aberglauben voraussetzte) im Verein mit den modernen kaufmännischen Methoden sollte der ökonomisch-soziale Status des Bauerntums gehoben werden. Voraussetzung für all diese Fortschritte war frei-lich, dem tschechischen Bauerntum erst einmal den Anschluß an die Bildungsmöglich-keiten der Zeit zu sichern. Für Jan *Krouský*[33], vielleicht den markantesten Vertreter

---

[30] Dies behauptet zumindest ein von P r i n z publizierter Geheimbericht aus Böhmen; aus dem Jahre 1851 (a.a.O. 159 ff.). Wenngleich das einzig konkrete Beispiel für diesen Vorgang, das der Bericht anführt, in unserem Zusammenhang eigentlich nicht repräsen-tativ ist, da es sich um einen Landarbeiter-Verein handelte (s. unten 233), dürften doch die Beobachtungen im Großen und Ganzen zutreffend sein. Dafür spricht einmal die Tatsache, daß die Statthalterei 1853 eine Untersuchung über das Fortleben von nationalen Gruppen an Orten, wo früher ein Verein der „Slovanská lípa" bestanden hatte, durch-führte; die Enquete war allerdings nicht sehr ergiebig, da man sich nicht mit der p e r - s o n e l l e n K o n t i n u i t ä t beschäftigte, sondern mit dem behördlichen Auf-lösungsakt von u n m i t t e l b a r e n N a c h f o l g e o r g a n i s a t i o n e n (Leser-ein, Geselligkeitsvereine) zufriedengab (SÚA, PM 1850—54, 8/5/5 fasz. Slovanská lípa). Zum andern ist zu berücksichtigen, daß die „Slovanská lípa" 1848/49 zwar zu einem Teil ein politisch aktiver bis radikaler Verein war, daneben aber hauptsächlich volksbildne-risch wirkte und daß daher den volksbilderisch Interessierten eine Fortsetzung ihrer Tätigkeit auch im Rahmen einer „neutralen" Organisation sinnvoll erscheinen konnte. Es ist ja überhaupt schwer, die um die Jahrhundertmitte noch durchaus s c h w e b e n - d e n Ü b e r g ä n g e von „ s a c h l i c h e r" Erweckungstätigkeit zur „ n a t i o n a - l e n" Aktivität eindeutig dem einen oder dem anderen Bereich zuzuordnen.

[31] Vgl. dazu die Schilderung dieser Vorgänge in dem von P r i n z publizierten Geheim-bericht von 1851, a.a.O. 165 f.

[32] Vgl. über diese Gruppe den Aufsatz von F. K u t n a r : Prokroková generace rolnictva z doby po zrušení poddanství [Die fortschrittliche Bauerngeneration in der Zeit nach der Aufhebung der Untertänigkeit]. Sociologie a historie zemědělství 2 (1966) 39 ff.

[33] Zu Krouský vgl. OSN 15 (1900) 259 f. — J. Š i m á k : Dopisování J. Krouského a jeho přátel [Briefe Jan Krouskýs und seiner Freunde] Prag 1932. — Jan Krouský war der Sohn eines Bauern in Katusice (Bezirk Jungbunzlau). Er besuchte die

der bäuerlichen Reformergeneration der 50er Jahre, war das zentrale Problem, wie man die tschechischen Bauern zu der Erkenntnis bringen konnte, daß Schulen bzw. die Selbstbildung durch Lesen die einzigen Mittel zum sozialen Aufstieg waren. Bezeichnenderweise war der tschechische Katholik *Krouský* ein Verehrer der protestantischen Erziehungsmethoden der Selbstdisziplin und Selbstformung. Er sann auch über die Rolle nach, welche die Nationalisierung der Kirchensprache durch den Protestantismus beim Aufstieg der bürgerlichen Nation in der Geschichte gespielt hatte[34]. Ein Kristallisationskern für die bäuerlichen Reformkräfte waren die von *Kodym* redigierten „Hospodářské noviny" [Landwirtschaftszeitung]. Dieses Blatt, das praktisch ganz allein von den Beiträgen Kodyms und seiner ländlichen Korrespondenten bestritten wurde[35], war nach 1850 das „Bauernparlament"[36] der progressiven Kräfte auf dem flachen Land, ein Forum, auf welchem die etwa 70 regelmäßigen Korrespondenten ihre Erfahrungen über bäuerliche Selbstbildung und Selbsthilfe austauschen konnten. Die Liste der Mitarbeiter an den „Hospodářské noviny" gibt ein getreues Bild des neuen tschechischen „Landbürgertums", das nach 1860 als Kern einer kompletten tschechischsprachigen Gesellschaft politisch wirksam werden sollte: nach der geographischen Herkunft entstammten die Korrespondenten Kodyms überwiegend den fruchtbaren, kommunikationsreichen Gebieten Mittelböhmens, des Elbetales sowie der Gegend von Jungbunzlau und Roudnice sowie Teilen Ostböhmens, Gebieten also, die alle nach 1860 Schwerpunkte der politischen

---

Klosterschule, bildete sich als Autodidakt und wurde seit 1833 von dem bekannten tschechischen Erwecker Karel Vinařický, einem Geistlichen, in seinen Bildungsbemühungen gefördert. 1843 heiratete Krouský eine Schwester Vinařickýs. 1839 wurde Krouský als erster Bauer Mitglied der „Matice česká", einem Verein zur Förderung tschechischer Bildung. In den 40er Jahren befreundete sich Krouský mit dem nationalgesinnten Kreis der Prager Intelligenz. 1848 wurde Krouský in den (dann nicht stattfindenden) böhmischen Landtag gewählt, eine Reichstagskandidatur scheiterte. Zusammen mit Vinařický protestierte Krouský im Juni 1848 als Vertreter des Kreises Jungbunzlau gegen die Beschießung Prags durch Windischgrätz. Seit 1849 war Krouský Mitglied der „Patriotisch-ökonomischen Gesellschaft". 1861 wurde Krouský wieder in den böhmischen Landtag gewählt; seit 1864 war er Bürgermeister von Katusice. Durch seinen in Prag studierenden Neffen wurde Krouský bereits in den 50er Jahren mit dem späteren Jungtschechen Fürst Rudolf Thurn-Taxis bekannt. 1867 errichtete Krouský einen separaten, national-tschechischen Bauernverein, der eine Bezirkssparkasse und eine Zuckerfabrik gründete und später eine Brauerei, eine Tuchfabrik und Handelsgeschäfte betrieb. Krouskýs Verein war auch finanziell am Bau der Kralup-Turnauer Bahn beteiligt. — Ein naher Verwandter Krouskýs war der Demokrat Karel František Krouský (geb. 1823). Dieser war Müller, gehörte als Freund Havlíčeks zur „Slovanská lípa", agitierte im Frühjahr 1849 gegen die oktroyierte Verfassung und war deshalb lange in militärgerichtlicher Untersuchungshaft. In den 50er Jahren betrieb er ein Café in Prag, das bald Treffpunkt nationaltschechischer Kreise wurde. 1857 wurde Karel František K. wegen seiner Beziehungen zu dem radikal-demokratischen Zirkel um Emmanuel Arnold aus Prag ausgewiesen. In den 60er Jahren war Karel František K. Mitarbeiter der jungtschechischen Presse.

[34] Š i m á k : Dopisování 123.
[35] Jan P a l a c k ý : Böhmische Skizzen 62.
[36] So charakterisierte der in Ostböhmen lebende Dekan Antonín Marek, ein bekannter Anhänger der tschechischen Nationalbewegung, Kodyms Blatt. Vgl. K u t n a r : Prokroková generace 40.

tschechisch-nationalen Bewegung werden sollten[37]. Die Korrespondenten waren außerdem überwiegend Angehörige der dörflichen Oberschicht, also reiche Bauern, die oftmals auch Gemeindeämter innehatten; daneben beteiligte sich eine kleinere Anzahl von Gutspächtern, kleineren Großgrundbesitzern, Müllern, Landpfarrern und Lehrern an dem Kodym'schen Unternehmen. Allen war gemeinsam, daß sie der jüngeren Generation angehörten, auch die ersten Absolventen der Ackerbauschulen waren darunter[38]. In den „Hospodářské noviny" schrieb neben Jan *Krouský*, der „Krone der Bauern"[39] der Hopfenbauer Václav *Kratochvíl* (aus Lounek bei Roudnice), der in den 60er Jahren als Organisator von tschechisch-nationalen Massenversammlungen bekannt wurde[40]. Der Mitarbeiter des Kulturhistorikers Karl Jaromír Erben, Jan *Konopa*, ein Bauer aus Sudoměř bei Jungbunzlau[41], lieferte volkskundliche Aufsätze; beteiligt war auch der Müller Fr. *Grégr* aus der Familie, der auch die beiden Führer der Jungtschechen Julius und Eduard *Grégr* entstammten (aus Březhrad bei Königgrätz). Kodym selbst hat zu Beginn des Jahrzehnts versucht, auch politische Themen vorsichtig in die „Hospodářské noviny" aufzunehmen, indes hat es die Prager Polizei durch Anwendung des strengen Pressegesetzes verhindert, daß das Raisonnement über das „Selfgovernment" breiteren Raum einnehmen konnte. 1853 konnte nicht einmal die adelige Führung der „Patriotisch-ökonomischen Gesellschaft" Kodym vor einer Verurteilung wegen Verstoßes gegen das Pressegesetz schützen, die Gesellschaft selbst wurde (als Herausgeber) mit einer Geldstrafe bedacht[42]. Die Behörden waren sich über die hochpolitische Bedeutung von *Kodym's* Erweckungstätigkeit völlig im Klaren[43]. Sie waren dennoch machtlos gegenüber der unerwünschten Entwicklung. Allein die Tatsache, daß Kodym gerade die schreibungewandten Bauern einlud, sich ohne alle Stilbedenken mitzuteilen, mußte die Bildung eines *demokratisch-nationalen Selbst-*

---

[37] Vgl. H a v r á n e k : Die ökonomische und politische Lage 128. — Es sind dies auch in Umrissen dieselben Gebiete, die schon seit dem Ende des 18. Jahrhunderts besonders stark an der tschechischen (vorerst kulturellen) Nationalbewegung teilnahmen. Vgl. dazu die neue Untersuchung von H r o c h : Die Vorkämpfer der nationalen Bewegung 115.

[38] K u t n a r : Prokroková generace 42.

[39] So bezeichnete der tschechische Publizist Šimáček (s. unten 49) seinen Adressaten, als er mit Krouský Kontakt aufnahm (Š i m á k : Dopisování 222).

[40] Vgl. J. P u r š : Tábory v českých zemích 1868—71 [Die Massenversammlungen in den böhmischen Ländern 1868—71] ČSCH 6 (1958) 234 ff.

[41] Über Konopas' Tätigkeit berichtete der Kreishauptmann von Jungbunzlau am 29. 1. 1858 an Mecséry: „Im Jahre 1858 schickte er der Redaktion einen Aufsatz ein, worin er die tschechischen Landwirte aufforderte, die in ihren Gegenden vorkommenden nationalen Gebräuche, Volkslieder, Sagen, Märchen usw. zu sammeln und sie dem Archivar Karl Jaromír Erben einzusenden, welcher sich mit der literarischen Bearbeitung dieser Gegenstände befasse. Dieser Aufsatz wurde jedoch von dem Zensor der patr.-ökon.-Gesellschaft . . . unterdrückt." (SÚA, PM 1855—59 8/5/9:3); vgl. auch OSN 14 (1899) 719.

[42] SÚA, PM 1850—54 8/4/31.

[43] Sacher-Masoch schrieb am 17. 11. 1853 über Kodym an Mecséry: „Er gehört seiner Gesinnung nach der tschechischen Partei an und die ungeachtet wiederholter Warnungen systematisch an den Tag gelegte Sucht der Besprechung politischer Angelegenheiten dürfte wohl den Beweis liefern, daß es ihm darum zu tun sei, dem böhmischen Landmanne gegenwärtig durch das Organ eines landwirtschaftlichen Blattes Politik zu predigen, nachdem alle tschechischen politischen Blätter mit Ausnahme des Regierungsblattes verstummt sind." (SÚA, PM 1850—54 8/4/31).

bewußtseins nachhaltig befördern[44], ein Vorgang, der angesichts von ca. 1 400 bäuerlichen Abonnenten der „Hospodářské noviny" nicht auf den relativ engen Kreis der ständigen Mitarbeiter beschränkt blieb. Auch wenn Kodym 1853 in einem Rekurs gegen die pressepolizeiliche Verwarnung regierungsfromm beteuerte, er halte „alle politischen Diskussionen für das Volk nicht nur für unnütz, sondern sogar für schädlich, denn sie zerstreuen ihn (sic) nur und führen ihn von der Betreibung des Notwendigen und wahrhaft Nützlichen ab"[45], so war doch Kodym's Tätigkeit zugunsten der bäuerlichen „materiellen Interessen", seine Popularisierung „nützliche(r) Kenntnisse" letztlich politisch nicht weniger bedeutsam. Allein schon das Problem des Schulwesens (besonders die Volksschulfrage) war ja in Böhmen durch die Sprachenproblematik ein Politikum ersten Ranges. Kodym ist denn auch gerade wegen seiner Haltung in der Sprachenfrage in den „Hospodářské noviny", wo „die Erlernung der deutschen Sprache in der den Ultratschechen geläufigen Art als überflüssig dargestellt und angegriffen"[46] wurde, die ganzen 50er Jahre hindurch bei den böhmischen Behörden persona ingrata geblieben.

Ungleich offener vertrat der 1857 von dem jungen tschechischen Juristen František *Šimáček* gegründete „Posel z Prahy" [Bote aus Prag][47] die Verbindung von nationalen und materiellen Fortschrittszielen. Der „Posel", der *Kodym's* erfolgreiches Korrespondenzprinzip übernahm und seine Leserschaft (ca. 1 500 Abonnenten) auf dem flachen Land ebenso wie die „Hospodářské noviny" vornehmlich unter der dörflichen Oberschicht fand[48], wandte seine Aufmerksamkeit neben vielen anderen volkswirtschaftlichen Themen bald der bäuerlichen Fortschrittsbewegung zu[49].

---

[44] Der Prager Polizeidirektor Päumann hat dies, wenngleich in der Verzerrung der obrigkeitlichen Betrachtungsweise, durchaus erkannt. Er teilte Mecséry am 10. 1. 1858 mit, die Teilnahme am Kodyms Blatt sei ungleich größer als an der deutschen landwirtschaftlichen Wochenzeitung und fügte hinzu: „Die Redaktion hat als Mittel der Belehrung die gegenseitige Mitteilung der von ihren Lesern gemachten Erfahrungen in der Landwirtschaft gewählt. Der eigentliche Grund dieser Verfahrensweise liegt in den nationalen Tendenzen des Redakteurs, welchem augenscheinlich mehr um die Ausbildung des Bauers in der böhmischen Schriftsprache als um ökonomische Belehrung zu tun ist." (SÚA, PM 1855—59 8/4/5:1 Semestralausweis über periodische Druckschriften).

[45] SÚA, PM 1850—54 8/4/31 Kodym an Mecséry, 14. 10. 1853.

[46] SÚA, PM 1850—54 8/4/31 Sacher-Masoch an Mecséry, 11. 3. 1854.

[47] Zu Šimáček und dem „Posel" siehe unten 97 f. und 142 ff.

[48] Der Prager Kreispräsident versuchte 1857 die Abonnenten des „Posel" zu eruieren; seine Aufstellung ist, wiewohl sehr unvollständig, doch hinsichtlich der Berufsgliederung aufschlußreich. Es lasen im Bezirk Beroun: Lehrer, 2 Gemeindevorsteher, 2 Bauern; im Bezirk Brandeis: Lehrer, 2 Bauern, 2 Müller, 1 Hausbesitzer; im Bezirk Karolinenthal: Gemeindevorstand; im Bezirk Rakonitz: Handwerksbeseda, Gemeindevorstand; im Bezirk Unhošt: Priester; im Bezirk Velwarn: 3 Grundbesitzer, 1 Gemeindevorstand; (SÚA, PM 1855—59 8/4/96:1 K.A. Prag an Mecséry, 7. 9. 1857).

[49] Im Frühjahr 1859 würdigte der „Posel" die Bedeutung der Bauern für die tschechische Nation: „Was in Böhmen und Mähren Nationales erhalten geblieben ist, geschah nur mit der Hilfe des Bauernstandes. Der Adel, der teilweise das Wissen um seine ursprüngliche nationale Zugehörigkeit verlor, büßte damit auch sein Übergewicht in der Nation ein und verfolgt trotz vielfältiger Familienbindungen seine persönlichen Interessen. Der Bürger, wiewohl teilweise noch aus guter, verjüngungsfähiger Wurzel, wischt doch durch kommerzielle und industrielle Interessen alles Nationalgepräge ab. Nur der Bauer ist noch der unberührte Nachkomme seiner Urväter." (Posel z Prahy 1859/I, 389 f.).

Šimáček nahm 1857 bereits Verbindung zu den führenden Köpfen der „Bauern-Elite" auf[50]. Unabhängig von der Leitung der „Patriotisch-ökonomischen Gesellschaft", aber gefördert durch die tschechischen Mitglieder derselben[51] konnte der „Posel" die Forderung nach *Demokratisierung* und damit *Tschechisierung* der Filialvereine in den tschechischen Gegenden ungehindert propagieren. *Šimáček* und seine bäuerlichen Korrespondenten versuchten den Bauern Mut zum öffentlichen Auftreten in den Vereinen zu machen; die bürgerliche Gleichheit von Bauer und Großgrundbesitzer wurde ebenso nachdrücklich ins Gedächtnis gerufen wie das numerische Übergewicht der tschechischsprachigen Bauern über die dünne Schicht der Deutschsprechenden in der Vereinsführung (Adel, Domänenbeamte, Beamte)[52]. Mit der Forderung nach einem dichten Netz von tschechischen Ackerbauschulen, die als Zentren der Volksbildung wirken sollten[53], nahm der „Posel" die vorsichtigen Wünsche der leitenden tschechischen Mitglieder der „Patriotisch-ökonomischen Gesellschaft"[54] lautstark auf, übrigens nicht ohne eine nationalbewußte Spitze gegen „ausgedehnte Akademien, in welche durch *Ausländer* gelehrte Theorien eingeführt werden möchten" beizumengen. Durch den „Posel z Prahy" gewann auch der erste demonstrative Durchbruch, den die Bauernreformer erzielten, landesweite Publizität: im Jahre 1857 nämlich wurde die politische Bedeutung der Arbeit der Bauern-Elite öffentlich sichtbar; die bis dahin gleichsam selbstverständliche alleinige Führungsrolle des deutschsprachigen Adels in der „Patriotisch-ökonomischen Gesellschaft" wurde erstmals in Frage gestellt, als Jan *Krouský* im Herbst 1857 auf einmal 70 Bauern zum Eintritt in den 140 Mitglieder zählenden Filialverein Jungbunzlau bewegte, und mit dieser Hausmacht die obligate Abhaltung der Versammlungen in tschechischer Sprache erzwang[55]. Der Rücktritt des Fürsten Hugo *Thurn-Taxis* vom Vorsitz und der Rückzug der nur des Deutschen mächtigen Domänen-

---

[50] Š i m á k : Dopisování 222.

[51] Päumann berichtete am 8.6.1858 an Mecséry, daß die Filialvereine der „Patr.-ök.-Gesellschaft" „t r a u r i g e r w e i s e" da und dort den „Posel" verbreiteten und zum Abonnement aufforderten (SÚA, PM 1855—59 8/4/96:1).

[52] Siehe Anhang 321. — Bezeichnend ist auch Šimáčeks Kommentar zur landwirtschaftlichen Maschinenausstellun 1858; Šimáček erklärte sie für nutzlos, da durch die deutschen Aufschriften den herbeigereisten tschechischen Bauern alles „wie im Märchen" vorgekommen sei (Posel z Prahy 1858/I, 421).

[53] „Gebt uns gute Ackerbauvolksschulen, in jedem Kreis wenigstens eine, in welche der junge, gemeine Landmann ohne Schwierigkeiten eintreten und wo er außer der sittlichen Veredlung auch einen größeren Überblick seines künftigen praktischen Berufes sich aneignen kann, und ihr werdet in wenigen Jahren sehen, mit welch raschem Lauf die Bodenkultur noch weiter fortschreiten wird! Wir fordern für uns nicht einmal ausgedehnte Akademien, in welche durch Ausländer gelehrte Theorien eingeführt werden möchten — wir wünschen uns einfache Ackerbauschulen, die ohne großen Aufwand eingerichtet werden können." (Posel z Prahy 1858/II, 299).

[54] 1856 hatte die „Patriotisch-ökon.-Gesellschaft" vom Staat die Erlaubnis zur selbständigen Gründung der Filialvereine erbeten, was allerdings erst 1860 bewilligt wurde. (Beiträge Landeskultur 85); F. S t a m m schlug in der Festschrift zur Versammlung der dt. Land- und Forstwirte (Verhältnisse der Land- und Forstwirtschaft) die Gründung von landwirtschaftlichen Lesevereinen in jeder Gemeinde Böhmens vor (a.a.O. 313 f.).

[55] SÚA, PM 8/5/9:3 1855—59 B.A. Jungbunzlau an K.A. Jungbunzlau, 2.1.1858; K.A. Jungbunzlau an Mecséry, 26.1.1858.

und Forstbeamten machte in der böhmischen Öffentlichkeit einiges Aufsehen[56] und wurde von den Behörden als bedrohliches Symptom des Vormarsches der nationalen Idee auf dem flachen Land gewertet. *Mecséry* schrieb über die Jungbunzlauer Affäre am Anfang des Jahres 1858 an *Kempen*, die bemerkenswerteste Wahrnehmung sei „die leidige Tatsache, daß die Mitglieder aus der gebildeteren und konservativen Klasse, wie dies unter ähnlichen Umständen so häufig zu geschehen pflegt, sich aus Überdruß zurückzuziehen und der oppositionellen Partei das Feld räumen"[57]. Krouský's Kampf gegen die nationale Passivität der Bauern, gegen die Meinung, „es sei gut, was und wie es ist und könne nicht anders sein", weil man glaube, „es sei dies nach dem Gesetze"[58], hatte damit freilich erst begonnen. Ebenfalls 1857 versuchte Krouský, zusammen mit national gesinnten Mitgliedern des Klerus und mit dem später als Jungtschechen und enfant terrible des böhmischen Adels bekannt gewordenen Fürsten Rudolf *Thurn-Taxis*[59] sowie der Unterstützung seiner bäuerlichen Anhänger in Jungbunzlau ein rein tschechisches, selbstfinanziertes und damit relativ unabhängiges Pädagogium (Lehrerbildungsanstalt) zu gründen. Der Versuch wurde zwar von *Mecséry* wegen des demonstrativ-nationalen Charakters der Sache vereitelt; wie stark aber das Selbstbewußtsein der Bauern gewachsen war, zeigt die Tatsache, daß man auf dem flachen Land um Jungbunzlau die Meinung äußerte, mit einer in Wien energisch auftretenden Bauern-Deputation werde man die Lehrerbildungsanstalt auch gegen den Willen der Statthalterei erzwingen können[60].

In dem Kreis um *Krouský* erschienen die Bauern zum ersten Mal nach der Revolution wieder als politisches Gewicht; das Neue gegenüber 1848 war die eindeutige Unterstützung einer *primär auf national-kulturelle* Ziele gerichteten Aktion. Das seit der Revolution mächtig gestiegene Selbstbewußtsein der Bauern[61] zeigte sich auch in dem gegen Ende des Jahrzehnts wachsenden Widerstand gegen die letzten, die Grundentlastung überdauernden Minderungen des Sozialstatus der Landbevölkerung, vor allem die vom neoabsoluten Staat verordnete Ausschließung der Bauern von der Jagd. Die freie Jagd auf eigenem Boden war eine der Forderungen der Bauern von 1848 gewesen[62]; der neoabsolute Staat hatte aber konsequent diesen

---

[56] Selbst die offiziösen „Pražské noviny" [Prager Zeitung] berichteten süffisant, der Fürst Hugo Thurn-Taxis sei zurückgetreten, da er infolge seiner Unkenntnis des Tschechischen nun nicht mehr den Verhandlungen folgen könne (Pražské noviny 5. 1. 1858).

[57] SÚA, PM 1855—59 8/5/9:3 Mecséry an Kempen, 1858 s. d.

[58] S. Anhang 320.

[59] Zu Rudolf Thurn-Taxis (geb. 1833) vgl. W u r z b a c h 45 (1882) 91 f. — V. Z a p l e - t a l : Judr. Rudolf Kníže Thurn-Taxis. Brünn 1933. — Fürst Rudolf Thurn-Taxis wurde von einem tschechisch-national eingestellten Hauslehrer erzogen und fiel schon als Student in den 50er Jahren durch demonstrativ demokratisches Gebaren auf; er sammelte Gelder für die Errichtung des tschechischen Nationaltheaters und war Mitglied des notorisch nationalen „Akademischen Lese- und Redevereins", der 1848 von dem tschechischen Politiker Anton Springer gegründet worden war. In den 60er Jahren war das Gut des Fürsten im Kreis Jungbunzlau der Mittelpunkt der jungtschechischen Bewegung. Zur Politik des Taxis-Kreises in den 60er Jahren vgl. P r i n z : Die böhmischen Länder 83 u. H. L a d e s : Die Tschechen und die deutsche Frage. Erlangen 1938, S. 222.

[60] SÚA, PM 1855—59 6/5/10 K.A. Jungbunzlau an Mecséry, 10. 7. 1857.

[61] S. auch unten 160.

[62] S c h i f f : Agrarpolitik 634.

Wunsch der Bauern abgelehnt. Der Gedanke, der hinter diesem „Jagdverbot" stand, war in erster Linie das Interesse des Polizeistaates, das Sicherheitsrisiko einer bewaffneten Bauernschaft auszuschalten[63]. Andererseits ergab sich hier die Gelegenheit, den durch die Grundentlastung gekränkten Großgrundbesitzern wenigstens in einem Punkte entgegenzukommen. So wurde 1849 zunächst den Gemeinden die obligate öffentliche Verpachtung der Jagden übertragen[64]. Eine Verordnung des Innenministeriums von 1852 übertrug die Verpachtung den Bezirksbehörden, wobei eine geheime Zusatzklausel die möglichste Ausschließung der Bauern von der Jagd anordnete[65]. Hatten schon 1853 die Waffenablieferung und die Verpachtung teilweise zu „Aufregungen" und „stürmischen Auftritten"[66] geführt, so mußte die Tatsache, daß nun die Jagd auf den Bauerngründen ausschließlich von Großgrundbesitzern und dem reichen Stadtbürgertum ausgeübt wurde[67], das wachsende Selbstbewußtsein gerade der bäuerlichen Oberschicht empfindlich reizen. Als im Frühjahr 1858 allenthalben in Böhmen die Verpachtungen erneuert wurden, griff *Šimáček* im „Posel z Prahy" das Thema „im demokratischen Sinne" auf und fand damit bei den Bauern starken Widerhall[68]. Vielerorts leisteten nun die Bauern den Behörden bei der Verpachtung Widerstand; im Jungbunzlauer Kreis kursierten Unterschriftensammlungen gegen den Verpachtungsmodus. Am 12. Juni 1858 berichtete der Bezirkshauptmann von Jungbunzlau, daß er „ohne zur Fahne der Schwarzseher geschworen zu haben" die „begründeten Bedenken über die gegenwärtige Stimmung unseres Landvolkes" hegen müsse[69]. Angesichts dieser Lage war die richtige Erkenntnis, daß die „Tendenzen in der Angelegenheit der Jagdausübung nicht pricipaliter das Geldinteresse des Bauerngrundbesitzers"[70] zur Ursache hatten, für die

---

[63] So mahnte z. B. das K.A. Pilsen 1851 die Statthalterei, ein Jagdgesetz sei dringend erforderlich, damit das „Herumziehen bewaffneter Bauern" ein Ende habe (SÚA, PM 8/1/12 Nr. 565 praes. K.A. Pilsen an Mecséry, 3. 10. 1851).

[64] S c h i f f : Agrarpolitik 634.

[65] SÚA, PM 8/1/12 1850—54 viele Belege.

[66] SÚA, PM 8/1/12 Nr. 6328 pr. Mecséry an Bach/Kempen, 30. 6. 1853. — Mecséry hatte gemeint, durch das Jagdgesetz sei „der Landmann wieder in die Sphäre zurückgeführt worden, ... welche er in seinem eigenen, wohlverstandenen Interesse nie hätte überschreiten sollen."

[67] S c h i f f : Agrarpolitik 640.

[68] SÚA, PM 1855—59 8/4/96:1 B.A. Schlan an Mecséry, 24. 5. 1858.

[69] SÚA, PM 1855—59 8/4/96:1 B.A. Jungbunzlau an K.A. Jungbunzlau 12. 6. 1858.

[70] SÚA, PM 1855—59 8/4/96:1 Mecséry an K.A. Jungbunzlau, 1858 s. d. — Der Jungbunzlauer Bezirkshauptmann sah im Sommer 1858 schon den drohenden Schatten der Revolution; er meinte, daß die Gründe für die Aufregung „in irgendeiner böswilligen Machination einer mehr ausgebreiteten Coterie zu suchen" seien. Man strebe die Aufstachelung kleinerer Korporationen an, um „tiefer liegenden Zwecken einen Hebel zu schaffen, der die auf diese Art gebildete Kette auf einmal durch einen elektromagnetischen Funken zu entzünden und eine Verwirrung der gesetzlichen und sozialen Verhältnisse der verschiedenen Volksklassen hervorzurufen geeignet wäre." Der Beamte meinte weiter, „daß entweder die mit der Demokratie von jeher kokettierende tschechische Partei oder die demokratische Propaganda selbst es sein dürfte, welche die Hand in diesem Vorspiele verwebt hält, und daß dieselbe zu dieser Agitation gerade den Zeitpunkt wählte, wo die Verhandlungen der Servitutenablösungs- und Regulierungskommissionen privatrechtliche Verhältnisse wecken, welche bis jetzt in Frieden ruhten, die aber nur eines geringen

Statthalterei nur ein schwacher Trost. Das gestiegene Selbstbewußtsein der Bauern machte die dem neoabsoluten System durchwegs zugrunde liegende Spekulation auf die Kausalität zwischen materieller Wohlfahrt und Behördenergebenheit zunichte. Der Umstand, daß die Verhinderung der bäuerlichen Jagdausübung nach außen hin als willkürliche Zusammenarbeit von Behörden (Verpächter) und Interessierten (Großgrundbesitz, Besitzbürgertum) aussehen mußte, wirkte sich nun gegen die Behörden aus[71]. Welche Bedeutung eine solche Entwicklung angesichts der deutschen Färbung sowohl der Bürokratie als auch des Großgrundbesitzes und des Besitzbürgertums für die Stabilität des Staates haben konnte, hatte bereits 1857 der Prager Polizeipräsident *Päumann* in Umrissen erkannt, als er — in anderem Zusammenhang — die Funktion des „Posel z Prahy" damit umschrieb, daß dieser einer *Nationalisierung* des *sozialen Mißtrauens* gegen den Staat Vorschub leiste[72].

Funkens bedürfen, um das Bild der bäuerlichen Gewalttätigkeiten gegen den großen Grundbesitz aus dem Jahre 1848 wieder vor Augen zu führen." (SÚA, PP 1858—62 R/3/4 Päumann an Kempen, 8. 7. 1858).

[71] Mecséry hatte schon 1853 auf die ungünstige Wirkung der geheimen Zusatzklausel hingewiesen: „Es kann aber nicht verkannt werden, daß die nicht ausdrücklich im Gesetze ausgesprochene, sondern nur indirekt beabsichtigte Ausschließung der Landbevölkerung von letzterem nur der Willkür der Vollziehungsorgane zur Last gelegt wird. Es ist eine Eigentümlichkeit des tschechischen Landmannes, daß er sich einem klaren, ausdrücklichen Gesetze, wenn es ihn auch in seinen Neigungen verletzt, viel lieber fügt als einer noch so wohlgemeinten interpretierenden Verfügung des Beamten, die er als eine mit dem Willen des Kaisers nicht übereinstimmende Willkür bezeichnet." (SÚA, PM 8/1/12 Nr. 6328 pr. Mecséry an Bach/Kempen, 30. 6. 1853). Im November 1853 berichtete Mecséry über zahllose Protestschreiben der Bauern gegen die Ausschließung von der Jagd (SÚA, PM 8/1/12 Nr. 10099, Mecséry an Bach/Kempen, 1. 11. 1853). Und am 12. 1. 1856 hatte der Kreishauptmann von Königgrätz dringend darauf angeraten, die geheimen Klauseln zu veröffentlichen, da sonst bald der soziale Friede zwischen Behörden, Bauern und Großgrundbesitz nicht mehr gewahrt werden könnte; die reichen Bauern der Gegend von Braunau begännen bereits „drohend" zu werden (SÚA, PM 8/1/19:2 K.A. Königgrätz an Mecséry, 12. 1. 1856).

[72] Es handelte sich um die Vorwürfe des „Posel" gegen die Vernachlässigung des Volksschulwesens durch den Staat. Päumann hatte in diesem Zusammenhang an Mecséry geschrieben: „Sämtliche Aufsätze des „Posel z Prahy" sind in einer sehr populären Sprache abgefaßt und können daher nicht verfehlen, bei dem böhmischen Leser auf einen fruchtbaren Boden zu fallen. Aber eben wegen des geringeren Bildungsgrades dieser Leser ist die von dem Verfasser aufgestachelte Opposition gegen bestehende Einrichtungen umso bedenklicher. Wenn auch in allen diesen Angriffen stets die Gemeinden als die Urheber der schlechten Einrichtungen bezeichnet werden und diesen der Vorwurf gemacht wird, daß sie die Gesetze seiner Majestät nicht befolgen, so kann es doch nicht fehlen, daß das angeborene und sozusagen n a t i o n a l g e w o r d e n e Mißtrauen des Leserkreises sich gegen die Behörden wende, unter deren Augen jene, wie der Verfasser sagt, verbrecherischen Mißbräuche und Sünden geschehen, ja deren Einfluß bei einzelnen Fakten, wie z. B. bei Lehrerstellenbesetzungen, bei Schulbauten usw. nicht weggeleugnet werden kann. Wird auch in diesen Aufsätzen eine Behörde nie genannt, ja vielmehr der Regierung in heuchlerischer Weise das größte Lob ... gespendet, so geht doch aus dem Ganzen indirekt eine Beschuldigung der Behörde hervor." (SÚA, PM 1855—59 8/4/96:1 Päumann an Mecséry, 13. 5. 1857). — Ähnlich symptomatisch erschien den Behörden die Tatsache, daß im Herbst 1858 der als „notorisch volkstümlich" bekannte Jičiner Advokat Klaudy (der bekannte tschechische Politiker im Jahre 1848) die juristische Vertretung bzw. Beratung der protestierenden Bauern übernahm (SÚA, PM 8/1/19:2 11239 K.A. Jungbunzlau an Mecséry, 30. 9. 1858).

Wie leicht die demokratisch-nationale Bewegung unter den Bauern auch eine sozial-revolutionäre Komponente bekommen konnte, erweist die Tatsache, daß es 1858 in den Brennpunkten der Agitation gegen das Jagdgesetz bereits zu „Übergriffen" der Bauern gegen das Eigentum des adeligen Großgrundbesitzes kam[73]. Nach Mecséry's eigenen Worten genügte im Sommer 1858 vielerorts ein Funke, „um die Bevölkerung ganzer Ortsgemeinden in unrechtem Groll und Haß gegen den Großgrundbesitzer auflodern zu sehen"[74].

Das neue Rekrutierungsgesetz vom September 1858, das die Loskaufsumme[75] von 1 000 auf 1 500 fl erhöhte, war nicht dazu angetan, zur Beruhigung der Gemüter der bäuerlichen Bevölkerung beizutragen. Es hat überall offene Mißstimmung gegen den Staat hervorgerufen[76]. Der Entschluß der österreichischen Regierung zum Krieg in Oberitalien wurde denn auch in den tschechischen Landgebieten (besonders der „progressiven"[77] Gebiete Mittelböhmens und des Elbetales) mit großem Unwillen zur Kenntnis genommen[78]. Daß die (stets zur Illoyalität hin labile)[79] politische Indifferenz der bäuerlichen Bevölkerung sich in der Krise des Jahres 1859 nicht zur Staatsfeindschaft hin radikalisierte, lag — wie die Behörden selbst nur zu gut wußten — hauptsächlich an den günstigen Ernteaussichten, die die Bauern von der Politik ablenkten. Der Kreishauptmann von Königgrätz, der Ende Juni 1859 über die katastrophalen Eindrücke berichtete, welche die Feldpostbriefe über das militärische Fiasko in Oberitalien unter der Landbevölkerung hervorriefen, fügte hinzu, der Staat könne „hierfalls das Geschenk, welches uns die Vorsehung heuer mit einem gesegneten Fruchtjahre zu machen verheißt, nicht lobpreisend und dankbar genug empfangen"[80].

Weder der Gegensatz zum Großgrundbesitz noch die „Staatsfremdheit" eines Teiles der tschechischen Bauern sind beim Zusammenbruch des Neoabsolutismus zu größerer Wirksamkeit gelangt. Dennoch sind beide Erscheinungen über der relativen Konsolidierung der Monarchie in den 60er Jahren nicht verschwunden: Denn betrachtet man die Konstellation von 1858/59 und nimmt man die Tatsache hinzu, daß die politischen Bestrebungen des Kreises um *Krouský* und den Fürsten Rudolf *Thurn-Taxis* in den 60er Jahren dem Hochverrat sehr nahe kamen[81], so wird deutlich, daß der Gedanke an eine radikal-nationale und (zugleich in gewisser Weise) sozialrevolutionäre Lösung der böhmischen Probleme schon seit dem Neoabsolutismus gleichsam als leises, untergründiges Motiv der tschechischen Politik vorhanden war. Das Arrangement eines Teils des Adels mit der nationalen Bewegung nach

---

[73] SÚA, PM 1855—59 8/4/96:1 B.A. Jungbunzlau an K.A. Jungbunzlau, 12. 6. 1858.

[74] SÚA, PM 8/1/19:2 Nr. 6510 Mecséry an Bach/Kemper, Prag 30. 7. 1858.

[75] Durch Stellung eines „Tausendguldenmannes" konnte man sich in Österreich der Ableistung des Militärdienstes legal entziehen.

[76] R o g g e : Österreich I/523.

[77] S. unten 156.

[78] SÚA, PMT 1859/St 15.

[79] So äußerten z. B. die Bauern in der Gegend von Pardubitz (Ostböhmen) im Jahre 1853 anläßlich des mißglückten Attentats des Schneiders Libeny auf den Kaiser ihre Schadenfreude; man war sogar unmutig, daß der Kaiser nicht „ganz" erstochen worden war (SÚA, PP 1853—57 R/3/20).

[80] SÚA, PMT 1859/St K.A. Königgrätz an Mecséry, 22. 6. 1859.

[81] Lit. s. 51 Anm. 59.

1859 hat freilich die Kritik an der dominierenden wirtschaftlichen Stellung des Großgrundbesitzes bis 1914 unterdrückt; desgleichen verschwand der offene Separatismus aus den offiziellen Programmen der tschechischen Parteien. Aber mit dem Erfolg des nationalen Separatismus im Jahre 1918 erschien sofort die Frage der ungleichen Verteilung des Grundeigentums wieder an der politischen Oberfläche. Die Bodenreform der 20er Jahre, die schließlich den Sprung über die Barriere des Eigentumsrechtes wagte, erscheint in diesem Licht gleichsam als die höchste Verdichtung der seit der Revolution von 1848 immer virulenten Amalgamierung von bäuerlich-demokratischen und nationalem Geist[82].

---

[82] Zur Diskussion um die Bodenreform vgl. zuletzt F. S e i b t : Die erste ČSR im Bild der Forschung. In: Aktuelle Forschungsprobleme um die Erste Tschecheslowakische Republik. München-Wien 1969, S. 207 ff.

4. BÜRGERTUM UND ABSOLUTISMUS

Das europäische System des „Neoabsolutismus" (in Frankreich die plebiszitäre Diktatur Napoleons III, in Preußen der Scheinkonstitutionalismus, in Österreich die offen verkündete kaiserliche Selbstregierung) verdankte seinen Erfolg zu Beginn des Jahrzehnts der energisch proklamierten Funktion des Staates als eines Garanten von „Ruhe und Ordnung". Die Furcht vor der Sozialrevolution, die 1848 zum ersten Mal am Horizont der bürgerlichen Gesellschaft drohend erschienen war[1], trieb neben dem schutzbedürftigen Besitzbürgertum auch Teile der demokratischen Mittelschichten in die Arme der Gegenrevolution. In Böhmen war das Wirtschaftsbürgertum, das 1848 Hauptträger der liberalen Bewegung gewesen war[2], durch die chaotischen Zustände des Marktes und die infolge der Revolutionskriege verschlimmerte Rezession längst soweit mürbe gemacht, daß der Verfassungsoktroy im März 1849 als Signal für eine Stabilisierung der wirtschaftlichen Lage begrüßt wurde. Typisch für die damalige Stimmung im deutschen Prager Bürgertum ist ein Brief des Textilhändlers (und späteren Sokol-Gründers) Heinrich *Fügner*, der am 12. 3. 1849 nach Wien schrieb: „... denn weiß Gott, wir brauchten einmal eine energische Sprache. Zuletzt können wir mit Gewißheit einen erfreulichen Umschwung der Geschäfte erwarten, bekommen unser Geld herein und dem *für Jeden* hereinbrechenden Elende ist ein Damm vorgeschoben. (...) Jeder, der irgend ein praktisches Geschäft treibt, stellt sich zufrieden[3]."
Als dann im Mai 1849 von den tschechischen und deutschen Radikaldemokraten ein erneuter Umsturzversuch mit deutlich sozialrevolutionärer Akzentuierung vorbereitet wurde, bat sowohl das deutsche wie das tschechische Bürgertum Prags bei

---

[1] Mit der Pariser „Junischlacht", der militärischen Auseinandersetzung von bürgerlicher Regierung und Pariser Arbeiterschaft. (Zum Eindruck der Pariser Ereignisse auf das österreichische Bürgertum siehe unten 203 f.). Bezeichnend ist in diesem Zusammenhang auch eine von Kudlich berichtete Episode aus der Wiener Revolution: Am 1. April 1848 erschien der Fabrikant Granichstädten in der Universität, um die revolutionären Studenten zu beschwören, ja nichts zu unternehmen, was Aufregung unters Volk werfen könnte; er habe bei den Maschinenstürmen im März bereits drei Fabriken verloren. Kudlich vermerkt: „Seine Worte machen tiefen Eindruck!" (Kudlich: Rückblicke I/213).
[2] Vgl. dazu die aufschlußreiche Aufstellung über die Berufe der beim Teplitzer Kongreß der Konstitutionellen Vereine anwesenden Delegierten bei Věra V o m á č k o v á : Die Bourgeoisie in Böhmen und der deutsche Zollverein im Jahre 1848. In: Aus 500 Jahren deutsch-tschechoslowakischer Geschichte (Hrsg. K. O b e r m a n n u. J. P o l i š e n k ý). Berlin 1958, S. 227.
[3] Zitiert nach Othmar F e y l : Die Entwicklung des Sokolgründers Heinrich Fügner im Lichte seiner Prager Briefe an den böhmendeutschen Konservativen Joseph Alexander von Helfert in den Jahren 1848 bis 1865. In: Deutsch-Slawische Wechselseitigkeit in sieben Jahrhunderten. Berlin 1956, S. 523.

den Behörden geradezu inständig um die Ausrufung des Ausnahmezustandes[4]. Im Herbst 1849, als der Wiener Militärkommandeur *Welden* eine Versammlung von ca. 800 „Vertrauensleuten" aus dem Besitzbürgertum über eine mögliche Aufhebung des Belagerungszustandes debattieren ließ, kam man zu dem bezeichnenden Schluß, daß „wenn sich die Stimmung und das Betragen der unteren Volksschichten auch bedeutend gebessert habe, der unbedingte Gehorsam gegen die bestehenden Gesetze durchaus noch nicht auf einen solchen Grad gekommen sei, um nicht einen Rückhalt von Gewaltmaßregeln erfordern zu müssen"[5]. Die Faszination, die besonders der neue außen- und wirtschaftspolitische Kurs des Regimes auf die wirtschaftlich führenden Gruppen ausübte[6], trug nachhaltig zu dem fast unbegrenzten Konjunkturoptimismus bei[7], der die Voraussetzung der Unterstützung der Regierung durch das liberale Wirtschaftsbürgertum war. Wirtschaftlicher Aufschwung und Etablierung des ungeschminkten Absolutismus haben sich daher nach 1849 gegenseitig gefördert[8]. Daß die Beförderung der materiellen Wohlfahrt und die Sicherung größt-

---

[4] S. unten 234. — Aufschlußreich für die Stimmung im Besitzbürgertum Prags sind die Briefe, die der Prager Großkaufmann Johann Baptist Riedl, ein Cousin des westböhmischen Montangroßindustriellen Anton von Starck, im Frühjahr 1849 an Alexander Bach schickte. In seinem ersten Brief bezeugte Riedl dem Innenminister seine Verehrung, indem er ihn als den Staatsmann pries, „der selbst mit eiserner Beharrlichkeit die Revolution niedergekämpft" habe; im Mai 1849 teilte Riedl dem Minister mit, die „Gutgesinnten — und alle, die was haben, sind mit wenig Ausnahmen solche —" seien der Regierung dankbar, daß sie diesmal der „Umsturzpartei" zuvorgekommen sei: „Es ist nur zu wünschen, daß strenge Konsequenz in der Untersuchung und Bestrafung die Herrschaft behalte." (AVA Nachlaß Bach, Kt. 13).

[5] HHSTA, I. B. 1849/820 Welden an Bach, 16. 10. 1849.

[6] Auch Radetzkys Siege in Italien im Jahre 1848 gehören bereits in diesen Zusammenhang. Der Prager Großhändler Richard Dotzauer vermerkt in seinen Memoiren über die Stimmung nach 1849: „. . . mit Stolz konnten wir uns Österreicher nennen . . ." (Edmund S c h e b e k : Richard Ritter von Dotzauer. Prag 1895, S. 54). Der Kreishauptmann von Pilsen berichtete am 3. 9. 1851 nach Prag: „Das bürgerliche Element ist sichtlich beeindruckt von dem diplomatischen Sieg Österreichs über Preußen und labt sich daran." (SÚA, PM 8/1/12 Nr. 477 pr.). — Während des Krimkrieges berichtete der Kreishauptmann von Böhmisch-Laipa über die Ansichten des deutschen Wirtschaftsbürgertums Nordböhmens: „. . . das feste und energische Auftreten unseres verehrten Monarchen hat hierkreises in der industriellen Welt viel Enthusiasmus hervorgerufen." (SÚA, PP 1853—57, R/3/40 K.A. Böhm.-Laipa an Sacher-Masoch, 23. 3. 1854).

[7] Darüber die Erinnerungen Richard Dotzauers: das „neue Österreich" habe so vielversprechend begonnen, „daß sich der Industriellen in Böhmen ein Hochgefühl bemächtige, das sie überstandene kritische Zeit vergessen und freudigen Mutes der Zukunft entgegensehen ließ. (. . .) Drastisch kennzeichnete der große Flachsspinner Faltis in Trautenau nochmals die nunmehrige glänzende Geschäftsperiode durch die Äußerung: „(. . .) Wenn es mit dem Verdienen so fortgegangen wäre, wie im Jahre 1850, so hätte ich müssen ein Narr werden." (S c h e b e k : Dotzauer 90).

[8] Ein Artikel in den „Grenzboten" vom Frühjahr 1851 aus der Feder eines Angehörigen des demokratischen Flügels der deutschböhmischen Liberalen nahm zu dieser Wandlung der großbürgerlichen politischen Meinung verbittert Stellung: „Als die Regierung die Presse knebelte, als sie die liberale Partei verfolgte, da applaudierten diese Kaufherren und Industriellen und meinten, unter dem Absolutismus Schutz und Schirm zu finden für Zähltisch und Webstuhl." (Grenzboten 1851/I, 277). Die Schritte zur offenen Proklamation des kaiserlichen Absolutismus wurden im böhmischen Bürgertum fast teilnahmslos aufgenommen, bei einem Teil sogar begrüßt. Darüber berichtete der Kreishauptmann von

möglicher Prosperität für die Konsolidierung des Systems lebensnotwendig war, haben die Führer der neoabsoluten Regierung von Anfang an erkannt[9]. Vor allem die nationalen Zentrifugalkräfte glaubte der Kreis um *Bach* und *Bruck* durch wirtschaftsreformerische Tätigkeit ausschalten zu können; optimistisch nahm man zu Beginn des Jahrzehnts an, die nivellierende Kraft des geschlossenen Wirtschaftsraumes werde die Träger der nationalen Bewegungen von der nach Wohlstand strebenden Menge der Bevölkerung isolieren. Sehr präzise formulierte diese Gedanken eine aus informierter Quelle stammende Korrespondenz der „Augsburger Allgemeinen Zeitung" aus Wien zu Anfang des Jahres 1850: „... der materielle Vorteil wird die Bevölkerungen der verschiedenen Kronländer fester aneinander knüpfen als die von den nationalen Sprechern so sehnlichst gewünschte Berechtigung, aus Österreich ein zweites Babylon zu schaffen, (...). Die *Nationalität* ist ein *beachtenswerter*, aber kein *dominierender* Faktor des Volkswohles. Über dem materiellen Vorteil entäußern sich am Ende die Völker willig des Kitzels ... böhmische Topanken tragen zu dürfen, und in wenigen Jahren wird der Kern der

Pilsen am 3.10.1851 an Mecséry, daß „man sich bis jetzt, wenigstens dem Anscheine nach, über den möglichen Verlust wesentlicher konstitutioneller Volksrechte wenig zu kümmern scheint. Insbesondere rechnen die besitzenden Klassen sowohl im Interesse der moralischen Kräftigung der staatlichen Zustände als auch ihres individuellen Besitzstandes auf den günstigen Erfolg der diesfalls bevorstehenden Rehabilitierung der kaiserlichen Machtvollkommenheit." (SÚA, PM 8/1/12 Nr. 565 pr.). — Wenn bei dieser amtlichen Schilderung auch der Interessenstandpunkt der Behörde sicherlich den Tenor gefärbt hat, so spricht doch viel dafür, daß der Kern der Beobachtung richtig war; der schon oben zitierte Liberale Dotzauer jedenfalls schrieb über den Eindruck der Verfassungsaufhebung im Prager Bürgertum: „Ich gestehe, die Aufhebung der Verfassung erschütterte mich tief; ich wurde förmlich krank und begriff nicht, wie die meisten Menschen über ein so wichtiges Ereignis so ruhig hinweggehen konnten." (S c h e b e k : Dotzauer 59). — Bei der Beurteilung dieser Frage darf nicht vergessen werden, daß das Wirtschaftsbürgertum durch die Errichtung der Handelskammern seit 1850 ja ein Forum der wirtschaftspolitischen Diskussion und auch die Möglichkeit zu „parlamentarischer" Einflußnahme auf die Entscheidungen der Regierung erhalten hatten. Bach selbst hat sich 1851 über den Grad der Politisierung des Bürgertums getäuscht und ernsthaften Widerstand gegen die Verfassungsaufhebung erwartet. Rückblickend berichtete am 31.12.1852 darüber der Prager Polizeipräsident Sacher-Masoch an den Chef der obersten Polizeibehörde, den Freiherrn von Kempen, nicht ohne auf delikate Weise die Vorurteile des Adressaten gegen die demokratische Vergangenheit Bachs zu berücksichtigen: „Es ist bekannt, daß der Herr Minister des Inneren, in dessen Händen zur Zeit die oberste Polizeigewalt ruhte, Besorgnisse kundgab, wie die allerhöchste Willensmeinung von der Bevölkerung werde aufgenommen werden. Die Möglichkeit von Demonstrationen, ja Störungen der öffentlichen Ruhe ward den Behörden ausdrücklich vorgerückt und damit der Beleg geliefert, wie schwer es hielt, sich von den Eindrücken und Einflüssen des Jahres 1848 loszusagen. Es traf ein, was von einer auf ruhige Beobachtung gestützten klaren Anschauung erwartet werden konnte: der a. h. Wille seiner k. k. apost. Majestät blieb ohne Anfechtung ..." (SÚA, PM 8/1/12 Nr. 97 p.p.).

[9] Bach selbst wurde nicht müde, dem kaiserlichen Hof und der Bürokratie die Wichtigkeit des materiellen Fortschritts vorzuhalten. In einem Bericht für den Kaiser schrieb Bach im September 1851, das entscheidende politische Gewicht sei die „Masse der Bevölkerung, welche überhaupt wenig Interesse für politische Angelegenheiten hat, und sich mehr mit der Verbesserung ihrer materiellen Zustände beschäftigt ...". Im Sommer 1851 hatte Bach dem Kaiser zynisch mitgeteilt, die Loyalität des Mittelstandes steige und falle proportional dem Kurs der österreichischen Währung (HHSTA, I. B. 1851/8453 u. 7540).

Nationen in unserem Staate Geist, Kraft und Besinnung genug haben, einen nationalen Ramudo de Colibrados zu belächeln, der lieber in der Svornostmütze verhungert, als mit dem Zylinder sich und den seinigen eine frohe kummerlose Zukunft sichert. Im schlimmsten Falle wird es in Böhmen ... soweit kommen wie in Galizien, wo die nationale Partei nicht von der Regierung, sondern vom Volke selbst im Schach gehalten wird. Das Volk will Ruhe, um materiell zu erstarken, und betrachtet früher oder später ... diejenigen als seine gefährlichsten Feinde, die den Gegenstand seiner Sehnsucht durch ziellose Agitation ewig in Frage stellen"[10].

Während die demokratisch-revolutionären Vertreter des deutschen Bürgertums durch drakonische Verfolgungen außer Landes getrieben wurden oder in den österreichischen Gefängnissen verschwanden (was gerade für die Deutschböhmen einen starken politischen Substanzverlust bedeutete[11]), hat die breite „liberal" gestimmte Menge der 1848 politisch Aktiven sich sehr rasch mit dem neuen Regime arrangiert[12]. Die von der Regierung zur Einschläferung der politischen Energien des Bürgertums bereitwillig eröffneten Gewinnchancen, die administrativen Erleichterungen wirtschaftlicher Tätigkeit kamen den Wünschen der unternehmerisch gesinnten Intelligenz entgegen; so lassen sich viele deutsch-böhmische Liberale des Jahres 1848 finden, die in den 50er Jahren den Weg in die Wirtschaft gingen und dort Karriere machten, um teilweise nach 1860 wieder im politischen Leben aufzutauchen: Gustav Robert *Groß*, der 1848 aus Nordböhmen ins Frankfurter Parlament entstandt worden war und dort dem linken Zentrum angehört hatte, wurde 1851 Sekretär der Reichenberger Handelskammer und Mitte der 50er Jahre einer der Gründer der Reichenberg-Pardubitzer Bahn, 1856 Generalsekretär der Süd-Norddeutschen Verbindungsbahn[13]; der westböhmische Demokrat Ferdinand

---

[10] AAZ 1850, S. 4.

[11] P r i n z : Die böhmischen Länder 58.

[12] Es ist in diesem Zusammenhang aufschlußreich, daß in den politisch-polizeilichen Akten der Statthalterei und der Polizeidirektion von einer Auseinandersetzung mit deutschböhmischen liberalen Kräften überhaupt nicht die Rede ist; ein anderes Symptom ist die Tatsache, daß während der 50er Jahre der Bürgermeister von Reichenberg als einziger Kommunalvertreter in ganz Böhmen wie ein Staatsbeamter Stimmungsberichte an die Statthalterei erstattete. — Richard Dotzauer schildert in seinen Memoiren das gesellschaftliche Klima im deutschböhmischen Bürgertum: auffällig sei die „Schöntuerei und Ordensjägerei, an welcher der Bürgerstand zu jener Zeit sehr litt" gewesen; es gab „auch viele, welche ihr damaliges [1848] Verhalten zu beschönigen suchten ...". Bezeichnend ist auch eine andere Erscheinung, welche Dotzauer (ohne Namen zu nennen) anführt: „Ich habe sonst sehr brave und achtbare Bürger gekannt, die ihrer gesellschaftlichen Stellung und ihrem Vermögen nach vollkommen unabhängig waren und es doch vorzogen, in den Bureaux der Statthalterei und der Polizeidirektion, wenn nicht täglich, so doch recht oft ihre Aufwartung zu machen." (S c h e b e k : Dotzauer 70 f.). — Es führte zu weit, hier auch den Lebensläufen der Politiker des Jahres 1848 nachzugehen, die den Weg in den Staatsdienst des neoabsoluten Regimes fanden. Um nur zwei bedeutende Fälle zu nennen: die beiden Mitarbeiter des Kremsierer Verfassungsausschusses Mayer und Lasser machten in Bachs Innenministerium Karriere, und waren nach 1860 einflußreiche Mitglieder der deutschliberalen Partei (F r i e d j u n g : Österreich I/327).

[13] Das Parlament. 17. Lieferung (Hrsg. A. E c k s t e i n). Wien 1879. Groß wurde 1861 Direktor der Süd-Norddeutschen Verbindungsbahn; 1865 wurde er Abgeordneter für Reichenberg im böhmischen Landtag und von dort 1867 in den Reichsrat entsandt. Wäh-

Stamm, 1848/49 ein Angehöriger der Linken im Kremsierer Reichstag, der im Frühjahr 1849 mit dem sozialrevolutionären Kreis der Maiverschwörung zusammengearbeitet hatte[14], gab in den 50er Jahren in Wien die Zeitschrift „Die neuesten Erfindungen" heraus und widmete sich der Verwaltung eines ererbten Montanbetriebes in Westböhmen[15], eine Prager Polizeinotiz aus dem Jahre 1855 registriert ihn als „konservativen Bergwerksbesitzer"[16]; Eduard *Strache*, der großdeutsche Liberale, der 1848 Präsident des Teplitzer Kongresses der Deutschböhmen gewesen war, fand nach kommunalpolitischer Tätigkeit (als Bürgermeister von Rumburg) und Konflikten mit der Polizei wegen politischer Unzuverlässigkeit 1855 nach Wien, wo er im Management des Eisenbahnbau-Großunternehmens Gebrüder Klein zu Vermögen kam[17]; der Radikalliberale Karl *Giskra* profitierte nach anfänglichen Schwierigkeiten mit dem Regime als Rechtsanwalt von den Chancen des ökonomischen Aufschwunges und kehrte 1860 als vermögender Mann in die Politik zurück[18]; Franz Josef *Stradal*, ebenfalls ein maßgeblicher Führer des Teplitzer Kongresses von 1848, gründete 1850 eine Aktienbrauerei in Aussig und 1856 die Aussig-Teplitzer Bahnbaugesellschaft[19]; der Mitbegründer des „Konstitutionellen Vereins" und großdeutsche Liberale Franz *Klier*, der Abgeordneter in Kremsier gewesen war, wurde 1851 Landesadvokat in Tetschen und hatte großen Anteil am wirtschaftlichen Aufschwung der Tetschener Region (Eisenbahnbau, Tetschener Kettenbrücke[20]); Anton *Anschiringer*, 1848 zusammen mit Uffo *Horn* dem radikal-

rend der 70er Jahre war er eifrig im Bahngründungsgeschäft tätig, zugleich einer der Führer der liberalen Partei. Er war der Vater des einflußreichen deutschböhmischen Politikers Gustav Groß.

[14] Stamm versuchte im Frühjahr 1849, als durch die Oktroyierung der Verfassung die politischen Möglichkeiten des linken Flügels der Liberalen lahmgelegt waren, in Westböhmen politische Volksbildungsarbeit zu leisten. Vgl. dazu unten 204.

[15] Festschrift des Journalisten- und Schriftstellervereins Concordia 1859—1909. Wien 1909, S. 52. Stamm wurde 1861 Abgeordneter des böhmischen Landtags und von dort aus als liberaler Zentralist in den Reichsrat entsandt.

[16] Semestralausweis über periodische Druckschriften vom 8. 1. 1855 (SÚA, PM 1855—59, 8/4/5:1).

[17] Zu Strache s. unten 205.

[18] Über Giskra vgl. R. C h a r m a t z : Lebensbilder aus der Geschichte Österreichs. Wien 1947, S. 89 ff.

[19] Teplitzer Zeitung vom 19. 5. 1898. Eine weitere Gründung Stradals war das Teplitz-Schönauer Gaswerk, das in den 50er Jahren gebaut wurde. Stradal wirkte während des neoabsoluten Jahrzehnts als „Fortschrittler" im Teplitzer Gemeinderat. Als der Chef der Obersten Polizeibehörde Kempen im Jahre 1853 mißtrauisch Erkundigungen über den 1848er Liberalen Stradal einholte, berichtete Mecséry beruhigend nach Wien: „Welche Stellung aber Dr. Stradal im Jahre 1848 eingenommen haben mag, seine gegenwärtige Stellung muß als eine vollkommen loyale bezeichnet werden. Er ist in das Lager der Konservativen übergegangen und hat ... genügend bewiesen, daß er mit der Regierung Hand in Hand zu gehen entschlossen ist ..." (SÚA, PMT 1853 St /2 Mecséry an Kempen, 24. 2. 1853). — Von 1860—1867 war Stradal Abgeordneter für Teplitz im böhmischen Landtag.

[20] Das Parlament. 9. Lieferung. Wien 1879. — ÖBL 3 (1965) 403. — Kliers Biographie während der 50er Jahre ist ein typisches Beispiel für die nicht seltene Erscheinung, daß die „liberal"-absolutistische Bürokratie Angehörige des liberalen Bürgertums, die sich in die Verhältnisse zu schicken wußten, gegenüber den Schikanen des (auch gegenüber dem

liberalen bis demokratischen Flügel des Reichenberger Bürgertums zugehörig, wurde 1856 Sekretär der Reichenberger Handelskammer[21] und wirkte als Publizist für die Interessen des Industriekapitals[22].

Begreiflicherweise haben die neoabsoluten Behörden die Hinwendung des Bürgertums zu materiellen Fragen immer wieder erfreut registriert. Sacher-Masoch berichtete im Juni 1851 über die bürgerlichen Interessen, „daß — Ausnahmen abgerechnet — bei der nun nüchtern gewordenen Anschauung nicht mehr viel nach *Regierungsform*, nach *Namen, Freiheiten, Errungenschaften* usw. gefragt, sondern die wahrhafte, ordentliche innere Verbesserung der Staatseinrichtungen und die Förderung der *materiellen* Interessen gewünscht wird"[23]. Und in einem Resümee, den Charakter des Jahres 1852 betreffend, führte Sacher-Masoch aus: „Der charakteristische Typus unserer Tage liegt in dieser Sehnsucht nach Ruhe, die es selbst in Frankreich vor allem ermöglicht hat, daß *Jeder* möglich wurde, der dieselbe schaffen und behaupten konnte"[24].

Großbürgertum mißtrauischen) Chefs der obersten Polizeibehörde Kempen deckte. Kempen erhob im Jahre 1852 schwere Bedenken gegen die Tätigkeit des 48ers Kliers als Notar. Kempen bezeichnete Klier als einen „bedenklichen, regierungsfeindlichen Deutschtümler". Sacher-Masoch deckte Klier sehr geschickt, indem er auf die widersprüchliche Haltung der deutschböhmischen Liberalen während des Jahres 1848 hinwies, eine genaue Erforschung der Verantwortlichkeit sei nicht möglich: „... Franz Klier hat sich im Jahre 1848 als einer der Teilnehmer des konstitutionellen Vereins in Prag bemerkbar gemacht. Dieser Verein übte eine Art Opposition gegenüber den Bestrebungen der tschechischen radikalen Partei und weil eben diese letztere sich in gewalttätigen Demonstrationen und Exzessen überstürzte, sammelte sich in dem konstitutionellen Vereine neben den deutschen liberalen Parteien auch eine bedeutende Zahl von deutschen Konservativen und prägte dadurch dem konstitutionellen Vereine eine Art von Legalität, von äußerem Anstand und ruhigem Wesen auf. Nach der Unterdrückung des Juniaufstandes artete der konstitutionelle Verein allerdings aus und viele seiner Mitglieder kompromittierten sich in den sogenannten „Kongressen" zu Teplitz und Eger als Demokraten und als Anhänger der Frankfurter Radikalen. (...) Viele von Kliers Genossen gehörten im Jahre 1848 der Opposition an, weil sie das Ministerium beschuldigen zu müssen glaubten, daß es die slawische Partei begünstige. Sobald diese Befürchtung behoben war, traten sie auf die Seite der Regierung." (SÚA, PPT 1853/3 Kempen an Sacher-Masoch, 30. 12. 1852; Sacher-Masoch an Kempen, 4. 1. 1853). — 1861—1862 war Klier Abgeordneter des böhmischen Landtags, 1867—84 Mitglied des Reichsrats, wo er ein einflußreicher Politiker der deutschen Verfassungspartei war. Klier war führend am Ausbau der nordböhmischen Bahnen beteiligt und Präsident des Verwaltungsrates der böhmischen Nordbahn.

[21] Zu Anschiringers Rolle im Jahre 1848 vgl. Josef B e l d a : Liberec v revolučním roce 1848 [Reichenberg im Revolutionsjahr 1848]. Reichenberg 1959. Biograph. Daten über Anschiringer ebenda 280.

[22] Vgl. dazu A. A n s c h i r i n g e r : Albung der Industrie des Reichenberger Handelskammerbezirks. 2 Bde. Reichenberg 1858.

[23] SÚA, PM 8/1/12 Nr. 1466 p.p. Sacher-Masoch an Bach, 7. 6. 1851.

[24] SÚA, PM 8/1/12 Nr. 431 p.p. Sacher-Masoch an Kempen, 3. 12. 1852. — Die Bermerkung bezieht sich auf die ungewöhnliche Karriere Napoleons III. — Auch wenn man bei der Wertung der diesbezüglichen Aussagen der Behörden die Färbung im eigenen Interesse abzieht, verändert sich das Bild wenig. Zwar verfolgte die „nichtangestellte Intelligenz" (SÚA, PM 8/1/12 Nr. 280 pr., B.H. Saaz an K.A. Eger 23. 7. 1851) die Entwicklung zum Absolutismus mißtrauisch; in der Mitte des Jahrzehnts konnte ein nordböhmisches Kreisamt jedoch schon die beruhigende Mitteilung machen, daß „selbst diejenigen, welche

Wenn indes der neoabsolute Staat gehofft hatte, durch die Lenkung der bürgerlichen Aktivität auf das Feld der Wirtschaft eine tiefgreifende Entpolitisierung erreichen zu können, so wurde diese Absicht durch die engen Zusammenhänge zwischen wirtschaftlicher und (vor allem außen-)politischer Entwicklung vereitelt. Vor
allem der dauernd wechselnde, von politischen Tagesereignissen abhängige Stand
der österreichischen Währung[25] zwang dem Wirtschaftsbürgertum eine Hinwendung
neuer Art zum politischen Geschehen auf: Wohlergehen oder Schwäche des österreichischen Staatswesens wurden dabei quasi zu „neutralen“, in der geschäftlichen
Kalkulation wohlzuberücksichtigenden Größen; das gerade für die Protagonisten
der deutsch-liberalen Partei nach 1860 typische „abstrakte“, wenig gefühlsbetonte
Verhältnis zum Staat[26] hat seine Wurzel nicht zuletzt in der wirtschaftlich-politischen Situation der 50er Jahre. Seit Beginn des Krimkrieges hörte das „Interesse
aller Klassen an den neuesten Nachrichten, selbst derjenigen, welche seit langem die
Politik nicht mehr zum Gegenstand ihrer Raisonnements gemacht hatten“[27] nicht
mehr auf. Gegen Ende des Jahrzehnts notierte der Prager Großhändler Richard
Dotzauer, der während der 50er Jahre geschäftlich außerordentlich erfolgreich ge-

in den Wirrjahren 1848 und 1849 aus Unerfahrenheit und Unkenntnis der staatlichen
Verhältnisse, Eigendünkel und roher Nachäfferei sündigten“, nun „in reuiger Zurück-
gezogenheit“ lebten (SÚA, PM 8/1/19:2 Nr. 527 pr. K.A. Jungbunzlau an Mecséry,
26. 9. 1855). — Päumann teilte im Jahre 1857 mit, daß „man der Revolution mit ihren
Folgen müde geworden ist und sich die Bestrebungen mehr auf den materiellen Erwerb
und Genuß geworfen haben.“ (SÚA, PM 8/1/19:2 Nr. 124 p.p. Päumann an Kempen
1. 1. 1857). Es erscheint mir in diesem Zusammenhang erwähnenswert, daß auch der linke
Flügel der Revolution im Laufe des neoabsoluten Jahrzehnts nicht von Desorganisationserscheinungen des politischen Bewußtseins verschont blieb. Es gelang der österreichischen
Polizei nämlich, aus den Reihen der Radikaldemokraten des Jahres 1848/49 einige Konfidenten (Spitzel) anzuwerben. Neben Karel Sabina (dessen Fall ja dann in den 70er Jahren zu einem großen Skandal im tschechischen Lager Anlaß gab) arbeiteten für die Polizei Ferdinand Kopp (der 1848 am konsequentesten ein sozialistisches Programm vertreten hatte) und der Teilnehmer an der Maiverschwörung Franz Břetislav Paul. Bezeichnend sind die Worte Sabinas, mit denen er sich bei seinen neuen Arbeitgebern 1859 einführte: „Von guten Worten und freundlichsten Versicherungen kann Niemand existieren.
Die Bestrebungen der demokratischen Partei sind mir seit Jahren schon durch die an-
maßende Forderung gleichgültig, ja widerwärtig geworden, daß der Mensch sich opfern
müsse für eine unklare, dem Tatsächlichen widersprechende Idee, welche bei uns nicht
einmal den Volksüberzeugungen entspricht.“ (J. P u r š : K případu Karla Sabiny [Zum
Fall Karel Sabina]. Prag. 1959, S. 56). Zum Fall Sabina vgl. auch W u r z b a c h 28
(1874) 6 ff. — Zu Kopps publizistischer Tätigkeit 1848 vgl. I. I. U d a l c o v : Aufzeichnungen über die Geschichte des nationalen und politischen Kampfes in Böhmen im Jahre
1848. Berlin 1953, S. 206 ff. und unten 233 Anm. 15; — Biographische Daten finden
sich bei W u r z b a c h 12 (1864) 419. — Die konfidentielle Tätigkeit Pauls ist belegt
durch die geheimen Polizeiakten SÚA, PPT 1854/5 u. 6.

[25] S. Anhang 344.
[26] Vgl. zu dieser „Staatsverdrossenheit“ selbst in den höchsten politischen Kreisen die Arbeit
von Mechthild W o l f über den liberalen Finanzminister Ignaz von Plener (Phil. Diss.
Saarbrücken, noch nicht fertiggestellt).
[27] SÚA, PM 8/1/19:2 Nr. 1063 p.p. Päumann an Kempen, 1. 4. 1856. — Vgl. dazu auch die
Formulierung Päumanns in einem Bericht an Mecséry vom 1. 7. 1855: „... die orienta-
lische Streitfrage mit allen ihren bis in das Innerste der P r i v a t v e r h ä l t n i s s e aller
Staatsbewohner eindringenden Konsequenzen ...“ (SÚA, PM 8/1/19:2 Nr. 1991 p.p.).

wesen war, die Gründe für seinen Aufstieg: „Kaufmann allein zu sein, ist nicht mehr ausreichend. Man muß *Politik treiben*, fleißig Zeitungen lesen und die Welt-händel studieren, um zu wissen, ob der richtige Moment zur Wechsel-Operation eingetreten ist oder nicht"[28]. Aber auch die Wiederhinwendung des bürgerlichen Interesses zu innenpolitischen Problemen, womit sich die Ära der bürgerlichen Teilhabe an der Macht bereits Ende der 50er Jahre leise ankündigte, hängt z. T. mit Wirtschaftsfragen zusammen: durch Personalmangel und Überbürdung mit kom-munalen Geschäften (erzwungen durch den Versuch *Bachs*, der zentralistischen Ver-waltung die Zuständigkeit bis hinunter zu den kommunalen Agenden in die Hände zu geben) waren die Behörden immer weniger in der Lage, pünktlich und präzise die notwendige Administration in Wirtschaftssachen wahrzunehmen. Hatte der Kreishauptmann von Böhmisch-Leipa im Jahr 1853 die Tendenz zu wachsender Harmonie zwischen Regierung und Geschäftsleuten prognostiziert, weil diese „ihre Blicke den materiellen Interessen zugewendet ... (und) ohne auf die politischen Fragen zu reflektieren, zufriedengestellt" seien, „wenn die Amtshandlungen in ihren Angelegenheiten eine schnelle und gerechte Erledigung bei den Behörden finden"[29], so mußte unter den Bedingungen des sukzessiven Verwaltungszusam-menbruchs[30] nach 1855 die Loyalität des Wirtschaftsbürgertums bedeutend ange-griffen werden[31]. Als schließlich der Krieg von 1859 binnen weniger Monate die kaum konsolidierten österreichischen Finanzen ruinierte und die langsame wirt-schaftliche Gesundung nach der Krise von 1857 unterbrach[32], war es um das Arrangement von Besitzbürgertum und Neoabsolutismus endgültig getan; lauthals wurde überall parlamentarischer Einfluß verlangt[33].

---

[28] S c h e b e k : Dotzauer 80. — Aufschlußreich für dieses Verhältnis des Bürgertums zur Politik ist der im Prager Staatsarchiv aufbewahrte Briefwechsel des liberalen tschechischen Politikers Adolph Maria Pinkas. Pinkas räsoniert in den Briefen an seine Familie und seinen Freundeskreis aus den 50er Jahren unausgesetzt über die außenpolitische Lage Österreichs und deren Einfluß auf die Börse; der Kernpunkt der Vorwürfe Pinkas' gegen die neoabsolute Regierung ist deren finanzpolitische Unsolidität. Das Schlimmste, das Pinkas in den Kreis seiner melancholischen Betrachtungen über die Zeitläufe einbezieht, ist die Angst vor der Einführung einer Kapitalertragssteuer (SÚA, PMT P1 Pinkas an Graf Karl Wolkenstein, 7. 2. 1853 Abschrift).
[29] SÚA, PM 1850—54 1/7/31 K.A. Böhmisch-Leipa an Mecséry, 30. 5. 1853.
[30] Vgl. oben 23.
[31] Päumann berichtete über die ungünstigen Folgen der Behördenüberlastung, daß „Pro-zesse, Exekutionen, Verlassenschaften etc. unabsehbar in die Länge gezogen werden. Die-ser Übelstand ... hemmt den Verkehr und den Realkredit auf das empfindlichste und ist in nationalökonomischer Beziehung von umso größerem Nachteil, als er, einmal im Wachsen begriffen, immer drückender zu werden droht." (SÚA, PM 8/1/19:2 Nr. 123 p.p. Päumann an Kempen, 1. 1. 1856).
[32] S. unten 108.
[33] SÚA 8/1/19:2 Nr. 7317 K.A. Jungbunzlau an Mecséry, 5. 7. 1859. — Nr. 51 p.p. K.A. Prag an Mecséry. — Vgl. auch die unter der Signatur PMT/1859. St 15 gesammelten Stimmungsberichte aus dem Sommer 1859.

5. DER „ZEITGEIST"

Wie überall in Europa standen die 50er Jahre auch in Böhmen im Zeichen eines stürmischen Siegeszuges des *hochkapitalistischen Wirtschaftsgeistes*[1]. Auch Österreich nahm Anteil an der nach 1849 einsetzenden Gründer- und Spekulationsperiode großen Stils, in welcher das wirtschaftliche Gesicht Mitteleuropas die bis zum Anbruch des 20. Jahrhunderts gültige Prägung erhielt[2]. Auch in der böhmischen Gesellschaft wurde der Einfluß der kapitalistischen Wirtschaftsgesinnung zu einem dominierenden Faktor in der bürgerlichen Ethik; die Unterordnung aller Ziele unter den beherrschenden Gesichtspunkt der *ökonomischen Zweckmäßigkeit* war — zumal im Industriebürgertum — bis zum Ende des Jahrzehnts weit fortgeschritten[3]. So ist die geistige Signatur des Jahrzehnts nach der Revolution entscheidend bestimmt durch das unverhüllte Vorwalten des materiellen Egoismus. Hellsichtig notierte der konservative Josefiner *Kübeck* (der das staatliche Gesicht des neoabsoluten Systems in Österreich entscheidend mitbestimmt hat) im Jahre 1850, daß die christliche Idee der „Aufopferung" verschwinde und an ihre Stelle überall die Herrschaft der „Ichheit" trete[4].

---

[1] Zur geistigen Verfassung der Zeit vgl. die Untersuchung von H. R o s e n b e r g : Die Weltwirtschaftskrisis von 1857—1859. Stuttgart-Berlin 1934, S. 13 ff. Die Abschnitte über den Charakter der 50er Jahre sind neuerdings gedruckt bei H. B ö h m e (Hrsg.): Probleme der Reichsgründungszeit 1848—1879. Köln-Berlin 1968, S. 159 ff. — Vgl. auch F. Z u n k e l : Die Entfesselung des neuen Wirtschaftsgeistes 1850—1875. In: Moderne deutsche Wirtschaftsgeschichte (Hrsg. Karl Erich B o r n). Köln-Berlin 1966, S. 42 ff. — Vorzüglich auch jetzt noch ist die Übersicht über die Tendenzen der 50er Jahre bei W. S o m b a r t : Die deutsche Volkswirtschaft im 19. Jahrhundert. 3. Aufl. Berlin 1913, S. 80 ff.

[2] S o m b a r t : Die deutsche Volkswirtschaft 81.

[3] Vgl. auch unten 186 ff.

[4] W a l t e r : Nachlaß 21. — Der oben zitierte Heinrich Fügner, ein Prager Kaufmann aus deutscher Familie, der später als Anreger und Mäzen der tschechisch-kleinbürgerlichen Reformbewegung eine große Rolle spielte, ist nicht zuletzt durch die Abneigung gegen den skrupellosen Wirtschaftsegoismus des Industriebürgertums (den er am eigenen Leibe erlebte, weil er finanziell abhängig war von der Reichenberger Fabrikantenfamilie Liebig) ins tschechische Lager gedrängt worden. In einem Brief an Helfert beklagte Fügner 1854 das Klima der Zeit, „wo die Leute keine Fühlfäden mehr haben, nur G e m e i n h e i t , S c h m u t z und N i e d r i g k e i t die Charakterzüge sind ...'; später schrieb er über das Bürgertum Reichenbergs und den „menschlichkeitsvergessenen Moloch-Onkel" Liebig: „Unter den Sandvichs-Insulanern wird man Charaktere häufiger finden als in diesem moralverlassenen Reichenberg ...". Prägnant hat Fügner die Gefühle des von der Willkür des kapitalkräftigeren Abhängigen ausgedrückt: „... heute küßt der Schuft, kann er mich brauchen, morgen einen Fußtritt, koniert es ihm. Und das Gefühl, wie ein Schmetterling zu sein, der um ein Licht fliegen muß, das endlich sein Bestes, die bewegenden Flügel vernichtet ... es ist manchmal hart zu tragen." (Zitiert nach F e y l : Fügner 552 u. 559).

Nach der gescheiterten Revolution vollzog sich ein tiefgreifender Gesinnungs-wandel im europäischen Bürgertum: an die Stelle von politischen Theorien und Utopien aller Schattierungen, die für das bürgerliche Denken der Zeit vor der Revolution kennzeichnend gewesen war, trat eine breite Popularisierung der liberalen Nationalökonomie, die nun als „wissenschaftliche" Lebenshilfe ideologische Funktionen ausübte[5]. Trivialisiert wurde die individualistisch-liberale Wirtschafts-theorie Gemeingut einer ganzen Epoche[6]. Hand in Hand mit dem Lobpreis des Egoismus und des Konkurrenzkampfes ging die Anbetung erfolgreicher und skrupel-loser Machtpolitik. Die Sympathien des böhmischen Besitzbürgertums für den Bo-napartismus waren offenkundig[7]; am 6. Januar 1852, kurz nach dem Staatsstreich *Louis Napoleons* berichtete der Prager Polizeipräsident Sacher-Masoch über die „in der letzten Zeit zur Überzeugung gewordene Ansicht, daß nur *der* zu herrschen verdiene, der *stark* ist..."[8]. Wie auch das Selbstverständnis der *demokratischen* Generation von 1848 vom Zeitgeist angegriffen war, belegen die Ausführungen Alfred *Meißners*, die sich auf das Jahr 1851 beziehen: „Wenn du dir den Weltlauf ansiehst, sagte ich mir, so wirst du stets erkennen, daß der Stärkere herrscht. Und zwar mit Recht; denn die Gesellschaft kann zu keiner Stunde einer festen Ordnung entbehren. Eine Gewalt, welche auch immer, ist schlecht, die das Alte und Über-lebte aufdringen will, aber auch die, welche das noch Unfertige ins Leben rufen möchte, ist unberechtigt und geht zu Grunde. Unser Werk mißlang, also muß es nichts getaugt haben; unsere Ideen scheiterten, also müssen sie zu den vorhandenen Bildungselementen nicht gepaßt haben, und das ist hier eben so viel, wie wenn sie falsch wären"[9].

---

[5] Religiöse und kirchliche Bindungen spielten im Denken der liberalen Publizisten eine vergleichsweise nebensächliche Rolle. In Schwarzers „Geld und Gut in Neuösterreich", einem Kompendium des wirtschaftsliberalen Denkens der 50er Jahre, sind auch Ausfüh-rungen über die Rolle der Kirche zu finden: der Klerus soll die wenigen Härten, die im freien Spiel der Wirtschaftskräfte dem einzelnen überhaupt noch widerfahren können, mildernd ausgleichen, bzw. das ohnehin fortschrittsbringende Getriebe des Konkurrenz-kampfes noch reibungsloser arbeiten lassen (Ernst S c h w a r z e r : Geld und Gut in Neuösterreich. Wien 1857, S. 149). Die vom Kaiserhof und einem Teil des Adels betrie-bene Klerikalisierung des öffentlichen Lebens, die im Abschluß des Konkordats von 1855 gipfelte, stieß denn auch im Besitzbürgertum Österreichs auf großen Widerstand; Pinkas bemerkte, es seien „diese Kerle in Religiosis meist arge Libertiner, welchen die bevor-stehende Kirchenzucht als ein drohendes Gespenst entgegengrinst..." (SÚA, PMT 1855/ P 1 Pinkas an Hyppolit Pinkas, 1. 12. 1855). — Von einem Einfluß der Kirche auf die Gesetze des Wirtschaftslebens kann in den 50er Jahren keine Rede sein. Vgl. dazu unten 222 ff.
[6] R o s e n b e r g : Weltwirtschaftkrisis 30 ff. — Z u n k e l : Wirtschaftsgeist 44.
[7] Vgl. Bericht der Handelskammer in Prag für 1851, S. 8.
[8] SÚA, PM 8/1/12 o. Nr. Sacher-Masoch an Kempen. — Der Schriftsteller Alfred Meißner, der als großdeutscher Demokrat im Jahre 1848 eine Statistenrolle in den Ereignissen der böhmischen Revolution gespielt hatte, schildert in seinen Memoiren die Publizistik der 50er Jahre: „In den größeren Zeitungen herrschten entschlossene Condottieri, Männer, die ... den Kultus der Gewalt in logische Formeln zu bringen suchten" (Alfred M e i ß n e r : Geschichte meines Lebens. Prag 1884. Bd. 2, S. 282).
[9] Ebenda 290. — Aufschlußreich ist in diesem Zusammenhang auch eine Notiz Sacher-Masochs über Meißner aus dem Jahre 1853: „... aus vollkommen glaubwürdiger Quelle erfahre ich ..., daß er von seinen Irrtümern zurückgekommen sei und lebhaft wünscht,

Ausschluß von der politischen Macht[10] und der desolate Zustand der österreichischen Staatsfinanzen dienten dem böhmischen Wirtschaftsbürgertum als Alibi für ungehemmtes Gewinnstreben. Im Bewußtsein des Wirtschaftsbürgertums gab es kaum Widersprüche zwischen sozialer Ethik und nationalökonomischem Zweckdenken[12]. Zumindest zu Beginn des Jahrzehnts hatten auch die bürgerlichen Schichten Böhmens Anteil an dem gesamteuropäischen Aufschwung des Prosperitätsbewußtseins und am siegesgewissen Fortschrittsglauben, die Begleiterscheinung und zugleich wichtiges Stimulans der großen ökonomischen Kraftentfaltung nach 1850 waren[13]. Für *Schwarzer* gab es keinen Zweifel, daß die Kulturgeschichte der Völker nach 1848 identisch sein werde mit der Geschichte der Entfaltung der Kapitalkräfte[14]; in Schwarzers Buch „Geld und Gut in Neuösterreich" ist vom Beginn einer *Weltzivilisation* die Rede, die nun durch die internationale Wirtschaftsexpansion erzwungen werde[15]. Es versteht sich fast von selbst, daß im Rahmen solcher Anschauungen die Rücksicht auf nationale Besonderheiten der nichtdeutschen Nationen wenig Raum einnehmen konnten. Die Überzeugung des jungen deutschböhmischen Nationalökonomen *Pisling*, daß die Epoche nach 1848 ein „*Zeitalter des Nivellements*" sei, daß „die Zivilisation eine Gegnerin der schroffen ethnographischen Nationalitätsidee"[16] sei, ist während der 50er Jahre wohl die allgemeine Über-

---

sich wieder mit der besseren Gesellschaft und auch mit der Regierung auszusöhnen." (SÚA, PPT 1853/19. — Zu Meißner vgl. auch unten 205 ff.

[10] Meißner hat später rückblickend das Bürgertum der 50er Jahre damit entschuldigt, daß „in einer Epoche, welche alle Ideale belächelt, die Idealität bestraft und sich nur an den rein materiellen Teil der menschlichen Natur wendet", das persönliche Wohlbefinden Trost und Ersatz bringen müsse: „... während oben die Staatsgewalt alle Mittel anwendet, um den rücksichtslosen Alleinbesitz zu erhalten und zu vermehren, schachert unten der individuelle Egoismus, um ins Trockene zu bringen, was zu erhaschen ist." (Alfred M e i ß n e r : Schwarzgelb. Roman aus Österreichs letzten zwölf Jahren. 8 Bde. Berlin 1861/64. Hier: Vae Victis I/73).

[11] Vgl. dazu die Äußerung Richard Dotzauers in seinen Memoiren: „Um sich in Österreich eines ruhigen und gesicherten Lebensabends zu erfreuen, bedarf es eines größeren Vermögens, als in anderen, gut administrierten Staaten, wo der Taler oder Gulden seinen Wert hat und wo man nicht in der Furcht zu leben braucht, heute oder morgen die Hälfte seines schwer erworbenen Vermögens zu verlieren." (S c h e b e k : Dotzauer 72).

[12] S. unten 185 ff.

[13] Wie stark die Beschleunigung der ökonomischen Entwicklung empfunden wurde, geht aus den Handelskammerberichten hervor. So schrieb z. B. die Kammer von Pilsen im Jahr 1856: „Im Jahre 1853, als die österreichische Industrie im Vergleiche mit dem jetzigen Stande noch in der Wiege war ..." (Jahresbericht der Handels- und Gewerbekammer Pilsen ... 1856. Prag 1857, S. 29).

[14] S c h w a r z e r : Geld und Gut 7.

[15] Ebenda 2 u. 101.

[16] P i s l i n g : Germanisierung oder Tschechisierung 9 f. — „In der ganzen zivilisierten Welt, namentlich in den hochzivilisierten Teilen von West- und Mitteleuropa sind die Massen zu Wasser und zu Lande in einer tagtäglich Millionen umfassenden Völkerwanderung und -wandelung begriffen. Da wird immer und immerfort von ganzen Nationen Fremdes assimiliert, das charakteristische E i g e n e aber an Ecken und Enden abgeschliffen. (...) Die separatistische Aktion dieser exklusiven Nationalitätsidee steht dem Fortschreiten der Kultur und Zivilisation feindlich gegenüber." (ebenda). — Schwarzer hat den Krimkrieg als Testfall für die Überlegenheit westlich-zivilisierten Geistes über

zeugung des deutschen Bürgertums in Böhmen gewesen. Selbst das nationalbewußte tschechische Großbürgertum ist von solchen Gedanken nicht unbeeinflußt geblieben. Pinkas, sicher einer der weitsichtigsten tschechischen Politiker, hat während des Krimkrieges gemeint: „Wie heute die Sachen stehen, müssen wir entweder Kosmopoliten sein oder für den Sieg des Zaren brünstige Gebete murmeln; ein Partikularslavismus ist heute Unsinn, die *Solidarität* der *Weltzustände* ist so überwiegend geworden, daß *Partikulartendenzen* zu bloßen *Utopien* werden müssen." Seinem Sohn riet Pinkas, die tschechisch-nationalen Ideale aufzugeben, da sie „von dem riesig wachsenden Materialismus verkümmert und zu Nebelbildern in weiter Ferne gemacht" würden; man müsse sich damit abfinden, „daß überhaupt auch Völker verschwinden, daß es Volkskrankheiten gibt..., selbst wir Tschechen sind dieser Krankheit verfallen — sie heben zu wollen in vereinzeltem Bemühen ist unfruchtbarer Opfermut"[17].

Dennoch hat der materialistische Zeitgeist der 50er Jahre der Entwicklung der tschechischen Nationalbewegung letztlich nichts anhaben können. Die Gründe dafür lagen in der wirtschaftlichen Struktur der böhmischen Gesellschaft. Wenn man sich nämlich die bruchlose Vermengung von Zivilisations- und Fortschrittspathos mit dem materialistischen Wirtschaftsegoismus des Besitzbürgertums vergegenwärtigt, wird der starke Widerstand verständlich, der sich gerade im Lager der tschechischen nationalerweckerischen Pädagogik gegen den „westlichen" Zeitgeist regte; waren doch bedeutende Teile der tschechischsprachigen Gesellschaft viel mehr Benachteiligte als Nutznießer des ökonomischen Aufschwungs[18]. So hat z. B. der bekannte tschechische Pädagoge Josef *Wenzig* (übrigens selbst ein nationaler „Konvertit") während des neoabsoluten Jahrzehnts immer wieder gegen den liberalen Materialismus im Zeitgeist polemisiert: in einer „Weltnation" werde „der einzelne Mensch

---

den slavischen Geist gesehen: Die westliche Industrie habe „dem Phantom einer panslawistischen Völkerwanderung den Fuß auf den Nacken" gesetzt. „Die Technik der Kriegskunst und Nautik entfaltete ihre ganze Überlegenheit gegenüber dem rohen und überfirnißten Naturalismus Rußlands, die Kapitalkraft des Westens schaffte die enormen Hilfsmittel zum Kampfe, und ehe man den Gedanken eines so schnell errungenen Friedens fassen konnte, hatte ihn der Telegraph schon vermittelt. Heute denkt niemand mehr an die angebliche Mission der slawischen Rasse, die angefressene Zivilisation zu zertrümmern und eine neue an ihre Stelle zu setzen, wie dies einst die germanische Nation auf den Ruinen der römischen Welt zu tun berufen war." (Geld und Gut 10).

[17] SÚA (Fond Ehemaliges Landesarchiv) Nachlaß Pinkas, Kt. 68. Pinkas an Hyppolyt Pinkas, 4. 2. 1855. — Nicht nur der ältere, 1848 gescheiterte Pinkas hegte pessimistische Gedanken über die Zukunft der Nation; auch Angehörige der jungen Generation waren nicht frei davon. 1856 berichtete der junge tschechische Historiker Anton Gindely aus Berlin an den Prager Historiker Höfler über ein Gespräch mit Adalbert (Vojtěch) Šafařík, der später gefeierter tschechischer Chemieprofessor am Prager Polytechnikum werden sollte: „Ich gestand ihm offen, daß ich die böhmische Nationsache für verloren halte, und erlangte nach Darlegung meiner Gründe von ihm so viel, daß er mir beistimmte." (Zit. n. K. K r o f t a : Anton Gindely a české snahy politické [A. G. und die tsch. pol. Bestrebungen]. In: Byli jsme za Rakouska [Wir waren in Österreich]. Prag 1936, S. 392.

[18] S. unten 120 ff.

im Egoismus versinken"[19], er werde „durch den Verlust des natürlichen Gemeingeistes für jede andere Art von Gemeingeist verdorben". Zuletzt werde der Mensch denaturiert zum „scheußlichen Egoisten, dem sein eigenes Ich als das Höchste in der Welt gilt . . ."[20].

Der große Erfolg der tschechischen Nationalidee in der zweiten Hälfte des Jahrhunderts rührt nicht zuletzt von der (als Gegenbewegung gegen den Konkurrenzliberalismus erfolgten) Blüte der Gemeinschaftsidee her: insbesondere das tschechische Kleinbürgertum fand im national etikettierten Gemeinschaftsgedanken einen starken Antrieb zur Ausbildung von Selbsthilfeorganisationen gegen den Druck des „deutschen" (d. h. westeuropäischen) Kapitals[21]. Nicht zu unterschätzen ist auch die Anziehungskraft, die ein solches, den „Gemeingeist" favorisierendes nationales Programm auf viele Deutschböhmen ausüben mußte, die vom sozialdarwinistischen Vulgärliberalismus der Epoche nach 1850 abgestoßen wurden; dies gilt natürlich besonders für die dem „böhmischen Landespatriotismus" zugehörigen Gruppen[22].

Zuletzt darf nicht vergessen werden, daß die nationale Gemeinschaftsideologie später die Praktizierung des — ansonsten beim nationalen Gegner verketzerten — Wirtschaftsegoismus zu legitimieren vermochte; wirtschaftlich-soziale Spannungen, die in den 50er Jahren in der *böhmischen* Gesellschaft zur Profilierung der nationalen Antipathien so wesentlich beigetragen hatten[23], sind in der *tschechischen* Gesellschaft der letzten Jahrzehnte der Monarchie durch den nationalen Gedanken zugunsten der „Einheit der Nation" stark gedämpft worden.

Der Beginn einer anderen, für die Entwicklung der nationalen Konturen der böhmischen Gesellschaft nicht minder wichtige Entscheidung, fällt ebenfalls in die 50er Jahre: der „Sieg der Bajonette über die Ideen" von 1848 machte überall in Europa die Bahn frei für die Verbreitung materialistischen Denkens in allen Wissenschaftszeigen und rückte die Naturwissenschaften in den Mittelpunkt des bürgerlichen Interesses[24]. *Schwarzer* pries in seinem „Geld und Gut in Neuösterreich" 1856 die nun anhebende „Revolution" der Naturwissenschaften und der exakten Ökonomie gegen die rohe Natur und ließ keinen Zweifel, daß die politische Revolution des Jahres 1848 damit verglichen nur geringe Bedeutung habe[25]. Wenngleich der „Materialismus" der Epoche sich in der Forschung an den österreichischen Universitäten während der 50er Jahre nicht offen äußern konnte, weil die Ausrichtung der Kulturpolitik auf katholisch-restaurative Ziele und „Christianisierung"

---

[19] Joseph W e n z i g : Grundideen der Erziehung mit nationalem Charakter. Leitomischl 1860, S. 19. In diesem Büchlein hat Wenzig seine in den 50er Jahren verstreut erschienenen Aufsätze komprimiert.

[20] Ebenda 39.

[21] S. unten 97 ff.

[22] Eines der bekanntesten Beispiele für den Vorgang ist der oben zitierte Deutschböhme Heinrich Fügner, der aus mäzenatischen und sozialreformerischen Motiven eine Schlüsselgestalt der tschechischen Selbsthilfebewegung wurde. Vgl. dazu F e y l : Fügner 516 und unten 132 Anm. 70.

[23] S. dazu unten 89 f. und 95 f.

[24] Vgl. R o s e n b e r g : Weltwirtschaftskrisis 30 ff.

[25] S c h w a r z e r : Geld und Gut 2 ff.

der Bildung durch den Kultusminister Graf Leo *Thun* dies verhinderte[26], so spiegelt doch der Andrang zu technisch-naturwissenschaftlich-ökonomischer Ausbildung[27] deutlich den neuen Geist. Die „Staatsstudien", vor 1848 fast der einzige Weg zu gesellschaftlichem Aufstieg[28], verloren angesichts der Prosperität der Wirtschaft stark an Anziehungskraft[29]. Für die studentischen Teilnehmer an der Revolution, denen der Wechsel des Studienfaches persönlich möglich war, mußte die Schwenkung zu relativ „staatsfreien" Disziplinen besonders verlockend sein[30]. Aber auch die um 1850 bereits fertig ausgebildeten Juristen und ein großer Teil der Universitätsabsolventen der 50er Jahre zog (vielfach nach einer Tätigkeit bei der Grundentlastung) dem Eintritt in den Staatsdienst den weitaus lukrativeren Weg in das mit der Wirtschaftsexpansion an Bedeutung gewinnende Rechtsanwaltsgeschäft vor[31];

---

[26] W i n t e r : Frühliberalismus 276. —

[27] Die Prager Handelskammer drang schon zu Beginn des Jahrzehnts auf eine Verkürzung und möglichst praxisnahe Einrichtung des Studiums am Prager ständischen Polytechnikum, damit die anschwellende Nachfrage der böhmischen Industrie bewältigt werden konnte (Bericht der Handels- und Gewerbekammer in Prag ... 1851, S. 16). Ein Korrespondentenbericht der „Augsburger Allgemeinen Zeitung" wies 1856 auf den außerordentlichen Andrang zum Polytechnikum hin (AAZ 1856, S. 3652).

[28] Der Bericht der Handelskammer Prag von 1851 schreibt darüber: „Eben darin lag bisher bei uns der Grund der geringeren Entwicklung der gewerblichen und kommerziellen Tätigkeit, daß die Nachkommen des Gewerbestandes vorzugsweise für einen höheren Stand sich heranzubilden trachteten, und von den Eltern zur Fortführung des eigenen Gewerbes keine technische Vorbildung für notwendig erachtet wurde." (S. 14 f.) Jan P a l a c k ý vermerkte in den „Böhmischen Skizzen", daß im Vormärz die Stellung eines Beamten in der Patrimonialverwaltung das höchste Sozialprestige einbrachte und von den Juristen am meisten angestrebt wurde (S. 74).

[29] Vgl. dazu die Übersicht über Löhne und Gehälter während der 50er Jahre im Anhang 343.

[30] Beispiele unten 161 f.

[31] Jan P a l a c k ý : Böhmische Skizzen 74. — Genauso wie bei den deutschen Liberalen 1848 und nach 1860 ist auf tschechischer Seite die Berufsgruppe der „Advokaten" politisch führend hervorgetreten. Die böhmischen Behörden haben im allgemeinen nach 1850 auch amtsbekannten Anhängern der tschechische Nationalbewegung, soweit sie sich 1848 nicht zu stark kompromittiert hatten, den Weg in die einflußreiche Rechtsanwaltspraxis nicht verwehrt. Sacher-Masoch hielt die nationalen Sympathien für eine Privatsache des bürgerlichen Lebens; in seiner polizeilichen Beurteilung der Bewerber um Advokaturstellen spielte die bürgerliche Reputierlichkeit eine größere Rolle als die nationale Färbung des Antragstellers. So befürwortete der Prager Polizeidirektor beispielsweise die Bewerbung eines bekannten Mitglieds der „Slovanská lípa", der gegen Windischgrätz agitiert hatte (Anton Chrudimský). Demokraten (Peter Slibovski), Nationalerwecker (Dr. Franz Hubna, der Erzieher des Fürsten Rudolf Thurn-Taxis) ja sogar Barrikadenkämpfer des Prager Pfingstaufstandes (Josef Payl) konnten auf Nachsicht rechnen, sofern sie nur nach 1849 gute Familienväter geworden waren und ihr Ruf in der Nachbarschaft unbefleckt war (SÚA, PM 1850—54, 8/1/23). Der tschechische Nationalpolitiker Alois Pravoslav Trojan wurde Notar in Rakonitz (SÚA, PMT, 1857/T 9). — Sacher-Masoch hat aber auch aus Gründen der Staatsraison die Abschiebung politisch Kompromittierter ins Rechtsanwaltsgeschäft gefördert; an Bach berichtete er am 5. 9. 1851: „Indem gereicht es dabei zum Troste, daß diese Männer größtenteils früher dem Richterstande angehört haben, und daß durch ihre Beförderung zu Notaren jetzt die Gelegenheit geboten wird, die erledigten Richterstellen mit der Regierung ergebenen Individuen zu besetzen, ein Vorteil, der dem Richterstande, in dessen Reihen sich leider so manches politisch

ein Bericht des Kreisamtes Časlau von 1856 stellte bedauernd fest, „daß sich dermal nur derjenige dem Beamtenstande widmet, den seine *Verhältnisse dazu zwingen*"[32]. 1851 konnte die Prager Handelskammer ihre Begeisterung darüber ausdrücken, daß die Mehrzahl der Eltern endlich „zu der Überzeugung gelange(n), daß sie ihren Kindern eine bessere Zukunft bereiten, wenn sie dieselben tüchtig für ein Gewerbe vorbereiten, als zu mittelmäßigen Beamten heranbilden lassen"[33]. Hatte die Bürokratie zu Beginn des Jahrzehnts noch mit dem Argument, daß „die Richtung unserer Zeit ... durchwegs praktisch"[34] sei, die Vermehrung der kaufmännisch-gewerblichen Ausbildungsstätten in Böhmen gefordert[35], so sah sie sich im Lauf des Jahrzehnts immer mehr gezwungen, Anwalt in eigener Sache zu werden: der Nachwuchs für die Verwaltungslaufbahn wurde ständig geringer. Der Prager Polizeipräsident Päumann beklagte am 1. 1. 1857 die „Richtung der Neuzeit, welche fähige junge Leute auf das weit lohnendere Gebiet des Handels und der Industrie hinausdrängt"[36]; im Herbst 1858 berichtete er nach Wien, die Universität sei vergleichsweise leer, schuld seien die „für den Juristen, Mediziner und Theologen minder günstigen Verhältnisse ..."[37]. Gegen Ende des Jahrzehnts waren in Prag bereits zahlreiche Privatlehranstalten für kaufmännische und technologische Ausbildung damit beschäftigt, die Menge der vom Lande hereindrängenden Schüler zu bewältigen, die in den Realschulen (der Vorbereitung auf das Polytechnikum) keinen Platz mehr fanden[38]. Es sollte für die Erstarkung des tschechischen Nationalismus in der zweiten Jahrhunderthälfte von ausschlaggebender Bedeutung werden, daß die Anziehungskraft und das Prestige der deutschen Gymnasialausbildung

anrüchige Individuum befindet, sehr gut zustatten kommen muß." (SÚA, PM 8/1/12 Nr. 2565 p.p.).

[32] SÚA, PM 8/1/19:2 Nr. 9 g.p. K.A. Časlau an Mecséry, 27. 3. 1856.

[33] Bericht der Handels- und Gewerbekammer in Prag ... 1851, S. 15.

[34] SÚA, PM 8/1/12 Nr. 15348 K.A. Prag an Mecséry, 29. 10. 1852.

[35] SÚA, PM 8/1/12 Nr. 2885 p.p. Sacher-Masoch an Kempen, 1. 7. 1853.

[36] SÚA, PM 8/1/19:2 Nr. 124 p.p. Päumann an Kempen.

[37] SÚA, PM 8/1/19:2 Nr. 2903 p.p. Päumann an Kempen, 1. 10. 1858. — Zur Verringerung des Beamtennachwuchses trugen aber auch noch andere Faktoren bei, die, darf man dem Polizeibericht glauben, zum Teil mit der Universitätsreform Thuns zusammenhingen: „Die Ursachen des Übels liegen ... in der Schwierigkeit für ärmere Studierende, die Kosten der Erhaltung und der Lehrmittel erschwingen zu können. Die Subsistenzquelle der sogenannten Konditionen, welche früher manchem Studenten vom Anfange bis zum Ende der Studien, wenn auch notdürftig, so doch zureichend über die Klippen gänzlichen Verkümmerns hinüberhalf, hat beinahe aufgehört, da die große Anzahl von Privatlehranstalten, welche wie Pilze aus der Erde schießen, die Aufnahme von Korrepetitoren entbehrlich macht; die Auslagen an Kollegiengeldern und für Schülbücher, welche von den Professoren fortwährend gewechselt werden und daher immer neue Geldopfer erheischen, endlich der hohe Preis der Lebensmittel sind lauter Faktoren, welche den ärmeren oft talentvollen Jüngling dem wissenschaftlichen Studium der Fakultäten abwendig machen und ihn auf ein anderes Feld drängen; dazu treten die nicht grundlosen Klagen von Schülern, Lehrer, Eltern und anderen Beteiligten über die Überbürdung geistiger Anforderungen an geistig unentwickelte Individuen auf Kosten der physischen Entwicklung, insbesondere durch Lehrgegenstände, welche im praktischen Leben für die große Mehrzahl von keinem Nutzen sein können." (SÚA, PM 8/1/19:2 Nr. 124 p.p. Päumann an Kempen, 1. 1. 1857).

[38] SÚA, PM 8/1/19:2 Nr. 2903 p.p. Päumann an Kempen, 1. 10. 1858.

unter dem Eindruck des raschen ökonomischen Fortschritts bereits während der 50er Jahre stark zurückgegangen war[39]. Gegen Ende des Jahrzehnts registrierte man bereits zunehmend Austritte aus den oberen Gymnasialklassen, „zu dem Zweck, an technischen Lehr-Anstalten die Ausbildung fortzusetzen oder unmittelbar in das Geschäftsleben überzutreten ...“[40]. *Thuns* Plan, mit den reorganisierten österreichischen Gymnasien Pflanzschulen eines übernationalen österreichischen Staatsbewußtseins zu schaffen[41], hat sein Ziel nicht zuletzt deshalb so schlecht erreicht, weil das tschechische Wirtschaftsbürgertum — der kapitalkräftige Kern der Nationalbewegung nach 1848 — seine Söhne immer mehr in die Aufstiegskanäle ideologiefreier technisch-kaufmännischer Ausbildung gehen ließ. So fand, beginnend mit den 50er Jahren, die Verbreiterung des Kreises der nationalbewußten tschechischen Intelligenz über den relativ kleinen Rahmen der eigentlichen „Erwecker“ (die vornehmlich geisteswissenschaftlichen bzw. pädagogischen Berufen angehörten) hinaus statt; der Prozeß der fast zwangsläufigen Germanisierung eines bedeutenden Teiles des aufsteigenden Bürgertums durch den Eintritt in den Staatsdienst verlor an Bedeutung[42].

---

[39] Der Zudrang zu den Prager Gymnasien hielt allerdings bis zum Ende des Jahrzehnts unvermindert an; während die böhmischen Provinzgymnasien nicht ausgelastet waren, mußten in Prag Schüler abgewiesen werden (SÚA, PM 8/1/19:2 Nr. 2903 p.p. Päumann an Kempen, 1. 10. 1858). — Aufschlußreich für die Wandlung der bürgerlichen Mentalität scheint mir jedoch eine Stellungnahme der Handelskammer Reichenberg vom Ende des Jahrzehnts zu sein: „Die unverhältnismäßig kleine Zahl der Schüler, welche an diesen, einen beträchtlichen Aufwand von Lehrmitteln erfordernden Anstalten sich beteiligen, mag zum Beweise dienen, daß die Gymnasien aufgehört haben, als Grundlage derjenigen Bildung betrachtet zu werden, welche den jungen Mann in das praktische Leben einführt, um ihn der Mittel teilhaftig zu machen, möglichst bald eine selbständige Stellung zu erlangen und von seinen Kenntnissen einen lohnenden Gebrauch zu machen. Eine tüchtige realistische Bildung gibt der Hoffnung auf eine frühere und genügendere Versorgung heut zu Tage bei weitem mehr Nahrung, als die langwierigen und trockenen Vorstudien behufs der Erlangung eines Staatsamts oder eines Eintrittes in den Gelehrtenstand, und darum bemerkt man in der Frequenz der Gymnasien eher eine Abnahme, als einen Zuwachs ...“ (Bericht der Handels- und Gewerbekammer zu Reichenberg, erstattet dem hohen k. k. Ministerium für Handel und Volkswirtschaft über den Zustand der Gewerbe, des Handels und der Verkehrsmittel im Kammerbezirk von 1857—1860. Reichenberg 1862, S. 23).
[40] Ebenda.
[41] P r i n z : Die böhmischen Länder 60.
[42] Vgl. zu dieser Frage auch unten 118. — Zur Verdeutlichung sollen einige Zahlen aus der Schulstatistik dienen:
Im Jahre 1857 betrug der Anteil der Studierenden tschechischer Nationalität in der Monarchie
an Universitäten: 12,6 %
an technischen Hochschulen: 17,7 %
Die Entwicklung der Realschulen in Böhmen zeigt folgendes Bild:

	1851	1852	1853	1854	1855	1856	1857
Prager dt. Realschule	421	421	331	361	351	368	446 Schüler
Prager tsch. Realschule	175	312	465	467	553	474	516 Schüler
Reichenberger dt. Realsch.	230	243	302	318	344	382	446 Schüler
Rakonitzer tsch. Realschule	30	37	137	147	179	204	296 Schüler
Elbogner dt. Realschule			109	148	175	143	156 Schüler
Budweiser dt. u. tsch.	202	189	198	216	200	181	178 Schüler

Das Verhältnis der Nationen auf den böhmischen Realschulen war im Jahre 1857:

	Tschechische Schüler	Deutsche Schüler
Prager dt. Realschule	259	124
Prager tsch. Realschule	493	18
Reichenberger dt. Realschule	125	317
Rakonitzer tsch. Realschule	190	83
Ellbogener dt. Realschule	5	131
Budweiser dt. u. tsch. Realschule	87	77

(Mitteilungen aus dem Gebiete der Statistik. Hrsg. von der Direktion der Administrativen Statistik im k. k. Handelsministerium, Jg. 7. Wien 1858. Heft 1, S. 57, 135 u. Heft 4, S. 79 u. 85 f.).

6. ANFÄNGE DES HOCHKAPITALISMUS IN BÖHMEN

Ohne auf die Frage nach der zeitlichen Priorität einzugehen, wollen wir die praktischen Folgen der Entstehung des Hochkapitalismus für die böhmische Gesellschaft zu beschreiben versuchen. Dazu muß etwas weiter ausgeholt werden.

Die Jahre nach der Revolution waren überall in Europa die Ausbildungsjahre des modernen Privatkapitalismus; als Schrittmacher und Vorbild dieser Entwicklung wirkte die Revolutionierung des Staatskapitalismus[1]. Die Anstrengungen, die das neoabsolute Regime unternahm, um aus der Monarchie einen modernen zentralistischen Staat westlicher Prägung zu machen, erforderten Mittel, die weit über das zur Verfügung stehende Steueraufkommen hinausgingen[2]. Deshalb begann der Staat nach 1848 mit einer „Demokratisierung" des Staatskredites, d. h. die Staatsanleihen wurden nicht mehr auf dem klassischen Weg über ein Konsortium privater Finanziers beschafft, sondern zumindest zum Teil öffentlich zur Subskription ausgeschrieben[3]. Nach verschiedenen weniger günstigen Versuchen[4] in den Jahren 1849—53 ging die österreichische Regierung mit dem „Nationalanlehen" von 1854 zum ersten Mal „auf die Straße"[5]; der Staatsapparat versuchte zur Finanzierung der Teilnahme am Krimkrieg sämtliche Privatvermögen bis hinunter zum zersplitterten Kleinsparkapital zu mobilisieren[6]. Die Beteiligung des Kleinkapitals wurde durch Aufteilung der Anteilseinzahlungen in 5 Jahresraten ermöglicht. Die Kampagne für die Staatsanleihe wurde von *Bach* als ein Propagandafeldzug ganz großen Stils geführt[7]; öffentliche Ausschreibung, Beeinflussung der Presse, virtuose Handhabung des

---

[1] R o s e n b e r g : Weltwirtschaftskrisis 48. — Vor allem Frankreich hat die Technik der „Demokratisierung" des Kapitals in den 50er Jahren weit vorangetrieben: an der frz. Staatsanleihe des Jahres 1859 beteiligten sich 690 190 Personen (ebenda 50).

[2] Vgl. die Daten bei B e e r : Finanzen Österreichs 288 ff.

[3] C z o e r n i g : Österreichs Neugestaltung 75. — Österreich schrieb am 22. 9. 1849, am 9. 5. 1851, am 9. 9. 1852, und am 7. 3. 1854 öffentliche Anleihen aus (ebenda 96).

[4] Die Mischform der Anleihe bewährte sich nicht, weil das Publikum sich stark nach der Beitrittswilligkeit von Großkapital und Hochadel bzw. hohem Klerus richtete; die Anleihe von 1851 z. B. wurde in Böhmen ein Mißerfolg, weil die Zurückhaltung des Hochadels die Angelegenheit suspekt machte. Überdies mußte die Beteiligung von Kleinsparers erst auf dem umständlichen Weg der Zerstückelung von Anteilen durch private Bankhäuser ermöglicht werden (SÚA, PM 8/1/12 o. Nr. Sacher-Masoch an Bach, 5. 10. 1851).

[5] B ö h m e : Deutschlands Weg 74.

[6] Über die Durchführung der großen Anleihe von 1854 liegt umfangreiches Material im Staatsarchiv Prag (ca. 100 Kartons). Die Bearbeitung dieser Bestände wäre aus zweierlei Gründen sehr reizvoll: einmal ließe sich daraus ein gutes Bild der finanziellen Struktur der einzelnen Bevölkerungsgruppen der böhmischen Gesellschaft ermitteln, weil der Anleihe eine Bestandsaufnahme der Zahlungskräftigkeit der Bevölkerung vorausging, zum anderen könnte man am Beispiel der Anleihe den Zusammenprall von agrarisch-naturalwirtschaftlichem Denken und der Dynamik eines modernen Kapitalmarktes darstellen.

[7] R o g g e : Österreich I/460.

Annoncen- und Prospektapparates und nicht zuletzt die Anwendung eines teils subtilen, teils brutalen Zwanges[8] trugen die Information über die Gesetze des Kapitalmarktes bis in die entferntesten Landstädte und Dörfer[9]. Die durch die Grundentlastung begonnene Umwandlung der noch stark grundherrschaftlich geprägten Landwirtschaft mit naturalwirtschaftlichen Zügen in eine Geldwirtschaft wurde so vorangetrieben; zum ersten Mal wurde das ökonomische Interesse der bäuerlichen Bevölkerung mit den Vorgängen auf dem mitteleuropäischen Kapitalmarkt verbunden. Für das Verhältnis von Bevölkerung und Staat hat die Durchführung der Anleihe tiefgreifende Folgen gehabt. Von Hochadel und Besitzbürgertum ist der Druck der Behörden zur Subskribierung angesichts der viel lockenderen Renditen im privaten Kapitalgeschäft als eine Art kalte Enteignung betrachtet worden[10]; die Tatsache, daß der neoabsolute Staat sich aus Geldnot anzuschicken schien, seine Basis, die unbedingte Wahrung des Eigentumsprinzips schrittweise anzutasten, blieb nicht ohne negative Auswirkung auf die Loyalität des Besitzbürgertums[11]. Der Wunsch nach parlamentarischer Kontrolle der Staatsfinanzen wurde dadurch wesentlich verstärkt. Wichtiger noch sollte es sich erweisen, daß in der populären Propaganda der Staat als eine große Aktiengesellschaft dargestellt wurde, von deren Wohlergehen auch die finanzielle Prosperität der Anteileigner abhänge[12]; *Bach*, der Organisator des Unternehmens, hatte geglaubt, durch die Staatsanleihe-

---

[8] Richard Dotzauer berichtet darüber in seinen Memoiren: „Unser Haus zeichnete nur 10 000 fl, was den Behörden zu wenig erschien, weshalb wir dreimal vorgeladen und um eine höhere Zeichnung ersucht wurden. Alle Kassen für Waisen und Witwen, die Vereine und Korporationen, wo man nur etwas Geld wußte, mußten beisteuern..." (S c h e - b e k : Dotzauer 70). — Fürst Metternich, der ehemalige Staatskanzler, zeichnete 100 000 fl und bekam daraufhin von Mecséry eine „Abhandlung über die Pflichten eines Patrioten mit der Aufforderung zu größerer Zeichnung." (M ü l l e r : Windischgrätz 280). — In verschiedenen Gegenden konnte nur durch massive „Militärassistenz" wenigstens ein Teil der potentiell möglichen Summen eingetrieben werden; das von den Behörden vorgezeichnete Minimum war das Siebenfache der Jahresleistung an direkten Steuern (SÚA, PM 1850—54 12/1/100: 11307). — Über die Zwangsmethoden kritisch: F r i e d j u n g : Österreich II/239. — R o g g e : Österreich I/345. — Vgl. auch die bitteren Bemerkungen Kübecks in seinem Tagebuch; Kübeck hat die demagogischen und terroristischen Methoden Bachs zutiefst verabscheut und als eines sich konservativ verstehenden Staates unwürdig bezeichnet. Die Zustimmung des Kaisers zur Durchführung Nationalanleihe erfolgte gegen den Willen Kübecks und des konservativen Reichsrates (K ü b e c k : Tagebücher 105).

[9] Der starke Widerstand der tschechischsprachigen bäuerlichen Bevölkerung, welche die Anleihe durchwegs für eine verkappte Steuer hielt, machte die Herausgabe von 2 populären Broschüren in tschechischer Sprache notwendig, vermittels welcher Sympathien für das Unternehmen geweckt werden sollten (SÚA, PM 1850—54 12/1/100: 7100).

[10] Zur Reaktion des böhmischen Adels auf die Staatsanleihe vgl. M ü l l e r : Windischgrätz 280 u. die Broschüre des Grafen C z e r n i n : Bemerkungen 19.

[11] Über diesen Umschwung der Stimmung bei dem Prager Kapitalisten Riedl berichtete der tschechische Politiker Adolph Maria Pinkas schadenfroh aus Karlsbad nach Prag; Riedl habe 100 000 fl subskribiert, sei aber unglücklich darüber: „Herr von Riedl, obwohl Kavalier, fängt an abzufärben. Das beste Mittel gegen das Schwarzgelbtum dieser Leute ist — das Zahlenmüssen." (SÚA, PMT P 1, Pinkas an Caroline Pinkas, 23. 7. 1854. Abschrift).

[12] SÚA, PM 1850—54 12/1/100: 7100.

Zertifikate gleichsam ein materielles Bindeglied loyaler Gefühle kreieren zu können. Wenn in diesem System der Staat, ja der Kaiser selbst haftbar war für die finanziellen Interessen breiter Bevölkerungsschichten, so mußte ein ungünstiger Verlauf der finanziellen Operation auch Folgen für das politische Bewußtsein haben. Mehrere Umstände haben dann bald zum Mißlingen der über die bloße momentane Geldbeschaffung[13] hinausgehenden Ziele des neoabsoluten Regimes beigetragen: die wichtigsten waren der schlechte Börsenkurs der Staatsanleihe-Papiere und die Unterentwicklung des Kredit- und Geldinstitutsnetzes in Böhmen[14]. Den Eigengesetzen des Kapitalmarktes überlassen, wurden die Papiere bald Objekt einer lebhaften Wucherspekulation auf dem Lande[15]; gerade die minder bemittelten Teilnehmer an der Anleihe gerieten durch den Zwang zur Einzahlung der Raten oft in finanzielle Schwierigkeiten und konnten ihren Verpflichtungen nur durch verlustreichen Verkauf der Zertifikate nachkommen[16]. So erwies sich schließlich die vom Staat beförderte zwangsweise Koppelung von Staats- und Privatinteressen geradezu als Hindernis für die Befestigung staatsbürgerlicher Anhänglichkeit; die nach 1855 einsetzende Kreditverknappung[17] führte schließlich drastisch vor Augen, wie wenig sich „Loyalität" finanziell auszahlte[18].

---

[13] Rein finanziell betrachtet, war die Anleihe ein großer Erfolg. Insgesamt wurden 506 788 477 fl gezeichnet, von denen auf Böhmen 70 808 003 fl entfielen. Dabei muß der Anteil böhmischen Kapitals noch höher geschätzt werden, weil ein Teil der böhmischen Firmen ihren Geschäftssitz in Wien hatte (S c h e b e k : Dotzauer 69; — SÚA, PM 1850—54 12/1/100).

[14] Vgl. dazu unten S. 123 ff. — „Der Umstand, daß bloß die Landeshauptkasse in der Hauptstadt und nicht auch die Kassen am Lande mit Silberverlägen zur Auszahlung der Staatsanlehensinteressen versehen und die Obligationsbesitzer vom Lande, um ihre Koupons zu realisieren, den Händen der Spekulanten und hiemit neuen Verlusten preisgegeben werden, droht das Vertrauen des Landvolkes zu den Anlehenspapieren, bevor es noch Wurzel gefaßt, im Keime zu zerstören." (SÚA, PM 8/1/19:2 Nr. 7017 Mecséry an Bach/Kempen, 30. 6. 1855). In den späten 50er Jahren wies die Bürokratie immer wieder auf die Notwendigkeit hin, in Prag eine Börse zu etablieren, um den Kurs wenigstens etwas über den niedrigen Stand der ländlichen Spekulation zu heben (SÚA, PM 12/1/100: 11307 u. 11614). — Zum Problem einer Prager Börse vgl. unten 77.

[15] Mecséry berichtete am 15. 11. 1854, daß „die Unwissenheit der Landbevölkerung durch Ablockung von Zertifikaten gegen Rücklassung der Kaution und selbst gegen Aufzahlung von gewinnsüchtigen Spekulanten unter der Vorspiegelung ausgebeutet wird, das Anlehen sei nichts als eine maskierte Steuer." (SÚA, PM 8/1/19:2 Nr. 12660 pr. Mecséry an Bach/Kempen). „Es gilt als eine bekannte Tatsache, daß Agenten auf dem Lande herumreisen, welche den Inhabern von Anlehenszertifikaten unter dem Vorgeben, daß die Obligationen auf einen noch schlechteren Kurs herabsinken werden, und daß es für die Subskribenten nur von Vorteil sein könne, sich der Verbindlichkeiten der weiteren Rateneinzahlungen und der damit verbundenen Gefahr der Exequierung zu entledigen, diese Zertifikate um ein Geringes abdrücken, um mit denselben später gewinnbringende Geschäfte machen zu können." (SÚA, PM 8/1/19:2 Nr. 119 p.p. Päumann an Kempen, 1. 1. 1855).

[16] SÚA, PM 1850—54 12/1/100: 11307 u. 11614.

[17] S. unten 104.

[18] „Die Geldklemme hat in diesem Moment einen Grad erreicht, wie man ihn nie zuvor gekannt hat. Jede neue Anlehensrate bringt umso peinlichere Verlegenheiten, je größer die Loyalität war." (SÚA, PM 8/1/19:2 Nr. 9473 pr. Mecséry an Bach/Kempen, 30. 9. 1855). — Es scheint übrigens, daß die t s c h e c h i s c h e n Teilnehmer an der Staats-

Die Entwicklung des modernen Privatkapitalismus in Österreich nach 1848 ist nicht minder wichtig für die Wandlung des politischen Bewußtseins gewesen. Das Kreditbedürfnis von expandierender Wirtschaft, Landwirtschaft und Handel war auch nach 1848 zunächst auf die vollkommen unzureichenden Mittel des Wiener Bankwesens angewiesen[19]. Zwar begann die Nationalbank um die Jahrhundertmitte mit einer Erweiterung[20] und Dezentralisierung[21] ihrer Tätigkeit, aber das stets wachsende Geldbedürfnis des Staates verhinderte zusammen mit den Profitinteressen des Wiener Bankkapitals (das vielfach eng mit dem Management der Nationalbank verschwistert war) eine wirkliche Ausdehnung des Kreditvolumens[22]. So war die erste Folge der nach 1848 gewandelten wirtschaftlichen Verhältnisse eine starke Steigerung der Macht und des Einflusses der Wiener Banken, die durch ihre beherrschende Stellung an der Wiener Börse auch politisch zu einem wichtigen Faktor des staatlichen Lebens wurden[23]. Ein erster — bei weitem nicht ausreichender — Schritt in Richtung auf eine Befriedigung des Kapitalbedarfs wenigstens der Landwirtschaft war die 1855 erfolgte Gründung der Hypothekenanstalt der Nationalbank[24], die aber hauptsächlich dem Großgrundbesitz zu Nutze kam[25].

Wie reagierten die böhmischen Kapitalisten auf die zwangsläufige Stärkung der Position des Wiener Kapitals? Die zentralisierende Wirkung der beherrschenden Stellung Wiens auf dem Kapitalmarkt hatte sich für das böhmische Wirtschaftsbürgertum zu Beginn des Jahrzehnts alsbald nachteilig bemerkbar gemacht[26]. So

---

anleihe nach 1854 besonders große Antipathie gegen den Besitz der Staatspapiere entwickelten; jedenfalls weist ein konfidentieller Bericht über die Stimmung in Prag von 1855 ausdrücklich auf die nach der nationalen Zugehörigkeit unterschiedliche Meinung über diese Angelegenheit hin (SÚA, PPT 1855/39). Schon bei der Zeichnung der Anleihe war die besonders stark mit nationalem Gedankengut infizierte Gegend um die westböhmische Stadt Taus (Domažlice) außerordentlich renitent gegen die Wünsche der Behörden gewesen (Zur „Geographie" der nationalen Wiedererweckung vgl. H r o c h : Vorkämpfer, Karte auf S. 115).

[19] Fritz G. S t e i n e r : Die Entwicklung des Mobilbankwesens in Österreich. Wien 1913, S. 23 f. — E. M ä r z : Österreichische Industrie- und Bankpolitik in der Zeit Franz Josephs I. Am Beispiel der k. k. priv. österreichischen Credit-Anstalt für Handel und Gewerbe. Wien 1968, S. 25 f.

[20] Der Erweiterung der Tätigkeit der Nationalbank diente die schrittweise Erhöhung des Aktienkapitals bis über das Doppelte des Umfanges vor 1848 (C z o e r n i g : Österreichs Neugestaltung 163).

[21] 1847 war die erste Filiale in Prag eröffnet worden. Bis 1857 entstanden in weiteren 17 Provinzstädten Nationalbankfilialen (S t e i n e r : Mobilbankwesen 18).

[22] Ebenda 20 f.: Die privaten Wiener Bankhäuser waren selbst durch billige Kredite der Nationalbank (4 %) gedeckt und machten oftmals unter Umgehung der wuchergesetzlichen Vorschriften lukrative Geschäfte mit den Kreditsuchern in der Provinz. Vgl. auch M ä r z : Industriepolitik 25 f.

[23] S t e i n e r : Mobilbankwesen 23 f. — Vgl. auch unten 88 f.

[24] C z o e r n i g : Österreichs Neugestaltung 163. Durch die Gründung der Hypothekenanstalt wurde der Pfandbrief in Österreich eingeführt; das Anfangskapital betrug 35 Mill. fl.

[25] S t a m m : Verhältnisse 318. — R o g g e : Österreich I/427.

[26] Effektenverkäufe innerhalb von Prag mußten auf dem umständlichen Weg über die Wiener Börse erledigt werden (Verhandlungen der Handels- und Gewerbekammer in Prag von ihrer Begründung am 18. November 1850 bis zum Schlusse des Jahres 1857. Prag

war es nur folgerichtig, daß die aktivsten böhmischen Kapitalisten nach 1849 den alten Versuch[27] wieder aufnahmen, sich mit der Etablierung einer *Prager Börse* ein Instrument zur Erringung der finanziellen Unabhängigkeit von Wien zu schaffen. Im Frühjahr 1851 machte eine Gruppe von Prager Kapitalisten unter der Führung des Bankiers *Lämel* einen Vorstoß in diese Richtung, der aber in Wien auf harten Widerstand stieß[28]. Die prekäre Lage der Staatsfinanzen ermutigte die böhmischen Finanziers in der Mitte des Jahrzehnts noch einmal, vom Forum der Prager Handelskammer aus ihre Forderungen in Wien lautstark vorzutragen[29]. In dem zweiten Versuch präzisierten die Antragsteller ihre Pläne hinsichtlich einer Vereinigung von Handelskammer und Börse (nach Mailänder Muster). Das Ziel war, den böhmischen Kapitalmarkt von dem — internationalen Einflüssen stark ausgesetzten — österreichischen Zentrum in Wien unabhängig zu machen und im ökonomisch fortgeschrittensten Land der Monarchie einen eigenen, stabilen Finanzmittelpunkt zu schaffen. Dahinter stand der Wunsch, die böhmische Industrie in direkte Verbindung mit dem deutschen Raum zu bringen[30]. Auf das gleiche Ziel war die Idee der Gründung einer Prager Wechsel-Eskompte-Anstalt auf einheimischer Aktienbasis gerichtet; dieses Institut sollte der Prager Filiale der Nationalbank das Wechselgeschäft vollständig abnehmen und hätte, wäre es realisiert worden, den böhmischen Kapitalverkehr weitgehend unabhängig von Wien gemacht[31]. Indes hatte auch dieser zweite Vorstoß in Wien keinen Erfolg[32]. In Wien nämlich gewann der Gedanke der *Konzentration* und *Zentralisierung* aller Kapitalkräfte in einem Punkt immer mehr Anhänger; wie in manchen anderen Bereichen, so übte auch auf dem finanziellen Sektor das Beispiel des Second Empire nachhaltige Wirkung aus: das Vorbild des (u. a. auf Saint-Simonistischem Ideengut basierenden) unerhört erfolgreichen „Crédit Mobilier" der Gebrüder *Pereire* lockte auch in Österreich zur Nachahmung[33]. Dazu kam ein weiteres: im Jahre 1854 erzwang die miserable Lage

---

1859, S. 267). — Bereits im Frühjahr 1849 hatten sich nordböhmische Industrielle über die „eigennützige Nationalbank" und die „nach Geld gierigen Bankiers in Wien" beschwert (SÚA, PG 46-49-4c/34 K.A. Jungbunzlau an Mecséry, 15. 5. 1849).

[27] Zu den vormärzlichen Versuchen der Gründung einer Prager Börse vgl. Přehled československých dějin II/1, S. 333.

[28] Vgl. auch J. G r u b e r : Die Handels- und Gewerbekammer in Prag in den ersten fünfzig Jahren ihres Bestandes 1850—1900. Prag 1900, S. 52 ff.

[29] Die Gruppe gab zu bedenken, daß die Nationalanleihe und die vielen Eisenbahnkonzessionen die Eröffnung einer Börse in Prag dringend erforderlich machten, dem miserablen Kurs der Staatsanleihe-Obligationen auf dem flachen Land sei nur durch eine öffentlich kontrollierte Umschlagstelle in Prag abzuhelfen (Verhandlungen Handelskammer Prag 275).

[30] Ebenda 275 f.

[31] Ebenda 276.

[32] G r u b e r : Handelskammer Prag 53.

[33] Zur Geschichte des „Crédit Mobilier" vgl. J. P l e n g e : Die erste Anlagebank. Gründung und Geschichte des Crédit Mobilier. Essen 1921 u. R. E. C a m e r o n : The Crédit Mobilier and the Economic Development of Europe. The Journal of Political Economy (1953) 464 ff. — Über den ungeheuren Widerhall der Gründung des „Crédit Mobilier" in Europa vgl. S t e i n e r : Mobilbankwesen 59 f. — R o s e n b e r g : Weltwirtschaftskrise 91. — Zuletzt M ä r z : Industriepolitik 39 f. — Zur Entwicklung der Mobilbanken in Deutschland vgl. K. O b e r m a n n : Die Rolle der ersten deutschen Aktienbanken in den Jahren 1848 bis 1856. JbWG 1960/II, S. 47 ff.

der österreichischen Staatsfinanzen den Verkauf eines großen Teiles der Staatsbahnen[34]; der Einstieg des westeuropäischen Kapitals durch die Vermittlung des „Crédit Mobilier" in die österreichische Wirtschaft machte die Zukunftsträchtigkeit der modernen Methoden der Kapitalbeschaffung auf drastische Weise deutlich. 1855 erfolgte schließlich unter Mitwirkung *Brucks* die Gründung der „Österreichischen Creditanstalt"[35] auf der Basis der Pereire'schen Ideen. Die öffentliche Meinung erwartete sich von der neuen Bank die Schaffung eines überall präsenten Kredits, die Etablierung eines „Überkapitals"[36]. Ungeheuer war der Drang zur Beteiligung an dem gewinnträchtigen Unternehmen beim Kleinkapital: die Tatsache, daß 25 348 Parteien den für die Kleinaktionäre vorgesehenen Betrag zu zeichnen wünschten, zeigt deutlich die „Demokratisierung" des Kapitals nach 1848[37].

Die Gründung der „Creditanstalt" war jedoch nur das markanteste Beispiel für den Erfolg des Aktiengedankens. Durch das Vereinsgesetz von 1852 waren die Bedingungen für die Gründung von Aktiengesellschaften normiert worden; das Vertrauen in die neue Art der Kapitalbeschaffung hatte dadurch zugenommen[38]. Hinzu kam

---

[34] A. V. C z e d i k : Der Weg von und zu den österreichischen Staatsbahnen. Bd. 1 (Die Entwicklung der österreichischen Eisenbahnen als Privat- und Staatsbahnen 1824—1910). Wien o. J. S. 57. — C z o e r n i g : Österreichs Neugestaltung 215. — S t e i n e r : Mobilbankwesen 64 f. — Bezeichnend sind die Ausführungen des Ministers Baumgartner im Ministerrat, mit denen er zugunsten einer Öffnung Österreichs für das westeuropäische Kapital sprach: Es sei schwer, im Inland unternehmende Privatleute zu finden; der Charakter der österreichischen Industriellen sei schwerfällig: „... sie hängen in der Regel an dem Hergebrachten und bedürfen eines Sporns vom Auslande her, um durch Wetteifer mit den Fremden zur Ausdehnung und Verbesserung ihrer Erzeugnisse geweckt zu werden. (...) Auch an großen Kapitalien, welche sich der Industrie zuwenden, fehlt es zur Zeit bei uns. Findet sich nun eine Gelegenheit, aus dem Auslande das heranzuziehen, dessen die inländische Industrie so sehr bedarf, so liegt es im Interesse der Staatsverwaltung, das diesfällige Anerbieten anzunehmen und selbst ein Opfer nicht zu scheuen, welches in späterer Zeit durch Erhöhung der inländischen Produktion reichlich vergolten wird." (HHSTA, MCZ 3218/1854 Min. Konf. am 11. 10. 1854).
[35] Zur Geschichte der „Creditanstalt" vgl. Ein Jahrhundert Creditanstalt-Bankverein. Wien 1957. — M ä r z : Industriepolitik.
[36] S t e i n e r : Mobilbankwesen 63. Wie hochgespannt die Erwartungen waren, geht auch aus der Ernüchterung des kreditsuchenden Publikums in den späteren Jahren hervor. Vgl. dazu unten 105.
[37] C z o e r n i g : Österreichische Neugestaltung 175. — 1 Subskribent zeichnete den aufgelegten Betrag von 44 Mill. fl ganz, 85 Parteien zeichneten mehr als 1 Mill. fl, über 22 000 Parteien zeichneten 1 bis 25 Aktien à 200 fl (S t e i n e r : Mobilbankwesen 72). In Böhmen stellte ein amtlicher Beobachter anläßlich der Gründung der „Creditanstalt" verwundert fest, daß das durch die Staatsanleihe scheinbar illiquide Besitzbürgertum Böhmens offenbar noch genügend Kapitalien flüssig zu machen verstand: die öffentliche Meinung habe getadelt, „daß dem großen Publikum ... eine verhältnismäßig geringe Anzahl Aktien, somit auch nur ein geringer Anteil an dem zu erwartenden Geschäftsgewinn zugänglich gemacht wurde." (SÚA, PM 8/1/19:2 Nr. 593 pr. Mecséry an Bach/Kempen, 16. 1. 1856).
[38] M. v. S t u b e n r a u c h : Statistische Darstellung des Vereinswesens im Kaisertume Österreich. Wien 1857, S. 221 f. — Auch der gleichzeitige große Aufschwung des Aktienwesens in Deutschland hat sicherlich als Beispiel gewirkt. Zur parallelen Entwicklung in Deutschland vgl. H. B l u m b e r g : Die Finanzierung der Neugründungen und Erwei-

die Förderung der Idee durch die gesamte Publizistik[39]. Neben verschiedenen industriellen Gründungen[40] waren es nach der Mitte des Jahrzehnts vor allem die großen Eisenbahnbaugesellschaften, die das Bild der österreichischen Wirtschaft veränderten: die finanzielle Notlage zwang um die Mitte des Jahrzehnts den Staat dazu, den (für die Förderung der Reichseinheit unerläßlichen) Bau der Eisenbahnen zu privatisieren; im Eisenbahnkonzessionsgesetz vom 14. 9. 1854 wurden für das

---

terungen von Industriebetrieben in Form von Aktiengesellschaften während der 50er Jahre des 19. Jahrhunderts in Deutschland, am Beispiel der preußischen Verhältnisse erläutert. In: Studien z. Gesch. d. industr. Revolution in Deutschland (Hrsg. Hans M o t t e k) Berlin 1960, S. 166 ff.

[39] So hat z. B. Schwarzer die Aktiengesellschaft als die ideale Verschmelzung von Kapital und Intelligenz gepriesen (Geld und Gut 77). — Die publizistische Förderung der Aktiengesellschaftsidee hatte indes bereits in den 50er Jahren nicht immer nur ideale Gründe; S t e i n e r (Mobilbankwesen 70), belegt, daß bereits bei der Gründung der „Creditanstalt" die später in der liberalen Ära notorischen Praktiken der Bestechung der Presse angewendet wurden, um eine günstige Stimmung im kapitalkräftigen Bürgertum zu bewirken. Das Thema der unseriösen Rolle der Presse bei der Lanchierung von Aktien hat auch Meißner in seinem Schlüsselroman „Schwarz-Gelb" verarbeitet. — Symptomatisch scheint mir zu sein, daß Franz Richter, der Direktor der „Creditanstalt", im Jahre 1858 die Hälfte des Kapitals der liberalen „Presse" erwarb (K e m p e n : Tagebücher 490. Daselbst auf S. 356 f. Details über die Interessenverflechtung von Kapital und Presse). — Es ist in diesem Zusammenhang auch aufschlußreich, daß die beiden Presse-Könige der 50er Jahre Zang („Presse") und Warrens („Lloyd") als Großspekulanten an der Wiener Börse notorisch bekannt waren. Vgl. F r i e d j u n g : Österreich II/330 ff. — Die Verbindungen zwischen Banken und liberaler Presse in der Gründerära der 60er und 70er Jahre beleuchtet W. A n g e r s t e i n in den Broschüren: Volkswirtschaftliche Zustände in Österreich. Leipzig 1871; Die Korruption in Österreich. Leipzig 1872; Politische Skizzen aus Österreich. Leipzig 1871. — Zu den ähnlichen Vorgängen in Deutschland der 50er Jahre vgl. neuerdings Z u n k e l : Wirtschaftsgeist 47.

[40] S t u b e n r a u c h s Angaben über die Österreichischen Aktiengesellschaften der 50er Jahre sind offenbar unvollständig und reichen leider auch nur bis zum Jahre 1856; überdies sind nur die Aktiengesellschaften nach den Kriterien des Vereinsgesetzes von 1852 berücksichtigt, so daß die Zwischenform zwischen selbständigem Unternehmertum und AG, die oftmals auf viele Personen verteilte Kommanditgesellschaft, nicht berücksichtigt ist. In Böhmen gab es nach S t u b e n r a u c h in den 50er Jahren an echten anonymen Aktiengesellschaften:

Die Erste böhmische Dampfmühlen-Aktiengesellschaft in Prag (gegr. 1846); den Aktienverein für den Betrieb der Reichenberger Dampf-Mehl-Mahlmühle (gegr. 1851); den Aktienverein zur Errichtung einer Flachs- und Hanfzubereitungsanstalt (gegr. 1855); die Industrie- und Produktenhalle (eine Art Warenbörse, gegr. 1855); den Aktienverein der Smíchover Porzellan- und Tonwarenfabrik (gegr. 1852); die Friedländer mechanische Flachsspinnerei (gegr. 1845); den Aktienverein für Tuchmacherei, Spinnerei und Appretur in Braunau (gegr. 1854); die Tetschener Kettenbrücken A.G. (gegr. 1850) (S t u b e n r a u c h : Vereinswesen 235—272). Nach 1856 entstanden der „Österreichische Verein für chemische und metallurgische Produktion" (1856) und die Prager Eisenindustriegesellschaft (1859). — In Österreich insgesamt wurden zwischen 1856—1860 26 AGs neugegründet; von 1861—1865 entstanden 48 neue Gesellschaften, und in der kurzen Zeitspanne von 1865—1872 wuchs die Zahl der Aktiengesellschaften auf 710 an. (Vgl. M i s c h l e r - U l b r i c h : Staatswörterbuch Bd. 1, S. 118).

Privatkapital so lukrative Bedingungen normiert, daß alsbald ein fieberhaftes Planen, Gründen und Bauen begann[41].

Wer war hauptsächlich am Gründungsgeschäft beteiligt? Es unterliegt keinem Zweifel, daß die Initiative zumeist vom Wirtschaftsbürgertum ausging[42]. Neben den Privatbankiers und kapitalstarken Industriellen trat vor allem die österreichische Aristokratie (vor allem böhmische Familien!) stark in Erscheinung; der kapitalistisch interessierte Adel kam oft den Wünschen der „Gründer" entgegen, seine Kapitalkraft, welche durch die Grundentlastung zugenommen hatte und das gesellschaftliche Prestige eines alten Namens zur Erhöhung der Reputation der neuen Unternehmungen beizusteuern[43]. Die Konzession der „Creditanstalt" erhielten z. B. Max Egon Fürst zu *Fürstenberg*, Johann Adolph Fürst *Schwarzenberg*, Vinzenz Karl Fürst *Auersperg*, Otto Graf *Chotek* und die Bankiers L. v. *Haber*, S. M. *Rothschild* und L. *Lämel*[44]. Hauptdirektor der „Creditanstalt" wurde der böhmische Textilindustrielle und Wirtschaftspolitiker Franz *Richter*[45]. Die Gründer der Reichenberg-Pardubitzer Bahn (1856) waren Camill Fürst *Rohan*, F. E. Graf *Harrach*, und der Fürst von *Schaumburg-Lippe* von Seite des Adels, die Industriellen Johann *Liebig* (Reichenberg), Adalbert *Lanna* (Budweis), A. *Schoeller* (Wien) und die Bankiers *Zdekauer* (Prag) und *Fiedler* (Prag). Beteiligt war auch die „Creditanstalt" und deutsches Bankkapital[46]. Die Konzession für den Bau der böhmischen Westbahn (Prag—Pilsen—Bayern) erhielten 1857 der Prager Bankier

---

[41] C z o e r n i g : Österreichs Neugestaltung 175 ff. — Welches Ausmaß die Kapitalkonzentration in den Eisenbahngesellschaften erreichte, zeigen folgende Zahlen: Die k. k. priv. Staatseisenbahngesellschaft, die vom Crédit Mobilier zur Übernahme der (besonders in Böhmen gelegenen) Bahnen und Motanbetriebe gegründet wurde, hatte 77 000 000 fl Aktienkapital und stockte ihr Kapital sogleich durch eine Anleihe von 38 000 000 fl auf. Die 1856 gegründete Kaiserin-Elisabeth-Bahngesellschaft begann mit einem Startkapital von 18 000 000 fl. Vergleichsweise bescheiden nehmen sich daneben die Gründungskapitalien der Kralup-Busthiehrader Kohlenbahn (gegr. 1853, 2 400 000 fl) und der Aussig-Teplitzer Bahn- und Bergbaugesellschaft (gegr. 1856, 4 000 000 fl) aus (S t u b e n r a u c h : Vereinswesen 259—269).

[42] Für Böhmen vgl. die biographischen Angaben oben 59 f.

[43] Vgl. zu dieser Erscheinung R o s e n b e r g : Weltwirtschaftskrise 101 f. — P i s l i n g : Nationalökonomische Briefe 5. — M ä r z : Industriepolitik 48. — H. W a e n t i g bemerkt pointiert, der österreichische Adel habe „auch vom Baume des Kapitalismus gekostet und seine Früchte süß und nahrhaft befunden." (Gewerbliche Mittelstandspolitik. Leipzig 1897, S. 54). — Indes waren die 50er Jahre, gemessen an der späteren Entwicklung, vergleichsweise arm an adeligem Gründungsengagement: von 1867 bis zum Börsenkrach von 1873 wirkten bei Gründungsgeschäften nicht weniger als 1 Herzog, 14 Fürsten, 105 Grafen, 37 Freiherrn und 47 adelige Personen mit (S t e i n e r : Mobilbankwesen 178).

[44] M ä r z : Industriepolitik 37. — Es wirft übrigens ein bezeichnendes Licht auf den während der 50er Jahre weiter schwelenden Konflikt zwischen dem „Parvenü" Bach und der Hocharistokratie, daß Bach die Erteilung der Konzession an die „böhmischen Herren" im Ministerrat zu hintertreiben versuchte und auf eigene Faust eine Etablierung der Gebrüder Pereire („Crédit Mobilier") in Wien förderte, wenngleich ohne Erfolg (HHSTA, MCZ 3251/1855 Min. Conf. am 9. 10. 1855).

[45] Über Richter vgl. W u r z b a c h 26 (1874) 39 ff. — M ä r z : Industriepolitik 53 f.

[46] AAZ 1856, S. 2813. — C z o e r n i g : Österreichs Neugestaltung 239. Über die organisatorischen Promotoren der Bahn siehe oben 59.

Lämel zusammen mit den Fürsten Clemens *Metternich*, Alfred *Windischgrätz* und Max *Thurn-Taxis*[47]. In der 1856 gegründeten Aussig-Teplitzer Bahn- und Bergbaugesellschaft wirkte u. a. der Fürst von *Clary*[48]. Die Gründer des „Österreichischen Vereins für chemische und metallurgische Produktion", der nach 1856 aus der nordböhmischen Stadt Aussig ein Zentrum der chemischen Industrie machte, waren Angehörige der Familien *Schwarzenberg, Fürstenberg, Auersperg, Clary, Chotek, Nostitz, Riese-Stallburg, Ledebour, Lichnowsky*, zusammen mit Industriellen (*Lindheim, Schoeller*) und Bankiers (*Fiedler, Lämel, Haber*)[49].

Auch liberale Publizisten, wie z. B. der Herausgeber des Wirtschaftsblattes „Austria" Gustav *Höfken*[50], fanden über das Gründungsgeschäft den Weg in die Aufsichtsräte der Kapitalgesellschaften; der ehemalige liberale Politiker (Mitarbeiter am Verfassungsausschuß in Kremsier) und Mitarbeiter *Bachs* Kajetan *Mayer* wurde Aufsichtsrat der (vom „Crédit Mobilier" gegründeten) österreichischen Staatsbahngesellschaft[51].

---

[47] C z o e r n i g : Österreichs Neugestaltung 240.

[48] Ebenda.

[49] Der österr. Verein für chemische und metallurgische Produktion. 1856—1906. Prag 1906. S. 6.

[50] Höfken war 1848 Mitglied der Frankfurter Nationalversammlung und wurde von Bruck nach Österreich geholt. Höfken gehörte dem Aufsichtsrat der „Creditanstalt" an und war Gründungsmitglied des „Österr. Vereins f. chem. u. metall. Produktion" (M ä r z : Industriepolitik 51. — Der österr. Verein etc. 6).

[51] Mayer organisierte den Verkauf (K e m p e n : Tagebücher 357). Über Mayers Rolle als Bankier und Gründer in den 60er Jahren äußert sich sehr kritisch A n g e r s t e i n : Volkswirtschaftliche Zustände in Österreich 14 ff.

7. GESELLSCHAFTLICHE FOLGEN DES HOCHKAPITALISMUS

Die neuen Verhältnisse auf dem Kapitalmarkt blieben nicht ohne Einfluß auf die gesellschaftliche und politische Entwicklung in Böhmen. Einmal bewirkte der Aufstieg Wiens zum unbestrittenen finanziellen Zentrum der Monarchie eine starke Hinwendung des böhmischen (d. h. des in den 50er Jahren überwiegend deutschen) Besitzbürgertums nach Wien[1]; symptomatisch war das Überwechseln des böhmischen Textilindustriellen Franz *Richter* (des unbestrittenen Führers des Wirtschaftsbürgertums nach 1848)[2] in die Leitung der „Creditanstalt" im Jahre 1855. Auch *Lämel*, der doch bis 1854 gleichsam „landespatriotische" Opposition gegen die Abhängigkeit Böhmens von Wien gemacht hatte, änderte 1855 seine Haltung und wurde einer der Gründer der „Creditanstalt"; der Prager Großbankier Friedrich *Zdekauer* wurde nur durch sein allzu großes Engagement bei der Staatsanleihe im Jahre 1854 daran gehindert, ebenfalls Mitgründer der „Creditanstalt" zu werden[3]. Wie schnell die böhmischen Kapitalisten sich dem offenbar unaufhaltsamen Trend zur Zentralisierung anpaßten, zeigt die Tatsache, daß eine im Jahre 1856 errichtete provisorische kleine Börse in Prag alsbald wegen Mangels an Interesse einging[4]. Der Fehlschlag der Separationsversuche des böhmischen Kapitals hat also die Konzentration der Kapitalkräfte in Wien gefördert und dadurch letztlich die Entfaltung eines übernationalen Finanzzentrums in Prag verhindert[5]. Der unter politisch-nationaler Firma später erfolgte Aufbau eines tschechischen Kapitalismus mit ausdrücklicher Frontstellung gegen „Wien" (der dann bekanntlich 1871 zur Errichtung der Prager Börse aufgrund tschechischer

---

[1] S. auch unten 179 f.

[2] S c h e b e k : Dotzauer 89.

[3] SÚA, PMT 1854 A/1.

[4] S c h e b e k : Dotzauer 75.

[5] Es ist in diesem Zusammenhang bedenkenswert, daß die Prager Handelskammer, mit welcher nach Lämels Plänen die Prager Börse ja kombiniert werden sollte, in den 50er Jahren vom Besitzbürgertum beider Nationen (wenngleich mit einem Übergewicht des deutschen) beschickt worden ist und daß es vor 1860 zu keinerlei nationalen Zwistigkeiten innerhalb der Kammer gekommen ist (vgl. dazu P. H o r s k á - V r b o v á : K otázce vzniku české průmyslové buržoasie [Zur Frage der Entstehung der tschechischen Industriebourgeoisie] ČSČH 10 (1962) 264). Daß es in den 50er Jahren noch eine reelle Chance für eine positive wirtschaftliche Zusammenarbeit beider Nationen gegeben hat, zeigt auch die Zusammensetzung einer der wenigen in Prag entstandenen Aktiengesellschaften, der „Industrie- und Produktenhalle" in Prag. Unter dem Vorsitz des Fürsten Adolph Schwarzenberg wirkten einträchtig zusammen: der enragierte tschechische Nationalist Karl Drahotín Freiherr von Villany, der mit dem tschechischen Nationalismus sympathisierende Großgrundbesitzer Maximilian Berger (sein Sohn wurde bereits ein prominentes Mitglied der tschechischen Gesellschaft in den letzten Jahrzehnten des Jahrhunderts), aber auch der „deutsch"-liberale Abt von Strahov Hieronymus Zeidler und der deutsche Großdrucker und Fabrikant Haase, der die regierungstreue Fraktion im Prager Bürgertum anführte (SÚA, PM 1850—55 8/5/5 Sacher-Masoch an Mecséry, 31. 5. 1853).

Initiative geführt hat[6]) ist jedenfalls ohne die Weichenstellung der 50er Jahre schlecht denkbar[7].

Doch wandte sich nicht nur das Interesse derer, die kraft großen Kapitalbesitzes an Gründungsgeschäften teilzunehmen in der Lage waren, nach dem finanziellen Zentrum der Monarchie; auch für das breite Besitzbürgertum wurde nach 1848 die Wiener Börse zu einer Institution von vitaler Bedeutung. Denn durch zwangsweise (über die Staatsanleihe von 1854) und freiwillige (über die Teilnahme an Aktiengesellschaften) „Demokratisierung" des Kapitals nahm einerseits die Zahl der notierten Papiere erheblich zu[8]; andererseits wurde ein ungleich größerer Kreis von Personen in Verbindung mit den Vorgängen auf dem Hauptumschlagplatz des österreichischen Kapitals gebracht[9]. Ein Vorzeichen und Vorbedingung zugleich der nun einsetzenden Intensivierung der Beziehungen zwischen der böhmischen Gesellschaft und der Wiener Börse war die Tatsache, daß seit März 1849 täglich die Wiener Kurse nach Prag telegraphiert wurden[10].

Fast alle Kapitalbesitzer wollten nun an den Spekulationsgewinnen teilhaben: neben den reinen Kapitalisten war es in erster Linie die österreichische Aristokratie, die sich durch Beteiligung an der Spekulation über den geringen politischen Einfluß, den der Neoabsolutismus zu gewähren bereit war, tröstete[11]. Nur ein kleiner konservativer Flügel des grundbesitzenden Adels betrachtete die neuen Formen der Bereicherung mit mißtrauischer Ablehnung; wenn Fürst Alfred *Windischgrätz*, der

---

[6] Der Organisator der Prager Börse war tschechischer Zucker-Großhändler und Politiker Alois Oliva. Über ihn unten 162 f. Zur Börsengründung vgl. Přehled československých dějin II/1, 333 f. — Es ist in diesem Zusammenhang bezeichnend, daß der tschechischnationale Publizist Jan P a l a c k ý (der Sohn František Palackýs) 1860 mit deutlich nationaler Akzentuierung schrieb, die Börse in Prag sei „aus Neid und Haß gegen Prag von Wien aus nicht bewilligt" worden (Böhmische Skizzen 57).

[7] Besonders wichtig scheint mir in diesem Zusammenhang der Umstand zu sein, daß es aufgrund des Fehlens einer Börse in Böhmen während der 50er Jahre kaum zur Gründung von Aktiengesellschaften mit dem Sitz in Prag gekommen ist, eine Tatsache, auf die auch Lämel bei seinem zweiten vergeblichen Vorstoß in Wien hingewiesen hat. Die Konstellation der 50er Jahre, die alles mobile Kapital aus Böhmen in die großen Kapitalgesellschaften Wiens fließen ließ, steht am Anfange einer Entwicklung, die am Ende des Jahrhunderts dazu führen sollte, daß bedeutende Teile der böhmischen Industrie von Wiener Finanzkonsortien kontrolliert wurden, ein Zustand, der dann von nationaltschechischer Seite immer wieder als Beherrschung der „tschechischen" Wirtschaft durch das „deutsche" Wiener Kapital bekämpft worden ist. Vgl. dazu P r i n z : Probleme der böhmischen Geschichte. BohJb 6 (1965) 348.

[8] 1848 wurden an der Wiener Börse erst 20 verschiedene Papiere notiert, 1855 waren es bereits 56 (S t e i n e r : Mobilbankwesen 66). Der Nominalwert der notierten Effekten nahm in Österreich zwischen 1854 und 1857 um 1600 Mill. fl. zu (R o s e n b e r g : Weltwirtschaftskrise 111).

[9] Das spiegelt sich auch in der Börsenstatistik: die Zahl der ausgegebenen Jahreskarten für den Besuch der Wiener Börse stieg von 870 im Jahr 1855 auf 1377 im Jahr 1856 (S t e i n e r : Mobilbankwesen 80).

[10] SÚA, PG 46—49. 16/70/1849 Bruck an Mecséry, 21. 3. 1849.

[11] Genaue Daten in dieser Beziehung zu ermitteln, ist nach der Natur der Sache nicht möglich. Die „Grenzboten" resümierten im Frühjahr 1859 in einem Rückblick, Österreich sei ein Land, „wo Fürsten und Grafen zu Dutzenden mit Aktien spekulieren." (Grenzboten 1859/I, S. 487).

Führer der Gegenrevolution im Revolutionsjahr, 1851 zum Kaiser gesagt hatte, die Aristokratie sei der letzte Damm gegen die Herrschaft der „Geldmenschen"[12], so verlor doch diese Überzeugung durch die wachsende Verflechtung von Hochadel und Großkapital im Laufe des Jahrzehnts immer mehr an realem Gehalt[13]. Als *Windischgrätz* 1856 sich weigerte, seinen Spekulationsgewinn in Creditanstalts-aktien zu realisieren und dazu die Begründung gab: „Geschäfte macht kein Windischgrätz"[14], so war er wohl eher ein untypischer Vertreter der österreichischen Aristokratie. Folgerichtig hat er den „Spekulationsschwindel . . . , bei welchem man würdige Namen entwürdigt hat", mit Ekel abgelehnt[15]. Selbstverständlich beteiligten sich auch die industriellen Unternehmer an Geldhandel und Börsengeschäften[16]. Das auffälligste Symptom der Zeit war indes die Tatsache, daß das Spekulationsfieber auch Bürgertum und Mittelstand ergriff. In der Mitte des Jahrzehnts registrierten die böhmischen Behörden das „massenhafte Zudrängen zu Privatgesellschaften, deren Gebaren großenteils im Börsenspiele besteht"[17] und die „in neuerer Zeit in sonst dem Börsenspiel ganz fremden Kreisen auffällig eingerissene Spekulationswut[18]." Wie wenig dieses Streben nach mühelosem Kapitalgewinn durch politische Überzeugungen behindert wurde, zeigt das Beispiel, des katholisch-konservativen Staatssekretärs Joseph Alexander von *Helfert,* der eifrig an der Wiener Börse spekulierte; sein Schwager Heinrich *Fügner* schrieb ihm 1853 den bezeichnenden Satz: „Du Schlauer, bist auch schon Kaufmann — möchtst gerne Millionär werden"[19]. Neben dem Engagement in Effekten wurde aber auch der Handel mit Leihkapital zu einer in der bürgerlichen Gesellschaft durchaus tolerierten Nebenbeschäftigung, wobei wiederum, wie bei der Spekulation, politische und nationale Gräben keinen hindernden Einfluß zeitigten: der loyale Prager Bürger-

---

[12] M ü l l e r : Windischgrätz 28.

[13] Es ist in diesem Zusammenhang nicht uninteressant, daß Schwarzer in seinem „Geld und Gut" maliziös bemerkt, man beobachte gegenwärtig die Erscheinung, daß sich Angehörige der höheren Stände eher ein wenig z u devot gegenüber Millionären verhielten (a.a.O. S. 192). — Zu den gesellschaftlichen Verbindungen von Hochadel und deutschjüdischem Großkapital in den 50er Jahren vgl. R o g g e : Österreich I/427.

[14] R o g g e : Österreich von Vilagos I/9.

[15] M ü l l e r : Windischgrätz 29.

[16] P i s l i n g : Nationalökonomische Briefe 83.

[17] SÚA, PM 8/1/19:2 Nr. 2023 Päumann an Kempen, 1. 7. 1856.

[18] SÚA, PM 8/1/19:2 Nr. 9597 pr. Mecséry an Bach/Kempen 30. 9. 1856.

[19] Zit. nach F e y l : Fügner 555. — Der Mittelstandspolitiker Reschauer hat später über die „Demokratisierung" des Börsenspiels in den 50er Jahren geschrieben: „Ganze Klassen der Bevölkerung wurden nun innerhalb weniger Wochen in den Zauberkreis der Agiotage festgebannt. Der hohe Adel, die hohe Bürokratie, die Spitzen der Armee wurden plötzlich vom Spielteufel erfaßt und kannten kein anderes Streben, als ihre Besitztümer rasch zu vermehren, um in die Klasse der Reichsten, der Millionenbesitzer aufgenommen zu werden. Aber auch der kleine Mann suchte den Reigen um das goldene Kalb mitzumachen. Zum ersten Male kam es jetzt in Österreich vor, daß der kleine Bürger, der Subalternbeamte, der Offizier, ja selbst der Dienstbote Tag für Tag in aufgeregtester Spannung den Börsenkursen entgegen sah. Unterschätze man die Tragweite dieser Erscheinung nicht." (H. R e s c h a u e r : Geschichte des Kampfes der Handwerkerzünfte und der Kaufmannsgremien mit der österreichischen Bureaukratie. Vom Ende des 17. Jahrhunderts bis zum Jahre 1860. Wien 1882, S. 250).

meister *Wanka* wie die demokratischen tschechischen Nationalisten *Hofrichter* und *Fingerhut (Náprstek)* wurden von den böhmischen Behörden gleichermaßen der Bereicherung durch unseriöse Darlehensgeschäfte bezichtigt[20]. Ein Bericht des Kreishauptmanns von Pilsen beklagte 1857 die „leider in allen Volksschichten mehr (oder) weniger grassierenden Wuchertendenzen"[21].

Im gesellschaftlichen Leben hat die Dynamik des Hochkapitalismus die durch die Revolution von 1848 begonnene Zersetzung des noch im Vormärz einigermaßen statischen Gefüges von Prestige, Sympathien und gesellschaftlichen Bindungen weiter vorangetrieben. Unter der Decke des Absolutismus formierte sich in den 50er Jahren aus einem Teil der alten Oberschicht (dem kapitalistisch aktiven Adel), sowie aus zumeist deutsch-jüdischem Großkapital und aus dem Neureichtum, der durch Börsenaktionen oder Beteiligung am Gründergeschäft nach oben kam, der Kern der „Geldaristokratie", welche zumindest die wirtschaftspolitischen Geschicke Österreichs in der zweiten Jahrhunderthälfte maßgeblich bestimmen sollte[22]. In den

[20] SÚA, PM 1855—59 8/5/15:32 Päumann an Mecséry, 9. 2. 1859 u. PPT 1854/74. — Die bereits mehrmals zitierten Briefe Fügners aus den 50er Jahren bieten ebenfalls ein reiches Anschauungsmaterial über die ständigen Finanzmanipulationen innerhalb der bürgerlichen Familien.

[21] SÚA, PM 8/1/19:2 Nr. 73 pr. K.A. Pilsen an Mecséry 26. 6. 1857.

[22] Zum Verhältnis von Parlament und Kapital vgl. die oben zit. Aufs. v. A n g e r s t e i n. — Zumal die Verflechtung von deutschliberaler Partei und Kapital ist ja für die weitere Entwicklung der österreichischen Politik hochbedeutsam geworden; W a e n t i g (Gewerbliche Mittelstandspolitik 81) hat bereits darauf hingewiesen, daß der „Klassencharakter" des deutschen Liberalismus die zentrifugalen Kräfte im Reich verstärkt hat: die deutschliberale Partei habe von Anfang an (d. h. also nach 1860) einseitig großkapitalistische Interessenvertretung betrieben: „Von nie gestilltem Gelddurste gepeinigt, erwies sie sich als unfähig, das öffentliche Leben mit großen Ideen zu befruchten oder gar sozialpolitische Reformen höheren Stils durchzuführen, wie die Zeit sie verlangte. Und vielleicht hat dem Deutschtum, das sie zu vertreten vorgab, in Österreich zuguterletzt nichts mehr geschadet, als daß es in dieser greisenhaft sterilen Form zur parlamentarischen Herrschaft gelangte, die sich nicht nur den Hohn und die Verachtung der Gegner, sondern auch das Mißtrauen und den Haß der deutschen Bevölkerung zuzog." — Im Rumpfparlament von 1875 waren von 167 tätigen Mitgliedern 46 mit der Wahrnehmung von insgesamt 125 Aufsichtsratsposten beschäftigt (C h a r m a t z: Lebensbilder 92). — Auch die politische Stellung des Adels in der Gesellschaft ist durch die in den 50er Jahren beginnende kapitalistische Tätigkeit nicht unberührt geblieben; vor allem die bürgerlichliberale öffentliche Meinung (z. B. R o g g e: Österreich I/344) der 60er und 70er Jahre hat das Mißverhältnis zwischen neoständischer Ideenwelt der Torys und deren Börsenaktivität mit Hohn und Spott bedacht. Die neuerdings von Ch. T h i e n e n - A d l e r - f l y c h t (Thun 30 ff.) vertretene Ansicht, der Adel habe nach 1850 noch die Möglichkeit und Fähigkeit besessen, als hausväterlicher Führer „nachbarschaftlicher" politischer Einheiten den durch die moderne Wirtschaftsgesellschaft beförderten Zerfall der Monarchie hintanzuhalten, erscheint mir in diesem Zusammenhang doch fraglich. Die Aristokratie war ja zwischen 1850 und 1860 bereits in hohem Maße damit beschäftigt, den Absprung zur „Emigration in die Konjunktur" (T h i e n e n - A d l e r f l y c h t) nicht zu verpassen; so bemerkenswert die politische Aktivität der Adelsgruppe um Thun (Heinrich Graf Clam-Martinitz, Karl Graf Wolkenstein) gewesen ist, so fraglich erscheint es mir, ob die adeligen Reformer — selbst bei einem Erfolg gegenüber den widerstrebenden bürgerlichbürokratischen Kräften — die Mehrzahl der adeligen Standesgenossen hätten dafür gewinnen können, zugunsten umfassenderer politischer Pflichten und Rechte auf die ungehinderte Teilhabe an den Vorteilen der kapitalistischen Wirtschaftsgesellschaft zu ver-

50er Jahren begann auch in Ansätzen die (später in der liberalen Epoche fast inflationäre) Nobilitierung von Finanziers und Industriellen[23]; überdies nahm das gesellschaftliche Bewußtsein diese Entwicklung schon vorweg: Meißner hat in seinem Schlüsselroman über die 50er Jahre „Schwarz-Gelb" festgehalten, daß „jedes mit Geld ausgestattete Menschenkind in Österreich von der öffentlichen Stimme das Prädikat — von —" erhielt[24]. Die Skala des gesellschaftlichen Prestige wurde nun wesentlich durch die unterschiedliche Kapitalkraft bestimmt[25]; in der Lebenshaltung trat das finanziell arrivierte Bürgertum ganz offen die Nachfolge des Adels an[26], der sich nach 1848 weitgehend aus dem städtischen gesellschaftlichen Leben zurückgezogen hatte[27].

---

zichten. T h i e n e n (a.a.O. S. 138) führt selbst aus, daß 1859/60, nach 10 Jahren Absolutismus, der Streit über diese Frage gerade im Adel selbst stattfand; über die Anzahl der echten Anhänger Thuns in dieser Frage zu spekulieren, ist müßig.

[23] Vgl. G. F r a n z : Liberalismus. Die deutschliberale Bewegung in der habsburgischen Monarchie. München 1955, S. 84. — Der erste große Anlaß zur Nobilitierung kapitalistischer Gruppen war die Durchführung der Staatsanleihe 1854. Über den schlechten Eindruck, den die Nobilitierung von Finanzleuten im Prager mittleren Bürgertum hervorrief, hat Fügner mehrmals an seinen Schwager Helfert nach Wien berichtet. Zum Andrang zur Nobilitierung (in Österreich konnte der Adel beantragt werden!) anläßlich des Kaiserbesuchs in Prag 1854 bemerkte Fügner: „Hier gehts ekelhaft zu mit Ordens- und Adeljagd — jeder Lump ist nun bester Christ, Armenfreund etc. etc. — es ist zum Speien." (F e y l : Fügner 555). — Bach hat im Ministerrat besonders die Auszeichnung von Männern der Industrie lebhaft gefördert (HHSTA, MCZ 3737/1854 Min. Konf. 2. 12. 1854). — Über die Adels-„Inflation" der liberalen Zeit nach 1860 vgl. die polemischen Ausführungen von W. A n g e r s t e i n in den oben erwähnten Broschüren.

[24] M e i ß n e r : Schwarz-Gelb (Die Opfer der Partei) Bd. 1, 87.

[25] Wie verbitternd dieser Vorgang gerade auf das kleinere Bürgertum gewirkt hat, geht noch aus den Jahrzehnte später geschriebenen Sätzen des Mittelstandspolitikers Reschauer hervor: „Damals [d. h. Mitte der 50er Jahre] ist das Geld diejenige Großmacht in Österreich geworden, welcher gegenüber alle besseren Gefühle und Leidenschaften die Segel streichen mußten. Die Begier, Geld zu erlangen, die Sucht, schnell reich zu werden, mögen in früheren Epochen Einzelne gekannt haben, aber erst von dem bezeichneten Zeitpunkte an sind ganze Klassen unserer Gesellschaft von diesem alles übrige zurückdrängenden Streben wie von einem Fieber befallen worden. Vaterland, Freiheit, Gemeinwohl sind für diese Kreise inhaltslose Begriffe; denn für sie existiert nur das Geld und nichts anderes als das Geld, und wer kein Geld besitzt, der zählt auch nicht in ihren Augen." (R e s c h a u e r : Kampf 248).

[26] Jan P a l a c k ý : Böhmische Skizzen 45.

[27] Über den Rückzug des Adels aus der Öffentlichkeit gibt es verschiedene Quellen: Sacher-Masoch berichtete am 7. 6. 1851: „Das Verhältnis des Adels zu den übrigen Schichten der Gesellschaft in der Hauptstadt trägt den Charakter einer noch größeren Abschließung, als sie selbst vor dem Jahre 1848 bestand, an sich." (SÚA, PM 8/1/12 Nr. 1466 p. p. Sacher-Masoch an Bach). — Ähnlich berichtete die AAZ am 25. 1. 1850 aus Prag (S. 518). — Über geringen „sozialen Einfluß" des Adels schreibt auch Jan P a l a c k ý in den „Böhmischen Skizzen": „Nur Adel und Armee bilden streng geschlossene Gesellschaften, deren Einfluß durch das Absperrungssystem täglich sich verringert und jetzt schon unbedeutend ist." (S. 44 u. 46). — Im gleichen Sinne: (Anonym) Nach dem Reichsrate. Eine Stimme aus Böhmen. München 1860, S. 28. Die Antwort des Grafen Eugen C z e r n i n auf diese Broschüre, die Schrift: „Bemerkungen über die Verhältnisse des böhmischen Adels", gibt den Rückzug des Adels aus der Gesellschaft zwar zu, nimmt dafür aber ehrenwerte Motive in Anspruch (a.a.O. 22). — Vgl. auch F r a n z : Liberalismus 84 f.

Aber auch die Angehörigen der oberen Schichten der Bürokratie erlebten durch den gesellschaftlichen Wandel in den 50er Jahren eine Minderung ihrer sozialen Stellung. Der alte *Kübeck* hat diesen Vorgang noch voller Mißbilligung in seinem Tagebuch festgehalten. Es fühle sich jedermann „aus seinem gesellschaftlichen Kreise hinausgetrieben oder in einen engeren eingezwängt", schrieb er am 19. 5. 1855, „Alle Stellungen sind neu und für die Mehrzahl schief und unbehaglich geworden"[28]. In den späten 50er Jahren wurde von den böhmischen Behörden immer wieder vom „steigende(n) Luxus der Industrie und Handel treibenden Klasse[29] berichtet. Ein präzises Bild der Zerstörung der alten gesellschaftlichen Schichtung durch die ökonomische Entwicklung, welche den „blühenden Wohlstand" der „Geldleute(n)" zur Folge habe, entwarf der Prager Polizeidirektor Päumann 1857 in einem Brief an Kempen: „Daß hiedurch zugleich die soziale Stellung der übrigen Bewohnerklassen, welche an dem Gewinne des Geldhandels keinen Anteil zu nehmen in der Lage sind, eine unerquickliche, weil gedrücktere zu werden droht, läßt sich nicht verkennen und wird auch von jenen gefühlt, welche ungeachtet einer angesehenen gesellschaftlichen Stellung mit den Männern des Handels und der Industrie nicht gleichen Schritt halten können. Der Physiognomie des öffentlichen und gesellingen Lebens wird dadurch ein neuer Stempel aufgedrückt; die Ideen der Neuzeit finden hier ihren praktischen Ausdruck"[30].

Schwarzer hat diese „Ideen der Neuzeit" über die gesellschaftliche Rangordnung in ein System gebracht. Seine Ausführungen werfen ein interessantes Streiflicht auf den Wandel des gesellschaftlichen Prestiges während der 50er Jahre. Zunächst wurde ein harmonisches Bild von der Amalgamierung der neuen Oberschicht durch die alte adelige gezeichnet: „Wenn es einem Kaufmann oder Fabrikanten durch Fleiß, Sparsamkeit und Intelligenz gelungen ist, sich in eine ökonomische Gesellschaftsgruppe emporzuarbeiten, in welcher er vermöge seiner Bildung und seines Einkommens so zu leben versteht, wie etwa ein altadeliger Großgrundbesitzer oder höherer Staatsbeamter, so wird er in der *guten* Gesellschaft nur selten eine Zurücksetzung zu erfahren haben, welche ihn an die frühere untergeordnete Stellung erinnert. Ist er noch dazu im Besitze einer selbsterworbenen ... Standesauszeichnung, so wird sich der Unterschied in der Beschäftigungsweise fast ganz verwischen, wie auch der Ursprung anderer erblicher Auszeichnungen längst vergessen ist. Solcher Beispiele gibt es mitten unter uns schon ziemlich viele und sie werden sich mit der steigenden Bedeutung des Geldes und Gutes fortwährend vermehren." An diese Voraussetzungen anknüpfend schlug Schwarzer eine Neuordnung der gesellschaftlichen Schichtung vor; entscheidendes Merkmal der neuen Ordnung wäre die *Gleichstellung* aller verschiedenartigen Mitglieder *einer Steuergruppe*. Jeder Staatsbürger sollte eine Steuerkarte bekommen, die ihm als Paßersatz dient und ihm überall den Nachweis seines gesellschaftlichen Ranges ermöglicht. Nach dem Maßstab der *Steuerleistung* soll die Gesellschaft in ein System der repräsentativen Rechte und Privilegien gebracht werden; die alte Ordnung nach historisch gewachsenen

[28] K ü b e c k : Tagebücher II/102 — Zur Minderung des gesellschaftlichen Status der mittleren und unteren Beamten siehe unten S. 157 ff.
[29] SÚA, PM 8/1/19:2 Nr. 9043 Mecséry an Bach/Kempen, 30. 9. 1857.
[30] SÚA, PM 8/1/19:2 Nr. 124 p.p. Päumann an Kempen, 1. 1. 1857.

Ständen soll abgelöst werden. So erhielt in *Schwarzers* System z. B. die XI. Gruppe das Recht als „Herr" angesprochen und behandelt zu werden[31].

Daß solche Ideen bei den ehemals führenden Schichten auf Ablehnung stoßen mußten, ist naheliegend.

Neben der Verstimmung der alten Oberschichten über den Verlust sozialen Ansehens sollte der Aufstieg der vom Hochkapitalismus profitierender Gruppen aber noch eine andere, für die Zukunft ungleich bedeutsamere Begleiterscheinung zeitigen: die Entstehung einer mit Staatsverdrossenheit versetzten *antikapitalistischen Stimmung* im Kleinbürgertum[32], die aufgrund der Besonderheiten des österreichischen Wirtschaftslebens[33] in Böhmen *antisemitische* und *antideutsche* Züge annahm. Die Publizität, welche die Vorgänge an der Wiener Börse nach 1848 bekommen hatten[34], machten es zu einem offenen Geheimnis, daß auch die Manipulationen mit Valuta und Staatskreditpapieren zu den üblichen Börsenmanövern des Wiener Großkapitals gehörte[35]; die hervorragende Stellung, die jüdische Familien in der Wiener Finanzwelt einnahmen, schlug sich spiegelbildlich als starke antisemitische Komponente in der kleinbürgerlichen Abneigung gegen die Börsenwelt der Reichshauptstadt nieder[36]. Die offenbare Unfähigkeit des neoabsoluten Staates, die Währungsangelegenheiten zur Zufriedenheit der Bevölkerung zu lösen[37] und die daraus

---

[31] S c h w a r z e r : Geld und Gut 191 f.

[32] Dieser Stimmung im Kleinbürgertum verlieh später Reschauer folgendermaßen Ausdruck: „Die neugeschaffene Geldaristokratie hatte mit hoher Erlaubnis des Ministeriums Bruck eine Saugpumpe im Herzen des Reiches aufgestellt, mittels welcher es ihr möglich war, den in allen Klassen der Bevölkerung vorhandenen Wohlstand in ihre Reservoirs zu leiten." (Kampf 249). — Man kann sich leicht ausmalen, welche politisch-nationale Färbung solche Gedanken im tschechischen Kleinbürgertum unter der Mitwirkung der nationalen Idee annehmen mußten. — Zu den Anfängen der kleinbürgerlichen tschechischen Bewegung s. unten 97 ff.

[33] Zur starken Position jüdischer bzw. jüdisch-deutscher Familien im österreichischen Großkapital vgl. W a e n t i g : Gewerbliche Mittelstandspolitik 78; Die Stellung der Juden in Österreich. Wien 1853; G. W o l f : Die Geschichte der Juden in Wien 1156—1876. Wien 1876; A. S p r i n g e r : Geschichte Österreichs seit dem Wiener Frieden I/319.

[34] „Jedermann empfindet die Wirkung der Valutaverhältnisse und folgt daher schon aus Egoismus mit der gespanntesten Aufmerksamkeit den Vorgängen in der finanziellen Welt." (SÚA, PM 8/1/12 o. Nr. Sacher-Masoch an Mecséry, 5. 12. 1851).

[35] Dies wird nicht nur von den zeitgenössischen Autoren (z. B. R o g g e : Österreich I/343), sondern auch von guten Kennern der österreichischen Finanzgeschichte wie S t e i n e r (Mobilbankwesen 84) und M ä r z (Industriepolitik 20) bestätigt.

[36] Über die wirtschaftlichen Gründe des tschechisch-kleinbürgerlichen Antisemitismus berichtete 1851 der Prager Polizeipräsident Sacher-Masoch, übrigens nicht, ohne vorher einzuflechten, daß er durchaus mit den Vorwürfen des kleinbürgerlichen Antisemitismus einverstanden sei: „Welchen Einfluß die Juden auf unsere Geldverhältnisse genommen haben, ist nur zu bekannt. Bis zu dem geringsten Schacherjuden herab hat sich ein jeder mit Agiotage beschäftigt. (...) Jede Chance in den Finanzverhältnissen wurde augenblicklich ausgebeutet. (...) In welcher Ausdehnung die Juden diese Geschäfte trieben, zeigt die Tatsache, daß selbst gemeine Juden, die zu Fuß im Lande herumzogen, oft an die 40 bis 60 000 Thaler in Kassenscheinen bei sich hatten. (SÚA, PM 8/1/12 Nr. 2565 p. p. Sacher-Masoch an Bach 5. 9. 1851).

[37] Zu Beginn des Jahrzehnts hatten sowohl Innen- wie Finanzministerium mehrmals vergeblich versucht, durch administrative Verordnungen und Polizeieinsatz die Börsianer dazu zu zwingen, den Kurs der österreichischen Währung bzw. der Staatspapiere nicht

folgende „Nebenregierung" des Wiener Kapitals vermittels der Börse hat denn auch in den 50er Jahren eine „Staatsverdrossenheit" der Mittel- und Unterschichten hervorgerufen, die in krassem Gegensatz zur Ideologie des „starken" Staates stand. *Bach* hat in einem Bericht für den Kaiser im Jahre 1851 ahnungsvoll bemerkt, die Hilflosigkeit des Staates gegenüber den Gesetzen der Börse könne die Bevölkerung leicht zu „ungünstigen Schlüssen auf die Macht des Staates überhaupt" verleiten[33]. Wie das Vertrauen in die ordnende Kraft des Staates abnahm, so nahm die antisemitische Stimmung zu[39]. Denn die Auswirkungen der Währungsspekulation wurden ja von der gesamten Bevölkerung bei den Lebenshaltungskosten negativ empfunden[40]. Der soziale Aufstieg jüdischer Geschäftsleute, der zumal in Prag seit der Gewährung der Freizügigkeit für die Juden (1848) als Zuzug in die besseren Viertel der Stadt manifest wurde, vollzog sich daher unter der Verbitterung und dem Haß der kleinbürgerlichen und proletarischen Bevölkerung, welche in den Juden die Urheber der allgemeinen Finanz- und Preismisere gefunden zu haben glaubte[41]. Für

---

durch Spekulationsmanöver zu drücken. Alle diese Versuche scheiterten kläglich. In einem Bericht Bachs an den Kaiser vom 17. 11. 1851 hieß es, „das Bestreben der bedeutendsten Banquiers, den Staatskredit zu schwächen", sei unüberwindlich (HHSTA, I. B. 1851/9177). Überdies riefen die unzulänglichen Maßnahmen der Regierung in den Provinzen nicht einmal Zustimmung hervor. Sacher-Masoch berichtete am 5. 12. 1851, „daß man sich von polizeilichen Maßregeln überhaupt keine günstige Wechselwirkung auf den europäischen Weltmarkt verspricht und die Macht der europäischen Finanziers für zu groß hält, als daß sie durch die polizeiliche Behandlung einzelner Beiläufer des Bankiersstandes geschwächt oder beirrt werden könnte." (SÚA, PM 8/1/12 o. Nr.). — Zum Polizeieinsatz gegen die Börsianer vgl. auch S t e i n e r : Mobilbankwesen 24.

[38] HHSTA, I. B. 1851/7685 Wochenbericht vom 18. 8. 1851.

[39] Die ganze Tiefe dieses Antisemitismus geht auch aus der hilflosen Erbitterung der Unterschichten gegen die vermeintlich unbegrenzte Macht des Großkapitals hervor. Bezeichnend ist ein konfidentieller Bericht aus dem Jahre 1853 über das Echo der vom Kaiser verfügten Bestimmung, daß Personen jüdischer Konfession bis auf weiteres keinen Immobilienbesitz erwerben dürften: es habe sich — so der Konfident — teils Zustimmung geäußert, „weil unter der niedrigen Klasse der Bevölkerung die Überzeugung herrscht, daß ohne rechtzeitige Einschränkung die Juden in kurzer Zeit sich in den Besitz der meisten Realitäten sowohl in der Stadt als auch auf dem Lande gesetzt hätten", teils sei aber auch die Meinung ausgesprochen worden, der Staat tue besser daran, die Juden so zuvorkommend wie möglich zu behandeln, da ihnen das Land vermittels ihrer Herrschaft an der Börse ohnehin ausgeliefert sei (SÚA, PPT 1853/241).

[40] S. dazu unten 112 ff.

[41] So berichtete z. B. Sacher-Masoch am 5. 9. 1851 pauschal über die Prager Juden, „ihr arrogantes, sich überschätzendes Betragen, ihr Geldstolz, ihre Bedrückung jener armen Klasse christlicher Arbeiter, welche von ihnen ihren Lebensunterhalt bezogen", sei die Ursache, „daß sie sich den ganzen Haß der gemeinen Bevölkerung zugezogen haben." (SÚA, PM 8/1/12 Nr. 2565 p. p. Sacher-Masoch an Bach). —
Im Sommer 1855, auf dem Höhepunkt der Teuerung (vgl. unten 113) schrieb Päumann über das Anwachsen der antikapitalistischen Stimmung: „Nur eine Klasse der Bevölkerung ist es, welche ausnahmsweise die gedrückte Lage ihrer Mitbürger nicht teilt, nämlich jene, welche aus den Schwankungen des Kurses durch größere Spekulationen in Fondspapieren aller Art Nutzen zu schöpfen weiß. Schon der günstige Standpunkt dieser Geschäftsmänner erregt den Haß der anderen Klassen gegen sie; zudem ist aber noch die Meinung eine allgemeine, daß nicht die politischen Ereignisse allein die Ursache der schlechten Valuta- und Geldverhältnisse sind, sondern daß, wie es die Erfahrung häufig

das Verhältnis von Deutschen und Tschechen sollte in diesem Zusammenhang das demonstrative Bekenntis der überwiegenden Mehrheit des jüdischen Bevölkerungsteils zum Deutschtum bedeutsam werden[42]. Es machte dabei wenig aus, daß zu Beginn des Jahrzehnts die „bessere" deutsche Gesellschaft Prags sich gegenüber jüdischen Parvenus exklusiv verhielt[43], die betonte Loyalität und Kaisertreue des jüdischen Großbürgertums[44] leistete dafür zunächst Ersatz und hat später den Weg in die deutsche Oberschicht geebnet. Die in der Krise des Jahres 1859 sofort aufflammenden antisemitischen Kundgebungen auf dem flachen Land in den tschechisch-

---

lehre, von den Geldmännern selbst Machinationen aller Art angewendet werden, um diese Schwankungen des Kurses zu erzeugen." (SÚA, PM 8/1/19:2 Nr. 1991 p. p. Päumann an Kempen, 1. 7. 1855).

[42] Jan P a l a c k ý behauptete 1860 die beinahe vollständige Germanisation der Juden. Die jüdische Bevölkerung hänge „mit allem Eifer der Neubekehrten am Deutschtum und mache(n) die Hauptmasse der sporadischen Deutschen im slawischen Gebiet..." (S. 32). — Über die fast fanatisch betriebenen Bemühungen der jüdischen Familien, sich dem gebildeten Deutschtum vollständig zu assimilieren, berichtet auch der aus einer jüdischen Kaufmannsfamilie stammende Philosoph Fritz M a u t h n e r in seinen Memoiren (vgl. Erinnerungen. Prager Jugendjahre. Frankfurt 1969, S. 31). — Die Abneigung gegen die in manchen Zügen kleinbürgerlich-radikale tschechische Nationalbewegung mochte in den 50er Jahren nicht zuletzt aus der Erinnerung an die antisemitischen Pogrome seitens der tschechischen Nationalen im Jahre 1848 bestimmt worden sein, wie Jan P a l a c k ý (Böhmische Skizzen 73) vermutet. Auf jeden Fall ging die „ökonomische" Abneigung des tschechischen Kleinbürgertums gegen die Nutznießer des Expansionskapitalismus eine enge Verbindung ein mit der Ahnung, daß man es im böhmischen bürgerlichen Judentum mit einer festen Stütze der deutschen Position zu tun habe; die „Böhmischen Skizzen" jedenfalls denunzierten den „Bierliberalismus" des jüdischen Bürgertums in den 50er Jahren als reine Maskerade, vermittels welcher man die konsequente Unterstützung der germanisierenden österreichischen Regierung habe bemänteln wollen (a.a.O. S. 73). — Die neuere jüdische Forschung kommt mit gewissen Einschränkungen zu ähnlichen Ergebnissen; nach K e s t e n b e r g - G l a d s t e i n überschätzte allerdings die tschechische Bevölkerung die Deutschtumsbegeisterung der böhmischen Juden (vgl. Ruth K e s t e n b e r g e r - G l a d s t e i n : The Jews between Czechs and Germans in the Historic Lands 1848—1918. In: The Jews of Czechoslovakia. Historical Studies and Surveys. Bd. 1. Philadelphia 1968, S. 33).

[43] SÚA, PM 8/1/12 Nr. 2565 Sacher-Masoch an Bach, 5. 9. 1851.

[44] So tauchen z. B. die Vorsteher der jüdischen Kultusgemeinde bzw. der Prager Rabbiner immer wieder in den Listen loyaler Personen in Böhmen auf (SÚA, PMT 1854 A/1). Aufschlußreich sind in diesem Zusammenhang auch die Titel der in M u n e l e s ' Bibliographie registrierten jüdischen Festpredigten anläßlich der österreichischen Staatsfeiertage (O. M u n e l e s : Bibliografický přehled židovské Prahy [Bibliographischer Überblick über das jüdische Prag]. Prag 1952, S. 190—203). — Ein typisches Beispiel für die Haltung des arrivierten jüdischen Bürgertums in Prag ist der Fall des Prager Gaswerkbesitzers Ferdinand Friedland: dieser Mann, wegen angeblicher Ausnutzung seiner Monopolstellung im tschechischen Kleinbürgertum verhaßt, war erzloyal, trat demonstrativ bei allen patriotischen Spenden und Feiern auf und drängte sich, begierig nach öffentlicher Auszeichnung, immer wieder in die Nähe des Prager Polizeipräsidenten Päumann, um seine Ergebenheit für das Regime unter Beweis zu stellen. Das auffällige Benehmen Friedlands wurde sogar in Wien notorisch, so daß der ewig mißtrauische Chef der obersten Polizeibehörde eine Untersuchung einleitete, um einer etwaigen unlauteren Verbindung zwischen Päumann und Friedland auf den Grund zu kommen (SÚA, PMT P 34 Mecséry an Kempen, 3. 5. 1859).

sprachigen Gebieten[45] mußten daher zwangsläufig auch die Stellung der Deutschen in der tschechischen Diaspora treffen.

Die Vorgänge auf dem Markt des Großkapitals förderten ganz allgemein die Entstehung einer aus Antikapitalismus, Antisemitismus und Abneigung gegen das Deutschtum gemischten Stimmung; die ebenfalls aus der Expansion des in Wien zentralisierten Großkapitals folgende Geld- und Kreditverknappung in den Kleinstädten und auf dem flachen Land hat, damit zusammenhängend, den Anstoß zur Entstehung der kleinbürgerlichen und bäuerlichen Selbsthilfebewegung unter tschechisch-nationaler Fahne geführt. Zur Erklärung dieses Vorganges muß etwas weiter ausgeholt werden.

---

[45] Vgl. die Stimmungsberichte vom Sommer 1859 unter SÚA, PMT St 15. — Auch 1860 rissen die antisemitischen Demonstrationen nicht ab (SÚA, PMT 1860/A 2).

8. DIE FINANZSTRUKTUR DES FLACHEN LANDES
UND DER KLEINSTÄDTE 1848—1859
ANFÄNGE DER TSCHECHISCHEN SELBSTHILFEBEWEGUNG

Bis 1848 war der Geldhandel und das Kreditgeschäft in Böhmen in der Hand einzelner privater Bankiers, wie z. B. der Prager Kapitalisten *Lämel, Dotzauer* und *Zdekauer* konzentriert gewesen, die selbst ursprünglich Großhändler waren und deren Kreditgewährung sich weitgehend auf den Handel beschränkte. Die rasch steigende Nachfrage nach Industrie- und Investitionskapital konnte von diesen privaten Kapitalkräften nach 1848 natürlich nicht mehr befriedigt werden. Die Filiale der Nationalbank in Prag, 1847 gegründet, hatte zu Beginn der 50er Jahre noch ein sehr kleines Kreditvolumen ($^1/_2$ Mill. fl), das zwar bis 1854 auf 4 Mill. fl erhöht wurde, aber dem sprunghaft steigenden Bedarf nicht genügte. Der erste Schritt zu einer Ausweitung des Kredits war die Gründung einer Filiale der „Creditanstalt" in Prag im Jahre 1857, der die Eröffnung einer mit 1 Mill. fl dotierten Reichenberger Filiale folgte[1]. Dienten diese Institute vornehmlich den Interessen der Industrie und des Großhandels, so wurde 1855 durch die Etablierung einer zentralen Wiener Hypothekenbank aus Mitteln der Nationalbank Kreditvolumen für den Großgrundbesitz geschaffen[2]. Das Handwerk der Landstädte, der bäuerliche Grundbesitz und die Wirtschaftsstruktur des flachen Landes blieben von der Nutznießung des Kapitalmarktes vollständig ausgeschlossen[3], ja die Entwick-

---

[1] Přehled československých dějin II/1, 174 f. — Die Tätigkeit der „Creditanstalt" erfüllte nicht die großen Hoffnungen, die man nach den Ankündigungen im mittleren und Kleingewerbe gehegt hatte; die Kreditleistungen blieben auf kurzfristige, umfangreiche Geschäfte beschränkt (Schwarzer: Geld und Gut 132 f.). Aus Böhmen berichtete Mecséry Mitte 1856 über die Enttäuschung im gewerblichen Mittelstand: „Auf die Creditanstalt... ist die öffentliche Stimme keineswegs günstig zu sprechen. Man ist nicht geneigt, an die wahre Gemeinnützigkeit einer Anstalt zu glauben, deren bisher sichtbares Gebaren, wenigstens dem Anscheine nach, vornehmlich im Börsenspiel bestand und die zwar Einzelne bereichert, allgemein fühlbare Vorteile jedoch nach so langem Bestande noch nicht zu Tage gefördert hat." (SÚA, PM 8/1/19:2 Nr. 6931 pr. Mecséry an Bach/Kempen, 30. 6. 1856).

[2] Vgl. oben 76.

[3] Ein Stimmungsbericht aus dem Budweiser Kreis berichtete darüber am 3. 8. 1851: „... überdies findet der Handel- und Gewerbetreibende sowie der industrielle Teil der Bevölkerung auf dem Lande nicht die notwendige Unterstützung, um seinem Wirkungs- und Spekulationsgeiste einen erweiterten Spielraum zu verschaffen. Während jener in der Hauptstadt nebst dem bestmöglichen Absatz seiner Fabrikate ja die billigsten und ausgiebigsten Erwerbs- und Förderungsmittel als Sparkasse, Filialbank, Hypothekenanstalt und den Zusammenfluß der bedeutendsten Privatkapitalien zu Gebote hat, bleibt der auf dem Land befindliche Handels- und Gewerbsmann auf sein eigenes schwaches Kapital beschränkt, muß alle diese materiellen Hilfsquellen, wenn er sonst bei Stockungen nicht in Wucherhände geraten will, entbehren." (SÚA, PM 8/1/12 Nr. 7997 K.A. Budweis an Mecséry).

lung, die einen Großteil des mobilen Kapitals in die großen Geldinstitute nach Wien fliehen ließ, verringerte das private Kreditvolumen des flachen Landes während der 50er Jahre bedeutend[4]. Die 1824 gegründete böhmische Sparkasse, die den Intentionen ihrer Gründer nach eigentlich die Unterstützung der kapitalarmen Schichten hätte übernehmen sollen[5], war durch die Revolutionsjahre stark geschwächt worden und hatte fast 3$\frac{1}{2}$ Mill. fl Einlagen verloren; sie konnte deshalb nicht zum Umschlagplatz eines breiten Kreditmarktes werden[6]. Als besonders verhängnisvoll sollte es sich erweisen, daß die liberale Gesetzgebung der Jahre 1848/49 neben den anderen patrimonialen Einrichtungen auch die *kumulativen Waisenkassen*[7] aufgehoben und damit die finanzielle Infrastruktur des flachen Landes zerstört hatte[8], ohne für einen funktionsfähigen Ersatz zu sorgen. Auch die Fonds aus den patrimonialen Kontributionsschüttböden[9] wurden nicht mehr als Kreditvolumen zugelassen. Wenngleich die Provinzialbehörden seit Beginn des Jahrzehnts energisch, später flehentlich um staatliche Hilfestellung zur Schaffung eines trag-

[4] Der Abfluß in die gewinnträchtigen Finanzunternehmen der Reichshauptstadt wurde zu Beginn des Jahrzehnts auch vom Industriebürgertum Böhmens beklagt; der Bericht der Handelskammer Pilsen für 1853 klagte: „Es ist überhaupt ... ein Übelstand für das Land, wenn seine Kapitalien nach dem Mittelpunkte strömen, weil sie nur langsam zurückkehren und dem Bereich seines Handels, seiner Industrie und der Landwirtschaft, für welche sie produktiv wirken sollten, entzogen sind." (Jahresbericht der Handels- und Gewerbekammer in Pilsen ... für 1853. Prag 1854, S. 51).

[5] Das Sparkassenregulativ von 1844, das dem Grundgedanken der Sparkassengründungen des Vormärz Ausdruck verlieh, bezeichnete als den Zweck der Sparkassen die „Verbesserung des Zustandes der ärmeren Volksklassen" (vgl. F. v. W a c e k : Das Sparkassenwesen Österreichs. In: Soziale Verwaltung in Österreich am Ende des 19. Jahrhunderts. Hrsg.: Spezialkomitee für Sozialökonomie, Hygiene und öffentliches Hilfswesen. Bd. 1. Heft 4. Wien 1900, S. 1).

[6] Přehled československých dějin II/1, 174.

[7] „Kumulative Waisenkassen" waren primitive Kreditinstitute, in denen die H e r r s c h a f t e n (Dominien) angesammelte Mündelgelder einer zinsbringenden Verwendung zuführten. Seit Mitte des 18. Jahrhunderts wurden die Waisenkassen von der österreichischen Verwaltung propagiert; das Hofdekret vom 11. 2. 1790 empfahl ihre allgemeine Einführung. Die Waisenkassen nahmen nicht nur Mündelgelder, sondern auch Kapitalien von Gemeinden, Stiftungen etc. in verzinsliche Verwahrung. Die Patrimonialämter, welche die Kassen verwalteten, hatten auf Grund ihrer Verwaltungstätigkeit meist eine intime Kenntnis der ökonomischen Verhältnisse des Darlehenssuchenden, so daß die Kreditbedingungen oftmals günstig und vor allem ohne viele Formalitäten gegen Erlegung eines Schuldscheins ausgehandelt werden konnten. Zusammen mit den Fonds aus den Kontributionsschüttböden (vgl. dazu oben S. 26) genügten die Waisenkassen den ländlichen Kreditbedürfnissen bis 1848 (J. v. H a t t i n g b e r g : Die landwirtschaftlichen Kredite Österreichs in ihrer gemeinnützigen Ausgestaltung. In: Soziale Verwaltung. Bd. 1. Heft 5, S. 42).

[8] Seit 1848 waren die Kapitalien auf den Namen des Besitzers singulär hinterlegt, so daß beispielsweise bei Waisengeldern der Vormund die Kreditleistung persönlich vornehmen mußte; die Verwaltung und notarielle Beglaubigung etc. verschlangen daher einen Großteil der Zinsen (StA Litoměřice, Abt. Děčín. Rodinný archiv Thun A 3 XXI, D 430 fol. 110—120. Gutachten über Waisenkassensystem). — Die Bauern fürchteten nach 1848 die unvermittelte Aufkündigung, so daß innerhalb kurzer Zeit das Waisenkassensystem durch beiderseitige Nichtbenützung (Kapitalgeber und -nehmer) vollkommen stagnierte (SÚA, PM 8/1/12, Nr. 4746. K.A. Prag an Mecséry, 9. 4. 1852).

[9] Vgl. oben 30.

fähigen Kreditnetzes baten, war das neoabsolute System doch allzusehr den Interessen von Großkapital und Industrie ausgeliefert, als daß aus Wien eine Steuerung der Eigengesetzlichkeit des Kapitalmarktes, der kein Interesse an Detailgeschäften hatte, zu erwarten gewesen wäre.

Eher hilflos unternahm es die böhmische Statthalterei, zu Beginn des Jahrzehnts bei den wohlhabenderen Kommunen für die Gründung von Sparkassen aus Gemeindemitteln zu werben; in jedem Kreis sollte ein Kreditinstitut entstehen[10]. Dieser erste Versuch endete vollkommen ergebnislos. Symptomatisch für die Gründe des Scheiterns der behördlichen Aktion war der energische Widerstand eines Teiles des Besitzbürgertums in Pilsen, das die Bindung von Kapital, das zur Expansion der Brauindustrie dringend benötigt wurde, geschickt zu verhindern wußte[11]. Auf wiederholte Vorstöße der Behörden hin kam es während der 50er Jahre schließlich zur Sparkassengründung in einigen Städten, die über einen kapitalkräftigen Mittelstand verfügten: 1854 Eger, im gleichen Jahr Reichenberg, 1856 Budweis, 1856 Leitmeritz, 1858 Teplitz, 1859 Joachimsthal, 1859 Brüx[12]. Es handelte sich also durchwegs um deutschsprachige Städte. 1857 gelang es auch, den Widerstand in Pilsen auszuräumen und dort eine Sparkasse zu gründen[13]. Diese Institute nahmen zwar einen raschen Aufschwung[14], aber ihre Kapitalien wandten sich sofort vornehmlich der Industrie zu, so daß die finanzielle „Durchsäuerung" des umliegenden Landes durch sie nicht erreicht wurde[15]. Ende 1856 machte der österreichische Innenminister *Bach*, offenbar um den Unmut der Bevölkerung über die Bevorzugung der Interessen von Industriebürgertum und Großgrundbesitz abzubiegen, erneut den Versuch, über die Prager Statthalterei die Kommunen zur Gründung von

---

[10] H. R a u c h b e r g : Die deutschen Sparkassen in Böhmen. Prag 1906, S. 1.

[11] Čeněk K l i e r : České spořitelnictví v zemích koruny české do roku 1906 [Das tschechische Sparkassenwesen in den Ländern der böhmischen Krone bis zum Jahr 1906]. Prag 1908, S. 2 f. — Das umfangreiche Pilsner Braugewerbe, vor allem das 1842 gegründete „Bürgerliche Brauhaus" [„Měšťanský pivovar"], finanzierte seine Erweiterung zur Brauindustrie vor allem durch breit gestreute Anleihen im Pilsner Bürgertum. Die Schicht des brauberechtigten Bürgertums fürchtete nun, eine Sparkasse werde das Kleinkapital der Brauerei entfremden. Diese Interessen fanden ihren Vertreter im Pilsner Bürgermeister Franz Wanka, der selbst Brauer war.

[12] R a u c h b e r g : Sparkassen 2. — Die erfolgreichen Sparkassengründungen in Westböhmen waren wohl nicht zuletzt dem großen Einsatz des Kreishauptmanns von Eger, des Grafen Rothkirch, einem stark sozialreformerisch engagierten Mann (vgl. dazu unten 289 f.) zu danken. Rothkirch gründete sogleich nach seinem Amtsantritt zu Beginn des Jahrzehnts eine private Sparkasse in Eger und brachte später die Gemeinden u n d das Privatkapital zu Sparkassengründungen zusammen (SÚA, PM 1850—54 1/7/31 K.A. Eger an Mecséry, 20. 5. 1853).

[13] K l i e r : Spořitelnictví 5.

[14] Die Sparkasse von Budweis beispielsweise hatte 1856 von 758 Einzahlern 123 015 fl 23 kr Einlagen, 1857 von 2367 Einzahlern 497 712 fl 2 kr Einlagen (Bericht der Handels- und Gewerbekammer Budweis . . . 1854—56. Budweis 1858, S. 8).

[15] Quelle: SÚA, PM 8/1/19:2, viele Stimmungsberichte aus den betreffenden Gegenden. — Das K.A. Jungbunzlau berichtete z. B. am 4. 12. 1856 an Mecséry, daß die südlich von Reichenberg gelegenen agrarischen Gebiete keinerlei Nutzen von der Reichenberger Sparkasse ziehen könnten, da alles Kapital in die Industrie fließe (SÚA, PM 1855—59 10/1/12 Nr. 15251).

Sparkassen zu veranlassen[16]. Das Scheitern dieses Unternehmens demonstrierte das krasse Mißverhältnis zwischen Bedarf und Chancen der Realisierung: das flache Land und die kleinen Städte waren durch kommunale Aufgaben und die Staatsanleihe von 1854 finanziell erschöpft[17], das Steueraufkommen aus der Industrie kam, mit Ausnahme von Reichenberg, nicht den Mittelstädten in den Industriegebieten zugute[18]. Die Kapitalisten hatten ihre Mittel entweder in Prag[19] oder in Wien konzentriert, oder sie betrieben damit lukrative Wechselgeschäfte[20]; in jedem Falle bestand keine Möglichkeit, sie zur Dotierung von lokalen Sparkassen zu bewegen, weil sie sich damit ja selbst Konkurrenz auf dem Geldmarkt gemacht hatten[21]. Die Erhebungen der Lokalbehörden zeigten die tiefe soziale Kluft, die zwischen der finanzschwachen Gewerbe- und Landbevölkerung und dem Kapitalbesitzer klaffte[22], ein Umstand, der sich bei der vorwiegend deutschen bzw. deutsch-

[16] SÚA, PM 1855—59 10/1/12 Bach an Mecséry, 22. 7. 1856.

[17] Ebenda K.A. Tabor an Mecséry, 21. 10. 1856. — K.A. Písek an Mecséry, 28. 10. 1856. — K.A. Königgrätz an Mecséry, 3. 9. 1856.

[18] Die Frage des Gemeindeeinkommens war deshalb so wichtig, weil die Statthalterei bei der Sparkassenerrichtung weitgehende Garantien von den Sparkassenträgern (den Gemeinden) forderte. Aus Westböhmen berichtete der Kreishauptmann von Eger, daß außer Eger und Joachimsthal selbst keine Gemeinde finanzkräftig genug sei, die geforderten Garantien zu erbringen (ebenda K.A. Eger an Mecséry, 9. 9. 1856). Ebenso verhielt es sich im Prager Kreis (ebenda K.A. Prag an Mecséry, 23. 9. 1856). Das K.A. Jičín (im nordostböhmischen Industriegebiet) berichtete über die Mittellosigkeit der Industrieorte Hohenelbe, Trautenau, Neubydžov (ebenda, K.A. Jičín an Mecséry, 20. 9. 1856). Auch die Industrieorte Tetschen, Warnsdorf, Rumburg und Böhmisch-Kamnitz waren nicht in der Lage, die nötigen finanziellen Garantien zu erbringen (ebenda K.A. Leitmeritz an Mecséry, 3. 10. 1856).

[19] So das K.A. Tabor an Mecséry, 21. 10. 1856: alles Geld aus den Gebieten südlich von Prag fließe in die Landeshauptstadt (ebenda). — Das Kreisamt Příbram berichtete, daß das Kapital des Příbramer Besitzbürgertums durchwegs in Prag konzentriert sei (ebenda K.A. Příbram an Mecséry, 13. 9. 1856).

[20] Das B.A. von Taus (Westböhmen) berichtete an das K.A. Pilsen am 7. 8. 1856, daß von Privatkapitalisten kein Geld zu erhoffen sei, da diese ihr Kapital entweder zu Wucherzinsen im privaten Wechselgeschäft oder bei der Nationalbank (6 % Zins) verwendeten. Das Kapital sei übrigens einzig in der Hand der Fabrikanten (ebenda).

[21] Der Kreishauptmann von Jičín, Tschary, ein vergleichsweise sozialkritischer Mann (s. unten 281), schrieb am 20. 9. 1856 an Mecséry, von den Kapitalisten sei „bei den gegenwärtigen Zeitverhältnissen, welche ihnen Gelegenheit zu einer äußerst günstigen Verzinsung ihrer Kapitalien bieten, eine ausgiebige Unterstützung eines solchen Unternehmens nicht zu erwarten, da es an allem G e m e i n s i n n f e h l t und daher eine Sympathie derselben für die Errichtung einer Sparkasse umso schwerer zu erregen sein wird, als ihnen durch dieses Institut bei ihren Geldoperationen eine sehr u n w i l l k o m m e n e K o n k u r r e n z entstehen würde" (ebenda). — Ähnlich lauteten die Berichte aus Königgrätz, Čáslav, Kuttenberg, Humpoletz und Kolín.

[22] Aus Saaz wurde bemerkt, es bestehe keine Hoffnung, das bürgerliche Kapital zur Unterstützung zu gewinnen, da im Hopfenhandel günstigere Renditen zu haben seien (K.A. Saaz an Mecséry, 1. 10. 1857); der Stadtrat von Příbram weigerte sich, Gemeindemittel zu investieren, weil er fürchtete, von Darlehenssuchenden überrannt zu werden (ebenda Stadtrat Příbram an B.A. Příbram 12. 9. 1856). Das Bezirksamt Böhmisch-Kamnitz schrieb resigniert, „daß es nicht unschwer sein dürfte, Vereine von Menschenfreunden aufzufinden", welche die Anfangskapitalien zur Verfügung zu stellen bereit seien (ebenda K.A. Leitmeritz an Mecséry, 3. 10. 1856).

jüdischen Färbung des mobilen Kapitals[23] verhängnisvoll für das soziale Klima zwischen den beiden Nationen in den tschechischen Gegenden auswirken mußte. Die von der Lokalbehörde geforderte Kapitalunterstützung durch den österreichischen Staat zu günstigen Zinsbedingungen blieb aus[24].

Als die Behörden 1858 einen weiteren Versuch machten, in den Landstädten Sparkassen ins Leben zu rufen, regten sich unter dem Eindruck der Wirtschaftskrise bereits Stimmen der Abwehr aller behördlichen Initiative; angesichts des schlechten Standes der österreichischen Staatspapiere und der Zwangsanleihensobligationen von 1854 erschien es z. B. den Kommunalvertretern von Chrudim nicht ratsam, ein kommunales Finanzinstitut mit starker Abhängigkeit vom Staat zu schaffen[25].

Unter dem Eindruck der Krisenerscheinungen auf dem Kapitalmarkt führte die österreichische Regierung 1856 die allgemeine Wechselfähigkeit ein[26]. Der angestrebte Zweck der Vergrößerung des Kreditvolumens wurde freilich weniger erreicht als eine Auslieferung des wirtschaftlich Schwachen an das unkontrollierte private Wucherkapital; die Erpropriation des kleinen Grundbesitzes und des gewerblichen Mittelstandes vollzog sich dadurch in einem noch rascheren Tempo[27].

---

[23] Vgl. oben S. 121. — Jan P a l a c k ý schrieb 1860 in den „Böhmischen Skizzen", die deutschen bzw. deutschjüdischen Handelskapitalisten seien die einzigen Repräsentanten des „Österreichertums" auf dem flachen Land (a.a.O. S. 60).

[24] Das K.A. Königgrätz verlangte vom Staat Kapital zu 3 %, um mit der Gründung von Sparkassen beginnen zu können (ebenda, K.A. Königgrätz an Mecséry, 3. 9. 1856).

[25] K l i e r : Spořitelnictví 9. — Auch die Benachteiligung der tschechischen Nation durch den Staat wurde in dieser Stadtratssitzung als Hinderungsgrund einer Zusammenarbeit von Kommune und Staat vorgebracht.

[26] 1856/57 mehrten sich auch die Stimmen, die eine Aufhebung des 1804 erlassenen Wucherpatentes (Beschränkung der erlaubten Zinsenhöhe) verlangten, das ohnehin im Kleinkreditverkehr de facto keine Gültigkeit mehr hatte. Die Handelskammern des ganzen Reiches sprachen sich für die Abschaffung des Patentes aus (S c h w a r z e r : Geld und Gut 200).

[27] Die Lokalbürokratie sprach sich während der Jahre 1856/57 fast einhellig gegen die Expansion des unkontrollierten Privatleihens infolge der Wechselfreiheit aus. Am 1. 4. 1856 berichtete Mecséry an Bach/Kempen in diesem Zusammenhang über die gespannte ökonomische Lage in den böhmischen Landgebieten: „Die Steuern gehen anstandslos ein, sind aber bei der Höhe, die sie bereits erreicht haben, dermal umsomehr ein Gegenstand vielseitiger Klagen, als die Getreidepreise sinken, der Absatz bei dem Zurückhalten der Zwischenhändler, die auf noch günstigere Ankaufspreise spekulieren, ein spärlicher, die Auftreibung von barem Geld aber für den kleinen Grundbesitzer, ohne Wucherern in die Hände zu fallen, fast unmöglich ist. In dieser Beziehung hat die allgemeine Wechselfähigkeit auf den in Wechselgeschäften unerfahrenen Landmann schon manchen nachteiligen Einfluß geäußert und keineswegs vereinzelte Fälle bis zum exekutiven Verkauf der Wirtschaften geführt. Auch von der Hypothekenbank erwartet der Grundbesitz unter den rigorosen Bestimmungen der Konzessionsurkunde keine wesentliche Hilfe." (PM 8/1/19:2, Nr. 3837 pr.). Im nordostböhmischen Bezirk Náchod waren, wie das K.A. Königgrätz am 3. 9. 1856 an Mecséry berichtete, ca. 90 % aller Tabulaturgeschäfte Wechselbzw. Schuldenangelegenheiten, allein dort waren 1600 Wechselklagen anhängig (SÚA, PM 1855—59 10/1/12). — Der private Wucher wurde noch durch den Umstand verschärft, daß infolge des sukzessiven Zusammenbruchs der Verwaltungsorganisation (vgl. dazu oben 23) immer weniger seriöse Darlehensgeschäfte von den Behörden abgewickelt werden konnten. Der Prager Polizeipräsident Päumann berichtete darüber am 1. 10. 1856 an Kempen: „Dieser Übelstand ist der durch den Mangel an Arbeitskräften

Ende des Jahrzehnts (1858) wurde schließlich die Institution der kumulativen Waisenkasse wieder ins Leben gerufen[28]. Durch das Versagen der neoabsoluten Regierung waren freilich auf dem Sektor der finanziellen Infrastruktur entscheidende Jahre verloren gegangen. Der den breiten Massen vom System versprochene materielle Aufschwung war sichtbar nur wenigen zuteil geworden, die Bindung an den Staat als einen Garanten des sozialen Aufstiegs (bzw. wenigstens eines Dammes gegen soziale Deklassierung) wurde nicht hergestellt.

In das Vakuum stieß die tschechische volkswirtschaftliche Erweckungsbewegung vor[29]. Der Publizist Frantisek *Šimáček*, der seit 1857 mit seiner Zeitschrift „Posel z Prahy" ein einflußreiches Sprachrohr der wirtschaftlichen Selbstbesinnung von Handwerk und Bauerntum unter tschechisch-nationalem Etikett herausgab[30], propagiert schon in einem der ersten Hefte des „Posel" die Selbst-

---

der Bezirksbehörden herbeigeführte schleppende Gang der Tabulatursachen in fünf, sechs, ja oft erst in neun Monaten, Kauflustige werden von Käufen, Gelddarleiher von Darlehensgeschäften ... abgeschreckt, weil das Reale, um welches es sich handelt, keine bücherliche Ordnung hat und der Realkredit ist dadurch in empfindlicher Weise erschüttert." (PM 8/1/9:2, Nr. 2951 p.p.). Im April 1858 hatte sich die Lage weiter verschärft. Päumann berichtete an Kempen: „Die Klagen über den ungünstigen Stand der Grundbesitzer, der niederen Gewerbetreibenden und der kleineren Leute überhaupt, sowie über Teuerung und Steuerlast sind häufig zu hören, und wenn sich in jüngster Zeit die Tagespresse höchlich darüber freute, daß Böhmen einige hundert Millionen Hypothekenschulden habe und hierin einen Triumph des Realkredites erblickte, so gibt es wieder andere Stimmen, welche die massenhafte Verschuldung der Grund- und Häuserbesitzer von der entgegengesetzten Seite beurteilen und auf die zahlreichen Exekutionen hinweisen, die den Gläubiger sowohl als den Schuldner häufig um Kapital und Besitz bringen und dem Proletariate immer neue Kontingente zuführen." (PM 8/1/19:2 Nr. 1/45 p.p. 1. 4. 1858).

[28] H a t t i n b e r g : Landwirtschaftlicher Kredit 42. — Diese späte Einsicht des neoabsoluten Staates fand begeisterten Widerhall auf dem flachen Land: „Sehr viel Anklang fand die Wiedereinführung der Konkretalwaisenkassen, dieser vortrefflichen Sparkassen für die Waisen und dieser wichtigen Hilfsquellen des kapitalsuchenden Landwirtes, dem es namentlich in der letzten Zeit bei dem herrschenden Geldmangel selbst mit der sichersten Hypothek unmöglich war, ein Darlehen zu erzielen." (SÚA, PM 8/1/19:2 Nr. 761 pr. Mecséry an Bach/Kempen 1. 1. 1859).

[29] An Bereitschaft zur Aufnahme von Gedanken der praktischen finanziellen Selbsthilfe fehlte es in der zweiten Hälfte der 50er Jahre auch in den d e u t s c h e n Industriebezirken nicht; so berichtete z. B. der Kreishauptmann von Jungbunzlau am 30. 6. 1856 an Mecséry, daß der „intelligente Teil" der mittelständischen Bevölkerung der Industriegegenden über einen Hilfsverein für das Gewerbe diskutiere, nachdem vom Wiener Kapital keine Hilfe mehr in der Kreditknappheit zu erhoffen sei (SÚA, PM 8/1/19:2, Nr. 8191). Indes kam man nicht über das Stadium der Diskussion hinaus. — Ohne Resonanz in der Publizistik und Öffentlichkeit, sowohl der tschechischen, wie der deutschen, ist die Gründung von drei Vorschußvereinen in Böhmen geblieben, die durchwegs in deutschböhmischen Gemeinden entstanden waren: 1852 der „Spar- und Vorschußverein" in Aussig; 1853 der „Sparverein Schönlinde"; 1856 der „Sparverein zur Unterstützung minderer Gewerbetreibender" in Böhmisch-Zwickau (Vgl. V. J a h n : Die Vorschuß- und Kreditvereine (Volksbanken) in Böhmen. Ein Beitrag zur Vereinsstatistik Böhmens. Prag 1870, S. 29). — Nach den spärlichen Nachrichten, welche die spätere deutschböhmische Publizistik (eifrig bedacht, die Priorität des erfolgreichen Selbsthilfegedankens für die „deutsche Seite" zu sichern, vgl. dazu J a h n s Ausführungen a.a.O. S. 29!) über diese frühen unabhängig von Schulze-Delitzschs Beispiel entstandenen Selbsthilfeinstitute beibringen konnte, scheinen sie keine besondere Expansion erfahren zu haben.

[30] Zu Šimáček vgl. oben 49 f. und unten 142 ff.

hilfe der Kapitalschwachen auf der Basis der Gegenseitigkeit und solidarischen Haftung[31]. Nach der Anprangerung des Kapitalwuchers, der das tschechische Handwerk und Bauerntum zerfresse und aushöhle[32], kam Šimáček zu dem Schluß, nur eine starke Bewegung brüderlicher Unterstützung könne dem fortschreitenden Verfall entgegenwirken; die Devise, die er ausgab, hieß: „Einer für alle, alle für einen"[33]. Šimáčeks Aufruf zur Gründung von Vorschußvereinen (záložny) knüpfte an die erfolgreiche Tätigkeit von *Schulze-Delitzsch*[34] in Sachsen an. Aus guter Kenntnis der Schwierigkeiten, die seiner Idee durch das Fehlen von Unternehmungslust und Gemeinschaftsgeist auf dem flachen Land und in den Kleinstädten[35] entgegenstanden, ging Šimáček pädagogisch vor und druckte in seiner Zeitschrift vollständige Muster von Statuten, Kassenbüchern und einen kompletten Muster-Briefwechsel mit der Statthalterei ab[36]. Neben den ermutigenden Berichten über die Erfolge von 28 Schulze-Delitzsch-Vereinen in Sachsen konnte Šimáček schon 1859 von der gelungenen Gründung eines tschechischen Vorschußvereins im südböhmischen Vlašim berichten: ein Schuster, ein Schneider und ein Uhrmacher machten in der Kleinstadt den Anfang zu der tschechischen Selbsthilfebewegung[37], die binnen eines halben Jahrhunderts das Gerüst für die finanzielle Selbständigkeit der tschechischen Mittel- und Unterschichten

[31] Die böhmischen Erwerbs- und Wirtschaftsgenossenschaften. In: Soziale Verwaltung. Bd. 1 Heft 3 S. 48 ff.

[32] Šimáček schrieb drastisch über den Wucher: „Wehe den Menschen, wenn sie solch einem Raben in die Klauen kommen. Dann reißt er ihnen das letzte Stück Fleisch heraus. (...) Und so ein Kerl versteht sein Gewerbe und bringt es bald soweit, daß er unter der Hand ein kleines Pfandhaus gründet und sobald es ihm gelingt, ist er ein wahrer Baron; dann schindet er und kennt keine Unterschiede zwischen Freund und Feind, er ist unerbittlicher als der Tod." (Posel z Prahy 1858/II, 148 f.). Als Ziel seiner pädagogischen Bemühungen bezeichnete es Šimáček einmal, das tschechische Kleinbürgertum von der finanziellen Misere zu befreien, die es immer wieder dazu zwinge, „den letzten Fetzen beim Juden für ein paar Groschen zu verpfänden." (Posel z Prahy 1857/I, 313).

[33] Posel z Prahy 1859/I, 276.

[34] Zur Tätigkeit des Genossenschaftspioniers Hermann Schulze-Delitzsch (1808—1883) vgl. W. T r e u e : Wirtschafts- und Sozialgeschichte Deutschlands im 19. Jahrhundert. In: B. Gebhardt: Hdb. d. dt. Gesch. Bd. III. 8. Aufl. Stuttgart 1960, S. 353 m. Lit. — H. F a u s t : Schulze-Delitzsch und sein genossenschaftliches Werk. 1949. — A. B e r n - s t e i n : Schulze-Delitzschs Leben und Wirken. 3. Aufl. 1883.

[35] S. unten 124.

[36] Posel z Prahy 1858/II, 175 ff. u. 1859/I, 30 f.

[37] Der den Jungtschechen nahestehende Publizist Servác H e l l e r , der selbst aus Vlašim stammte, berichtete über die Gründung des ersten tschechischen Vorschußvereins später in seinen Erinnerungen: die Gründer waren keine Ortsnotablen, sondern einfache Leute, von denen man aber sagte, daß sie viel lasen und die wegen ihrer Redlichkeit geschätzt wurden. Die ersten 18 angeworbenen Mitglieder zahlten jeder etwas über 1 fl ein, das Gesamtgründungskapital belief sich auf 26 fl 25 kr. Der ortsansässige Buchdrucker stiftete die Kassenbüchlein. Lehrlinge, Dienstmädchen, Gesellen und Kinder brachten ihre winzigen Ersparnisse, ein Teil, so H e l l e r , der Attraktivität der Büchlein wegen. Die bürgerliche Oberschicht des Städtchens samt dem Bürgermeister ignorierte das Unternehmen. Nachdem anfangs keine Leihanforderungen eingingen, m u ß t e n die Gründungsmitglieder zunächst selbst ausleihen, um die Verzinsung in Bewegung zu bringen. (Servác H e l l e r : Z minulé doby našeho života národního, kulturního a politického III [Aus der Vergangenheit unseres nationalen kulturellen und politischen Lebens]. Český čtenář X, S. 26 ff.

liefern sollte[38]. Den Intentionen *Šimáčeks* zufolge wurden die Vorschußkassen von Anfang an Kristallisationspunkte einer Erneuerung tschechisch-nationalen Selbstbewußtseins[39], aber auch natürliche Umstände wirkten in der gleichen Richtung: für ein nationalpädagogisches Unternehmen, das primär auf wirtschaftliche Verbesserungen für das tschechischsprachige Kleinbürgertum und die Bauernschaft abzielte, drängte sich als Vehikel der Propagierung allgemeiner sozialer Fortschrittsziele der tschechische Nationalismus zwingend auf. Eine zugkräftige nationale Idee vermochte als Mittel der Integration die Atomisierung der ökonomischen Interessen im Zeitalter des Konkurrenzliberalismus wirksam aufzuheben. Die von Šimáček ausgegebene Losung, daß die Vereinssparkasse keine Gewinne außer den Zinsen auszahlen sollte[40], sondern einen Teil der Überschüsse zur Förderung von Gemeinschaftsaufgaben (Schulen, Bibliotheken etc.) verwenden sollte, wirkte sich später mächtig auf die Intensivierung einer nationalen Substruktur der tschechischen Landstädte und Dörfer aus[41]. Mit der Ausbreitung der Selbsthilfebewegung begann daher die *institutionelle*[42] Verankerung, der nationalen Idee außerhalb von Prag; das Einströmen nationalen Gedankenguts aus der schmalen bürgerlichen Intelligenzschicht in breite Kreise des Volkes kam also nicht zuletzt davon her, daß der neoabsolute Staat die finanzschwachen Schichten den Eigengesetzlichkeiten des Kapitalmarktes überließ. Die tschechisierende Kraft des Genossenschaftswesens[43] rührt letztlich aus seiner Funktion als Schutz gegen das „deutsche" Großkapital her.

[38] 1859 entstanden 2 neue Vereine, 1860 ebenfalls 2, 1861: 22, 1862: 44; bis 1898 entstanden 1400 tschechische Vorschußkassen in den böhmischen Ländern. 1869 schufen die Vorschußvereine (unter maßgeblicher Mitwirkung Šimáčeks) quasi als Abschluß des unter tschechisch-nationaler Fahne arbeitenden Kapitals die „Zivnostenská banka" [Gewerbebank] in Prag (vgl. Die böhmischen Erwerbsgenossenschaften 48 ff.). — Zur Gründung der „Zivnostenská banka" s. auch unten 163.

[39] Šimáček hat das, wenngleich vorsichtig formuliert, im „Posel" selbst ausgesprochen; 1857 schrieb er, die „záložny" seien „ein Mittel zur Annäherung aller Bürger in dem Sinne, daß sie dadurch ein Ganzes werden, die kleinbürgerliche Borniertheit ... abtun" (Posel z Prahy 1857/I, 313). Der erste Bericht aus Vlašim bewährte den Erfolg von Šimáčeks Intentionen. Der Korrespondent schrieb: „... unsere Sparkasse erweckte das Leben und Treiben in unserer Stadt. Jeder ist wie erweckt und sucht auch nach Büchern, aus denen er für sich gewinnen kann." (Posel z Prahy 1859/I, 160).

[40] H e l l e r : Z minulé doby III/28. — Die böhmischen Erwerbsgenossenschaften 52 f.

[41] Ein Jahrzehnt später hat das böhmische Deutschtum diesen, durch die finanzielle Organisation der Tschechen erreichten Vorsprung in Bezug auf das Zusammengehörigkeitsgefühl mit Besorgnis erkannt: J a h n , der mit seiner Broschüre: Die Vorschuß- und Kreditvereine (verfaßt im Auftrag des „Vereins für die Geschichte der Deutschen in Böhmen"!) die Kommunikationslücke innerhalb der deutschböhmischen Bevölkerung schließen wollte, bemerkte zu Beginn resignierend: „Hier hat oft kaum der Nachbar Kenntnis von der Existenz des deutschen Nachbars ... bis er als totliegendes Kapital auch wirklich zu den Toten geworfen wird, während die festgegliederte Phalanx der nationalen Gegner täglich mächtiger anwächst..." (S. 4 f.).

[42] Vgl. dazu die aufschlußreichen Ausführungen über die Rolle der Vorschußkassengebäude als Mittelpunkte national-kultureller Aktivität in: Die böhmischen Erwerbsgenossenschaften 52 f.

[43] Gleichsam im Modell wird diese Entwicklung deutlich am Beispiel der ursprünglich überwiegend deutschsprachigen Stadt Manetín (Pilsner Kreis), in der nach der Schaffung einer Vorschußkasse die Tschechisierung begann (A. B o h m a n n : Bevölkerungsbewegungen in Böhmen mit besonderer Berücksichtigung der Entwicklung der nationalen Verhältnisse. München 1958, S. 206).

9. DIE KONJUNKTUR WÄHREND DER 50er JAHRE

Zur Beschreibung der sozialen Szene der 50er Jahre gehört auch eine kurze Darstellung der Konjunkturbewegungen. Die Jahre von 1849 bis 1857 standen in ganz Europa im Zeichen einer äußerst lebhaften Konjunktur, die ihre Entstehung dem Zusammentreffen mehrerer Faktoren verdankte: Der plötzlich erhöhte Zufluß von Edelmetallen nach der Entdeckung der kalifornischen und australischen Goldfelder stimulierte die europäische Wirtschaft nachhaltig; der Sieg der gegenrevolutionären Kräfte garantierte der Wirtschaft auf längere Zeit die Ruhe zu ungestörter Entwicklung, schließlich wirkte sich in den von der Revolution betroffenen Ländern der Nachholbedarf des politisch unruhigen Jahres aus[1]. In Böhmen wurden alle diese Faktoren noch von der gewaltigen, durch die Grundentlastung bewirkten Umwälzung der agrarischen Verhältnisse unterstützt. Nach den Erscheinungen eines zügellosen Finanz- und Handelschaos[2], welches das ökonomische Pendant der schwankenden politischen Kräfteverhältnisse während des Stagnationsjahres 1848[3] und des Frühjahrs 1849 gewesen war, blühte als Reaktion auf die neue Konsolidierung der staatlichen Macht in Österreich noch im Jahre 1849 eine turbulente Konjunktur[4] auf. Das Zusammenwirken von Demonstrationen der Stärke durch das neue Regime und von zugleich völlig unkontrollierten inflationären Geldverhältnissen erwies sich als Stimulans einer hektischen Inflationskonjunktur. Im Handel stieg der Umsatz binnen kurzem in schwindelnde Höhe; der ungewisse

---

[1] R o s e n b e r g : Weltwirtschaftskrise 33 ff. — B ö h m e : Deutschlands Weg 65 f. — S o m b a r t : Die deutsche Volkswirtschaft 79 ff.

[2] Die chaotischen Verhältnisse im Spätherbst und Winter 1848/49 hatten Böhmen vom Mittelpunkt des Finanzkreislaufes, nämlich Wien, vollständig abgeschnitten; aus Mangel an Hartgeld hatten Industrielle und Kommunen eigene Kleinwährungen drucken lassen, wogegen die Bürokratie, die die Reichseinheit auch auf monetärem Gebiete zu wahren versuchte, völlig machtlos war (SÚA, PG 46—49/4 c/34/1849).

[3] Vgl. S c h e b e k : Dotzauer 49.

[4] Das Nebeneinander vieler regionaler Währungen stimulierte die Umsätze: „ . . . alle Welt, ob arm, ob reich, war beflissen, für die beschmutzten Guldennoten und entwerteten Banknoten Anschaffungen zu machen, und so hatte jedermann, der arbeiten wollte, Beschäftigung und Verdienst. Die Preise der Lebensmittel, die Löhnungen, die Mieten und Steuern stiegen allerdings auf eine ungeahnte Höhe, wobei zumeist die betroffen wurden, deren Existenz auf feste Gehalte, wie beispielsweise die Beamten, beschränkt war. Der vorsichtige Kaufmann jedoch, welcher seine Bestellungen an Waren immer rasch deckte oder in politisch günstigen Situationen die niedrigen Kurse zur Abzahlung benützte, hat verdient. Der Leichtsinnige, welcher das unterließ, büßte es freilich schwer, nicht selten mit seinem Ruin. (. . .) Aber im allgemeinen wurden bis zum Jahre 1852 große Gewinne gemacht; manche Kaufleute und Fabrikanten sind rasch wohlhabend und reich geworden." (S c h e b e k : Dotzauer 51) Ein amtlicher Bericht vom Jahre 1852 registrierte den „schwunghafte(n) Geschäftsgang der letzten Jahre mit der großen Masse des Papiergeldes, dem erleichterten Kredit, der anomal hohen Spekulation . . ." (SÚA, PM 8/1/12 Nr. 97 p.p. Sacher-Masoch an Kempen, 31. 12. 1852).

Geldwert beförderte die Geschäftsfreudigkeit, so daß die Lager der Stagnationsperiode von 1847—49 rasch geräumt wurden[5]. Die beschleunigte Entfaltung des Binnenhandels im Jahre 1849/50 wurde zusätzlich noch ermöglicht durch die relativ günstige Situation der sozialen Unterschichten, die durch die außerordentlich gute Ernte des Jahres 1848 vor der Hungersnot geschützt waren. Die Angst vor der Sozialrevolution, die den Geschäftsgeist der Unternehmer 1848 gelähmt hatte, verflüchtigte sich unter dem Eindruck dieser Umstände[6]. Die günstige Konjunkturlage in allen Branchen hielt im großen und ganzen bis in den Winter 1851 vor[7]. Erst die Anpassungsbemühungen der böhmischen Wirtschaft an die Konkurrenzbedingungen auf dem Weltmarkt — verursacht durch die Öffnung des österreichischen Marktes für die westeuropäische Industrie[8] — setzten nach 1851 den wirtschaftlichen Aufschwung Böhmens überaus jähen Schwankungen und Sprüngen aus. Die tiefen Unterschiede im Entwicklungsstand der einzelnen Wirtschaftszweige[9] sollten sich dabei als zusätzliche Faktoren der Unsicherheit erweisen. Nach dem allgemeinen Boom um 1850 war es daher nicht mehr möglich, ein einheitliches Urteil über den positiven oder negativen Zustand der böhmischen Wirtschaft abzugeben[10]: Massenarbeitslosigkeit erschien neben kurzfristigen Aufschwüngen; während zukunftsträchtige Branchen einen steten Aufschwung nahmen, entzog die Entwicklung gleichzeitig ganzen Bevölkerungs- und Landesteilen die ökonomische Grundlage[11]. Die positive Seite der allgemeinen Beschleunigung des Wirtschaftslebens durch den Sieg des Hochkapitalismus zeigte sich unverändert eigentlich nur für die maschinelle Fabrikindustrie[12] und die Nahrungsmittel produzierenden Branchen[13]. Der Fabrikindustrie war es durch großzügige finanzielle Ausstattung möglich, auch über die Schwankungen der Konjunktur hinweg kontinuierlich Nutznießer des Anschlusses an den Weltmarkt zu bleiben. Der Nahrungsmittelproduktion kam der stetig wachsende Bedarf zugute. Zum Verständnis der Widerspiegelung der Situation in der böhmischen Wirtschaft der 50er Jahre im Bewußtsein der Zeitgenossen ist es daher nötig, genau zwischen der Prosperität in der Fabrik-Investitions- und Nahrungs-

---

[5] Bericht der Handelskammer in Prag . . . für 1851, S. 89.

[6] Optimistisch berichtete der Kreishauptmann von Jungbunzlau am 15. 5. 1849 an Mecséry, daß „es nicht leicht gelingen dürfte, die Arbeitermassen und Proletarier in Aufruhr zu versetzen." (SÚA, PG 46—49, 4 c/34).

[7] Sogar die chronischen Notstandsgebiete der Hausspitzenindustrie hatten bis zum Frühjahr 1851 Beschäftigung (P u r š : The Situation 164).

[8] S. oben 23.

[9] S. unten 147 ff.

[10] Die folgenden Ausführungen sind deshalb auch nicht als ein vollständiges Panorama der Konjunkturlandschaft der 50er Jahre gedacht, sondern sollen wenigstens eine kleine Übersicht über die widersprüchlichen Tendenzen des Zeitraums geben.

[11] S. unten 147 ff.

[12] Der böhmische Statthalter Mecséry resignierte bereits Anfang 1853 bezüglich der sozialen Folgen der Expansionszeit der Großindustrie: „Die bevorstehende Änderung des Zollsystems macht es den Fabrikanten zur Lebensbedingung, durch die Einführung neuer Maschinen sich die Konkurrenzfähigkeit mit dem fortgeschrittenen Auslande zu sichern." Massenarbeitslosigkeit sei daher unvermeidlich, „welche Erscheinung sich regelmäßig in jeder Übergangsperiode wiederholt." (SÚA, PM 8/1/12 Nr. 4348 pr. Mecséry an Bach/Kempen, 30. 4. 1853).

[13] S. unten 154 ff.

mittelindustrie einerseits und den Stagnations- und Verfallserscheinungen in den finanzschwachen bzw. technisch veralteten Wirtschaftszweigen andererseits zu unterscheiden. Unvermindert war die ständige Verschlechterung der Situation des zünftischen Handwerks und der Manufakturbetriebe[14]. Zum anderen sind kurzfristige lokale Krisen zu berücksichtigen, die zwar für die Gesamt-Volkswirtschaft nicht schwer ins Gewicht fielen, aber doch nachhaltig dazu beitrugen, den Eindruck von Krise, Stagnation und zugleich Teuerung zur beherrschenden Erfahrung einer Generation zu machen. Pessimistisch äußerte sich bereits im Dezember 1851 ein amtlicher Stimmungsbericht, der von den „traurigen Verhältnissen des Marktes und des Erwerbs" sprach[15].

Die Exportrate der böhmischen Textilindustrie — der Branche mit den meisten Beschäftigten — stagnierte nach dem Winter 1851/52 vollkommen. Vom Frühjahr 1852 ab breitete sich die Arbeitslosigkeit in der Textilindustrie aus, wovon die Baumwollspinner, -weber und die Klöppler am schwersten betroffen waren[16]. In den Baumwolldruckereien wurden vielfach die Löhne reduziert und nur noch 14 Tage im Monat gearbeitet[17]. Bis zum März war die Lage der Beschäftigten in der Textil-Hausindustrie ohne öffentliche Hilfe nicht mehr zu halten[18]. Im Mai verursachte das Falliment einiger großer Baumwollfabrikanten in Westböhmen einen „bedenklichen Grad der Not"[19]. Industriebevölkerung und niedere Bürokratie starrten gebannt auf die Ergebnisse der Brünner Messe im Sommer 1852, die jedoch keine günstige Wendung brachte[20]; es war ein schwacher Trost, daß die Lage im benachbarten Preußen noch hoffnungsloser war[21]. Angesichts der engen Verflechtung des Binnenmarktes in Böhmen wurden die Ergebnisse des Jahres 1852 auch in den stabilen Wirtschaftszweigen als geschäftlich ungünstig registriert[22].

Der Jahresbeginn 1853 brachte eine allgemeine Rezession[23], die vor allem die Spinnereien heftig ergriff. Wiederum wurden öffentliche Nothilfemaßnahmen nötig, die freilich durch das vorangegangene Jahr lokaler Krisen schon unter ungünstigen Vorzeichen standen[24]. Im Mai kam es zu Massenentlassungen in den Textilfabriken von Semil, Hohenelbe und in der Trautenauer Region. Allein im Bezirk Trautenau

---

[14] S. unten 120 ff.

[15] SÚA, PM 8/1/12 o. Nr. Sacher-Masoch an Mecséry, 5. 12. 1851.

[16] SÚA, PM 8/1/12 Nr. 45 g K.A. Jičín an Mecséry, 30. 4. 1852. — Vgl. auch P u r š : The Situation 166.

[17] K u t n a r : Sociální otázka 208.

[18] SÚA, PM 8/1/12 Nr. 45 g, K.A. Jičín an Mecséry, 30. 4. 1852. — Ebenda Nr. 4450 B.A. Brüx an K.A. Eger, 24. 4. 1852.

[19] SÚA, PM 8/1/12 Nr. 5048 K.A. Eger an Mecséry, 3. 5. 1852.

[20] Sacher-Masoch schrieb an Mecséry, das Ergebnis der Messen in Brünn, Linz und Debreczin, „welche für die Industrie Böhmens von großem Einflusse sind", ließen eine traurige Krisis in den gewerblichen Etablissements befürchten. „Sollten sich diese Besorgnisse realisieren, so würden viele Gegenden von jenen traurigen Erscheinungen, welche die Verarmung des Proletariats in Böhmen schon jetzt geeignet, die volle Aufmerksamkeit der Regierung in Anspruch zu nehmen." (SÚA, PM 8/1/12 o. Nr. Sacher-Masoch an Mecséry, 6. 5. 1852.

[21] SÚA, PM 8/1/12 Nr. 70 g K.A. Jičín an Mecséry, 28. 6. 1852.

[22] S c h e b e k : Dotzauer 60.

[23] SÚA, PM 8/1/12 Nr. 4348 pr. Mecséry an Bach/Kempen, 30. 4. 1853.

[24] S. unten 286.

waren 2 000 Familien ohne Arbeit; von 6 149 Webstühlen standen in der Hausindustrie 2 770 still. Bis zum Sommer nahm die Arbeitslosigkeit weiter zu; im
Bezirk Friedland waren von insgesamt 4 269 Weberfamilien — 16 811 Personen —
34 % völlig arbeitslos, der Rest war teilbeschäftigt, wobei die Löhne von den
Unternehmern um $1/3$ erniedrigt worden waren. Selbst in der relativ krisenfest
strukturierten Reichenberger Fabrikindustrie waren 2 000 Textilarbeiter arbeitslos.
Im Bezirk Jungbunzlau war die Anzahl der Hauswebstühle, die für den Baumwoll-
konzern *Leitenberger* arbeiteten, von 8 000 auf 2 500 reduziert[25]. Vor allem
stagnierende Hausindustrien wie die Spitzenherstellung verschlechterten unaufhaltsam ihre Position. Die Rezession steckte auch das manufakturelle Eisen- und
Konsumgütergewerbe in Südwestböhmen an. Die Tuchmanufaktur geriet ebenfalls
in den Sog der Stagnationserscheinungen. Allein im Bezirk Rychnow wurde die
Zahl der arbeitslosen Tuchmacher auf 1 400 geschätzt; die Stockung im Tuchgewerbe erstreckte sich auf ein weites Gebiet von der mährischen Grenze bis in
den Böhmerwald[26]. Zum Jahresende 1853 zog der böhmische Statthalter *Mecséry*
ein pessimistisches Fazit; die wirtschaftliche Entwicklung gehe abwärts in Böhmen,
der Export habe im Durchschnitt stark abgenommen und der Binnenhandel be-
schränke sich auf die lebensnotwendigsten Güter[27].

Der Krimkrieg, mit dem sich das Streben der europäischen Industrieländer nach
Sicherung von orientalischen Absatzmärkten machtvoll kundgab[28], und der letztlich
als Antrieb für die europäische Konjunkturentwicklung wirkte, rief in Böhmen in
vielen Branchen — mit Ausnahme der an Militärlieferungen profitierenden
Zweige — eine weitere Stockung hervor, weil durch die militärischen Ver-
wicklungen der Export in den Orient blockiert wurde[29]. Die Orientkrise zeigte
auch die Anfälligkeit der unstabilen — weil in rapider Umwandlung begriffenen —
böhmischen Wirtschaftsstruktur, die über die unmittelbar betroffenen Branchen
hinaus, auf politische Unsicherheit ungewöhnlich empfindlich reagierte[30]. Vor
allem aber wurde im Zusammenhang mit dem Krimkrieg eine Verlangsamung des
Wirtschaftswachstums durch Kreditverknappung erzwungen[31]. Denn der kata-

---

[25] P u r š : The Situation 167.

[26] K u t n a r : Sociální otázka 208.

[27] SÚA, PM 8/1/12 Nr. 460 pr. Mecséry an Bach/Kempen, 31. 12. 1853.

[28] R o s e n b e r g : Weltwirtschaftskrisis 28. — Auch in den industriellen Kreisen Böhmens harrte man hoffnungsvoll einer für die Exportindustrie günstige Lösung des Orient-
konfliktes; man wartete — so ein amtlicher Beobachter 1853 — „mit Sehnsucht auf die
Eröffnung eines ausgiebigen Marktes im Orient." (SÚA, PM 8/1/12 Nr. 4348 Mecséry an
Bach/Kempen, 30. 4. 1853).

[29] SÚA, PM 8/1/12 Nr. 2128 Mecséry an Bach/Kempen, 30. 4. 1854.

[30] „Jeder fürchtete sich vor der Zukunft und zog sich zurück; man glaubte, es sei besser zu-
zusehen, als durch unsichere Geschäfte zu erwerben." (S c h e b e k : Dotzauer, S. 65). —
Mecséry berichtete am 31. 3. 1855 an Bach: „Die Ungewißheit der Weltlage wirkt drük-
kend wie auf die Stimmung, so auf alle industrielle und kommerzielle Regsamkeit."
(PM 8/1/19:2 Nr. 4250 pr.).

[31] Der Kapitalmangel hemme, so Päumann im Juli 1855, „die Gewerbs- und industrielle
Tätigkeit und ... ebenso den Aufschwung des Landbaues, welcher bei dem Vorhandensein
von disponiblen Kapitalien gewiß rasch vorwärts schreiten würde, während itzt rationelle
Verbesserungen desselben an dem Mangel solcher Fonds scheitern." (SÚA, PM 8/1/19:2,
Nr. 1991 Päumann an Kempen, 1. 7. 1855).

strophale Zustand der österreichischen Staatsfinanzen machte die Durchführung der Staatsanleihe von 1854 erforderlich, wodurch die ganze Kapitalkraft des Landes in Anspruch genommen wurde[32]. Es kam daher in Österreich und Böhmen schon zwei Jahre vor der — die Krise von 1857 ankündigenden — ähnlichen europäischen Entwicklung zu starkem Kapitalmangel und zu einem allgemeinen Liquiditätsschwund[33]. Die ökonomische Bewegungsfreiheit besonders der mittleren und unteren Glieder des Wirtschaftsorganismus wurde dadurch wesentlich eingeschränkt[34]. Dazu kam noch, daß das nach der Anleihe in kapitalstarker Hand verbliebene mobile Kapital um die Mitte des Jahrzehnts in erhöhtem Maße von Böhmen weg in die Gründung der 1855 eröffneten „Creditanstalt" floß oder seinen Weg in die internationale Spekulation nahm[35]. Nutznießer der Krimkrise blieb die Schwer- und Fabrikindustrie, deren Aufstieg durch die mühelose Ausschaltung vieler lästiger Kleinkonkurrenten beschleunigt wurde[36].

Nach Beendigung des Krimkrieges kam es für ein knappes Jahr zu einer steilen Aufwärtsbewegung der Konjunktur, die schwere Krise des Jahres 1857 machte dem freilich sofort ein Ende.

Mit der globalen Kettenreaktion einer allgemeinen Rezession im Jahre 1857 erschien zum ersten Mal das Phänomen einer *Weltwirtschaftskrise*[37] in der Wirtschaftsgeschichte. Ermöglicht wurde das Übergreifen einer lokalen — in Amerika zuerst auftretenden — Depression durch die erst in den letzten Jahren vorher erreichte Verflechtung der Binnenwirtschaften zu einer Weltwirtschaft. Die ersten Anzeichen einer allgemeinen Kapitalverknappung am europäischen Finanzmarkt riefen in Böhmen eine Panikstimmung besonders im Gewerbebürgertum hervor; die Sorge um den Ausgang der seit dem Sommer 1856 in Europa stattfindenden „mörderischen Schlachten der Finanz"[38] wurde nur mäßig aufgefangen durch die kaiserliche Sistierung jeder weiteren Konzession für Aktiengesellschaften um die Jahreswende 1856/57. Bis zum Beginn des Jahres 1857 hatte der Kampf ums wirt-

---

[32] S. oben **73**.

[33] Die böhmische Sparkasse mußte, um liquide bleiben zu können. ca. 1 Mill. fl Darlehen kündigen. (SÚA, PM 8/1/19:2, Nr. 3071 p.p. Päumann an Kempen, 1. 10. 1855). Am 15. 11. 1854 berichtete Mecséry an Bach über die Finanzlage nach der Staatsanleihe: „Die Geldklemme, die die Geschäftswelt im Laufe der Anlehenssubskription prophezeite, ist im Laufe der Einzahlungen wirklich eingetreten. Die Filialbank kann nur auf Papiere leihen, — diese sind bereits versetzt — und die Sparkasse ist genötigt, selbst Kapitalien aufzukündigen und Werteffekten zu verpfänden, um ihrer eigenen Verpflichtung nachzukommen. Der Hypothekbesitzer, dem fortwährend Kapitalien gekündigt werden, ist auf diese Weise nicht imstande, gegen schwere Zinsen andere Kapitalien aufzutreiben." (SÚA, PM 8/1/19:2 Nr. 12660 pr.).

[34] S. unten **123**.

[35] Mecséry berichtete am 30. 9. 1856 an Kempen, Handel und Industrie könnten sich nicht entfalten, weil das Geld „seinen Weg in die großartigen Geldgeschäfte der Neuzeit genommen" habe (SÚA, PM 8/1/19:2 Nr. 9597 pr.).

[36] SÚA, PM 8/1/19:2 Nr. 2951 Päumann an Kempen, 1. 10. 1855.

[37] Vgl. R o s e n b e r g : Weltwirtschaftskrisis. — T r e u e : Wirtschafts- und Sozialgeschichte 397 f. m. Lit.

[38] R o s e n b e r g : Weltwirtschaftskrisis 104.

schaftliche Überleben auch in Böhmen extreme Formen angenommen[39], die vor allem deshalb so rücksichtslos praktiziert werden konnte, weil der Staat sich selbst jedes normierenden Einflusses begeben hatte und das finanzielle Ringen — als Kampf aller gegen alle — zwangsläufig zu ungunsten des Kapitalschwachen ausgehen mußte. Angeschlagen waren zum ersten Mal seit dem Beginn des Jahrzehnts auch die Agrarproduzenten; im Winter 1856 war der Getreidepreis erstmals gesunken[40]. Die Wirtschaftslage, seit Beginn des Jahres von der Bürokratie argwöhnisch sondiert[41], kippte im letzten Drittel 1857 auch in Böhmen eindeutig in eine große Depression. Nach dem Herbst stand „die Krise" im Mittelpunkt des angespanntesten öffentlichen Interesses[42]. Angesichts der engen Verflechtung des böhmischen Kapitals mit dem Wiener Aktienmarkt mußte das nun stattfindende kontinuierliche Sinken der Kurse an der Wiener Börse[43] in Böhmen tiefe Besorgnisse auslösen; im Mittelpunkt der Vertrauenskrise stand nun die „Creditanstalt", deren Anteile zwei Jahre zuvor in Böhmen stürmisch begehrt worden waren. Daß sich nun recht unvermittelt nach der Hochblüte des hemmungslosen Spekulationsoptimismus unerwartet moralische Töne von Reserve gegenüber den kapitalistischen Praktiken kundgaben, vermochte die Kettenreaktion nicht mehr aufzuhalten[44]. Im Zusammenhang mit den Wiener Kursstürzen gab es in Prag erste Konkurse im Handel, zugleich fallierten verschiedene kleinere Betriebe in den Prager Vorstädten Karolinenthal und Lieben[45]. Auch in der in den letzten Jahren neu ent-

---

[39] Mecséry berichtete darüber an Bach am 14. 1. 1857: „Von wohltuender Wirkung war die höchsten Ortes verfügte zeitweise Sistierung fernerer Konzessionserteilungen zu großartigen, Geld absorbierenden Kredit- und Industrialunternehmungen. Nichtsdestoweniger ist der Mangel an Geldinstituten insbesondere für den kleineren Grundbesitzer und Gewerbsmann sehr fühlbar, da die bisher ins Leben getretene Creditanstalt einerseits unmittelbar doch nur den großen Etablissements Fonds bietet, andererseits aber Massen von Kapitalien dem produktiven Verkehr entzogen und der Börse zugewendet hat." Mecséry schrieb weiter von der „Geldklemme, welche den Wucher im Allgemeinen fördert und Krisen herbeiführt. Zahlreiche gerichtliche Klagen wegen wucherischer Bedrückung und häufige Exekutionsführungen geben Zeugnis hiervon." (SÚA, PM 8/1/19:2 N. 480 p.).

[40] Zum Getreidepreis vgl. unten 110.

[41] In einer Art von Zweckoptimismus berichtete der Smíchover Polizeikommissar im Januar 1857 an den Prager Polizeidirektor Päumann, in den 19 Fabriken Smíchovs sei die Produktion noch voll im Gange. Ähnlich versuchte die Prager Polizeidirektion im Sommer 1857 aus einer Analyse der gegenwärtigen Lage beruhigende Prognosen für die Zukunft abzuleiten; die Auftragsbücher der Industrie seien noch voll, die Zuckerraffinerie in Betrieb, außerdem winke in der Ferne als Arbeitsbeschaffung der Bau der Reichenberg-Pardubitzer Bahn (P u r š : The Situation 193).

[42] Die Prager Presse brachte wiederholt Berichte über Massenentlassungen im benachbarten Sachsen (ebenda, S. 190).

[43] Von Mai/Juni 1856 bis zum Mai 1857 fielen die Aktien der „Creditanstalt" von 240 auf 105 Punkte (R o s e n b e r g : Weltwirtschaftskrisis 111).

[44] Der Stellvertreter Päumanns, Weber, berichtete an Kempen am 1. 10. 1857, die Krise habe „ein nicht unbegründetes Mißtrauen gegen Aktienunternehmungen hervorgerufen und den Papierschwindel, der auch hier vor nicht gar langer Zeit im hohen Grade florierte, in etwa gedämpft". Weber schrieb weiter, der öffentliche Unmut richte sich vornehmlich gegen die „Creditanstalt", die ihr Programm nicht eingehalten habe, und gegen den ungewöhnlichen Schwindel, der mit den „Creditanstalt"-Aktien getrieben worden sei. (SÚA, PM 8/1/19:2 Nr. 2701 p.p.).

[45] SÚA, PM 8/1/19:2 Nr. 113 p.p. Päumann an Kempen, 1. 1. 1855.

standenen Industrieregion um Prag[46] herum verbreitete sich nun die Arbeitslosigkeit. Die Schwerpunkte der böhmischen Wirtschaft wurden in steigendem Maße auch zu Zentren der Wirtschaftskrise. Auch Zuckerindustrie, Eisen- und Maschinenindustrie wurden — wenngleich ernsthaft erst zum Schluß der Krise — betroffen[47]. Nach und nach wurde die ganze nordböhmische Textilregion angesteckt. Schon im Dezember 1857 fanden Entlassungen im großen Stil im Konzern des nordböhmischen „Textil-Königs" *Liebig* in Svárov statt. Die Lage des Baumwoll-Verlagshandels verschlechterte sich binnen kurzer Zeit rapide. Ende 1857 berichtete der Kreispräsident von Jičín von Massen-Fallimenten in der Baumwollbranche[48]. Bescheidener Optimismus bemächtigte sich der Betroffenen zu Beginn 1858, als offenbar wurde, wie groß der Einbruch in anderen Produktions- und Handelsschwerpunkten in Europa war; daran gemessen hielt man sich in Böhmen für gut weggekommen. In der böhmischen Industrie regte sich Zuversicht, als die österreichische Regierung den — für Böhmen durch den Elbhandel besonders wichtigen — Umschlagplatz Hamburg durch ein Silber-Darlehen vor dem Zusammenbruch bewahrte[49] und zugleich die Armee aus Ersparnisgründen reduzierte. Freilich, die Lokalbürokratie sah hinter der im Winter allgemein praktizierten Kurzarbeit schon eine Welle von Arbeitslosigkeit für das Frühjahr auf Böhmen zukommen[50]. Was ein Teil der Behörden naiv als Lichtstrahl in den trüben Umständen begrüßte, die niedrigen Getreidepreise, zog indes den großen, bis zum Beginn der Kapitalebbe finanziell gesunden Wirtschaftskörper der Landwirtschaft in den Sog der Krise hinein[51]. Im relativ schwach entwickelten Raum Südböhmens war im Gefolge der Depression schon Ende 1857 „der Verkehr faktisch ganz behoben", wie das Kreisamt Tabor an die Statthalterei berichtete[52]. Hoffte die Bürokratie für die Arbeitslosenheere auf ein warmes Frühjahr und Beschäftigung bei den großen Eisenbahnbauten, so entglitt der — Mitte des Jahrzehnts privatisierte — Bahnbau entgegen

---

[46] Vgl. unten 151 ff.

[47] P u r š : The Situation 190 ff. — Es ist nicht unerheblich, daß die Nahrungsmittelindustrie, welche die kleineren Krisen der 50er Jahre bereits völlig unbeschadet überstanden hatte (Jahresbericht der Handelskammer in Pilsen ... für 1853, S. 13) in ganz Europa die 1857er Krise sehr rasch überwand. Für die bürgerliche tschechische Nationalbewegung, die ihre Basis zum großen Teil im Nahrungsmittelgewerbe hatte (vgl. unten 157 ff.), sollte sich dieser Umstand als günstig für den Start ins politische Leben der 60er Jahre erweisen. — Zur Lage der Nahrungsmittel- und Konsumgüterindustrie während der Krise in Europa R o s e n b e r g : Weltwirtschaftskrisis 182 f.

[48] SÚA, PM 8/1/19:2 Nr. 29 g. P. K.A. Jičín an Mecséry, 27. 12. 1857.

[49] SÚA, PM 8/1/19:2 Nr. 587 pr. Mecséry an Bach/Kempen, 1. 1. 1858.

[50] Ebenda.

[51] In den Agrargebieten machte sich massiver Unmut Luft; die Produktionserlöse fielen außerordentlich, während die Steuervoranschläge nach den Maßstäben der Spekulationsjahre angesetzt waren. Ein Teil des finanzschwachen Kleingrundbesitzes wurde zu Notverkäufen gezwungen (SÚA, PM 8/1/19:2 Nr. 106 K.A. Prag an Mecséry, 30. 5. 1858). Mecséry berichtete an Bach/Kempen am 31. 3. 1858: „In der Tat ist die Stockung im Getreideverkehr eine ungewöhnliche. Die Speicher sind mit Vorräten reich gefüllt, um die sich selbst zu geringen Preisen kein Käufer meldet. Die Spekulation der Kornhändler hat sich auf ein anderes, dermal lukrativeres Feld geworfen." (SÚA, PM 8/1/19:2 Nr. 3576 Mecséry an Bach/Kempen).

[52] SÚA, PM 8/1/19:2 Nr. 1049 pr. K.A. Tabor an Mecséry, 31. 12. 1857.

den Erwartungen den staatlichen Wünschen; im Januar 1858 geriet das Unternehmen des Reichenberg-Pardubitzer Eisenbahnbaues in eine Finanzkrise, von deren Folgen auch die mittelböhmische Maschinenindustrie als Zulieferer schwer betroffen wurde[53]. Es gelang der Statthalterei wenigstens durch Beschaffung von Schnellkrediten aus Wien die Reichenberger Industrie vor einem größeren Zusammenbruch zu bewahren. Für die Manufakturen im Reichenberger Bezirk wurde als erste Hilfeleistung ein Warenvorschußgeschäft in Reichenberg eingerichtet[54]. Mittlerweile standen die kleineren Manufakturbetriebe im nordostböhmischen Gebirge im März 1858 schon kurz vor dem Bankrott[55].

Wie überall in Europa[56] versuchten sich die Unternehmer auch in Böhmen durch rücksichtslosen Lohndruck über Wasser zu halten[57]. Von niemandem gehindert, ja ob der bloßen Inbetriebhaltung der Produktion um jeden Preis von der Bürokratie hofiert[58], diktierten sie die Arbeitsbedingungen einzig nach den Maximen von Profit und Rentabilität; so wurde in den Flachsspinnereien des Riesengebirges die Arbeitszeit ohne Lohnerhöhung von täglich 15 auf 18 Stunden erhöht[59]. Gleichen Pressionen waren die Arbeiter in der Hausindustrie ausgesetzt: hier drückten die Verleger unnachsichtig den Produktenpreis. Das Resultat war, daß die Fabrikindustrie — wiewohl mit Einbußen — das Feld ungeschwächt behaupten konnte[60], während die Hausindustrie bis Beginn 1859 in katastrophale Not geriet. Auf diese Weise war Wirtschaftsleben und Lebensstandard besonders der nordböhmischen Industrieregion — trotz Vermeidung eines allgemeinen Zusammenbruchs — bis Ende 1858 auf niedrigstes Niveau gesunken, weil, wie das Jungbunzlauer Kreisamt an die Statthalterei berichtete, „in Industriegegenden, wo alles in der engsten Wechselwirkung steht, von dem Erfolge der Geschäftsunternehmer das Wohl und Wehe fast der ganzen Bevölkerung abhängt"[61]. Die politische Krise um die Jahreswende 1858/59 war die Ursache dafür, daß sich die Einflüsse der Depression nun auch in den wirtschaftlich gesunden Investitions- und Konsumgüterindustrien

---

[53] P u r š : The Situation 193.

[54] SÚA, PM 8/1/19:2 Nr. 3401 K.A. Jungbunzlau an Mecséry, 30. 3. 1858.

[55] SÚA, PM 8/1/19:2 Nr. 9 g. P. K.A. Jičín an Mecséry, 1. 4. 1858.

[56] Vgl. R o s e n b e r g : Weltwirtschaftskrisis 179.

[57] SÚA, PM 8/1/19:2 Nr. 587 pr. Mecséry an Bach/Kempen, 1. 1. 1858; ebenda Nr. 14958 K.A. Jungbunzlau an Mecséry, 30. 12. 1858; ebenda Nr. 29 g. P. K.A. Jičín an Mecséry 27. 12. 1857.

[58] So berichtete Mecséry am 31. 3. 1858 euphemistisch an Bach/Kempen: „Wenn dessenungeachtet eine Erwerbslosigkeit der arbeitenden Klasse nicht eingetreten ist, so ist dies vorzugsweise der Umsicht und Solidität jener größeren Industriellen zu danken, die sich weder in guten noch in schlimmen Zeiten überstürzen, und sich auch unter minder günstigen Konjunkturen die Erzeugung ihrer Produkte nach Möglichkeit im Gange zu halten bemühen." (SÚA, PM 8/1/19:2 Nr. 3576).

[59] R o s e n b e r g : Weltwirtschaftskrisis 179. — S. auch unten 283.

[60] SÚA, PM 8/1/19:2 Nr. 367 pr. K.A. Eger an Mecséry, 26. 3. 1859. — Von den liberalen Wirtschaftsführern Österreichs wurde diese Folge der Krise sogar ausdrücklich als Bereinigungsprozeß der veralteten Struktur der österreichischen Industrie begrüßt. In der Ministerkonferenz vom 13. 12. 1858 erklärte Bruck, daß alles Lamentieren sinnlos sei, weil „hiebei die Macht der industriellen Verhältnisse ohne Zutun der Staatsverwaltung einen unwiderstehlichen Einfluß übe." (HHSTA, MCZ 26. Min. Konf. v. 13. 12. 1858).

[61] SÚA, PM 8/1/19:2 Nr. 14958 K.A. Jungbunzlau an Mecséry, 30. 12. 1858.

zeigten. Im Januar 1859 war bereits über die Hälfte der Arbeiterschaft im Prager Vorort Smíchov entlassen; die große Prager Baumwollspinnerei *Forchheimer* und *Söhne* ging in Konkurs[62]. Die Schwerindustrie von Kladno und Prag war ebenfalls betroffen. Anfang 1859 fallierte die große Textilfabrik *Herzig* in Reichenberg, mehrere Tausend Arbeiter wurden arbeitslos[63]. Der Kriegsausbruch und die unmittelbaren Folgen des Verlustes des italienischen Marktes, sowie die plötzliche Verschlechterung der österreichischen Finanzen[64] brachten die nordböhmische Textilindustrie bis zur Mitte 1859 fast zum Stillstand[65]. „Hoffnungslosigkeit" wurde zum Tenor aller behördlichen Berichte; in manchen Gegenden, so im westböhmischen Gebiet um Saaz, waren im Juli schon fast alle Arbeiter entlassen[66]. Am 24. Mai telegraphierte der österreichische *Bach* an *Mecséry* und verlangte eine detaillierte Analyse der nordböhmischen Verhältnisse: der Innenminister befürchtete den nahen Ausbruch einer sozialrevolutionären Bewegung. *Mecséry* verlangte in seiner Antwort einen Kredit von 100 000 fl von der Nationalbank an die Reichenberger Sparkasse, da anders das nordböhmische Finanzsystem nicht mehr zu halten sei. Doch in der Verhandlung sollte sich bald herausstellen, daß die Nationalbank — auf Grund der einseitigen Bevorzugung der Interessen der größeren Industrie einerseits, der enormen Kriegskosten und des Vertrauensschwundes wegen der miserablen militärischen Lage andererseits — nicht mehr in der Lage war, mehr als 30 000 fl zur Verfügung zu stellen[67]. So wurde ein allgemeiner Zusammenbruch nur durch den überraschend abgeschlossenen Waffenstillstand verhindert; Industrie und Handel Böhmens begrüßten ihn im Juli begeistert als einzigen Ausweg aus der hoffnungslos verfahrenen Situation[68].

Seit dem Beginn der Wirtschaftskrise hatten sich in der Industrie laute Stimmen gemeldet, die nach Staatshilfe, staatlicher Subventions- und Liebesgabenpolitik riefen. Die schutzzöllnerische Bewegung, in Österreich ohnehin mit starker Tradition, meldete sich erneut kräftig zu Wort[69]. Die Tendenz dieser Bestrebungen nach einer Sozialisierung der Verluste (nämlich der Abwälzung der Einbußen auf Arbeitnehmer, Verbraucher und Staat) manifestierte sich im Laufe der Depression in zahlreichen Broschüren und einer energischen Einflußnahme auf die Wiener Regierung. Die Schutzzollbewegung, ausgehend von böhmischen Positionen — der Textil- und der Montanindustrie — scheiterte zwar vorerst an der eisernen Haltung

[62] SÚA, PM 8/1/19:2 Nr. 22 p.p. Päumann an Kempen, 7. 1. 1859.

[63] P u r š : The Situation 191.

[64] Im April 1859 betrug das Agio der österreichischen Währung (d. h. die Diskrepanz zwischen dem nominellen und dem realen, in Silber erhältlichen Wert) bereits 40 % (S c h e - b e k : Dotzauer 82). — Im Frühjahr 1859 sanken die 5 %igen österreichischen Staatspapiere an der Frankfurter Börse von 81½ auf 36 (B ö h m e : Deutschlands Weg 90).

[65] SÚA, PM 8/1/19:2 Nr. 20 g. P. K.A. Jičín an Mecséry, 24. 5. 1859; Ebenda Nr. 358 pr. K.A. Königgrätz an Mecséry, 12. 7. 1859; Ebenda Nr. 72 pr. K.A. Leitmeritz an Mecséry, 26. 6. 1859.

[66] SÚA, PM 8/1/19:2 Nr. 1309 pr. K.A. Saaz an Mecséry, 2. 7. 1859.

[67] P u r š : The Situation 191 f. Die Nationalbank hatte allein der Firma Herzig einen Kredit über 150 000 fl gewährt.

[68] SÚA, PM 8/1/19:2 Nr. 8244 pr. Mecséry an Bach/Kempen, 1. 7. 1859. — Allein in Prag machten in der Sommerkrise 1859 45 Unternehmen Bankrott (S c h e b e k: Dotzauer 82).

[69] Vgl. B ö h m e : Deutschlands Weg 86 f.

des neoabsoluten Kabinetts, das seine liberale Wirtschaftspolitik (aus Gründen deutscher Hegemonialbestrebungen) auch gegen den Willen der Industrie erzwingen wollte. Dem Versuch wurde erst Erfolg zuteil, als man sich unter Umgehung des Kabinetts direkt an den Kaiser wandte, wobei sich vor allem der vom böhmischen Hochadel stark durchsetzte „Verein für österreichische Eisenindustrie" auf höchster gesellschaftlicher Ebene am Hofe einschaltete. Im November 1858 gab der Kaiser persönlich eine große Industrie-Enquete in Auftrag, welche die negativen Auswirkungen des Anschlusses Österreichs an den Weltmarkt aufzeigen sollte[70].

So begann — aus wirtschaftlichen Gründen — schon am Ende des neoabsoluten Jahrzehnts eine erneute Annäherung des kaiserlichen Hofes an die österreichische, und insbesondere die böhmische Aristokratie zu gemeinsamem politischen Handeln; die Weichen für die Entwicklung der ersten Jahre nach 1860 — der Verfassungsexperimente — waren damit gestellt.

[70] In der Ministerkonferenz am 9.9.1858 hatte das Kabinett ein letztes Mal versucht, den Kaiser von seiner Annäherung zum Interessenstandpunkt der hochadeligen Industriellen abzubringen (HHSTA, MCZ 12/1858).

10. PREISENTWICKLUNG UND NAHRUNGSMITTELSPEKULATION

Die natürliche Begleiterscheinung der Weltkonjunkturperiode nach 1848 war eine steigende Tendenz der Preise während der ganzen 50er Jahre, die nur durch die Weltwirtschaftskrise von 1857 kurzfristig unterbrochen wurde. Die aufsteigende Tendenz zeigte sich in allen Warenbereichen, sowohl bei Rohstoffen und Investitionsgütern als auch bei Konsumgütern[1]. Ebenfalls stark von der Preishausse wurde der Immobilienmarkt ergriffen. Steigende Landwirtschaftserträge, Verbesserung der Verkehrsnetze, Bevölkerungszuwachs und — Verdichtung, Verstädterung und industrielle Investition trieben die ländliche und städtische Grundrente und damit die Miete, Pacht- und Bodenpreise rasch in die Höhe[2]. In begünstigten Gebieten kam diese Wertverschiebung fast einer Art von Neuverteilung des Vermögens gleich[3]. Besonders rasch war die Steigerungstendenz der Lebensmittelpreise; erst durch die Weltwirtschaftskrise von 1857 wurde die Preisbewegung verlangsamt. Die Nahrungsmittelpreise der 50er Jahre waren die höchsten des ganzen 19. Jahrhunderts[4]. In engem wechselseitigen Verhältnis zur Steigerung der Lebensmittelpreise stand die Zunahme der Getreidespekulation in Böhmen; auf sie muß, ihrer Bedeutung für die Sozialgeschichte der 50er Jahre wegen[5], kurz hingewiesen werden.

In Österreich steigerten Industrialisierung, Massenausfuhr[6] und der riesige Bedarf des Heeres (besonders während des Krimkrieges) die Nachfrage nach Getreide; die Zahl der mit Getreidehandel bzw. Spekulation beschäftigten Personen vervierfachte sich während der 50er Jahre[7]. Typische Phänomene waren der Verkauf auf dem Halm und die spekulative Zurückhaltung der Ernten durch den Großgrundbesitz[8].

---

[1] Bei R o s e n b e r g (Weltwirtschaftskrisis 68 ff.) finden sich aufschlußreiche Vergleichszahlen für die Preisentwicklung in ganz Europa während der 50er Jahre.

[2] Zur Preisstatistik vgl. Anhang 343 f.

[3] S. unten 152.

[4] K u t n a r : Vystěhovalectví 67.

[5] S. unten 112 ff und 292 ff.

[6] Die Ausfuhr wurde durch das hohe Agio des österr. Gulden bis 1857 gefördert. — Zur Begünstigung der Ausfuhr auf Grund der verkehrstechnischen Lage Böhmens vgl. H a v - r a n e k : Die ökonomische und politische Lage 102.

[7] Der Prager Kreispräsident Obentraut schrieb am 2. 7. 1855 an Mecséry über die „allseitig entgegentretende Erscheinung, daß sich alles zum Getreidehandel drängt, daß namentlich Juden den Hausierhandel, wie die Fleischhauerei und andere gewerbliche Beschäftigungen verlassen, ihnen entsagen — und sich zum Getreidehandel melden. Er muß also lukrativ, lockend lukrativ sein; je lukrativer aber der Getreidehandel ist und unter je mehr Händler sich der Gewinn teilt, desto höher müssen die Getreidepreise steigen, desto drückender die Preisverhältnisse a l l e r Artikel für den Konsumenten werden." (SÚA, PM 8/1/19:2 Nr. 2024 pr. K.A. Prag an Mecséry, 2. 7. 1855).

In der Getreidespekulation realisierte sich besonders signifikant die Tendenz der Epoche nach Wahrnehmung aller Gewinnchancen ohne Rücksicht auf die sozialen Folgen; jede von der Marktsituation begünstigte Wirtschaftsgruppe drängte sich zum mühelosen Profitemachen.

In Böhmen bewirkte die Getreidespekulation ein außerordentliches Anwachsen des Antisemitismus; über der starken Beteiligung von jüdischen Kapitalisten am Getreidegeschäft nahm niemand wahr, daß deutsche und teschechische Grundbesitzer, desgleichen das Lebensmittelgewerbe in genauso großem Maße profitierten[9].

---

[8] SÚA 8/1/12 Nr. 45 g. K. A. Jičín an Mecséry, 30. 4. 1852. — S. auch unten 296. — Eine Analyse des böhmischen Getreidehandels, welche in der Prager Polizeidirektion erstellt wurde, nennt als Akteure der Getreidespekulation: in Böhmen gebe es 3 Cliquen a) Die Subarrendatoren (Militärlieferanten), die beim Herannahen des Zeitpunktes der staatlichen Getreidekäufe über ihre Verbindungen auf dem Land (meist durch jüdische Getreidemakler) billige Einkäufe sicherstellten. Diese Subarrendatoren erreichten dann auf den Getreidemärkten durch Scheinkäufe des eigenen Getreides überhöhte Durchschnittspreise; mit diesen hohen Durchschnittspreisen (die der Urproduzent nie erreicht hätte) wurden dann die Forderungen an den einkaufenden Staat begründet. b) Die Grundbesitzer und Meierhofpächter in der Umgebung von Prag; sie hätten mit den (wiederum meist jüdischen) Getreidehändlern in Prag ein Kartell gebildet und diktierten den Prager Preis. c) Kapitalisten und von ihnen abhängige (jüdische) Kleinhändler auf dem flachen Land. Diese Agenten des größeren Kapitals erhielten „wie bei einer telegraphischen Anstalt" zu festen Zeiten auf festen Plätzen Instruktionen, vermittels welcher sie auf den kleinen Märkten agierten. Überdies hinaus wirkten diese Agenten als Kreditgeber beim finanziell schwachen Kleinbesitz, wobei die Rückzahlung in Getreide zu günstigem Preis auf dem Halm verpfändet würde. — Ein wirkungsvolles Mittel zur Steigerung der Preise sei auch die Verbreitung von Gerüchten über Mißernten in anderen Teilen der Monarchie (SÚA, PM 8/1/12 Nr. 5624 Sacher-Masoch an Kempen, 31. 7. 1852).
[9] S. unten 292 ff.

11. SOZIALE LAGE DES MITTELSTANDES UND DER BEAMTEN

Neben den Bauern und Grundbesitzern waren Unternehmer und Kapitalisten die Hauptnutznießer des wirtschaftlichen Aufschwungs. Die Unternehmergewinne hatten eine außerordentliche Progression, weil steigende Rohstoffpreise, falls die Möglichkeit der Preiserhöhung des Endprodukts wegen der Konkurrenz nicht möglich war, durch Lohnsenkungen ausgeglichen werden konnten[1]; die unorganisierte Arbeiterschaft hatte im Polizeistaat der 50er Jahre keine Möglichkeit, auf die Lohnfestsetzung Einfluß zu nehmen[2]. Außer in einer ganz kurzen Etappe zu Beginn des Jahrzehnts, wo die Löhne aufgrund der Sprengung der feudalen Wirtschaft durch die Grundentlastung etwas in die Höhe gingen[3], hat es in Böhmen kaum Aufwärtsbewegungen der Löhne gegeben, und wo es sie gab, da erreichten sie niemals den Kaufkraftverlust durch die inflationäre Preisentwicklung[4]. Für die Unternehmer waren daher die 50er Jahre eine Zeit der Blüte der Investitionstätigkeit und der Kapitalakkumulation[5].

Leidtragende der Preisentwicklung waren neben der Arbeiterschaft vor allem die mittelständischen Berufe; das handwerkliche Kleinbürgertum und vor allem alle auf fixe Bezüge angewiesenen Bevölkerungsgruppen (Angestellte, Lehrer, niederer Klerus) haben, u. a. durch die Preisentwicklung, die 50er Jahre als das Jahrzehnt der *Deklassierung* erlebt[6]. Es muß in diesem Zusammenhang auch darauf hinge-

---

[1] Vgl. dazu oben 107 und unten 185 ff.

[2] S. unten S. XXX

[3] P u r š : The Situation 164 f.

[4] Der Bericht der Handelskammer Prag für 1851 sagt darüber ganz sachlich, daß „der Erwerb nicht in demselben Verhältnisse zunehmen konnte, als alle Lebensbedürfnisse stiegen, was natürlich zu V e r b r a u c h s b e s c h r ä n k u n g e n führen mußte." (Bericht der Handelskammer in Prag . . . für 1851, S. 90). — Vgl. auch Verhandlungen Handelskammer Prag 318.

[5] S. unten 148 f.

[6] Eine Korrespondenz der „Grenzboten" aus Österreich, die Gründe der Teuerung einseitig nur im Steigen des Agio suchte, gab bereits 1851 ein anschauliches Bild der Lage des Mittelstandes: „So fühlt die ganze Bevölkerung bis zum geringsten Proletarier herab die Finanzkalamität. Nahrungsmittel, Mietzins, Preise der Manufakturen und Utensilien haben eine seit dem Jahre 1811 unbekannte Höhe erreicht. Alle Hausbesitzer haben die Mietpreise ihrer Wohnungen um 25 %/o erhöht. Kleidungsstücke, Bücher, ja Papier sind beinahe kaum mehr zu erkaufen, und wem es nur einigermaßen möglich ist, der beschränkt seinen Haushalt; in der Residenz lebt man noch einigermaßen vollauf, aber in den Provinzialstädten und auf dem Lande beginnt bereits eine Einschränkung statt zu finden, die den Wohlhabenden dem Proletarier gleichstellt." (Grenzboten 1851/II, 196). — Die Lehrer auf dem flachen Land waren besonders benachteiligt durch die Durchführung der Grundentlastung, durch welche die vormärzlichen Naturalbezüge in einem ungünstigen Verhältnis zu fixen Geldbezügen umgewandelt worden waren (SÚA, PM 8/1/12 o. Nr. B. A. Schlan an K. A. Prag, 1853 s.d.). — Der Jungtscheche Servac Heller, ein Lehrers-

wiesen werden, daß das österreichische Steuersystem des Neoabsolutismus für die Mittel- und Unterschichten sehr ungünstig war: es beruhte hauptsächlich auf fixen Grundsteuern und auf einem ausgedehnten Verbrauchssteuersystem (indirekte Steuern); das nach der Revolution eingeführte Einkommensteuerprinzip war überaus primitiv, das mobile Kapital wurde überhaupt nicht besteuert. Durch dieses Steuersystem wurde ein bedeutender Teil (1859 ein Drittel) des Steueraufkommens der breiten Bevölkerung aufgebürdet, die steigenden Kapital- und Unternehmergewinne aber kaum herangezogen[7].

Am 31. 7. 1852 schrieb *Mecséry* warnend an *Bach,* daß Teuerung und Spekulation „auf die Länge hin geradezu den *Ruin der Mittelklassen*" herbeiführen würden, falls die Regierung nicht eingreife[8]. Ein Jahr später war die wachsende Verschuldung des Mittelstandes offenkundig[9]; die Durchführung der Staatsanleihe von 1854 schließlich erschütterte die ökonomische Standfestigkeit auch der mäßig bemittelten Familien. Der Prager Polizeidirektor Päumann gab im April 1855 ein düsteres Bild der Lage des unbemittelten Bürgertums: „Der Geldmangel, die drückende Teuerung und teilweise Erwerbslosigkeit haben dermal einen noch höheren Grad erreicht als vor dem Winter; Familien, deren Geldbezüge sonst zu einem anständigen Unterhalte zureichten, müssen sich gegenwärtig die empfindlichsten Entbehrungen gefallen lassen, minder bemittelte fallen oft dem Notstande anheim"[10].

Ohne in eine mechanistische Deutung der sozialgeschichtlichen Vorgänge zu verfallen, kann man doch schlüssig vermuten, daß — um nur die vielleicht wichtigste Gruppe des Mittelstandes herauszugreifen — die verstärkte Hinwendung der Lehrer zur nationalen Idee, wodurch in der Folge die Entstehung eines breiten tschechischen Chauvinismus erst ermöglicht wurde, nicht zuletzt durch die Unzufriedenheit mit den ökonomischen Bedingungen des Neoabsolutismus befördert worden ist. Denn die tschechisch-nationale Publizistik der Jahre 1848/49 hatte es verstanden, die schlechte materielle Lage besonders der Volksschullehrer dem Staat anzulasten und in Verbindung mit den nationalen Forderungen zu bringen[11]. Schon

---

sohn aus dem südböhmischen Städtchen Vlašim, berichtet in seinen Memoiren, daß sich seine Familie in den Hungerjahren der 50er Jahre überwiegend von Mais ernährt habe. (Heller: Z minulé doby II/35). — Zum Einkommen der Lehrer vgl. Anhang 343.

[7] Zum Steuersystem der 50er Jahre vgl. Beer: Finanzen Österreichs 284 f.; Czoernig: Österreichs Neugestaltung 70 ff. — Die liberalen Parteien haben dieses für das Besitzbürgertum überaus günstige System bis zum Jahrhundertende durchgehalten; erst die Regierung Taaffe begann mit der Besteuerung des mobilen Großkapitals (Vgl. Prinz: Probleme der böhmischen Geschichte 355).

[8] SÚA, PM 8/1/12 Nr. 5624 pr. Mecséry an Bach/Kempen, 31. 7. 1852.

[9] SÚA, PM 8/1/12 Nr. 4549 p.p. Sacher-Masoch an Kempen, 1. 11. 1853.

[10] SÚA, PM 8/1/12 Nr. 1047 p.p. Päumann an Mecséry, 1. 4. 1855. — Ähnlich Mecséry an Bach/Kempen, 30. 6. 1855 (ebenda Nr. 7017 pr.).

[11] Sacher-Masoch berichtete darüber am 5. 9. 1851: „Der Dorfschullehrer, mit Not und Elend kämpfend, ist im tschechischen Teile des Landes beinahe überall regierungsfeindlich gesinnt, da es die Wortführer der oppositionellen Partei, wie z. B. Havlíček sehr wohl verstanden haben, dem Schullehrer immer vorzupredigen, daß ihm das größte Unrecht geschehe und daß er nur von einem Wechsel der Regierungsform etwas zu erwarten habe . . ." (SÚA, PM 8/1/12 Nr. 2565 p.p. Sacher-Masoch an Bach).

in den 50er Jahren sind deshalb die Lehrer, die vor 1848 vergleichsweise gering an der nationalen Bewegung[12] beteiligt gewesen waren, in großer Zahl im Lager des tschechischen Nationalismus zu finden[13]. Bezeichnend ist es auch, daß Šimáčeks Kampagne für die „Nationalisierung" des Volksschulwesens auch die energische Forderung nach wirtschaftlicher Besserstellung der Lehrer enthielt[14].

Prekär wurde im Laufe des Jahrzehnts vor allem die materielle Lage der Beamtenschaft. Es erscheint notwendig, auf diesen Punkt etwas ausführlicher einzugehen, weil hier ein wesentlicher Widerspruch zwischen der Konzeption eines „starken" Staates und der ökonomischen Wirklichkeit aufzuzeigen ist.

Schon in der ersten Stunde des neoabsoluten Regimes hatten die Organisatoren des Neuaufbaus erkannt, daß der Erfolg des Systems (perfektionierte Verwaltung als Ersatz für politisches Leben) wesentlich auch von der sozialen Stellung der Beamtenschaft abhängen werde. Der Beamte sollte ja gerade durch seine Teilnahme am gesellschaftlichen Leben die Kluft zwischen Gesellschaft und Staat aufheben, es sollte die Funktion des Beamten sein (weit über seine amtliche Tätigkeit hinaus) in der „Strömung des Lebens"[15] durch persönlichen Einfluß die behördliche Politik fortzuführen. Im Frühjahr 1849 hat *Mecséry* in einem Brief an den Innenminister Graf *Stadion* die Besoldung insbesondere der Bezirksbeamten zu einer Frage von höchster politischer Bedeutung erklärt: „Ihr Gehalt muß nach meiner Ansicht so ausgemittelt werden, daß er nicht nur dieselben mit ihren Familien vor Nahrungssorgen schützt, sondern daß er ihnen auch erlaubt, ein anständiges Haus zu führen und in ihren Standorten auch gesellschaftliche Berührungen zu pflegen. (...) Gewiß ist das Vertrauen der Bevölkerung das erste und schönste Ziel, auf welches der öffentliche Verwaltungsbeamte hinzusteuern hat, da hierin die beste Garantie für den Erfolg seiner Wirksamkeit, für die Erfüllung seiner Sendung liegt. Ebenso gewiß ist es aber, daß auch die redlichste und tätigste Pflichterfüllung allein dem politischen Verwaltungsbeamten noch nicht jene persönliche Zuneigung und jenes Vertrauen in seinem Bezirke sichern wird, welches ihn in den Stand setzt, sich in der Kenntnis aller jener Vorfälle, Verhältnisse und Bestrebungen zu erhalten, die für das Regierungsinteresse von Wesenheit sind. Will er dies erreichen, so kann und darf er sich von jenen, in deren Mitte ihn seine Stellung versetzt, auch im geselligen

---

[12] H r o c h : Vorkämpfer 133 ff.

[13] SÚA, PM 1850—54 5/1/12. — Aufschlußreich ist auch die Tatsache, daß Šimáčeks Korrespondenten auf dem Lande überwiegend Lehrer waren (SÚA, PM 1855—59 8/4/96:1 Päumann an Mecséry, 13. 7. 1858).

[14] „Posel z Prahy" 1858/II, 13. — Einsichtsvolle Vertreter der Bürokratie haben während der 50er Jahre die materielle Vernachlässigung der Lehrer durch den Staat immer wieder voller Sorge zur Sprache gebracht. So schrieb beispielsweise der Kreishauptmann von Böhmisch-Leipa am 28. 12. 1852 an Mecséry: „Ich erlaube mir zu bemerken, daß es nicht gut ist, eine so wichtige Korporation wie die Schullehrer am Hungertuche nagen zu lassen. (...) Bei den Lehrern an den Volksschulen dürften, wie bei dem Klerus aller Konfessionen, die Sympathien für die Regierung stets im ehrenhaften Wege zu pflegen sein, weil diese beiden Branchen einen sehr großen Einfluß auf das Volk haben." (SÚA, PM 8/1/12 Nr. 6020).

[15] So die von Bach am 15. 8. 1849 erlassene Instruktion an alle Verwaltungsbeamten. — Der vollständige Text der Instruktion findet sich bei W a l t e r : Zentralverwaltung III/2, S. 105 ff. — Zur Problematik dieses „josefinischen" Beamtenethos s. unten 312.

Leben nicht zurückziehen; er wird auf diesem Wege oft einen tiefen Einblick in die Stimmung und Bedürfnisse des Volkes machen und zur Kenntnis von Daten gelangen, die ihm im ämtlichen Wege spät oder gar nicht zugekommen wären. Zur Behauptung einer entsprechenden gesellschaftlichen Stellung muß aber dem Bezirkshauptmann ein mit Rücksicht hieran gemessenes Gehalt ausgesetzt werden, er muß, wenn er in der gesellschaftlichen Achtung nicht sinken soll, so gestellt sein, daß er in seinem Hauswesen nicht jedem halbwegs betriebsamen Gewerbsmanne nachzustehen genötigt ist"[16].

Die Teuerung, die nach 1849 einsetzte, machte den optimistischen Plänen rasch ein Ende. Bereits 1851 mußten die ehemaligen Patrimonialbeamten vielfach ihr privates Vermögen zum Lebensunterhalt angreifen[17]. In den unteren Gehaltsklassen gestaltete sich die finanzielle Lage bald „höchst traurig"; Sacher-Masoch berichtete im Dezember 1851 sogar von Lebensmittelknappheit bei den Beamten[18]. Statthalterei und Polizeidirektion warnten 1852 in ihren Berichten nach Wien immer wieder vor einer Unterschätzung der prekären Lage der Beamten. Im November 1852 berichtete *Sacher-Masoch* über die Mißstimmung im Beamtenkorps und über die großen Differenzen zwischen den Gehältern der oberen und der unteren Gehaltsklassen[19]. Zum Ende des Jahres 1852 bat Mecséry Bach um Gehaltsaufbesserungen, um dem „Pauperismus" der niederen Beamten Einhalt zu gebieten[20]. Ende 1853 war das Sozialprestige des niederen Beamtentums bereits stark angegriffen; der Bezirkshauptmann der Prager Vorstadt Karolinenthal berichtete von Angeboten des Besitzbürgertums, die auf eine private Unterstützung der Bezirksbeamten hinausliefen[21]. Ein großer Teil der Beamtenschaft vermochte bald nur noch mit immer neuen Vorschüssen den Lebensunterhalt zu bestreiten, was zwangsläufig eine stete Gehaltsminderung mit sich brachte. Die Berichte des Jahres 1853 sprechen bereits von einer „Proletarisierung" der Beamtenschaft[22]. Am 31. 12. 1853 kam *Mecséry* auf die Verbitterung der durch die inflationäre Preistendenz getroffenen Beamten zu sprechen: sie seien entmutigt, weil sie „sich für den Aufschlag der Lebensbedürfnisse nicht durch einen Aufschlag auf ihre geistigen Produkte regressieren" könnten. Der Statthalter nannte auch die Gründe, warum sich die Deklassierung der niederen Beamtenkategorien nicht durch sporadische Hilfsmaßnahmen aufhalten ließ: „Während zur Abwehr der absoluten Armut überall die entsprechenden Anstrengungen gemacht werden, kann zur Linderung der relativen Armut der

---

16 SÚA, PG 46—49 2/18/1849 Mecséry an Stadion, 4. 4. 1849.
17 SÚA, PM 8/1/12, viele Stimmungsberichte.
18 SÚA, PM 8/1/12 o. Nr. Sacher-Masoch an Mecséry 5. 12. 1851. Sacher-Masoch fügte hinzu: „Wie sehr dieser Übelstand zur Korruption der Beamten beitragen muß, brauche ich nicht auseinanderzusetzen."
19 SÚA, PM 8/1/12 Nr. 4004 p.p. Sacher-Masoch an Kempen, 1. 11. 1852.
20 SÚA, PM 8/1/12 Nr. 373 pr. Mecséry an Bach/Kempen, 31. 12. 1852.
21 SÚA, PM 8/1/12 Nr. 33803 B. A. Karolinenthal an K. A. Prag, 21. 12. 1853. Der Bezirkshauptmann sprach von einem Steuerzuschlag, „welchen die Mehrzahl der Kontribuenten für die Beamten ihres Bezirkes freiwillig und gern übernehmen würden, weil sie es einsehen, daß ein solcher minder besoldeter Beamter ohne die empfindlichsten Nahrungssorgen nicht leben kann".
22 SÚA, PM 8/1/12 Nr. 13915 B. A. Eule an K. A. Prag, 24. 12. 1853.

gering besoldeten Beamten nur selten eine mit den Rücksichten des ämtlichen Dekorums vereinbarliche Gelegenheit wahrgenommen werden"[23].

Obwohl also die Diskrepanz zwischen prätendierter sozialer Stellung und wirtschaftlicher Lage des Beamten-Korps sich bis zum Jahresende 1854 weiter vergrößert hatte, kam von der Regierung in Wien keine Hilfe. Das Finanzministerium sah sich nicht in der Lage, die nötigen Etatmittel freizumachen; Bach fürchtete überdies, durch Gehaltserhöhungen bei den Beamten die anderen notleidenden Bevölkerungsgruppen gegen den Staat aufzubringen[24]. Inzwischen verschlechterte sich die soziale Lage der Beamten besonders auf dem flachen Land weiter; durch die Staatsanleihe von 1854 wurde auch das Vermögen der höheren Beamten empfindlich angegriffen. Ein Bericht aus dem Prager Kreis entwarf am Ende des Jahres 1854 ein düsteres Bild vom Verfall des Sozialprestiges der Beamten: „Der landesfürstliche Beamte muß demnach auf jede gesellschaftliche Stellung verzichten. (...) Es sind mir hierbezirks zahlreiche Fälle bekannt, wo sich zahlreiche Beamtenfamilien ohne Dienstboten behelfen müssen, in welchem die Töchter vom Hause die niedrigsten und gröbsten Arbeiten verrichten müssen. Andere Beamte sehen sich genötigt, ihre Kinder wegen Mangel der nötigen Subsistenzmittel aus den Studien zu reißen und sind dann in der größten Verlegenheit, was sie mit ihren Söhnen beginnen sollen, weil sie nicht die nötigen Mittel besitzen, um das Lehrgeld zur Erlernung eines Handwerks für ihre Söhne zu bezahlen. Daß derart das Ansehen eines landesfürstlichen Beamten immer mehr und mehr im Sinken begriffen ist, ist eine Tatsache, die sich leider nicht leugnen läßt, wie auch daß in dieser Beziehung der auf dem Lande stationierte Beamte viel schlimmer daran ist, als der in der Hauptstadt bedienstete, indem ersterer am Lande weder einen erlaubten Nebenerwerb anhoffen kann und jeder Unterstützung von Freunden entbehrt"[25].

Unter dem Eindruck der Verschlechterung der bürgerlichen Stellung vollzog sich ein Wandel der Mentalität des Beamtentums: war man zu Beginn des Jahrzehnts voller zuversichtlichen Reformgeistes angetreten, so wurde jetzt Fatalismus gleichsam zur *Voraussetzung* der bürokratischen Tätigkeit. In einer bezeichnenden Formulierung heißt es einmal, daß „der Beamte der vollen Resignation bedarf, um nicht ganz entmutigt zu werden." Von der „achtunggebietenden" Stellung des Beamten konnte keine Rede mehr sein, die Haltung der bürgerlichen Gesellschaft

---

[23] SÚA, PM 8/1/12 Nr. 460 pr. Mecséry an Bach/Kempen 31. 12. 1853.

[24] HHSTA, MCZ 48/1854 Min. Konf. v. 3. 1. 1854. — Der Justizminister Krauß hatte die Sprache auf die wirtschaftliche Lage der niederen Beamten gebracht, die sich „in bitterster Not befinden, und kaum ihr Leben erhalten können." Krauß mahnte eindringlich: „Dem Allgemeinen werde durch einen solchen Zustand sehr geschadet, weil der Beamtenstand ein Ehrenstand, ein geachteter Stand sein soll, was er aber nicht sein kann, wenn die notwendigsten Bedürfnisse von ihm nicht gedeckt werden können."

[25] SÚA, PM 8/1/19:2 Nr. 225 pr. K. A. Böhm. Leipa an Mecséry, 21. 12. 1854. — Der Prager Kreispräsident Obentraut berichtete am 3. 1. 1855: „Manchen Beamten fehlen selbst die Mittel, um ihre Söhne bei einem Handwerker gegen Zahlung in die Lehre geben zu können. (...) Wo es vor den Augen des arbeitenden Vaters finster wird beim Anblick auf das künftige Unterkommen seiner Kinder, da muß endlich Unmut sich einfinden und den besten Willen lähmen ..." (SÚA, PM 8/1/19:2 Nr. 15173 Obentraut an Mecséry).

gegenüber den schlecht besoldeten Beamten war nur vom Mitleid bestimmt[26]. Endlich, im Dezember 1855, gewährte die Regierung den unteren Einkommensklassen eine kleine Teuerungszulage. *Bach* hatte seine Ansichten modifiziert und (nach einem Fehlschlag im Juni[27]) am Schluß des Jahres im Ministerrat die Zustimmung zu einer geringen provisorischen Gehaltserhöhung erhalten[28].

Am Verfall des Selbstbewußtseins der Beamten änderte die bescheidene Verbesserung wenig[29]. 1856 schrieb der Kreishauptmann von Jungbunzlau melancholisch an den Statthalter, die Zeit, wo Beamtengehälter für den Lebensunterhalt ausreichten, werde wohl nie wiederkommen[30].

---

[26] Mecséry berichtete am 17. 1. 1855 an Bach/Kempen über die niederen Beamten, die „oft von Krankheits- und unverschuldeten Unglücksfällen heimgesucht" seien, und „ihren Kindern nicht einmal die erforderliche Pflege, nicht die einfachste Erziehung zur Begründung deren selbständiger Existenz geben" könnten: „Die allgemeine Teilnahme in dieser Beziehung ist groß und vielseitig. Selbst in der Klasse des Bürger-, Handels- und Gewerbestandes ist der Wunsch laut geworden, daß den dürftigen, gering besoldeten Beamten, namentlich den Familienvätern Teuerungsbeiträge verabreicht werden möchten." (SÚA, PM 8/1/19:2 Nr. 682).

[27] Die Verhandlung im Ministerrat über den Antrag Bachs ist deshalb aufschlußreich, weil sie zeigt, wie hoch der Anteil der niedrig Besoldeten in der österreichischen Bürokratie war: im Jahresetat der Personalkosten entfielen auf die Gehaltsklassen von

150 — 500 fl	9.600.000 fl	Behördendiener:	
600 — 1000 fl	15.000.000 fl	60 — 500 fl	5.000.000 fl
1100 — 1500 fl	5.000.000 fl	550 — 900 fl	100.000 fl
1600 — 2000 fl	3.000.000 fl	Finanzwache insg.	4.000.000 fl
6000 u. höher	700.000 fl		

Angesichts dieser Zahlen erklärte sich der Finanzminister außerstande, etwas für die Beamten zu tun, da selbst geringe Verbesserungen á 10 bis 20 % mindestens 4,5 Mill. fl erfordert hätten (HHSTA MCZ 1669/1855 Min. Konf. v. 2. 6. 1855).

[28] Die Ministerkonferenz einigte sich auf eine Gehaltserhöhung von
15 % für die Beamten mit einem Jahresverdienst von 400 fl
10 % für die Beamten mit einem Jahresverdienst von 400—600 fl
5 % und Einkommenssteuererlaß (also insg. 7 %) Jahresverdienst von 600—1000 fl
Der Etat wurde dadurch mit 1,7 Mill. fl belastet. Der Kaiser genehmigte die Vorschläge der Ministerkonferenz allerdings nicht, sondern verfügte nur eine Verbesserung der Bezüge der Gehaltsklassen bis 800 fl:
Und zwar erhielten die Beamten bis 400 fl Jahresg. 15 %
die Beamten bis 800 fl Jahresg. 10 %
(HHSTA, MCZ 3946/1855, Min. Konf. v. 11. 12. 1855 und MCZ 4063/1855. Min. Konf. v. 22. 12. 1855). Die ganze Tragweite dieses Feilschens um geringe Beträge ermißt man erst, wenn man damit den stets unbeschnittenen, weil der Verfügung des Kaisers unterstehenden Militärhaushalt Österreichs vergleicht, der von 61.200.000 fl im Jahre 1846 auf 123.330.000 fl im Jahre 1856 gestiegen war. Das war die reguläre Summe ohne den außerordentlichen Militäretat, der wegen des Krimkrieges erforderlich wurde (Die österreichischen Finanzen. Grenzboten 1859/IV, 183).

[29] Treffend schrieb darüber der Kreishauptmann von Saaz am 31. 12. 1855, die Regierung müsse endlich einsehen, daß „in dieser Richtung nicht vorübergehend mit einer Geldaushilfe, sondern bleibend durch eine den gegenwärtigen Zeitverhältnissen angemessene Gehaltsregulierung abzuhelfen wäre, weil nicht die Aussicht auf Übung eines Gnadenaktes, sondern die gesicherte Subsistenz allein die physische und intellektuelle Kraft des Beamten aufrecht zu erhalten und ihm die notwendige, achtunggebietende Stellung zu schaffen vermag." (SÚA, PM 8/1/19:2 Nr. 1237 pr.).

[30] SÚA, PM 8/1/19:2 Nr. 5063 K.A. Jungbunzlau an Mecséry, 20. 4. 1856.

Es liegt auf der Hand, daß eine derart ungünstige ökonomische Lage der Repräsentanten des Systems nicht ohne negative Auswirkungen auf das Prestige des Staates bleiben konnte. Das Beamtentum, das die Zukunftsträchtigkeit der übernationalen Reichsidee persönlich hätte ausstrahlen sollen[31], war nicht in der Lage, als attraktives Beispiel zu wirken. Für die gesellschaftlich aufstrebenden Gruppen konnte der Staatsdienst bald nach 1850 nicht mehr jene Anziehungskraft ausüben, die er vor der Revolution noch gehabt hatte[32], der Aufstieg der technologisch-kommerziellen Berufe tat dazu das Seine[33]. Die junge Generation von tschechischen Beamten, die durch die 1848er Revolution mit liberalem und nationalem Gedankengut infiziert worden war, germanisierte sich in weit geringerem Maße als die Beamten vor dem Revolutionsjahr, schon deshalb, weil der Staatsdienst nun de facto das schnelle Aufrücken in die soziale Oberschicht nicht mehr erlaubte. Das für die spätere böhmische Geschichte typische Phänomen, daß sich tschechische Beamte ihr Bewußtsein in ein „kaiserliches" im Amt und ein nationales im Privatleben zu teilen verstanden[34], datiert wesentlich aus den 50er Jahren. — „Obgleich

---

[31] Daß dazu am Beginn des Jahrzehnts echte Chancen bestanden, betont ausdrücklich eine gegenüber dem Neoabsolutismus sehr kritische Schrift, die 1861 anonym in Wien erschienen ist. In der Broschüre „Das Beamtentum in Österreich. Eine sozialpolitische Schrift" heißt es auf S. 5 f.: „Es war allenthalben eine freudige, hoffnungsreiche Tätigkeit, die sich auch — durch h ä u f i g e E i n g e h u n g v o n E h e n äußerte. (...) Alles heiratete und bunt genug mischten sich Nationen und Religionen und politische Faktionen, so daß man zu der Hoffnung berechtigt schien, alle diese feindlichen Unterschiede würden in einigen Jahren, bis „ d i e K l e i n e n " miteinander in die Schule gingen, verschwunden und ausgeglichen sein."
[32] Den ganzen Unterschied gegen die Zeit vor 1848 ermißt man angesichts einer Schilderung der vormärzlichen Stellung des Beamten: „Tief wurzelte in den Völkern Österreichs die Ehrfurcht vor dem kaiserlichen Namen, und als Ausfluß desselben vor der Beamtenmacht. Man sagte nie: „der ist ein S t a a t s - beamte, sondern „ein k a i s e r l i c h e r Beamte"; so wie man sich selbst nicht „ S t a a t s b ü r g e r ", sondern „ U n t e r t a n " nannte, und auch nur so von oben genannt wurde. Es war eine goldene Zeit, diese papierene, für die Lenker unserer Geschicke. Sie erkannten es aber auch und hingen mit Leib und Seele an ihrem Amte. Dieses trug meistens wenig ein, forderte Anstrengungen und Opfer, führte manchen Konflikt des Gefühls mit der Pflicht herbei, die Beförderung ging langsam — und doch bestand und überwand man alles freudig; denn man war ein angesehener Mann im kleinsten Wirkungskreise, man konnte nützen und schaden, und hatte ein, wenn noch so bescheidenes, doch g e s i c h e r t e s Einkommen, und ein noch immer genügendes Auslangen für die alten Tage. Gerne gab der wohlhabende Bürger seine Tochter einem armen Praktikanten oder minderen Beamten, denn er hatte sein „ s i c h e r e s k a i s e r - l i c h e s B r o t ", und nach Jahren, wenn die Bedürfnisse wuchsen, wuchs auch sein Gehalt, und dieses erschien noch immer besser als das den Fluktuationen des Handels und Gewerbes unterworfene, wenn auch bedeutendere eines Schwiegersohnes aus den industriellen oder kommerziellen Kreisen. (...) Kein Wunder, daß der Beamte seine Söhne wieder für dieselbe Laufbahn erzog, und sogar der Bauer und Bürger für seine Kinder die gleichen Wünsche verfolgte. Alles drängte sich zu den Pforten des Bureauhimmels. (...) So war es bis zum Jahre 1848, und hat sich seitdem in einiger Beziehung sehr geändert." (Das Beamtentum in Österreich 3 f.).
[33] S. oben 69 f.
[34] Aus naheliegenden Gründen sind die Quellen für diese Frage sehr dürftig: das offene Eintreten für die tschechische Nationalidee war der Karriere ja außerordentlich hinderlich. Verschiedene Hinweise auf die Doppelhaltung hauptsächlich von jüngeren bzw. niederen Beamten finden sich unter SÚA, PM 1850—54 1/10/6 (Zuverlässigkeitsbeurteilungen).

oft Tscheche von Geburt", schrieb Jan Palacký 1860 über den böhmischen Beamten, „muß er doch stets den Deutschen spielen, um Karriere zu machen, und nur im Verborgenen macht er manchmal seinem Herzen Luft."[35] Die Loyalität zu beiden Bezugssystemen mochte schwankend sein, solange die Entscheidung weder zugunsten tschechisch-nationaler Ziele noch für die Reichseinheit endgültig gefallen war. Indes war es für den Staat nicht mehr rückgängig zu machen, daß in seinem innersten Gerüst sich nationale Spaltungen einstellten. Die mühelose Weiterführung der böhmischen Verwaltung durch eine nunmehr eindeutig tschechisch-nationale Bürokratie nach dem Zusammenbruch von 1918 zeigt, wie weit dieser Prozeß in der 2. Hälfte des 19. Jahrhunderts fortgeschritten war.

---

[35] Jan P a l a c k ý : Böhmische Skizzen 78.

12. DAS BÖHMISCHE HANDWERK UM DIE MITTE DES JAHRHUNDERTS UND DIE ANFÄNGE DES KLEINBÜRGERLICHEN NATIONALISMUS

Für die Darstellung der sozialen und nationalen Dynamik Böhmens nach der Jahrhundertmitte ist ein Blick auf die Lage des Handwerks vor allem deshalb wichtig, weil die Angehörigen des handwerklichen Mittelstandes um 1850 überwiegend dem tschechischsprachigen Teil der Bevölkerung angehörten[1].

Analog zur Entwicklung in Mitteleuropa[2] vollzog sich auch in Böhmen im 19. Jahrhundert die Zurückdrängung der handwerksmäßigen Organisation der Produktion durch die kapitalistische Verfahrensweise[3]. Dieser Prozeß, in welchem das Handwerk nicht plötzlich vernichtet, sondern seine Struktur durch den Kapitalismus allmählich angefressen und durchlöchert wurde[4], setzte in Böhmen besonders vehement nach dem Umschwung nach 1848 ein. Denn die Öffnung des österreichischen Marktes für die westeuropäische Industrie bewirkte neben der erhöhten Konkurrenz auch eine rasche Leistungssteigerung der einheimischen Industrie und schwächte dadurch indirekt die Stellung der handwerklichen Produktion[5]. In der Montan- und Textilproduktion war diese Entwicklung bis zum Ende

---

[1] Bei aller Reserve gegenüber den Pauschalurteilen Jan P a l a c k ý s in den „Böhmischen Skizzen" trifft die Feststellung, es gebe „sehr wenige Deutsche im Gewerbestand und im Volk überhaupt" (S. 32), für die inneren Gebiete wohl ziemlich genau die Verhältnisse.

[2] Vgl. T r e u e : Wirtschaftsgeschichte 352 ff. m. Lit. — Vorzüglich auch jetzt noch S o m b a r t : Die deutsche Volkswirtschaft 279 ff.

[3] Zur Entwicklung in Österreich vgl. E. S c h w i e d l a n d : Kleingewerbe und Hausindustrie in Österreich. Bd. 1. Leipzig 1894. — W a e n t i g : Gewerbliche Mittelstandspolitik. — R e s c h a u e r : Kampf.

[4] S c h w i e d l a n d : Kleingewerbe 87. — Diese Entwicklung ist begreiflicherweise statistisch schwer darzustellen, da ja (wie es z.B. B r a f — vgl. u. 149 Anm. 12 — am Beispiel der nordböhmischen Lohnweberei gezeigt hat) überwiegend die handwerklichen P r o d u k t i o n s v e r f a h r e n noch lange erhalten blieben, während der nominell selbständige Handwerksbetrieb längst in seiner ö k o n o m i s c h - f i n a n z i e l l e n Organisation durch die Abhängigkeit vom Leihkapital restlos ein Teil des modernen kapitalistischen Wirtschaftssystems geworden war. S o m b a r t hat auf diesen Umstand hingewiesen (a.a.O. 286 ff.) und die älteren statistischen Materialien daher für ziemlich unverwendbar erklärt. Nur bei Gewerben, die auf eine Umwandlung in moderne Fabrikationsbetriebe hintendierten, läßt sich an der zahlenmäßigen Entwicklung auch in Umrissen ein Bild der Entwicklung des selbständigen Handwerks zeichnen. Vgl. dazu die Zahlenbeispiele im Anhang 342. — S c h w i e d l a n d , ein intimer Kenner der Entwicklung des Handwerks in Österreich in der zweiten Hälfte des Jahrhunderts, spricht vom „Leichenfeld des Kleingewerbes" (S. 126) nach der Mitte des Jahrhunderts.

[5] Ebenda 203. — Sacher-Masoch berichtete am 1. 7. 1853 über die Auswirkungen des Zollvertrages mit Deutschland, die neue Konkurrenz sei der Art, daß ihr „nur die befähigtsten und betriebsamsten Erzeuger des Inlandes die Spitze bieten können. Der minder intelligente Gewerbsmann muß unter den Folgen dieser ausgebreiteten Bestrebungen der

des Jahrzehnts praktisch abgeschlossen[6]; im industriell fortgeschrittenen Nordböhmen war in den 50er Jahren nur mehr ein kleiner Teil der Bevölkerung handwerklich-zünftisch organisiert[7]. Hier hatte die Übermacht des mobilen Kapitals in den freien Gewerben und der Fabriksgroßindustrie zusammen mit der technischen Revolution das Handwerk schon lange dezimiert[8], deklassiert und die Aufstiegschancen der Gesellen blockiert; das Verhältnis zwischen der Zahl der Meister und der Gesellen schloß einen sozialen Aufstieg weitgehend aus[9]. Die ökonomische Basis des städtischen Mittelstandes verfiel in Nordböhmen zusehens, mit wenigen Ausnahmen waren die Gemeinden finanziell weit schwächer als früher gestellt. Die wirtschaftliche Initiative war dem handwerklichen Bürgertum aus der Hand geglitten und auf das mobile Kapital übergegangen[10]. Die Unternehmer ihrerseits gehörten zumeist nicht dem städtischen Sozialverband der nordböhmischen Gemeinden an, ihre Betriebe lagen auf dem Land bzw. im Gebirge, ihr kommerzieller Sitz war in Wien oder Prag[11]. Ein gesellschaftliches Indiz für den miserablen Status des Mittelstandes war die geringe Ausbildung einer freien Intelligenz (Künstler, Gelehrte) und der kulturelle Provinzialismus Nordböhmens[12]. Damit korrespondierte der Verfall der sozialen Initiative und des Ge-

---

ihm weit überlegenen Industriemänner des Auslandes zu Grunde gehen." Die preußische Industrie habe sofort nach Bekanntwerden der Zolleinigung eine große Anzahl von Agenten nach Böhmen geschickt (PM 8/1/12 Nr. 2885 p.p.). — Anton Springer schrieb 1855 über das österreichische Handwerk: „Beinahe jedes Jahr wird eine andere Industrie dem Handwerksbetriebe und der Handarbeit entzogen und der Fabrikstätigkeit, der Maschinenarbeit überliefert. Handwerker, die sich ziemlich sicher fühlten, wie die Schuster, sehen mit Staunen die Eingriffe der Fabriksindustrie auch in ihre Kreise und werden immer verzagter, immer elender. Der ungeheure Bedarf der Armee an Schuhwerk wird gegenwärtig fast ausschließlich durch Maschinen geliefert, auch die Einführung solcher für die Anfertigung von Monturen steht bevor. (...) So sind fast alle Handwerke aus ihrer gesicherten Position gedrängt und dem Untergange überliefert." (A. S p r i n g e r : Die österreichische Monarchie in Bezug auf ihre materiellen und ökonomischen Verhältnisse. Gegenwart 9 (1855), S. 860).

[6] S. unten 148 ff.
[7] P i s l i n g : Nationalökonomische Briefe 68 ff.
[8] Albin B r a f : Studien über nordböhmische Arbeiterverhältnisse. Prag 1881, S. 130 bis 132. Die Statistik der inkorporierten Meister der bis 1859 zünftisch organisierten Reichenberger Tuchmacherei gibt den Trend der Epoche wieder:

Jahr	Inkorporierte Meister	davon selbständig	Handstühle	Kraftstühle
1852	1.320	740	2.100	40
1860	1.260	450	2.600	90

(B r a f : Studien 130)
[9] P i s l i n g : Nationalökonomische Briefe 72.
[10] Ebenda 7. — P i s l i n g nannte als Ausnahme nur den aktiven Mittelstand von Rumburg, Reichenberg, Gablonz und Böhm.-Leipa. Ansonsten herrsche „hier derselbe Notstand wie unter den Industriearbeitern auf dem Lande, in den Dörfern. Sie nagen alle an dem großen Hungertuche, das über die Dörfer, die Märkte und Sädte ausgebreitet." (a.a.O. 7) P i s l i n g fuhr fort: „... die Lage dieses Bürgertums verschlechtert sich von Tag zu Tag, weil ringsumher alles fortschreitet." (a.a.O. 8).
[11] Ebenda 8.
[12] Ebenda 9. — P i s l i n g weist auf den desolaten Bildungsstand der zünftisch organisierten Bevölkerung Nordböhmens hin: man halte keine überregionalen Zeitungen, der kulturelle Kontakt nach Deutschland bzw. Wien sei ganz gering (ebenda 68 ff.).

meinschaftsgefühls, Resultat der „Vereinzelung" des Interesses durch den Hochliberalismus[13].

Auch in den anderen Teilen Böhmens, die nicht gleichen Schritt in der Industrialisierung hielten, war das Handwerk vielfach in Abhängigkeit vom Kapital geraten[14] und hatte damit, bei Aufrechterhaltung des äußeren Anscheins, den Charakter einer lebensfähigen ökonomischen Organisation verloren[15]. Die Versuche, die soziale Position der Meister zu halten, führten zu einer Erschwerung der Aufstiegswege für die Gesellen[16] und zur Zerstörung der zünftischen Solidarität von Meistern und Gesellen; diese sahen sich in zunehmendem Maße auf den Status eines lebenslangen Lohnarbeiters[17] beschränkt. Die Reibungen zwischen Lehrlingen und Gesellen einerseits und Meistern andererseits, die aus diesen Voraussetzungen resultierten, veranlaßten das Handwerk mehrmals, die Behörde zur Hilfe zu rufen[18]. Neben der abnehmenden Fähigkeit, als Ordnungsfaktor im Kleingewerbe zu wirken, machte sich bei den Zünften auch der Verfall der sozialen Schutzfunktion bemerkbar: das Schwinden der Kapitalkraft ließ die Ver-

---

[13] Ebenda 8: „Gemeinnützige Anstalten ... können nicht entstehen, weil es am Assoziationsgeiste fehlt, der Bürger hält wieder eine solche Verbrüderung für die Störung seiner bürgerpflichtgemäßen Ruhe ...".

[11] Bericht der Handelskammer in Eger ... im Jahre 1851. Eger 1852, S. 6: „Not und Elend treibt den Gewerbetreibenden dann nicht selten in die Arme von Spekulanten, wodurch der Gewerbestand der Geldmacht preisgegeben und ein ungleicher Kampf hervorgerufen wird, in dem der einzeln dastehende Handwerker unterliegen muß."
Emanuel Z d e k a u e r (s. unten 125 f.) beschrieb 1849 das Handwerkerdasein: „Trotz allen Fleißes und aller Anstrengung kommt er nicht vorwärts; hat er früher als Gesell für den Meister gearbeitet, so arbeitet er später, wenn er durch sauren Schweiß und vieljährige Mühe sich die nötige Summe erworben, die das Bürger- und Meisterrecht kostet, und nun, ohne die erforderlichen Kapitalien in Händen zu haben, so den selbständigen Betrieb beginnt, für den Wucherer." (E. Z d e k a u e r : Über die Organisation von Handwerker- und Gewerbevereinen. Prag 1849, S. 11).

[15] „Der immer größere Verfall des Handwerks zieht natürlich die wohlhabenden Klassen von demselben ab und macht es zu einer immer selteneren Erscheinung, daß Leute, die im Besitze eines größeren Betriebskapitales und einer tüchtigen Bildung sind, dem Handwerk sich zuwenden. Der Handwerkerstand verfällt darum mit Macht dem Proletariat und hat seine alte Selbständigkeit fast ganz verloren." (S p r i n g e r : Die österreichische Monarchie 861). — Aufschlußreich ist auch das Beispiel der Tuchmacherstadt Humpoletz (Ostböhmen), die während der 50er Jahre einen raschen ökonomischen Abstieg erlebte. 1856, anläßlich der Versuche der Statthalterei, Bezirkssparkassen zu errichten, meldete der Bezirkshauptmann von Humpoletz, Bedarf sei zwar vorhanden, aber die Handwerkerstadt sei völlig verarmt und daher nicht in der Lage, den Grundstock für ein Kreditinstitut zu schaffen (SÚA, PM 1855—59, 1/10/20 B.A. Humpoletz an K.A. Časlau, 18. 9. 1856).

[16] Der Bericht der Handelskammer Prag für 1851 bemerkt, daß es im Handwerk faktisch keinen „natürlichen" Aufstiegsweg mehr gebe. (a.a.O. 31).

[17] Auch in den Löhnen waren die Handwerksgesellen den Fabrikarbeitern in etwa gleichgestellt. Im Durchschnitt (wobei sehr große Schwankungen zu berücksichtigen sind) erhielt z.B. im Prager Kreis ein Fabrikarbeiter 40 Kreuzer Taglohn, ein Geselle 36 Kreuzer. (Verhandlungen Handelskammer Prag 48). — Vgl. auch P u r š : The Situation 162 f.

[18] Verhandlungen Handelskammer Prag 44.

sorgungseinrichtungen verkümmern[19] und heizte zudem den innerzünftischen Streit um die Verwendung der Gemeinschaftsfinanzen an[20].

Die Expansion des Binnenmarktes und der Fortschritt der Verkehrsmittel zwangen nun auch dem Handwerk die Konkurrenzbedingungen eines modernen Marktes auf. Das Kleingewerbe der Landstädte sah sich dem Vergleich mit der Produktion der Hauptstädte ausgesetzt[21]. Die Teuerung[22] und die verschiedenen Konjunkturkrisen der 50er Jahre samt der Weltwirtschaftskrise trafen das Kleingewerbe besonders hart[23]. Die Folge alles dessen war schon in den 50er Jahren fortschreitende Proletarisierung[24] ehemals kleinbürgerlicher Handwerkerfamilien, auf dem Lande ebenso wie in Prag, wo nicht alle Gewerbe gleichmäßig von der industriellen Expansion Mittelböhmens profitierten: Das Nahrungsmittelgewerbe konnte seine Stellung halten und z. T. sogar zur Manufaktur- und Fabrikorganisation ausbauen[25]. Die Industriezulieferbetriebe besonders der Prager Region nah-

---

[19] P i s l i n g : Nationalökonomische Briefe 71 ff. — Bericht der Handels- und Gewerbekammer zu Reichenberg ... für 1852. Reichenberg 1853, S. 11.

[20] S. unten 304.

[21] Jahresbericht der Handelskammer Budweis ... für 1852, S. 30.

[22] Der Kreispräsident von Eger, Graf Rothkirch berichtete am 26. 8. 1852 an Mecséry über die Wirkung der Inflation auf den Mittelstand: „Die Teuerung der Lebensmittel, die trotz der günstigen Ernte nicht weichen will, begünstigt den Produzenten gegenüber dem Konsumenten; der kleine Gewerbestand ist dadurch sehr gedrückt und vielfache Steuerexekutionen liefern den Beleg, daß demselben die Steuerlast oft unerschwinglich ist." (SÚA, PM 8/1/12 Nr. 9581).

[23] In der Mitte des Jahrzehnts, auf dem Höhepunkt der durch den Krimkrieg verursachten Teildepression der böhmischen Wirtschaft, meldete ein konfidentieller Bericht, das Prager Kleingewerbe habe den Betrieb schon vollkommen eingestellt und habe nichts mehr zu verlieren; man wünsche sich entweder den Kriegseintritt Österreichs, der wenigstens die Staatsausgaben ankurbeln werde, oder klammere sich an die vage Hoffnung, der Kaiser werde in Prag heiraten und dadurch den städtischen Luxus- und Verbrauchsgütergewerben zu Aufträgen verhelfen (SÚA, PPT 1854/28).

[24] Daß „Proletarisierung" eindeutig die Verdrängung aus dem Koordinatensystem der bürgerlichen Gesellschaft samt allen demütigenden Folgen bedeutete, läßt sich sehr beispielhaft an einem Schreiben des Statthalters Mecséry an den damaligen österreichischen Innenminister Graf Stadion vom 14. 2. 1849 exemplifizieren, in welchem das deklassierte Handwerk (neben anderen Gruppen) a priori zu einem staatsgefährlichen Unsicherheitsfaktor erklärt wurde. Mecséry forderte die schleunige Errichtung einer Gendarmerie: „Der gegenwärtige Zeitpunkt, wo ... die rasch zunehmende Verarbeitung der in ihrem Erwerbe herabkommenden gewerbetreibenden ... Klassen ... sich so gefahrdrohend für Ordnung und Sicherheit gestaltet, scheint mir für die dringende Erwägung einer solchen Maßregel laut zu sprechen." (SÚA, PG 46—49, 2/28). — Aus dem Reservoir des deklassierten Handwerks kam dann u. a. die „industrielle Reservearmee" der 50er Jahre, d. h. die große Zahl der arbeitslos und ziellos herumziehenden Gelegenheits- und Saisonarbeiter. Ein Stimmungsbericht vom 2. 7. 1852 aus Eger berichtete vom Herumziehen vieler Erwerbsloser, „namentlich aus dem Stande der durch die Zeitverhältnisse gedrückten Gewerbe." (SÚA, PM 8/1/12 Nr. 7453 K.A. Eger an Mecséry).

[25] Přehled československých dějin II/1, 201. — Symptomatisch sind z. B. die hohen Löhne im Brauereigewerbe; ein Geselle bzw. Facharbeiter verdiente während der 50er Jahre 18—20 fl Monatslohn (Bürgerliches Bräuhaus in Pilsen 1842—1892. Pilsen 1892, S. 126). — Vgl. die Einkommenstabelle im Anhang 343. Zum Aufstieg der Nahrungsmittelindustrie s. unten 154 ff.

men teilweise selbst den Charakter von Industriebetrieben an (Kupferschmiede, Schlosser etc.[26]). Hingegen stagnierte z. B. das städtische Baugewerbe lange Zeit, weil das Kapital anstelle der Investition in Immobilien die Industrie bevorzugte[27]. Dem Einfluß der Deklassierungserscheinungen suchten sich einzelne Meister auf Kosten der anderen durch rücksichtslosen Egoismus zu entziehen[28]. In einem konfidentiellen Bericht über die Lage des handwerklichen Mittelstandes aus dem Jahr 1853 war die soziale Desorganisation auf eine knappe Formel gebracht: „Brotneid, der Hang zur Bevorteilung, zu unerlaubtem Gewinn und Betrug und indifferente religiöse Gesinnung"[29] seien die Hauptmerkmale kleinstädtischen Lebens. Die Krise der handwerklichen Welt kam auch in der rückläufigen Bevölkerungsbewegung zum Ausdruck: die Zahl der Heiraten nahm während der 50er Jahre in den Mittelschichten der kleinstädtischen Bevölkerung auffallend ab[30]. Unter dem Kleingewerbe machte sich tiefer Pessimismus über die Zukunftsaussichten des Handwerks breit[31]. Für den Niedergang der zünftischen Gewerbe machte das Kleinbürgertum vor allem den behördlichen Liberalismus bei der Konzessionserteilung verantwortlich, durch den der Zunftzwang praktisch alle bindende Wirkung verloren hatte[32]. Der Widerstand der handwerklich organi-

---

[26] Bericht der Handelskammer in Prag ... für 1851, S. 47. — Die Kupferschmiede gehörten mit 2 fl Tageslohn in den 50er Jahren zu den bestverdienenden Handwerksgesellen.

[27] Verhandlungen Handelskammer Prag 407. — Die Handelskammer wies darauf hin, daß die vielfältigen Branchen des Baugewerbes die Basis des städtischen Handwerks bildeten, und daß die Stagnation auf diesem Sektor der Grund dafür sei, daß die „Verarmung ... in dem einst wohlhabenden Mittelstande in bedauerlicher Weise überhandgenommen" habe und noch weiter um sich greife.

[28] Der „Týdeník pražské mistrovské porady" [Wochenblatt des Prager Meisterkollegiums] versuchte gegen den kleinlichen Egoismus und die gegenseitige Verteufelung anzugehen, vermittels welcher jeder den Aufstieg des andern neidisch zu hintertreiben versuchte: „Es sollte bei allen unseren Handwerkern die tiefe Überzeugung Wurzel fassen, daß die Verdienste eines einzelnen Handwerks für das ganze Gewerbe günstigen Kredit und Vertrauen einbringen, und daß ihr Segen früher oder später allen Handwerkern zugute kommt..." (a.a.O. 1852, Nr. 2, S. 1).

[29] SÚA, PM 1/7/31 K.A. Pilsen an Mecséry, 20. 5. 1853. — Auch Jan P a l a c k ý entwarf ein negatives Bild von der Verfassung des Kleinbürgertums der Landstädte; es sei „feig, kriecherisch, falsch, philiströs ..." (Böhmische Skizzen 61).

[30] K á r n í k o v á : Vývoj obyvatelstva 127.

[31] Der „Týdeník pražské mistrovské porady", 1852, Nr. 11 gab Zuschriften aus den tschechischen Landstädten Raum, in denen sich der Fatalismus des Kleingewerbes kundtat; der Tenor ist Entmutigung, Gleichgültigkeit und Mißtrauen. — Auch die steigende Auswanderungsbewegung der 50er Jahre, die fast ausschließlich von Handwerkern und Bauern getragen wurde, spiegelt den starken Vertrauensverlust des handwerklichen Mittelstandes in die Zukunft innerhalb Böhmens (Vgl. dazu K u t n a r : Vystěhovalectví 8 f.).

[32] Týdeník ... 1852, Nr. 11, beklagt sich darüber, daß in jedem Dorf Handwerker seien, die nichts gelernt hätten, dennoch aber von den Behörden Bewilligungen zum selbständigen Betrieb des Gewerbes bekämen; die ordentlichen Meister würden durch die Masse der Unfähigen erdrückt. (a.a.O. S. 50). — Ein etwa zur gleichen Zeit verfaßter amtlicher Bericht gab indes die Schuld an der Handwerksmisere dem Mittelstand selbst und rügte mangelnde Initiative: „Der Handwerksbetrieb in den Städten läßt viel zu wünschen übrig. Von der Schule aus hat selten ein junger Mensch die notwendigen Kenntnisse mitgebracht, seine Lehr- und Wanderjahre hat er meist nur in der nächsten Umgebung zu-

sierten Gemeinden gegen diese Tendenz der Gewerbepolitik des neoabsoluten Staates[33] blieb freilich ganz erfolglos, weil die Generallinie der Wirtschaftspolitik des Systems aus politischen Gründen auf eine vollständige Liberalisierung hintendierte[34].

Die Gegenbewegung des Handwerks gegen den Druck der wirtschaftlichen Entwicklung äußerte sich erstmals lautstark im Revolutionsjahr 1848 zu Wort. Während einer Versammlung von 1800 Handwerkern am 23. 5. 1848 wurde auf Initiative des Prager Bürgers Emmanuel *Zdekauer* der Verein des „Prager Meisterkollegiums" gegründet. Zdekauer stammte aus dem deutschen Prager Besitzbürgertum und war ein naher Verwandter der betont regierungstreuen Großbankiers Friedrich und Karl Zdekauer[35]. Finanziell selbst minder erfolgreich[36], wandte sich

---

gebracht, also eine höhere Ausbildung nicht erworben und nicht einmal angestrebt, weil er wie die übrigen Gewerbsleute nur eine ebenso mangelhafte Ausbildung genossen hat, daher es an guten Beispielen und an der Anspornung zur Nacheiferung gebricht. Sein Streben geht nur nach Selbständigkeit, und hat er diese errungen, so hört alles Ringen nach Vervollkommnung auf, er verläßt sich auf Werkführer oder Altgesellen, ja selbst der geschicktere Handwerksmann in kleinen Städten trachtet mehr nach Grundbesitz als ausgedehnterem Gewerbsbetrieb." (SÚA, PM 1850—54, 1/7/31, K.A. Pilsen an Mecséry, 20. 5. 1853).

[33] SÚA, PM 1850—54, 1/7/31, K.A. Böhm.-Leipa an Mecséry, 30. 5. 1853: „Daß aber auch der Kleingewerbestand mit vielen alten Vorurteilen und einseitigen Interessen zu kämpfen hat, zeigen die vielen Rekursverhandlungen in Gewerbssachen."

[34] S. oben 22.

[35] Zur Familie Zdekauer OSN 27 (1908) 495 f. Die Geschichte der Familie im 19. Jahrhundert zeigt, wie fließend und von Zufällen abhängig die Entstehung der nationalen Konturen in der böhmischen Gesellschaft sich abspielte. Der erste hervorragende Vertreter der Familie war Moritz Zdekauer, ein Prager Bankier, der während der napoleonischen Kriege als Finanzsachverständiger der österreichischen Regierung wirkte. Sein Sohn Friedrich war einer der maßgeblichen böhmischen Kapitalisten der Jahrhundertmitte und der Gründerzeit nach 1850. Er war als Bahngründer und Aktienvereinsinitiator unermüdlich tätig, wickelte einen Großteil der Staatsanleihe von 1854 in Böhmen ab und trat als betont regierungstreuer Mann auf; alles zusammen trug ihm 1854 die Erhebung in den Adelsstand ein. Friedrichs Bruder Karl Konstantin Zdekauer war ebenfalls Bankier. Nach einer kurzen politischen Rolle als Mitglied des „Národní výbor" 1848 wurde er 1854—61 Verwalter der Nationalbankfiliale in Prag, 1861 gründete er die Escomptebank für Böhmen. Er trat, ähnlich wie sein Bruder Friedrich, durchwegs als „schwarz-gelber" Patriot auf, war Mitglied in vielen großösterreichischen Vereinen etc. Der Cousin dieser beiden zweifellos ebenso „deutsch" wie regierungstreu gesinnten Großbürger war nun Emmanuel Zdekauer (1802—1875), einem Strang der Familie entstammend, der offenbar weniger glücklich von der Expansion des Großkapitals profitierte. Emmanuel gehörte im Vormärz zu den freisinnigen Liberalen in Böhmen, korrespondierte mit ausländischen Blättern und wirkte in den 40er Jahren als Initiator humanitärer Aktionen (Arbeiterverköstigung etc.). 1846 richtete Emmanuel Z. eine Denkschrift über die schlechte Lage des Handwerks an den böhmischen Statthalter Erzherzog Stephan. Er war einer der Mitgründer der Prager „Měšťanská beseda". 1848 wurde Emmanuel Z. in den Wenzelsbadausschuß gewählt, wenig später war er Mitglied des „Národní výbor". 1849 publizierte er die Schrift" Über die Organisierung von Handwerker- und Gewerbevereinen", in der er die Schaffung eines Netzes von Handwerkervereinen auf dem ganzen Land vorschlug. 1850 gründete Z. mit einer Lotterie die Prager Meisterkasse (s. unten 128). Vom Prager Handwerk bekam er daraufhin eine Ehrenkrone. Während die Meisterkasse wegen tschechisch-separatistischer Färbung von 1855—68

Emmanuel Zdekauer schon im Vormärz der liberalen und nationalen Bewegung zu, wobei bei der Hinwendung zur anderen Nationalität wirtschaftliche bzw. familiäre Antipathien eine Rolle gespielt haben mögen. Zdekauer hatte bereits in den 40er Jahren philantropisches Interesse an der Sanierung des Kleinhandwerks gezeigt und ein Aufklärungsprogramm aus privater Initiative gestartet, in dem vor allem die Gründung von handwerklichen Vorschußkassen propagiert wurde[37]. Neben dem national utraquistisch konzipierten Meisterkollegium entstand unter dem Eindruck der Revolution in Prag die „Řemeslnická jednota" [Handwerkerverein], die ausschließlich Angehörige des national engagierten Prager Kleinbürgertums umfaßte. Die „Řemeslnická jednota" wurde das Sprachrohr der spontanen Bewegung des Kleinhandwerks in Richtung auf eine Reaktivierung der zünftisch bestimmten Wirtschaftsordnung: ihre Forderungen waren radikal rückwärtsgewandt und liefen praktisch auf das Verlangen nach Einstellung aller kapitalistischen Produktion hinaus; die Expansion des Fabrikwesens sollte energisch gestoppt werden[38]. Diese Forderungen, in Umrissen die gleichen, wie sie das Handwerk überall in Deutschland im Verlauf der Revolution vorbrachte[39], fanden starken Widerhall in der vorwiegend kleinbürgerlichen tschechischsprachigen Gesellschaft. Als im Sommer 1848 vom Handelsministerium eine Enquete durchgeführt wurde, welche die Ansichten des böhmischen Handwerks über einen wirtschaftlichen Anschluß Österreichs an Deutschland zu Tage bringen sollte, waren die Stimmen aus den Zünften fast einhellig gegen die Verbindung mit dem industriell fortgeschrittenen Westen. Man fürchtete Deklassierung und Proletarisierung, Vernichtung des Mittelstandes durch die Konkurrenz des Fabrikwesens. Die führenden politischen Vertreter der tschechischen Bevölkerung bedienten sich nun zwar der antiwestlichen, nationalen Komponente, welche die kleinbürger-

---

unter staatlicher Verwaltung stand, ist Emmanuel Z. weiter um die Sanierung des tschechischen Handwerks bemüht gewesen; 1863 gründete die „Jednota řemeslnická" [Handwerksverein]. — Daß die Entscheidung für die eine oder die andere Nationalität im sprachlich utraquistischen Prager Bürgertum möglicherweise sehr stark von gesellschaftlichen Antipathien bzw. Sympathien abhängen konnte, die sich bisweilen sogar innerhalb der gleichen Familie an Fragen des finanziellen Glückes bzw. Unglücks der Familienmitglieder entzündeten, belegt auch die Geschichte der „Bekehrung" des Sokolgründers Fügner zur tschechischen Nationalität (s. oben 64). — Vgl. dazu auch die Ergebnisse von H r o c h s Untersuchung der sozialen Schichtung der tschechischen Nationalbewegung vor 1848; bei der Analyse der Besitzkriterien stellte sich heraus, daß sich von den reichen Schichten die relativ „Ärmeren" in besonderem Maße der nationalen Idee zuwandten (Vorkämpfer 146).

[36] Für die Prager Polizei war der unbequeme Mann während der 50er Jahre jedenfalls „ein berüchtigter Schuldenmacher und Schwindler" (SÚA, PM 1850—54 8/5/23 Sacher-Masoch an Mecséry, 29. 11. 1852).

[37] Vgl. V. U r f u s : Průmyslový liberalismus a české měšťanstvo v období národního obrození [Der Gewerbeliberalismus und das tschechische Bürgertum im Zeitalter der nationalen Wiedergeburt]. Právněhistorické studie 10 (1964), S. 17.

[38] Ebenda 24 f. — Die Prager „Řemeslnická jednota" war freilich nur der besonders auffällige Ausdruck einer alle handwerklich strukturierten Orte Böhmens umfassenden Bewegung; die Tuchmacher des Bezirkes Rychnov z. B. forderten im März 1848 die Vernichtung aller Fabriken, Verbot der Wollausfuhr etc. (U d a l c o v : Aufzeichnungen 63).

[39] Vgl. T r e u e : Wirtschaftsgeschichte Deutschlands 347.

liche Handwerksbewegung zweifellos in sich trug, um den Rückhalt für national-
politische Forderungen zu stärken; die großbürgerlichen tschechischen Politiker
dachten jedoch nicht daran, zünftisch-reaktionäre Wünsche in den Katalog ihrer
politischen Ansprüche gegenüber Wien aufzunehmen[40].

Die Ablehnung einer rückwärts gewandten Gewerbepolitik vertrat der schon im
Vormärz gegründete „Verein zur Ermunterung des Gewerbegeistes" [Průmyslová
jednota][41], der vor der Revolution das einzige Forum aller wirtschaftlich-poli-
tisch aktiven Gruppen in Böhmen, also auch der liberalen tschechisch-nationalen Intelligenz, gewesen war[42]. Das gewerbepolitische Programm des Gewerbevereins, der übrigens auch die Enquete im Sommer 1848 organisierte, zeigte das
Bemühen, zwischen den Interessen von Handwerk und Industrie zu vermitteln;
aus den Zünften sollten Selbstverwaltungsorgane ohne Prohibitivmöglichkeiten
werden[43].

Es war weniger die Attraktivität dieses Programms als die Desorganisation der
politischen Bewegung durch den Sieg der Reaktion, wodurch die Aktivität der
„Řemeslnická jednota" erlahmte; als der Versuch, die zünftisch-restaurativen
Tendenzen des ganzen Landes in Prag zu konzentrieren scheiterte, verschwand
die Vereinigung im Frühjahr 1849 von der politischen Szene.

Mit der Niederlage des Parlamentarismus im März 1849 erübrigten sich vorerst
die Bemühungen der verschiedenen wirtschaftspolitischen Lager, auf legislativem
Wege auf die Verhältnisse im Handwerk Einfluß zu nehmen. Die praktischen
Selbsthilfemaßnahmen rückten in den Vordergrund. Dabei zeigte sich freilich,
daß das politisch-nationale Engagement des Prager Handwerker-Mittelstandes im
Jahr 1848 die Unterstützungsfreudigkeit des Großbürgertums bedeutend abgekühlt hatte. So blieb z. B. ein Wohltätigkeitsfest zugunsten armer Handwerkerfamilien im Frühjahr 1849 in Prag erfolglos, weil das deutsche Prager Großbürgertum daran keinen Anteil nahm[44]. Selbst *Zdekauer* mit seinen nahen Beziehungen

---

[40] V o m á č k o v á : Die Bourgeoisie in Böhmen 234 ff. — U r f u s : Průmyslový liberalismus 22.

[41] Zur Geschichte vgl. Sto let jednoty k povzbuzení průmyslu v Čechách 1833—1933
[Hundert Jahre Verein zur Erweckung der Industrie in Böhmen]. Prag 1934.

[42] Etwas pointiert resumierte der Prager Polizeipräsident Sacher-Masoch diesen Sachverhalt in einem Brief an Mecséry am 3. 4. 1853: „In den Jahren 1846 und 1847 hatten sich
sehr viele dem Gewerbewesen ganz heterogene Elemente in den Verein einzuschleichen
gewußt. Der damalige Jahresbeitrag von 5 fl war so gering, daß es gewissen Parteiführern leicht wurde, ihr Kontingent durch die Anwerbung mehrerer Personen zu verstärken und den Verein zu dominieren. So geschah es, daß die Partei Rieger, Strohbach,
Trojan, Villani, Faster mit ihrem Anhange die eigentlichen Industriellen teils über-
stimmte, teils zum Austritte vermochte, sich aus den Sitzungen eine politisch-parlamenta-
rische Schule bildete und im März 1848 so wohl organisiert dastand, daß sie sich in ein
die politische Bewegung Prags leitendes Bürgerkomitee umwandelte, und sodann in den
das ganze Land leitenden Nationalausschuß übergehen konnte." (SÚA, PM 1850—54
8/5/9).

[43] U r f u s : Průmylový liberalismus 25.

[44] J. V o l f : Náladová zpráva policejního ředitele o pražském dělnictvu v roce 1853
[Ein Stimmungsbericht des Polizeidirektors über die Prager Arbeiterschaft im Jahre
1859]. Sborník věnovaný dějinám dělnického hnutí a socialismu 2 (1921), S. 42.

zum Prager Großbürgertum hatte nun Schwierigkeiten bei der Verwirklichung seiner Hilfsaktionen. Zdekauer bemühte sich seit dem Frühjahr 1848, die finanzielle Basis für eine Kreditanstalt des Prager Handwerks zu schaffen. Im Sommer 1849 scheiterte der Versuch, auf der Basis eines staatlichen Kredits für die Stadt Prag eine Gewerbebank zu gründen, am Einspruch des Statthalters Mecséry[45], der die bereitgestellten Mittel lieber in staatlicher Hand zum Zwecke öffentlicher Arbeitsbeschaffung reserviert sehen wollte. Schließlich gelang es Zdekauer, bis Mitte 1850 über die Lotterie eines Wiener Bankhauses die beachtliche Summe von über 140 000 fl zusammenzubringen[46]. Im selben Jahr begann die „Prager Meisterkasse" mit ihren Kreditleistungen für das Prager Handwerk[47]. Inzwischen war der Staat daran gegangen, seiner Programmatik entsprechend den wirtschaftlichen Interessen ein Forum zu eröffnen. 1850 nahmen die vom österreichischen Handelsminister *Bruck* ins Leben gerufenen Handels- u. Gewerbekammern in Böhmen ihre Arbeit auf[48]. Wahlzensus und Übergewicht des deutschen Großbürgertums in der böhmischen Wirtschaft ließen die Vertreter der handwerklichen Gewerbe freilich eine vergleichsweise bescheidene Rolle in den Kammern spielen[49]; das Kleinbürgertum mußte deshalb von der Tätigkeit der Kammern enttäuscht werden. Der vom Staat

---

[45] Zdekauer hatte bei seinem Plan die Unterstützung von „Řemeslnická jednota" und Gewerbeverein; zusammen mit einer „Vorschußbank für mittellose Gewerbsleute" sollte eine „gemeinsame Verkaufshalle" errichtet werden. Mecséry sträubte sich gegen die Überlassung einer relativ großen Summe (100 000 fl) in private Hand, und wollte die Mittel für den ursprünglich vorgesehenen Zweck der staatlichen Arbeitsbeschaffung reserviert wissen. Indes fand die Selbsthilfeidee bei Stadion Unterstützung (SÚA, PM 1850—54 8/5/23, Mecséry an Bach, 16. 11. 1853). Stadions Staatssekretär Pipitz schrieb im Mai 1849 an Mecséry, es bestehe kein Zweifel, „daß ein solches Unternehmen, wenn es zweckmäßig und mit der notwendigen Vorsicht geleitet wird, eine viel wohltätigere, nachhaltiger wirkende Verwendung des gewidmeten Betrages sichern würde, als die bisher geübte Art der individuellen Vorschußbeteiligung, bei welcher nur zu leicht dem Parteigetriebe, der persönlichen Begünstigung und den verschiedensten Unterschleifen Tür und Tor geöffnet ist, und im besten Falle ein mit dem verwendeten Betrage in keinem Verhältnisse stehender Nutzen erzielt wird..." (SÚA, PG 1846—49, 1/111). Mecséry konterte, indem er auf die schlechte Solvenz Zdekauers hinwies und erklärte, Zdekauer werde niemals die hypothekarische Deckung für sein Unternehmen finden. Stadions Ausscheiden aus dem Ministerium verwies Zdekauer wieder auf eigene Initiative.
[46] M a l ý : Znovuzrození III/84.
[47] Die Zahlenverhältnisse dokumentieren die bescheidenen Anfänge der gewerblichen Selbsthilfe: maximale Kreditleistung war 300 fl, die kleinste Summe 60 fl. Verzinst wurden die Kapitalien zu 6 %, wovon 3 % als Realzins und 3 % als Rücklage zur Abgleichung von unverschuldet ausfallenden Rückzahlungen etikettiert waren. Kreditfähig waren nur selbständige Meister (Týdeník pražské mistrovské porady 1852, Nr. 7, S. 26). Im ersten Jahr der Wirksamkeit wurden an 1509 Handwerker Kredite erteilt; insgesamt wurden 196 000 fl dem Prager Kleingewerbe zugewendet (Bericht der Handelskammer in Prag... für 1851, S. 24). Bis zum Jahre 1853 waren bereits 3209 Darlehenssuchende bevorschußt worden (Ausweis über den Vermögensstand und die Gebahrung der Vorschußkasse des Prager Meisterkollegiums vom 19. August 1850 bis 18. August 1853. Prag 1853 o. S.).
[48] Es wurden in Böhmen 5 Handelskammern errichtet, und zwar in Prag, Reichenberg, Pilsen, Eger und Budweis.
[49] H o r s k á - V r b o v á : K vzniku 264.

ausdrücklich erteilte Auftrag an die Kammern, nur im Sinne eines „Gesamtinteresses" der Wirtschaft zu sprechen[50], ließ für die Interessenvertretung des Kleingewerbes wenig Raum[51]. Sehr bald minderte sich denn auch das Interesse des Handwerks an den Kammern[52]; die zu ihrer Finanzierung geforderten Beiträge wurden vielfach verweigert[53]. In der Prager Kammer ist das Kleingewerbe in den 50er Jahren nicht hervorgetreten[54]. Ein kurzfristiges Zweckbündnis[55] zwischen Industrie und Handwerk zur Verhinderung der Öffnung des österreichischen Marktes für die westeuropäische Industrie blieb ohne Einfluß auf die österreichische Wirtschaftspolitik, so daß mangels gemeinschaftlicher Interessen weitere Kontakte unterblieben. An der Arbeit der Handelskammern nahmen während der späteren 50er Jahre nur wenige Vertreter des tschechischen Großbürgertums Anteil, wie in Prag der Lederfabrikant und spätere Bürgermeister von Prag Franz *Pštroß*[56].

Ebenso wie sich die Handelskammern als untaugliches Mittel zur Verwirklichung der mittelständischen Wünsche erwiesen, so erfüllten sich auch nicht die Hoffnungen, vom neuen Staat selbst entscheidende Hilfe beim Kampf des Handwerks

---

50 Mecséry warnte in seiner Eröffnungsansprache am 18. 11. 1850 (Prager Kammer) vor der „irrige(n) Ansicht, daß, weil die Einzelwahl aus bestimmten Klassen hervorgegangen ist, der gewählte ausschließend zur Vertretung der Sonderinteressen dieser Klasse und nicht auch zur wohlerwogenen Unterordnung derselben unter das von der ganzen Korporation zu vertretende Gesamtinteresse berufen sei." (Verhandlungen, Handelskammer Prag 2). — Vgl. zum selben Thema auch unten 282.

51 Gleichsam in Voraussicht der zu erwartenden Position der fast durchwegs deutsch-großbürgerlich besetzten Handelskammern hatte eine Adresse der Prager zünftischen Handwerker noch im Februar 1850 beim Handelsministerium darauf gedrungen, bei der Organisierung der Gewerbekammern dem Handwerk entscheidende Mitsprachefunktionen zu sichern (AAZ 1850, S. 853).

52 An der Tätigkeit der Reichenberger Handelskammer nahm das Handwerksbürgertum der tschechischen und der gemischten Bezirke von Anfang an fast keinen Anteil (Gewerbe und gewerbliche Fachschulen im nördlichen Böhmen. Offizielle Berichte der Reichenberger Handels- und Gewerbekammer (Hrsg. H. H a l l w i c h). Reichenberg 1873, S. 21).

53 Der Kreishauptmann von Pilsen berichtete am 5. 11. 1851 an Mecséry, das Handwerk verweigere vielfach die Kosten für die Handelskammern mit „animosen Bemerkungen" der Art, daß zu den vielen neuen Steuern nun noch diese trete. Man hielt eine einzige Kammer in Prag für durchaus ausreichend, „weil man sich von der absoluten Notwendigkeit oder dem materiellen Nutzen einer größeren Anzahl solcher Kammern für den Staat und den Staatsbürger bisher nicht überzeugen konnte." Ein Bericht aus demselben Kreis vom 26. 3. 1858 belegt, daß die Aversion inzwischen nicht abgenommen hatte (SÚA, PM 8/1/12 Nr. 736 praes.; — SÚA, PM 8/1/19:2 Nr. 53 pr.).

54 Das Verhältnis des tschechischen Kleinbürgertums zur Prager Handelskammer beleuchtet eine von S c h e b e k verzeichnete Äußerung aus tschechisch-nationalen Kreisen vom Frühjahr 1859: „... die Handelskammer wird, sobald wir zur Macht kommen, weggestrichen." (S c h e b e k : Dotzauer 108).

55 Franz Richter, einer der maßgeblichen Sprecher der böhmischen Industrie, „kokettierte" nach dem Zeugnis Dotzauers um 1848—51 mit den Vertretern des Handwerks, um die schutzzöllnerischen Argumente eines Teils der böhmischen Industrie in Wien gegenüber dem Handelsministerium durch den Druck des Handwerks zu verstärken (ebenda 94).

56 Ebenda 94. Pštroß wurde 1857 Vizepräsident der Prager Kammer, 1858 Präsident. Von 1859—1863 war er der erste tschechische Bürgermeister Prags.

ums Überleben zu finden[57]. Mit Ausnahme von Wohltätigkeitsaktionen in den Krisenjahren, die freilich nur in Prag in großem Stil stattfanden[58], geschah nur wenig zur Verbesserung der Lage des Kleingewerbes. Viele wohlgemeinte Vorschläge der Behörden, wie z. B. Staatsaufträge an das Handwerk[59], verbilligte Kohlelieferungen etc. betreffend[60] blieben Spekulationen, die niemals verwirklicht wurden. Wo doch etwas unternommen wurde, da krankte die Hilfe an allzu optimistischer Einschätzung der Wirkungsmöglichkeiten von Einzelunternehmungen, die an der Gesamtlage des Handwerks natürlich nichts ändern konnten. So scheiterte z. B. der Versuch mit einer Warenvorschußkasse für das Handwerk in Reichenberg, welche während der Weltwirtschaftkrise auf staatliche Initiative hin installiert wurde, an der Finanzschwäche des Handwerks[61]. Auch bei der von *Thun* unternommenen Reform des Schulwesens[62] wurde wertvolle Zeit verschenkt und die Einführung von Fortbildungskursen für das Kleingewerbe spät und nur zögernd in Angriff genommen[63].

---

[57] Über diese Erwartungen des Kleingewerbes berichtet der Jahresbericht der Handelskammer Budweis ... für 1852, S. V. — Der Bericht der Reichenberger Kammer vom Jahre 1869 stellte fest, es müsse „unbedingt als Tatsache betrachtet werden, daß seit dem Anfange des 19. Jahrhunderts ... alle auf die böhmische wie überhaupt die österreichische Industrie abzielenden Gesetze und hohen und höchsten Verordnungen mehr den Interessen der Großindustrie als denen des Kleingewerbes galten ..." (Gewerbe und gewerbliche Fachschulen 33 f.).

[58] Das im Krisenjahr 1853—54 aktive Komitee zur Linderung der Not in Prag unter dem Vorsitz des Wirtschaftsrates Tureček erfand ein Brotverteilungssystem; jeder der weniger als 500 fl Jahresverdienst hatte, hatte Anspruch auf Brotzuteilung, die Zünfte besorgten die Administration (V o l f : Náladová zpráva 47).

[59] SÚA, PM 8/1/12 o. Nr. K.A. Pilsen an Mecséry, 22. 2. 1854; — Ebenda Nr. 4746 K.A. Prag an Mecséry, 9. 4. 1852.

[60] Von den großen Plänen einer „Assoziation zur Besserung der Lage des Mittelstandes" in ganz Böhmen, blieb nichts als die Idee (SÚA, PM 8/1/12 Nr. 8383 pr. Mecséry an Bach/Kempen, 31. 10. 1852).

[61] SÚA, PM 8/1/19:2 Nr. 7656 K.A. Jungbunzlau an Mecséry, 30. 6. 1858. — Die während der Krise von 1857 gegründete Vorschußanstalt für Warenkredite in Reichenberg entwickelte sich nicht, weil die Zinsen für das mittelständische Handwerk zu hoch waren. — Ein ähnlicher Versuch war auch die Gründung eines gemeinsamen Möbelmagazins der Prager Tischlermeister. Das Unternehmen konnte sich nicht entfalten, da für den wichtigsten Zweck, nämlich für Vorschüsse auf eingelegte Waren, kein mobiles Kapital vorhanden war. Die Handelskammer Prag erteilte 1851 allen Zweigen des Handwerks den wohlfeilen Rat, die vorteilhafte Idee der Tischler doch auch zu nutzen, sobald in Prag eine Gewerbebank geschaffen sein werde, welche die finanzielle Absicherung der „genossenschaftlichen" Verkaufslager übernehmen könnte (Bericht der Handelskammer in Prag ... für 1851, S. 32 f.).

[62] S. oben 20 Anm. 8.

[63] Die Mangelhaftigkeit des gewerblichen Unterrichts durch den Staat wurde im tschechischen Kleinbürgertum übel vermerkt. Ein „Auszug aus dem vertraulichen Rapporte des Monats März 1853" registrierte Wirtshausgespräche, in denen die Unzweckmäßigkeit der Wiederholungsstunden für die Lehrjungen besprochen ... (wurde), weil sich dieser Unterricht nur auf das Religiöse beziehe, während zur Ausbildung der Jugend dieser Kategorie wesentlich beigetragen würde, wenn ihr nebst den religiösen Vorträgen auch die jedem Staatsbürger notwendige Kenntnis der Gesetze, welche auf ihr Gewerbe bezugnehmen, ferner der Strafgesetze und der Folgen strafbarer Handlungen in ange-

So gewann der Assoziationsgedanke, welcher unter dem Eindruck des Scheiterns der demokratischen Bewegung von 1848 kurzfristig an Anziehungskraft verloren hatte, wieder stärkere Attraktivität. Außer dem erfolgreichen Prager Meisterkollegium entstanden im ganzen Land — mit dem Schwerpunkt der Prager Region — an Stelle der vielfach auseinanderfallenden Zünfte[64] überzünftische Vereine, welche die schwachen ökonomischen Kräfte des Einzelnen zu potenzieren versuchten[65]. Die Rolle der unerläßlichen Integrationsideologie, welche die starken zünftischen[66] bzw. individuellen Egoismen zu gemeinsamem Handeln zu verbinden vermochte, übernahm dabei der tschechische Nationalismus, der durch die Ereignisse des Jahres 1848 aus der engen Schicht nationalbewußter Intelligenz ins Kleinbürgertum abzusinken begann und dort in der Stille eine starke Anziehungskraft ausübte[67]. Erst die Amalgamierung der sozialen Zukunftshoffnungen[68] mit der nationalen Idee brachte den Prozeß der langsamen Solidarisierung auch der national Unentschiedenen in Gang, wodurch das nationale Bewußtsein gerade in den Städten (Prag!) im Jahrzehnt nach der Revolution — wenig sichtbar für die Zeitgenossen — entscheidend gewandelt wurde[69]. Im vulgarisierten Nationalgedanken fand das deklassierte und sozial desorganisierte Kleinbürgertum eine wertvolle

---

messener Weise zugänglich gemacht würden, was besonders in der gegenwärtigen Zeit, wo an den Handel, die Gewerbe und Industrie größere Anforderungen gestellt werden, von entscheidendem Nutzen wäre." (SÚA, PPT 1853/100). — Erst mit dem Erlaß vom 17. 11. 1854 kündigte Thun die Errichtung von Abend- und Sonntagsschulen bei allen selbständigen Unterrealschulen an; indes geschah über die Verkündung des Programms hinaus während der 50er Jahre von Seiten des Staates nichts mehr (Gewerbe und gewerbliche Fachschulen 5).

[64] Der Bericht der Handelskammer für 1851 führt aus, auf dem Lande herrsche seit 1848 „gänzliche Desorganisation" (a. a. O. 18).

[65] SÚA, PM 1850—54 8/5/5 K.A. Jičín an Mecséry, 30. 7. 1852. — Bericht der Handelskammer in Prag ... für 1851, S. 34.

[66] Der Bezirkshauptmann von Laun berichtete am 25. 1. 1851, daß die starke Rivalität unter den Zünften bislang die Bildung von Gesellenvereinen verhindert habe (SÚA, PGT 1849—52 A/11 B.A. Laun an K.A. Prag).

[67] Es darf dabei nicht vergessen werden, daß entsprechend der sozialen Struktur der tschechischsprachigen Bevölkerung die nationalbewußte Intelligenz (Lehrer, Klerus, Literaten) selbst unmittelbar dem handwerklichen Kleinbürgertum entstammte und vielfach erst in erster Generation der handwerklichen Tätigkeit fremd war; enge familiäre Bindungen konnten daher als Kanäle nationalen Gedankenguts fungieren.

[68] Vielleicht eines der aufschlußreichsten Phänomene in dieser Beziehung ist der Erfolg der tschechisch-protestantischen Prager Gemeinde unter dem Prediger Bedřich Vilém Kossuth während der ersten Jahre des Jahrzehnts. Kossuth, der um 1848 aus der von ihm übernommenen kleinen Gemeinde ein Zentrum antikatholischer, antikapitalistischer und antideutscher Agitation mit starker Rückbeziehung auf den Hussitismus gemacht hatte, gewann durch den sozialen Tenor seiner Predigten und die Ansätze zu einer organisierten gegenseitigen Hilfe der Gemeindemitglieder binnen kurzem eine große Anzahl von Konvertiten aus dem Katholizismus, die fast alle dem deklassierten Kleinhandwerk entstammten; seine Gemeinde bestand fast ganz aus Schneidern und Schustern (SÚA, PM 1850—54 5/1/1).

[69] Jan P a l a c k ý wies 1860 darauf hin, daß der Gemeingeist bei weitem am meisten in d e n böhmischen Landstädten entwickelt sei, wo auch die tschechische Nationalbewegung Fuß gefaßt habe (Böhmische Skizzen 62).

Stütze seines Selbstbewußtseins[70]. Bei seiner Funktion als Katalysator der Selbsthilfe- und Bildungsbewegung mußte der tschechische Nationalismus freilich zugleich auch das Bewußtsein des Abstandes bzw. der Gegnerschaft zur deutschsprachigen Bevölkerung vertiefen, weil Kapital, Großbürgertum und Industrie dem tschechischen Mittelstand während der 50er Jahre überwiegend in deutscher Hand begegneten[71]. Gleichsam im idealtypischen Modell erscheint die Verquickung der sozialen und nationalen Tendenzen bei einer 1851 in Prag gegründeten privaten Krankenkasse, deren kleinbürgerliche Mitglieder zugleich einen tschechischen Konversations- und Bildungszirkel unterhielten und dabei die Namen von historischen tschechischen Heldengestalten — wie Ottokar, Přemysl, Georg Podiebrad etc. — annahmen[72]. Es beschleunigte die ideologische Entfremdung des tschechischen Kleinbürgertums vom supranationalen österreichischen Staat[73], daß die Behörden —

---

[70] Es ist aufschlußreich, daß die Handelskammer Prag in ganz anderem Zusammenhange im Jahr 1852 darauf hinwies, vordringlichste Aufgabe aller Innungen oder Organisationen, die an die Stelle der Zünfte treten würden, sei es, „das E h r g e f ü h l der Gewerbsgenossen zu wecken". — Neben den oben angeführten Indizien über den Zustand des Selbstverständnisses des tschechischen Kleinbürgertums scheint mir auch dieser Beleg auf das Vakuum hinzuweisen, in das der tschechische Nationalismus als Erneuerungsbewegung großen Stils vorstoßen konnte. Diese Zusammenhänge sind z. B. bei der Entstehungsgeschichte des „Sokol" [Falke], der paramilitärischen Turnbewegung des tschechischen Kleinbürgertums, ganz evident. Heinrich Fügner (s. oben 64), der Gründer des „Sokol", schrieb 1862 über seine Ziele an seinen Schwager Helfert: „Ich habe mirs zum Ziel gesetzt, unsere verkümmerten Handwerker ein bißchen zu dressieren und ihnen Bewußtsein beizubringen... Nur sozial aufbessern, kräftigen, den Servilismus abgewöhnen..." (F e y l : Fügner 571 f.).

[71] Einen vorzüglichen Einblick in die Struktur der Privatvermögen während der 50er Jahre ermöglichen die Unterlagen der Behörden zur Durchführung der Staatsanleihe von 1854, bei der ja zuerst die Finanzkräftigkeit der potentiellen Zeichner genau erhoben wurde. In der Liste der als Großkapitalbesitzer persönlich vom Statthalter angeschriebenen Personen finden sich aus der Reihe der prominenten tschechischen Nationalen nur ganz wenige Namen, darunter František Palacký (SÚA, PM 1850—54 12/1/100).

[72] SÚA, PM 1850—54 8/1/13 Sacher-Masoch an Mecséry, 16. 4. 1851.

[73] Diese Entfremdung manifestierte sich während der 50er Jahre unter anderem durch die in den Stimmungsberichten ausdrücklich als ungewöhnlich (gegenüber dem Rest der Bevölkerung) registrierten Aggressivität anläßlich von Steuereintreibungen. Ein aufschlußreiches Zeugnis sind auch die „Loyalitätslisten", die anläßlich des 1854 erfolgten Besuches des Kaisers in Böhmen hergestellt wurden: der Zweck war, wie der Prager Kreispräsident Obentraut in einem Brief an Mecséry vom 6. 2. 1854 wohl richtig vermutete, „jenen loyalen Teil der hiesigen Bevölkerung so viel wie möglich kennen zu lernen, auf welchen bei allen Verfallenheiten mit Beruhigung gezählt werden könne..." (SÚA, PMT 1854/A 1). In dem „Hauptausweis über die im Regierungsbezirke Prag als treue und redliche Anhänger der Regierung sich bewährte Persönlichkeiten" sind g a n z e 5 % Handwerker aufgeführt. — Gerade das entscheidende Reformwerk, das der neoabsolute Staat aus der Revolution von 1848 übernahm, die Bauernbefreiung, trug zur Entfremdung des Kleinbürgertums vom Staat bei. Prägnant schrieb darüber der Kreishauptmann von Jičín am 15. 7. 1851 an Mecséry: „Insbesondere sehen es die in ihren Vermögensverhältnissen meistens herabgekommenen Gewerbsleute als ein schreiendes Unrecht an, daß auch sie zur Durchführung der Robotablösung im Interesse der Bauern beitragen müssen, während gerade diese letztere Staatsbürgerklasse sich vergleichenderweise unter den gegenwärtigen Zeitumständen in den besten Vermögensverhältnissen befindet und deren Hochmut zum Teil so weit gehe, daß sie nunmehr den Bürger förm-

in der Zeit des Neoabsolutismus ohnehin allen Assoziationstendenzen aus politischen Gründen übelgesinnt[74] — dem langfristigen Ziel einer Liberalisierung der Gewerbeverhältnisse entsprechend oftmals gegen diese Vereinsbildungen vorgingen, in denen sie unter der Decke der Wohltätigkeit Ansätze zu neuen Zunft- und Monopolisierungsversuchen witterten[75]. Mit besonderer Sorgfalt suchte man begreiflicherweise gerade diejenigen Vereine zu unterbinden, welche auf die Initiative amtsbekannter tschechischer Nationaler zurückzuführen waren[76]. Im Be-

---

lich über die Achseln ansehen." (SÚA, PM 8/1/12 Nr. 37 g.P.). — Auch die Zwangseintreibung des Staatsanlehens von 1854 vergrößerte die Vertrauenslücke zwischen Kleinbürgertum und Staat, zugleich wurden dadurch die sozialen Spannungen angeheizt. — Der Umstand, daß das Kleinbürgertum behördlichen Pressionsversuchen weit ungeschützter gegenüberstand als das größere Kapital (mit dem es sich der Staat nicht endgültig verderben konnte!) wirkte sich dabei verhängnisvoll aus. Mecséry schrieb im November 1854, daß leider nicht immer „mit Gleichmäßigkeit vorgegangen werden konnte, so daß Leistungsfähigere mitunter leichteren Kaufes davon kamen als Minderbemittelte. Dies alles trägt dazu bei, in den weiteren Volksschichten den durch die Schwere der Zeitumstände erzeugten Unmut noch mehr zu nähren. Und ich glaube nicht zu irren, wenn ich in den in neuester Zeit sich mehrenden, das Eigentum der Reicheren bedrohenden Briefen eine Kundgebung dieser Mißstimmung suche." (SÚA, PM 8/1/12 Nr. 12660, Mecséry an Bach/Kempen, 15. 11. 1854).

[74] Sacher-Masoch berichtete am 31. 3. 1853 an den Statthalter über die Assoziationstendenzen im Handwerk: „Ein zweites Moment, welches bei der Gründung der gewerblichen Vereine tätig war, ist die p o l i t i s c h e Bewegung, welche sich um das Jahr 1848 aller Klassen der Bevölkerung bemächtigte. Beinahe alle gewerblichen Vereine Prags datieren aus jener Zeit. Man vereinigte sich, um sich v e r s a m m e l n zu können, um sich r e d e n zu hören, um Vorstände und Ausschüsse zu wählen, um bei passender Gelegenheit p e t i t i o n i e r e n oder auch politisch tätig sein zu können." Sacher-Masoch vermerkte mißbilligend, es gebe „schon allein die freie und ungebundene Wahl der Vorstände, die Abstimmung in den Sitzungen usw.... diesen Vereinigungen eine Art von d e m o k r a t i s c h e m Anstrich, welcher gerade bei Gewerbsleuten nicht wünschenswert" sei: „Diese Klasse der Bevölkerung bedarf eines strengen Regiments von Seite der Gewerbevorsteher und letztere bedürfen des behördlichen Schutzes, der ihnen als ausgiebiger Stützpunkt ihrer Autorität dienen muß." (SÚA, PM 1850—54 8/5/5 – P).

[75] Mecséry teilte am 10. 9. 1853 der Prager Kreisregierung seine mannigfachen Bedenken gegen die zunehmende Tendenz des Gewerbebürgertums zum korporativen Zusammenschluß mit. Die Wohltätigkeit sei nur Fassade, in Wahrheit liege dem „Streben nach solchen Vereinigungen vorwiegend egoistische Interessen von Seite der selbständigen Gewerbsleute zugrunde..., um mittels des hiedurch ermöglichten besseren Einverständnisses und der Unterordnung und Leitung der übrigen Abgliederungen des Gewerbestandes einen korporativen Einfluß auf die angehende Gewerbetätigkeit zu verschaffen und in letzter Linie eine monopolistische Stellung zu erringen." Es könnte „ein Zustand des Gewerbswesens herbeigeführt werden..., welcher dem Geiste der bisherigen Gewerbegesetzgebung geradezu widerstreitet." (SÚA, PM 1850—54 8/5/5).

[76] In Karolinenthal wurde ein Verein von Tischlern, Wagnern und Binder-Zunft verboten, weil die Gründer als radikale nationale Tschechen amtsbekannt waren und weil überdies die Verbindung mehrerer Gewerbe den Behörden gefährlich erschien (SÚA, PM 1850—54 8/5/46 Sacher-Masoch an Mecséry, 23. 8. 1853). Überaus aufschlußreich sind auch die Worte, mit denen Mecséry das Verbot eines überzünftischen Handwerkervereins in der Prager Industrievorstadt Smíchov motivierte: „Der Zweck des Vereins ist nach den Statuten die Hebung des Handwerkerstandes in geistiger und materieller Beziehung, eine Aufgabe, die demselben einen beinahe unbegrenzten Spielraum seiner

wußtsein des Kleinbürgertums gewann der Gewerbeliberalismus der Behörden damit zwangsläufig den Charakter der planmäßigen Vereinzelung von Individuen, welche der wechselseitigen Unterstützung doch dringend bedurften.

Die festeste Basis der Verbindung von sozialer und nationaler Programmatik war seit 1848 das Prager Meisterkollegium geworden, in welchem — wiewohl offiziell utraquistisch — die tschechischen kleinbürgerlich-demokratischen Kräfte Prags ihre Positionen auszubauen verstanden hatten[77]. Hier war ein Zentrum gewerblicher Weiterbildung und — in einer Zeit generellen Versammlungsverbots nicht zu unterschätzen — ein Forum für Kontakte der kleinbürgerlichen politischen Kräfte. bei der letzten offenen „politischen" Auseinandersetzung in Böhmen bis zum Wiedererwachen des politischen Lebens nach 1860, den Prager Gemeindewahlen von 1850, war das Meisterkollegium ein rühriger Mittelpunkt der tschechischen Partei; von hier ging auch der Widerstand des Prager Handwerks gegen den Anschluß der Prager Judenstadt — wegen der zu erwartenden Konkurrenz des jüdischen Handwerks — aus. 1852 erweiterte das Meisterkollegium seine Wirksamkeit um die Herausgabe eines Wochenblattes in deutscher und tschechischer Sprache[78]; in der tschechischen Ausgabe erschienen — wenngleich undeutlich artikuliert — die späteren Hauptmotive der tschechischen Selbsthilfebewegung: Genossenschaft, Fortbildung und Erneuerung des ganzen „nationalen" Menschen[79].

Wirksamkeit zuweist und selbst rein politische Angelegenheiten und Diskussionen von letzterem nicht ausschließt." (SÚA, PM 1850—54 8/5/11 Mecséry an Landesmilitärkommando, 31. 3. 1851).

[77] Mecséry berichtete darüber am 16. 11. 1853 an Bach: „Denn gleich anfangs bemächtigten sich die Führer der unter dem Prager Handwerkerstande damals zahlreich vertretenen tschechisch-radikalen Partei der Leitung des Unternehmens, wohl einsehend, wie sehr ihr politisch nationaler Einfluß dadurch gesteigert werden könne und müsse." — Am 13. Januar 1853 hatte der Polizeipräsident Sacher-Masoch den Statthalter gewarnt: „Das Prager Meisterkollegium, seit seiner Entstehung ein Organ der tschechischen Demokratie, insofern sich dieselbe in den Anmaßungen und dem Widerwillen gegen alle Autorität bei der Kleinbürgerschaft ausspricht, beginnt die Schranken, welche seiner Wirksamkeit ... gezogen waren, mit umso größerer Hast zu überschreiten, als den von seinen dirigierenden Mitgliedern einbekannten politischen Grundsätze durch die Verfügungen der hohen Regierung jeder Boden entzogen und alle Mittel zur Manifestation verkürzt worden sind, so daß ihnen nichts übrig blieb, als das Meisterkollegium selbst zum Werkzeug ihrer destruktiven Bemühungen zu machen." (SÚA, PM 1850—54 8/5/23. — Eine der maßgeblichen Männer im Meisterkollegium war der Schneidermeister Ryvola, der auch zur tschechisch-helvetischen Gemeinde F. V. Kossuths gehörte. Die engen Querverbindungen zwischen den Zentren national-sozialer Bewegung sind offenbar! Ein Polizeibericht von 1854 berichtete über den großen Einfluß, den Ryvola im Kleinbürgertum besitze (SÚA, PPT 1854/28).

[78] Dem oben zitierten „Týdeník pražské mistrovské porady" bzw. „Wochenblatt des Prager Meisterkollegiums".

[79] Der „Týdeník" (1852, Nr. 4, S. 15 f.) berichtete über die Schustergenossenschaft in Delitzsch, die unter dem Einfluß Schulzes entstanden war; Vertriebsgenossenschaften wurden propagiert, Handwerksschulen gefordert. Die Misere der handwerklichen Bildung wurde darin gesucht, daß die tschechischen Handwerker deutschsprachige Schulen besuchen müßten (1852, Nr. 6, S. 21 f.). In der Nr. 9, S. 35 wurde der neuralgische Punkt des tschechischen Selbstverständnisses angesprochen: „ ... es bleibt uns noch sehr viel zu wünschen übrig, und namentlich bei unseren Handwerkern, bei denen wir noch vielen

Mit dem Sprachrohr des Wochenblattes nahmen die kleinbürgerlich-demokratischen Kräfte auch einen zweiten Anlauf, die Selbsthilfebewegung im ganzen Land zu aktivieren und zugleich in Prag zu zentralisieren. Das Interesse auf dem flachen Land an Wochenblatt und Meisterkollegium war groß, der Ausbau einer tragfähigen Organisation erwies sich jedoch wegen der nur für Prag ausreichenden Finanzkraft des Meisterkollegiums als illusorisch[80]. Den Behörden war die offenkundige Verbindung tschechisch-demokratischer Kräfte mit einem einflußreichen Kreditinstitut von Anfang an ein Dorn im Auge. Bis Ende 1853 brauchte die Statthalterei, um genug Belastungsmaterial gegen die Wirksamkeit des Meisterkollegiums zu sammeln[81]; im Februar 1854 wurde es von Mecséry aufgelöst[82].

---

begegnen, die sich selber verdorbene Tschechen, Bankerte nennen. Manche sind schon wach geworden, daß sie sich für den tschechischen Namen nicht schämen müssen, und ihre Anzahl vermehrt sich, aber auch viele von ihnen meinen, daß, wenn sie in ihrem Geschäft Vertrauen gewinnen wollen, sie ihre tschechische Herkunft verleugnen müssen. Ich weiß davon einige Beispiele, daß in Prag in der neuesten Zeit anstatt der tschechischen Schilder wieder deutsche angebracht wurden. (...) Für jeden Kaufmann und Handwerker ist die Kenntnis jeder Sprache günstig, deshalb ist es aber nicht nötig, die eigene zu verleugnen, ja, ich kenne sogar einige Beispiele von tschechischen Handwerkern, die in Wien eben dadurch Glück hatten und reich wurden, weil sie Tschechen waren. (...) Ich kenne einige in Wien ansässige tschechische Handwerker, die ihre Kinder hier in Prag erziehen lassen, damit sie tschechisch lernen ...".

[80] Týdeník 1852, Nr. 4, S. 13.

[81] „Die Willkür der Gewährung des Vorschusses und die Modalitäten der Rückzahlung stellt den bedürftigen Gewerbsmann unbedingt unter den Einfluß der Vereinsdirektion, die von derselben eingeleiteten Erhebungen über die Bedürftigkeit und Zahlungsfähigkeit der Gewerbsleute erlaubt den Direktoren einen tiefen Blick in die häuslichen Verhältnisse des Gewerbsstandes zu werfen. Solche Waffen in den Händen einer Direktion, deren Majorität demokratische Gesinnungen hegt, erscheinen in der Tat staatsgefährlich." (SÚA, PM 1850—54 8/5/23 Sacher-Masoch an Mecséry, 13. 1. 1853). — An Kempen schrieb Sacher-Masoch am 23. 5. 1853: „ . . . eine Wirksamkeit als gewerblicher Verein zur Förderung der Bildung von Gewerbsleuten, zur Vermittlung gemeinsamer Besprechungen derselben, Herausgabe von Zeitschriften, Benützung einer Bibliothek, Veranstaltung von Produktenausstellungen usw. [ist] nicht nur unnötig, sondern in den Händen desselben, wie dies mehrfache Überschreitungen in letztverflossenen Jahren dargetan haben, auch politisch gefährlich . . ." (SÚA, PM 1850—54 8/5/23). — Auch der Chef der obersten Polizeibehörde schaltete sich in die Untersuchung ein. Er schrieb am 4. 11. 1853 an Mecséry: „Es ist zu meiner Kenntnis gelangt, daß die ... Meisterkasse von dem im Jahre 1848 aus radikalen Elementen gewählten Vorstande ... mißbraucht werde, indem derselbe vorzugsweise radikale Gewerbsleute mit Unterstützungen bedenkt." (PM 8/5/23).

[82] Den Behörden fiel damit ein Stein vom Herzen: angesichts der bedrohlichen wirtschaftlich-sozialen Krisensituation, die das Prager Handwerk im Winter 1853/54 schwer in Mitleidenschaft zog, war mit der Auflösung des Meisterkollegiums und der Übernahme der Kasse in staatliche Hand ein entscheidender politischer Unsicherheitsfaktor beseitigt. Sacher-Masoch berichtete am 1. 3. 1854 erfreut an Kempen, „daß nun die Vorschußkasse nicht der Gefahr ausgesetzt sein wird, sich bei gegebenen bedenklichen Verhältnissen in unzuverlässigen Händen zu befinden." (8/1/12 Nr. 2731). Zugleich mußte man sich freilich bereits eingestehen, daß das Meisterkollegium in der kurzen Zeit seiner Wirksamkeit „zur Verbreitung der national-demokratischen Ideen unter dem Gewerbsstande Prags nicht wenig" beigetragen habe (SÚA, PM 1850—54 8/5/23 Bach an Mecséry, 28. 8. 1854).

Damit war die kleinbürgerliche tschechische Handwerksbewegung um ein einflußreiches Zentrum ärmer geworden; die Initiative ging nun auf den liberalen bürgerlichen Flügel der tschechischen Nationalen über. Auch hier hatte sich durch
die gescheiterte Revolution von 1848 eine entscheidende Schwerpunktverlagerung
eingestellt: das Interesse an Wirtschaftsfragen war stark gewachsen, seit das staats-
rechtliche Programm allein sich nicht als tragfähig genug erwiesen hatte. Das
erfolgreiche Zusammenspiel von „deutschem" Großkapital und zentralistischem
neoabsoluten System schließlich machte offenbar, daß die tschechische Nationalbewegung ohne eine breite materielle Basis in der Zukunft keinerlei Chancen
zur Verwirklichung ihres Programmes haben konnte. Das Schicksal der „tschechischen" Wirtschaftszweige, vor allem des Handwerks, in der Auseinandersetzung
mit der neuen ökonomischen Entwicklung wurde daher auch für die vorwiegend
politisch orientierten Vertreter des bürgerlichen tschechischen Nationalismus zu
einer Angelegenheit von höchstem Interesse[83]. Der organisatorische Punkt, an dem
die bürgerlichen Vertreter der Nationalbewegung nach 1849 anknüpfen konnten,
war der mühsam über die erste Phase der Gegenrevolution gerettete „Gewerbeverein". Böhmischen Landespatrioten wie dem Prager Chemieprofessor *Balling*[84]
und dem Grafen *Harrach* war es gelungen, ein Verbot — das im Hinblick auf die
Rolle des Vereins als Zentrum tschechischer Separationsversuche im Jahre 1848 nur
zu verständlich gewesen wäre — zu verhindern[85]. Während unter dem Etikett des
böhmischen Landespatriotismus[86] ein neuer Start versucht wurde, arbeiteten die
bürgerlichen Nationalen, allen voran *Rieger*[87], dennoch schon an einer Nationalisierung des Vereins. Dem Vorhaben kam die Wandlung in der Struktur der Mit-
gliederschaft zugute, die sich als Folge der politischen Ereignisse vollzogen hatte:
Aristokratie und Beamtenschaft, die im Vormärz eine wesentliche Rolle gespielt
hatten, zogen sich von dem politisch diskreditierten Verein zurück[88], die Lücke
wurde vermittels eifriger Werbung durch Vertreter des Handwerks und des

---

[83] U r f u s : Průmyslový liberalismus 26 f. — S. auch Anhang 321 f.

[84] Über Ballings wichtige Rolle bei der Heranbildung einer ganzen Generation von tschechischen Zuckerchemikern und Fabrikanten s. unten 162.

[85] Sto let 245. — Auch der deutschböhmische Großhändler Dotzauer (s. unten 200), zu
dieser Zeit noch „böhmisch" gesinnt, engagierte sich für den Verein (vgl. dazu S c h e -
b e k : Dotzauer 52).

[86] Sto let 256. — Den Behörden blieb indes die Diskrepanz von Etikett und Dynamik
des Vereins nicht verborgen. Mecséry machte 1851 den Versuch, den Verein zu einem
politischen erklären zu lassen und damit die polizeiliche Überwachung zu ermöglichen;
der Vorstoß der Statthalterei scheiterte am Widerstand des Grafen Harrach, der in Wien
seinen gesellschaftlichen Einfluß mobilisierte (SÚA, PM 1850—54 8/5/9).

[87] Neben Rieger wirkten die bekannten tschechischen Nationalen mit: František Palacký,
Karel Havlíček (bis zu seiner Verbannung), der gemäßigte Tscheche Václav Bělský
(s. unten 165) Brauner, Trojan, Faster, Jordan, Slavík, Jonák, Amerling und Pštroß.

[88] Aus dem Verein traten nach 1848 aus: Alfred Fürst Windischgrätz, die Fürsten Auersperg, Lobkovitz, Colloredo-Mannsfeld; die Grafen Buquoi, Dietrichstein, Westphalen,
Czernin, Kinsky, Lažansky, Ledebour, Nostiz-Rieneck, Wallis, Wratislaw, Wolkenstein, Trostberg, Stadion. Daneben viele Barone und ein Teil der Bürokratie. Von 1848
bis Anfang 1850 sank die Mitgliederzahl von 693 auf 356, das Vereinskapital von
9047 fl auf 5205 fl. (Sto let 241 ff.).

tschechischen Bürgertums aufgefüllt. Die bürgerlichen tschechischen Liberalen bemühten sich, auch die zünftisch-reaktionäre Gruppe, die den Kern des „Řemeslnická jednota" gebildet hatte und das Prager Meisterkollegium zur Mitarbeit zu gewinnen[89], was allerdings nur zum Teil gelang; das Meisterkollegium blieb bis zu seinem Verbot ein engagiert kleinbürgerliches Zentrum in Opposition sowohl gegen die Handelskammern als auch gegen den „liberalen" Gewerbeverein.

Auch die Tatsache, daß nach der Errichtung der Handelskammern sich die Aktivität des deutschen Großbürgertums naturgemäß zuerst auf diese nähere Brücke zwischen Regierung und Wirtschaft konzentrierte, verstärkte den Trend zur „Demokratisierung" und damit — entsprechend der nationalen Struktur der böhmischen Gesellschaft — zur Tschechisierung des Gewerbevereins. Schon zu Beginn des Jahrzehnts nahm die tschechische Ausbildungstätigkeit einen breiten Raum ein; aus den bereits vorher praktizierten sporadischen gewerblichen Fortbildungskursen sollte über die Sonntags- und Abendschulen allmählich eine Industrieschule mit tschechischer Unterrichtssprache in Prag geschaffen werden. Die Sammlung für diese Schule, schon in den 40er Jahren begonnen, war ein demonstrativ nationales Unternehmen[90], ähnlich der gleichzeitig stattfindenden Kampagne für das tschechische Nationaltheater.

Das Generalthema, das die Fortbildungsfragen mehr und mehr in den Mittelpunkt der Diskussion stellte und darüber hinaus das Interesse auch der ferner stehenden Gruppen des tschechischen Gewerbes mit der Tätigkeit der liberalen Wirtschaftsexperten im tschechischen Lager verknüpfen mußte, war die Diskussion um die Gewerbefreiheit. Seit Beginn des Jahrzehnts war es offenkundig, daß die neoabsolute Regierung das Werk ihrer Reformgesetzgebung durch eine Neuordnung der Gewerbeverhältnisse abzuschließen gedachte[91]. Durch offiziöse Publika-

---

[89] Ebenda 247 f. — Daß mit der Errichtung einer privaten tschechischen Industrieschule möglicherweise eine Pflanzstätte unkontrollierbarer, weil unabhängiger (Technologie!) tschechischer Intelligenz geschaffen werden konnte, erfüllte die Behörden mit zunehmender Besorgnis. Der Prager Polizeipräsident Sacher-Masoch schrieb darüber am 3. 4. 1853 an Mecséry: „Es wäre notwendig, daß dieselbe der strengen Aufsicht eines verläßlichen Schulmannes untergeordnet und daß die Verfügung getroffen werde, daß außer dem Generaldirektor und dem Geschäftsleiter kein anderes Mitglied sich in den Unterricht oder Verkehr mit den Schülern einmenge. Die Erfahrung hat gezeigt, daß einzelne Individuen der erwähnten politischen Partei sich den Zugang zu den Schulen und die Anknüpfung eines Verkehrs mit den Schülern zu verschaffen wußten." (SÚA, PM 1850 bis 1854 8/5/9). — Die Verhandlungen im Verein selbst zeigen aufschlußreich die Wendung der „politischen" Liberalen von 1848 im tschechischen Lager, vom Ziel der Veränderung der großen politischen Szene zur praktischen Selbsthilfebewegung als Vorbedingung größerer politischer Macht: so schlug Palacký noch 1851 vor, man solle die Finanzkräfte des Vereins auf Reisestipendien für Technologen verwenden, da es einzig die Aufgabe des S t a a t e s sei, für Schulen zu sorgen. Indes war der Rest der tschechischen Liberalen inzwischen schon von der Unabdingbarkeit der Selbsthilfe überzeugt, das Nahziel der Schulung von Handwerk und Kleingewerbe wurde als vordringlich erkannt (Sto let 254).

[90] Vgl. H r o c h : Vorkämpfer 43.

[91] R e s c h a u e r : Kampf 220 ff. — W a e n t i g : Gewerbliche Mittelstandspolitik 56 ff. — Vgl. auch K. P ř í b r a m : Geschichte der österreichischen Gewerbepolitik. Leipzig 1907. — E. S a r h o f e r : Hundert Jahre österr. Gewerbepolitik. — In: Hundert Jahre österr. Wirtschaftsentwicklung 1848—1948. Wien 1948, S. 483 ff.

tionen und die Stellungnahmen der Handelskammern[92] wurde die Diskussion im böhmischen Handwerk angefacht; die Aussicht auf eine unbeschränkte Gewerbefreiheit fand im Handwerk begreiflicherweise heftige Ablehnung.

In Südböhmen wünschte man sich als Inhalt einer Gewerbegesetzgebung die Wiedererrichtung der alten strengen Zunftbeschränkungen[93]; das deutsche Handwerk Nordwestböhmens träumte von einer Beseitigung der Konkurrenz auf legislativem Wege[94]. Auch die Reste des zünftischen Kleinbürgertums in den Industriegebieten Nordböhmens verlangte nach Restauration von zünftischen Einrichtungen, ja nach der Ausdehnung auf die — längst kapitalistisch organisierte — Textilindustrie[95]. Auch der tschechisch-national gesinnte Flügel des böhmischen Klerus mischte sich in die Diskussion: Im „Blahověst", dem von dem tschechischen Nationalisten *Štulc* redigierten Organ des tschechischen Klerus wurde wirkungsvoll die Idylle einer heilen tschechischen Gesellschaft der Vergangenheit der Desorganisation und Misere der Gegenwart gegenübergestellt; als Schuldige erschienen die modernen Regierungen[96].

Der Rücktritt *Brucks* aus der österreichischen Regierung verzögerte vorerst die Neu-

---

[92] Auszüge aus den Gutachten der Handelskammern zur Gewerbefrage finden sich bei R e s c h a u e r : Kampf 225 ff.

[93] Jahresbericht der Handels- und Gewerbekammer in Budweis im Jahre 1852. Budweis 1853, S. 26.

[94] Das kommt im Bericht der Handels- und Gewerbekammer Eger ... 1851 (Eger 1852) zum Ausdruck: „Das System der unbedingten Gewerbefreiheit hat aber in einem halben Jahrhundert mehr Elend in den Gewerbsstand gebracht als ein Jahrhundert heilen kann. (...) Beseitigung einer maßlosen Konkurrenz (ist) die Grundbedingung zur Hebung unserer gewerblichen Verhältnisse." (S. 5). Während sich die Kammer von Eger 1851 noch als Sprachrohr solcher zünftisch restaurativer Gedanken hergab, sprach der Bericht der Pilsner Kammer von 1857 distanziert von den Handwerkswünschen: „Der heutige Gewerbsstand träumt irrtümlicherweise von der sogenannten „alten guten Zeit". Die alten Zeiten aber waren schlechter, die neuere ist besser. Bedrängnisse und Trübsal gab es von jeher und wird es auf allen Wegen menschlichen Fortkommens immer geben, weil man nicht überall den Unverstand und die Mittellosigkeit beheben kann." (Jahresbericht der Handels- und Gewerbekammer in Pilsen ... 1856. Prag 1857, S. 7).

[95] Bericht der Handels- und Gewerbekammer zu Reichenberg ... für 1852. Reichenberg 1853, S. 111. Der Prager Publizist Theophil Pisling (über ihn unten 216 ff), der Mitte der 50er Jahre Nordböhmen besuchte, schrieb über den nordböhmischen Handwerksbürger: „... wir sehen ihn gegen die Aufhebung der Zünfte eifern, die doch ohne geistiges Band eitler Firlefanz sind, er wird sich mit aller Kraft gegen das Fallen der Zunftschranken stemmen, weil dieser Plunder wieder zu den Attributen seiner gefeierten Göttin Siesta gehört." (Nationalökonomische Briefe 8).

[96] Sacher-Masoch schrieb darüber am 21. 3. 1853 an Mecséry: „Es wird darin geklagt, daß die Sittenlosigkeit und Irreligiosität in dem Gewerbestande überhand nehme, daß die Meister ihre Lehrlinge schlecht behandeln, sie mißbrauchen, sie „um die Tage des Herrn, um Sonn- und Feiertage bestehlen" und daß es nur mehr wenige Gewerbsherrn gibt, welche noch auf „altböhmische Weise" (po staročesku) Gottesfurcht und Ordnung bei ihren Untergebenen aufrecht zu erhalten wissen, und die Ursache dieser Übelstände sind, außer dem allgemeinen Umsichtgreifen des Indifferentismus und des Unglaubens, in einigen Staaten die S o u v e r ä n e , welche selbst die alten Satzungen und Ordnungen zu stürzen nicht anstanden, durch die unter dem Gewerbestande Folgsamkeit erhalten wurde." (SÚA, PM 1850—54 8/5/22).

ordnung der Gewerbefrage. Brucks Nachfolger, der Konservative *Baumgartner*[97], ein Verfechter der Aufklärung unter dem Kleinhandwerk, publizierte 1854 einen Gewerbegesetz-Entwurf, der in Böhmen relativ gut aufgenommen wurde[98]. Darin waren — ohne das Prinzip einer erweiterten Gewerbefreiheit anzutasten — den Zünften immerhin einige Übergangschancen eingeräumt worden[99].

Von ablehnenden Stimmen hochkonservativer Feudaler abgesehen[100], rief Baumgartners Entwurf jedoch wenig entschiedene Stellungnahmen hervor, da durch ihn der status quo der Zünfte nicht lebensbedrohend angetastet schien[101]. Erst als nach der Entlassung Baumgartners der neue Handelsminister Toggenburg[102] Ende 1855 ein radikal-liberales Gewerbegesetz zur Diskussion stellte[103], kam es zu einer Mobilisierung der gesamten öffentlichen Meinung in Böhmen[104]. Das deutsche Industrie-

---

[97] Zu Baumgartner vgl. W. G. W i e s e r : Die österreichischen Handels- und Arbeitsminister. In: 100 Jahre im Dienste der Wirtschaft. Wien 1961, S. 374 f. — Baumgartner war einer der fähigsten Beamten der österr. Zentralverwaltung; im Frühjahr 1848 war er der erste Minister für Handel und öffentliche Arbeiten gewesen.

[98] U r f u s : Průmyslový liberalismus 29.

[99] Zu Baumgartners Entwurf vgl. W a e n t i g : Gewerbliche Mittelstandspolitik 58.

[100] Zum Widerstand des Thun-Kreises gegen den Gewerbeliberalismus vgl. neuerdings T. v. B o r o d a j k e w y c z : Gewerbefreiheit und konservativer Geist. In: Festschrift Walter Heinrich. Graz 1963, S.. 371 ff. — Leo Thuns Schwager Graf Heinrich Clam-Martinitz, der später Führer des konservativen böhmischen Adels im verstärkten Reichsrat von 1860, hat von seinem ungarischen Verwaltungsposten aus versucht, vermittels einer Denkschrift auf die Gewerbegesetzgebung Einfluß zu nehmen. Die Gedanken des Grafen sind sehr aufschlußreich für die adeligen Pläne einer Harmonisierung der Gesellschaft auf „organischer" Grundlage. S. dazu die im Anhang 322 ff. wiedergegebenen Auszüge aus der Denkschrift. Auch Leo Thun hat im Ministerrat versucht, die vollständige Liberalisierung des Wirtschaftslebens zu bremsen. Vgl. dazu sein „Eigenhändig konzipiertes Votum des Grafen Leo Thun über die Gewerbeordnung für die Ministerkonferenz 1854" im Hausarchiv Tetschen (StA Litoměřice, Abt. Děčín. Rodinný archiv Thun A 3 XXI, D 318 f. 760—768). Thun plädierte für eine reformistische Beibehaltung der alten Zunftinstitutionen.

[101] S c h e b e k : Dotzauer 103.

[102] Zu Toggenburg vgl. W u r z b a c h 46 (1882) 2 ff. — W i e s e r : Die österr. Handelsminister 376 f.

[103] Zu Toggenburgs Entwurf vgl. W a e n t i g : Gewerbliche Mittelstandspolitik 60.

[104] In den amtlichen Stimmungsberichten des beginnenden Jahres 1856 nimmt die Diskussion über Toggenburgs Gewerbegesetz einen breiten Raum ein: Schon am 1. 1. 1856 berichtete der Prager Polizeipräsident Päumann an den Chef der obersten Polizeibehörde Kempen darüber: „Die Unparteiischen verhehlen sich nicht die Nachteile, welche das Inslebentreten der Gewerbefreiheit mit sich führen muß; sie wissen, daß bei einer vollständigen Gewerbefreiheit nur das Betriebskapital und die Intelligenz den Ausschlag gibt und daß jeder dermal selbständige Gewerbmeister, wenn ihm diese Potenzen nicht zu Gebote stehen, in die Klasse der Hilfsarbeiter zurückzutreten gezwungen sein wird, und daß ferner die Gewerbfreiheit zur Vermehrung des Proletariats nicht unerheblich beitragen muß, da so mancher in Unkenntnis der Verhältnisse und seine materiellen und intellektuellen Kräfte überschätzend den Kampfplatz der Konkurrenz betreten, denselben aber besiegt verlassen wird: aber ebenso ist es ihnen klar, daß Österreich, wenn es in dem großen industriellen Wettstreit der zivilisierten Völker Europas nicht unterliegen soll, gerade das System befolgen muß, welches der g r o ß e n Industrie Gedeihen verschafft, das ist das System der Gewerbefreiheit." (PM 8/1/19:2 Nr. 123 p.p.). Mecséry berichtete am 16. 1. 1856 an Bach über die öffentliche Meinung in Bezug auf den Gesetzentwurf: „In der Tat gibt es nicht bald eine legislative Verfügung von in

bürgertum war aus verständlichen Motiven begeistert, seine Position wurde durch die — staatlich beeinflußte, überdies aber in diesem Punkt mit der Regierung sympathisierende — liberale Presse mächtig unterstützt. Auf der Seite des Handwerks machte sich ablehnende Resignation breit[105]. Die regierungsamtliche Motivierung, welche die Favorisierung von Großkapital und Großindustrie als unabdingbar zum Zwecke der Stärkung der Großmachtrolle Österreichs erläuterte, konnte im tschechischen Handwerk nicht auf Resonanz hoffen, sondern mußte hier die national-tschechische Orientierung eher verstärken. Eine geschickte Taktik des Lavierens zwischen eigenen Interessen und der Rücksicht auf die tschechische öffentliche Meinung verfolgte das Industriebürgertum in der Handelskammer Prag[106]; ihr Gutachten forderte einen Übergangszustand und die Intensivierung des gewerblichen Unterrichtes; zwei Wünsche, die ebenso wohlfeil zu verlangen als auch für die Stellung von Großindustrie und Großhandel völlig gefahrlos waren, da die starke Position des deutschen Bürgertums ja gerade auf den „freien" Gewerben wie der Textil- und Schwerindustrie bzw. in der — vom Konzessionsliberalismus geförderten — Fabrikindustrie anderer Branchen beruhte. Der Entwurf Toggenburgs erlangte keine Gesetzeskraft. Die Gründe dafür sind wohl im massiven Widestand von kirchlicher Seite[107] und in der Ablehnung liberalen Wirtschaftsdenkens durch die konservativen Kräfte in den Ministerien und im Reichsrat zu suchen[108]. Überdies brachte die heraufziehende Weltwirtschaftskrise ein kurzfristi-

---

die Interessen der produzierenden und konsumierenden Klassen so tief eingreifenden Folgen. (. . .) Die Leitartikel der öffentlichen Blätter wetteifern, eine richtige Auffassung des neuen Gewerbegesetzes anzubahnen, und es nicht zu bezweifeln, daß dasselbe in seiner Anwendung umsoweniger auf erhebliche Schwierigkeiten stoßen wird, als die politischen Behörden, das Bedürfnis der Gegenwart erkennend, schon jetzt, zwar innerhalb der Schranken des bestehenden Konzessionssystems, gleichwohl im Sinne freierer Gewerbstätigkeit ihr Amt gehandelt, und sich bemüht haben, den Zünften soviel möglich nur den Spielraum von Vereinen zu privatgesellschaftlichen Zwecken der Mitglieder zu gewähren. Am Lande ist die Zahl der noch bestehenden Zünfte ohnehin gering und das Unpraktische ihrer Einrichtungen allgemein anerkannt. Begreiflich ist es, daß die Zünfte, wie auch jene Gewerbsleute, welche ihre bisher gegen Konkurrenz geschützten Etablissements als Sinekure zu betrachten gewohnt waren, der neuen Ordnung mit mißtrauischen Augen entgegensehen." (PM 8/1/19:2 Nr. 593 pr.)

[105] Zum negativen Echo auf Toggenburgs Entwurf im österreichischen Handwerk vgl. R e s c h a u e r : Kampf 240.

[106] S c h e b e k : Dotzauer 103. — Päumann berichtete an Kempen am 1. 4. 1856: „Die Ansichten über den Entwurf des Gewerbegesetzes haben sich in dem letzten Zeitraum einigermaßen geklärt und einer nüchternen Anschauung Platz gemacht. Insbesondere gebührt dem Gutachten der Prager Handels- und Gewerbekammer das Verdienst, daß es hiezu nicht unwesentlich beigetragen habe. Indem dieses Gutachten, ohne dem Grundsatze der Gewerbefreiheit unbedingt entgegenzutreten, nachweist, daß die Gewerbegesetzgebung Österreichs seit langem die Gewerbefreiheit vorzubereiten gesucht habe, legt es den Schwerpunkt der Frage vorzüglich darauf, daß die Quelle der herrschenden Verkümmerung unseres kleinen Gewerbestandes in der unzureichenden allgemeinen und Fachbildung der Gewerbegenossen liege, und daß ein plötzlicher Übergang zu einem neuen Systeme weder dem Gewerbsmanne noch dem Publikum frommen würde." (SÚA, PM 8/1/19:2 Nr. 1063 p.p.).

[107] R o g g e : Österreich I/427.

[108] Noch im Frühjahr 1859 versuchte Graf Leo Thun im Ministerrat gegen die Gewerbefreiheit Stimmung zu machen, indem er gegen das jüdische Kapital polemisierte, welches

ges Nachlassen der Attraktivität liberalen Gedankenguts mit sich. Dennoch stand nun die Aussicht auf eine früher oder später eintretende Gewerbefreiheit am Horizont der tschechischen Gesellschaft, und daß von seiten des unternehmerischen Kapitals für das Handwerk dann keine Schonung zu erwarten war, konnte man aus den programmatischen Äußerungen der liberalen Publizistik unschwer entnehmen: Die Prager „Bohemia" schob den schwarzen Peter für die Mittelstandsmisere dem „Schlendrian" des Handwerks zu[109]; der Wirtschaftspublizist *Höfken* wetterte gegen den „ausschließenden selbstsüchtigen, trägen und engen Zunftgeist ... welcher alles eher als Gemeinsinn ... viel mehr Mißgunst, Brotneid, Eigennutz und Mißstimmung"[110] verursache. *Schwarzer* pries hingegen den Spekulanten, ja sogar den Wucherer als belebende Antriebskräfte der Produktion[111]. Auch von der liberalen Nationalökonomie war keine Unterstützung zu erwarten[112].

Die Antwort des bürgerlichen tschechischen Lagers war die Konzentration aller Kräfte auf das Ausbildungsprogramm; 1857 entstand die tschechische Industrieschule des Gewerbevereins unter der Leitung des großen tschechischen Naturwissenschaftlers *Purkyně*[113]. *Rieger,* der an der Schaffung der Schule noch wesentlichen Anteil genommen hatte, begann freilich gegen Ende des Jahrzehnts seine Aufmerksamkeit wieder politischen Fragen zuzuwenden. In seinen nationalökonomischen Arbeiten — Resultat seiner Beschäftigung mit Wirtschaftsfragen während der Episode erzwungener politischer Tatenlosigkeit[114], bejahte Rieger die freie ökonomische Entwicklung. Seine Perspektiven bezüglich der Zukunft des tschechischen Handwerks waren mehr theoretischer Natur. In Riegers ganz vom liberalen Optimismus gefärbter Stellungnahme verband sich ein Lobpreis der Expansionschancen für die tschechischen Handwerker unter den Bedingungen der Gewerbefreiheit mit der tröstlichen Versicherung, auch den auf Arbeiterniveau herabsinkenden Handwerksmeistern werde die Zukunft eine Statusverbesserung bringen[115]. Für den „Be-

das Handwerk ausbeute. Im Reichsrat arbeiteten Thuns Freund Karl Graf Wolkenstein (s. oben 36 Anm. 61) und Fürst Salm gegen Toggenburgs Entwurf (B o r o d a j k e - w y c z : Gewerbefreiheit 380 ff.).

[109] „Bohemia" 1853, Nr. 347: „Der handwerksmäßige Schlendrian, der die eigentliche Ursache für den Verfall des Handwerks überhaupt in der heutigen Zeit ist ...".

[110] Zit. b. S c h w a r z e r : Geld und Gut 77.

[111] Ebenda 199 f.

[112] Der Prager Professor der Nationalökonomie Mischler führte in einem Gutachten (ca. 1855/56) aus: „Es liegt überhaupt noch zu sehr im Geiste des durch Zunfteinrichtung großgewordenen Gewerbsmannes, durch w e n i g Arbeit v i e l zu verdienen, während überall, wo Konkurrenz herrscht, es Gewohnheit geworden, durch v i e l Arbeit v i e l zu gewinnen, viele Geschäfte zu machen, an jedem Geschäfte nur wenig zu verdienen, durch die Vielheit der Geschäfte aber doch das Einkommen zu steigern." (SÚA, PM 1855—59, 8/3/12:20).

[113] Sto let 272. — Über Purkyně zuletzt W i n t e r : Frühliberalismus 276 f. u. a.

[114] Typisch für den Zugang des „Politikers" Rieger zu den ökonomischen Fragen überhaupt ist ein Brief Riegers an Pinkas, in welchem von dem in Westeuropa reisenden Rieger den in Prag Gebliebenen Ratschläge zum politischen Überleben erteilt wurden: „Literatur, Gemeindewesen, soziale Zustände und dergleichen mehr — das ist das ABC, mit dem wir wieder anfangen müssen ... aus Not frißt der Teufel Fliegen." (SÚA, Fond: Ehemaliges Landesarchiv, Nachlaß Pinkas Kt. 68, Rieger an Pinkas, 19. 10. 1850).

[115] U r f u s : Průmyslový liberalismus 31.

rufspolitiker" *Rieger* gab es keinen Zweifel an der politischen Zukunft eines bereits kompakt vorhandenen tschechischen Volkes, sein Interesse für die ökonomischen Grundlagen des von ihm repräsentierten sozialen Gebildes war daher eher sekundärer Natur und zielte auf politische Zwecke ab[116].

Dem jungen Journalisten František *Šimáček*[117] war der problematische Zustand der „Nation" aus eigener Anschauung weit geläufiger. Šimáček, der zu einer Schlüsselfigur der tschechischen sozialen Erneuerung werden sollte, schuf mit seinem „Posel z Prahy" seit 1857 ein Forum der Bestandsaufnahme für die soziale und nationale Verfassung der tschechischsprachigen Bevölkerung[118], zugleich ein Sprach-

---

[116] Bezeichnend ist Sabinas konfidentielle Meldung über Rieger am Ende der 50er Jahre: „Auch betreibt er jetzt vorzugsweise national-ökonomische Studien, um die sozialen Theorien gründlich sich zu eigen zu machen für etwaige künftige Vorkommnisse." (Zit. bei P u r š : K případu Karla Sabiny 60).

[117] In der Familie František Šimáčeks erscheinen wesentliche Züge der Substruktur der politischen tschechischen Nationalbewegung: Š. wurde 1834 in Elbe-Kosteletz geboren, er kam aufs Gymnasium nach Prag. Als Schüler arbeitete er während der frühen 50er Jahre an der Jugendzeitschrift „Zlaté klasy" [Goldene Ähren] mit, die gelegentlich durch Artikel in national-tschechischem Tenor das Mißfallen der Behörden erregte. Unter dem Pseudonym Vojtěch Bělak wurde er Mitarbeiter der regierungsamtlichen „Pražské noviny" [Prager Zeitung]. 1857 gründete er, fast vollkommen mittellos, die Zeitschrift „Posel z Prahy". In einem Brief an Vinařický vom Jahr 1858 berichtete Š., daß sein Kapital bei Beginn des „Posel" ganze 40 fl betragen habe. 1857 mußte ihm Purkyně mit 200 fl aushelfen. Trotz finanzieller Schwierigkeiten erreichte die wegen der Pressebestimmungen im Abstand von ca. 5 Wochen erscheinende Zeitschrift bald eine bedeutende Abonnentenzahl (ca. 1500). 1861 trat Š. auf den Wunsch Riegers in die Redaktion der „Národní listy" [Volksblätter] ein; während der 60er Jahre war Š. verschiedentlich wegen Pressevergehen im Gefängnis. Ab 1863 erschien der „Posel" als Wochenblatt. 1864 ging Šimáček in die Redaktion von Rieger/Palackýs „Národ" [Volk]. Während der 70er Jahre baute Šimáček einen Verlag und eine verlagseigene Druckerei auf, die eine reiche verlegerische Tätigkeit populären nationalen Schrifttums ermöglichten. Šimáček gründete eine illustrierte Jugendzeitschrift, verlegte unzählige Broschüren und Heftreihen. Nach seinem Tod (1885) führt die Familie das publizistische und nationalerweckende Werk Š. fort. — In der Biographie von Š.s Bruder Josef (geb. 1837) erscheint ein anderes, für die tschechische Entwicklung der zweiten Jahrhunderthälfte typisches Motiv: Josef Š. studierte am Prager Polytechnikum Naturwissenschaften, wurde zunächst Lehrer und war dann von den 60er Jahren an ein bekannter Agrarfachmann, der für die Familie der Fürsten Lobkovitz arbeitete und als Kellereifachmann und Wein-Technologe zahlreiche Fachschriften veröffentlichte. (Zum Lebenslauf: OSN 24 (1906) 614 f.). — Zur Gründung des „Posel" vgl. Karla Aloisa Vinařického korrespondence a spisy pamětní [Korrespondenz und denkwürdige Schriften von Karl Alois Vinařický] (Hrsg. Václav Ottokar Slavík). Prag 1914. Bd. III, S. 325.

[118] In einem Brief an Vinařický vom 31. 7. 1857 bat Šimáček um Zustandsschilderungen der tschechischen Kleinstädte. („Kulturbilder"): „Da würde das Kulturbild der ganzen Heimat entstehen, da würde herauskommen, was wir haben und was uns fehlt; Kenntnis ist der erste Schritt der Besserung. Diese Bilder müßten natürlich von einem praktischen Standpunkt aus gesehen werden, denn das ist die größte Wahrheit unserer Zeit, daß ohne Güter, ohne praktisches Denken kein Leben ist. (...) Sollte etwas existieren, was dem gesunkenen Geist auf dem Lande helfen könnte, so ist es die Realität..." (Vinařického korrespondence III/269). Im Frühjahr 1859 begann Šimáček dann damit, detaillierte Fragebögen abzudrucken, die er seinen Lesern in den tschechischen Landstädten zur Beantwortung empfahl; das Unternehmen hatte großen Erfolg und zog sich bis in die 60er Jahre hinein.

rohr des sozialen Reformgedankens. *Šimáčeks* Wirkung war deshalb so gewaltig, weil seine Zielsetzung zunächst weniger der Verwirklichung abstrakt nationaler Wünsche galt, als vielmehr der praktischen Reform und Erneuerung der ökonomischen Basis von Handwerk und Bauerntum[119]. Daß auf dem Wege dahin „nationale" Fragen, wie die Schul- und Sprachenfrage[120] etc. wichtige Stationen wurden, war sozusagen eine Sekundärerscheinung des allgemeinen aufklärerischen Impetus Šimáčeks[121]; allein die Tatsache, daß der „Posel" in tschechischer Sprache erschien, machte ihn zu einem Katalysator auch nationaler Tendenzen. Šimáček knüpfte an die um die Mitte des Jahrhunderts in ganz Europa virulente Assoziationsidee an,

---

[119] Schlaglichtartig erscheint dieser entscheidende Unterschied zwischen der Funktion Šimáčeks und jener der ausschließlich „kulturell" orientierten Erwecker im Prozeß der Ausbildung eines modernen tschechischen Nationalgefühls in einer konfidentiellen Mitteilung aus dem Jahr 1857, in der über die Haltung der Landgemeinden zu den verschiedenen nationaltschechisch gefärbten Unternehmungen der Prager Intelligenz berichtet wurde: Der Konfident teilte mit, daß die Entrüstung über die Beschlagnahme des „Posel" sehr groß sei, „welches Blatt sie als ein durchaus gediegenes bezeichnen. Auf das tschechische Theater kam man auch zu sprechen; doch waren die Äußerungen diesfalls ganz indifferent." (SÚA, PPT 1857/27, Konfidentenberichte über revolutionäre Stimmung in den tschechischen Kreisen).

[120] Šimáčeks Zugang zur Schulfrage ging wiederum über die praktischen Probleme des tschechischen Handwerks. In einem Brief an Vinařický vom 3. 6. 1858 schrieb er: „Wir, die wir von einem speziell tschechischen Standpunkt auf die Sache schauen, müssen wünschen, daß unsere Jugend fähig sei, irgendeinen Groschen zu verdienen und zu sparen, damit sie sich neben der deutschen Industrie halten kann." (Vinařického korrespondence III/319 f.). — Die Behörden waren sich der politischen Bedeutung von Šimáčeks Tätigkeit wohl bewußt; Päumann berichtete am 18. 6. 1857 an Mecséry über die Tendenz des „Posel", „für die Umgestaltung der Volks- und Realschulen Böhmens in rein tschechische Schulen auf eine dem deutschen Elemente feindselige Weise zu agitieren." Der Polizeidirektor führte dazu näher aus: „Die Verfasser bemühen sich, dem tschechischen Publikum die Ansicht einzuimpfen, daß der geringere Grad der Bildung der tschechischen Industriellen, Gewerbsleute, Landwirte usw. nur dem d e u t s c h e n Schulunterrichte zuzuschreiben sei. Den Schülern, sagen sie, werden Gegenstände in einer ihnen unverständlichen Sprache vorgetragen, die Begriffe der sogenannten Realwissenschaften können nicht in Fleisch und Blut der Schüler übergehen, ihr Lernen sei ein gedankenloses Nachgeschwätz, und so trete die Jugend ungebildet, weil in einer Fremdlingssprache unterrichtet, aus den Schulen und könne in keinem Lebensberufe mit den übrigen zivilisierten Nationen Europas gleichen Schritt halten. Es sei geradeso, als wenn die Jugend in der französischen oder englischen oder irgendeiner anderen ihr fremden Sprache den Unterricht erhielte. Daher komme es nun, daß die Leitung der wichtigsten Industriewerke, die Bewegung aller eine höhere Intelligenz erheischenden Geschäfte in den Etablissements des Vaterlandes Ausländern, Deutschen, Franzosen, Engländern, Schweizern usw. anvertraut werde; die Einheimischen müßten sich mit Putzer- und Heizerstellen oder aufs höchste mit kleinen Beamtenstellen, welche einen Gehalt von 300 fl bieten, begnügen." (SÚA, PM 1855—59 8/4/96:1).

[121] Es ist kein Zufall, daß einer der am häufigsten zitierten Männer in Šimáčeks „Posel" der Amerikaner Benjamin Franklin ist; für Šimáček hat also die amerikanische Spielart der Aufklärung offenbar große Faszination besessen, jenes Denken, in dem calvinistisches Arbeitsethos (Fleiß, Sparsamkeit) und praktische Rationalität einen geraden Weg zu Wohlstand und Glück weisen. Vgl. in diesem Zusammenhang auch unten 242 ff. Šimáčeks Haltung zur sozialen Frage.

die auch in der liberalen Publizistik Österreichs eine Rolle spielte[122]. Seine rückhaltlose Propagierung der Gewerbefreiheit war verbunden mit einem permanenten geduldigen Ruf zur Verbindung der schwachen tschechischen Wirtschaftskräfte. Habe man — so *Šimáček* — durch Assoziation ein konkurrenzfähiges Kapitalvolumen ereicht, dann stünden der Anwendung aller modernen Wirtschaftstechniken auch in tschechischer Hand nichts mehr im Wege. Im „Posel" wurde über die Erfolge des Genossenschaftswesens in Deutschland berichtet und die Arbeitsteilung im Handwerk befürwortet[123].

In überaus populärem Tonfall warb *Šimáček* — immer mit dem Mißtrauen, der Mutlosigkeit und dem Unverständnis des deklassierten tschechischen Handwerks rechnend — geduldig für die Verwendung von Maschinen[124], die Gründung von Aktiengenossenschaften[125], die Einführung der Buchhaltung im

---

[122] Vgl. dazu das umfassende Kompendium liberalen Gedankenguts im Österreich der 50er Jahre, Schwarzers „Geld und Gut in Neuösterreich", das auf S. 76 f. Höfken zu Wort kommen ließ: „Die Assoziation führt den Menschen sowohl aus der einseitigen technischen Abrichtung als aus der sozialen Zerfahrenheit zurück in die lebendige Gemeinschaft, gibt ihm das Bewußtsein, als nützliches Glied in einem größeren Ganzen zu wirken und schützt ihn vor der Erdrückung durch das Monopol. Hierin liegt der tiefere Grund, warum mit der Erstarkung des beweglichen Eigentums, mit der fortschreitenden Arbeitsteilung, mit der Entfesselung der Arbeit und des Kapitals allenthalben auch das Aufleben des schöpferischen und versöhnenden Genossenschaftsgeistes zusammenhängt." Die Assoziation, welche „mit den gemeinsamen Zwecken der Arbeit und Ökonomie auch die freie Tätigkeit für Bildungszwecke, genossenschaftliche, gesellige, humanitäre Beziehungen zur Voraussetzung hat, steigert ... vor allem die sittlichen und intellektuellen Kräfte der Menschen an und für sich und wirkt veredelnd und vergeistigend auf jede menschliche Arbeit zurück. Sie umgibt die einzelnen gleichsam mit einer gemeinsamen frischen Lebensluft und bietet ihnen gesunde Nahrung für Geist und Herz." — Es bedarf wenig Phantasie, sich die praktischen Folgen einer so weit verstandenen Genossenschaftsidee für die nationale Entwicklung vorzustellen.

[123] Posel z Prahy 1858/II, 178 f. — Šimáček schrieb, das Handwerk könne nur überleben, wenn es sich die Methodik der Fabrik zu eigen mache, welche „kaufmännisches Denken, Großkapitalien, Teilung der Arbeit und der Naturkräfte zur Hilfe ruft und dadurch große, ja riesige Erfolge erreicht. Denselben Weg muß auch der Handwerker schreiten. Auch er muß sich mit kaufmännischem Wesen befreunden, namentlich die nötigen Materialien kaufmännisch besorgen und die fertigen Erzeugnisse verschicken. Kaufmännisch Materialien besorgen heißt en gros und gleich an der Quelle kaufen, ohne sich auf den Zwischenhandel zu verlassen. Kaufmännisch seine Ware verkaufen heißt sie dorthin auszuführen, wo sie nötig ist und wo es keine gibt. Auch er muß seine Arbeit teilen, wenn es möglich ist, und deshalb muß er im Verein arbeiten ...".

[124] Posel z Prahy 1857/I, 211 ff.

[125] Šimáček wählte einmal das aktuelle Thema der Zuckerfabrikation, um die Vorzüge der Kapitalassoziation zu beleuchten: „Ich gebe Ihnen ein Beispiel, wie die Leute blind sind, wenn sie alles Neue verwerfen. Die Fabriken zur Zuckererzeugung aus Rüben sind eine neue Sache und der Hauptgrund dafür, daß der Zucker um den halben Preis wie vor zwanzig Jahren verkauft wird. Hunderte von Menschen finden dort Ernährung, von Taglöhnern bis zu Beamten. Der Bau bietet Maurern, Zimmerleuten, Steinbrucharbeitern, weiter Ziegelmachern, Dachdeckern, Schmieden, Maschinenherstellern usw. Arbeit. Die Felder, die zur Fabrik gehören, werden besser bestellt, nasse Böden getrocknet und so bietet sich den Landwirten die Gelegenheit, sich belehren zu lassen und die Vorteile einer perfekten Wirtschaft mit eigenen Augen zu sehen. (...) Durch Anhäufung der Menschen auf einer Stelle wird der Platz selbst wichtig, es lassen sich dort neue Hand-

Handwerksbetrieb[126] und die Gründung von Vorschußkassen[127]. Bewußt machte *Šimáček* Front gegen die antiwestliche, reaktionäre Zunftrestaurationsbewegung; in einer beredten Apologie des kapitalistischen Wirtschaftsmodells erklärte er den Konkurrenzegoismus, wenn er dem Gewerbe zugute komme, zu einer nationalen Tugend[128]. Als Motor der Handwerksreform versuchte Šimáček das tschechische Selbstbewußtsein zu mobilisieren: er schrieb über die glanzvolle Stellung des tschechischen Handwerks im Mittelalter[129] und machte sein Publikum mit den ersten erfolgreichen tschechischen Industriepionieren und Selfmademen bekannt[130]. Zugleich führte er einen ständigen publizistischen Feldzug gegen die Tendenz zur freiwilligen Germanisierung im tschechischen Bürgertum und Kleinbürgertum, die

werker, Kaufleute, Krämer usw. nieder, welche vorher nicht da waren. Die Leute berühren sich mehr, kommen mit Fremden zusammen und werden dadurch gebildet. (...) Was von diesen Fabriken gilt, gilt auch von anderen. »Aber wir können keine bauen.« Und warum? frage ich. Wenn sich von Ihnen fünfzig und hundert zusammentun, dann haben Sie eine Fabrik, Anbaufläche und alles, und Sie können auch Zucker sieden. Was einer nicht kann, gelingt dem Verein. Aber darin ist unser Unglück, daß wir uns nicht vereinen wollen, um unser Wohl zu sichern." (Posel z Prahy 1857/I, 32 f.) Drastisch polemisierte Šimáček gegen den Mangel an Initiative im tschechischen Kleinbürgertum: „Was? ruft mancher, wir sollen uns vereinen? Soll ich zu Havel oder zu Peter gehen, damit sie sich mit mir zum Betrieb eines Gewerbes zusammentun...? (...) Das ist mir unmöglich! Soll ich mich so erniedrigen, daß ich diesem armen Schlucker Vorschläge mache? (...) So wird mancher sprechen, wenn er auch weiß, daß er nur ein paar Groschen mehr hat als sein Nachbar. (...) Soll etwas geschehen, muß die kleinstädtische Großtuerei verschwinden; sie ist ein Hindernis für die gute Sache. Wir meinen, daß jeden dazu die Vernunft führen sollte, und wenn schon nicht der gute Wille und das Gefühl für die ganze menschliche Gesellschaft, so mindestens der eigene Gewinn." (Posel z Prahy 1857/I, 54 f.).

[126] Posel z Prahy 1858/I, 22 ff., 125 ff. u. 219 ff.; 1858/II, 38.

[127] S. oben S. 97 ff.

[128] „Aber der Egoismus, der ehrliche Mittel zur Erreichung seines Zieles, nämlich des Gewinnes überhaupt gebraucht, ist lobenswert, ja sogar tugendhaft — ja, wir nennen einen solchen Egoismus auch Patriotismus." (Posel z Prahy 1858/I, 40).

[129] Posel z Prahy 1858/I, 284 ff.; 1858/II, 263 ff. u. 335 ff. — Šimáček verschmähte es in diesem Zusammenhang bisweilen nicht, die zugkräftige — wenngleich objektiv falsche — Behauptung ins Spiel zu bringen, die böhmische Industrie befinde sich derzeit ausschließlich in a u s l ä n d i s c h e r Hand; freilich folgte die Spekulation auf massive nationale Ressentiments im „Posel" keinem System, sondern blieb vereinzelt (im folgenden Text wurde der besseren Verständlichkeit halber das Adjektiv „český" durchwegs mit „böhmisch" übersetzt): „Es ist wirklich eine bedauernswerte Sache, wenn wir unsere Industrie mit der ausländischen vergleichen! (...) Mancher wird nachdenken und vielleicht sagen: Ja, wo ist sie denn, die böhmische Industrie, die doch ebenso hohe Erträge haben soll wie alle anderen Länder der Monarchie zusammen? — Bitte lassen Sie sich nicht beirren. Das ist keine böhmische Industrie in Böhmen, es sind Deutsche, Engländer, die den Reichtum unseres Landes kennen und den billigen Preis der böhmischen Arbeitshände; sie kaufen sich in Böhmen ein und mit unserer Hilfe bauen sie hier ihre Industrie auf." (Posel z Prahy 1858/I, 199 f.).

[130] Zu diesen s. unten 157 ff. — Typisch für den Stil des „Posel" war der Enthusiasmus, mit dem Šimáček im Jahre 1858 die ersten tschechischen Maschinenaufschriften begrüßte, die auf der Prager Landmaschinenausstellung zu besichtigen waren (Posel z Prahy 1858/I, 420).

während der 50er Jahre eine nicht seltene Erscheinung war[131]. Schließlich stellte Šimáček im „Posel" auch die Verbindung zur kulturellen „Oberschicht" der nationalen Emanzipationsbewegung her: im 1858 aufflammenden Streit um die Echtheit der Königinhofer Handschrift berichtete der „Posel" ausführlich über den Streitfall und nahm selbstverständlich Partei für die tschechischen Honoratioren[132].

Mit *Šimáčeks* Tätigkeit wurde zum ersten Mal der Prozeß des Aufbaus einer kompletten tschechisch-nationalen Gesellschaft deutlich sichtbar, die ihr eigenes Prestige- und Loyalitätsgebäude quasi unter der Decke des österreichischen Staates errichtete; das handwerkliche Kleinbürgertum wurde zum Kernstück dieser Gesellschaft. Die Handwerkerbewegung, die am Ende der 70er Jahre in ganz Österreich erwachte, fand in Böhmen schon unter eindeutig nationalen Vorzeichen statt: mittelständische Forderungen waren fast identisch mit antideutscher Politik geworden[133].

---

[131] Vgl. H e l l e r : Z minulé doby II, 118 f. — Šimáček verhöhnte die Handwerker, die glaubten, durch deutsche Ladenschilder bessere Umsätze zu erzielen und mahnte zur Säuberung der gewerblichen Terminologie von Fremdwörtern (Posel z Prahy 1857/I, 320 u. 1858/II, 342). Ausführlich äußerte er sich im Frühjahr 1857: „Das allmächtige Deutsch ist doch nicht die Sprache, womit jeder, der sie lernt, sofort auch klüger und herrschaftlicher wird; wenn es so wäre, müßte der Deutsche gar nicht lernen, weil er schon deutsch kann. (...) Daß unsere deutschen Städte reicher sind als die tschechischen, wird kaum durch bloßes Deutsch sein. Wer nicht nachdenkt und nichts im Kopf hat, wird weder durch eine noch durch eine andere Sprache reich; würden die tschechischen Städte mit dem Geiste fortschreiten, stünden sie an besserem Platze. In uns selbst müssen wir den Grund der Armut und des Mangels suchen, nicht in der Sprache; in Schläfrigkeit, Apathie, Bequemlichkeit, Zersplitterung der Kräfte und des Kapitals, in dem Mangel an Vereinsindustrie und Vereinsgeschäften, in alten Bräuchen usw...." (Posel z Prahy 1857/I, 203 f.). — Päumann schrieb 1857 über den „Posel": „Bei der Darlegung dieser Raisonnements fehlt es nicht an Bespöttelungen der deutschen Sprache, des deutschen Unterrichts, des Lehrplanes und der deutsch redenden Böhmen, und um den Schein der Loyalität nicht einzubüßen, wird dem Leser bei jedem Anlasse auf das Nachdrücklichste ans Herz gelegt, daß die Errichtung böhmischer Schulen der ernste Wille des Gesetzgebers sei, und daß sich jede böhmische Gemeinde, welche es sich beifallen läßt, den Gelüsten einzelner Leute durch Errichtung einer deutschen Schule zu frönen, an der Nation, an der Menschheit und dem Kaiser arg versündige." (SÚA, PM 1850—54, 8/4/96:1 Päumann an Mecséry, 18. 6. 1857).

[132] Posel z Prahy 1858/II, 17 ff.

[133] W a e n t i g : Gewerbliche Mittelstandspolitik 101.

13. DIE INDUSTRIELLE REVOLUTION IN BÖHMEN

Aus naheliegenden Gründen ist die industrielle Revolution in Böhmen[1] von der neueren tschechischen Geschichtsschreibung erschöpfend behandelt worden; in geringerem Umfange indes ist bislang die Würdigung der Wechselwirkungen zwischen „Unterbau" und „Überbau" der Historie gediehen[2], wenn man es einmal in marxistischer Terminologie ausdrücken will. Einzig die Arbeiterbewegung ist in dieser Hinsicht bislang gründlich untersucht worden; es fehlt nicht an Versuchen, deren Entwicklung in genau kausale Beziehung zu den Phasen der industriellen Revolution zu setzen[3]. Läßt man dogmatische Formeln wie jene von der unbedingten Priorität der materiellen Umstände einmal beiseite, so bleibt die Aufgabe, den konkreten Wechselwirkungen zwischen Wirtschaft und Gesellschaft nachzugehen. Die vorliegende Arbeit, die das soziale Panorama des neoabsoluten Jahrzehnts erhellen möchte, kann deshalb einer gedrängten Beschreibung jenes Ausschnittes der industriellen Revolution, der in die Jahre von 1850 bis 1860 fällt, nicht entraten. Der Verfasser stützt sich dabei auf die zum Teil vorzüglichen Arbeiten der neueren tschechischen Historiographie; ältere Literatur und Quellen wurden herangezogen, wo damit der Zeitraum der 50er Jahre konkreter eingegrenzt werden konnte.

Nach 1848 überflügelten die böhmischen Länder alle anderen Teile der Monarchie in der Dynamik der wirtschaftlichen Entwicklung, Böhmen wurde zum industriellen Schwerpunkt Österreichs[4]. In Böhmen selbst verwandelte die stürmische Entfaltung der kapitalistischen Industrie binnen kurzer Zeit das ökonomische Gesicht des Landes; die dadurch bedingte Änderung der geographisch-ökonomischen Struktur veränderte in weniger als einem Menschenalter die Verteilung der sozialen, nationalen und politischen Gewichte. Das wirtschaftliche Gesicht Böhmens war im Vormärz noch bestimmt durch den auffälligen Gegensatz von Landesinnerem und Randgebieten. Die überwiegend deutschsprachigen nordwest- bis nordöstlichen *Manufakturgegenden* umschlossen ein überwiegend tschechischsprachiges *Agrargebiet*. Die sprachlichen Unterschiede fielen also weitgehend zusammen mit wirtschaftlichen; Mitte der 50er Jahre konnte man noch rückblickend von einer „allgemeine(n) Arbeitsteilung" sprechen, „bei welcher dem Tschechen vorzugsweise der Feldbau, dem Deutschen die Werkstätte der Industrie und der Bergbau ... zufiel"[5].

---

[1] Die umfassendste Untersuchung über die industrielle Revolution Böhmens im 19. Jahrhundert ist J. P u r š : Průmyslová revoluce v českých zemích. Prag 1960. (Englische Fassung: The Industrial Revolution in the Czech Lands. Historica 2 (1960) S. 183 ff.).

[2] Die demographische Entwicklung in ihren Zusammenhängen mit der industriellen Revolution untersucht L. K á r n í k o v á : Vývoj obyvatelstra.

[3] Vgl. Lit. unten 300 Anm. 1.

[4] P r i n z : Die böhmischen Länder 202 ff.

[5] S t a m m : Verhältnisse 58.

Der günstige Arbeitsmarkt[6] hatte Nordböhmen schon vor 1848 attraktiv gemacht für die aufstrebende Fabrikindustrie, welche sich im Vormärz stetig weiterentwickelte[7]. In der Epoche nach der Revolution erlebte sie nun ihre explosive Expansion[8], wodurch das Wirtschaftswachstum des ganzen Landes starke Impulse empfing. Die entscheidende Etappe dieses tiefgreifenden Wandlungsprozesses fällt in das Jahrzehnt des Neoabsolutismus. Erster sichtbarer Ausdruck der Veränderungen im ökonomischen Gefüge war die schrittweise Beseitigung des traditionellen Gegensatzes zwischen Landesinnerem und Randgebieten[9]. Eingeleitet wurden die Strukturveränderungen durch die nach 1848 rapide einsetzende Modernisierung der Produktionstechnik in einigen traditionellen Industriebranchen.

Die Öffnung des österreichischen Marktes für die westeuropäische Industrie wirkte dabei ebenso als Stimulans wie die allgemeine europäische Hochkonjunktur des nachrevolutionären Jahrzehnts.

In den nordböhmischen Gebieten mit ausgedehnter Textilproduktion, die als Haus- und Manufakturindustrie organisiert war und einen Großteil der Bevölkerung beschäftigte, fand in den 50er Jahren ein schneller Wechsel zugunsten der maschinellen Massenproduktion in Fabriken statt[10].

Voraussetzung des Gründungs- und Investitionsbooms der mechanisierten Industrie war die „soziale Aufbereitung"[11] der gewerblichen Bevölkerung, die durch den — schon im Vormärz weit fortgeschrittenen — Niedergang der handwerklichen Hausindustrie im Gefolge des Eindringens kapitalistischer Praktiken[12] stattgefunden

---

[6] S. unten 167 ff.

[7] K á r n í k o v á : Vývoj obyvatelstva 166.

[8] Ich folge in der Terminologie der einzelnen Phasen P u r š : Industrial Revolution 194.

[9] K á r n í k o v á : Vývoj obyvatelstva 137.

[10] Vgl. J. P u r š : K otázce průmyslové revoluce v hlavních odvětích textilního průmyslu v českých zemích [Zum Problem der industriellen Revolution in den wichtigsten Zweigen der Textilindustrie in den böhmischen Ländern]. ČSČH 2 (1954).

[11] „Wo überhaupt in dem ganzen großen Landstriche vom Fichtelgebirge bis zur Schneekoppe eine Fabrik errichtet worden ist, dort fand der Unternehmer von seinem Standpunkte sehr wertvolle Faktoren, nämlich eine Bevölkerung, die für geringen Lohn von früh bis auf die Nacht zu arbeiten gewohnt war, und die ebenfalls überall eingewurzelte Gewohnheit, daß sich die ganze Familie mit Einschluß der noch im zarten Alter stehenden Kinder an der Arbeit beteiligte." (B r a f : Studien 135).

[12] Es sei gestattet, zur Verdeutlichung der wirtschaftlich-finanziellen Struktur der nordböhmischen Hausindustrie einen kurzen Rückblick einzuschalten: Die Leinen- und Baumwollweberei war schon seit dem 18. Jahrhundert ein „freies", d. h. nicht an Zunftschranken gebundenes Gewerbe. Dieser Umstand hatte einen großen Andrang zur Folge; natürlicherweise wurde dadurch die Konkurrenz der Beschäftigten außerordentlich erhöht, wodurch wiederum die Stellung des Auftraggebers („Verlegers") gestärkt wurde. Die natürliche Folge war eine bis 1848 schon weit fortgeschrittene Abhängigkeit der Produzierenden vom Kapital, ja die Ausbildung eines Produktionsverfahrens, bei dem alle Merkmale der kapitalistischen Massenproduktion, mit Ausnahme der Konzentration an einem Ort (Fabrik) und der Technisierung, erfüllt waren. Pisling bezeichnete in der Mitte der 50er Jahre das Verlagswesen als eine auf tausende von Hütten verteilte Fabrik (Nationalökonomische Briefe 76). S c h w i e d l a n d gibt ein vorzügliches Bild der Verhältnisse im Verlagsgeschäft: „Diese Verleger genießen alle Vorteile des eigenen Betriebes, ohne die Kosten eines solchen zu tragen, da doch der Meister das gesamte feste Produktivvermögen und selbst die Muster beibringt. Aber abgesehen davon, daß sie Zinsen

148

hatte. Die praktisch unbegrenzt billigen Arbeitskräfte ermöglichten hohe Unternehmergewinne und erlaubten dem Anlagewilligen daher rasch aufeinanderfolgende Neuinvestitionen. Um einen Begriff der Voraussetzungen auf dem Arbeitsmarkt zu geben, die Nordböhmen als idealen Fabrikstandort prädestinierten, muß auch auf die Folgen der in einzelnen Textilbranchen bereits fortgeschrittenen Mechanisierung verwiesen werden: Zwischen 1840 und 1860 verschwanden Flachsspinnerei und Baumwollspinnerei als Hausgewerbe; im Jahrzehnt nach der Revolution wurde die Spinnerei zur alleinigen Domäne der mit Dampfkraft arbeitenden Fabrikindustrie[13].

Die freigesetzte Arbeitskraft strömte teils in die neu errichteten Fabriken, teils in die auch in den 50er Jahren neben der mechanisierten Industrie noch handwerklich gebliebenen Teile der Leinen- und Baumwollproduktion. Diese erlebte daher eine weitere Verschlechterung der Lohnbedingungen durch das Überangebot an Arbeitskräften. Das Verlagssystem hatte kein Interesse an der fixen Investition von Kapital. Die Folge war, daß trotz fortschreitenden Verfalls z. B. die Leinenweberei bis in die 70er Jahre ein rein handwerkliches Hausgewerbe blieb; gegen die Konkurrenz auf dem Markt behauptete sich der Verleger nicht durch Produktivitätssteigerung, sondern durch Lohndruck[14].

Die Entwicklungstendenzen der Baumwoll- und Wollweberei waren weniger einheitlich. Im Zuge des Aufschwungs nach 1850 vollzog sich zunächst eine stürmische Mechanisierung der — übermäßig lange als Handwerk überlebenden — Baumwollweberei[15]. Der neoabsolute Staat unterstützte die Mechanisierungstendenz mit Nachdruck, um die rückständige Industrie Österreichs nach und nach zu einem brauchbaren Instrument wirtschaftlicher Großmachtpolitik zu machen. Nachdem der Bezug westeuropäischer Maschinen schon durch die Senkung der Zollschranken zu Beginn des Jahrzehnts erleichtert worden war, fielen im Jahre 1857 auf eine kaiserliche Enquete hin die Einfuhrzölle auf alle Investitionsmaschinen fort[16]. Der mühelose Bezug — zusammen mit der gegen Mitte des Jahrzehnts einsetzenden

---

und Amortisationsquoten und die Leitung eines Betriebes ersparen, sparen sie gewissermaßen auch am Arbeitslohn, da die Meister, welche das Betriebsrisiko allein tragen und in sehr wenig vermöglichen Verhältnissen sind, sich, um nur beschäftigt zu sein, die Erzeugnisse ungemein wohlfeil abdrücken lassen." (Kleingewerbe und Hausindustrie I/81). — In Nordböhmen wurde das Verlagsgeschäft teils von Spekulationskapitalisten, teils von Spinnereien und Garnlieferanten betrieben, da Mitte des Jahrhunderts die Hausweber kaum mehr in der Lage waren, die Rohmaterialien selbst anzukaufen. Noch vor der Konkurrenz durch die Mechanisierung waren also die Hausindustriellen durch die Expansion des Handelskapitals zu total Abhängigen des Verlegers geworden, eine Voraussetzung, die sie dann zur Ausbeutung durch die neue Fabrikindustrie prädestinierte (Vgl. dazu B r a f : Studien 123).

[13] B r a f : Studien 116 ff. — P u r š : Industrial Revolution 214 f. — Vgl. auch Anhang 341 f.

[14] P u r š : Industrial Revolution 216. — K á r n í k o v á : Vývoj obyvatelstva 169 f. — K u t n a r : Sociální otázka.

[15] Die Prager Handelskammer stellte in ihrer Sitzung vom 9. 2. 1856 fest, daß die billigen Arbeitslöhne und das Prohibitivsystem die Mechanisierung in Böhmen bis 1848 verzögert hätten (Verhandlungen Handelskammer Prag 317).

[16] Ebenda 381

Produktion konkurrenzfähiger Dampfmaschinen in Böhmen[17] selbst — trieb daher die Mechanisierung schnell vorwärts. Die industrielle Revolution, verspätet einbrechend, zeigte ihre Wirkung umso unbarmherziger. Bereits zu Beginn der 50er Jahre erdrückte die Konkurrenz der großen Baumwollfabriken in Tetschen, Tannwald und Reichenberg die Existenzgrundlage ganzer Landstriche mit tausenden von Webern, die als Zulieferanten von Druckereien oder im Kontakt mit Spinnfabriken arbeiteten[18]. In Reichenberg, dem Zentrum der handwerklichen Wollindustrie hingegen, kämpfte das (bis zur Verkündung der Gewerbefreiheit i. J. 1859) zünftisch organisierte Tuchgewerbe einen zähen Kampf gegen die Zerstörung seiner alten Verfassung durch kapitalistische Konzentrationsentwicklungen, freilich mit schwindendem Erfolg[19]. Auch im Baumwolldruck — dem bedeutendsten Zweig der Textilveredelung in Böhmen — mit dem Zentrum in und um Prag — wurde das Handdruckverfahren und mit ihm die Manufakturorganisation der Produktion schrittweise bis zum Ende der 50er Jahre durch das maschinelle Verfahren ersetzt[20].

Neben Spinnerei und Weberei erlebten auch die mehr lokal verbreiteten Branchen der Hausindustrie nach 1848 einen Abstieg: die westböhmische Strumpfwirkerei mußte maschineller Produktion weichen[21]; die Spitzenerzeugung des Erzgebirges wurde durch den Anschluß Österreichs an den Weltmarkt und durch Verlagshandel ruiniert[22].

Die industrielle Revolution in der Textilproduktion hat das Gesicht Nordböhmens nicht entscheidend gewandelt. Einzig Reichenberg wurde durch den raschen Erfolg der Konzentration mechanisierter Massenfabrikation zur „Hauptstadt" der nordböhmischen Industrie, freilich nicht eine Großstadt im eigentlichen Sinn des Wortes. Ansonsten blieb die Industrie verteilt auf eine Unzahl von Fabrikdörfern und auf mittelgroße, kontinuierlich wachsende Fabrikstädtchen[23].

Die mittelböhmische Industrieregion verdankte ihre Entfaltung nach 1848 im wesentlichen folgenden Faktoren: Investitions- und Modernisierungswelle in der nordböhmische Industrie und der Ausbau des österreichischen Eisenbahnnetzes förderten die Expansion von Maschinenbau, Schwer- und Montanindustrie. Bevölkerungsvermehrung und Zunahme der nicht-agrarischen, d. h. der sich nicht selbst versorgenden Schichten als Folge von Grundentlastung und Industrialisierung wirkten als Antrieb bei der Entstehung der landwirtschaftlichen Industrie. Die Lage der Rohstoffe (Kohle, Erz, Agrarprodukte) stellte die mittelböhmische Region in den Vordergrund der Entwicklung. Mit der Modernisierung der Pro-

---

[17] S. unten 151 Anm. 24.
[18] K á r n í k o v á : Vývoj obyvatelstva 170.
[19] B r a f : Studien 131 f. — Vgl. auch I. G r u n z e l : Die Reichenberger Tuchindustrie in ihrer Entwicklung vom zünftigen Handwerk zur modernen Großindustrie (Beiträge z. Gesch. d. dt. Industrie in Böhmen V). Prag 1898. — W. H a w e l k a : Geschichte des Kleingewerbes und Verlages in der Reichenberger Tucherzeugung. Reichenberg 1932.
[20] P u r š : Industrial Revoluition 201.
[21] B r a f : Studien 134.
[22] M. D o r m i z e r — E. S c h e b e k : Die Erwerbsverhältnisse im böhmischen Erzgebirge. Prag 1862, S. 199.
[23] Vgl. statistische Daten im Anhang 342.

duktionsverfahren ergaben sich aber auch neue Gesichtspunkte für die Wahl des Standortes: die Einführung der Dampfmaschine[24] machte unabhängig von den Wasserstraßen im Gebirge, drängte aber in die Nähe der Rohstoffe. Die fortgeschrittene verkehrstechnische Erschließung Mittelböhmens (Eisenbahnverbindung Preußen—Wien über Prag 1851) wirkte in gleicher Richtung. Gleichsam in einer Art von Kettenreaktion haben sich daher nach 1848 Ausbau der Schlüsselindustrien und Ansiedlung neuer Industriezweige wechselseitig angetrieben[25]. Aus dem agrarischen Herz Böhmens wurde nach der Jahrhundertmitte ein mobiles, seine Struktur laufend veränderndes Gebiet. Der Übergangsprozeß zeitigte die typischen Erscheinungen: die Bevölkerungsdichte nahm rapide zu, durch Binnenwanderung und Verstädterung wurde aus Mittelböhmen eine mit dem Kristallisationskern Prag in ökonomischer und sozialer Beziehung kommunizierende Industrielandschaft.

Die sprunghaft ansteigende Nachfrage nach Kohle und Erz stimulierte das Interesse der Wirtschaftskräfte am Montangeschäft gewaltig. Kohlenpreise und Erlöse stiegen nach 1850 enorm[26]. In unmittelbarer Nähe von Prag entstand das Revier von Kladno, das zum leistungsfähigsten Montangebiet der Monarchie werden sollte. Seit 1856 war Kladno durch eine Eisenbahnlinie mit Prag verbunden. Auch die Montangebiete um Pilsen und das westböhmische Braunkohlenrevier (Saaz, Brüx, Dux) expandierten nach 1850 rasch[27]. Die Aussig-Teplitzer-Bahn, die das westböhmische Revier mit der Prag-Dresdner-Bahn und dem Elbeverkehr verband, wurde 1858 fertiggestellt; die Strecke Prag—Pilsen wurde 1862 eröffnet. Bei den Kohlenlagern um Prag und im Pilsener Gebiet entstanden auch die Zentren moderner Eisenindustrie[28]. Wesentlichen Anteil und Profit am Aufstieg von Montan- und Hüttenindustrie hatte der böhmische Hochadel[29]; neben ihm engagierte sich auch Wiener und westeuropäisches Bankkapital an der industriellen Erschließung Mittelböhmens.

---

[24] Vgl. J. P u r š : Použití parních strojů v průmyslu v českých zemích v období do nástupu imperialismu. [Die Verwendung von Dampfmaschinen in der Industrie der böhmischen Länder bis zum Beginn des Imperialismus]. ČSČH 2 (1954) u. 4 (1955).

[25] K á r n í k o v á : Vývoj obyvatelstva 123.

[26] S. Anhang 343.

[27] Vgl. L. K á r n í k o v á : Vývoj uhelného průmyslu v českých zemích [Die Entwicklung der Kohlenindustrie in den böhmischen Ländern]. Prag 1960, S. 93 ff.

[28] Vgl. I. H r a b á k : Zelezářství v Čechách jindy a nyní [Die Eisenindustrie in Böhmen einst und jetzt]. Prag 1909. — Zur Entwicklung der Eisenindustrie im Revier Kladno vgl. Sto let Kladenských železáren [Hundert Jahre Eisenwerke Kladno]. Prag 1960. — Die Hauptbeteiligten am Kladnoer Revier waren die kaiserlichen Privatwerke, die Prager Eisenindustriegesellschaft und die österr. Staatseisenbahngesellschaft („Crédit Mobilier" + Wiener Bankkapital).

[29] Im Pilsner Revier waren folgende Adelsfamilien als Montan- bzw. Hüttenunternehmer tätig: Die Grafen Sternberg, Waldstein, Wurmbrand, Kolowrat-Krakowsky, Wrbna, die Fürsten Metternich, Trautmannsdorf, Auersperg, Thurn-Taxis und die Freiherrn Riese-Stallburg und Dobřenský (Jahresbericht der Handelskammer Pilsen ... für 1856. Prag 1857, S. 17 ff.). Im Kladnoer Revier besaßen die Fürsten Fürstenberg große Montanunternehmen, im westböhmischen Braunkohlengebiet die Grafen Nostitz und Westphalen. (Vgl. K á r n í k o v á : Vývoj uhelního průmyslu, S. 161 f.).

Die Mechanisierung von Bergbau, Industrie und Landwirtschaft und der Eisenbahnbau machten Prag zum zweitgrößten Maschinenbauzentrum (nach Wien) der Monarchie[30]. Industriezulieferung und Bevölkerungskonzentration zogen auch die vielfältigen Manufakturen und Spezialgewerbe Prags in den Sog der Expansionsdynamik; am Ende des Jahrzehnts nach 1850 war Prag eine moderne Industriegroßstadt geworden.

Die Expansion der Schwerindustrie machte die neuen Gebiete zu einem Magnet, der die industrielle Reserve-Armee des ganzen Landes anzog; aus dem Flecken Kladno z. B., der 1845 noch aus ca. 100 Häusern bestanden hatte, wurde binnen eines Jahrzehnts eine Stadt von rund 10 000 Einwohnern[31]. In den so entstehenden Zentren mobiler Massenbevölkerung sammelten sich depossedierte Handwerker, Kleinbauern und Häusler, die ihre Existenz verloren hatten[32]. Die stürmische Zuwanderung wurde erstmals in der Volkszählung von 1857 sichtbar; die Schlüsselgebiete der neuen Industrien (Prag und das Kladnoer Revier) wiesen 44 % mehr „Anwesende" als Gebürtige (Ortszuständige) auf[33].

Auch das nordwestböhmische Montangebiet (Aussig—Dux—Brüx etc.) erlebte während der 50er Jahre eine ständige Zuwanderung, die durch die Bahnarbeiten an der Aussig-Teplitzer Bahn nach der Mitte des Jahrzehnts wesentlich stimuliert wurde[34].

Bedeutungsvoll für die spätere politische Entwicklung sollte die Verwandlung Prags aus einer österreichischen Provinzstadt in eine industrielle Großstadt von europäischen Dimensionen werden, ein Prozeß, der sich nach 1848 sehr rasch anbahnte. Für die Veränderung des nationalen Gesichts der böhmischen Hauptstadt war es vor allem wichtig, daß das umliegende Land in einem rapiden Prozeß verstädterte und so die Stadt gleichsam von außen nach innen wuchs. In den Vorstädten Prags entwickelte sich eine ungleich heftigere Dynamik der Bevölkerungskonzentration als in der Innenstadt[35]; binnen eines Jahrzehnts wurde die 1848 noch wesentlich deutsch bestimmte Innenstadt zu einer Insel, die von einem immer enger werdenden Ring von Ballungszentren tschechischer Bevölkerung eingeschnürt wurde. In den verstädternden Landgemeinden um Prag baute sich in den Jahren der politischen Windstille das tschechische Wirtschaftsbürgertum starke ökonomische und politische Stellungen aus. Die Wertsteigerung von Grund und Boden kam vor allem den ansässigen Großbauern zugute; ihnen und jenem Teil der Gewerbe, der von der Wirtschaftsentwicklung profitierte (Nahrungsmittelgewerbe, Industriezulieferer), war überdies durch das *Stadion*sche Gemeindegesetz

---

[30] Vgl. P. V r b o v á : Hlavní otázky vzniku a vývoje českého strojírenství do roku 1918 [Hauptfragen der Entstehung und Entwicklung des böhmischen Maschinenbaus bis zum Jahre 1918]. Prag 1959, S. 55 ff. — Im Jahre 1848 hatte es in Böhmen 7 Maschinenfabriken gegeben, 1859 waren es bereits 17 (Die Großindustrie Österreichs. Festgabe zum glorreichen fünfzigjährigen Regierungsjubiläum seiner Majestät des Kaisers Franz Joseph I. Dargebracht von den Industriellen Österreichs. Bd. 3. Wien 1898, S. 23).

[31] S. Anhang 342.

[32] Vgl. K á r n í k o v á : Vývoj uhelního průmyslu 167 ff.

[33] K á r n í k o v á : Vývoj obyvatelstva 140.

[34] S. Anhang 342.

[35] Ebenda.

bedeutender Einfluß in der kommunalen Selbstverwaltung zugefallen. Wenn auch den Gemeindevertretungen während des Neoabsolutismus wenig politischer Spielraum blieb, so gab doch die Selbstverwaltung die Möglichkeit zur Arrondierung kommunaler Machtpositionen[36]. Andererseits sammelte sich in den Prager Vorstädten eine aus der Gebundenheit des ländlichen Sozialverbandes gerissene zugewanderte Massenbevölkerung, deren politisch-nationales Bewußtsein durch die Verflochtenheit mit den stürmischen sozialökonomischen Veränderungen mobilisiert werden mußte. 1860 nannte ein Beobachter die Prager Peripherie „radikal und ultranational"[37] Zur Verschärfung der sozial-nationalen Spannungen trug eine typische Begleiterscheinung der Umwandlung Prags zur Großstadt bei: Bereits in den 50er Jahren konnte die Bautätigkeit den Bedarf an Wohnraum bei weitem nicht decken[38]; nur die kapitalkräftigen Schichten wurden von der Wohnungsnot nicht betroffen. Die hervorragende ökonomische Position, welche die deutsch-jüdische Bevölkerung Prags innehatte, bewirkte, daß die Mißstimmung über die un-

---

[36] Bürgermeister von Karolinenthal war z. B. während der 50er Jahre der tschechisch-nationale Zinngießer Josef Götzl, der einer der ersten tschechischen „Gründer" wurde (S. unten 158). — Daß sich innerhalb der Kommunalvertretungen auch während des Neoabsolutismus schon ein demonstratives antihabsburgisches Nationalbewußtsein kundgab, beweist ein kleiner „Skandal", der den anläßlich der Vermählung des Kaisers im Jahre 1854 offiziell anberaumten Volksjubel störte: zur Gemeinderatssitzung der Gemeinde Karolinenthal, vermittels welcher über die würdige Ausstattung des Festes beraten werden sollte, erschien ein Teil der Gemeinderäte demonstrativ nicht. Die Liste der Berufe ist aufschlußreich für die Struktur der tschechischen Nationalbewegung während der 50er Jahre: Mencl (Kupfergießer), Schebek (Hausbesitzer), Polz (Lederhändler), Bursík (Handschuhmacher), Behr (Einzelhändler), Losos (Zunftmeister der Schneider), Bauseha (Kupferschmiedemeister). SÚA, PM 1850—54 1/1/48 Sacher-Masoch an Mecséry, 10. 5. 1854. — Symptomatisch erscheint es auch, daß der Bau einer repräsentativen Kirche für die Vorstadt Karolinenthal seit 1850 von dem Prager Priester Štulc, einem hervorragenden Vertreter der tschechischen Nationalbewegung propagiert wurde; sein Plan sah eine den Slawenaposteln Cyrill und Method (!) geweihte Kirche vor, die zum tausendjährigen Jubiläum der Slawenmission im Jahre 1862 eingeweiht werden sollte (F. Klutschak: Der Führer durch Prag. 7. Aufl. Prag 1857, S. 118).

[37] „Besonders die Kleinseite und ein Teil der Altstadt sind hinter der Gegenwart weit zurückgeblieben, während die Neustadt stets reicher, industrieller, gebildeter wird. Darnach unterscheidet sich auch Gesinnung und Nationalität, denn während die Kleinseite, die meist mit den Behörden zusammenhängt, deutsch und reaktionär ist, ist die Neustadt tschechisch, freisinnig, während in der Altstadt sich beide begegnen, und die Vorstädte sogar radikal und ultranational genannt werden." (Jan Palacký: Böhmische Skizzen 64).

[38] „Wie in anderen großen Städten, so macht sich auch in Prag ein fühlbarer Mangel an Wohnungen immer mehr bemerkbar; ebenso werden im verkehrten Verhältnis zu der Anzahl disponibler Wohnungen die Mietzinse immer höher. Die Ursachen dieser Erscheinungen sind teils allgemeiner, teils lokaler Natur. Zu den ersteren gehören die Zunahme der Bevölkerung überhaupt, die erhöhte Industrie und infolgedessen die Verwendung vieler bisher als Wohnungen benützten Lokalitäten zu Geschäftsetablissements aller Art..., die Zunahme des Luxus bei einzelnen Bewohnerklassen, endlich die verminderte Baulust infolge der leichteren Verwertung disponibler Kapitalien durch Ankauf von Staats- und industriellen Papieren..." (SÚA, PM 8/1/19:2 Nr. 2701 Päumann an Kempen 1. 10. 1857).

befriedigenden Zustände den kleinbürgerlichen Antisemitismus verstärkte[39], der, wie oben dargelegt, nicht ohne Rückwirkung auf das Verhältnis von Deutschen und Tschechen bleiben konnte.

Die Tatsache, daß sich die Tschechisierung Prags in den Vorstädten vollzog, während der deutsche Charakter der Innenstadt während der 50er Jahre noch weitgehend gewahrt blieb[40], hat bewirkt, daß das Prager Deutschtum die Veränderung der sozialen Landschaft nicht entsprechend registrierte.

Das Prager Deutschtum hinkte deshalb in seiner Einschätzung der nationalen Verhältnisse lange hinter der Entwicklung her und täuschte sich über die Veränderung der Machtverhältnisse[41]. Auch nach 1860 dachte man daher vielfach noch im Rahmen der provinzstädtischen Welt von 1848, wo die ersten Demonstrationen tschechischen Selbstbewußtseins dem deutschen Bürgertum als „Maskerade" bisher als deutsch angesehener Mitbürger lächerlich erschienen war[42]. Selbst wenn man sich bewußt war, daß die Industrialisierung das Bild Böhmens grundlegend wandelte, konnte der Blick auf die vordergründige „Verwestlichung" der Wirtschaft zu Fehlprognosen in der nationalen Frage verleiten; Pisling, sonst ein scharfsichtiger Beobachter, glaubte noch zu Beginn der 60er Jahre, die Europäisierung der wirtschaftlichen Entwicklung werde nationale Quereleien vom Tisch fegen und Böhmen in kurzer Zeit germanisieren[43].

Ebenso wichtig wie Schwer- und Maschinenindustrie wurde für die Verwandlung Innerböhmens die Entstehung einer hochleistungsfähigen landwirtschaftlichen Industrie, die ihre Basis in der modernen Landwirtschaft hatte[44]. Aus der Vielzahl der Zweige dieser Industrie seien die drei wichtigsten stellvertretend kurz beleuchtet: Schon in der ersten Jahrunderthälfte war dem traditionell tschechischen Mühlengewerbe eine starke Position zugefallen, es hatte eine Konjunktur erlebt, die in den Ansätzen schon die Basis für ein wirtschaftskräftiges tschechisches Bürgertum geliefert hatte. Die herkömmlichen, handwerklich betriebenen Mühlen waren jedoch auf die Dauer nicht imstande, den Mehrbedarf zu produzieren. In den 40er Jahren entstand in Prag die erste moderne Dampfmühle auf Aktienbasis[45]; nach 1848 nahm die Mühlenindustrie in der Nähe der industriellen Zentren einen schnel-

---

[39] Ebenda Päumann an Kempen 1. 10. 1857. Der Polizeipräsident schrieb, die Prager Juden hätten nach 1848 durch Bezahlung von Überpreisen die besten Wohnungen und Läden an sich gerissen, woraus der Haß der übrigen Bevölkerung entstanden sei, „der unter gegebenen Umständen leicht zu Exzessen führen" könne.

[40] H e l l e r : Z minulé doby II/116 ff.

[41] 1862 berichtete der böhmische Statthalter an Schmerling: „Das deutsche Element in Prag ist nur in den höheren gesellschaftlichen Kreisen von Bedeutung, der Bevölkerung gegenüber aber ohne allen Einfluß. Zudem sind die Stimmführer nur schwer aus ihrer Passivität zu bringen und zum aktiven Vorgehen nur dann zu bewegen, wenn der Boden unter den Füßen einzubrechen beginnt." (SÚA, PMT/F 17, Statthalter an Schmerling, s. d. 1862).

[42] M e i ß n e r : Geschichte meines Lebens II/45 ff.

[43] So der Tenor von Pislings anonym erschienener Broschüre: Germanisierung oder Tschechisierung. Zu Pisling s. unten 216 ff.

[44] Vgl. P r i n z : Die böhmischen Länder 203; H a v r á n e k : Die ökonomische und politische Lage; T o b o l k a : Das böhmische Volk 200 ff.; Geschichte der österreichischen Land- und Forstwirtschaft und ihrer Industrien 1848—1898. Wien 1899.

[45] P u r š : Industrial Revolution 228.

len Aufschwung[46]. Der Konzentrationsprozeß wurde auch von der Bürokratie lebhaft gefördert, weil sie auf diese Weise die schier unaufhaltsame Verteuerung der Grundnahrungsmittel aufhalten zu können glaubte[47]. Indes ritten zünftisches Nahrungsmittelgewerbe und industrialisierte Mehlproduktion einträchtig auf der Teuerungswelle mit, so daß die Konjunktur der 50er Jahre sowohl der Großproduktion wie auch einem Teil des tschechischen Handwerks zu Kapitalakkumulation und Stärkung der wirtschaftlichen Stellung verhalf[48]. Zwar setzte die industrielle Gründerwelle des tschechischen Bürgertums erst mit den 60er Jahren ein, aber die finanzielle Voraussetzung dazu wurde noch im Jahrzehnt vorher geschaffen.

Einen ähnlichen Aufschwung nahm auch das von alters her in tschechischen Händen liegende Braugewerbe. Der schnell ansteigende Bierverbrauch bzw. -ausstoß während der 50er Jahre verbesserte die finanzielle Lage der Brauereiunternehmer entscheidend, so daß nach grundlegenden technologischen Neuerungen in den 60er Jahren sehr rasch die Umstellung auf eine moderne Nahrungsmittelindustrie vollzogen werden konnte[49].

Wichtigster Zweig der böhmischen Nahrungsmittelindustrie wurde nach 1848 die Zuckerfabrikation[50]. Vor 1848 war die Zuckergewinnung noch eine Art von Sekundärindustrie des Großgrundbesitzes gewesen. Die Folgen der Grundentlastung zwangen jedoch die ehemaligen Patrimonialherren, einen kapitalistischen Unternehmerstandpunkt einzunehmen und deshalb ein Interesse an großzügiger Zuckerfabrikation zu entwickeln; eine Vielzahl neuer Zuckerfabriken entstand daher nach 1848, alte wurden modernisiert[51]. Auch in diesen Produktionszweig hielt die Aktiengesellschaft, zuerst mit dem Kapital des Adels, ihren Einzug[52]. Die Zuckerhausse

---

[46] Jahresbericht der Handelskammer Pilsen ... für 1856, S. 62. — Bericht der Handelskammer Reichenberg 1857—1860, S. 141.

[47] S. unten 295.

[48] Die Prosperität des Mühlengewerbes drückt sich auch in den ungewöhnlich hohen Löhnen für die Mühlenfacharbeiter aus: während der 50er Jahre stieg der Taglohn der Müllergesellen bis auf 1 fl 10 kr. (Benedikt: Schoeller 111).

[49] Der Bierausstoß in Böhmen vermehrte sich zwischen 1850 und 1865 um mehr als 53 % (Přehled československých dějin II/1, 169). Vgl. auch die Details an einem Einzelfall, der Pilsner Bierproduktion. Auch hier, wie in der Mühlenindustrie, sind die hohen Löhne ein Indiz für den Aufstieg der Branche; ein Brauereifacharbeiter verdiente während der 50er Jahre zwischen 18 und 20 fl Monatslohn. In der Pilsner Bierindustrie begann man im Jahre 1857 mit der Verwendung von Dampfmaschinen. Bezeichnenderweise blieb die Wirtschaftskrise von 1857—59 ohne jede Nachwirkung auf die Brauindustrie (vgl. Bürgerliches Brauhaus in Pilsen 126, 130 u. 150 ff.).

[50] Vgl. J. D. Diviš: Beiträge z. Gesch. d. Zuckerindustrie in Böhmen. Kolín 1891; E. Eckert: Cukrovarnictví [Zuckerindustrie]. Prag 1873; O. Říha: Počátky českého cukrovarnictví [Anfänge der böhmischen Zuckerindustrie]. Prag 1940; K. C. Neumann: Nástin dějin průmyslu cukrovarnického v Čechách [Abriß der Geschichte der Zuckerindustrie in Böhmen]. Prag 1891.

[51] Diviš: Beiträge 113 ff.

[52] Ein typisches Beispiel für eine adelige Aktiengesellschaft ist ein im SÚA erhaltener Gesellschaftervertrag vom 25. 5. 1852:

Gründer (1849):	
Mathias von Riese-Stallburg	30 000
Maria Freiin Coudenhove	27 000
Adolf Gf. Ledebour-Wicheln	37 000

beschleunigte die Entwicklung neuer Produktionsverfahren, so daß bis zum Ende des Jahrzehnts die Kapazität für eine vollständige Belieferung des böhmischen Marktes ausgebaut werden konnte[53].

Die Verwandlung der agrarischen Landesteile in agrarisch-industrielle traf nicht alle Kreise Böhmens gleichmäßig, sondern schuf Schwerpunkte der Expansion von Bevölkerungsdichte und Industrialisierung. Neben stagnierenden, rein landwirtschaftlichen Gebieten entfalteten sich wirtschaftlich und sozial unerhört expansive Kreise mit reich entwickelter Agrarindustrie. Besonders „progressiv" war das gesamte Gebiet des weiteren Elbetals, also die Gebiete um Königgrätz, Pardubitz, Chrudim, Mělník, Schlan, Leitmeritz und Roudnice, desgleichen die Gebiete um Jičín und Jungbunzlau — also die nördliche Mitte Böhmens[54]. Die verkehrstechnisch ungünstig gelegenen Agrargebiete im Süden des Landes, wo der adelige Großgrundbesitz vorherrschte, erlebten hingegen eine weit geringere Industrialisierung und zusammenhängend damit eine namhafte Abwanderung[55].

Wilhelm Frhr. Ottilienfeld	21 000
Werner Friedr. v. Riese-Stallburg	56 000
Salomon Huber,	22 000
C. F. Breitfeld u. Maschinenfabrikanten	21 000
D. Evans	
Später hinzugekommen:	
Maria u. Karoline v. Leonhardy	5 000
Friedr. Frhr. v. Knorr	2 000
Hermann Frhr. v. Leonhardy	1 000
Viktor Frhr. v. Coudenhove	10 000
Adele Gf. Swerts-Sporck	1 000
Karl Fürst Lobkovitz	2 000
Wilhelm Gf. Klebelsberg	2 000
Auguste Fr. Riese-Stallburg	1 000
Fabriksdirektor O. Baumann	5 000
Gertrude Fr. v. Leonhardy	10 000

(SÚA, PM 1850—54 8/5/5 fasz. B).

[53] P u r š : Industrial Revolution 226.
[54] K á r n í k o v á : Vývoj obyvatelstva 162.
[55] S. unten 178.

14 . ZUR FRÜHGESCHICHTE DES TSCHECHISCHEN INDUSTRIEBÜRGERTUMS

Die hochspezialisierte landwirtschaftliche Industrie sollte in der 2. Hälfte des Jahrhunderts zur eigentlichen ökonomischen Bastion der bürgerlichen tschechischen Nationalbewegung werden; ihre Entfaltung war der Motor zur Bildung tschechischen Wirtschaftskapitals und tschechischer Banken. Die dann im letzten Drittel des Jahrhunderts vollzogene Formierung eines sich selbstbewußt als Instrument nationaler Macht verstehenden tschechischen Kapitals machte eine Selbständigkeit gegenüber der — politisch verstandenen — Wirtschaftsmacht des deutschen bzw. ausländischen Kapitals erstmals in Ansätzen möglich. Die Ausbildung *tschechischer Kapitalmacht* wurde zu einem der wichtigsten Ecksteine im Gebäude der kompletten ökonomischen und politischen Substruktur, welche die Tschechen innerhalb der Monarchie bis zum 1. Weltkrieg errichteten; nach dem Zerfall des österreichischen Staates konnte daraus ohne große Übergangsschwierigkeiten der neue tschechische Staat werden. Angesichts der großen Bedeutung dieses Prozesses lohnt es sich, einen Blick auf die bescheidene „Prähistorie" des tschechischen Wirtschaftsbürgertums in den 50er Jahren zu werfen.

Schon der Aufschwung der Mühlenindustrie im Vormärz hatte den Müllern, den wirtschaftlich beweglichsten Vertretern der ländlichen Gewerbe, eine starke Position verschafft[1]. Die erste Generation des politisch aktiven tschechischen Bürgertums kam in vielen Fällen aus reichen Müllerfamilien; die tschechischen Politiker *Rieger, Trojan, Strohbach* und *Vávra-Haštalský* waren Müllerssöhne.

Bereits vor 1848 war die Müllerzunft als eine „nationale" Gewerbekorporation bekannt[2]; während der Reaktionsjahre nach 1849 waren besonders die Prager Müller Stützen der tschechischen Nationalbewegung[3]. Waren die Müller vor 1848 zu hervorragenden Vertretern der typischen tschechischen „Dorfbourgeoisie" geworden, die durch den sozusagen „klassischen" sozialen Aufstieg der Söhne zu Akademikern

---

[1] H a v r á n e k : Die ökonomische und politische Lage 97.

[2] M a l ý : Znovuzrození III/66. — Rieger und Strohbach begannen im Jahre 1846 mit der Unterstützung der Prager Müller- und Brauerzunft ihre Aktion zur Gründung eines böhmischen Nationaltheaters. Neben Müllern und Brauern waren noch die Zunft der Bäcker, Metzger und Holzhändler als Anhänger der nationalen Idee bekannt.

[3] Der von P r i n z publizierte Geheimbericht von 1851 hebt besonders die „zwar geldreichen, aber geistes- und bildungsarmen Prager Müller, Brauer, Bäcker, Fleischhacker, Holzhändler" als renitente tschechische Nationalisten hervor (Prag und Wien 163). — Die konfidentiellen Erhebungen von 1857 (PPT 1857/27 Über revolutionäre Stimmung auf dem tschechischen Land) verzeichneten besonders Müller als radikale tschechische Nationale. — Der tschechische Radikaldemokrat Emanuel Arnold wurde nach seiner Entlassung aus der wegen Hochverrats verbüßten Haft (Maiverschwörung 1849) von dem Mühlenbesitzer Rziha und dem Kunstmühlenbauer Káš finanziell unterstützt (SÚA, PMT C 7 Päumann an Mecséry, 5. 2. 1858).

in den Städten Fuß faßte, so wurde auch das Eindringen der neuzeitlichen, zum Teil auf Aktienbasis fundierten „amerikanischen" Dampfmühlen für die soziale Stellung der tschechischen Angehörigen des Gewerbes nicht nachteilig: die Mühlenindustrie war, welcher Herkunft ihr Kapital auch sein mochte, auf die Mitarbeit von mühlentechnisch vorgebildeten Fachleuten angewiesen, die naturgemäß meist aus der traditionellen handwerklichen Müllerei kamen. Dieser Umstand räumte den jungen tschechischen Fachkräften aus dem ländlichen Bürgertum nach 1848 bedeutende Aufstiegschancen ein; über die qualifizierte Dienstleistung führte der Weg zur finanziellen Beteiligung und schließlich zur Selbständigkeit des tschechischen Kapitals. Es sollte dabei entscheidend sein, daß auf Gewinnmaximierung bedachte industrielle Unternehmen dazu tendieren, den Fachmann allein nach der Qualifikation auszuwählen. Durch diesen, im polizeitstaatlichen Klima der 50er Jahre überaus bedeutsamen Umstand, blieb es manchem radikal nationalen Tschechen erspart, die vielfach demütigenden Konzessionen an die herrschende politische Atmosphäre zu machen, zu der gerade die kleinbürgerliche Intelligenz philologisch-philosophischer Profession gezwungen wurde, falls sie nicht den Beruf wechseln wollte. Die Anpassung — und die damit oft nicht vermeidbare vorläufige Desorientierung des Selbstbewußtseins — an die deutsch geprägte gesellschaftliche Oberschicht entfiel für den technologisch qualifizierten Fachmann, der den beruflichen und finanziellen Aufstieg nicht mit der Preisgabe des nationalen Bewußtseins erkaufen mußte. Das Unternehmen der Prager Dampfmühlengesellschaft in Smíchov und Lobositz wurde so schon in den 50er Jahren zu einer für die Polizei verschlossenen Bastion des radikalen tschechischen Nationalismus[4].

Auch das Braugewerbe war ein Ausgangspunkt für den ökonomischen Aufstieg des tschechischen Wirtschaftsbürgertums; so kam beispielsweise der Gründer der ersten tschechischen Maschinenfabrik, *Daněk*, aus einer Brauerfamilie[5]. Die relativ

---

[4] Anfang 1854 kam der Statthalterei zu Ohren, in der Dampfmühle in Lobositz existiere ein „Roter Bund" mit dem Zweck der „Verbreitung des Tschechismus und Ausrottung des Deutschtums". Die konfidentiellen Erhebungen ergaben, daß die Belegschaft der Dampfmühle in Lobositz überwiegend aus ehemaligen Mitgliedern der „Slovanská lípa" bestand, und daß die Verabredungen des aktiven Kerns der Angestellten „die Entfernung aller Arbeiter deutscher Nationalität aus der Lobositzer Dampfmühle zum Gegenstand habe". Tatsächlich waren bereits mehrere deutsche Arbeiter unter dem Druck der tschechischen Arbeiter entlassen worden. Der Direktor der Smíchover Dampfmühle, deren Belegschaft in vielfacher Verbindung zu jener in Lobositz stand, war der Tscheche Ignaz Korda, ein im Pfingstaufstand 1848 schwer kompromittierter Mann (Leiter der Pulververteilung unter den Aufständischen). Nach 1848 hatte er eine Reihe von kriegsrechtlich verfolgten Arbeitern in der Dampfmühle unterschlüpfen lassen. Polizeiliche Pressionen gegenüber Korda erschienen den Behörden zwecklos, da er vollkommen das Vertrauen der Leiter der Aktiengesellschaft besaß und für unentbehrlich gehalten wurde. Als bemerkenswert wurde seitens der Polizei registriert, daß die tschechisch-chauvinistische Klüngelei der Mühlenangestellten nicht mit den „Koryphäen" der tschechischen Nationalbewegung in Prag, d. h. mit dem politisch-kulturellen Kern der Bewegung, in Verbindung stand (SÚA P.P. R/3/40 und PMT L/1).

[5] Über Čeněk Daněk vgl. OSN 6 (1893) 943. Daněk (geb. 1827), zuerst Ingenieur in einer deutschen Maschinenfabrik Prags, gründete 1854 mit der Finanzhilfe des Karolinenthaler Bürgermeisters Josef Götzl eine Maschinenfabrik, die vor allem Zuckerfabriken und Montanbetriebe ausrüstete und einen raschen Aufschwung nahm (vgl. H o r s k á : Strojírenství 65). — Čeněk D.s Bruder Josef D. war ein namhafter tschechi-

hohen Löhne[6] öffneten während der permanenten Konjunktur des Braugewerbes auch dem unselbständigen Angestellten lockende Aufstiegsmöglichkeiten. Im sozialen Geflecht von Brauwirtschaft und dem damit oft zusammenhängenden Restaurationsgewerbe[7] erstarkte ein finanziell unabhängiger Nationalismus in allen Schattierungen der Radikalität[8]. Die Familie des in der Revolution von 1848 populären Demagogen Peter *Faster*[9] war ebenso in der Brauerei tätig wie der tschechische Mäzen Ferdinand *Fingerhut [Náprstek]*[10], der dank seiner wirtschaftlichen Unabhän-

---

scher Brauereispezialist. Er studierte kurz, gab aber die „philosophischen" Studien auf und wurde Brauer, später auch Fachpublizist. Seit 1868 betrieb er eine moderne Großlandwirtschaft in der Nähe von Chlumetz (Elbetal). Vgl. OSN 6 (1893) 943. — Der Vater der Daněk-Brüder war mit der tschechischen Schriftstellerin Božena Němcova befreundet; sein Neffe, also der Cousin der Daněks, war der bekannte tschechische Historiker Jaroslav Goll (F. K u b k a — M. N o v o t n ý : Božena Němcová. Prag 1941, S. 270).

[6] S. oben 123 Anm. 25.

[7] Auf die naheliegende, sozusagen „natürliche" Affinität von Gaststättengewerbe und nationaler Begeisterung braucht nicht eigens hingewiesen zu werden; lebt doch der Wirt — abgesehen von der Qualität seiner Dienstleistungen — zu einem Großteil von den irrationalen Sympathien seiner Kunden. Wie wichtig die Cafés und Gaststätten in einer Zeit des Versammlungsverbots für das Überwintern der nationalen Bewegung gewesen sind, war den Behörden des Neoabsolutismus wohlbekannt; sämtliche Restaurationen Prags sind denn auch während der 50er Jahre scharf überwacht worden.

[8] Zur Rolle der Brauer in der nationalen Bewegung vgl. oben 157 Anm. 3. — Der oben zitierte konfidentielle Bericht von 1857 157 Anm. 3) führt noch mehr Brauer und Brauereibesitzer als Müller als Vertreter des antihabsburgischen tschechischen Nationalismus auf. — Der Prager Bürgermeister der 50er Jahre, Wenzel Wanka, stammte aus einer national utraquistischen Brauerfamilie. Während Wanka zwischen den beiden Nationen zu vermitteln versuchte (vgl. W u r z b a c h 53 (1886) 64), unterstützte ein anderes Mitglied der Brauerfamilie Wanka während der 50er Jahre seinen Verwandten, den tschechischen Radikaldemokraten Hanke finanziell (SÚA, PM 1850—54 1/10/6). — Aus einer Brauerfamilie stammte auch der tschechische Nationalpolitiker Dr. Josef Podlipský (Světozor 1 (1867) S. 137.).

[9] Zur Familie Faster vgl. OSN 9 (1895) 36 f. u. W u r z b a c h 4 (1858) 152. — Peter Faster, Sohn eines Deutschen und einer tschechischen Mutter, wurde 1801 in Taus (Westböhmen) geboren. Er war gelernter Müller, betrieb aber seit 1840 in Prag ein Café, das zum Treffpunkt der tschechisch-nationalen Kreise wurde. Faster war Mitbegründer der „Měšt'anská beseda" und der tschechischen Gewerbeschule. Im Jahre 1848 stand er zusammen mit seiner Familie im Mittelpunkt der politischen Bewegung; er und seine Frau begannen auch mit dem demonstrativen Tragen der tschechischen „Nationaltracht". In den 50er Jahren verließ er Prag und betrieb auf dem Land eine Brauerei. Fasters Töchter waren Schauspielerinnen am tschechischen Theater, eine von ihnen heiratete den Sekretär des Böhmischen Museums V. B. Nebeský. Peter Fasters Sohn Kaspar F. war 1853 in die Schülerverschwörung der „Brüder der roten Fahne" verwickelt und wurde zum Tod verurteilt, später begnadigt, 1857 aus dem Gefängnis entlassen (vgl. J. P u r š : Jan Neruda a bratři červeného praporu [Jan Neruda u. d. Brüder der roten Fahne]. ČSCH 10 (1962) S. 469 ff.). Ein anderer Faster-Sohn stand, während er auf dem Lande bei Verwandten das Brauereigewerbe erlernte, 1858 mit den amnestierten Hochverrätern E. Arnold und K. Sabina (s. unten 231 ff.) in Verbindung (SÚA, PMT, C 7). — Über die weitläufigen verwandtschaftlichen Beziehungen der Faster-Familie mit der tschechisch-nationalen Bewegung vgl. M. S t ř e t t i o v a : O starých časech a dobrých lidech [Von alten Zeiten und braven Leuten]. Prag 1940.

[10] Über die Gebrüder Fingerhut vgl. OSN 17 (1901) 1036 f. — Ferdinand F. unterstützte während der 50er Jahre die Bemühungen um ein tschechischsprachiges Theater; 1858

gigkeit während der 50er Jahre Kollisionen mit den österreichischen Behörden nicht zu scheuen brauchte. Die Kutschen der reichen Prager Brauer erschienen zu demonstrativ nationalen Anlässen, wie z. B. bei den Begräbnissen von Mitgliedern der Nationalbewegung[11]. Entscheidender noch als das betont nationale Auftreten der Prager Gewerbebürger hat die bloße Tatsache des wirtschaftlichen Aufstiegs des ländlichen Unternehmertums zur Stärkung einer nationalen tschechischen Gesellschaft beigetragen: auf das städtische Bürgertum, das, zwar germanisiert, aber in seinem nationalen Selbstverständnis oftmals schwankend war, mußte der Anblick der zunehmenden Prosperität des tschechischen Landbürgertums — zu dem zumeist auch noch vielfältige verwandtschaftliche Beziehungen bestanden[12] — attraktiv wirken. Der Siegeszug kapitalistischen Denkens nach 1848 hatte ja auch eine *Neuordnung der Prestige-Skala* zur Folge, in welcher der wirtschaftliche Erfolg nun an oberster Stelle rangierte und den gesellschaftlichen Rang bestimmte[13]; der Aufstieg des ländlichen Kerns des tschechischen Bürgertums hat daher auch den — bis weit in den Vormärz auf Auf- und Einstieg in die deutsche gesellschaftliche Oberschicht orientierten — städtischen Mittelstand der tschechischen Nationalidee zugeführt[14]. Am entscheidendsten hat schließlich die Entfaltung der Zuckerindustrie

---

stiftete er einen tschechischen Dramatikerpreis und wurde wegen Verstoßes gegen das Pressegesetz verurteilt, als er eine Kampagne zur Vermehrung der tschechischen Vorstellungen am Prager ständischen Theater in Szene setzte. Adalbert (Vojta) F. ging nach dem Zusammenbruch der Revolution nach Amerika, wurde dort der erste Koordinator der tschechischen Einwanderer und gab demokratische Zeitschriften in deutscher und tschechiser Sprache heraus. 1858 kehrte er nach Prag zurück; er war ein Verfechter der Frauen-Emanzipation, gründete das tschechische Völkerkundemuseum und war unermüdlich als Propagator westlich-industriellen Geistes tätig. In den 60er Jahren war er Mitglied des böhmischen Landtags.

[11] SÚA, PMT H/6.

[12] Jan P a l a c k ý behauptete pointiert, alle Städte Böhmens mit Ausnahme von Prag und den Badeorten seien „eigentlich große Dörfer, denn die Mehrzahl der Hausbesitzer lebt eigentlich von ihren Feldern, nur in einigen größeren Städten (Budweis, Pilsen, Reichenberg) gibt es auch mehr bloße Hausbesitzer, die sonst selbst bedeutenden Orten fehlen." (Böhmische Skizzen 62).

[13] S. oben 64 ff.

[14] Vgl. H a v r á n e k : Die ökonomische und politische Lage 97. — Über diese Verschiebung im „Prestigekoordinatensystem" hinaus hat man bei der Slawisierung besonders der Orte mit landwirtschaftlicher Industrie an ganz praktische Interessenverknüpfungen zu denken: das Wirtschaftswachstum der Städte war ja enge und untrennbar verbunden mit der Prosperität der neuen industriellen Vorstädte, diese wiederum lebten von der Konjunktur der Agrarproduzenten. Waren so schon in den 50er Jahren enge geschäftliche Bindungen zwischen deutschem bzw. germanisiertem städtischen Wirtschaftsbürgertum und Bauerntum angeknüpft, so mußte sich im politischen Klima der 60er und 70er Jahre schließlich, wo auch wirtschaftliche Fragen oft unter dem nationalen Aspekt entschieden wurden, die Assimilationskraft des tschechisch-nationalbewußten Kerns des Landbürgertums zwangsläufig erhöhen (K á r n í k o v á : Vývoj obyvatelstva 163). — Zur Verlagerung des Schwerpunktes der wirtschaftlichen Dynamik in die Vorstädte nach 1860 vgl. H o r s k á - V r b o v á : K vzniku 261. — Erst wenn man den Komplex des Nationalitätswechsels im Zusammenhang sieht mit der wirtschaftlichen Entwicklung, erklären sich die von B o h m a n n (Bevölkerungsbewegungen 148) noch allein für ein Resultat der großen Attraktivität der nationalen Idee, und damit allzu einfach erklärten großen Assimilationsgewinne der tschechischsprachigen Bevölkerung nach 1850.

zur Kapitalakkumulation in tschechischer Hand beigetragen. Die Lage der Zuckerfabriken — von Anfang an überwiegend auf tschechischem Gebiet[15] — bedingte
schon die Notwendigkeit, vor allem tschechischsprachiges technisches Personal heranzuziehen[16]; die Verwaltung und Direktion der böhmischen Zuckerfabriken lag
daher schon im Vormärz überwiegend in tschechischen Händen[17]. Vielfach kamen
die Manager der Zuckerfabriken aus der Domänenverwaltung und hatten ihre
Karriere in den Mustergütern des feudalen Großgrundbesitzes begonnen[18], der
auch noch in den 50er Jahren den Hauptanteil an der böhmischen Zuckerfabrikation besaß. In dieser Zeit wuchs eine Generation von tschechischen Industrie-
Autodidakten heran, die sich in den Zuckerfabriken das technologische Wissen an-
eigneten und als Direktoren wiederum eine große Zahl von tschechischen Zucker-
fachleuten ausbildeten[19]

Daneben begann auch unter dem Eindruck des Aufschwunges der Industrie und
der fehlgeschlagenen politischen Ziele des tschechischen Bürgertums nach 1848
eine wachsende Hinneigung der tschechischen Intelligenz zu den naturwissenschaft-
lichen Fächern[20], wobei die organische Chemie, als für die landwirtschaftliche Industrie wichtigstes Fach, besonders große Anziehungskraft ausübte[21]. Für das Heran-

---

[15] 1858 lagen von den 45 böhmischen Zuckerfabriken nur 3 in deutschsprachigen Gebieten
SÚA, PM 1855—59 8/4/96:1 Päumann an Mecséry, 13. 7. 1858).

[16] Dies war nicht zuletzt wegen der Verhandlungen mit den tschechischen Rübenbauern
notwendig (vgl. H o r s k á - V r b o v á : K vzniku 259).

[17] D i v i š : Beiträge 75.

[18] So z. B. Ferdinand Urbánek (geb. 1821 als Sohn eines Müllers). Urbánek war zuerst
Praktikant auf dem von Horsky (s. oben 44) geleiteten Mustergut Libejitz, 1848/49
arbeitete er als Sekretär des Grafen Swerts-Sporck. Nach einer finanziell günstigen Heirat ins Prager Großbürgertum baute Urbánek in den 50er Jahren eine Zuckerfabrik in
Mähren (D i v i š : Beiträge 141 f.).

[19] Der Prototyp dieser Direktoren-Autodidakten war der 1827 geborene Josef Pokorný.
Pokorný, der aus einfachen Verhältnissen stammte, war zuerst Volontär der fürstlich
Lobkowitzschen Zuckerfabrik Konopischt. Der große Agrarfachmann Komers (s. oben
S. 44) berief Pokorný an die Zuckerfabrik Anschitz, die z. T. Komers gehörte. Pokorný
hat dort die meisten tschechischen Zuckertechniker der 60er und 70er Jahre ausgebildet
(D i v i š : Beiträge 128).

[20] S. oben 69.

[21] Ein typischer Fall für diesen Schwenk der Interessenrichtung im tschechischen Bürgertum
war Gustav Hodek (geb. 1832), dessen Vater Wirtschaftsverwalter des Stiftes Strahov
war. Hodek begann mit dem Studium an der philosophischen Fakultät in Prag, nahm an
der politischen Bewegung von 1848 teil (Studentenlegionär) und wechselte unter dem
Eindruck der politischen Verhältnisse nach 1849 ins technische Fach. 1851—53 war er der
Schüler Ballings am Prager Polytechnikum, wurde 1853 Chemiker der Zuckerfabrik
Postelberg (1852 gegründet). 1856 wurde er der Verwalter des Großgrundbesitzes Groß-
Seelowitz. 1857, als Fürst Josef Lobkowitz zusammen mit Horsky die größte und mo-
dernste Zuckerfabrik Österreichs errichtete, wurde Hodek Direktor (ebenda 145 f.). —
František Girgl, ein Freund Havlíčeks, war in die Maiverschwörung von 1849 (s. unten
234) verwickelt und wurde 1850 zum Tod verurteilt, danach begnadigt und 1857
schließlich amnestiert. Weil er in seinen alten Beruf als Gymnasiallehrer nicht zurück-
konnte, ging G. auf das Prager Polytechnikum und wurde 1859 Chemiker einer Zuckerfabrik (J. L u k a s e k : Bedřich Vilém Košut a náboženské poměry v revoluční době
r. 1848 a za vlády absolutismu [F. V. K. und die religiösen Verhältnisse während der
Revolutionszeit i. J. 1848 und unter der Herrschaft des Absolutismus]. Prag 1927, S. 63).

wachsen einer jungen tschechischen Technologengeneration sollte es sich dabei als günstig erweisen, daß am ständischen Polytechnikum lange Jahrzehnte bis in die 60er Jahre hinein der Deutschböhme Karl *Balling* als anerkannte Kapazität der Zuckerchemie wirkte[22]; als technischer Mentor der böhmischen Zuckerindustrie bildete er die meisten der tschechischen Zuckerspezialisten aus und vermochte ihnen durch seine vielfältigen Beziehungen zur Industrie den Start zu erleichtern. Aus Ballings Schule stammte auch der tschechische Ingenieur Hugo *Jelinek*[23], der Ende der 50er Jahre durch die Erfindung der „Saturation" das Produktionsverfahren in der Rübenzuckerindustrie entscheidend verbesserte; Jelineks Methode wurde auf der ganzen Welt eingeführt.

Über das Management ging der Weg zur Teilhabe an den Zuckerfabriken, schließlich zur Selbständigkeit[24]. Die freilich — angesichts der zur Ausstattung von Zuckerfabriken erforderlichen bedeutenden Kapitalien — immer noch bescheidene Finanzkraft in tschechischer Hand förderte die Idee der Aktiengesellschaft außerordentlich.

Die technischen Pioniere der böhmischen Zuckerindustrie, die in den 50er Jahren persönlich erfolgreich gewesen waren, wurden Ende der 50er Anfang der 60er

---

— Ursprünglich Jurist war der Chemielehrer J. Th. Staněk; S. war Sohn eines Gastwirtes, betätigte sich 1848 politisch und wechselte danach seinen Beruf. In den sechziger Jahren gehörte er zu den bekanntesten tschechisch-nationalen Landtagsabgeordneten (SÚA, PMT 1861—64 L/10).

[22] Über Balling vgl. OSN 3 (1890) 179 f. — Karl Josef Napoleon Balling (1805—1868) lehrte vom Jahre 1835 bis 1868 Chemie am Prager Polytechnikum. Er publizierte über Probleme der landwirtschaftlichen Industrie (Gärungschemie, Alkoholerzeugung, Zuckerchemie, Bierchemie). Balling war ein Vertreter des beide Nationen umfassenden böhmischen Landespatriotismus, er förderte bewußt den Aufstieg der tschechischen Naturwissenschaften und besaß auf tschechischer Seite große Sympathien.

[23] Hugo Jelinek (geb. 1834) stammte aus dem rein deutschen Ort Ellbogen (Westböhmen); es ist dabei nicht ausgeschlossen, daß Jelineks späteres Bekenntnis zur tschechischen Nation seinen Grund in der tschechisch-nationalen Färbung des ökonomischen Ambiente (Zuckerindustrie = tschechisch-nationale Industrie) hatte. Jelinek war von 1849—1855 Student am Prager Polytechnikum, 1856 Ingenieur beim Bau der Aussig-Teplitzer Bahn. 1857 wurde er Praktikant der fürstlich Lobkowitzschen Zuckerfabrik Krimitz. 1858 übernahm Jelinek die Leitung der von Pokorný (siehe oben Anm. Nr. 19) und Komers eingerichteten Versuchsstation, wo er seine bahnbrechenden technischen Neuerungen erprobte (D i v i š : Beiträge 162).

[24] Vgl. dazu den auf S. 156 angeführten Gesellschaftsvertrag der adeligen Aktiengesellschaft, in dem der Fabrikdirektor als bescheidener Aktienteilhaber aufgeführt ist. — Gustav Hodek (s. oben Anm. 21) ersparte sich von seinem Direktorengehalt bei der Lobkowitzschen Zuckerfabrik bis zur Mitte der 60er Jahre 20 000 fl, nahm Leihkapital auf und gewann die Fürstin Lobkowitz als Gesellschafterin, so daß er 1865 mit dem Bau einer eigenen Zuckerfabrik beginnen konnte (D i v i š : Beiträge 145). — Hugo Jelinek errichtete mit dem Gewinn aus seinen Erfindungslizenzen in den 60er Jahren eine Preßhefefabrik zusammen mit Josef Pokorný (D i v i š : Beiträge 162). — Alois Oliva, einer der wichtigsten Persönlichkeiten der ersten Generation des tschechisch-nationalen Wirtschaftsbürgertums, hat eine ähnliche Karriere gemacht. Oliva (geb. 1822 in Kuttenberg) besuchte das Gymnasium in Dresden, wurde 20jährig Prokurist der Zuckerfabrik H. Dingler, Ruzyně (Kreis Prag). Seit 1845 war er Kompagnon, in den 50er Jahren war Oliva in Prag Zuckergroßhändler (OSN 18 (1902) 732).

Jahre zugleich zu energischen Verfechtern einer tschechischen Zuckerindustrie auf Aktienbasis[25]. Die Finanzstruktur der tschechischen Gesellschaft — in der die Großbauern und das dörfliche Unternehmertum die einzige Gruppe waren, die in den 50er Jahren Kapital akkumulieren konnten — machte es selbstverständlich, daß sich die Aktiengesellschaften der 60er Jahre besonders als Bauern-Aktiengesellschaften formierten[26]. Schon in den 50er Jahren war es auf bäuerlicher Ebene vermittels verwandtschaftlicher Solidarität zur Gründung einer tschechischen Zuckerfabrik gekommen[27]. Die Ausweitung des Zuckerrübenanbaus schuf schon in den 60er Jahren enge Verflechtungen zwischen Rübenbauern, ländlichen Unternehmern und dem tschechischen Wirtschaftsbürgertum der Städte.

In den 60er Jahren schufen sich die tschechischen Zuckerfabrikanten auch ihre eigenen Finanzierungsinstitute[28]. Aus der gleichen Personengruppe gingen dann am Ende der 60er Jahre starke Impulse für die Schaffung einer selbständigen tschechischen Bank, der „Živnostenská Banka" [Gewerbebank] hervor. Unter den Gründer der „Živnostenská Banka" waren neben tschechischen Politikern (z. B. *Rieger*) und Vertretern der Vorschußkassen *(Šimáček)* auch die Zuckerindustriellen *Oliva* und *Urbánek*[29]. *Oliva* war es auch, der 1871 den Anstoß zur Gründung der Prager Börse gab. In direktem Zusammenhang mit der Expansion der Zuckerindustrie stand der wirtschaftliche Aufstieg des technischen Ausrüstungsgewerbes, in dem sich die Tschechen von Anfang an eine hervorragende Stellung sichern konnten[30]. Auch die für die Plantagenlandwirtschaft unerläßliche Mechanisierung wurde von tsche-

[25] Pokorný (s. oben Anm. 19) gründete zusammen mit Jelinek in Luzetz 1863 die erste tschechische Aktiengesellschaft für Zuckererzeugung, später noch Fabriken auf Aktienbasis in Rokitzan, Rakonitz und Lužan. Urbánek (s. oben Anm. 18), der 1861 in Modřany bei Prag eine Zuckerfabrik errichtet hatte, wirkte nach 1860 unermüdlich als Propagator der Aktiengesellschaftsidee, besonders in bäuerlichen Kreisen. 1863 gründete er mit einigen Bauern im Königgrätzer Kreis eine Bauernaktiengesellschaft, deren erster Präsident er wurde (D i v i š : Beiträge 143).

[26] Nachdrücklich hat zur Formierung der Bauernaktiengesellschaften die nationalpädagogische Erweckungsarbeit Šimáčeks und seines Kreises (besonders Krouský) beigetragen. Krouský gründete in den 60er Jahren zusammen mit den Mitgliedern des patriotisch-ökonomischen Filialvereins von Jungbunzlau eine Zuckerfabrik auf Aktienbasis.

[27] Es handelte sich um die Zuckerfabrik von Josef Macháček. Macháček, ein Bauer aus Radotín, wurde 1848 in den böhmischen Landtag gewählt, und war nach dem Zusammenbruch der Revolution drei Monate in Haft. In den 50er Jahren begann er mit der finanziellen Hilfe seiner Verwandtschaft in Zdice eine Zuckerfabrik zu bauen. Er hatte Erfolg, mietete ein Krongut und arrondierte während des neoabsoluten Jahrzehnts seinen Besitz zu einer modernen Zuckerrübenplantage samt Fabrik. Vom Jahre 1854 an lebte Macháček als reicher Großgrundbesitzer auf einem Schloß im Bezirk Königinhof und förderte dort die Gründung tschechischer Industrieunternehmen (H o r s k á - V r b o v á : K vzniku 266 Anm. 27).

[28] Urbánek war der Gründer des ersten tschechischen Kreditinstitutes, des „Záložní úvěrní ústav" in Königgrätz (1868); auf die Initiative der Zuckerfabrikanten ging auch die Gründung der tschechischen Kreditbanken in Kolín (1870) und Kuttenberg (1871) zurück (D i v i š : Beiträge 143 u. H o r s k á - V r b o v á : K vzniku 269).

[29] H o r s k á - V r b o v á : K vzniku 270.

[30] Vgl. oben 158 über Čenek Daněk.

chischen Landmaschinenfabriken übernommen, die zumeist aus einfachen Schlosserei-
betrieben hervorgegangen waren[31].

Mit dem wirtschaftlichen Aufstieg des tschechischen Bürgertums ging die Entfaltung
politisch-nationalen Selbstbewußtseins[32] Hand in Hand. Die Ausbildungsstätte der
jungen Technologen-Generation, die während der 50er Jahre studierte, war das
Prager ständische Polytechnikum, eine Hochburg nationalen Gedankenguts[33]. Angesichts der ideologischen Neutralität des Lehrstoffs standen den Behörden wenig

---

[31] Jan P a l a c k ý : Böhmische Skizzen 114. — H o r s k á - V r b o v á : K vzniku 275.
— Vgl. allgemein J. S e d l á č e k : Vývoj a dnešni stav zemědělského strojnictví
[Entwicklung und heutiger Stand des landwirtschaftlichen Maschinenbaues]. VČAZ 1941.

[32] Bei der älteren, noch im Klima des Vormärz aufgewachsenen Generation äußerte sich
das Nationalbewußtsein noch mehr in der Hinwendung zur tschechischen Geschichte:
Fr. X. Beneš (geb. 1802) der 1839—54 Direktor einer gräflich Dalbergschen Zuckerfabrik
in Sukdol, 1854—57 Direktor einer gräflich Nostitzschen Zuckerfabrik in Türmitz war,
kam ursprünglich aus einer deutschsprachigen Familie und tschechisierte sich erst im Ver-
laufe seines Berufslebens (Světozor V (1871), S. 339). Beneš beschäftigte sich quasi im
Nebenberuf mit böhmischer Archäologie und wurde 1854 zum Konservator des Caslauer
Kreises ernannt (D i v i š : Beiträge 75). — Alois Oliva (s. oben Anm. 24) war einer der
regsten Vereinsgründer und Mäzene der tschechischen Gesellschaft nach 1860, Ehrenbürger
verschiedener böhmischer Städte, Mitgründer der tschechoslawischen Handelsakademie
usw.

[33] Die Klagen über die tschechisch-nationale und demokratische Stimmung am Prager Polytechnikum sind ein regelmäßig wiederkehrender Bestandteil der Polizeiberichte der 50er
Jahre. 1853 beklagte sich der Prager Polizeipräsident über die lasche Führung des Polytechnikums, „dessen Zöglinge der großen Mehrzahl nach verwahrlost und zügellos sind."
(SÚA, PM 8/1/12 Nr. 1078 p.p. Sacher-Masoch an Kempen, 1. 3. 1853). — In einem
konfidentiellen Bericht aus dem Jahre 1855 wurde berichtet, die Hörer der Technik seien
auch nach 1849 unverändert revolutionär geblieben, im Dezember 1851 habe man eine
Wandbeschriftung: „Es lebe die Republik" entfernen müssen. Während der 50er Jahre
„besserte" sich nichts: „Unter anderen Unfügen war es auch unter den Technikern Mode
geworden, die Wände der Gänge, Stiegenhäuser und Kollegiensäle mit Inschriften und
Plakaten, mitunter auch politischen Inhalts zu besuden." (PPT 1855/34). Zum Kreis des
1857 begnadigten Radikaldemokraten Arnold gehörten vorwiegend Schüler der „Technik" (PMT C 7, Päumann an Mecséry, 16. 1. 1858). Als im Juli 1859 eine Studentenver-
schwörung am Prager Polytechnikum aufgedeckt wurde, beklagte sich der Chef der
obersten Polizeibehörde über „die Tatsache, daß die in die vorliegenden Untersuchungen
verwickelten Techniker ... nur mit Mühe in der deutschen Sprache sich verständlich machen konnten, während einzelne von ihnen außer in der tschechischen noch in mehreren
anderen slavischen Sprachen wohl bewandert waren." (HHSTA I.B. 1859/3848 Kempen
an Mecséry, 18. 7. 1859). — Der Prager Polizeipräsident Päumann hatte in einem Bericht an Mecséry am 9. 7. 1859 auf die fehlende ideologische Kontrolle der naturwissen-
schaftlichen Ausbildung als den Grund für die Anfälligkeit für nationales Gedankengut
hingewiesen: „Auch scheint ihr bisheriges Realstudium auf ihre, und wie ich nicht
zweifle, auf die Anschauungsweise ihrer anderen Kollegen bestimmend eingewirkt und
die Abneigung zum Deutschtum und ihre Vorliebe für tschechische und überhaupt slawische Elemente vorwiegend befördert zu haben, daher es sich auch leicht erklären läßt,
daß solche auf gleiche Weise herangebildete junge Leute ... mit leichter Mühe als Opfer
der Verführungen jedes tschechischen Ultras oder sonst eines gefährlichen Panslawisten
unterliegen und ohne Willen und Selbstüberlegung bei dem Abgang einer anderen Anschauungsweise zu schnöden Werkzeugen regierungsfeindlicher Bestrebungen benützt werden können." (HHSTA I.B. BM 1859/3848).

164

Einflußmöglichkeiten offen, zumal die Finanzierung des Instituts durch ständische Mittel den direkten Zugriff durch die Zentralbehörden erschwerte.

Einen Anknüpfungspunkt der wechselseitigen wirtschaftlich-politischen Interessen bildete in den 50er Jahren der Prager Gewerbeverein, in dem auch die politischen Führer der Tschechen wie *Rieger* vertreten waren[34]. Nach 1860 konnten viele Vertreter des tschechischen Wirtschaftsbürgertums in die Kommunalvertretungen bzw. in das Landes- und Reichsparlament einziehen[35].

Die Kräftigung der national-tschechischen Wirtschaftsmacht, in einer Zeit des Zensuswahlrechts unabdingbar für erfolgreiche Teilnahme am politischen Leben[36], hat so in den 50er Jahren ihren Anfang genommen[37]. Am Ende der 60er Jahre gab es dann bereits das Schlagwort vom „nationalen Unternehmen"; mit den Rufen nach nationalem Wirtschaftsboykott kündigte sich schließlich in den 70er Jahren die Verwendung der Industrie als ein Werkzeug des nationalen Kleinkrieges an.

[34] Mitglieder des Gewerbevereins waren in den 50er Jahren u. a. Gustav Hodek (s. oben Anm. 21) und Alois Oliva (s. oben Anm. 24). Sektretär des Gewerbevereins war bis 1854 Václav Bělský, ein politisch vorsichtiger tschechischer Nationaler (Národní výbor 1848); er wurde 1854 Geschäftsführer des aus böhmischer Initiative hervorgegangenen „Vereins für Rübenzuckerindustrie im Kaisertume Österreich". Zu Bělský OSN 3 (1890) 708 f.

[35] Urbánek wurde 1863 Abgeordneter von Jaroměř-Königinhof für den böhmischen Landtag; Daněk wurde 1861 Abgeordneter von Karlín; Jelinek wurde 1867 von der Pilsner Handelskammer in den böhmischen Landtag entsandt; Macháček wurde 1860 Landtagsabgeordneter; Oliva wurde 1863 Gemeinderat, 1865 Abgeordneter von Smíchov für den böhmischen Landtag, später Mitglied des Reichsrates; Bělský war 1861—1867 Bürgermeister der Stadt Prag.

[36] Noch 1860 hatte Jan P a l a c k ý über den Zusammenhang von wirtschaftlicher und politischer Schwäche bei den Tschechen geschrieben: „. . . die fabriksmäßige Industrie [war] bis 1848 fast ganz deutsch. Der Gewerbsmann, der Geistliche und der Bauer, das sind die Typen des Tschechen. Nicht als ob es an Geschicklichkeit zum Fabrikswesen fehlte, denn so viele Fabriken haben ja selbst im Auslande Tschechen als Arbeiter und Beamte, aber der Tscheche ist zu arm hiezu. Diese Armut erklärt die geringe politische Rolle des Tschechen, denn zur Politik gehört Geld und viel Geld." (Böhmische Skizzen 28). — Ähnliche Gedanken bewegten offenbar auch Karel Havlíček während seiner Verbannung nach Brixen. Havlíček plante, zusammen mit seinem Bruder eine Ölfabrik zu errichten und versuchte 1853 vergeblich, mit dem Hinweis auf das beabsichtigte Unternehmen, die Genehmigung zur Rückkehr nach Böhmen zu erlangen (Vgl. B. N o - v á k (Hrsg.): Brixenské listy Karla Havlíčka bratru Františkovi [Die Brixener Briefe Karel Havlíčeks an seinen Bruder František]. Havlíčkův Brod 1957, passim).

[37] Es scheint mir für die Entwicklung, die während der 50er Jahre stattgefunden hatte, typisch zu sein, daß der ansonsten ganz unbekannte Macháček (vgl. oben 163 Anm. 27) zusammen mit Rieger an der ersten politischen Willenskundgebung des tschechischen Nationalismus nach dem Ende des Neoabsolutismus mitwirkte: beide übergaben im Sommer 1860 in Wien eine Denkschrift betreffend die Benachteiligung der tschechischen Nation; unter anderem wurde die Genehmigung einer großen politischen Tageszeitung verlangt (SÚA, PMT 1860 C/12).

15. SOZIALE UND NATIONALE FOLGEN DER INDUSTRIELLEN REVOLUTION

Im Gefolge der industriellen Umformung Böhmens vollzog sich eine bedeutsame Veränderung der sozialen Struktur der Mittel- und Unterschichten der Bevölkerung: aus überschüssigen Arbeitskräften der agrarischen Gebiete und deklassierten Handwerkern der Landstädte und Dörfer formte sich in Mittelböhmen eine moderne Industriearbeiterschaft, im industriellen Nordböhmen wurde aus den Handwerkern der „freien" Gewerbe unter dem Druck des Manchesterkapitalismus ein an der Existenzschwelle vegetierendes Hungerproletariat. An der numerischen[1] Vermehrung der Arbeiterbevölkerung hatte freilich auch die allgemeine Tendenz zur Bevölkerungszunahme in Böhmen Anteil, die von den 30er bis 70er Jahren relativ konstant blieb[2], doch kann dieser Umstand in unserem Zusammenhang außer Betracht bleiben. Das „Proletariat", das während des Vormärz in Böhmen gering in Erscheinung getreten war und — mit Ausnahme des plötzlichen demonstrativen Auftretens bei den Arbeiterunruhen des Jahres 1844[3] — unbemerkt von der Öffentlichkeit in den zumeist nordböhmischen Fabrikorten konzentriert gewesen war, wurde bis zum Beginn der 60er Jahre zu einem gewichtigen Faktor der sozialen Szenerie.

Die Lage, die Lebensbedingungen und das gesellschaftliche Terrain der Unterschichten darzustellen, soll im folgenden versucht werden; der Zweck ist, den Eindruck des neoabsoluten Jahrzehnts auf die böhmische Arbeiterschaft in Umrissen zu rekonstruieren[4].

---

[1] Vgl. Přehled československých dějin II/1, 201 f.

[2] K á r n í k o v á : Vývoj obyvatelstva 333—334.

[3] S. unten 232 Anm. 10.

[4] In der älteren, aus der bürgerlich-liberalen Tradition stammenden Geschichtsschreibung ist die Lage der Unterschichten begreiflicherweise wenig berücksichtigt worden; so hat zwar, um nur einen typischen Vertreter der liberalen Historie zu nennen, R o g g e in seiner semi-historischen Abrechnung mit dem Neoabsolutismus dem neoabsoluten Staat vorgeworfen, er habe die „Ausbeutung des Kleinen durch die Großen zum Prinzip erhoben", gemeint war damit freilich nur der Gegensatz von Mittelstand und Hochfinanz (Österreich I/344). Die Untersuchungen der Nationalökonomen Pisling (Nationalökonomische Briefe etc.) und B r a f (Studien etc.) sind lange Zeit die einzigen Quellen bzw. Arbeiten über die soziale Lage der Arbeiterschaft während der 50er Jahre geblieben. Erst die neueste marxistische Historiographie der ČSSR hat neben den Arbeiten P i s - l i n g s und B r a f s auch das Aktenmaterial der ehemaligen Stadthalterei verwendet, die beiden wichtigsten Publikationen sind P u r š : The Situation of the Working Class etc. und K u t n a r s : Sociální otázka etc. So akribisch die marxistische Sozialgeschichte freilich das materielle Elend der Arbeiterschaft ausgeleuchtet hat, so bescheiden sind die Schlußfolgerungen für die allgemeine politische Geschichte geblieben. Im Zentrum steht begreiflicherweise die Geschichte der Arbeiterbewegung. Über den relativ engen marxistisch-sozialgeschichtlichen Aspekt, bei dem z. B. die nationalen Konsequenzen der sozia-

Die Zeit des rapiden Überganges von handwerklich-manufktureller Produktion zum kapitalistischen Fabrik-Großbetrieb ist von der industriellen Bevölkerung Nordböhmens als eine Periode der *permanenten Krise der Existenz*, der äußersten Verelendung und der schrankenlosen Ausbeutung durch den Manchesterkapitalismus erlebt worden[5]. Als willenlose, ständig bereite Basis für das Profitstreben der aufsteigenden kapitalistischen Gruppen trug die Arbeiterschaft praktisch alle Lasten und Nachteile der technischen und ökonomischen Revolutionierung der Industrie. Am härtesten betroffen wurden die in der Haustextilindustrie Beschäftigten, die Leinen- und Baumwollenweber, die Spinner und die Arbeiter der Spitzenerzeugung. Sie, die durch die Expansion des Verlagssystems zu dessen manipulierbaren Ziffern im Spiel von Angebot und Nachfrage wurden, trugen tatsächlich allein das Risiko des Spekulationshandels; auf sie wurden alle die häufig auftretenden lokalen bzw. temporären Krisen des Verlagsgeschäftes abgewälzt, die sich unter der Decke der gesamtwirtschaftlichen Aufwärtsbewegung bemerkbar machten[6]. Löhne und Erträge in der Hausindustrie sanken auf niedrigstes Niveau[7], dementsprechend fiel der Lebensstandard in menschenunwürdige Tiefe; der Hunger[8] wurde zu einer periodisch gehäuft auftretenden Erscheinung, so daß die Bevölkerung der Hausindustrie weitgehend eine lemurenhafte Schatten-

---

len Entwicklung kaum berücksichtigt werden, soll im folgenden versucht werden, die soziale Lage der Arbeiterschaft während der 50er Jahre in konkrete Beziehung zu den politisch-nationalen Verhältnissen zu setzen.

[5] Es handelt sich hier bei den Erscheinungen des Manchestertums in Nordböhmen um einen Ausschnitt einer Entwicklung, die alle europäischen Industriegebiete im 19. Jahrhundert, freilich zeitlich nicht parallel, entsprechend dem unterschiedlichen Stand der wirtschaftlichen Entwicklung, durchgemacht haben (vgl. P r i n z : Die böhmischen Länder 211).

[6] S. oben 101 ff.

[7] S. Anhang 384.

[8] Die Erscheinungen der „Hungerkonjunktur" (Maximum an Arbeit bei einem Minimum an Verdienst) sind von den Behörden wie von Pisling ziemlich gleichartig registriert worden: „Die Not ... besteht nicht in der Arbeitslosigkeit der Leute, im Gegenteil finden wir auf der ganzen Strecke, was nur Hände hat, rührig und beschäftigt, und hören fast in jedem Häuschen den Webstuhl klappern, die Spindel surren; die Not besteht hier in dem Unvermögen, sich bei der größten Benützung der Arbeitskraft soviel zu erwerben, als zum einfachsten Lebensunterhalt hinreicht." (Nationalökonomische Briefe 15). — Ähnlich berichtete eine amtliche Mitteilung aus Nordböhmen von 1852: „Auch die Weberei ist stark im Gange, leider ernährt sie die damit Beschäftigten wegen der hohen Getreide- und Kartoffelpreise nicht." (SÚA, PM 8/1/12 Nr. 6 g. K.A. Jičín an Mecséry, 19. 1. 1852). — Der Teplitzer Bezirkshauptmann berichtete im Juni 1854: „Die Arbeiter und geringen Leute leiden große Not; sie erschwingen nicht mehr das trockene Brot ... Das Bettelwesen ist unaufhaltbar." (SÚA, PM 8/1/12 Nr. 62 pr. B.A. Teplitz an K.A. Eger, 23. 6. 1854). — Am 30. 7. 1852 schrieb der Kreishauptmann von Jičín an Mecséry, die Spinner und Weber nährten sich nun mit Pilzen und Beeren aus den Wäldern, da das Brot unerschwinglich sei (SÚA, PM 8/1/12 Nr. 73 g). — Die niedrigen Löhne der Hausindustrie wurden nur deshalb noch eine gewisse Zeitlang ermöglicht, weil fast jede Weberfamilie ein kleines Stück Ackerland zum Kartoffelanbau besaß; die seit Beginn der 50er Jahre grassierende Kartoffelkrankheit wurde daher zu einer, die Misere noch verstärkenden Katastrophe für die nordböhmische Weberbevölkerung. Seit Beginn der 50er Jahre wurden dadurch jedesmal ca. 50—70 % der Ernten vernichtet (K u t n a r : Sociální otázka 212).

existenz führte[9]. Die hausindustrielle Arbeiterschaft erlebte so am lebendigen Leibe die rücksichtslose Anwendung der zeitgenössischen liberalen national-ökonomischen Theorie, in der die Arbeiterschaft als bloßer materieller Faktor auftrat[10].

Die Arbeitszeit in der Hausindustrie war praktisch unbegrenzt[11]; die Familie war mit allen Angehörigen mitsamt den Kleinkindern in den fast ununterbrochenen Produktionsprozeß eingespannt, ohne daß dadurch die bloße Ernährung gesichert worden wäre.

Nur um wenige Grade besser war die Situation der in den neuen Fabriken beschäftigten Arbeiter; zwar waren die Löhne in der Fabrikindustrie generell etwas höher als der Durchschnittsverdienst in der Hausindustrie[12], doch wurde die größtmögliche zeitliche Ausbeutung der Arbeitskraft nach dem Muster der Hausindustrie in die neuerrichteten Fabriken übernommen; im Riesengebirge arbeitete man in den Fabriken durchschnittlich 15—16 Stunden, im Gebiet der Handelskammer Reichenberg in den 50er Jahren 14—15 Stunden[13].

Die Ernährungslage der Fabrikarbeiter war kaum besser als in der Hausindustrie[14]. Die hausindustrielle Bevölkerung vegetierte in Katen und Hütten[15]. Abgesehen von der allgemeinen Aufwärtsbewegung der Mietpreise in den 50er Jahren, verurteilte schon die Massenzuwanderung in die Fabrikorte die Arbeiterschaft zu einem Leben in provisorischen Behausungen; mit oft katastrophalen sanitären Verhältnissen[16]. Dieser Umstand und die ständige Unterernährung waren die Ursache des sehr schlechten Gesundheitszustandes der Arbeiterbevölkerung[17]. Besonders verhängnisvoll für die soziale Lage und die Zukunft der nordböhmischen Bevölkerung wirkte sich die Ausbreitung der Frauen- und Kinderarbeit aus. Die Textilfabrikation mit ihren körperlich relativ leicht zu bewältigenden Tätigkeiten war seit dem Beginn

---

[9] P i s l i n g : Nationalökonomische Briefe 17 ff. — Vgl. auch P u r š : The Situation 171 ff. — Über die Weberbevölkerung des Bezirkes Semil (Ostböhmen) berichtete der Kreishauptmann von Jičín an Mecserý am 27. 8. 1852, daß „viele derselben ganz in Fetzen gekleidet sind und weder eine Zudecke besitzen." (SÚA, PM 8/1/12 Nr. 87).

[10] S. unten 187.

[11] P i s l i n g : Nationalökonomische Briefe 17 ff.

[12] S. Anhang 343.

[13] B r a f : Studien 138. — Allein die Baumwolldrucker, als einzige Arbeitergruppe bereits seit dem Vormärz in Ansätzen gewerkschaftlich organisiert, konnten die Arbeitszeiten auf 12 Std. täglich drücken (ebenda 139).

[14] Mitteilungen wie die nachfolgende sind in den Stimmungsberichten der böhmischen Behörden aus den 50er Jahren keine Seltenheit: „Wenngleich das Fabrikswesen, besonders Weberei und Glashandel lebhafter betrieben werden, so sind doch die Fabrikarbeiter und die Lohnweber, dann Glasarbeiter doch nicht imstande, sich soviel zu verdienen, um für sich und ihre gewöhnlich sehr zahlreichen Familien die notwendigsten Lebensmittel beizuschaffen." (SÚA, PM 8/1/12 Nr. 225 pr. K.A. Böhmisch-Leipa an Mecséry, 21. 12. 1854).

[15] Pisling schrieb: „Ja, er [der Weber] hat ein Haus ... aus vier Holzwänden, durch welches die Nässe dringt, gezimmert, mit einem längst verfaulten Dache versehen, und gerade so hoch, daß ein Mann von mittlerer Statur drin stehen kann." — „Es gibt Weberhütten, wo 12—20 Personen auf dem Boden schlafen, wo Frost und Regen durchdringen." (Nationalökonomische Briefe 20 u. 37).

[16] Ebenda 45 f.

[17] P u r š : The Situation 182 f.

der Mechanisierung um die Jahrhundertmitte dazu übergegangen, in großem Umfange Frauen und Kinder einzusetzen, weil die Löhne hier wesentlich niedriger angesetzt werden konnten als bei den männlichen Arbeitern[18]. In vielen Fabriken mit starker Mechanisierung (vor allem Spinnereien und Webereien) fand der deutschböhmische Nationalökonom Theophil *Pisling* Mitte der 50er Jahre fast bloß noch Kinder beschäftigt[19]. Die Kinder wurden ursprünglich von den Familien — analog zu den Zuständen in der Hausindustrie — zur Aufbesserung des familiären Budgets in die Fabriken mitgebracht; bald jedoch wurden die Kinder als billige Arbeitskräfte zu einer ernsthaften Konkurrenz für die erwachsenen Arbeiter. Die Folge war die Verminderung der Löhne für die erwachsenen Arbeiter *und* Kinder[20]. Zur hohen Unfallquote durch Arbeitsunfälle[21] trat bei den kindlichen Arbeitskräften der fatale Desintegrationsprozeß durch die Loslösung der Kinder aus jedem familiären Zusammenhang, wodurch die Kinder vollends zu sklavenartigen Geschöpfen der industriellen Schattenwelt wurden[22]. Wo als Folge komplizierterer Mechanisierung die Kinderarbeit wegen der Schwierigkeiten beim Arbeitsablauf zurückging, nahm dafür die Frauenarbeit zu[23]. Bedeutungsvoll für die Ausgangssituation der beiden Nationen Böhmens in der späteren Zeit der nationalen Auseinandersetzung wurde die Veränderung der demographischen Struktur durch die Lebensverhältnisse der nordböhmischen Arbeiterbevölkerung. Die Statistiken zeigen ein aufschlußreiches Bild negativer Erscheinungen in den industrialisierten, überwiegend deutschsprachigen Randgebieten Böhmens. Schon relativ früh, in der Volkszählung von 1857, zeigten sich bei der deutschen Bevölkerung der böhmischen Randgebiete charakteristische Unterschiede gegenüber der Bevölkerungsstruktur Innerböhmens, die eindeutig eine Statusverschlechterung der Unterschichten signalisierten: hier lagen die Heiratszahlen sehr niedrig, ebenso war die Anzahl der

---

[18] S. Anhang 343.

[19] Pisling: Nationalökonomische Briefe 39: „Wir wanderten durch die Fabriken und fanden bei den Power-Looms und Selfactors fast durchwegs Kinder."

[20] Pisling schrieb 1856, die Kinderarbeit habe solche Ausmaße angenommen, daß sie allen bevölkerungspolitischen Überlegungen Hohn spreche; die Löhne seien auf eine Tiefe gesunken, die man nur mit dem Wort „Kindersklaverei" richtig kennzeichnen könne. Pisling stellte auch fest, daß die wachsende Konkurrenz zwischen der Arbeitskraft der Kinder und jener der Erwachsenen die Auseinandersetzung zwischen Hand- und Maschinenarbeit noch verschärfe und insgesamt zur Verschlechterung der Lebensbedingungen in den Industriedistrikten beitrage (Nationalökonomische Briefe 49 ff.).

[21] Vgl. Purš: The Situation 178 f. — Pisling: Nationalökonomische Briefe 40.

[22] „Schon im frühesten Alter wird dem Kinde die Fabrik als Ort seiner künftigen Wirksamkeit für alle Zeiten vorgezeichnet, und ihm so der Mut, nach etwas Besserem zu streben, von vornherein benommen. (...) Was können wir noch von einer Menschenklasse erwarten, die von frühester Kindheit nur einen einzigen mechanischen Handgriff erlernt? Durch das Maschinengeklapper, die einzige Musik, die das Kind von seinm zartesten Alter an zu hören bekommt, wird jeder andere Sinn ertötet und der Mensch wird zum Werkzeug, dünkt sich zum Werkzeug geboren. Das ist die unmittelbare Folge der Beschäftigung der Kinder in den Fabriken, wenn sie den sklavenähnlichen Charakter, den sie im nordöstlichen Böhmen anzunehmen droht, wirklich annimmt." (Pisling: Nationalökonomische Briefe 42).

[23] Braf: Studien 136.

Kinder pro Ehe kleiner als in Innerböhmen[24]; seit den 20er Jahren schon war die Zahl der unehelichen Geburten in dauerndem Ansteigen begriffen, in den 50er Jahren kam es zu einem Höhepunkt dieser Erscheinung[25]. Die Ursache dafür lag in der Zerstörung der Familie durch die Frauen- und Kinderarbeit. Den heranwachsenden Arbeitern war es in der Regel nicht möglich, einen Hausstand zu begründen, so daß eine Atomisierung der sozialen Bindungen eintrat; die Arbeiterinnen mußten im Falle von Heirat und Geburt von Kindern den Verlust ihres Arbeitsplatzes an die nachdrängenden Konkurrenten befürchten. In engem Zusammenhang mit dem Ansteigen der unehelichen Geburten stand auch die wesentlich höhere Kindersterblichkeit der industriellen Randgebiete gegenüber Innerböhmen[26]. Auch die Lebenserwartung der erwachsenen Bevölkerung war durch das niedrige Lebensniveau beeinträchtigt: so erfaßten die Typhus- und die schweren Choleraepidemien[27] die nordböhmische Arbeiterschaft besonders stark, weil die hohe Bevölkerungsdichte zusammen mit der chronischen Unterernährung die Überlebenschancen stark verminderte. Der zahlenmäßige „Vormarsch" der tschechischen Bevölkerung, der bis in die 80er Jahre dauerte und erst durch die Anfänge der Sozialgesetzgebung angehalten wurde, geht also auf die Folgen des Manchesterkapitalismus zurück.

Anders waren die Auswirkungen der wirtschaftlichen Entwicklung auf die Bevölkerungsstruktur der neuen mittelböhmischen Industrieregion. Wenngleich die Krisenerscheinungen von 1854/55 (Krimkrieg) und 1857 (Weltwirtschaftskrise) auch die

---

[24] K á r n í k o v á : Vývoj obyvatelstva 128. — Etwas blumig, jedoch treffend hat 1856 der Nationalökonom Alexander Peez (s. unten 219 f.) diesen Sachverhalt in einem Bericht in der AAZ geschildert: „So entsetzlich verwandelt das Elend alle Verhältnisse, daß Kinder, die dankenswerteste Gabe der Vorsehung, als Last, ja als feindliche Konkurrenten am dürftigen Tisch des Armen erscheinen." (A. P e e z : Briefe über ein österreichisches Industrieland. AAZ 1856, S. 1451).

[25] Der Anteil der unehelichen Geburten war fast doppelt so hoch wie in den innerböhmischen Agrargebieten:
1850—54: 13,8 %
1854—59: 15,3 %
1870—74: 12,2 %
1875—79: 11,8 % (K á r n í k o v á : Vývoj obyvatelstva 127). — Die statistischen Figuren zeigen ganz deutlich, daß erst die Konjunkturjahre des späten 19. Jahrhunderts mit den Anfängen von Arbeiterbewegung und Sozialgesetzgebung eine Änderung der Tendenz brachten.

[26] Von 1000 Kindern bis zu einem Jahr starben in Böhmen 1851—1860
eheliche   233
uneheliche   366   (K á r n í k o v á : Vývoj obyvatelstva 130).
In Reichenberg waren z. B. im Jahre 1852 von 100 % aller Todesfälle:
 4,22 %   Neugeborene
37,05 %   Kinder bis zu einem Jahr
14,91 %   Kinder zwischen 1 und 4 Jahren. (P u r š : The Situation 182).

[27] Ein amtlicher Bericht nannte 1855 präzise die Gründe, warum die Typhus-Epidemien besonders die Arbeiterbevölkerung in Mitleidenschaft zogen: „... Mangel an Verdienst, an gehöriger Nahrung, Kleidung und Heizmateriale ..." (SÚA, PM 8/1/19:2 Nr. 141 K.A. Pilsen an Mecséry, 31. 3. 1855. — Die Hungersnot und die Cholera des Jahres 1855 drückten die Geburtenzahl in Böhmen 1855 auf den Tiefstpunkt im 19. Jahrhundert. Ebenso fiel die Eheschließungsziffer auf dem Tiefstpunkt (B o h m a n n : Bevölkerungsbewegungen 78).

neue Industrie der Prager Region in Mitleidenschaft zogen, so läßt sich doch die im großen Ganzen stetige Expansion der Montan- und Schwerindustrie und der Maschinenbau- und Investitionsgüterindustrie nicht mit dem verwirrenden Kampf alter Produktionsformen mit neuen in der nordböhmischen Textilindustrie vergleichen. Wenn sich auch über die Lebensverhältnisse der Arbeiterschaft Mittelböhmens während der 50er Jahre nur ein *relativ* günstigeres Bild[28] ermitteln läßt, so zeigt doch die Statistik der Bevölkerungszunahme die bessere Lage der innerböhmischen Industriebevölkerung. In Mittelböhmen traf die industrielle Revolution ja nicht auf einen bereitgestellten Markt der Arbeitskraft; gerade die qualifizierten Arbeiter mußten vielfach erst herangezogen bzw. selbst ausgebildet werden[29]. Die Löhne in der Prager Region waren höher als überall sonst in Böhmen[30].

Die Massenzuwanderung äußerte sich vor allem als Zuzug junger Arbeitskräfte; die Arbeit war entweder so schwer (Montanindustrie, Verhüttung) oder so qualifiziert, daß die Beschäftigung von Frauen und Kindern in weit geringerem Maße als in Nordböhmen möglich war[31]. Heiratshäufigkeit und Geburtenrate lagen denn auch während der 50er Jahre wesentlich höher als in den deutschen Textilgebieten. Die Frauen der Zuwanderer arbeiteten als Saisonarbeiterinnen in der Landwirtschaft oder als Dienstboten, Waschfrauen etc. in der mittelböhmischen Region und in Prag: dies waren alles Tätigkeiten, die die Fürsorge für eine Familie wenigstens nicht ausschlossen[32]. Nicht zu vergessen ist in diesem Zusammenhang der Umstand, daß gerade die Arbeiterschaft Prags in Krisenzeiten als politischer Faktor seitens der Behörden aufmerksamer Rücksicht gewürdigt wurde; die Wohltätigkeits- und Spendenaktionen, welche von Statthalterei und Polizei während der 50er Jahre im großen Umfang für die notleidenden Unterschichten organisiert wurden, kamen aus Gründen der Staatsraison überwiegend der „gefährlichen" Prager Arbeiterschaft zugute, während das *politisch* „harmlose" Elend der nordböhmischen Industriegebiete weniger behördliche Initiative in Prag weckte[33].

Faßt man die Bedeutung der sozialen Verhältnisse in Mittelböhmen für die weitere politisch-nationale Entwicklung zusammen, so ergibt sich, daß die industrielle Revolution in Mittelböhmen die Lage der Unterschichten — verglichen mit Nord-

---

[28] Vgl. den im Anhang 338 ff. wiedergegebenen Bericht über die Prager Arbeiterschaft mit den oben beschriebenen nordböhmischen Verhältnissen.

[29] So holte z. B. der Prager Unternehmer Gottlieb Haase zuerst Facharbeiter aus Deutschland, als er eine Maschinenfabrik installierte und bildete erst in den 50er Jahren einen eigenen Stamm von tschechischen Facharbeitern aus, der vermittels Werkswohnungen, Krankenkasse etc. an den Betrieb gebunden wurde (K. J. K r e u t z b e r g : Beiträge zur Würdigung der Industrie und Industriellen Österreichs. Heft 1. Prag 1854, S. 30 f.).

[30] Vgl. Bericht der Handels- und Gewerbekammer in Prag über die Arbeitslöhne und die zur Unterstützung der Gewerbearbeiter bestehenden Anstalten im Prager und Pardubitzer Kreise. Prag 1851. — P u r š : The Situation, Tab. auf S. 162/163. — Zu den hohen Löhnen der Montan- und Schwerindustrie in Mittelböhmen vgl. K á r n í k o v á : Vývoj uhelního průmyslu 174.

[31] 1861 waren von der Montan-Arbeiterschaft der böhmischen Länder insgesamt 7,7 % Frauen und Kinder; im Bereich der Montanbehörden Prag und Pilsen waren es nur 4,1 % (K á r n í k o v á : Vývoj uhelního průmyslu 170).

[32] K á r n í k o v á : Vývoj obyvatelstva 128 f.

[33] S. unten 290.

böhmen — in wesentlich geringerem Maße negativ beeinflußt hat[34]. Diese Voraussetzungen erklären es auch, warum zumindest die qualifizierte Arbeiterschaft die Verbindung zum Kleinbürgertum nicht verlor und deshalb seit dem Beginn der 60er Jahre den linken Flügel der tschechischen Nationalbewegung verstärken konnte. Für die spätere nationale Auseinandersetzung bedeutete dies, daß die tschechischen Arbeiter Mittelböhmens weit bessere Voraussetzungen als die nordböhmischen deutschen Arbeiter hatten, Teil der „Nation" zu werden. Zur Erläuterung dieser Tatsache muß noch ein Blick auf die Gesellschaft der deutschböhmischen Industriegebiete geworfen werden.

Die Abwärtsbewegung der Existenzbedingungen desorganisierte alle traditionellen sozialen Strukturen. Schon in den 50er Jahren war die Polarisierung der nordböhmischen Gesellschaft weit fortgeschritten; während in den innerböhmischen Gebieten die Deklassierung der handwerklich organisierten Bevölkerungsschichten sich langsamer vollzog, weil die Vielfalt der Gewerbe dem Druck von Kapital und Großindustrie zäher standhielt, war in Nordböhmen längst eine uniforme Menge von Arbeitern der Hausindustrie entstanden, die nur dem äußeren Anschein nach noch als einzelne auftraten, in Wirklichkeit aber den Forderungen des Kapitals und der expandierenden Fabrikindustrie hilflos ausgeliefert waren[35]. Der Akkumulation von Kapital aus den enormen Profiten auf der einen Seite entsprach die buchstäbliche Verdrängung der Arbeiterschaft aus der Gesellschaft auf der anderen Seite[36]. Daß z. B. für die auf der dunkelsten Schattenseite der gesellschaftlichen Landschaft lebenden Hausweber von einer Teilhabe an der „bürgerlichen Gesellschaft", dem Verband der Staats- bzw. Wirtschaftsbürger keine Rede sein konnte, versteht sich von selbst[37]. Durch den Industrialisierungsprozeß wurde der hausindustriellen Be-

---

[34] Dieser Gesichtspunkt, der für die nationale Entwicklung doch sehr bedeutsam ist, wurde von der neueren marxistischen Historiographie (vgl. P u r š : The Situation) leider nicht aufgegriffen.

[35] „Freilich wird man uns fragen: gibt es denn im nordöstlichen Böhmen nicht auch ein Mittelglied zwischen diesen beiden äußeren Grenzen der Gesellschaft, ist die Kluft zwischen Arm und Reich schon so tief gerissen, daß man die Bevölkerung geradezu in diese beiden extremen Klassen teilen darf? Gibt es denn keinen Mittelstand? Wir werden die Frage fast mit „nein" beantworten müssen. Die Klasse, welche wir gewöhnlich Mittelstand zu nennen pflegen, das durch tüchtige Arbeit auf eigenem Grund und Boden in unabhängiger Selbständigkeit blühende Bürgertum, fehlt in diesem Industrielande fast gänzlich, nur in den größeren Städten, wie Reichenberg, Rumburg und dem industriereichen großen Dorfe Warnsdorf ist es vertreten. Im ganzen und großen fehlt ein kräftiger Mittelstand. Die seit der Einführung der Maschinen wachsende Abhängigkeit des Handarbeiters als Fabrikarbeiter von dem großen Industriellen hat jetzt ihre höchste Höhe, und die Kluft zwischen Arm und Reich ihren tiefsten Riß erreicht." (Nationalökonomische Briefe 64 f.).

[36] Die letzte Stufe dieser Verdrängung war erreicht, wenn — wie es in den Stimmungsberichten der 50er Jahre wiederholt vermerkt ist — arbeitsfähige und -willige Familien zum Betteln gezwungen wurden. — Das spätere Zensuswahlrecht, das die Arbeiterschaft bis ins 20. Jahrhundert von der Teilhabe am institutionellen politischen Leben ausschloß, war dann die Kodifizierung des Ausschlusses aus der bürgerlichen Gesellschaft.

[37] Aufschlußreich ist in diesem Zusammenhang eine in dem Bericht der Handelskammer Budweis für 1851 festgehaltene Diskussion über die Hungerkriminalität der Hausweber: „Und wenn wirklich der Beweis des Diebstahls geführt werden kann, so genügt dafür

völkerung eine Paria-Stellung angewiesen; mit der sozialen Deklassierung ging der Verlust jedes Selbstbewußtseins einher, ein Umstand, der sich in einer Zeit sich ankündigender nationaler Auseinandersetzungen als ein Manko für die deutsche Position darstellen mußte[38]. So hat *Pisling* in den 50er Jahren das Verschwinden aller landschaftlichen Besonderheiten und des traditionellen Brauchtums registriert; das Deutsch der Industriegebiete habe jede Dialektfärbung verloren und sei zum Jargon geworden; Volkstrachten, Volkstheater und die „alten nationalen Belustigungen" seien spätestens seit 1848 ausgestorben, es gebe keine Volkslieder und keine Sonntagsruhe mehr[39]. *Pisling* stellte den Verlust jedes Gefühls der Zugehörigkeit zu einer nationalen Gemeinschaft bei der verelendeten nordböhmischen Arbeiterschaft fest: „Dieses Schwinden der provinziellen Eigentümlichkeiten wäre als ein Zeichen fortschreitender Kultur zu betrachten, würde der (sic) Bildungswachstum wirklich in demselben Maße steigen. Allein dieses Schwinden ist nur die Folge der drückenden Herrschaft, welche die großen Fabriken dieser Gegend auf die noch bei der Handarbeit beharrende Bewohnerschaft ausüben, und das trübe Schicksal des Webers, der sich nicht als *Deutscher*, sondern als *Werkzeug* seines Herrn fühlt, ist es, das den Grund zu diesem Übersichergehenlassen gelegt hat. Der Weber fühlt sich überhaupt nicht als Glied einer Nationalität, ... als „Deutscher" fühlt sich der Weber nicht. Wer aber in diesem Abschleifen des volkstümlichen Charakters schon das Zeugnis einer höheren religiösen und politischen Reife erblicken zu können glaubt, der braucht sich nur unter die Leute selbst zu begeben, um sich vom Gegenteil zu überzeugen"[40]. *Pisling* konstatierte auch, daß in den Sprachgrenzgebieten, zumindest von Seite der deutschen Bevölkerung großer nationaler und sprachlicher Indifferentismus herrsche, ja, daß im Mischgebiet die Sprache kein Kriterium für die Zugehörigkeit zu einer der beiden Nationalitäten sei; die Bereitschaft zu Schwanken im nationalen Bewußtsein sei sehr groß. „Der sehr häufig gebrauchte Ausdruck „*Deutschböhme*" scheint uns in dieser Beziehung eine völlig falsche Bezeichnung zu sein. Daß sich ein großer Teil der Deutschen nicht als Deutscher fühlt, während der Slawe sein nationales Bewußtsein selten verliert, liegt darin, daß der Deutsche sich durch seine beständige Beschäftigung am Webstuhl oder bei der Maschine am Ende selbst als Werkzeug betrachtet, während der Tscheche bei seiner vorzugsweise landwirtschaftlichen Beschäftigung im Besitze seines Nationalgefühls bleibt. Daher kommt es auch, daß der Deutsche im nord-

---

selbst die mehrwöchige Strafe des Kriminalgefängnisses nicht, weil, nach Aussage eines der bedeutendsten Fabrikanten, viele Lohnweber recht gern diese Strafe abbüßen, da sie es im Gefängnis weit besser hätten als zu Hause, sowohl was die Räumlichkeit, als auch was die Nahrung betrifft; denn in den meisten Weberwohnungen sieht es traurig aus und die Gefangenenkost ist für diese Leute eine Labung." (Übersicht der Gewerbs- und Handelsstatistik des Kreises Budweis ... 1851, Budweis 1852, S. 69).

[38] „Die Bewahrung nationaler Sitte ist nur der äußere Ausdruck des inneren Selbstgefühls. Mit dem Steigen und Sinken des Selbstgefühls steigt oder sinkt das Festhalten am heimatlichen Brauch: nur bei demjenigen, der im Bewußtsein seines Wertes für das Allgemeine die Notwendigkeit seiner Existenz erkennend, von einem Selbstgefühl durchseelt ist, können wir eine Bewahrung der Form als Hüterin des Wesens erwarten." (P i s l i n g : Nationalökonomische Briefe 138).

[39] Ebenda 19 und 139.

[40] Ebenda 140.

östlichen Böhmen sehr häufig böhmisch spricht und versteht, während der Tscheche das Deutsche weder sprechen noch verstehen will."[41]

Zur Zerstörung des Gruppenbewußtsein trug nicht wenig die Vernichtung jeder sozialen Bindung bei der hausindustriellen Bevölkerung durch das Verlagssystem bei. Die Hausweber, wiewohl alle abhängig vom Unternehmerkapital, konnten sich dennoch untereinander nicht als gleich orientiert begreifen, weil sie sich gegenseitig Konkurrenz machten[42]. Der Siegeszug des Hochkapitalismus hinterließ in den nordböhmischen Industriegebieten eine Bevölkerung, wo der einzelne sich als bloße Nummer im Produktionsprozeß verstehen mußte und das Bewußtsein hoffnungsloser Vereinzelung dominierte[43].

Frauen- und Kinderarbeit und die allgemeine Verelendung waren Voraussetzungen für die fortschreitende kulturelle Verödung der nordböhmischen Industriegegenden. Schon *Pisling* fiel das außerordentlich niedrige Bildungsniveau der Hausweber-Bevölkerung auf, deren einzige Informationsquellen Hauskalender und Predigten darstellten[44]. Die Volksschulen waren in dürftigem Zustand; die Arbeiterkinder besuchten die Schule bestenfalls für kurze Zeit[45]. Die vom Gesetzgeber für die arbeitenden Kinder vorgesehenen Fabrikschulen konnten sich wegen der Zahlungsunwilligkeit der Unternehmer kaum entwickeln[46]; nur an wenigen Orten in Böhmen gelangte das Fabrikschulwesen dank des Einsatzes interessierter Geistlicher zu bescheidenem Leben, so in Böhmisch-Leipa, wo bis 1848 der österreichische Schulreformer *Krombholz* wirkte. Freilich war ein echtes Gedeihen der Fabrikabendschulen angesichts der Bedingungen der Kinderarbeit in den 50er Jahren ganz unmöglich[47]. In Volks- wie Fabrikschulen wurde kaum gewerbliches Wissen vermittelt; es fehlte also das einzige, wodurch ein beruflicher Aufstieg überhaupt befördert werden konnte. Das Aufrücken in eine bessere soziale Schicht war damit praktisch unmöglich gemacht. Es wirft ein bezeichnendes Licht auf die Aufstiegschancen in

---

[41] Ebenda 143.

[42] Ebenda 19: „...die Häuschen liegen zwar nahe aneinander, aber jedes ist ein Staat für sich."

[43] Pisling meinte diesen Sachverhalt, wenn er etwas blumig im Stile der Zeit, über die sozialen Bindungen der Arbeiter untereinander schrieb, es habe sich „das geistige Band... beinahe gelöst." (ebenda 9).

[44] Ebenda 132 ff.

[45] Ebenda 134. — Die Schilderungen der Bezirksbehörden berichten vielfach vom geringen Schulbesuch der Arbeiterbevölkerung. Ein Bericht aus dem Erzgebirge vom Jahre 1851 stellte fest: „Eine Abhilfe ist wegen mangelhafter Bekleidung der schulpflichtigen Kinder nicht möglich." (SÚA, PM 8/1/12 Nr. 811 B.A. Joachimsthal an K.A. Eger, 21. 2. 1851). Im Herbst 1855 versuchten die Behörden Westböhmens, aus Staatsmitteln Kleidungsstücke für die Arbeiterkinder zu kaufen, um den Schulbesuch zu ermöglichen (K.A. Eger an Mecséry, 25. 9. 1855).

[46] Vgl. A. G r u n d l : Die Fabrikabendschule der „Streicherkinder" zu Böhmisch-Leipa. In: Heimat und Volk. Forschungsbeiträge zur sudetendeutschen Geschichte. Brünn-Leipzig-Wien 1937, S. 569 ff. Vgl. auch unten 196.

[47] Der Schulbesuch wurde aus naheliegenden Gründen während der 50er Jahre immer schwächer, woran auch die fragwürdigen Remedien der Behörden nichts zu ändern vermochten: man ließ die schulunwilligen Kinder durch die Polizei in der Schule vorführen und in Gegenwart der anderen Schüler öffentlich züchtigen (G r u n d l : Fabrikabendschule 576).

der nordböhmischen Gesellschaft, daß die Industrie noch während der 60er Jahre ihr kaufmännisches Personal aus Deutschland holen mußte, weil nicht genug einheimischer Nachwuchs zur Verfügung stand[48]. Welche Benachteiligung, welche katastrophale Lücke die Generation der von der Kinderarbeit geprägten Arbeiterbevölkerung in ihrem Selbstgefühl haben mußte, ist nach *Pislings* Schilderung leicht zu erschließen. Bedenkt man, daß die gleiche Zeit eine Hochblüte der pädagogischen Idee im tschechisch-nationalen Gewande sah, so kann man die Schwächung der deutschböhmischen „nationalen" Position ermessen, die von den Auswirkungen des Manchesterkapitalismus herrührte[49]. Wenn der soziale Aufstiegskanal für ganze Bevölkerungsschichten versperrt war, so mußte auch ein Bewußtwerden in politischer Hinsicht auf jeden Fall erheblich verzögert werden; den Vorsprung welchen die komplettere, leidlich solidarisierte tschechische Gesellschaft bis in die 60er Jahre vor dem deutschen Bevölkerungsteil errungen hatte, sollten die Deutschböhmen nicht mehr aufholen können. Die Folgen der industriellen Revolution komplizierten freilich noch in anderer Hinsicht die nationalen Verhältnisse. Es liegt auf der Hand, daß auf der sozialen tabula rasa der Industriegegenden die durch die fortschreitende Expansion der Industrie stimulierte Zuwanderung von Arbeitern aus tschechischen Gegenden komplizierte soziale Probleme aufwerfen mußte. Schon bei den ersten Eisenbahnbauten um die Jahrhundertmitte (Wien—Prag—Dresden) stellte sich heraus, daß die ansässigen arbeitslosen Weber durch langjährige Unterernährung zu schwach geworden waren, um an den — als Arbeitsbeschaffung heiß ersehnten — Bauarbeiten teilnehmen zu können[50]. Die Lücke füllten Arbeitskräfte aus den innerböhmischen Gebieten. Wo sich der große Strom der mit der Trassierung wandernden tschechischen Arbeiter ins deutschsprachige Gebiet bewegte, kam es zur Konkurrenz der Arbeitssuchenden, wobei sich auch nationale Untertöne in die soziale Auseinandersetzung mischten[51]. In den Zentren der aufblühenden Fabrikindustrie in der Nähe der Sprachgrenze unterboten sich beide Nationen in Zeiten der Arbeitslosigkeit gegenseitig bei der Lohnfestsetzung, wodurch die ausbeuterische Stellung der Unternehmer gestärkt wurde[52]. Ein wichtiger Grund für die Verschiebung der nationalen Konturen der nordböhmischen Industriegebiete und die später daraus resultierenden sozialen Spannungen lag in der Ausbreitung der Kinderarbeit nach 1848. Da relativ bald die verfügbaren Kinder der deutschen Arbeiterfamilien vollständig in den Produktionsprozeß eingespannt waren, kam es zur Zuwanderung größerer Mengen von arbeitswilligen Kindern aus den südlicher

---

[48] Bericht der Handelskammer in Reichenberg . . . von 1861—1863. Reichenberg 1864, S. 23.
[49] Dem widerspricht nicht, daß es auch auf deutscher Seite besonders im Vormärz eine Schulreformbewegung gegeben hatte, die durch die Berufung des Bolzanisten Krombholz in das Unterrichtsministerium Thuns sogar großen Einfluß auf die Schulgesetzgebung erhielt. Freilich wurde die Reform des Volksschulwesens erst in den 60er Jahren angefangen; es bleibt überdies zu bedenken, daß Schulreformen da, wo Kinderarbeit herrscht, wenig ausrichten. — Zur Gesetzgebung über Kinderarbeit s. unten 273.
[50] K u t n a r : Sociální otázka 195.
[51] Im Juni berichtete der gräflich Thunsche Güterverwalter Komers an Graf Leo Thun: „In Aussig abwärts der Baustrecke mußte dieser Tage eine große Anzahl tschechischer Eisenbahnarbeiter über das Andringen der deutschen entfernt werden." (StA Litoměřice Abt. Děčín. Rodinný archiv Thun, A 3 XXI, C 104, fol. 568).
[52] P i s l i n g : Nationalökonomische Briefe 142.

gelegenen tschechischen Gegenden[53], so daß bald tschechische Minderheiten in deutschsprachigen Industrieorten entstanden.

Auch bei der Expansion des Bergbaus in Nordwestböhmen (Brüx—Saaz—Dux)[54] war die physische Deklassierung der hausindustriellen Bevölkerung ein Hindernis für den sozialen Aufstieg in der neuen Montanindustrie. Schon zu Beginn der 50er Jahre planten Bergherren und Montanindustrielle Westböhmens die organisierte Anwerbung von tschechischen Arbeitskräften aus Innerböhmen[55]; der besonders nach 1860 stürmisch einsetzende Aufstieg der westböhmischen Montangebiete brachte einen von den Unternehmern unterstützten Zuzug von Arbeitskräften aus den relativ überbevölkerten tschechischen Agrargebieten. Es trat der Zustand ein, daß die ansässige erzgebirgische Bevölkerung die schlechtbezahlte Hilfsarbeit in der Montanarbeit leisten mußte, während den zugewanderten tschechischen Bergleuten die lukrative bergmännische Arbeit zufiel, wobei ihnen die starke Konkurrenz der Unternehmer auch ein saisonales Wechseln von Betrieb zu Betrieb und damit gesteigerte Verdienste ermöglichte[56]. Es war fast unvermeidlich, daß die entstehenden tschechischen Diasporagruppen ihre eigene Sozialinfrastruktur nach sich zogen: die Frage der schulischen Versorgung, der religiösen Betreuung, des Vereinswesens usw. schuf deshalb einen Rattenschwanz von Problemen. Der soziale Zündstoff bot sich nach 1860 der vehement zum Ausdruck kommenden politisch-nationalen Auseinandersetzung als dankbares Material an[57]. Schon Ende der 50er Jahre hatte der praktisch-wirtschaftlich orientierte Flügel der tschechischen Nationalbewegung zudem das Problem der tschechischen Minoritäten mit sicherem Instinkt als ein Demonstrations- und Stimulierungsmittel nationalen Bewußtseins entdeckt: Šimáček forderte in seinem „Posel z Prahy" tschechische Seelsorger für die Minderheiten in Nordböhmen[58]. Das Interesse des breitwirkenden tschechischen Nationalismus an der tschechischen Bevölkerung in den ehemals rein deutschsprachigen Fabrikorten provozierte wiederum später die oftmals hysterische Abwehrbewegung auf der Seite des deutschen Bürgertums Nordböhmens. In der Spätphase der nationalen Auseinandersetzung gegen Ende des Jahrhunderts schließlich, als die deutschnationale Propaganda das Gespenst einer planmäßigen Tschechisierung der deutschböhmischen Gebiete an die Wand malte, als von der Wahrung des „nationalen Besitz-

---

[53] Ebenda 41. — Pisling teilt über die näheren Umstände „Kinderauswanderungen" leider nichts mit.

[54] S. oben 151.

[55] Der Bericht der Handelskammer Reichenberg für 1852 nannte offen die Gründe: „... ein großer Teil unserer Arbeiter, die hinter dem Webstuhl aufwachsen, ist physisch gar nicht geeignet zur Grubenarbeit." (Jahresbericht der Handels- und Gewerbekammer zu Reichenberg ... 1852. Reichenberg 1853, S. 108).

[56] B r a f : Studien 16.

[57] Vgl. zum ganzen Problem P r i n z : Probleme der böhmischen Geschichte 350 f.

[58] Päumann berichtete darüber an Mecséry am 13. 7. 1858: „Die Korrespondenz aus Bergreichenstein ... klagt über den Übelstand, daß für die in deutschen Gegenden sich aufhaltenden tschechischen Arbeiter nicht eigene tschechische Seelsorger aufgestellt werden und ist, wenn auch an sich unverfänglich, ein Beweis, wie die Redaktion die entferntesten Umstände hervorsucht, um die nationale Frage in einer Weise zu behandeln, welche jedesmal eine Mißstimmung ihrer Nachbeter erregen muß." (SÚA, PM 1855—59 8/4/96:1).

standes" die Rede war, fragte kaum jemand mehr nach den Wurzeln des Problems in der Entwicklung nach 1850.

Es ist notwendig, auf eine bereits verschiedentlich erwähnte wesentliche Begleiterscheinung der ökonomischen Umformung Böhmens nochmals näher einzugehen: die Binnen- und Auswanderung im großen Stil. Die Wanderungsbewegungen der „industriellen Reservearmee" der Arbeitssuchenden während der 50er Jahre waren ein gesamteuropäisches Phänomen[59], praktisches Pendant zur Ansicht der zeitgenössischen liberalen Wirtschaftsdenker, daß die Arbeitskraft nichts anderes sei als eine frei konvertierbare Ware[60]. In Böhmen mobilisierten Grundentlastung (d. h. Befreiung von Bodenhaftung), Konjunktur und industrielle Revolution die Bevölkerung in einem bisher ungekannten Ausmaß[61]; vielfach wurde der einzelne auch durch die Umschichtung der Wirtschaftsverhältnisse zu geographischer Mobilität gezwungen, weil traditionelle Existenzbedingungen vernichtet wurden. Die Abwanderung aus den tschechischen Agrargebieten entsprang teils dem Wunsch, der relativen Hörigkeit der Landarbeiterschaft[62] zu entkommen, teils der Furcht, durch die schnell fortschreitende Mechanisierung des kapitalistisch organisierten Großgrundbesitzes arbeitslos zu werden[63]. Hinzu kam die fortschreitende Polarisierung der Besitzverhältnisse auf dem flachen Land, die auch ehemals selbständige Bauern zum Orts- und Berufswechsel zwang.

Die Intensität der Binnenwanderung in Böhmen stieg im Zeitraum von 1850—57 um fast das dreifache an; bei der Volkszählung von 1857 waren nur noch 869 von 1000 Personen in ihren Heimatgemeinden ansässig[64]. Schrittmacher der Wande-

---

[59] Vgl. W. K ö l l m a n n : Industrialisierung, Binnenwanderung und „Soziale Frage". VJSWG 46 (1959) S. 45 ff.

[60] S. unten 187.

[61] Die erste Welle der Binnenwanderung in Böhmen im Gefolge der Hochkonjunktur um 1850 zeigte den ländlichen Arbeitgebern drastisch, daß auch die Arbeiter sich der freien Konvertibilität der Arbeitskraft in günstigen Momenten bewußt werden konnten. Der Kreispräsident von Eger teilte Mecséry in seinem Stimmungsbericht vom 29. 8. 1851 mit, daß alle Stabilität auf dem Arbeitsmarkt dahin sei: „Flüchtige Dienstboten beiderlei Geschlechts müssen zwangsweise oft durch die Gendarmerie in ihre Dienste zurückgeführt werden, verweigern dann jedoch jede Arbeit und entweichen aufs Neue. Geldstrafen sind größtenteils nicht anwendbar, durch Arreststrafen wird der Dienstherr eigentlich selbst gestraft." Es gebe daher häufige „Klagen über auffallenden Mangel an Arbeitskräften . . ." (SÚA, PM 8/1/12 o. Nr.).

[62] S. oben 34 f. — Das Kreisamt Chrudim berichtete am 1. 7. 1858 über die Motive der Abwanderung der Landarbeiter, sie seien des „Dienens, wegen des damit verbundenen Zwanges, abhold" (SÚA, PM 8/1/19:2 Nr. 71 pr. K. A. Chrudim an Mecséry).

[63] Ebenda.

[64] B o h m a n n : Bevölkerungsbewegungen, S. 73. — Die Zeit seit Beginn des Jahrhunderts hatte vor allem eine auf Nordböhmen beschränkte regionale Binnenwanderung gesehen; von 1807 bis 1837 verdreifachte sich die Binnenwanderungsbewegung; von 1807/08 bis 1846 verfünffachte sie sich. Um den Trend der 2. Jahrhunderthälfte zu verdeutlichen, gebe ich die weiteren Zahlen:
1869 waren noch 689 Personen in ihren Heimatgemeinden ansässig,
1890 waren noch 479 Personen in ihren Heimatgemeinden ansässig.
(Ebenda 72 f.).

rungsbewegungen war der Bau der Eisenbahnen[65]. Mit ihm bewegten sich die arbeit-suchenden Massen durch das Land. Mit der industriellen Binnenwanderung tauchte zum ersten Mal sichtbar ein völlig entwurzeltes „Proletariat"[66] auf, das, weit mehr als die ansässige Armut, bei der bürgerlichen Gesellschaft deutliches Unbehagen hervorrief.

Der Eisenbahnbau in den anderen Teilen der Monarchie wirkte als Stimulans der Abwanderung aus den relativ überbevölkerten Agrargebieten Böhmens, besonders der südlichen und östlichen Teile[67]. Südböhmen war das Reservoir der alljährlichen Völkerwanderung der Saisonarbeiter nach Wien und Niederösterreich, die nur zum Teil nach Böhmen zurückflutete[68]. Der Ausbau Wiens zur Reichshauptstadt eines zentralistisch geführten Reiches nach 1848 erforderte die Zusammenballung riesiger Arbeitermassen, die Zugewanderten wurden zum großen Teil seßhaft. Im Gefolge dieser Entwicklung sammelte sich in Wien eine bedeutende tschechische Minorität, die später als beachtlicher Faktor der Wiener Bevölkerung auftrat.

Ähnlich wie die tschechischen Minoritäten im industriellen Nordböhmen wurden auch die Wiener Tschechen bereits während der 50er Jahre Gegenstand der tsche-chisch nationalen öffentlichen Meinung; auch hier war ein Modellfall für das Selbstverständnis der Nationalbewegung. Die Themen der Behauptung in fremder Umgebung, der Benachteiligung durch den deutsch bestimmten Staat, des attrak-tiven Gegensatzes von tschechischer Unverbildetheit und Wiener „Unsittlichkeit" tauchten in Ansätzen bereits während des neoabsoluten Jahrzehnts in der tschechi-schen Publizistik auf[69]. Es hat dabei keine Rolle gespielt, daß die Wirklichkeit der

---

[65] Mecséry berichtete z. B. am 30. 7. 1858 an Bach/Kempen, daß man überall Klagen über den Mangel an Landarbeitern führe, weil aus den tschechischen Agrargebieten enorme Arbeitermassen zum Bau der Reichenberg-Pardubitzer Eisenbahn abgewandert seien (SÚA, PM 8/1/19:2 Nr. 6510).

[66] Das Kreisamt Böhmisch-Leipa berichtete am 27. 3. 1855 an Mecséry: „Über den Zuzug der Arbeiter aus fremden Gegenden wird umsomehr geklagt, als sich darunter sehr viele arbeitsscheue befinden, welche die Bewohner mit ihrem frechen Betteln belästigen; die Errichtung von Kreisarbeitshäusern wird allgemein als ein entsprechendes Mittel ange-sehen und dessen (sic) Errichtung auf Kosten der Gemeinden gewunschen." (SÚA, PM 8/1/19:2 Nr. 42 pr.).

[67] Übersicht der Gewerbs- und Handelsstatistik des Kreises Budweis... 1851, S. 83.

[78] Im Bezirk der Handelskammer Budweis war die Zahl der registrierten Saisonarbeiter, die nach Niederösterreich gingen, 1857—60: 15 000—18 000 (P u r š : The Situation 189). — Der Hauptgrund für die Abwanderung aus Südböhmen war die extreme Polari-sierung der Grundbesitzverhältnisse, durch welche neben dem dominierenden Groß-grundbesitz sich kein mittleres bzw. Kleinbauerntum halten konnte. Der Bericht der Budweiser Handelskammer von 1863 nennt als Hauptgrund der Abwanderung „die Verteilung des Grundeigentums" (Jahresbericht der Handelskammer Budweis... 1857—1860, S. 159).

[69] Jan P a l a c k ý s „Böhmische Skizzen" von 1860 beklagen den „Hauptverlust der tschechischen Nationalität" durch Ansässigwerden in deutschen Städten (S. 32); die tschechische Katholikenzeitschrift „Blahověst" des nationalbewußten Paters Štulc brachte „ultraslavische Korrespondenzen" aus Wien, worin über den „Mangel an Fürsorge für die kirchliche und Schulbildung der in Wien lebenden Slawen" heftige Klage geführt wurde (SÚA, PM 1850—54 8/5/22 Sacher-Masoch an Mecséry, 3. 2. 1852). — Šimáček schilderte anschaulich die Schwierigkeiten der jungen tschechischen Handwerker in Wien, die als „Naturkinder" in eine fremde Welt geworfen würden („Posel z Prahy 1858/I,

Wiener Verhältnisse ganz anders aussah; daß nämlich den tschechischen Zuwanderern viel mehr an Assimilierung und Aufstieg in die deutsche Gesellschaft gelegen war als an nationaler Behauptung[70]. Indessen mobilisierte gerade das ostentative Auftreten der zahlenmäßig kleinen tschechisch-nationalen Gruppe in Wien später Gegenbewegungen im Wiener Kleinbürgertum: die Furcht vor einer Slawisierung sollte zu einem wichtigen Faktor der Wiener sozialen Szene werden, wobei die wirtschaftlichen Konkurrenzkämpfe im Wiener Kleinbürgertum sich vielfach des Etiketts der nationalen Unterschiede bediente. Dieser Umstand und das verzerrte Bild, das die in Wien ansässigen führenden Schichten Österreichs an der Bedeutung des tschechischen Nationalismus erhielten, weil die dienenden bzw. kleinbürgerlichen Berufe im Wiener Tschechentum bei weitem überwogen, beeinflußte mittelbar in der zweiten Hälfte des Jahrhunderts die Entwicklung der böhmischen Politik sehr wesentlich[71].

Als nicht minder wichtig für das Verhältnis der beiden böhmischen Nationen sollte sich ein zweiter Trend der Binnenwanderung erweisen: die stete Abwanderung von Bewohnern der deutschböhmischen Gebiete nach Wien, der sich nach 1848 vervielfachte. Dieser Bevölkerungsschwund, wenngleich nicht von solchem zahlenmäßigem Umfang wie jener der Tschechen, veränderte doch die soziale Struktur Böhmens entscheidend, weil er vor allem Angehörige aufsteigender Be-

132 f.). — Auch in Wien selbst bemühten sich tschechisch-nationale Gruppen um die zugewanderten Tschechen. Ein Beobachter der Wiener sozialen Szenerie wußte in der AAZ am 19. 5. 1850 vom festen Zusammenschluß der „intelligenten jungen Handwerksburschen" tschechischer Nationalität zu berichten. Die Zusammenkünfte der Handwerker würden von Schriftstellern und Priestern besucht und „der junge Handwerksbursche, welcher die wehmütigen Lieder von altslawischer Herrlichkeit und Macht deklamiert, wird dadurch in einem Grade zur Liebe fürs Vaterland begeistert, wovon bei den deutschen Österreichern auch nicht ein matter Anflug zu bemerken ist. Die Slawen blicken daher auch mit einer gewissen Geringschätzung auf jene Deutschen, die es nicht einmal bis zu einem nationalen Volkslied bringen. (...) Die Verehrung Žižkas und der hussitischen Apostel wird mit einer seltenen Ostentation zur Schau getragen, und diese Erscheinung wird umso bedeutender, als der niedere Klerus fast durchwegs national gesinnt ist, und an Sprache und Bildung dem Volke viel näher steht als in irgend einem österreichischen Kronlande." (AAZ 1850, S. 2277).

[70] Vgl. dazu die noch nicht veröffentlichte Arbeit von Monika G l e t t l e r : Die Wiener Tschechen um 1900. Struktur einer nationalen Minderheit in der Großstadt (Phil. Diss. Saarbrücken 1971).

[71] Etwas simplifizierend, aber in der Tendenz sicher richtig, hat der Wiener Publizist Franz W e y r während des Zusammenbruchs der Donaumonarchie in einem Aufsatz in der „Neuen Rundschau" die „politische Atmosphäre Wiens mit den aus ihr hervorgegangenen Regierungen und ihrer Presse" für das Scheitern aller Lösungsversuche der „böhmischen Frage" mitverantwortlich gemacht. W e y r schrieb, die antitschechische kleinbürgerliche Wiener Massenpresse habe wegen ihrer primitiven Slawenhetze eine Hauptschuld am Reichszerfall; die in Wien residierenden Staatsmänner hätten ihre Ansichten über die Tschechen eben jener Presse entnommen: „Man war eben jahrelang infolge der (einzig zur Verfügung stehenden) Erfahrungen der Wiener Gasse gewöhnt, in diesen Leuten ein Volk von Dienstmädchen und Taglöhnern zu erblicken. Daher denn auch das aufrichtig naive und kindliche Erstaunen der Wiener, als ihnen zum erstenmal die Gerüchte über den tschechischen Staat zu Gehör kamen. Man konnte sie beim besten Willen nicht ernst nehmen." (F. W e y r : Der Zerfall Österreichs. Neue Rundschau 1918/II, S. 1559 ff.).

rufe und Familien der böhmischen Gesellschaft entzog und die führenden sozialen Schichten der deutschsprachigen Bevölkerung Böhmens mehr und mehr zusammenschmelzen ließ[72]. Die Wanderungsneigung der deutschböhmischen Arbeiterbevölkerung war hingegen verhältnismäßig gering, wenn man sie mit der Misere der Lebensumstände vergleicht; einzig in die in Westböhmen entstehenden Industriezentren floß ein stetiger Strom von arbeitslosen Hauswebern[73]. Die sozialen Spannungen in den neuen Ballungszentren wurden dadurch verschärft (es befanden sich damit ansässige und zuwandernde deutsche Arbeitskräfte und Tschechen in gegenseitiger Konkurrenz auf dem Arbeitsmarkt!), ohne daß sich die Probleme der übervölkerten Textilgegenden gelöst hätten.

Ein auffälliges Indiz für den Grad der sozialen Mobilisierung in den 50er Jahren war die Entwicklung der Auswanderungsbewegung. Bis zur Revolution von 1848 spielte die Auswanderung nach Übersee bzw. Länder außerhalb der Monarchie in Böhmen nur eine geringe Rolle. Die rasche Umwälzung der Wirtschaftsverhältnisse durch den Hochkapitalismus bewirkte dann ein rasches Ansteigen der Auswandererzahlen: bis 1852 waren es einige hundert korrekt vollzogene Auswanderungen pro Jahr. 1853—1855 stieg ihre Zahl in die Tausende, auf dem Höhepunkt der sozialen Krise 1854 auf ca. 6000[74]. Später stabilisierte sich die Zahl registrierter Auswanderungen auf ca. 1000 pro Jahr. Der hohe Anteil von Einwohnern Böhmens an der gesamtösterreichischen Emigration — $3/4$ aller Auswanderer kamen während der 50er Jahre aus Böhmen — war ein Beweis für die Schlüsselstellung, welche die soziale Entwicklung Böhmens für die Monarchie hatte. Die Mehrzahl der Auswanderer kam aus Südwest- und Südostböhmen, aus den stagnierenden landwirtschaftlichen Gebieten und aus den von der Krise des Handwerks besonders stark betroffenen Gegenden[75]. Amerika war das bevorzugte Auswanderungs-

---

[72] B o h m a n n : Bevölkerungsbewegungen 90. — Die Wanderung des deutschböhmischen Bürgertums in die Reichshauptstadt nach 1850 hat aber noch einen anderen, eminent politischen Aspekt: die Tatsache, daß ein großer Teil der deutschböhmischen Politiker praktisch immer in Wien residierte und nur zu Wahlkämpfen nach Böhmen zurückkehrte, bewirkte, daß auch sie von der Wiener Perspektive des deutsch-tschechischen Verhältnisses (siehe oben) nicht unbeeinflußt blieben; nimmt man noch die weitgehende Unkenntnis der tschechischen Sprache auf Seite gerade der deutschböhmischen Liberalen (vgl. dazu Ernst v. Pleners Memoiren) dazu, dann kann man ermessen, wie gering die Chancen einer objektiven Einschätzung der tschechischen sozial-politischen Dynamik durch die großbürgerlichen deutschböhmischen Politiker waren.

[73] K á r n í k o v á : Vývoj obyvatelstva 158.

[74] K u t n a r : Vystěhovalectví 8 f. — Die Zahlenangaben sind nicht absolut zu verstehen, sondern signalisieren nur den Trend; wesentlich höher als die Anzahl der korrekt vollzogenen Auswanderungen lag die wirkliche Zahl der nach dem Ausland abwandernden Familien, die jedoch die Querelen mit den auswanderungsfeindlichen Behörden scheuten und daher illegal ausreisten. Statistisch registriert wurden in Böhmen von 1850—59 insgesamt 19 932 ausgewanderte Personen.

[75] Am meisten beteiligt waren der Pilsner und der Pardubitzer Kreis (ebenda 12). Der Stimmungsbericht Sacher-Masochs vom 6. 5. 1852 registrierte die „auffallende(n) Zunahme" von Auswanderungen nach Amerika: „Aus den Gegenden von Příbram, Hořovitz, Blatná, Nepomuk, daher zumeist aus dem südwestlichen Teile Böhmens, ferner von der östlichen Landesgrenze bei Landskron wandern viele Familien nach dem neuen Weltteile aus." (SÚA, PM 8/1/12 o. Nr. Sacher-Masoch an Kempen).

ziel. Gemessen an den Problemen der Strukturveränderung in Böhmen war die Auswanderungsbewegung freilich gering; die Nöte des Handwerks kamen dadurch keiner Lösung näher. Zumal an der schweren sozialen Krise der industrialisierten Teile Nordböhmens ging die Auswanderungswelle völlig vorüber[76], für die verelendete Arbeiterbevölkerung war der finanzielle Aufwand einer Emigration unerschwinglich.

In der tschechischen Publizistik fand die Auswanderungsbewegung ein überwiegend negatives Echo. Die Gegenpropaganda der nationalbewußten Gruppen (Literaten, Klerus, Volksbildner) verband mit ihren Appellen an die Heimatliebe den wenig verhüllten Aufruf, daheim auszuharren und die Position der tschechischen Bevölkerung durch Reform- und Aufbauarbeit im Lande selbst zu verbessern[77].

Wichtiger noch als diese vordergründige Tatsache ist ein weiteres:

Wenn man bedenkt, daß — wie Hroch es für die Zeit bis 1848 nachgewiesen hat[78] — das Erwachen des Nationalbewußtseins aufs engste verknüpft ist mit der Zunahme von Mobilität und Intensität der Kommunikation, so ermißt man die Bedeutung der Wanderungsbewegungen für die Entwicklung der nationalen Verhältnisse.

---

[76] K u t n a r : Vystěhovalectví 67. — P i s l i n g : Nationalökonomische Briefe 15. — Es spricht manches dafür, daß der soziale Behauptungswille der deutschböhmischen Textilbevölkerung schon um die Mitte des Jahrhunderts verhältnismäßig stark zerstört war, so daß durch fatalistische Ergebung in die Ausbeutung der Impetus, die ehemalige soziale Stellung durch eine Auswanderung wiederzuerlangen, völlig verloren ging.

[77] Gegen die Auswanderung schrieben im nationalen Sinne der Dramatiker J. K. Tyl, P. S. Kodym (s. oben 45), der Arzt und nationale Philantrop C. Kampelík (s. unten 231), und Angehörige des Klerus (K u t n a r : Vystěhovalectví 9, 56 f., 60 f.; V o l f : Náladová zpráva 50 f.).

[78] H r o c h : Vorkämpfer 163 ff.

TEIL II

DIE GESELLSCHAFT UND DIE „SOZIALE FRAGE"

VORBEMERKUNG

Mit den sozialen Problemen, die durch die ökonomische Umschichtung aufgeworfen wurden, hat sich in den fünfziger Jahren letztlich *keine* gesellschaftliche Gruppe ganz *bewußt* und *konsequent* auseinandergesetzt. Die wenigen Stimmen, die sich — geschult an der westeuropäischen sozialwissenschaftlichen Literatur — zu Wort meldeten, vermochten in Böhmen keine kontinuierliche Diskussion der sozialen Problematik wachzurufen. Indes dürfen gerade die unsystematischen Antworten der Gesellschaft auf die „soziale Frage" ein Interesse beanspruchen, beleuchten sie doch auf charakteristische Weise den Zustand dieser Gesellschaft um die Jahrhundertmitte.

So ist denn in den folgenden Abschnitten höchst Heterogenes ausgebreitet: theoretische Stellungnahmen auf hohem Niveau ebenso wie trübe Ressentiments. Dort, wo es an klar formulierten Aussagen mangelte, wurde versucht, anhand der sozialen Praxis die Konturen zu zeichnen.

Als roter Faden der Untersuchung dient die Frage nach dem Platz, den das „Proletariat" bzw. dessen Verelendung, schließlich der Zerfall der Gesellschaft im sozialen Denken der gesellschaftlich führenden Gruppen eingenommen haben.

1. UNTERNEHMER

Die Entfaltung der schrankenlosen Konkurrenz im Wirtschaftsbereich und ihre Legitimierung durch die vulgärliberale Ideologie blieb nicht ohne Wirkung auf das Selbstverständnis des Industriebürgertums. Um den Siegeszug des Manchestertums in Böhmen zu verstehen[1], ist es notwendig, auf die Bestimmung des eigenen Standorts im sozialen Bereich durch die wirtschaftlich starken Gruppen einzugehen. Das Unternehmertum bzw. das wirtschaftliche Kapital verstand sich als Motor oder Salz des sozialen Lebens, dessen Aktivität allein schon als positiv bewertet wurde. Für den böhmischen Montanindustriellen und Wirtschaftspublizisten Karl *Kreutzberg* waren die Unternehmer „jene seltenen Männer . . . , die gestählter Energie und Ausdauer, gesunden Herzens und wohlbestellten Geistes, als Ziel nicht den Gulden oder Taler, sondern das höhere, allgemeine Wohl, nicht ihre eigene Gegenwart bloß, sondern die Zukunft ihres Landes vor Augen haben." Mit einem durchaus naiven Fortschrittsglauben, der allerdings — bewußt oder

---

[1] Die marxistische Historiographie ist, so erstaunlich das klingt, dem Ideengut der Unternehmer während der industriellen Revolution kaum nachgegangen und hat sich mit dem allgemeinen Hinweis auf die Verteidigung des laissez-faire-Kapitalismus durch das böhmische Industriebürgertum begnügt (vgl. P u r š : The Situation 184). Die ideologischen Prämissen haben es also verhindert, daß man ein differenziertes Bild des ideologischen Gegners zeichnete, was zweifellos eine entscheidende Lücke in der marxistischen Darstellung der zweiten Hälfte des 19. Jahrhunderts ausmacht.

unbewußt — auch apologetisch konzipiert war, wurde das Wirtschaftswachstum mit einer Zunahme der wirtschaftlichen Kraft aller, d. h. auch der Lohnabhängigen, gleichgesetzt[2].

Zu der „naiven" Darstellung der Teilhabe *aller* am Fortschritt gelangte man, indem man in unkritischer Parallelisierung die eigene Erfahrung wirtschaftlicher Aufstiegsmöglichkeiten auf die abhängigen Unterschichten übertrug[3]. Bruchlos fügte sich in solch rosige Sicht der Lage die pauschale Denunzierung aller Wünsche von Arbeiterseite nach erweitertem Anteil am Unternehmensgewinn als „Unbescheidenheit" ein. Ohne daß sich das Bürgertum eines Zynismus bewußt geworden wäre, konnte so von gesteigerten Ansprüchen auf „Lebensgenuß"[4] geredet werden (also von *relativen* Größen), wo es sich doch in Wirklichkeit bloß um den Versuch handelte, die durch die Steigerung der Lebenshaltungskosten permanent gemachte *absolute* Verelendungstendenz durch Lohnerhöhungen abzufangen. Vielfach ersetzte die Projektion des steigenden großbürgerlichen Wohlstandes und Lebensstandards auf die Lage der gesamten Bevölkerung jede genauere Information; die Fortschrittsidylle mußte als Alibi für die Verweigerung jeder sozialpolitischen Initiative herhalten. Die liberale Nationalökonomie wurde zur sozialen Bibel, die

---

[2] So argumentiert in Meißners Schlüsselroman über die 50er Jahre („Schwarzgelb") ein Fabrikant: „Jeder Unternehmer will gewinnen, sonst wüßte man nicht, warum er sich das Risiko der Unternehmung aufladen sollte! Je mehr sich die unternehmungslustigen Köpfe regen, desto stärker der Segen, der daraus dem Allgemeinen entspringt, denn ihr Gewinn beruht auf einem Bedürfnis, welchem sie abhelfen, und sogar der Gewinn wird mit zahlreichen Mithelfern geteilt. Dieses national-ökonomische Prinzip scheint mir ... unanfechtbar." (Die Opfer der Partei I/106 f.).

[3] „Wenn man ferner jenem unenthüllten, immer deutlicher hervortretenden Gesetze, durch dessen unbewußte Kräfte der Fortschritt der Völkerkultur vor sich geht, mit einiger Aufmerksamkeit folgt, so gewinnt man die Überzeugung, daß mit der Zivilisation auch die Ansprüche auf besseren, verfeinerten Lebensgenuß in gleichem und desto größerem Maße hervortreten, als der im Vergleiche mit der Vorzeit unverkennbare größere Wohlstand noch zunimmt. Eine Vergleichung der gegenwärtigen Bedürfnisse, überhaupt des Komforts des Gewerbe- und Arbeiterstandes und anderer Menschenklassen in Wohnung, Kleidung, Nahrung, Erholung mit dem des vorigen Jahrhunderts wird die hier ausgesprochene Behauptung bewähren." (Jahresbericht der Handelskammer in Pilsen ... für 1853, S. 31).

[4] „Es darf kühn behauptet werden, daß sich unsere Arbeiter heutzutage weit besser kleiden und nähren, daß sie besser wohnen, und daß sie überhaupt mehr Annehmlichkeiten genießen, als ihre Vorfahren. (...) Freilich sind hiermit auch die Ansprüche gestiegen, welche an das Leben gemacht werden; die Entbehrungen erscheinen dann größer, wenn man den Genuß kennt und die Kontraste treten umso greller hervor, wo auf der einen Seite sehr großer Reichtum und auf der anderen Besitzlosigkeit existiert. Der galizische Bauer, der schlecht gekleidet ist, kaum eine Gabel, Schere oder Spiegel kennt, in seiner elenden Hütte mit seinem Vieh in traulicher Gemeinschaft lebt, von Zucker und Kaffee kaum etwas verzehrt und sich von seinen selbst erzeugten groben Produkten nährt, er kann nicht arm genannt werden, weil ihm die Sehnsucht nach besserem und bequemerem Leben unbekannt ist, weil er seine Armut nicht kennt, er ist in seiner Selbstgenügsamkeit glücklicher als viele weit besser lebende Arbeiter einer größeren Stadt, die ganz andere Ansprüche machen und sich arm fühlen, wenn sie dieselben nicht zu jeder Zeit befriedigen können. In diesen Ansprüchen liegt aber der Sitz eines weit verbreiteten Übels: der Disharmonie zwischen Bedürfnissen und Genußmitteln ..." (Jahresbericht der Handelskammer in Budweis ... 1852, S. 33 f.).

vorgebliche „Wissenschaftlichkeit" der ökonomischen Gesetze enthob der Rücksichtnahme auf ethische Normen[5], ja, die Ersetzung „relativer" moralischer und politischer Prinzipien durch absolut verstandene Wirtschaftsgesetzlichkeiten wurde sogar zum „*alle* gesellschaftlichen Beziehungen regelnden" Prinzip erklärt[6].

Auf dieser Grundlage ist zweierlei erwachsen: zum einen war es eine lautstarke und von gutem Gewissen getragene Selbstdarstellung des kapitalistischen Unternehmers als Arbeitbringer, ja Nothelfer von arbeitsuchenden und unterbeschäftigten Siedlungsgebieten[7], eine Eigenreklame, die — wie es die zeitgenössischen Stimmungsberichte der Behörden belegen — bei der unteren Bürokratie nicht ohne Widerhall blieb. Andererseits resultierte aus der Ethik des Wirtschaftsbürgertums eine in der Praxis oft ganz rücksichtslos verwirklichte Unterbewertung der Arbeit als eines beliebig manipulierbaren Stellenwertes in der unternehmerischen Gewinnrechnung[8]. Die soziale Qualität der Arbeitskraft, die Tatsache, daß die Existenz von Menschen Voraussetzung des Einsatzes von Arbeit ist, blieb im Denken

---

[5] Ein schönes Beispiel für die Apologetik des Industriebürgertums, wenn es sich gegen den Vorwurf der Ausbeutung verteidigen mußte, findet sich im Jahresbericht der Handelskammer Reichenberg für 1852: „... auch die größte Humanität kann die Zwangsgesetze der Konkurrenz nicht beugen ..." (Jahresbericht der Handelskammer Reichenberg ... für 1852, S. 44).

[6] „Der Lohn kann sich nur nach dem Umfange der verlangten Arbeit und nach der Menge der vorfindigen Arbeiter dauernd bestimmen; alle übrigen moralischen und politischen Erwägungen und Rücksichten werden an den naturgemäßen Folgen dieses, alle gesellschaftlichen Beziehungen regelnden Gesetzes nichts Wesentliches ändern können." (Jahresbericht der Handeskammer in Pilsen ... für 1853, S. 10).

[7] So warb z. B. der nordböhmische Textilkönig Johann Liebig 1852 an der Spitze einer Deputation der Reichenberger Handelskammer beim Handelsminister Bruck für die Eisenbahnbau-Interessen der nordböhmischen Unternehmer mit dem Hinweis, die Industrie sei „der eigentliche Lebensatem dieses Bezirkes, von ihrem Gedeihen hängt in vollem Sinne des Wortes die Existenz von 100 000 Menschen ab." (Johann L i e b i g. Ein Arbeiterleben [!]. Geschildert von einem Zeitgenossen. Leipzig 1871, S. 155). — Der Bericht der Handelskammer Reichenberg für 1857—1860 führte aus: „Wenn auch durch die Macht der Konkurrenz die Weberlöhne öfters gedrückt wurden ... so war doch schon das Vorhandensein dieses Verdienstes ... eine Wohltat." (a.a.O. 236). — Korrespondierend damit erhob man ständig Klage über die allzuhohen Arbeitslöhne (PM 8/1/12: viele Belege! Vgl. auch Anhang 325.

[8] Die Handelskammer Pilsen wählte sich als sozialpolitisches Credo die Worte des englischen Premiers Palmerston: „Sie [die Arbeiter] müssen wohl wissen, daß Arbeit eine Ware ist, daß ihr Preis auf dem Markte durch dieselben Prinzipien wie das einer jeden Ware bestimmt werden muß und daß unter diesen leitenden Prinzipien die Erzeugungskosten und das Wechselverhältnis zwischen Bedarf und Vorrat den ersten Platz einnehmen. Die Produktionskosten bei der Arbeit bestehen im Preise der Lebensbedürfnisse und das Verhältnis zwischen Nachfrage und Vorrat hängt sehr von den periodischen Geschäftsfluktuationen ab." (Jahresbericht der Handelskammer in Pilsen ... für 1853, S. 9). — Der Zynismus eines solchen Zitats wird erst ermessen, wenn man sich der oben (112) erwähnten Tatsache erinnert, daß — von Ausnahmen abgesehen — während der ganzen 50er Jahre in Böhmen keinerlei Korrelation zwischen Lebenshaltungskosten und Lohnbewegung bestand, ja eher ein gegenläufiger Trend festzustellen ist, was bei dem Fehlen jeder Chance zum Arbeitskampf (s. unten 303 f.) ja auch nicht wunder nimmt.

der Arbeitgeber ohne rechte Resonanz[9]. Daß alle Nachteile von Konjunktur-krisen, Preiseinbrüchen etc. bedenkenlos an die Arbeiterschaft weitergegeben wurden, ist nur aus der Prägung des Industriebürgertums durch den „sozialdarwinistischen" Manchesterliberalismus verständlich, der in Österreich seine spezifische Färbung noch durch die Errichtung eines „starken", die Macht- und Interessenpolitik skrupellos praktizierenden Staates durch das neoabsolute System bekam. Der Siegeszug materieller Weltanschauung mit ihrer Amalgamierung von Fortschrittsglauben, Anbetung der physischen Macht, der Verherrlichung des Willens zum Erfolg und des nackten Interessenegoismus, kurz die liberale Populärideogie[10] hat überdies das Bewußtsein einer sozialen „Frage" als einer Forderung an die Sozialethik des Bürgertums aus dem Denken der wirtschaftlich führenden Gruppen verdrängt; mit Denkmodellen wie „der Tüchtige setzt sich durch" war die Ausbeutung des wirtschaftlich Unterlegenen leicht zu legitimieren, der Schwache war für seine Misere damit selbst verantwortlich zu machen[11]. So nimmt es nicht wunder, daß es beim Wirtschaftsbürgertum — das sich ansonsten während der 50er Jahre der allgemeinen bürgerlichen Reputierlichkeit befleißigte — neben der allgemeinen Drückung der Löhne auf Hungerniveau auch noch Fälle von raffinierter Profitsteigerung durch das verpönte Truck-System (Lohnzahlung in Naturalien[12]) gab. Ausnahmen von dieser Art der Sozialethik sind in den 50er Jahren folgerichtig von den Behörden bzw. der öffentlichen Meinung innerhalb des Bürgertums als „Opfer" qualifiziert worden[13]. Im Manchesterliberalismus triumphierte der Gewinnmaximierungsgrundsatz sogar mühelos über die gesellschaftlichen Tabus und die sentimentalen Klischees der Zeit: so wurde z. B. die Sonntagsruhe vielfach durchbrochen[14]; in der Fabrik des frühen Boom-Kapitalismus

---

[9] In einem Schreiben der Prager Polizeibehörden aus den 50er Jahren wird darüber berichtet, daß die Unternehmer die Arbeiter als bloße mechanische Kraft betrachten; der Lohn werde beliebig je nach Konjunkturhöhe erniedrigt (zit. b. F. R o u b í k : K prvním pokusům o organisaci dělnictva v Čechách [Über die ersten Versuche der Organisierung der Arbeiterschaft in Böhmen]. Sociální Revue 11 (1930) S. 467).

[10] S. oben 64 ff.

[11] Vgl. R o s e n b e r g : Weltwirtschaftskrisis 30 f.

[12] P u r š : The Situation 176. — Die Lohnzahlung in Bons band die Arbeiter an die Verkaufsorganisationen der Fabriken; der Unternehmer konnte durch das Truck-System Steuerbedingungen manipulieren und sparte Geld zur Spekulation. — Das Hofdekret vom 24. 1. 1791 hatte bestimmt, daß von den Fabrikanten nur im Hause des Unternehmers wohnende Arbeiter mit Kost und Getränken versorgt werden durften (W a e n t i g : Gewerbliche Mittelstandspolitik 33).

[13] So bemerkte das Bezirksamt von Asch (Westböhmen) in einem Bericht an das Kreisamt in Eger über die Folgen der Weltwirtschaftskrise 1857—59, es müsse „diesfalls zum Ruhme der hiesigen Fabriksbesitzer bemerkt werden, daß selbe zur Zeit, als die Geschäfte vor kurzem bedeutend darniederlagen, nur wenige ihre Arbeiter zeitweilig aus der Arbeit entließen, welchem Opfer es allein zu danken ist, daß im hiesigen Bezirke keine besonders bemerkbare Arbeitslosigkeit eingetreten ist." (SÚA, PM 8/1/19:2 Nr. 4278 pol. B.A. Asch an K.A. Eger, 13. 9. 1859).

[14] R o u b í k : K prvním pokusům 467. — Bezeichnend ist auch die österreichische Gesetzgebung zur Sonntagsruhe: in einer Verordnung vom 18. 4. 1850 wurde bestimmt, daß an Orten mit katholischer Bevölkerung die Sonntagsruhe nicht durch geräuschvolle Arbeit verletzt werden dürfe. Nicht die Sonntagsarbeit als solche also, sondern nur die Stö-

der 50er Jahre mit seiner angespannten Konkurrenzsituation fungierte der arbeitende Mensch als „Maschinenteil"[15], von dessen etwaigen religiösen Bedürfnissen nicht die Rede war. Ebenso wurde in der Apologetik der Unternehmer die schamlose Ausbeutung der kindlichen Arbeitskräfte[16] mit reinem Gewissen als eine notwendige und vorteilhafte Übergangslösung bezeichnet[17].

Von einer kennzeichnenden Zwiespältigkeit, ja Unglaubwürdigkeit ist die liberale Unternehmerideologie der 50er Jahre gewesen, wenn es um die Frage des Arbeitskampfes, um das damit zusammenhängende Problem des staatlichen Eingriffs in die Arbeitswelt ging.

Zwar stellte sich das ökonomische Geschehen in der Sicht der Arbeitgeber einerseits als ein großer, wohlfunktionierender Organismus dar, in dem sich alle Teile durch Gleichgewicht und Konkurrenz höherentwickelten, andererseits aber wurde dieser „ideale" soziale Bereich sorgfältig von neugierigen Blicken abgeschirmt[18]. Im Widerspruch zu einem glaubwürdigen liberalen Wirtschaftsmodell[19] wurde der Arbeiterschaft die Möglichkeit einer wirksamen Vertretung ihrer Interessen auf dem „Markt" nicht zugestanden. Nachdem die böhmischen Unternehmer unter dem Eindruck der Revolution im Frühjahr 1848 ein Aussperrungskartell gegen befürchtete sozialpolitische Forderungen gebildet hatten[20] (ähnliche Tendenzen

---

rung des bürgerlichen Sonntagsfriedens wurde verboten. Die Erfüllung der kirchlichen Pflichten der Arbeiter wurde gestattet, sofern dadurch die gewerblichen Interessen des Arbeitgebers nicht beeinträchtigt wurden (W a e n t i g : Gewerbliche Mittelstandspolitik 33).

[15] Ein zeitgenössisches Zitat aus einem Bericht der — in Bezug auf Sympathie für das „Proletariat" sicherlich unverdächtigen — böhmischen Gendarmerie beleuchtet die Haltung der Arbeitgeber bei Arbeitsunfällen: es sei „nicht nur an und für sich sehr traurig..., daß die Kinder für ihr ganzes Leben arbeitsunfähig und zu Krüppeln werden, aber auch, weil derlei Krüppel dann den Gemeinden zur Last fallen, indem die Fabrikanten solche Verunglückte als einen unbrauchbar gewordenen Maschinenteil betrachten, und sie dann nur einfach entfernen, ohne sich um ihre Unterstützung zu kümmern..." (zit. b. Zd. Š o l l e : Dělnické stávky v Čechách v druhé polovině XIX století [Die Arbeiterstreiks in Böhmen in der 2. Hälfte des 19. Jahrhunderts]. Prag 1960, S. 26).

[16] Pisling berichtete über einen Besuch in einer Fabrik: „Als mir ein Fabrikingenieur versicherte, daß die Kinder alle zufrieden seien, fing ein nicht weit entfernt arbeitender Junge heftig zu weinen an. (...) Ich stand im Portale und sah zu, wie sich die Arbeiterscharen aus allen Räumen des Etablissements einer Völkerwanderung gleich hinauswälzten. Als auch der Junge an mir vorüberkam, fragte ich ihn, warum er geweint hätte? Er sagte kurz, weil er sich für seinen Taglohn nicht satt essen könne." (Nationalökonomische Briefe 41).

[17] So argumentierte die Prager Handelskammer 1853 in einer Stellungnahme an das Handelsministerium, die Kinderarbeit müsse gänzlich freigegeben werden (was ja de facto der Fall war!), ja sogar propagiert werden, da nur durch sie ein schmerzloser (!) Abbau stagnierender und unrentabler Strukturen (es handelte sich in dem angesprochenen Fall um die Baumwolldruckereien) möglich sei, weil diese Kinder als ungelernte Arbeiter später besser auf neue Berufe umzuschulen seien (Verhandlungen Handelskammer Prag 235).

[18] Pisling z. B. deutete die Hindernisse seiner Erkundungsreise in die Fabriksgebiete in seinem Vorwort an, als er schrieb, man sei ihm „nicht überall mit der erwünschten Offenheit" entgegengekommen (Nationalökonomische Briefe, S. X).

[19] S. unten 190 Anm. 23.

[20] E. S t r a u ß : Die Entstehung der deutschböhmischen Arbeiterbewegung. Prag 1925, S. 58.

gab es in Österreich noch einmal in der kurzen Phase des Arbeitskräftemangels während der Hochkonjunktur um 1850[21]), enthob sie das Scheitern der Revolution aller solcher Selbsthilfemaßnahmen: die Bütteldienste des neoabsoluten Staates wurden im Kampf gegen die renitenten Arbeiter im Jahrzehnt nach 1849 bereitwillig in Anspruch genommen[22]. Man versuchte zwar, die Durchbrechung des liberalen Marktgedankens[23] in diesem entscheidenden Punkt theoretisch zu unter-

---

[21] Ein für die bürgerliche Gedankenwelt der nachrevolutionären Zeit bemerkenswertes Dokument findet sich im Nachlasse Alexander Bachs. In dem Brief eines Unternehmers aus dem Jahre 1850 heißt es: „Die Regierung hat, wenn ich nicht irre, die Regelung des Dienstbotenwesens durch neue Gesetzgebung in die Hand genommen. Damit nun diese Maßregeln, wenn sie ins Leben treten, die kräftigste Unterstützung von Seite der Bevölkerung finden, damit ferner den revolutionären, zumal sozialistischen Stürmen ein mächtiger moralischer Damm entgegengesetzt und so das Assoziationswesen der Umsturzpartei paralysiert werde, wäre ich ... in der Lage, ... mit der Gründung von Vereinen der „Besitzenden" in möglichster Ausdehnung zu beginnen, welche sich die Regelung der Dienstboten- und Arbeiterverhältnisse im Einklang mit der Regierung zur Aufgabe stellen sollten. Unter Besitzenden verstehe ich nicht allein die Besitzer von Grund und Boden, sondern auch Besitzer von industriellen Etablissements, Besitzer von Ämtern jeder Art, kurz alle diejenigen, die bei einbrechenden revolutionären Stürmen, zumal sozialistischer Natur, welche vom Westen durch das Aufgebot des Proletariats der Intelligenz und der Arbeit drohen, in ihrem Eigentume gefährdet sind. (...) Das so tief gefühlte Bedürfnis nach sittlichen, treuen und fleißigen Dienstboten, nach fleißigen, ihre Forderungen nicht überspannenden Arbeitern, wird mit der allgewaltigen Triebfeder des Egoismus zu dieser Assoziation drängen. Bald steht, wenn Eure Exzellenz es wünschen, ... das erste Invalidenhaus für brave Dienstboten und Arbeiter, das schönste Monument der Humanität, die mächtigste Burg gegen das Element der Entsittlichung und des sozialistischen Raubes! Welcher Sporn für den Dienstboten und Arbeiter, wenn er der Hoffnung lebt, daß er bei redlichem Streben am Abend seines Lebens, wenn ihn die Kräfte verlassen, versorgt und nicht gezwungen sei, den Bettelstab in die Hand zu nehmen! Welcher moralische Gewinn, wenn der Verein, der auf jedem Punkte des Landes Mitglieder zählt, mit allen Gemeindevorständen in Verbindung steht, Dienstboten und Arbeiter überwacht! Welche Wohltat vor allem für größere Grundbesitzer, wenn die Arbeitspreise geregelt werden, was sehr leicht geschieht, wenn die Arbeitgeber unter sich und mit den Anordnungen der Regierung einig sind!" (AVA Nachlaß Bach, Kt. Nr. 13 Dr. Alois Šmreker an Bach).

[22] SÚA, PM 8/1/12 Nr. 54 geh. B.A. Karlsbad an K.A. Eger, 24. 7. 1851: „Die Stimmung unter den wohlhabenden Ständen, den Fabrikanten, den vermöglicheren Bauern und namentlich unter den Gemeindevorständen und Ausschüssen ist eine entschieden günstige, hauptsächlich deshalb, weil die früher oft häufigen Übergriffe der untern oder dienenden Klassen nun strenge in die gehörigen Schranken gewiesen werden." In einem Wochenbericht Bachs vom 18. 8. 1851 heißt es über die nordböhmischen Industriellen: „Die letzteren fühlen sich unter dem Schutz der Behörde sicher und sind mit den getroffenen Maßregeln wegen Überwachung der Hilfsarbeiter vollkommen einverstanden." (HHSTA, I.B. 1851/7685).

[23] Der Bericht des österreichischen Abgeordnetenhauses, das unter dem Druck von großen Arbeiterdemonstrationen 1870 über die Frage des Koalitionsrechtes beriet, gibt eine präzise Zusammenfassung der konsequenten wirtschaftsliberalen Doktrin. Der Bericht stellt fest, „daß die Beschränkung der freien Verwertung der Arbeitskraft vom wissenschaftlichen wie vom theoretischen Standpunkt zu mißbilligen sei. Das Koalitionsverbot sei ein Eingriff in das Eigentum, denn die Arbeit sei eine Ware, über deren Preis der Eigentümer — der Arbeiter — das freie Verfügungsrecht habe. Dazu gehöre aber das Recht, alle Mittel anzuwenden, um sein Eigentum bestmöglichst zu verwerten. Dürfe dies ein Ein-

mauern[24], aber entscheidend war doch, daß die böhmischen Unternehmer ihre Überzeugung von der — angeblich aus sich selbst evidenten — national-ökonomischen Sinnlosigkeit des Streiks nicht in der Praxis unter Beweis stellen mußten. Die Arbeitgeber konnten sich auf die keineswegs aus liberalen Quellen, sondern aus gegenrevolutionären Überlegungen stammenden strengen vormärzlichen Anti-Streik-Gesetze zurückziehen. Kam es zur Kraftprobe, so waren die höhere Löhne fordernden Arbeiter jedenfalls „demoralisiert"[25]. Ob die Auseinandersetzung mit den Arbeitern mit Täuschungsmanövern geführt wurde[26] oder ob man mit unverhältnismäßig harten Präventivschlägen auch gutwillige Lohnverhandlungen unterband (wie dies vor allem während der Wirtschaftskrise 1857 bis

---

zelner, so sei nicht einzusehen, warum dies nicht auch eine Vereinigung von Arbeitern dürfen solle." (Zit. nach M i s c h l e r - U l b r i c h : Staatswörterbuch I/192).

[24] „Die Erscheinungen von S t r i k e s ... in Deutschland und England, zu welchen man auch die vor einigen Jahren in der Hauptstadt Böhmens vorgekommenen Fabrikarbeiter-Auflehnungen rechnen kann, liefern den Beweis, von welchen unrichtigen Begriffen der Volkswirtschaft jene Menschklasse befangen ist. Die österreichische Gesetzgebung hat zur Wahrung des allgemeinen Besten es für notwendig erachtet, eines solchen passiven Widerstandes in dem Strafgesetze vom Jahre 1803 und 1852 zu gedenken, ... England befolgt bei solchen Vorkommnissen ein anderes Prinzip. Man läßt daselbst die Strikes, als Ausfluß der sozialistischen Neigungen und Stimmungen, insofern sie nicht in Exzesse gegen Eigentum und Person ausarten, widerstandslos gewähren, indem die Regierung dieses ihr Gewährenlassen als ein Gegengewicht gegen den Versuch betrachtet, die sozialistische Neigung auf gewaltsame Weise zur Geltung zu bringen. Eben auf diesem Wege, nämlich bei der Passivität der Regierung, wird der Verlauf für derlei Exzedenten ein empfindlicher, und sie kommen auch überhaupt auch immer mehr und mehr zu der Überzeugung, daß sie gegen die Macht des Kapitals, als ihren vermeintlichen Feind, fruchtlos ankämpfen. Der jungen industriellen Welt wären daher ... richtige Begriffe von der Volkswirtschaft und den ersprießlichen Folgen beizubringen, welche stets aus der Befolgung der Gesetze im Einzelnen und im Ganzen hervorgehen müssen. Die Belehrung in dieser Richtung wird die sozialistischen Ideen und ihre utopischen Ungereimtheiten fernhalten. (...) Die Jugend wird dann zur Erkenntnis gelangen, daß weder Verbrüderung noch Gewalt gegen das Kapital etwas auszurichten vermag; daß es zu ihrem eigenen Nachteile teilweise zerstört oder weggetrieben, aber nicht unterjocht werden kann. Sie wird begreifen, daß derlei Exzedenten nicht nur ihr eigenes Ziel verfehlen, sondern auch für die Volkswirtschaft große Nachteile herbeiführen, daß sie mit richtigen volkswirtschaftlichen Begriffen im Widerspruche stehen, indem sie den Anbot und die Nachfrage durch Zwangsmittel umgehen wollen. (...) Will Zwang geübt werden, so ist es dem Kapitale leichter als der Arbeit, sich nach anderen Plätzen zu begeben und sich in anderen Zweigen zu beteiligen. Die Arbeit nimmt dadurch ab, die Lage der Arbeiter verschlimmert sich und diese machen dann nur die sehr empfindliche Erfahrung, daß denn doch das Kapital ihr bester Freund sei." (Jahresbericht der Handelskammer in Pilsen ... für 1853, S. 9 f.).

[25] So der deutschböhmische Montanunternehmer Kreutzberg vor der Handelskammer Prag im Jahre 1851 (Verhandlungen Handelskammer Prag 61).

[26] Im Mai 1854 kam es zu einem Streik der Baumwolldrucker der Firma Liebig in Dörfel bei Reichenberg, der sich gegen die Aufstellung von lohndrückenden Maschinen wandte. Der Unternehmer Liebig schloß eine Abmachung mit den Arbeitern, die Maschinen vorerst nicht zu benützen, bis auch in anderen Fabriken die Mechanisierung so weit gediehen sei. Nachdem von Seite des Unternehmers dieses Versprechen begreiflicherweise nicht eingehalten wurde, brach erneut ein Streik aus; nun schritt die Behörde mit Verhaftungen ein, worauf der Streik bald zusammenbrach (Š o l l e : Stávky 192).

1859 der Fall war[27]): gleich war die vorherrschende Tendenz, das Gewicht der Arbeitskraft im Wirtschaftsprozeß zu einer quantité negligable zu machen. Zu Beginn der 50er Jahre, als sich besonders im Textildruck eine sehr starke Streikbewegung zeigte, weil die gutorganisierten Facharbeiter an den Gewinnen der Hochkonjunktur partizipieren wollten[28], begannen die böhmischen Textilindustriellen energische Verhandlungen mit dem Staat bezüglich eines Fabrik-Polizeigesetzes, mit dem man die widerspenstischen Arbeiter zur Raison bringen wollte[29]. Zur gleichen Zeit tauchte der Plan auf, die für das Kapital nachteiligen Begleiterscheinungen der freien Konvertibilität der Arbeitskraft, nämlich ihre unkontrollierte Fluktuation — die sich besonders 1848—51 als lohnsteigernd ausgewirkt hatte — durch staatliche Administrativmaßnahmen aus der Welt zu schaffen[30]. Offenbar war bei alledem die Tendenz, die Arbeitskraft zu einer weitgehend rechtlosen und bequem zur Disposition des unternehmerischen Kapitals stehenden Größe zu machen und dadurch die Arbeitgeberrisiken noch mehr zu senken. Die technische Entwicklung einerseits und die Veränderung der Konjunkturlage andererseits enthoben jedoch bald die Unternehmer der Sorge vor dem Gewicht der Arbeitskraft; die durch periodische Arbeitslosigkeiten gestärkte Position der Arbeitgeber mußte naturgemäß die Tendenz zur Ausbeutung befördern. Bald gewann deshalb das Bemühen, dem Staat die Einsichtnahme in die inneren Verhältnisse der Produktion zu verwehren, den Vorrang vor dem Wunsch nach erweiterten staatlichen Repressivmaßregeln gegen die Arbeiterschaft. Vollends unlieb mußten dem Unternehmertum alle Ansätze zu einer positiven Regelung der Arbeiterfrage durch den Staat sein. Die Nachwirkungen des reformatorischen Impulses, den das Jahr 1848 in allen sozialen Bereichen gegeben hatte, schlug sich in den 50er Jahren nur noch als unverbindlicher verbaler Schnörkel nieder; so begnügte sich beispielsweise die Handelskammer Reichenberg in ihrem Bericht über die Lage der Arbeiterschaft mit der zu nichts verpflichtenden, aber wohlklingenden Feststellung: „Allgemeine gesetzliche Anordnungen auf diesem Gebiete scheinen eine Forderung der Zeit und ein Gebot der Humanität"[31].

---

[27] Bei Preiserhöhungen in den Lebenshaltungskosten im Jahre 1857 baten Arbeiter der Baumwolldruckerei Sekeles im Prager Vorort Karolinenthal um eine Erhöhung der Löhne. Die Firma entließ die Bittsteller und erstattete Anzeigen wegen Streik. Vor Gericht sagte der anzeigende Buchhalter aus, er habe „nur deswegen die Anzeige erstattet, damit sie sehen, daß selbst bei dem geringsten Anlasse der Arbeitswiderspenstigkeit der Fabrikherr die tätigste Unterstützung der Behörden erhält." (SÚA, PP 1853—57 R/3/61).

[28] S. unten 304.

[29] Bericht der Handelskammer in Prag ... 1851, S. 97.

[30] Die Handelskammer Prag verlangte 1851 die Einführung von Arbeitsbüchern zur Kontrolle „und Erziehung einer besseren Disziplin und überhaupt einer größeren Ordnung unter der arbeitenden Klasse". Der Sprachgebrauch gibt hier sehr gut die Intentionen der Sprecher wieder. „Disziplin" ist ja vorwiegend ein Terminus aus dem militärischen Bereich, wo die Einschränkung der freien Verfügung über sich selbst zur Voraussetzung gehört! (Verhandlungen Handelskammer Prag 91).

[31] Bericht über die materielle Lage der Arbeiter im Böhmisch-Leipaer und Gitschiner Kreise Böhmens. Im Auftrage des Hohen K. K. Ministeriums für Handel, Gewerbe und öffentliche Bauten erstattet von der Handels- und Gewerbekammer zu Reichenberg. Prag 1852, S. 7.

Am Beharren auf dem Herr-im-Haus-Standpunkt änderte sich dadurch nichts. Die praktischen Rentabilitätserwägungen verwiesen solche Gedanken ins Reich der vagen Spekulation, wenn sie nicht überhaupt nur apologetische Rhetorik waren. Im konkreten Fall versuchte man mit allen Kräften, solche „allgemeine gesetzliche Anordnungen" zu vereiteln. Bezeichnend dafür ist die Haltung der Handelskammer Prag im Falle der Baumwolldrucker-Frage: anläßlich der technischen Änderungen im Textildruckverfahren und den daraus resultierenden Spannungen zwischen Unternehmern und Facharbeitern, deren Stellung gedrückt wurde, trat die Prager Kammer 1853 als Gutachter auf. Der Antrag der industriellen Sektion der Handelskammer an das österreichische Handelsministerium war ein vehementer Appell an den neoabsoluten Staat, jeden Eingriff in die Produktionsverhältnisse zu unterlassen. Mit naivem Zynismus versuchten die Industriellen das Interesse des Staates am Wirtschaftswachstum zu mobilisieren: „Jeder Zwang in Bezug auf die allgemein anerkannten Prinzipien, welche das Verhältnis zwischen Arbeitgebern und Arbeitern regeln, wirke hemmend auf die Entfaltung industrieller Unternehmungen ein. Umso mehr müsse dies zu einer Zeit fühlbar werden, wo durch die aller Orte hereinbrechende Konkurrenz eine möglichst vollkommene und billige Erzeugung dringend geboten ist[32]." Ausreichend für alle Forderungen nach sozialer Gesetzgebung sei die 8-tägige Kündigungsfrist für Arbeiter und Fabrikanten.

Bei der Diskussion um ein neues österreichisches Gewerbegesetz beschwor das Unternehmertum im Wege der Handelskammern die Regierung, die völlig freien Marktgesetze zwischen Arbeitskraft und Kapital in der Industrie nicht anzutasten; alle derartigen staatlichen Regelungen denunzierte man im vorhinein als reaktionären Rückfall ins zünftische Handwerk[33].

Als 1856 die böhmische Statthalterei einen Vorstoß machte, normierend in die Industrie einzugreifen, und zwar deshalb, weil die ungewöhnliche Zunahme von Arbeitsunfällen dies geboten scheinen ließ, zeigte sich in den Gutachten der Handelskammern über die Verhütung von Unfällen eine bezeichnende Diskrepanz zwischen wohlgemeinten Ratschlägen, die freigiebig erteilt wurden, und einer fast böswillig zu nennenden Unbestimmtheit bezüglich der Ausführung jeglicher Maßnahmen. So versuchten die Industriellen den Eindruck zu vermeiden, sie legten es auf Ausbeutung ohne Rücksicht auf Menschenleben und Gesundheit an, vermieden aber dadurch gleichzeitig jeden echten Nachteil, der ihnen durch behördliche Eingriffe gedroht hätte[34].

---

[32] Verhandlungen Handelskammer Prag 234 f.

[33] Jahresbericht der Handelskammer zu Reichenberg ... für 1852, S. 111 f.

[34] Das entsprechende Komitee der Handelskammer Prag bestand nur aus Großindustriellen. Es kam zu dem Ergebnis, vor allem die Vermehrung der Dampfmaschinen sei an der steigenden Unfalltendenz schuld. Folgerichtig richteten sich die Vorwürfe des Komitees auch an die Adresse der unachtsamen Arbeiter. Die Vorschläge des Komitees sahen Schutzvorrichtungen vor und schlugen die generelle Anzeigepflicht bei Arbeitsunfällen vor, damit die Schuldfrage geklärt werden konnte. Im Falle der Alleinschuld des Fabrikanten sollte dieser die Heilungskosten tragen bzw. bei Invalidität des Verletzten für dessen Unterhalt sorgen. Indes blieb völlig offen, w e r die Fabriken kontrollieren und w e r die Meldung an die Behörden erstatten sollte (Verhandlungen Handelskammer Prag 341).

Aufschlußreich für die Einstellung zu staatlichen Regelungen wie überhaupt für das Selbstverständnis des Unternehmertums war die Diskussion innerhalb des Industriebürgertums über die Ursache der Desorganisationserscheinungen in der untergehenden nordböhmischen Hausindustrie; die Verhandlungen darüber fanden Anfang des Jahrzehnts anläßlich der krassen „Webernot" in den böhmischen Handelskammern statt. Eine starke Fraktion des Industriebürgertums war sich mit dem Großindustriellen *Richter* darüber einig, daß die Krise der Hausindustrie die *Folge* der verschlechterten Warenqualität durch die Schuld der Weber sei[35]; „Demoralisation", „Anarchie" bei sagenhaft hohen Löhnen (!), so argumentierte *Richter,* hätten den Unternehmer (Verleger) gänzlich „der Willkür seines verdorbenen Arbeiters preisgegeben[36]." Wie vorzüglich der Selbstrechtfertigungsmechanismus funktionierte, bewies — neben der Verwendung moralischer Termini[37] — der Umstand, daß Richter im gleichen Atemzug, ohne auf den Widerspruch aufmerksam zu werden, neben den angeblich hohen Löhnen am Rande die Möglichkeit einräumte, der Hunger könnte die Weber zu den unsoliden Geschäftspraktiken gezwungen haben. Auf ähnliche Weise gab die Handelskammer Budweis den Arbeitern die Schuld, indem sie die mangelnde Investitionsbereitschaft des Kapitals, durch welche die technische Rückständigkeit der Hausindustrie verursacht wurde, nicht etwa auf die kurzfristigen Profitinteressen des mobilen Kapitals, sondern auf die „Furcht vor gewaltsamer Zerstörung der Maschinen von seiten der Weber" zurückführte[38]. Die Verbesserungsvorschläge, die Richter vorbrachte, zielten auf eine staatliche Regelung der Beziehungen zwischen Verleger und Hausweber; der faktische Zustand — nämlich das Verhältnis des abhängigen Arbeiters zum Fabrikanten bei nur räumlicher Trennung — sollte auch rechtlich durch Ausdehnung der Befugnisse der Fabrikherren auf die Hausindustrie kodifiziert werden[39]. Richters Reformbemühungen sollten expressis verbis einzig zur Erhaltung der Verlagsindustrie mit ihren konkurrenzlos niedrigen Löhnen gegen die Konkurrenz durch die in- und ausländische Fabrikindustrie dienen. Zu diesem Zweck sah Richters Plan sogar Ansätze zu positiven Regelungen zugunsten der Arbeiter vor. So wenig Bedrohliches für die Stellung des Kapitals Richters Vorschläge auch enthielten, so hart wurden sie in der Prager Handelskammer attackiert: der Großkapitalist *Lämel* z. B. wollte die „Freiheit" des Webers möglichst wenig beeinträch-

---

[35] Bericht der Handelskammer in Prag . . . 1857, S. 95 f.

[36] Verhandlungen Handelskammer Prag 74.

[37] Aufschlußreich ist hier der Gebrauch moralischer Terminologie für Sachverhalte der Ökonomie, wenn man ihn mit dem liberalen Credo vergleicht, in dem die Unvereinbarkeit ethischer Begriffe und nationalökonomischer Gesetzlichkeiten doch lautstark vertreten wurde!

[38] Übersicht der Gewerbs- und Handelsstatistik des Kreises Budweis . . . 1851, S. 71. — Auch der niederen Bürokratie versuchte man die Schuld an der verspäteten Modernisierung der Weberei anzulasten: „Es ist nur zu bedauern, daß hie und da noch Vorurteile der Verbreitung des Powerlooms und des Regulators selbst in Kreisen, die darauf Einfluß zu nehmen berufen sind, in den Weg treten. Wie es ehedem bei der Einführung der Spinnmaschinen der Fall war, so erblickt man jetzt noch allzuhäufig in der Maschinen- und Regulatorarbeit ein Unglück für den armen Arbeiter." (Verhandlungen Handelskammer Prag 381).

[39] Ebenda 75 f.

tigt sehen. Dennoch brachte es *Richters* Antrag zur Verabschiedung als Vorschlag der Handelskammer Prag an die Regierung; er erlitt in Wien freilich eine vollständige Niederlage[40]. Dazu trug nicht zuletzt die Haltung der Handelskammer von Reichenberg bei, in der die maschinelle Textilindustrie stark vertreten war: die nordböhmischen Industriellen bezeichneten den Untergang der Hausindustrie ebenfalls mit gutem Gewissen — aber objektiver, was die ökonomische Seite der Frage anlangte — als „natürliche" Folge des Fortschritts. Die Verantwortung für die Webermisere schoben die Reichenberger Industriellen z. T. den konkurrierenden Verlagskapitalisten zu; daß solche wechselseitige Bezichtigung der einen Sparte des Industriekapitals durch die andere nicht in sozialreformerischen Fortschritten für die Leidtragenden zu Buche schlug, versteht sich von selbst[41].

Die Initiative zu sozialpolitischer Aktivität ist bei der Industriebourgeoisie in den 50er Jahren sehr gering gewesen. Dabei haben neben den oben bezeichneten ideologischen Gründen andere reale Bedingungen eine Rolle gespielt: die charakteristische sprunghafte Konjunkturentwicklung und die Existenz eines starken Polizeistaates machten die Sorge um die Lage der Unterschichten vom *Nützlichkeitsstandpunkt*[42] her unnötig; zumal in Nordböhmen mit seiner industriellen „Monokultur" spielte der Gesichtspunkt einer Stärkung der wirtschaftlichen Stellung der Unterschichten um ihrer Kaufkraft willen keine Rolle, wie überhaupt der Gedanke des Binnenmarktes als eines sozialpolitischen Ansatzpunktes — wo der Nutzen von Produzenten und Arbeitern (als Konsumenten) zusammenfallen kann — im ökonomischen Denken der Zeit ganz hinter dem Streben nach fremden Absatzmärkten (Imperialismus) zurücktrat[43]. Die Ansätze zu privater „Sozialpolitik" und Sozialfürsorge in der gewerblichen Wirtschaft, die es zu Beginn des Jahrhunderts (ganz im Geiste der patrimonialen Fürsorge) gegeben hatte[44], waren nicht weit gediehen und in den 40er Jahren schon fast vollkommen verkümmert. Das staatliche „Ver-

---

[40] Ebenda 187. — Auf die Eingabe der Kammer vom 24. 10. 1851 erfolgte die Erledigung durch das Handelsministerium am 13. 12. 1852. Eine Enquete, welche die Stichhaltigkeit der Argumente der Prager Kammer prüfen sollte, hatte das Ergebnis erbracht, daß die „Demoralisation" der Weber gerade da am meisten auftrat, wo die Weber durch die Spekulation im Verlagshandel besonders geschädigt wurden. Wies schon die lange Bearbeitungszeit der Eingabe auf das Desinteresse des Ministeriums an einer rechtlichen Fixierung der Weberfrage hin, so war der Vorschlag des Ministeriums, die Unternehmer sollten durch gerechtere Behandlung der Weber die Mißstände selbst beheben, vollends in den Wind gesprochen.

[41] B r a f : Studien 122. — Die Reichenberger Handelskammer behauptete, das unternehmerische Kapital ziehe sich aus veralteten, auf Handarbeit beruhenden Branchen zurück; die Hausindustrie sei deshalb nur noch das Terrain des mobilen, nur händlerisch orientierten Spekulationskapitals. Staatliche Regelungen gegen die Ausbeutung der Hausweber hielt die Handelskammer Reichenberg für völlig sinnlos, die Branche sei auf jeden Fall dem Untergang geweiht (K u t n a r : Sociální otázka 222).

[42] Vergl. dazu den Vorschlag an den Innenminister Bach, der auf S. 190 in der Anm. 21 zitiert ist.

[43] R o s e n b e r g : Weltwirtschaftskrisis 28.

[44] Der erste Arbeiterunterstützungsverein in Böhmen war die Fabrikskasse der Textilfirma Leitenberger in Reichsstadt. Bei der Gründung im Jahre 1804 beteiligte sich der Unternehmer mit 7000 fl. (S t r a u ß : Deutschböhmische Arbeiterbewegung 38).

pflegungskostennormale" von 1837[45], das auf die Bildung von Unterstützungs-
fonds bei den Unternehmen hätte wirken sollen, war in den 50er Jahren faktisch
vergessen. Als eine ministerielle Enquete im Jahre 1851 nach Einrichtungen zugunsten der Arbeiterschaft fragte (z. B. für die Opfer von Arbeitsunfällen), wichen
die Industriellen durch nebelhafte Hinweise auf die eigene Großherzigkeit aus[46].
Die wenigen spektakulären Akte der Großzügigkeit einzelner Unternehmer konnten freilich die Passivität der Industrie im ganzen nicht wettmachen[47].

Uninteressiert und ablehnend verhielten sich die Unternehmer auch gegenüber
dem Fabrikschulwesen, jener freilich schon von der Anlage her wenig glücklichen
Institution, welche bereits der vormärzliche Staat zur Förderung der arbeitenden,
noch schulpflichtigen Kinder verordnet hatte. Die österreichische Schulgesetzgebung erklärte Fabrikanten und Eltern gleichermaßen für die Aufbringung der
Schulkosten verantwortlich. Die Folge war ein alljährlich wiederkehrendes Feilschen zwischen Behörden und Unternehmern um die ohnehin geringen Beträge;
die Unternehmer ihrerseits versuchten es zudem, die ihnen zukommenden Lasten
auf dem Wege der Lohnkürzung wieder wettzumachen[48].

Die Kapitalknappheit der Investitionsperiode nach 1850 verbot im Profitinteresse
dem Unternehmer, ständig laufende finanzielle Verpflichtungen zu übernehmen.
Um einen Fortschritt zu erreichen, wäre — nachdem ein finanzielles Engagement
zugunsten der Arbeiterschaft nicht stattfand — wenigstens eine organisatorische
Hilfestellung der Fabrikanten bei den Selbsthilfeversuchen der Arbeiterschaft
möglich und nötig gewesen. Diese aber unterblieb, von wenigen Ausnahmen abgesehen[49] — aus der (vom Arbeitgeber her) richtigen Einsicht heraus — daß,
wenn man die *Vereinzelung* der Arbeitskraft aus Profitgründen wollte, man auch
jeden Ansatzpunkt für die Organisierung der Arbeiter verhindern mußte[50]. *Pisling*
konstatierte um die Mitte des Jahrzehnts: „Energielosigkeit der Fabriksherren,

---

[45] S. auch unten 285.

[46] Der „Bericht über die materielle Lage (Reichenberg)" bemerkt auf S. 92: „Es ist ein von
einigen Fabriken angenommener Grundsatz, für dessen Ausübung allerdings nicht immer
sichere Bürgschaft vorliegt, daß der im Dienste der Fabrik verunglückte und arbeitsunfähig gewordene Arbeiter vom Fabrikseigentümer lebenslängliche Unterstützung erhält." Konkrete Hinweise sind in dem Bericht nicht enthalten.

[47] Der Textilgroßindustrielle Franz Leitenberger vermachte bei seinem Tod seinen sämt-
lichen Arbeitern einen Monatsverdienst (H. H a l l w i c h : Firma Franz Leitenberger.
Prag 1893, S. 130).

[48] G r u n d l : Fabrikabendschule 580. — In Böhmisch-Leipa kämpfte das Kreisamt in
den 50er Jahren einen zähen Kampf, bis die Fabrikanten zur jährlichen Zahlung von
ganzen 392 fl bereit waren. — G r u n d l s Fazit seiner Untersuchung der Fabrikabendschule in Böhmisch-Leipa: „Die wirtschaftlichen Bahnbrecher des aufklärerungsverwand-
ten Frühliberalismus ..., die manuell erwerbenden bürgerlichen Schichten, die Unternehmer und das sich zusehends empordrängende Kleinkapitalistentum ... brachten es
nicht, noch nicht zustande, eine alte, feudale und dem Adel abgesehene Herr-Unter-
tanenstellung hinsichtlich ihrer Arbeiterschaft einsichtig zu überwinden. (...) Das Ethos,
aus dem das Bürgertum seinen Aufstieg begehrte, langte nicht hin, dem Arbeiterstand die
Aufstiegsmöglichkeit zu verbürgen." (ebenda 570 f.).

[49] S. unten 198.

[50] Wo Unterstützungsvereine der Arbeiter bestanden, wurden sie in Krisenzeiten und bei
Streiks prompt beschuldigt, Herd der Agitation zu sein. Vgl. S o l l e : Stávky 190 f.

sobald es gilt, in ihren Unternehmungen über die Grenze des eigenen Vorteils hinauszuschreiten. Die aller Kosten und Schwierigkeiten bare Inangriffnahme des Naheliegendsten wird hinausgeschoben, wenn man auch mit Gewißheit darin ein Mittel erblickt, die materielle Lage Hunderter Notleidender zu verbessern. (...) Die Assoziation der arbeitenden Klasse hat bei uns noch nicht Platz gegriffen, weil der Impuls und die Unterstützung von Seite der Arbeitgeber fehlt und diese fehlt, weil die Arbeiterassoziation den Herren unbequem ist[51]." Wenn sich überhaupt einmal eine selbständige Initiative regte — wie z. B. 1851 in Prag, als die Handelskammer von den Glasindustriellen Vorschläge zur Altersversorgung der Glasbläser verlangte — so dienten solche Aktionen eher der wohlgefälligen Selbstdarstellung des Mitgefühls des Industriebürgertums, als daß daraus praktische Konsequenzen gezogen worden wären[52]. Charakteristischerweise versandete in Prag ein im Jahre 1857 publiziertes Projekt zur Gründung eines „zur Beförderung des sittlichen und materiellen Wohles des Arbeiterstandes" dienlichen bürgerlichen Hilfsvereins schon in der ersten Gründungssitzung. Außer der Wahl der Devise „Bete, arbeite, spare" und der Anregung, es dürfe bei der Fabrikjugend nicht auf fleißiges Turnen vergessen werden, konnte von den Honoratioren aus „industriellen, finanziellen und merkantilistischen Kreisen" nichts Konkretes erarbeitet werden[53]. So blieb der Schwerpunkt des sozialen Fortschritts auf einige wenige Unternehmen beschränkt, die entweder durch ihre Größe zur — für den Unternehmer relativ schmerzlosen — Unterstützung von sozialen Einrichtungen in der Lage waren[54], oder die durch adelige Besitzer eine Verbindung zum feudalen Fürsorgegedanken hatten[55]; Unterstützungskassen entstanden außerdem in der Montanindustrie (wo eine starke berufständische Tradition mit der Tatsache des überwiegend feudalen Montanbesitzes zusammenfiel)[56] und in Unternehmungen, die im Zentrum des Arbeitskräftemangels in den 50er Jahren expandierten und deshalb Motive hatten, attraktive Bedingungen anzubieten; nicht zufällig fällt denn auch die überwiegende Zahl der Neugründungen von Unterstützungskassen etc. in diesen Gegen-

---

[51] P i s l i n g : Nationalökonomische Briefe 51.

[52] Verhandlungen Handelskammer Prag 55. — Das statistische Komitee der Handelskammer Prag hatte festgestellt, daß für die Versorgung arbeitsunfähig gewordener Glasbläser keinerlei Unterstützungseinrichtungen bestanden. Auf die Bitte an die Unternehmer, positive Vorschläge beizusteuern, erfolgte keine weitere Verhandlung über die Angelegenheit.

[53] Bohemia 8. 5. 1857 Nr. 111 u. Posel z Prahy 1857/II, 196 ff. — Die Initiatoren waren die Prager Großhändler Krug und Pleschner.

[54] Vergleichsweise vorbildliche soziale Einrichtungen schuf z. B. das Kladno-Busthiehrader Schwerindustriekartell (seit 1859), das durch Gemeinschaftsmanagement größere Gewinne erwirtschaftete (B r a f : Studien 68).

[55] Für gutorganisierte Unterstützungskassen waren z. B. bekannt die Fürstlich Fürstenbergischen Eisenwerke in Pürglitz und die Montanwerke im Staatsbesitz (Verhandlungen Handelskammer Prag 49).

[56] Der Bericht der Handelskammer Prag über die Lage der arbeitenden Klasse von 1851 bemerkt, daß das System der Bruderlade (Knappschaftskasse) in Bergbau und Hüttenindustrie im Gegensatz zur sonstigen Industrie weit verbreitet sei. Im Prager Distrikt existierten 1851 16 Bruderladen mit einem Gesamtkapital von 233 862 fl (ebenda). Im Bereich der Berghauptmannschaften Brüx und Ellenbogen war das Gesamtkapital 1859 165 397 fl (D o r m i z e r - S c h e b e k : Erwerbsverhältnisse 117).

den mit der Zeit der ersten Hochkonjunktur zusammen[57]. Wo noch soziale Einrichtungen entstanden, war es der hartnäckigen Anstrengung der Arbeiter selbst[58], oder lokalen Umständen, wie dem Druck der Gemeinden auf die Industrie[59], dem Interesse der Behörden[60] oder dem Glücksfall des außergewöhnlichen Engagements eines einzelnen Unternehmers zu verdanken. So ist die Propagierung des Selbsthilfe- und Sparkassengedankens durch das Management der Papierfabrik *Lorenz u. Eichmann* im nordböhmischen Arnau[61] ebenso vereinzelt geblieben wie die Errichtung einer Kantine in der Firma *Hille u. Dietrich* in Rumburg[62]. In den sozialen Einrichtungen des Textilimperiums von *Liebig*[63] verband sich der Fürsorge-Gedanke bruchlos mit der Vorsorge gegen allzu große Zusammenballung sozialrevolutionären Zündstoffs. Die vielgerühmten Arbeiter-Mietskasernen Liebigs z. B. dienten in erster Linie der Bindung eines festen Kerns von loyalen Facharbeitern an das Unternehmen[64].

Die überwiegende Mehrzahl der Unternehmer blieb völlig passiv und reagierte sogar lustlos auf behördliche Anregungen zum Aufbau von Sozialeinrichtungen. Bei Beantwortung der großen Enquete von 1851 über die Lage der Arbeiterschaft in Böhmen[65] gaben sich die Industriellen halbherzig interessiert, verblieben jedoch in Wirklichkeit völlig teilnahmslos[66]; spätestens seitdem es offiziell bestätigt wurde, daß in Wien ein neues Gewerbegesetz in Vorbereitung sei, wies man jede

---

[57] Der Baumwollfabrikant Dormizer (im Prager Vorort Holešovitz) errichtete 1851 eine Pensionskasse; der Maschinenfabrikant Ringhoffer in Smíchov errichtete 1853 eine Krankenkasse, jedoch ohne finanzielle Beteiligung. Vergleicht man damit das finanzielle Engagement Leiterbergers vom Jahr 1803 (7000 fl), so ermißt man die Wandlung im Verhältnis zum sozialen Gedanken, die seitdem stattgefunden hatte.

[58] S. unten 303 f.

[59] So forderte z. B. der Gemeinderat von Schüttenhofen den Besitzer der Zündholzfabrik Fürth 1851 ultimativ auf, die Sorge für die zahlreichen Krüppel zu übernehmen, die durch Arbeitsunfälle erwerbsunfähig wurden; die Fürsorgeeinrichtungen der Gemeinde reichten bei weitem nicht aus. 1851 gründete der Unternehmer eine Krankenkasse (J. P u r š : The Working-Class Movement in the Czech Lands in the Expansive Phase of the Industrial Revolution. Historica 10 (1965), S. 84).

[60] S. unten 289 f.

[61] In Arnau entstand 1852 ein Spar- und Versorgungsverein, gekoppelt mit einer Krankenkasse. Die Einrichtung übe, so berichtete die Bürokratie, „einen sehr wohltätigen Einfluß auf die Arbeiter, welche dadurch ein sorgenfreies Dasein gewinnen. Es hat sich daher auch ein sehr freundliches Verhältnis zwischen den Fabriksbesitzern und ihnen herausgestellt." (SÚA, PM 1850—54 8/5/5 K.A. Jičín an Mecséry, 30. 7. 1852).

[62] P i s l i n g : Nationalökonomische Briefe 52.

[63] Vgl. Johann Liebig 177 ff. — Der Abschnitt in der anonymen Biographie L i e b i g s trägt bezeichnenderweise den Titel: „Liebe deinen Nächsten wie dich selbst."

[64] Johann L i e b i g wie die Unternehmer Hille u. Dietrich hatten sich auf Informationsreisen nach Westeuropa und sogar Amerika (Hille u. Dietrich) Informationen zum Aufbau ihrer sozialen Einrichtungen geholt. Liebig baute seit 1851 eine jährliche Rate von Mietskasernen in Reichenberg und Svárov. Pisling hat freilich Liebigs Wohnungssystem scharf kritisiert, weil es keinerlei Familienleben ermöglichte und eher zu Überwachungszwecken als zur Verbesserung der Lebensverhältnisse der Arbeiter diente (P i s l i n g : Nationalökonomische Briefe 46).

[65] S. unten 271.

[66] Verhandlungen Handelskammer Prag 49.

Initiative — selbst wenn sie aus den eigenen Reihen kam — von sich und überließ die Verantwortung den alsbald zu gewärtigenden staatlichen Maßnahmen[67].

Selbst für die krassen Notstandserscheinungen der 50er Jahre war im apologetischen Weltbild des Wirtschaftsbürgertums eine zufriedenstellende Erklärung vorgesehen: in einer Verwechslung von Ursache und Wirkung wurde die soziale Desorganisation der Unterschichten zur alles erklärenden Ursache der Misere: die moralischen Defekte der Arbeiterschaft, besonders der Mangel an bürgerlichen Tugenden[68] verschuldeten die Noterscheinungen. Wie sehr das soziale Bewußtsein des Bürgertums von solchen Vorurteilen getrübt war, läßt die Tatsache ermessen, daß selbst ein philanthropisch engagierter Mann wie der Prager Textilindustrielle *Dormizer* für den Untergang der Hausindustrie u. a. Leichtsinn und „frühzeitigen geschlechtlichen Umgang"[69] verantwortlich machen zu müssen glaubte. Zwar beteiligte sich das Wirtschaftsbürgertum unter dem Druck der Behörden, welche oftmals ein geschicktes Junktim zwischen großösterreichischem Patriotismus und Wohltätigkeitsaktionen herzustellen wußten[70], an Spenden für humanitäre Zwecke, doch ging dies niemals über den traditionellen Rahmen hinaus, in dem nur die Linderung schicksalhafter, individueller Armut vorgesehen war. Freiwillige humanitäre Aktionen waren selten und wurden seitens der Bürokratie mit Begeisterung notiert[71]. Es kam dem Wirtschaftsbürgertum bei seiner Untätigkeit zustatten, daß die Erwartung der wirtschaftlich Benachteiligten sich entsprechend der Selbstdarstellung des neoabsoluten Regimes als omnipotenten Armes der Vorsehung vor allem auf staatliche Hilfe richtete. *Dormizer* hat dies in seinem Buch über die Wirtschaftsstruktur des Erzgebirges richtig gesehen: die Regierung habe „es durch die Einmischung in alle Fragen selbst verschuldet, daß man sie mit der irdischen Vorsehung identifizierte, und auch da von ihrer mächtigen Hand Hilfe erwartete, wo sie diese zu leisten außerstande war[72]." Freilich, wenn nach dem Fall des Neoabsolutismus die sozial interessierten Unternehmer wie Dormizer die *Hauptverantwortung* für die soziale Misere dem Versagen des Staates in der Schul- und Finanzpolitik und seinen polizeistaatlichen Zügen anlasteten[73],

---

[67] Im November 1854 wies der Stärke- und Syrupfabrikant Englmann aus Karolinenthal die Handelskammer Prag darauf hin, daß dringend etwas zur Versorgung verunglückter Fabrikarbeiter geschehen müsse. Die Kammer lehnte die Verhandlung über diesen Gegenstand ab und verwies auf die Vorbereitungen zum Gewerbegesetz, das dieses Problem vollständig lösen werden (ebenda 304).

[68] Darunter natürlich der Mangel an Sparsamkeit an erster Stelle: „In sogenannten guten Zeiten pflegt die große Masse ohne Sorge für die Zukunft den vielleicht geringen Verdienst ganz zu verbrauchen, um der Begierde nach höherem Genusse nachzugeben, wozu das Beispiel der wohlhabenden Klassen verlockt." (Jahresbericht der Handelskammer in Budweis 1852, S. 34).

[69] D o r m i z e r - S c h e b e k : Erwerbsverhältnisse 12. An gleicher Stelle wird auf die katastrophalen Wohnungsverhältnisse als Ursache (!) der sozialen Misere hingewiesen, ohne daß nach den Gründen dieser Erscheinung gefragt würde.

[70] Vgl. dazu unten 283.

[71] Vgl. Stimmungsberichte PM 8/1/12 und PM 8/1/19:2, verschiedene Details.

[72] D o r m i z e r - S c h e b e k : Erwerbsverhältnisse 187.

[73] Ebenda 145: „Wo es an guten Schulen fehlt, wo eine überall, nur nicht am rechten Ort eingreifende Bevormundung jede Selbsttätigkeit hemmt, wo der Sinn für Sparsamkeit durch eine verschwenderische Staatswirtschaft erstickt wird, dort kann auch die Gewerb-

so war auch dies noch ein Teil der großen apologetischen Abwälzung der Zuständigkeit durch das industrielle Bürgertum.

Das einzige ständig organisierte Forum humanitärer Aktivität in Böhmen blieb während der 50er Jahre das 1845 gegründete „Zentralkommittee zur Unterstützung der Erz- und Riesengebirgsbewohner"[74]. Dieser Verein, der seine Entstehung noch dem böhmischen Landespatriotismus des Vormärz verdankte, wurde bis in die späten 50er Jahre von dem wohltätig gesinnten deutschen Bürgertum Prags getragen. Es fanden sich darin zunächst kaum Unternehmer; die Bürokratie der Statthalterei war dagegen darin stark vertreten. Das Kommittee verwaltete vor allem die Gelder, welche schwerpunktweise zur Linderung extremer Notstände in den Hausindustriegebieten gesammelt wurden. Neben zeitlich und örtlich begrenzter Hilfeleistung versuchte man, durch Einrichtung von handwerklichen Fachschulen und Wanderkursen (Stickerei-, Klöppel- und Strohflechtschulen) der Hausindustrie zu helfen[75]. Es kennzeichnet das schwache Interesse der Industrie an solchen Umschulungskursen, daß es während der 50er Jahre kaum möglich war, die geringen Beträge zur Aufrechterhaltung der Schulen aufzubringen (es handelte sich um Summen im Bereich von 100—500 fl.). Zwischen Kommittee, Handelskammern und Behörden wurde lang und wenig ergebnisreich über die Übernahme der Verantwortlichkeit für die Schulen verhandelt[76].

Indes wurden durch sporadische Eingriffe Stagnation und Untergang der Hausindustrie natürlich nicht aufgehalten. Aufschlußreich für die Wirksamkeit des Kommittees war die Tatsache, daß der Gründerstamm die Notstandsgebiete niemals mit eigenen Augen gesehen hatte[77]. Während der politischen Windstille der 50er Jahre, die dem deutschen Bürgertum politische Aktivität unmöglich machte, kam eine kleine, liberal geprägte Unternehmergruppe[78] in die Führung des Vereins. Nun begann man zum ersten Mal mit der Untersuchung der wirtschaftlichen Struktur der Notstandsgebiete und beschritt so wenigstens den Weg zu einer realistischen Analyse der objektiven Daten. Das Resultat dieser neuen Ausrichtung des Vereins war die gegen Ende des Jahrzehnts begonnene Untersuchung der Hausindustrie, die sich in *Dormizers* Veröffentlichung: „Die Erwerbsverhältnisse

---

tätigkeit keine vollen Blüten treiben." D o r m i z e r - S c h e b e k beschuldigten auch „die offenbare Tendenz, jede geistige Regung, in welcher Richtung immer, nicht zum Durchbruche kommen zu lassen, das einem Verbote gleichkommende Erschwernis, Unterrichtsanstalten des Auslandes zu besuchen, so wie überhaupt dieses bereisen zu können, die Ungenügenheit realen Unterrichts . . ."

[74] J a n   P a l a c k ý : Böhmische Skizzen 41.

[75] Gewerbe und gewerbliche Fachschulen 17.

[76] Ebenda 31.

[77] S c h e b e k : Dotzauer 245.

[78] Darunter war auch der liberale Prager Großhändler Dotzauer, der schon 1850/51 vergeblich versucht hatte, vom Staat Geld für die Errichtung von Fachschulen in den Notstandsgebieten zu bekommen. Im Februar 1851 hatte Dotzauer einen zweiten Anlauf gemacht und versucht, die Prager Handelskammer für seine Idee der Sanierung und Expansion des Erzgebirgischen Bergbaus zu begeistern. Die Kammer nahm Dotzauers Vorschläge völlig lustlos auf, sie hatte in der Zeit der ersten turbulenten Hochkonjunktur nach 1848 andere Sorgen (Verhandlungen der Handelskammer Prag 24 f.).

im böhmischen Erzgebirge"[79] und *Mischlers* „Zur Abhilfe des Notstandes im Erz- und Riesengebirge"[80] niederschlugen. Auch der neue Name des Vereins: „Zentralkommittee zur Beförderung der Erwerbstätigkeit der böhmischen Erz- und Riesengebirgsbewohner" (1859) war symptomatisch für den Fortschritt vom Armenwesen zu Ansätzen der Struktursanierung (wenn diese auch auf dem Papier blieb). *Mischlers* Vorschläge gingen davon aus, daß die Sanierung der Ertragslage des Kapitals auch die Löhne zwangsläufig heben müsse; er forderte die Hilfe des Staates[81]. In Dormizers Buch wurde die Ideologie vom „natürlichen" bzw. „gerechten" Verhältnis von Unternehmergewinn und Lohnhöhe ebenfalls nicht angetastet[82]. Indes war Dormizers Anklage, Unternehmer und Kapitalisten der Hausindustrie hätten durch ihre Unfähigkeit, sich den Bedingungen des Weltmarktes anzupassen, das Elend der Arbeiter mitverschuldet[83], ein erstaunliches Zeichen von Bewußtseinserhellung bei einem Industriellen. Der Prager Textilindustrielle Dormizer empfahl gegenüber den Kalamitäten des Verlagssystems die Einführung von Fabriken und schlug für die Hausindustrie eine echte finanzielle Beteiligung des Kommittees an der Produktion vor. Allerdings scheint es so, als habe man selbst im Kommittee das Deklamatorische der eigenen Reformvorschläge empfunden. *Dormizer* jedenfalls hatte — im Falle des Scheiterns aller Pläne — auch den Verweis auf das liberale Credo des „Hilf Dir selbst, dann hilft Dir Gott"[84] parat; als ultima ratio war in seinem Buch die massenhafte Binnenwanderung vorgesehen. So fand sich auch hier letztlich ein Verzicht auf Sozialreform zugunsten eines Vertrauens auf die prästabilisierte Harmonie des freien wirtschaftlichen Kräftespiels[85].

---

[79] Mitautor war Edmund S c h e b e k . Dormizers Buch ist weitgehend eine fleißige Industriegeschichte des Erzgebirges, die Beschreibung der Gegenwart nimmt vergleichsweise wenig Raum ein.

[80] P. M i s c h l e r : Zur Abhilfe des Notstandes im Erz- und Riesengebirge. Prag 1862.

[81] Die Kritik von P u r š an Dormizer und Mischler, beide hätten nur karitative Maßnahmen gefordert, ist unzutreffend (vgl. The Situation 168).

[82] „Den niederen Arbeitslohn den Bedrückungen der Arbeitgeber zur Last zu legen, kann daher nur auf einer Verwechslung der Ursache mit der Wirkung und auf jenem Vorurteile beruhen, welches aus Mitgefühl für die Armut so leicht gegen die einzigen Stützen der letzteren ungerecht wird." (D o r m i z e r - S c h e b e k : Erwerbsverhältnisse 165).

[83] Ebenda 199.

[84] Ebenda 187.

[85] Ebenda 168.

2. LIBERALES BÜRGERTUM

Das liberale Bürgertum[1], das nicht selbst unternehmerisch tätig war, hat in seiner Beurteilung der „Sozialen Frage" nach 1848 keine eindeutige Position eingenommen, gemeinsam ist fast allen Stellungnahmen der große Abstand von der Sache und die daraus resultierende Ungenauigkeit der Kenntnisse. Dazu hat nicht zuletzt die Tatsache beigetragen, daß die Problematik des sozialen Umbruchs für das Bürgertum zuerst unvermittelt und neu in der kurzen Phase während des Jahres 1848 am Horizont auftauchte, dann aber sehr rasch durch die Aufrichtung des Polizeistaats von der Oberfläche des öffentlichen Lebens verdrängt wurde[2].

Im Revolutionsjahr war mit vielen anderen gesellschaftlichen Problemen auch die „Arbeiterfrage" im Bewußtsein des böhmischen Bürgertums erschienen. Die Publizistik hatte die Befreiung von der Zensur dazu benutzt, auch über die vorher verpönten Probleme der Unterschichten zu berichten[3]. Die liberale „Bohemia" drückte z. B. den verelendeten Arbeitern Nordböhmens ihre Bewunderung (!) aus für die Geduld, „mit welcher die Leute ihr grauenhaftes Schicksal tragen"[4]. Obwohl der Nixdorfer Arzt und Philantrop *Nitsche* die Not und den Hunger der nordböhmischen Arbeiterbevölkerung in der Presse wiederholt eindringlich zur Sprache brachte[5], gingen die Informationen doch nicht wirklich in das bürgerliche Bewußt-

---

[1] Der Terminus ist hier absichtlich so umfassend und vage gebraucht, um möglichst viele Schattierungen bürgerlich-liberalen Denkens zur sozialen Frage unter einem Begriff vereinigen zu können. Die verschiedenen politischen Modelle des Bürgertums konnten sich ja in den 50er Jahren nicht frei artikulieren, so daß die Unterstellung, jemand sei in der Zeit um die Jahrhundertmitte „liberal" gewesen, ihre Berechtigung m. E. im wesentlichen daraus erhält, daß im Bürgertum der zweiten Jahrhunderthälfte ganz allgemein der Liberalismus gleichsam eine Art von ideologischer Sekundärerscheinung bürgerlicher Existenz bildet (vgl. K. E d e r : Der Liberalismus in Altösterreich. Wien-München 1955, S. 142). Das Unternehmentum gehört natürlich auch in das zeitgenössische Bürgertum hinein; ich habe dennoch die Unterscheidung zwischen Gruppen, die in der sozialen Auseinandersetzung vital engagiert waren — wie die Fabrikanten — und anderen, die mehr die liberale Intelligenz und Publizistik repräsentieren, für nützlich gehalten.

[2] Die Formulierung Meißners in seinen Memoiren verrät, wie sehr es sich beim bürgerlichen Interesse an der sozialen Frage um eine zeitlich begrenzte Angelegenheit gehandelt hat, die später unter dringenderen Problemen wieder in der Versenkung verschwand: „Es war um diese Zeit die sogenannte soziale Frage stark an der Tagesordnung." (M e i ß n e r : Geschichte meines Lebens II/21).

[3] Vgl. dazu neuerdings I. M ü l l e r : Die soziale und wirtschaftliche Lage der unteren Bevölkerungsschichten in Böhmen, Mähren und Schlesien im Jahre 1848 (St. Ex. Arbeit Masch.-Schrift). München 1968, S. 78 ff.

[4] S t r a u ß : Deutschböhmische Arbeiterbewegung 54.

[5] M ü l l e r : Soziale Lage 74.

sein ein, nicht einmal beim politisch engagierten Teil des Bürgertums[6]. Als der Dichter Alfred *Meißner* im Sommer 1848 nach Nordböhmen reiste, vermochte er mitten in einem Industriegebiet (Schönlinde, Niedergrund) nichts anderes als das „romantische Waldgebirge" zu registrieren[7]. Wenn in der bürgerlichen Publizistik Böhmens während des Frühjahres für die Arbeiternot noch die Wirtschaftskrise der Jahre 1847/48 verantwortlich gemacht worden war, so zeigte schon im Sommer 1848 die akute Bedrohung des Bürgertums in Frankreich durch die sozial-revolutionäre Entwicklung den politisch aktiven Vertretern des Bürgertums die brennende Aktualität der sozialen Auseinandersetzung.

Die Blickrichtung wandte sich nach Paris als dem Kristallisationspunkt der westeuropäischen und Weltentwicklung[8]. Es kennzeichnet diese Einstellung des deutschen Bürgertums in Böhmen, daß man den Prager Pfingstaufstand, der doch entschieden sozialrevolutionäre Komponenten hatte, nur als einen vorwiegend antideutschen Vorgang verstehen konnte[9].

Die entscheidende Wendemarke für die bürgerliche Haltung gegenüber den Problemen der Unterschichten war der Schock, der durch die Radikalisierung Wiens in der Oktoberrevolution ausgelöst wurde. Unter dem Eindruck des massiven Auftretens des Proletariats trat in weiten Teilen des Bürgertums an die Stelle von schulterklopfender Kameradie und wohlwollendem Desinteresse[10] eine starke Annäherung an den *Interessenstandpunkt* des Industriebürgertums. Der anfänglichen Verharmlosung[11] aller sozialemanzipatorischen Bestreben der Arbeiterschaft folgte die dezidierte Ablehnung aller Wünsche der lohnabhängigen Schichten. Aufschlußreich für die Wandlung der Haltung des österreichischen Bürgertums ist der Schwenk in der Behandlung der „sozialen Frage" in den „Grenzboten" während der Jahre 1848 und 1849. Hatte der Wiener Korrespondent der Arbeiterschaft Anfang September 1848 noch wohlwollend Bildungsmöglichkeiten und Assoziationen offeriert, damit der „Fluch" von „Unwissenheit und blöde(m) Egoismus"[12] weiche, so wurde doch

---

[6] Typisch für den Verdrängungsvorgang im Bewußtsein des liberalen Bürgertums erscheint mir eine Formulierung in einem Aufsatz über die Weberfrage in den für das deutschböhmische Bürgertum stark meinungsbildenden „Grenzboten": „Wohl ist hier nicht die Absicht, den Leser [!] durch detaillierte Schilderungen menschlichen Elends zu quälen ..." (Grenzboten 1849/I, 87).

[7] M e i ß n e r : Geschichte meines Lebens II/53.

[8] „Die Pariser Junischlacht hatte die soziale Frage in den Vordergrund gerückt: das Schreckbild des Kommunismus hatte dadurch bestimmtere Züge bekommen. Es war Pflicht für jeden Gebildeten geworden, sich über die einschlägigen Fragen näher zu unterrichten." (M e i ß n e r : Geschichte meines Lebens II/171 f.).

[9] P r i n z : Prag und Wien 73.

[10] So schrieb z. B. die Prager „Bohemia" im April 1848, „die Morgensonne der Freiheit" solle nicht durch „die düstere Wolke der Not" getrübt werden (zit. n. M ü l l e r : Soziale Lage 78). — In den „Grenzboten" erklärte in einer fiktiven Unterhaltung ein bürgerlicher Gesprächspartner einem hungernden Proletarier: „Freund, der Lauf der Dinge geht unablässig langsam der Ausgleichung entgegen: es wird und muß eine Zeit kommen, wo man mit Wahrheit sagen kann: Jedem nach Verdienst!" (Grenzboten 1848/II, 236).

[11] Die sozialreformerischen Programmversuche der Wiener Linken im Herbst 1848 wurden als „tiefere Ausbildung der sozialen Reformpläne nach Beobachtung eines dicken reichen Herrn ..." ins Lächerliche gezogen (Grenzboten 1848/II, 4).

[12] Ebenda 1848/II, 1.

im selben Artikel schon warnend bemerkt, ein Sieg des Proletariats in der politischen Entscheidung der Kräfte in Österreich werde „ein wüstes Toben gegen alles, was Wert und Geltung hat" und die „brutale(n) Vernichtung ... der menschlichen Ordnung, der Sitte und des Rechts" sein[13]. Nach der Niederlage der sozialen Unterschichten zusammen mit der radikalen Demokratie im Oktober 1848 erschien als Antwort auf das Interesse der Leser an der sozialen Problematik eine Artikelserie, die zwar ausdrücklich zwischen anarchischen Arbeiterrevolutionären und „braven" Arbeitern unterschied, dennoch aber als Fazit des Jahres 1848 allen sozialpolitischen Reformen eine eindeutige Absage erteilte. Das *Kapital* war hier das *befruchtende Salz* der Erde, die Arbeiter hingegen Leute, „die für ein geringes Lohn die anstrengenden, aber unentbehrlichen Verrichtungen der menschlichen Gesellschaft übernehmen und durch ihre einfache, sparsame Lebensweise den verfeinerten Klassen einen Spiegel vorhalten, aus welchem sie ersehen können, wie man mit einem geringen Verdienst ein zufriedenes und glückliches Leben führen könne". Schärfste Absage wurde allen staatlichen Eingriffen in das Verhältnis der Wirtschaftskräfte untereinander erteilt: „Der Arbeitgeber würde dann in eine weit ärgere Abhängigkeit geraten, als die es ist, in welcher bisher die Arbeiter waren. (...) Wenn man aber der natürlichen Entwicklung dadurch entgegen tritt, daß man der zweckmäßigen Benützung der Arbeitskraft durch Einmischung zwischen Beschäftigter und Arbeiter hinderlich wird und dadurch die Ansammlung von Kapital verhindert, so lenkt man vom richtigen Ziel ab. Durch unmotivierte Lohnsteigerung wird die arbeitende Klasse nur zu größerer Verzehrung, überhaupt zu Gewöhnung an mehr Bedürfnisse gebracht. Da aber die Prosperität der Arbeitgeber um soviel verlieren muß, als der Lohn der Arbeiter steigt, so vermindern sich die Kapitale, welche zur Belebung der Industrie bestimmt sind und die öffentlichen Zustände, also auch die Lage der Arbeiter, müssen sich notwendig verschlechtern[14]."

Der Linkstrend eines Teiles der deutschböhmischen Liberalen erlahmte nach 1848 bald[15]. Der Demokrat Ferdinand *Stamm,* Mitglied der Linken im Kremsierer Reichstag, versuchte im Frühjahr 1849, nach der Sprengung des Parlaments, in Nordwestböhmen den sozialen Sinn des Bürgertums aufzurütteln und den Arbeitern zur Hilfe zu kommen; nach der Aufdeckung der Maiverschwörung, zu der er Verbindungen hatte, ging Stamm nach Wien und gab eine technische Zeitschrift heraus[16]. Von denen, die nicht verhaftet wurden oder in die Emigration gehen

---

[13] Ebenda 1848/II, 5.
[14] Ebenda 1848/II, 479 ff.
[15] Es mag dabei die Tatsache, daß sich die Arbeiterschaft in der Schlußphase der Revolution im Frühjahr 1849, als die demokratischen Kräfte einen letzten Versuch unternahmen, die Reaktion aufzuhalten, nicht unbedingt als bequeme Fußtruppe erwiesen hatte, eine gewisse Rolle gespielt haben. Aufschlußreich erscheint in diesem Zusammenhang eine Formulierung Hans Kudlichs aus einem Brief an seinen Bruder vom 6. Mai 1849, wo Kudlich über Leipzig berichtet: „Ein todesmutiges Proletariat gibt es nicht ... Es ist eine erbärmliche Stadt." (Zit. b. P f i t z n e r : Bakuninstudien. Prag 1932, S. 191).
[16] Zu Stamms Biographie nach 1849 s. oben 59 f. — Es ist nicht uninteressant, welche Erfahrungen Stamm bei der Werbung für die demokratische „Deutsche Zeitung aus Böhmen" machte; er wurde nämlich gewahr, wie dünn die politisch aktive bürgerliche Schicht

mußten, blieb der großdeutsche Demokrat *Strache* der einzige, der auch während des Neoabsolutismus Interesse an der Lage der Arbeiterschaft behielt. Als Bürgermeister von Rumburg entwickelte Strache im bescheidenen kommunalen Rahmen sozialpolitische Initiative[17]. Wenn die gegenrevolutionäre Regierung nach 1849 fürchtete, die Beschäftigung *Straches* mit den sozialistischen Theorien sei ein Indiz für die Anfälligkeit der deutschböhmischen Liberalen insgesamt für sozialrevolutionäres Gedankengut[18], so belehrte sie die Entwicklung eines besseren.

Vielleicht am deutlichsten erscheint diese Wandlung der demokratischen Bewegung am Beispiel der erstaunlichen Entwicklung Alfred *Meißners*[19] nach der Revolution.

---

in den deutschböhmischen Industriegebieten war. In einem Brief vom 29. 3. 1849 an den Radikaldemokraten Karl Zimmer schrieb Stamm, er habe den Glauben aufgegeben, „daß die Deutsche Zeitung und überhaupt die Zeitungen viel ausrichten, um unser Volk zu erziehen für die Freiheit. Ich war an vielen Orten und habe das Volk eher zurückgesunken gefunden als gefördert und mit Schmerz erkannt, daß Zeitungen, und besonders so teure, wie die Deutsche Zeitung zu werden droht, für — erschreckt! — 99/100 der Bevölkerung ein Meteor sind, das sein Licht in ungesehener Ferne hinstrahlt und vergeudet an Beamte und reiche Reaktionäre." Die „teure große Zeitung schwimmt wie Kork auf der Oberfläche." (Zit. n. J. P f i t z n e r : Zur nationalen Politik der Sudetendeutschen in den Jahren 1848/49. JbVGDB III (1930—33) S. 239. — Zu Stamms Verbindung zum Kreis der Maiverschwörung vgl. d e r s e l b e : Bakuninstudien 176).

[17] Vgl. P i s l i n g : Nationalökonomische Briefe, S. XII. — Eduard Strache, geb. 1815 im nordböhmischen Rumburg, war Kaufmann und politischer Journalist. 1848 wurde er von Teplitz und Eger als Abgeordneter ins Frankfurter Parlament gewählt. 1850 bis 1855 war er Bürgermeister von Rumburg. Er geriet in den 50er Jahren aus politischen Gründen mit der Polizei in Konflikt und übersiedelte deshalb nach Wien. Durch Vermittlung Kurandas wurde er Mitarbeiter der „Ostdeutschen Post". Später war er Angestellter der Bauunternehmer Gebrüder Klein (vor allem Eisenbahnbau). 1863, bei der Gründung der Bodenkreditanstalt, wurde er deren erster Direktor; 1866 zog er sich ins Privatleben zurück. Strache war also schon lange vor seinem Tod (1894) ins bürgerlichliberale Establishment aufgerückt (Festschrift des Journalisten- und Schriftstellervereins „Concordia" 181 f.).

[18] Mecséry, der Strache polizeilich überwachen ließ, berichtete dem Innenminister Bach am 31. 10. 1849 besorgt über die politischen Ambitionen Straches: „Was jedoch bei Strache zu befürchten ist und sich in seiner Persönlichkeit als einem Gliede der liberalen deutschen Partei reflektiert auf die Tendenz der gesamten Partei abspiegelt, ist die Idee des Kommunismus und Sozialismus, von der er begeistert ist, seine Ansichten über das Hirngespinst Cabets und Louis Blancs sind zwar richtig, aber von dem Führer der Chartisten O'Connor und besonders von dem Kommunisten und Sozialisten Proudhon ist er eingenommen, und er hält dessen Idee zwar nicht in der Gegenwart, jedoch in der Folge praktisch ausführbar. Er gestand auch zu, daß er sich alle Werke über Sozialismus angeschafft und sich mit diesem Studium beschäftigt. Da nun Strache bei seiner nur theoretisch-politischen, daher immer einseitigen Bildung und seinem regen Geiste alle Fragen der Gegenwart mit einer Wärme erfaßt, die ihn die praktische Durchführung derselben nicht sehen läßt, so ist bei seinem Drange danach, seine Ansichten anderen mitzuteilen und mit seinen Ideen zu glänzen, die Verbreitung derselben bei minder gebildeten und unpraktischen Leuten in der Folge zu befürchten." (HHSTA, I.B. 1849/909).

[19] Zu A. Meißner (1822—1885) vgl. W u r z b a c h 17 (1867) 290 ff. u. Deutsche Literatur in Böhmen-Mähren-Schlesien von den Anfängen bis heute. München 1968, S. 50. — Alfred M. stammte aus Teplitz, wo sein Vater Badearzt war. Auch M. studierte Medizin, begann jedoch bereits in jungen Jahren schriftstellerisch zu arbeiten. Er gehörte im Vormärz zum liberal-demokratischen Dichterkreis des „Jungen Böhmen" (Hartmann, Kompert) und hatte wegen seiner Veröffentlichungen im deutschen Ausland Schwierigkeiten

Der idealistisch-demokratische Literat Meißner hatte in der Prager Revolution eine Nebenrolle gespielt und hatte sich dann während des Sommers und Herbstes 1848 in Frankfurt am Main aufgehalten, wo er enge Verbindungen zur äußersten demokratischen Linken des Frankfurter Parlamentes hielt. Zu Beginn des Jahres 1849, als sich bereits das Scheitern der großdeutsch-demokratischen Bewegung abzeichnete, machte sich Meißner auf ins „Mekka der Revolution"[20], nach Paris. Die Eindrücke in der französischen Hauptstadt machten den jungen Deutschböhmen aus gutbürgerlichem Hause zumindest kurzfristig zu einem enragierten Sozialrevolutionär, der seinem radikalen Bruch mit der bürgerlichen Gesellschaft mit beredten Worten Ausdruck verlieh. 1849 erschien in Frankfurt am Main Meißners Rechenschaftsbericht über seinen Pariser Aufenthalt, ein zweibändiges Werk unter dem Titel „Revolutionäre Studien aus Paris 1849". Meißner berichtete darin ausführlich über die sozialen Voraussetzungen der französischen Revolution des Jahres 1848, bezeichnete den Zustand des sozialen Lebens Frankreichs als eine krasse Klassengesellschaft[21] und kam zu dem Schluß, daß sich in Frankreich stellvertretend für ganz Europa der Beginn eines neuen Zeitalters abzeichne: hier beginne die Auseinandersetzung um die „letzte und größte Frage der Menschheit", die soziale Frage[22]. Für *Meißner* ging der „große Prozeß der Zeit, der immer mehr und mehr den furchtbaren Charakter eines Klassenkampfes annimmt"[23], aus zwei Voraussetzungen hervor. Zum ersten aus der progressiven Verelendung, dem Resultat der „Auspumpung der Menschheit"[24] durch den siegreichen modernen Kapitalismus; die Wechselwirkung zwischen Kapitalakkumulation und Verelendung ist in den „Revolutionären Studien" ganz im Sinne von Marx skizziert[25],

---

mit der österreichischen Zensur. Meißners Epos „Žižka" war das berühmteste Beispiel für die Verherrlichung tschechischer Historie aus dem Geiste des böhmischen Landespatriotismus. Im Revolutionsjahr 1848 wurde M., der persönlich mit vielen markanten Vertretern der tschechischen Nationalbewegung freundschaftlich verbunden war, in den böhmischen Nationalausschuß (Národní výbor) gewählt, trat jedoch kaum in Erscheinung. Als journalistischer Beobachter der politischen Vorgänge verbrachte M. das Jahr 1848 in Frankfurt am Main; 1849 ging er nach Paris, 1850 lebte er geraume Zeit in England. Seit Beginn der 50er Jahre wieder in Böhmen wohnend, publizierte M. während des Neoabsolutismus nur mehr belletristische Arbeiten. Meißners reiches schriftstellerisches Oeuvre, in dem sehr geschickt die aktuellen Tagesfragen verarbeitet waren, fand ein großes Echo. Als arrivierter Autor erhielt M. im Jahre 1884 den Adelsstand.

[20] Revolutionäre Studien I/11 f.

[21] Ebenda 14 u. II/2.

[22] Simplifizierend meinte Meißner: „Die Lebenskreise der französischen Revolution sind meilenweit von den Deutschen entfernt. Ein Raum, der vielleicht nur in Jahrzehnten zu durchmessen ist, trennt sie voneinander. Indes die Bewegung bei uns eine politische ist und aller revolutionärer Zorn sich gegen die Scheidewände zwischen den einzelnen Volksstämmen und gegen treulose und meineidige Fürsten kehrt, ist hier in Frankreich die ganze Bewegung eine soziale, die die Scheidewände innerhalb der Gesellschaft wegräumen will und die, nachdem sie längst über die Fürsten hinweggegangen ist, nun die letzte Herrschaft, das letzte Königtum auf Erden angreift: die Herrschaft, das Königtum des Kapitals." (Ebenda I/120).

[23] Ebenda I/225.

[24] Ebenda II/39.

[25] „Vermehrung des Kapitals einerseits bedingt auf der anderen Seite Vermehrung des Pauperismus. Wachstum des Kapitals hegt Wachstum des Proletariats." (Ebenda II/37).

mit dem Meißner auf seiner Durchreise in Köln bekannt geworden war[26]. Die zweite große Triebkraft des Klassenkampfes fand Meißner in der egalitär-demokratischen Bewegung, die, aus der Aufklärung kommend, in den französischen Revolutionen seit 1789 die alte feudale Welt vernichtet habe. Die Liquidation von kirchlicher und monarchischer Autorität[27] habe den Weg frei gemacht für das Raisonnement über die soziale Gerechtigkeit: „Je mehr das Gefühl der Gleichheit aller Staatsbürger in die Massen gedrungen ist, umso fühlbarer muß das Mißverhältnis hervortreten, das in unserer jetzigen Welt zwischen der prinzipiellen Befreiung jedes Menschen und der spezialen Lebensstellung besteht, zu welcher die ungeheure Mehrzahl der Menschen verurteilt ist. Je offizieller man die »Gleichheit, Freiheit und Brüderlichkeit« aller Staatsbürger von oben herab proklamiert hat, umso mehr muß es den Massen klar werden, daß diese »Freiheit, Gleichheit und Brüderlichkeit« illusorisch bleiben müsse vor den bestehenden ökonomischen Verhältnissen. (...) Je mehr ferner der Begriff der Autorität in den Gemütern der Massen schwindet, umso unfreiwilliger fügt sich der Arbeiter der Autorität des Kapitals, das an Härte die bereits zertrümmerten Autoritäten der Kirche und der Monarchie noch zu übertreffen scheint. Von diesem Augenblick an wird die materielle Ordnung im Staate, diese Lebensbedingung der Gesellschaft, kein notwendiges und freiwilliges Ergebnis der Ordnung in den Gemütern sein, sie wird ihre Basis in den Überzeugungen des einzelnen Staatsbürgers verloren haben. Was sich fortan als »Ordnung« ausgibt, wird ein Aufgedrungenes sein, das nur durch Mittel der Gewalt aufrecht erhalten werden kann[28]."

Über den endlichen Ausgang der Klassenkämpfe war sich Meißner im klaren; das Ergebnis der sozialen Bewegung mußte die Gründung einer neuen Gesellschaft sein[29]. Wie würde diese aussehen? Meißner hat sich vergleichsweise vage ausgedrückt, am Ende der sozialen Bewegung erträumte er eine Idylle der unbegrenzten Freiheit mit bescheidenen, aber stabilen und ungefährdeten Eigentumsverhältnis-

---

Über das zeitgenössische Lohnsystem schrieb Meißner: „Daß der Arbeiter als Arbeitsinstrument am Leben erhalten werde, das ist's, um was es sich handelt. Gesetze des Verkehrs, Verhältnisse des Marktes, die ganz unabhängig sind von den Persönlichkeiten der Kapitalisten und nur durch das Spiel der Kapitale gegeneinander bestimmt werden, regeln den Lohn. Der Arbeiter, in einen Kreis von Notwendigkeiten gebannt, steht wie unter dem Stempel einer Luftpumpe, die ihm nach Gesetzen, von denen sie selbst nichts weiß, die Lebensluft zumißt und abmißt." (Ebenda II/33).

[26] Ebenda I/4.
[27] „Ja das Problem der Sozialreform, die Frage nach dem irdischen Glück! Sie mußte unvermeidlich eintreten zu einer Zeit, da eben die zwei großen Liquidationen eingetreten waren: die Liquidation der Kirche und die Liquidation der Monarchie. Die Kirche hatte die Armen lange genug mit der Hoffnung des Himmels gespeist. Sie predigte Entsagung der irdischen Dinge, Ergebung in sein Unglück, Entbehrung des Glücks, Kreuzigung und Abtötung des Fleisches. Aber im Maße, als der Himmel den Menschen verloren ging, fragten die Unglücklichen unter den Menschen: warum sind wir arm? (...) Und mit der kirchlichen Autorität war auch die monarchische in Staub gefallen: es ist das Los des Thrones, dem Altar zu folgen." (Ebenda I/20 f.).
[28] Ebenda II/3—5.
[29] Ebenda I/S. VII.

sen[30]. Es ist nicht uninteressant, daß der bürgerliche Individualist und Freiheits-
dichter *Meißner* sich vehement gegen alle kommunistischen, d. h. wie Meißner es
verstand, staatssozialistischen Utopien wandte[31] und sich in seinem Buch ganz begeistert zu *Proudhons* Programm einer schrittweisen, die individuelle Freiheit nicht
antastenden Überwindung des Kapitalismus bekannte. Prodhons Leitsätze sind in
den „Revolutionären Studien" ausführlich wörtlich abgedruckt[32]. Nüchterner und
präziser als über die Wege in eine ideale sozialistische Zukunft hat Meißner über
die zu erwartenden Widerstände der bürgerlichen Welt[33] zu urteilen vermocht. Die
Pariser Junischlacht analysierte Meißner als die entscheidende Wendemarke des
Revolutionsjahres: von ihr datiere die Spaltung der umfassenden demokratisch-
emanzipatorischen Bewegung in verfeindete Interessengruppen[34]. Seit dem Juni
1848 sei das Bürgertum aus Angst um den Besitz ein Hemmschuh des Fortschritts;
hinweg sei „der rührend patriarchalische Schleier, der einst das gebildete, ehrsame
Bürgertum überwallte in Deutschland wie in Frankreich[35]". Klarsichtig prophe-
zeihte Meißner auch das *Zweckbündnis* von Monarchie und Besitzbürgertum, das
zum Charakteristikum der zweiten Jahrhunderthälfte werden sollte[36]. Die idea-

---

[30] „Für sich selbst und dann für die wenigen Menschen, die man lieb hat, arbeiten; arbeiten,
wenn man Lust hat und wie man Lust hat, von sich selbst nur abhängig zu sein und sich
von niemandem, sei es von meinem Nebenmenschen, sei es von dem Unding »Staat«
überwachen zu lassen; das ist, was wir wollen. Unser Garten, der zwölf Schritte im
Gevierte hat, aber uns individuell angehört, ist uns lieber als der große soziale Park,
worin wir mit tausend Nachbarn herumgehen, die wir nicht kennen und nicht lieben."
(Ebenda II/131 f.).

[31] Ebenda II/19 ff. — „Hätte sich das Los des Arbeiters bei diesem Wechsel der Ordnung
gebessert? Nein! Er hätte den Herrn gewechselt, er hätte statt dem Privatmann den
Staat zum Herrn erhalten. Das Prinzip der Lohnarbeit wäre geblieben. Der Charakter der Arbeit, wie sie jetzt besteht und der darin liegt, daß der Arbeiter einen furchtbar
großen Teil des Arbeitswertes, den er liefert, in die Hände einer nichtarbeitenden Klasse
abliefert; dieser Charakter hätte sich nicht geändert." Meißner sah im Kommunismus
nur ein neues Zwangssystem; Zweck der Geschichte sei es aber, „den Autoritätsstaat aufzuheben in der Freiheit, in der vollen unbegrenzten Freiheit, mit einem Wort, in der
Herrenlosigkeit... der Anarchie. Jeder neue Versuch, den Staat zu stärken, ihn als neue
Autorität aufzustellen, muß als ein Attentat auf die Bewegung der Menschheit... betrachtet werden." (Ebenda II/22 ff.).

[32] Ebenda II/167—185.

[33] Vgl. dazu Meißners hellsichtige Bemerkung: „Zu allen Zeiten und in allen Ländern hat
die privilegierte Kaste der Gesellschaft ihr Bestehen für identisch gehalten mit Ordnung,
Bildung, Zivilisation, identisch mit dem Bestehen der Welt." (Ebenda II/266).

[34] „Überall ward der Junikampf der Wendepunkt der europäischen Geschichte. Die reiche
Bourgeoisie verbündete sich nun offen mit der Reaktion und unterstützte das Königtum
in seinem Kampfe gegen das Volk. Das reiche Bürgertum hatte nirgendwo gekämpft, es
hatte nur dem Volke erlaubt, sich — für das Bürgertum zu schlagen. Nun, da es Angst
bekommen, ward es kriegerisch und mischte sich in den Kampf, um das Volk zu verraten.
Überall rückte die Bourgeoisie aus, um in die Kanaille hineinzufeuern ..." (ebenda
I/65 f.).

[35] Ebenda II/256.

[36] „Das Eigentum, immer wieder das Eigentum! Von der Heiligkeit des Throns, von der
Legitimität der Obrigkeit, welche von Gott selbst eingesetzt ist, ist nie mehr die Rede.
Die Monarchie gibt sich selbst nur als eine Schutzwehr des Eigentums. Andererseits ist
das Kapital die einzige Autorität geworden, für welche die Bourgeoisie noch ihr Leben
aufs Spiel setzt." (Ebenda II/255).

Alfred Meißner (1822—1885)

Theophil Pisling (1834—1916)

Foto: Österr. Nationalbibliothek, Bildarchiv Pf 30.131:B (1)

listische demokratische Bewegung, aus der er doch selbst kam, erschien Meißner nun als schlecht gerüstet für die Zukunft: der Parlamentarismus als alleiniges Ziel sei überlebt[37]; nur wenn die demokratischen Kräfte den Gedanken der sozialen Gerechtigkeit zu ihrem zentralen Ziel machten, habe die Demokratie ein Recht zum Weiterleben[38].

Meißners Buch schloß mit dem optimistischen Ausblick, man werde sehen, ob die Kanonen der Reaktion auf die Dauer stärker sein würden als die Prinzipien des Fortschritts[39].

Was die Person des Verfassers anlangt, so erwiesen sich seine Prinzipien nach der Rückkehr aus Frankreich als durchaus flexibel. *Meißner* machte bald wieder Frieden mit der bürgerlichen Gesellschaft seiner Heimat[40]. Es wäre falsch, dies nur allein als die Folge politischen Opportunismus' anzusehen. Der gleiche Hegelianismus, der Meißner in Paris den siegreichen Zeitgeist in der sozialen Bewegung am Werke sehen ließ[41], brachte den enttäuschten Revolutionär später dazu, den Staat des Neoabsolutismus zumindest kurzfristig als historisch legitimen Durchgangszustand zu begreifen[42]. Später pendelte sich Meißners leicht schwankende Weltanschauung wieder auf den idealistischen bürgerlichen Liberalismus des Vormärz ein, die sozialrevolutionäre Zwischenphase wurde verdrängt[43]. Meißner kehrte heim in den kleinen Kreis der großbürgerlich-liberalen Opposition gegen den neoabsoluten Polizeistaat, wurde zusammen mit dieser überwacht, hatte aber außer einiger Belästigung bei Auslandsreisen keine Nachteile zu erdulden. Schon Anfang des Jahres 1850 erteilte die böhmische Bürokratie Meißner eine Art von behördlicher Amnestie. Die Prager Kreisregierung schrieb: „In seinem letzten Werk sprach er über und für die soziale Republik. Eine tätige Beteiligung an der Revo-

---

[37] Ebenda I/222 u. 225 f.

[38] Meißner schrieb, das Beispiel Frankreichs habe gezeigt, daß „im Schoße einer und derselben Gesellschaft, welche für alle gleiches Gesetz und gleiches Recht anerkennt, Herren und Knechte, Ausbeutende und Ausgebeutete, mit einem Wort Freie und Sklaven fortbestehen und sich sogar durch Generationen fortpflanzen, solange nicht die Gleichheit der Lebensbedingungen für alle Menschen festgesetzt ist". Deshalb könne es keine wahre Demokratie ohne materielle Gerechtigkeit geben: „Ja, Gleichheit der Lebensbedingungen fordert die neue Welt und sie fordert sie als eine unerbittliche Konsequent, diese Demokratie, die Ihr selbst, kurzsichtige Toren, gutgeheißen und ratifiziert habt, ohne des Wortes Tiefe und Bedeutung zu kennen! (...) Wie, wenn alles zusammentrifft zum Beweise, daß das Volk frei sein könne, wenn es mit Euch auf demselben Niveau steht; daß die Gleichheit nur dann wahrhaftig sei, wenn es mit Euch die gleichen Bedingungen des Lebens teilt ... ? (Ebenda II/15 f.).

[39] Ebenda II/268.

[40] S. oben 65.

[41] „Gewiß! Die Menschheit ist ihre eigene Vorsehung; sobald es ihr ernstlicher Wille ist, sich von den Übeln zu befreien, die auf ihr lasten, ist diese Befreiung auch immer möglich." (Ebenda II/45).

[42] S. oben 65.

[43] So findet sich beispielsweise in Meißners 1884 erschienenen Memoiren kein Hinweis auf den sozialrevolutionären Inhalt der „Revolutionären Studien". Vom Paris-Erlebnis des Frühjahres 1849 erscheint nur noch die Erinnerung an den fremdartig-exotischen Reiz der revolutionären Arbeiterschaft der französischen Hauptstadt; der Proudhon-Lektüre wird einzig mit einer dürren Bemerkung über den vorzüglichen Stil des Sozialisten gedacht (M e i ß n e r : Geschichte meines Lebens II/172).

lution ist von ihm nicht zu befürchten, weil ihm dazu die Energie des Charakters fehlt[44]."

In unserem Zusammenhang ist es wichtig, daß Meißner, wiewohl doch eigentlich prädestiniert durch seine intensive Bekanntschaft mit der westeuropäischen sozialen Bewegung, in Böhmen nicht das geringste zur Diskussion der sozialen Frage beigetragen hat. Die soziale Wirklichkeit seiner Heimat hat Meißner in den 50er Jahren ebensowenig wahrgenommen wie im Jahre 1848. Schließt man vom Werk des Erfolgsschriftstellers Meißner auf sein Publikum, so läßt sich deutlich ablesen, wie einseitig die liberalen Deutschböhmen im Jahrzehnt nach der Revolution an den bürgerlichen Freiheiten interessiert waren. Besonders aufschlußreich ist der vielbändige Schlüsselroman „Schwarzgelb", der ganz der Kritik an kirchlicher und politischer Reaktion gewidmet ist. In dieser umfangreichen Abrechnung eines idealistischen Liberalen mit dem System der 50er Jahre wird auf das Proletariat nur ein einziges Mal Bezug genommen: als vom Gespenst einer sich abzeichnenden Bedrohung des „freidenkerischen" Bürgertums vermittels einer Allianz von Restaurationskatholizismus und sozialen Unterschichten die Rede ist[45]. Vom gewaltigen sozialen Umbruch der 50er Jahre findet sich in Meißners Roman nicht mehr als das vage Gefühl, daß die alte böhmische Idylle „endgültig dahin" sei[46].

Als erfolgreicher Literat fand Meißner bald Eingang in die höheren Kreise der — 1849 noch als Kastengesellschaft gebrandmarkten — zeitgenössischen Gesellschaft[47]. 1862 schließlich war die soziale Frage zu einem bereits historisch abgeklärten Thema geworden. Meißner hatte sich abgefunden mit der Ungerechtigkeit der Welt, als er — rückblickend auf die Revolutionszeit — schrieb, der idealistische Humanismus sei nicht mehr zu finden, „der damals die Gemüter aller Gebildeten ohne Unterschied des Standes und Ranges erfüllte, und mit einer sentimentalen, vielleicht wehleidigen Zärtlichkeit selbst die von diesem Erdenleben unzertrennlichen Leiden und Nöten heilen wollte ...[48]".

Doch kehren wir nocheinmal zum Beginn der 50er Jahre zurück.

Mit dem Sieg des Neoabsolutismus verschwand die Diskussion von Arbeiterproblemen fast vollständig aus der österreichischen Publizistik. Wiewohl die Erörte-

---

[44] SÚA, PP 1858—62 M 3/34 K.A. Prag an Prager Magistrat 18. 4. 1850. — Drei Jahre später entdeckte die Polizei in Meißners Gepäck den Separatabdruck eines französischen Arbeiterliedes aus den „Revolutionären Studien". Sacher-Masoch stellte sofort einen Strafantrag, bekam jedoch von der Staatsanwaltschaft mitgeteilt, daß die Publizierung des „zur Unzufriedenheit und zum Hasse gegen die »Reichen« aufreizenden" Blattes zwar eigentlich strafbar, leider jedoch bereits verjährt sei (ebenda).

[45] M e i ß n e r : Schwarzgelb. Vae Victis I/154.

[46] M e i ß n e r : Schwarzgelb. Die Opfer der Partei II/205 f. — Wie sehr Meißners Sicht der Dinge von den Zeitgenossen als lückenloses Panorama der Gegenwart empfunden wurde, belegt Meißners Biograph W u r z b a c h in seinen Ausführungen zu „Schwarzgelb": „Alles in diesem Roman ist Tendenz; keine charakteristische Seite unserer Zeit bleibt unberührt, alle widerstrebenden und vorwärtsdrängenden Kräfte haben ihre Repräsentation darin, welche sich nicht bloß in Gesinnungsausbrüchen, sondern in lebendig entwickelten Charakteren und spannenden Situationen darstellen." (W u r z b a c h 17 (1867) 294).

[47] Vgl. dazu W u r z b a c h ebenda über Meißners Beziehungen zum deutschen Hochadel.

[48] Zit. ebenda.

210

rung von Wirtschaftsproblemen in der Presse der 50er Jahre reichen Raum einnahm, waren soziale Fragen dabei sorgfältig ausgeklammert. Die rege Diskussion von Belangen des ökonomischen „Gemeinwohls" erfüllte vielmehr die Funktion eines Überbaus — zu Alibizwecken — für den harten Kampf der kapitalistischen Schichten um den Gewinnanteil an der Modernisierung Österreichs[49]. Was an Beunruhigung bezüglich der Bedrohung der bürgerlichen Gesellschaft durch sozialistische Theorien aus dem Revolutionsjahr übrig geblieben war, wurde durch forsche Apologetik des Eigentumsprinzips übertüncht[50]. Die Unantastbarkeit des Eigentums mit allen Konsequenzen — Basis des stillschweigenden Arrangements zwischen neoabsolutem Staat und liberalem Bürgertum — und ein offen propagierter Sozialdarwinismus[51] wurden die Basis-Ideologie des gesamten Bürgertums. Dabei mag die Tatsache, daß durch die Ausweitung des Effektenmarktes nach 1850 breite bürgerliche Schichten — als Aktienbesitzer — quasi halb zum Industriebürgertum wurden[52] und deshalb ein unmittelbares privates Interesse an der Rentabilität der Industrie und damit an der optimalen Ausbeutung der Arbeitskraft entwickeln mußten, eine nicht geringe Rolle gespielt haben. Der Zusammenhang von Industrieentwicklung und Entstehung eines Proletariats wurde verdrängt; mit dem Begriff des Proletariats verband sich die Vorstellung einer arbeitsscheuen, aus Faulheit ins Unglück geratenen Menschengruppe[53]. Ganz folgerichtig wurden Versuche, einen Arbeitskampf zu führen, vom liberalen Bürgertum nun *moralisch* verpönt und als „Undankbarkeit"[54] vermerkt. Der Status der Arbeiterschaft als einer quasi halbfreien, ökonomisch „untertänigen" Personengruppe von minderer sozialer Berechtigung wurde dabei selbstverständlich empfunden[55]. Von der zünftigen akademischen Nationalökonomie sekundiert, konnte

---

[49] Meißner, hierin wieder scharfsichtig, hat das in seinem Schlüsselroman offen ausgesprochen (vgl. Dulder und Renegaten I/106).

[50] Der Wiener Korrespondent der AAZ, ein vorzüglicher Zeuge für die Gedankengänge der „liberalen" Großösterreicher der Zeit nach 1849, philosophierte 1850 über Wohltätigkeitsaktionen zugunsten der Arbeiterschaft: „Wer von dem widersinnigen Spruche Proudhons: „Das Eigentum ist Diebstahl" ausgeht, der muß allerdings eine jede wohltätige Handlung als eine „Abschlagszahlung des Räubers an den Bestohlenen" ansehen; wer aber das Eigentum als eine notwendige Grundbedingung des gesellschaftlichen Beisammenseins betrachtet, ebenso unveräußerlich für dasselbe als die physikalischen Gesetze für den Fortbestand unseres Erdkörpers ..." (AAZ 1850, S. 517).

[51] Ebenda: „... der tägliche Krieg aller gegen alle, der das Grundgesetz des unmittelbaren, ökonomischen Lebens bildet ...".

[52] Diese Entwicklung im Detail zu verfolgen, ist begreiflicherweise beinahe unmöglich. Es gibt jedoch wenige Indizien dafür; z. B. trat Anfang der 60er Jahre bereits Giskra, einer der deutschböhmischen Linken von 1848 und nachmaliger Minister der liberalen Periode, als Großaktionär des „Chemischen Vereins" (s. oben 81) auf. Auch Pislings Aversion gegen Aktiengesellschaften, denen er auf Grund des dort herrschenden Effektivitätsdenkens besonders rücksichtslose Ausbeutung vorwarf, deutet diesen Zusammenhang an (Nationalökonomische Briefe 33 ff.).

[53] Vgl. dazu die Schwierigkeiten, die Pisling, selbst ein Schüler liberalen Denkens, bei der Definition des „Proletariers" hatte unten 217.

[54] So der Prager Korrespondent der „Ostdeutschen Post" anläßlich der Prager Baumwolldruckerstreiks von 1850 (Nr. 28, 2. 2. 1850).

[55] Bezeichnend war auch hier wieder der Begriff der Disziplin (s. oben 192 Anm. 30), der die unfreie Stellung der Lohnabhängigen bezeichnete: anläßlich eines Bergarbeiterstreiks

sich das bürgerliche Gewissen darauf zurückziehen, daß der Begriff der wirtschaftlichen Gerechtigkeit außerhalb der ehernen Marktgesetze von Angebot und Nachfrage sinnlos sei[56]. Einzig die Furcht vor Hungerrevolten als Folge der hemmungslosen Anwendung eben jener gepriesenen Marktgesetze — wie es z. B. die Getreidespekulation war — vermochte so etwas wie Ansätze zu einer Kritik des liberalen Wirtschaftssystems wachrufen; eine Kritik, welche — man möchte fast sagen, selbstverständlich — nicht über privates Raisonnement hinausging[57].

Den optimistischen Trend innerhalb des Sozialdenkens des Liberalismus der 50er Jahre vertrat am reinsten der Mährer Ernst von *Schwarzer*[58], der mit seinem 1857 erschienenen „Geld und Gut in Neuösterreich"[59] ein vollständiges Kompendium der liberalen Populärideologie schuf. Die „soziale Frage" nahm darin nur einen kleinen Part ein; Schwarzers Ausführungen sind dennoch sehr aufschlußreich. Beim ihm nahm das Interesse für soziale Fragen seinen Ausgangspunkt nicht in der traurigen Misere der Arbeiterschaft, sondern in der allgemeinen Furcht vor der Bedrohung der bürgerlichen Gesellschaft durch die proletarischen Unterschich-

---

in Schlan trat die sonst beim Bürgertum weniger gern gesehene Gendarmerie in Aktion; für ihre Rolle als Hüterin des Eigentums erhielt sie den Beifall der „Bohemia": „Die in letzterer Zeit von hiesigen Fabriks- und Bergarbeitern versuchte Renitenz ist gleich in den ersten Regungen beseitigt worden, und es vereinigen sich in der Tat alle berufenen Organe, um eine strenge Disziplin der Arbeiter zu erzielen." (Zit. n. Šolle: Stávky 191).

[56] So z. B. der Prager Professor der Nationalökonomie Peter Mischler in dem Buch: Zur Abhilfe etc., S. V.

[57] „Aber auch die bemittelten Klassen, deren Interesse nicht selbst bei dem Getreidehandel beteiligt ist, sehen mit Besorgnis und Unmut auf diese Erscheinungen, weil sie durch den Notstand so vieler mehrseitig in Anspruch genommen werden und die Furcht nicht ganz unterdrücken können, daß bei einer längeren Dauer solcher Zustände, oder wenn dieselben sich noch ungünstiger gestalten sollten, die Geduld der Notleidenden endlich erschöpft, und diese gewalttätige Störungen der Ruhe zu Eigentumsverletzungen und überhaupt zu einem Überschreiten der gesetzlichen Schranken durch den Mut der Verzweiflung getrieben werden könnten." (SÚA, PM 8/1/12 Nr. 6 B.A. Kaaden an K.A. Eger, 21. 2. 1854).

[58] Über Schwarzer vgl. W u r z b a c h 32 (1887) 328 ff. — Ernst von Schwarzer, 1808 in Fulnek in Mähren geboren, hat das abenteuerliche Leben eines ökonomischen Allroundtalents geführt. Nachdem er in den 30er Jahren Direktor einer Brauerei in London gewesen war, wurde er 1840 Gutsverwalter in Ungarn, 1842 Sekretär des Prager Gewerbevereins (für den er eine Industriekarte von Böhmen herstellte), 1843 Direktor eines gräflich Mittrovskyschen Eisenwerkes in Mähren. 1844 stieß er in Triest zu dem liberalen Kreis um den Gouverneur des Küstenlandes, den Grafen Franz Stadion. Er wurde Chefredakteur des Journals des „Österreichischen Lloyd", der ersten liberalen Zeitung Österreichs noch im Vormärz. Mit der Stadion-Gruppe ging er 1848 nach Wien und wurde dort Chefredakteur der demokratischen „Allgemeinen österreichischen Zeitung". Den Gipfel seiner Karriere erreichte er als Minister für öffentliche Arbeiten im Kabinett Doblhoff-Wessenberg. Schwarzer gab den Telegraphen für den Privatverkehr in Österreich frei und begann mit dem Bau der Semmeringbahn. Mit seiner Ministertätigkeit war die entscheidende Wendung der Wiener Revolution verbunden, weil das Scheitern seines öffentlichen Arbeitsbeschaffungsprogramms den endgültigen Bruch zwischen Bürgertum und Arbeiterschaft Wiens verursachte. In den 50er Jahren machte er mit dem Großunternehmen der „Donau", einer liberalen Zeitung für ganz Österreich, bankrott. 1860 ist er gestorben.

[59] S. oben 65 und 87 f.

ten. Schwarzer stellte in dieser Beziehung Österreich eine günstige Prognose; offenbar noch unter dem Eindruck der ersten Hochkonjunktur von 1850 meinte er: ein „eigentliches Proletariat kann es dort nicht geben, wo Not an Arbeitshänden besteht"[60]. Auch in *Schwarzers* Fortschrittsoptimismus[61] war ein nicht diskutierbares Axiom das Junktim zwischen Unternehmergewinn und wirtschaftlichem Aufstieg der Lohnabhängigen. Die trotz expansiver Konjunktur in Österreich — zumal in Böhmen — auftretenden gegenteiligen Phänomene zu registrieren, weigerte sich Schwarzer: „Die arbeitende Klasse ist es also nicht, welche sich über Mangel an Verdienst beklagen kann[62]." *Schwarzer* träumte von einer Explosion des Binnenkonsums, die auch die unteren sozialen Schichten in den Fortschritt einzubeziehen imstande war und die eine nivellierte, satte Menschheit schaffen sollte[63]; auch von der Erlösung des Menschen von drückender Elementararbeit war die Rede[64]. In der entscheidenden Frage freilich, jener der generellen Erhöhung der Löhne, wodurch ja erst die Voraussetzungen eines expansiven Binnenmarktes geschaffen werden konnte, blieb Schwarzer unverbindlich und vage. Er glaubte an die Harmonie der Interessen, die sich von selbst herausstellen würde, wenn man nur die Kräfte autonom walten ließ. In seiner Ablehnung polizeistaatlicher Unterdrückung der Arbeiterschaft und der Befürwortung von Arbeiterassoziation und Arbeiterbildung nahm *Schwarzer* die Ideen der 60er und 70er Jahre vorweg[65]. Indessen ging seine Vorstellung, daß sich die gesamte soziale Problematik durch die Eröffnung von Aufstiegskanälen für die Unterschichten lösen lassen werde[66], an der sozialen Wirklichkeit des Manchesterkapitalismus der 50er Jahre vorbei, da die

---

[60] Geld und Gut 159.

[61] Schwarzer war der Meinung, „daß die Tendenz der Gesellschaft dahin geht, die Schwankungen des Wertes zu mäßigen, den Arbeitslohn zu erhöhen und den Kapitalgewinn auf ein Minimum herabzudrücken" (ebenda 8).

[62] Ebenda 151.

[63] Ebenda 101.

[64] Ebenda 79.

[65] „Überhaupt verliert die einst so gefürchtete soziale Frage um so mehr von ihrer Schrecklichkeit, als Gesetzgeber und Staatswirtschaftslehrer dieses Gespenst ruhig ins Auge fassen, den Urachen seiner Erscheinungen unter so bedrohlichen Symptomen nachforschen ... und sich mit dem wirklich Vorhandenen ohne Scheu und Vorurteil vertraut machen. So hat man bereits richtig erkannt, daß die Zukunft der arbeitenden Klassen weder durch strenge, drückende Überwachung, noch durch gemütlich liebevollen Schutz und mütterliche Obsorge zu sichern sei; man erschrickt nicht mehr vor dem Gedanken, den Besitzlosen die Wahrung ihrer Interessen mehr und mehr selbst zu überlassen und hält ihnen gern jede Gelegenheit offen, zu Selbständigkeit und Besitz zu gelangen. Man legt ihrem Streben, sich zu bilden, kein Hinternis in den Weg, weil man weiß, daß gebildete Menschen sich leichter regieren lassen als rohe ..." (ebenda 159).

[66] „Kommt noch hinzu, daß ausgezeichnete Glieder dieses Körpers sich zu einer höheren gesellschaftlichen Stellung emporarbeiten können, daß man dem Arbeiter Männer zeigen kann, welche wie er begonnen und nun als Geschäftsführer, Kompagnons, selbständige Unternehmer und Kapitalisten mit Stolz auf ihre Vergangenheit blicken, so bemächtigt sich des strebsamen Arbeiters dasselbe Gefühl, welches dem armen Studenten sagt, daß er ein Ministerportefeuille in der Tasche ... trage. Sie alle dürfen nur wahrhaft wollen, um, wenn nicht das Höchste, doch etwas Hohes zu erreichen. Die einzigen gesetzlichen Hindernisse, welche ihnen in Österreich im Wege stehen, werden mit dem neuen Gewerbegesetz fallen." (ebenda 159).

Zwischenstufen und Hindernisse, die sich solchem Vorhaben widersetzten, vollkommen ignoriert wurden. Die *wirtschaftlichen Machtverhältnisse* diskutierte Schwarzer nicht; er glaubte, durch Selbsthilfeaktionen und finanzielle Beteiligung der Arbeiterschaft an der Industrie lasse sich in der Zukunft der Gegensatz zwischen Kapital und Arbeit harmonisieren[67]. Vollends Utopie angesichts des ökonomischen Status der Arbeiterschaft während der 50er Jahre waren die Hinweise auf amerikanische Modelle, wo einzelne Arbeiteraktien-Vereine Unternehmen trugen, so daß die Arbeiter quasi bei sich selbst angestellt waren[68]. Für das zeitgenössische liberale Denken ist in Schwarzers Ökonomie schließlich nicht so sehr die Zukunftsmusik entscheidend gewesen, sondern seine Übereinstimmung mit dem Manchesterliberalismus in der Ablehnung aller staatlichen Eingriffe in die Wirtschaftspläne. In „Geld und Gut" wurde vom Staat noch ein letzter Dienst am Fortschritt gefordert, nämlich die unbeschränkte Gewerbefreiheit; dann sollte sich der Staat weitgehend aus dem Wirtschaftsbereich zurückziehen. Bezeichnend für die Doppelbödigkeit solchen liberalen Optimismus' war *Schwarzers* völliges Desinteresse an den entscheidenden Detailfragen, wie z. B. der sozialen Sicherung des kranken oder alten Arbeiters[69]. Die Zuversicht, mit der Schwarzer die wohltätigen Folgen des freien Spiels der Kräfte erwartete, vermochte überdies den Bürger von jeder Verantwortlichkeit für die Lage der Lohnabhängigen zu befreien; wem der Aufstieg nicht gelang, der verdiente es nicht anders. So haben Schwarzers an sich moderne und zukunftsweisende Gedanken nicht selten den Charakter der Schönfärberei. Im Katalog der bürgerlichen Verdrängung der skandalösen sozialen Wirklichkeit ist Schwarzers Fortschrittsoptimismus, der sich als Gegenwartsbeschreibung kostümierte und die Grenze zur Zukunft verwischte, eine besonders aufschlußreiche Variante: sie dokumentiert, auf welche Weise sich das intelligente liberale Bürgertum aus der Sphäre der sozialen Verantwortung zurückziehen konnte, indem es alle „Härten" dem kurzen Übergangszustand bis zur Erreichung der idealen wirtschaftlichen Harmonie zur Last legen konnte. Folgerichtig hat Schwarzer denn auch den Sozialismus (und überhaupt jede sozialrevolutionäre Drohung) für eine überholte Antwort auf die „soziale Frage" angesehen[70]. Den Kampf zwischen Kapital und Arbeit befürwortete Schwarzer als nützlich (und unaufhebbar) für den Fortschritt der Menschheit; sozialrevolutio-

---

[67] „Wenn eine noch weiter vorgerückte Zeit dem Arbeiter einst gestatten wird, sich auf eigene Rechnung mit dem Kapitalisten zu assoziieren, ... so dürfte die letzte Furcht vor gewaltsamen Anstrengungen der „Proletarier", sich auf Kosten anderer Stände ausgleichende Vorteile zuzuwenden, vollkommen verschwinden." (ebenda 159 f.).

[68] Wirklichkeitsnäher war die Empfehlung von Konsumvereinen nach amerikanischem Muster. Auch hier glaubte Schwarzer, die Ausschaltung des Staates feiern zu müssen: „Das ist die Macht der Assoziation, und dies alles geschieht ohne irgendeine Hilfe des Staates. Durch seine eigene Tätigkeit, seinen Verstand, und seine Ausdauer, macht sich der Arbeiter unabhängig und ökonomisch frei, und wird aus einem Proletarier ein besitzendes Glied der Gesellschaft, ein konservativer Bürger des Staates." (ebenda 161).

[69] Das zentrale Problem der Sozialgesetzgebung, die Sorge für die Erwerbsunfähigen, wischte Schwarzer leichthin vom Tisch. Bei Arbeitsunfähigkeit, so Schwarzer, „sorgt für sie ihr Arbeitgeber, die Gemeinde oder der Staat ..." (ebenda 149).

[70] „... was einst Malcontenten und utopistische Träumer auf dem Wege politischen und sozialen Umsturzes zu erreichen gedachten, wird jetzt auf legalem ... Wege mit Beihilfe

nären Ideen wurde bestenfalls noch die Chance einer harmlosen Katalysatoren-Rolle bei der Arbeiterassoziation zugebilligt: der „Zeitgeist" — so *Schwarzer* — werde den Arbeitern das Mitspielen im System aufzwingen[71]. Freilich, das fehlende Augenmaß für die Tragweite der sozialen Spannungen seiner Zeit ging folgerichtig aus einer „kosmetischen" Gegenwartsanalyse, wie Schwarzer sie unternahm, hervor.

Die besonderen lokalen Probleme des sozialen Umbruchs nach 1850 in Böhmen, die böhmische „soziale Frage", ist kaum in das Bewußtsein des deutschböhmischen Bürgertums gedrungen. Das deutsche Großbürgertum in Prag vor allem war vollkommen uninformiert über die soziale Wirklichkeit Nordböhmens. Es verwechselte die strukturell bedingte Verelendung der nordböhmischen Arbeiterschaft mit temporär begrenzter „Armut", der man — im besten Falle — mit humanitären Sammlungsaktionen beikommen zu können glaubte.

Pisling beschrieb drastisch das Desinteresse an sozialen Problemen in den „Salons der Hauptstadt"[72]. Wo sich bürgerliche Stimmen über die nordböhmischen Verhältnisse äußerten, so geschah dies nicht in der Öffentlichkeit, sondern in der Zwiesprache mit den Behörden des Neoabsolutismus. Die schutzzöllnerischen und patrimonialen Gedanken zum Beispiel, welche anläßlich der Weberei-Enquete des Statthalters Mecséry[73] von einem Teil des nordböhmischen Bürgertums vorgebracht wurden, kamen nicht an die Oberfläche der öffentlichen Diskussion der 50er Jahre[74].

---

der Regierungen selbst durch die volkswirtschaftliche Reform erzielt ...". Proudhons Gedanken seien „blühende(r) Unsinn ..." (ebenda 8 f.).

[71] Schwarzer führte zum Beleg seiner Behauptungen eigene Beobachtungen an: „Als Schreiber dieses im Jahre 1847 den Handwerkerverein in London besuchte, nannte sich derselbe noch immer Kommunistenklub, während er schon seit mehreren Jahren alle unpraktischen Ideen aufgegeben, die versuchte Güter- und Weibergemeinschaft als lächerlich beseitigt und lediglich mit Selbstbildung und Hebung des Ehrgefühls im Arbeiterstande beschäftigt war. So wurde damals ein Mitglied ... ausgestoßen, weil er auf dreimalige Ermahnung des Vorstandes seine Zeche in einer Kneipe nicht berichtigt hatte. Zu solchem Urteilsspruch gelangte ein Verein, der aus Kommunisten bestehen wollte." (ebenda 160).

[72] P i s l i n g : Nationalökonomische Briefe, S. 14. — Dazu kommt, daß die Schwierigkeiten, welche das Prager Großbürgertum mit den eigenen Hausangestellten hatte (deren Stellung sich durch die Mobilisierung der Arbeitskraft gegenüber dem Vormärz entscheidend verändert hatte) mit hoher Wahrscheinlichkeit die Betrachtungsweise gegenüber dem Arbeitsproblem überhaupt beeinflußt hat. Die tiefgehenden sozialen Spannungen der Epoche reduzierten sich so auf den Ärger und das bürgerliche Selbstmitleid über die „Schikanen", denen man von Seite der Lohnabhängigen ausgesetzt war. Ich zitiere für viele ähnliche Stimmen aus dem Bürgertum eine Mitteilung Päumanns in Kempen vom 1. 7. 1857: „Umso dringender wird eine baldige mit der gehörigen Strenge verbundene Regelung des Dienstbotenwesens der Hauptstadt herbeigewünscht, um die Dienstgeber nicht allzusehr den Schikanen einer Bevölkerungsklasse preiszugeben, welche, durch die Folgen der Bewegungsepoche demoralisiert, ihre Zügellosigkeit desto empfindlicher fühlen ließe, je größer die Nachfrage der ihrer Dienste bedürftigen Arbeitgeber wird." (SÚA, PM 8/1/19:2 Nr. 1737 p.p.).

[73] S. unten 283.

[74] Der Nostitzsche Herrschaftsdirektor Fr. Wilhelm Janig argumentierte in einem 1844 verfaßten, 1853 dann noch einmal überarbeiteten Gutachten an die Statthalterei, die Aufhebung der schutzzöllnerischen Abschließung Österreichs habe den zerstörischen Ein-

In *Schmalfuß'* beredter Apologie der kulturellen Sendung der Deutschen in Böhmen[75] — entstanden in der Zeit heftiger nationaler Auseinandersetzung im Jahre 1848 — findet sich wenigstens ein Anklang davon, daß die Massenverelendung auch im deutschböhmischen Bürgertum realistisch eingeschätzt werden konnte. Antikapitalistische Polemik und Rufe nach dem Eingreifen des Staates[76] stehen freilich vereinzelt und eigentlich ganz nebensächlich neben der für das deutsche Bürgertum der Jahrhundertmitte viel virulenteren Frage der Bedrohung der eigenen politischen Position durch tschechische Hegemonialansprüche. Daß die Schwächung der sozialen Potenz der deutschen Bevölkerung durch den Manchesterkapitalismus letztlich viel gefährlicher für die nationale Position werden konnte als die Auseinandersetzung im ideologischen Überbau, hat *Schmalfuß* nicht sehen können.

Der erste — und während des Jahrzehnts nach 1850 auch einzige — nationalökonomisch und soziologisch geschulte Publizist, der die industrielle Wirklichkeit Nordböhmens mit eigenen Augen sah und die deutsche Öffentlichkeit darüber ausführlich und ohne Schönfärberei unterrichtete, war Theophil *Pisling*[77]. Pisling, 1834 geboren, aus einer Prager jüdischen Familie stammend, war ein Schüler des liberalen Nationalökonomen Peter Mischler, der an der Prager Universität lehrte. Die Resultate einer Erkundungsreise, die Pisling, gerade zwanzigjährig, zusammen mit Mischler 1855 nach Nordböhmen unternommen hatte, wurden zuerst in Schwarzers Zeitschrift „Die Donau" publiziert; im Winter 1856 veröffentlichte Pisling seine erweiterten Untersuchungen zur Sozialstruktur Nordböhmens als „Nationalökonomische Briefe aus dem nordöstlichen Böhmen". Darin zeichnete er ein ausgesprochen düsteres Bild der Zustände; die sozialen Konsequenzen des hemmungslosen Hochkapitalismus, die Not der Arbeiterschaft sind mit menschlicher Anteilnahme und ohne Vorbehalte dargestellt[78]. Pislings Zugang zur nord-

---

flüssen des „Westens" die Tür geöffnet. In Janigs melancholischen Resümee wurde die Vernichtung der handwerklichen Selbständigkeit (und damit der gesellschaftlichen Individualität) ebenso beklagt wie die Sekundärerscheinung der materiellen Verelendung (Kutnar: Sociální otázka 223).

[75] F. A. Schmalfuß: Die Deutschen in Böhmen. Prag 1851. — Zu Schmalfuß vgl. Seibt: Nationalitätenkampf 20 f.

[76] „Bedauernswert ist das Los der armen Weber, die größtenteils dem Druck und Wucher der reichen Fabriksherrn überlassen sind, die sich vom blutigen Schweiße armer Familien ihre Säckel füllen ..." Schmalfuß meinte, es sei „eine baldige Abhilfe dringend notwendig, um die Gemüter nicht immer meht zu erbittern und die Kluft zwischen Arm und Reich immer noch größer zu machen. Nur der Staat selbst kann hier Mittel schaffen." (Schmalfuß: Die Deutschen 38 f.).

[77] Über Pisling (1834—1916) vgl. F. Jaksch: Lexikon sudetendeutscher Schriftsteller und ihrer Werke für die Jahre 1900—1929. Reichenberg 1929, S. 205. — Pisling ist bislang einzig in seinen in Buchform erschienenen Arbeiten faßbar. Es ist die Absicht des Verfassers, der Biographie dieses zweifellos ungewöhnlichen böhmischen Publizisten in einer späteren Untersuchung näher nachzugehen.

[78] Pislings Ausnahmestellung ist auch von der neueren marxistischen Geschichtsschreibung der ČSSR zum Teil gewürdigt worden (vgl. Purš: The Situation 173 f.). Indes erscheint es mir fragwürdig, wenn Purš den zweifellos ungewöhnlich engagierten Pisling als „Radikaldemokraten" bezeichnet (ebenda 180). Pisling erfreute sich jedenfalls während des neoabsoluten Jahrzehnts eines untadeligen politischen Rufes und war Mitarbei-

böhmischen Arbeiterfrage war unverstellt durch die panische Proletarierfurcht des Besitzbürgertums, die aus dem Trauma von 1848 herrührte — er hatte die Revolution ja noch fast als Kind erlebt. So war er fähig, seine schockierenden Beobachtungen ungefiltert durch bürgerliche Verdrängungsmechanismen an die Öffentlichkeit zu bringen; er ist der erste wichtige Zeuge gegen den Manchesterkapitalismus in Böhmen geworden. *Pisling* beschrieb detailliert den Prozeß der Verelendung und erkannte richtig, daß Not und Elend die gesamten Industriegebiete umfaßten und daß deshalb mit humanitären Einzelmaßnahmen nichts zu helfen sei[79]. Zwar blieb Pisling ein Kind seiner Zeit und konnte als Schüler des liberalen Mischler manche Prägung durch bürgerliche Vorurteile nicht verleugnen; so versuchte er einen Unterschied zwischen „Proletariat" (als Opfer selbstverschuldeten Unglücks) und der strukturellen Verelendung zu zeichnen[80]. So auch bei seiner eher rührenden Favorisierung des industriellen Emporkömmlings — der sich als „erster Arbeiter" betrachte und daher Mitgefühl mit seinen Lohnabhängigen habe — gegenüber dem unsympathischen Gegenbild des ortsfremden Kapitalisten, welcher die Fabrik ausbeuterisch nur als Rendite behandle[81]. Doch hat er die *Ausbeutung* klar als solche bezeichnet. Der Radikalität seiner Wahrheitsliebe[82] bei der Darstellung der Fakten entsprach in gewisser Weise auch die Tragweite seiner Forderungen (abgesehen davon, daß allein die Schilderung der Zustände einem Appell gleichkam!): geschickt lancierte er das in der prüden Atmosphäre der 50er Jahre (Konkordat!) zugkräftige Argument der sexuellen Verwahrlosung der Kinder durch Fabrikarbeit[83], um überhaupt Aufmerksamkeit für das von der Gesellschaft fast ganz ignorierte Problem der Kinderarbeit hervorzurufen. Seine Forderung nach entscheidender Erhöhung der Kinderlöhne entbehrte nicht eines unüberhörbaren antikapitalistischen Akzents[84]. Mit drastischem Realismus schilderte er

ter der statthaltereioffiziösen „Prager Zeitung". Eine Polizeinotiz bezeichnete ihn als „Israelit, wohlverhalten" (SÚA, PM 1855—59 6/1/15).

[79] Nationalökonomische Briefe 100.

[80] Nationalökonomische Briefe 59 f. — In welche Schwierigkeiten solch ein Versuch, die Wirklichkeit in das Schema eines liberalen Optimismus zu pressen, führte, zeigt deutlich Pislings etwas ratloses Fazit über den gesellschaftlichen Status der Arbeiterbevölkerung Nordböhmens: „Wäre diese Bezeichnung [Proletarier] vom sozial-politischen Standpunkte aus betrachtet, richtig, so müßten wir den bei weitem größten Teil der Bevölkerung des nordöstlichen Böhmen Proletarier nennen und müßten sagen: das nordböhmische Industrieland ist fast durchgängig von Proletariern bewohnt. Wer würde das Paradoxe eines solchen Ausspruchs nicht gleich einsehen?" (S. 3). — Vgl. dazu die aus naheliegenden Gründen sehr kritischen Bemerkungen P u r š' zu diesem Passus bei Pisling (The Situation 173).

[81] Nationalökonomische Briefe 33 ff. — Dennoch hat Pisling nicht an das liberale Dogma von der Unabänderlichkeit der Marktgesetze für die Lohnfestsetzung gerührt (ebenda 36).

[82] Wo Pisling ungenau oder offensichtlich falsch darstellt, geht dies zu Lasten der Fehlinformation durch die Vertreter der Industrie. Den Grad der Beschönigung bzw. Selbstbeweihräucherung, der dabei zu Tage trat, belegen Pislings verschwommene Angaben über Versorgungseinrichtungen: „... abgesehen davon, daß es fast ein Naturgesetz ist, daß der Herr die in seinem Dienste verunglückten Diener oder deren Familie unterstützt ..." (Nationalökonomische Briefe 57).

[83] Ebenda 41 f.

[84] Ebenda 41 „Es ist wahr, daß die Billigkeit der Arbeitskräfte im nordöstlichen Böhmen ... die Basis ihrer [der Unternehmer] Reichtümer ist, aber deshalb ist eine Unter-

Hunger und Elend („Kindersklaverei") der kindlichen Arbeiter[85] und versuchte mit diesem Appell an die sentimentalen Klischees des zeitgenössischen Bürgertums Unterstützung für seine Forderung nach Fabriksgerichten zu bekommen[86]. Ebenso polemisch prangerte er die Unlogik der unternehmerischen Argumentation an, in der das grotesk niedrige Lohnniveau der Kinder in Fabriken mit deren geringen Bedürfnissen (!) legitimiert wurde[87].

Angesichts der Radikalität der Analyse des bestehenden Zustands, die Pislings Stärke war, fällt es nicht schwer ins Gewicht, daß er — ratlos, wie er im Grunde angesichts der Misere war — schließlich keinen konkreten Weg in eine bessere Zukunft aufzeigen konnte[88]. Seine Feststellung, nur von der Organisation der Arbeiter selbst seien Fortschritte zu erwarten, kam einer Bankrotterklärung des Bürgertums ziemlich nahe. Darüber hinaus hat *Pisling* seine Hoffnung auf die immanenten Fortschrittsgesetze konzentriert, die mit der Technisierung auch eine Humanisierung des Industriekapitalismus bringen sollte[89]. Die Unbestimmtheit des Pislingschen Optimismus[90], der hoffte, daß es eines Tages doch gelingen würde,

---

schätzung des Arbeitswertes noch nicht zu rechtfertigen." Die Besorgnis über die möglichen Folgen eines weiteren hemmungslosen Kapitalismus spricht auch aus Pislings Besorgnis, Österreich sei auf dem Wege, ein „Bankierstaat" zu werden (ebenda 83).

[85] S. oben 169.

[86] Pisling versuchte die bei seinen bürgerlichen Lesern möglicherweise auftretende Reserve gegenüber Vorschlägen, welche Eingriffe ins freie Unternehmertum eingeschlossen, durch den Hinweis abzubauen, daß Fabriksgerichte z. B. in Frankreich seit dem 15. Jahrhundert bestünden. Andererseits konnte er nicht umhin, implizite den Unternehmern eine Verantwortung für die Proletarisierung anzulasten: „Hätten solche Fabriksgerichte in unseren notleidenden Bezirken bestanden, wer weiß, ob die Arbeitslöhne jene Tiefe, die Lebensmittel jene Höhe erreicht hätten, wer weiß, ob nicht schon längst für Assoziationen zur Linderung der Not gesorgt worden wäre." (ebenda 43).

[87] „Was hat aber — fragen wir — sich der Arbeitgeber um das Maß der Bedürfnisse seines Arbeiters zu kümmern, um nach diesen den Lohn zu bestimmen, oder wird e i n Fabriksherr — was logisch aus diesem Verfahren folgt — dem verheirateten Arbeiter einen größeren Lohn verabfolgen?" (ebenda 39).

[88] Die neuere tschechische marxistische Historiographie (P u r š : The Situation 174) kreidet es Pisling an, daß er nicht sozialrevolutionäre Schlußfolgerungen gezogen hat, wie es dem Stand seiner Informationen über die Misere entsprochen hätte. Abgesehen von einer grundsätzlichen Problematik der Frage, ob man einem Angehörigen des liberalen Bürgertums der Jahrhundertmitte mit dem Anlegen eines solchen Maßstabes gerecht werden kann, ist doch überdies nicht zu übersehen, daß — selbst wenn radikalere Schlußfolgerungen im Sinne Pislings gelegen hätten — eine Publikation derselben im Polizeistaat der 50er Jahre schwerlich möglich gewesen wäre. Die Veröffentlichung von Pislings Untersuchungen ist, vergleicht man damit die Intentionen der Wiener Zentrale hinsichtlich der Information der Öffentlichkeit über soziale Fragen (vgl. dazu unten 260 Anm. 13) eigentlich erstaunlich genug.

[89] „Die billige Arbeitskraft, auf der die gegenwärtige Blüte dieser Fabriken beruht, ist im Grunde nur eine momentane Subvention, die, sobald die Regelung unserer Gewerbeverhältnisse, die Verbreitung und infolge dieser, die Unentbehrlichkeit der Maschinen eintritt — was wir im Interesse der Arbeiterverhältnisse herbeiwünschen müssen, zu Ende geht." (Nationalökonomische Briefe 66).

[90] Ebenda 146: „Wir sind jetzt an dem Zeitpunkte angelangt, wo es gilt, von den Tagen der Not und des Elends Abschied zu nehmen für immer . . ."

dem Arbeiter ein Leben „als *Mensch*"[91] zu ermöglichen, mindert indes nicht die
Außerordentlichkeit seiner Stellung innerhalb des liberalen Bürgertums der 50er
Jahre.

Wie einmalig der Realismus Pislings innerhalb der deutschböhmischen Gesellschaft
war, zeigen anschaulich die Berichte eines anderen böhmischen Nationalökonomen
über die Industriegebiete Nordböhmens. Die „Briefe aus einem österreichischen
Industrieland" von Alexander *Peez*[92] erschienen während des Jahres 1856 in der
renommierten „Augsburger Allgemeinen Zeitung". Peez's Untersuchung bestand
überwiegend aus Plaudereien über volkskundliche Details aus Nordböhmen;
Hausformen, Stammessitten und Eigentümlichkeiten des Dialekts der (zahlenmäßig doch vergleichsweise geringen) bäuerlichen Bevölkerung Nordböhmens
nahmen einen breiten Raum ein. Ähnlich wie bei Dormizer trat an die Stelle einer
vorurteilslosen Betrachtung der Gegenwart — die notwendig kompromittierende
Ergebnisse zeitigen mußte — eine ausführliche Darstellung der Entstehung der
nordböhmischen Industrie[93]. Die fortgeschrittene Polarisierung der kapitalistischen Gesellschaft in Nordböhmen, die Pisling klar erkannt hatte, ignorierte Peez.
Dennoch hat er, wenngleich auf knappem Raum, auch die Not der Arbeiter Nordböhmens, vor allem das Elend in der Hausindustrie, den Lesern der AAZ darzustellen versucht. Obgleich Peez das gleiche Anschauungsmaterial wie Pisling zur
Verfügung stand, so war freilich hinter der Blumigkeit und Verschwommenheit
seiner Terminologie von den Realitäten nicht mehr viel zu erkennen. Die Idyllik
der volkskundlichen Plauderei versuchte die Not gleichsam sprachlich zu bewältigen; von einer soziologischen Analyse der Gründe des Untergangs der Hausindustrie war nicht die Rede[94]. Die empirischen Daten über das Leben der Arbeiterbevölkerung, wie sie aus den Berichten der Handelskammern hervorgingen, riefen
bei *Peez* nur Ratlosigkeit[95] hervor, die manchmal in hilflosen Zynismus[96] umschlug.

---

[91] Ebenda 47. — Pisling schrieb hoffnungsvoll: „Haben aber einmal die Verbesserungen in
Nahrung, Wohnung, geistiger und körperlicher Pflege der Arbeiter Platz gegriffen, so
ist der entscheidendste Schritt in der Verbesserung ihrer Lage überhaupt getan, und das
wichtigste Problem unserer Tage, die A r b e i t e r f r a g e , hat zum größten Teile dann
ihre Lösung gefunden." (ebenda 53).

[92] Zu Peez vgl. MVfHKJi 6 (1912), S. 99. — Alexander Peez (1829—1912) war 1861—63
Redakteur der Reichenberger Zeitung, später lange Jahre Sekretär des Vereins der österr.
Industrie in Wien. Von 1876—1885 vertrat Peez die Reichenberger Handelskammer im
Reichsrat. Peez war einer der führenden Politiker der deutschböhmischen Liberalen.
1899 wurde er geadelt, im Alter war er Mitglied des Herrenhauses.

[93] AAZ 1856, S. 1451 ff.

[94] Peez machte die Überproduktion der nordböhmischen Industrie für das Elend verantwortlich. Er ging aber dem Zusammenhang zwischen extremer Lohntiefe und Überproduktion nicht nach, sondern richtete sein ganzes Interesse auf die Frage, wo man neue
Absatzmärkte für die nordböhmische Industrie finden könnte (ebenda 4123).

[95] Peez schrieb über die von der Handelskammer Reichenberg ermittelten Daten bezüglich
des Lebensstandards der Hausweber, es handle sich um eine „imaginäre Summe", weil
damit k e i n Mensch leben könne." Mit diesem Satz der Ausgaben ist gleichsam die
ö k o n o m i s c h e E i n h e i t gefunden, d. h. die niederste Summe der Bedürfnisse, bei
welcher sich das Leben noch fristen läßt. Es ist die niederste Stufe, ich will nicht sagen
des Elendes, aber der Entbehrung. Geradezu Erde zu essen, ist der Mensch nicht imstande; aber die Kartoffelpflanze ist das Mittel, welches Erde auf die billigste Weise in

Geradezu grotesk ist — hält man *Pislings* detaillierte Schilderung der Kulturstufe der ausgebeuteten Hausweber dagegen — die von *Peez* aufgestellte Behauptung, daß das Bewußtsein vom Wert der Bildung bis in die kleinste Hütte verbreitet sei, und daß deshalb die Weberbevölkerung bald eine bessere Zukunft zu erwarten habe. Ebenso die Wirklichkeit verschleiernd sind die Passagen über die geistig befruchtende Kraft der industriellen Arbeit, über den „Geist des Fortschritts und der Verbesserung", der durch die Arbeit an der Maschine entstehe[97]. Wo sich Peez zugunsten der Notleidenden einsetzte, ließ er doch die Frage nach der Verantwortlichkeit, nach den wirtschaftlichen Machtverhältnissen völlig ungeklärt[98]. So ist denn auch die Aufforderung an den Staat, helfend einzugreifen, unter der stilistischen Blumigkeit kaum noch zu erkennen. Die Remedien, die *Peez* neben dem Hinweis auf die Gewinnung neuer Märkte anbot, waren ebenso utopisch wie unverbindlich: in „harmonischem Zusammenwirken von Volk und Regierung" müsse man Nordböhmen zur blühendsten Industrieregion Europas machen[99].

Von dem Appell *Pislings* an das soziale Gewissen des deutschen Bürgertums in Böhmen ist in der Folgezeit wenig präsent geblieben; *Schuselkas* Unterstützung der Arbeiterbildungsvereine Anfang der 60er Jahre sollte eine Ausnahme bleiben[100]. Der maßgebliche liberale Politiker *Giskra* ist später berühmt geworden für seine zynische Geringschätzung der „sozialen Frage", die er zu einem Modewort degradieren wollte[101]. Der jüngere *Plener* wurde erst durch einen Aufenthalt in England als Diplomat in den 60er Jahren zum Experten für Arbeiterfragen und sozialpolitisches „Gewissen" in der deutsch-liberalen Partei[102]. Als der Chemiker und Politiker *Sueß* im Jahre 1880 (!) etwas über die Verhältnisse unter der Arbeiterschaft erfahren wollte, bekam er in seinem Bekanntenkreis nur „Verwirrung" und

---

ein Nahrungsmittel umwandelt. Die Einführung der Kartoffel hat das Niveau der Lebensbedürfnisse bedeutend herabgedrückt." (ebenda).

[96] Peez über die Hausweber: „Wenn man ihnen einen Vorwurf machen kann, so ist es nur d e r , daß sie sich an die Entbehrung gewöhnten, und der Meinung waren, ihre Kinder seien imstande, dem Unglück nicht zu erliegen, welches die Eltern ertragen hatten." (ebenda). — „. . . sollte jemals ein Wettstreit der Entbehrungsfähigkeit zwischen den verschiedenen Nationen stattfinden, so ist es kaum zweifelhaft, daß diese unsere Landsleute den Sieg davontragen werden." (ebenda 4122).

[97] Ebenda 1451.

[98] Bezeichnend ist dafür Peez' „Appell" an die Zuständigen: „Wenn die materiellen Lebensquellen, woraus ein Volk seine Nahrung zieht, versiegen, so erstarren und vertrocknen die Beziehungen der Menschen, Künste, Wissenschaften, Frohsinn und Heiterkeit entfliehen, Neid und Mißtrauen greifen um sich, alle sozialen Gewalten werden wankend. Noch immer hat ein sinkendes Land seine Lenker für das eigene Unglück verantwortlich gemacht. (. . .) Zur Seite sieht er [der Unglückliche] Nationen reich werden, und warum, so fragt er sich, muß ich allein im Schlund des Elends untergehen?" Die Terminologie, welche von „reichen" und „armen" Nationen spricht, verdrängt die doch offenbare Tatsache, daß nicht das nordböhmische „Volk" insgesamt „arm" war, sondern daß die Besitzverhältnisse i n n e r h a l b der Bevölkerung extrem polarisiert waren!

[99] AAZ 1856, S. 4123.

[100] J. D e u t s c h : Geschichte der österreichischen Gewerkschaftsbewegung. Wien 1908, S. 27 f.

[101] L. B r ü g e l : Soziale Gesetzgebung in Österreich 1848—1918. Wien-Leipzig 1919, S. 58.

[102] Zu Plener vgl. NÖB 2 (1925) 166.

Widersprüchliches zu hören[103]. So hat die bürgerliche Abkehrung von der sozialen Problematik den Neoabsolutismus lange überdauert. Die liberale Publizistik rühmte bis in die 80er Jahre Österreich unausgesetzt als das Land, in welchem die Arbeiter am besten behandelt würden; als es dann endlich in den 80er Jahren zu Ansätzen von Sozialreformgesetzgebung kam, fanden diese nicht zuletzt aus diesen Voraussetzungen ein schwaches Echo in der bürgerlichen öffentlichen Meinung[104].

[103] E. S u e ß : Erinnerungen. Leipzig 1916, S. 333.
[104] W a e n t i g : Gewerbliche Mittelstandspolitik 127.

3. KATHOLISCHE KIRCHE

Die Kirche, der während des Neoabsolutismus nach dem Willen der maßgeblichen Männer des Staates eine mächtige politische Rolle zukam[1], fand keinen Zugang zur sozialen Problematik des industriellen Umbruchs. Die Gründe dafür lagen teils in der aus dem Vormärz überkommenen Struktur der Kirche, teils in den Wirkungen des Revolutionsjahres.

Im Vormärz war die österreichische Kirche gemäß dem josephinischen System einer strengen Staatsaufsicht unterworfen gewesen, die darüber wachte, daß der Klerus sich einzig den — eng gefaßten — seelsorgerlichen Aufgaben widmete und sich aller Eingriffe in „weltliche" Dinge enthielt. Da nur verläßliche Parteigänger des kaiserlichen Absolutismus die Ränge der kirchlichen Hierarchie einnahmen, nimmt es nicht Wunder, daß kein einziger Hirtenbrief des Vormärz zu sozialen Problemen Stellung nahm[2]. Diese Kirche erlebte nun die Erschütterung durch die Revolution. Besonders in Böhmen und in der Reichshauptstadt Wien kam es zu einem Ringen zwischen Reformkräften, die eine Demokratisierung der Kirche forderten und der überwiegend restaurativ gesinnten Hierarchie. Die Reformkräfte waren es auch, die einer sozialen Verantwortung der Kirche das Wort redeten. In Wien trat besonders der Kreis um den Priesterphilosophen Anton *Günther* mit sozialreformerischen Ideen hervor; der Günther-Kreis wiederum stand in seinen sozialen Anschauungen z. T. unter dem Einfluß des Prager Sozialethikers Bernard *Bolzano,* der — freilich niemals öffentlich — das Programm eines christlichen Sozialismus vertrat[3]. Indes war man in Wien wie in Böhmen 1848 weit von einem klar umrissenen sozialpolitischen Programm entfernt. Der aus dem nordböhmischen Industrieort Reichenberg stammende Wilhelm *Gärtner* wollte die „Arbeiterbarrikaden der Wiener Revolution zum Unterbau eines neuen sozialistischen Staatsgebäudes"[4] machen; Sebastian *Brunner* meinte immerhin, für die Proletarier müsse „etwas Großartiges"[5] geschehen. Andere Güntherianer wie *Häusle* und *Veith* planten Schutzmaßnahmen für das von der Proletarisierung bedrohte Kleinbürgertum. So begann, von wenigen Interessierten getragen und vorerst ohne konkrete Resultate, eine Auseinandersetzung des Katholizismus mit den sozialen Problemen der Zeit. Mit dem Niedergang der Revolution war es freilich mit dieser Entwick-

---

[1] Charakteristisch ist das Wort Alexander Bachs: „Die österreichische Monarchie hat eigentlich nur zwei sichere Stützen ihrer Einheit und ihres Bestandes: die Dynastie und die katholische Kirche." (Zit. nach W i n t e r : Frühliberalismus 237).

[2] G. S i l b e r b a u e r : Österreichs Katholiken und die Arbeiterfrage. Graz-Wien-Köln 1966, S. 29.

[3] E. W i n t e r : Leben und geistige Entwicklung des Sozialethikers und Mathematikers Bernard Bolzano 1781—1848. Halle 1949, S. 64 ff.

[4] S i l b e r b a u e r : Österreichs Katholiken 30.

[5] Ebenda 31.

lung vorbei. Die Wirkung der politischen Reaktion zusammen mit der Unterstützung durch das römische Papsttum sicherten der Hierarchie sehr rasch den Sieg über die demokratischen Reformkräfte[6].

Wenn nun die neoabsolute Ära der Kirche die Freiheit von staatlicher Bevormundung bescherte, so war allein die kirchliche Hierarchie der Nutznießer der Veränderung. Prototyp der Kirchenfürsten der 50er Jahre und unbestrittener Führer des österreichischen Katholizismus wurde nach 1849 Fürstbischof Joseph Othmar *Rauscher*, der religiöse Erzieher des vom Gottesgnadentum erfüllten jungen Kaisers und enragierter Vertreter der katholischen Restauration[7]. Unter Rauschers tätiger Mitwirkung näherte sich die Kirche auf der österreichischen Bischofskonferenz im Juni 1849 den Interessen des Regimes: die größere Freiheit, die der Staat der Hierarchie im Kirchenregiment einräumte, wurde von dieser durch die Unterstützung des staatlichen Kampfes gegen Demokratie, Nationalismus und Sozialrevolution honoriert[8]. Welcher Art mußte Rauschers Einfluß auf das sozialpolitische Denken von Hof und Hierarchie sein, wenn der Fürstbischof selbst davon überzeugt war, daß der *sittliche Verfall* der Arbeitermassen die alleinige Ursache für die soziale Not sei[9].

In dem Katalog der gegenrevolutionären Werte, welche die Kirche in Österreich in enger Zusammenarbeit mit dem neoabsoluten System mit Macht zu propagieren unternahm[10], war auch die Heiligung des Eigentumsprinzips enthalten. Um

---

[6] W i n t e r : Frühliberalismus, S. 221 u. S. 229. — Gärtner wurde nach Budapest strafversetzt und aller Einflußmöglichkeiten beraubt (vgl. E. W i n t e r : Tausend Jahre Geisteskampf im Sudetenraum. Das religiöse Ringen zweier Völker." 2. Aufl. München. 1955, S. 370).

[7] W i n t e r : Frühliberalismus 222. — Es wirft ein bezeichnendes Licht auf Rauschers Verhältnis zum Kaiserhaus, daß der Fürstbischof zu Beginn der Wiener Oktoberrevolution (6. Oktober 1848) als erster den Hof vor den revolutionären Arbeitermassen warnte, die aus den Wiener Vorstädten ins Zentrum der Stadt marschierten (ebenda 238).

[8] Ebenda 222.

[9] S i l b e r b a u e r : Österreichs Katholiken 49.

[10] Ein vorzügliches Beispiel für den Tenor der neoabsoluten „Staatsreligion" ist das Pastoralschreiben des Bischofs von Leitmeritz, August Bartholomäus Hille vom 5. 4. 1854, anläßlich der Hochzeit des Kaisers: „Nun wohlan! treten wir ebenfalls hin an die Stufen des erhabenen Kaiserthrones, um den heiligen Bund der Untertanentreue zu erneuern, und indem wir mit unserer Rechten den Thron im Geiste berühren, sprechen wir also: „Wir erneuern vor Eurer k. k. apostolischer Majestät den christlichen Bund unverbrüchlicher Untertanentreue, legen das Opfer tiefster Ehrfurcht und kindlicher Liebe an den Stufen des Thrones vor unserem geliebtesten Herrn und Landesvater nieder (...) Wir geloben aufs neue keinen Teil zu haben oder zu nehmen an den heil- und gottlosen Bestrebungen der Feinde Gottes und der Menschen, der Widersacher göttlicher und menschlicher Ordnung, der Zerstörer aller Wohlfahrt, des irdischen und ewigen Lebens. Wir geloben aufs neue Ohren und Herzen zu verschließen vor trügerischen Lockungen und Versuchungen, vielmehr nach allen unseren Kräften, nach Stand und Beruf beizutragen, daß feindliche Anschläge aufgedeckt und vernichtet werden, Ruhe, Ordnung und Sicherheit erhalten werden möge. Dazu helfe uns der dreieinige Gott Vater, Sohn und heiliger Geist — Amen." Im gleichen Schreiben heißt es, daß „planmäßige und absichtliche Aufwiegelung, Aufreizung, Empörung gegen den Landesherrn und die Landesverfassung und gesetzliche Ordnung nicht nur ein irdisches Majestätsverbrechen, sondern selbst ein verdammliches Verbrechen gegen die göttliche Majestät und göttliche Ordnung sei..." (SÚA, PM 1850—54 1/1/48).

dies Prinzip gegen den „Kommunismus" zu verteidigen, versuchte der Staat in der ersten Phase der Gegenrevolution sogar, dem Klerus die Rolle einer Art von ideologischer Polizei aufzunötigen[11]. Wenn solche Ansätze auch durch die wachsende Unabhängigkeit der kirchlichen Administration alsbald jede Bedeutung verloren, so war dem Staat die ideologische Unterstützung durch die Kirche nicht minder wichtig. Denn die Weihe, die dem monarchischen Gedanken und dem dynastischen Heil reichlich gespendet wurde, begriff auch die Herausstellung eines statischen, wenn man so will „neo-mittelalterlichen" Staatsmodells in sich, wo an der Spitze einer wohlabgestuften Pyramide von Dienenden der Monarch stand. Die Befangenheit in der Idealvorstellung der Verbindung von Unterordnung des Dienenden und Fürsorge des Herrn[12] mußte — was bei der engen Verflechtung von österreichischem Hochadel und hohem Klerus nicht Wunder nimmt — notwendig den Blick auf die Realität einer interessenorientierten, kapitalistischen Gesellschaft behindern, in der — nach dem berühmten Wort von *Marx* im kommunistischen Manifest — die Bindungen der Menschen untereinander zunehmend auf das gegenseitige Profitinteresse reduziert waren. Die Vorgänge auf der hohen Ebene der Kirchenpolitik, der Wechsel vom josephinischen System zur gesteigerten Machtfülle der Kirche durch das Konkordat, absorbierten die Aufmerksamkeit vor allem der höheren Schichten des Klerus; gleichsam spiegelbildlich wie im liberalen Bürgertum war man auf die Auseinandersetzungen um den Einflußbereich

---

[11] Anfang Juni 1849 erging ein Erlaß des Innenministers Bach an das erzbischöfliche Konsistorium in Prag mit folgendem Inhalt: „Dem hochwürdigen erzbischöflichen Ordinariate sind die Bestrebungen der Umsturzpartei bekannt, die unteren Volksschichten, insbesondere das Landvolk und die Fabrikbevölkerung in republikanisch-sozialistischen Sinne zu bearbeiten..." Daran wurde die Aufforderung geknüpft, den niederen Klerus zu aktiver Gegenpropaganda anzuhalten. Am 11. Juni schickte daraufhin das Konsistorium einen Erlaß an den Diözesanklerus: „Hieraus wird ersichtlich, wie sehr der hohen Regierung daran liegt, die so böswillig verletzte gesetzliche Ordnung zu erhalten und zu deren Wiederherstellung die Unterstützung des katholischen Klerus umsomehr in Anspruch zu nehmen, je verderblicher die Bestrebungen einer gesetzlosen Umsturzpartei sich in ihren Wirkungen bereits zu zeigen beginnen, deren Politik Anarchie, deren Religion gräßlicher Unglaube und deren Moral Kommunismus ist. Es ist nun die heilige Aufgabe des Priesters, diesen Verführern... mutig mit den Waffen des Wortes Gottes durch Belehrung und Warnung entgegen zu treten, und man beschwört den hochwürdigen Seelsorgeklerus, ja keine Gelegenheit... unbenützt vorübergehen zu lassen, um ... über die diabolischen Absichten dieser Verführer überzeugend aufzuklären, und auf die schrecklichen Folgen aufmerksam zu machen, wozu derlei Umtriebe führen." Zusammen mit dieser Aufforderung erging die Weisung, alle 14 Tage ein detailliertes Meinungsbild der Seelsorgegemeinde zu entwerfen und es nach Prag an das Konsistorium zu schicken (zit. nach Grenzboten 1849/II, 34).

[12] In Meißners Schlüsselroman „Schwarzgelb", in dem die Vulgärideologien der 50er Jahre Revue passieren, kommt eine solche Idealisierung des mittelalterlichen Sozialverbandes zu Wort: „Die lebendigen Mächte christlichen Glaubens setzten damals jedem Übergriff der Mächtigen ein Ziel, Lehnsherr und Lehnsmann waren durch persönliche Liebe und Treue verbunden. Wohl hatten die Hörigen kein Eigentum, aber sie standen dafür unter dem Schutz einer Vormundschaft, die sie nicht kalt und herzlos zu Grunde gehen ließ. (...) In festen Schranken der Zünfte und Ordnungen bewegte sich jeder einzelne Stand; das Prinzip der Neuzeit, der Krieg aller gegen alle, war noch nicht an der Tagesordnung." (Vae Victis I/169 f.). Es ist dies, in nuce, genau das Gedankengut des späteren Thun-Kreises und der adeligen christlichen Sozialreformer.

František Šimáček (1834—1885)

Anton Heinrich Springer (1825—1891)

der Kirche auf das *bürgerliche* Leben (Ehegesetze, Gymnasien, Universitäten) fixiert. Der Klerus der tschechischen Landesteile, besonders der niedere, lebte hingegen ganz im Problemkreis der tschechischen nationalen Emanzipation. Einzig bei einem besonderen Anlaß, nämlich um die vitale Bedrohung der katholischen Position in Prag durch die neohussitische Gemeinde des Pastors *Kossuth* zu paralysieren[13], durchbrach die Kirche ihre sonst streng gewohnte Parteinahme für die bestehenden sozialen Verhältnisse: Kardinal *Schwarzenberg* ließ den aus Wien übersiedelten *Veith* im Jahre 1851 Missionspredigten halten, welche unüberhörbare antikapitalistische Untertöne enthielten[14]. Die Notwendigkeit eines attraktiveren sozialen Tenors der katholischen Seelsorge verschwand jedoch mit der Unterdrückung der Kossuthschen Gemeinde (bzw. der Verbannung Kossuths nach Klagenfurt im Jahre 1853).

Wo der Klerus sozial engagiert auftrat, geschah dies im Rahmen seiner traditionellen lokalen seelsorgerlichen Armenfürsorge[15]. Von einer tieferen Auseinandersetzung mit dem sozialen Umbruch kann nicht die Rede sein. Larmoyant zog man gegen den zeitgenössischen „Materialismus" zu Felde, dem man die Schuld anlastete für die Bedrohung der zivilisierten Welt durch die proletarischen Mächte des Umsturzes[16]. Die „Gottlosigkeit" des Zeitalters war der Grund dafür, daß die Industrialisierung ohne Segen vonstatten ging und neben dem Glaubensverlust auch die Not der Arbeiterschaft mit sich brachte[17].

Ansätze zu praktischer Hilfeleistung, wie es die Pläne des Nachoder Dekans Josef *Regner* waren, der zusammen mit dem landsässigen Adel in Nordostböhmen Selbsthilfeorganisationen der Hausindustrie für den Absatz ihrer Erzeugnisse ins Leben rufen wollte, waren Einzelfälle[18]. So blieb als Berührungspunkt, wo sich die Haltung des Klerus zur „sozialen Frage" artikulieren konnte, nur seine seelsorgerliche Funktion.

---

[13] Vgl. F. W. K o s s u t h : Mein Gefängnis und Exil. Elberfeld 1860, S. 15 f. und oben 131 Anm. 68.

[14] In einem konfidentiellen Bericht aus Böhmen vom 5. 7. 1851 wurde vermerkt, „daß sowohl P. Veith, als auch andere Prediger in ihren Predigten sehr gegen die Reichen eifern, und dadurch, anstatt die Armen über die Notwendigkeit eines Rangunterschiedes unter den Menschen zu belehren, verderbliche Lehren des Kommunismus ausstreuen." (HHSTA, I.B. 1851/7165).

[15] Darüber schweigen begreiflicherweise die Quellen, weil die Linderung der „Armut" immer zu den selbstverständlichen Obliegenheiten des Seelsorgers gehört hat.

[16] Vgl. dazu die Ausführungen der tschechischen Katholikenzeitschrift „Blahověst" [Segensbote], die im übrigen der sozialen Frage sonst keine Aufmerksamkeit widmete, über das Jahr 1848. Ebenso wie im Machtzentrum des neoabsoluten Regimes (s. unten 250) wurde die Pariser Junischlacht als die positive Wendemarke des Jahrhunderts interpretiert: „Hätte Cavaignac nicht gesiegt, wer wagte sich das Bild dessen, was gefolgt wäre, vorzustellen?" (Blahověst 1857/II, 39 f.).

[17] Aus den weitschweifigen Ausführungen nur ein Zitat: „So wird heute mit Mitteln gebaut, von denen unsere Vorväter keine Ahnung hatten, es wird aber meistens ohne Gott und deshalb ohne Heil, ohne Segen gebaut. Das Geld mehrt sich, aber die echte Freude verebbt, man arbeitet um des täglichen Wohlstands willen, unaufhaltsam wird danach gestrebt: aber das wahre Wohl flüchtet aus dem Familienleben und dem sozialen Leben. (...) Ist es also ein Wunder, daß auf Erden mehr Not herrscht?" (ebenda 1856/I, 237).

[18] Zu Regners Plänen vgl. K u t n a r : Sociální otázka 196 f.

Vielfach hat der böhmische Klerus in den 50er Jahren versucht, die Armut zu legitimieren und im Sinne des statischen Staatsmodells, das zumindest die höheren Schichten des Klerus in der nachrevolutionären Zeit vertraten, auf die Unterschichten einzuwirken. In den Industriegebieten machte indes die rapide fortschreitende gesellschaftliche Polarisierung und kulturelle Verödung[19] die Wirksamkeit einer solchen Apologetik immer fragwürdiger. Wie zwischen Bürgertum und Proletariat, so klaffte auch zwischen „bürgerlichem" Klerus und Unterschichten ein Abgrund des Nichtverstehens, den die Seelsorge immer weniger zu überbrücken in der Lage war[20]. Im Bewußtsein des verelendeten Lohnarbeiters Nordböhmens, der sich als bloße Ziffer in der Produktionsrechnung empfinden mußte, verhallte die Rechtfertigung eines harmonischen Gesellschaftsbildes, in dem auch die Not — als Chance der Nächstenliebe — einen sinnvollen Platz einnahm[21].

Wenn der arbeitende Mensch im Blickpunkt des kirchlichen Interesses stand, so deshalb, weil es seiner Unmoral und Ungläubigkeit abzuhelfen galt[22]. Allen kirchlichen Bemühungen um die Arbeiterfrage in den 50er Jahren — wie z. B. dem Plan des Liguorianerordens, im Industrieort Warnsdorf ein Missionshaus zu errichten[23] — oder der mit Vehemenz geführten Aktion gegen die Ausbreitung des

---

[19] Dazu ist m. E. auch das religiöse Bewußtsein zu rechnen. Der Kreishauptmann von Böhmisch-Leipa attestierte der Industriebevölkerung in einem Bericht an Mecséry vom 30. 5. 1853 einen „im allgemeinen ziemlichen Indifferentismus in dem Gebiete der Religion..." (SÚA, PM 1850—54 1/7/31).

[20] Auch Peez hat auf die „falsche Sprache" der Seelsorge in den Industriegebieten hingewiesen: „So viel bleibt wahr, daß Reichtum wie Armut für den Menschen Gefahren enthalten; aber wenn uns fast immer nur die Versuchungen des Reichtums gezeichnet werden, so mag dies daher kommen, daß die Schildernden wohl die Verführungen des Reichtums, aber nicht die Gefahren der Armut an sich selber erfahren haben." (AAZ 1856, S. 1401) — Weniger blumig gab der Kreishauptmann von Böhmisch-Leipa seinem dringenden Wunsch Ausdruck, „daß manche Seelsorger noch besser auf die unterste Schichte der Bevölkerung, als: Dienstleute, Gesellen, Gewerbsleute und dergleichen, insbesondere durch entsprechende, der Fassungskraft dieser Klasse angemessene Kanzelvorträge hinwirken möchten da diese letzteren häufig in einem, eine höhere Bildung voraussetzenden Stile abgefaßt sind, die Lebensverhältnisse, Neigungen und Gebrechen dieser Klasse weniger berühren und daher des nötigen Eindrucks entbehren." (SÚA, PM 1850—51 1/7/31 K.A. Böhm.-Leipa an Mecséry, 30. 5. 1853).

[21] Darüber Peez in der AAZ 1856 (S. 1401): „Es ist nicht mehr wie in früherer Zeit, wo der Blick des Armen zwischen seine nackten Wände gebannt war und von dort abgleitend in religiöser Resignation einen glücklichen Trost fand. (...) Ehrwürdige Worte versprechen dem Frommen und Tugendhaften den Besitz des Erdreichs und Segen des Himmels, und warum denn, so fragt er sich, werden andere gesegnet, während ich verarme? So wird die Achtung vor allem untergraben, was dem Menschen sonst am höchsten steht."

[22] Aufschlußreich ist in diesem Zusammenhang eine im „Blahověst" publizierte Predigt anläßlich der Einweihung einer böhmischen Zuckerfabrik: „Wäre es ein Fehler, wenn wir uns an Gott wenden um den Schutz der Arbeiter? (...) Wer gibt ihm die Gabe der Geduld, damit der bei der schwierigen Arbeit nicht schimpft und zweifelt? Wer schenkt ihm die Gabe der Keuschheit, damit er in Gespräch und Gemeinsamkeit alle Schamlosigkeit meidet? Wer leiht ihm die Gabe der Ehrlichkeit, damit er sich nicht verliert und für frühe Güter nicht ewige verliert? Wer durchdringt sein Herz mit der Gabe der Religiosität, damit er jede Arbeit mit dem Gebet segnet, Gott opfert und zur Ehre Gottes tut...? Solche Gaben verleiht durch seine Gnade nur Gott." (Blahověst 1857/II, 160).

[23] AAZ 1850, S. 2316.

Deutschkatholizismus in Nordböhmen[24] — lag das Interesse für die moralische Kondition des Industrieproletariats zugrunde, ein Interesse, das wenig danach fragte, welches die Gründe für den vom Bürgertum abweichenden sittlichen Status der Unterschichten waren. Obwohl schlüssig zu vermuten ist, daß auch noch nach 1849 im böhmischen bzw. österreichischen Klerus Überlegungen über kirchliche Eingriffe in den Bereich der industriellen Produktion lebendig waren[25], so ist doch wenig davon in die Öffentlichkeit gedrungen. Selbst die Eröffnung großer Einflußmöglichkeiten durch das österreichische Konkordat von 1855 gab keinen sozialreformerischen Impuls. Bei der Vollversammlung der österreichischen Bischöfe zur Durchführung des Konkordats im Frühjahr 1856 in Wien kam in der zweimonatigen Beratung die Industrie nur einmal zur Sprache, als — auf Antrag des Kardinals *Schwarzenberg* aus Prag — über die Kinderarbeit in den Fabriken verhandelt wurde. Der hohe Klerus war offenbar nicht uninformiert über die skandalösen Zustände[26] und verabschiedete eine Resolution an die Regierung, in der ein Verbot der Kinderarbeit unter 10 Jahren und eine Verbesserung des Fabrikschulwesens verlangt wurden[27]. Angesichts des „innigen Mitleidens", das

---

[24] Über den Deutschkatholizismus siehe unten 263. — Hille, der Bischof von Leitmeritz, leitete die Aktionen gegen die Ausbreitung des Deutschkatholizismus im Jahr 1852 persönlich (SÚA, PM 1850—54 5/1/1).

[25] Meißners Schlüsselroman „Schwarzgelb" läßt auch einen katholischen „Industrietheoretiker" zu Wort kommen. Wennglech der Quellenwert natürlich nur sehr gering ist, gibt der Passus doch einen guten Einblick in Gedanken, die offenbar während der 50er Jahre virulent waren: „Die Kirche ist der Industrie nicht feindlich; sie segnet jede Lokomotive ein, und doch ist erst aus der feierlichen Allianz der Nationalökonomie mit der Religion die neue Ära der Menschheit zu erwarten. (...) Solange der Arbeiter die intelligente Kraft darstellte, blieb sein Familienleben ungestört. (...) Der Arbeiter hat der väterlichen Gewalt über seine Kinder entsagt, kaum daß seine Kinder ihn mehr kennen: der Fabriklohn macht sie alle gleich. Das ganze Fabrikleben trägt dazu bei, das Familienleben zu lockern und zu zerrütten. (...) Hier gibt es nur ein Heilmittel: die Rückkehr zum christlichen Leben, die Ausbildung christlicher Asketik! (...) Die Fabrik muß der Kirche und dem Kloster, die Arbeiterin der barmherzigen Schwester nähergebracht werden. (...) Die Religion muß wieder die Arbeit durchdringen, wenn das scheußliche Gespenst des Proletariats aus der Welt verschwinden soll. Das große Fabriksatelier ... wie es eine Forderung der Zeit ist, ist keine bloße Utopie. (...) Trennung der Geschlechter vor allem — dann die Arbeiter und Arbeiterinnen isolieren von der Welt der Schädlichkeit, die sie in unseren Fabrikstätten umgeben. (...) Schwestern ... überwachen die Arbeiten in den Frauenanstalten, geistliche Korporationen tun desgleichen in den Fabriken, wo Männer beschäftigt sind. Dabei Sparbanken, Aushilfskassen, Kranken- und Pfründerhäuser, Asyle, Kinderbewahranstalten, alles, was den Arbeitern zum Wohle dienen kann. So gelangen wir zu einer Regeneration der Arbeit." (Vae Victis I/175 ff.).

[26] Schwarzenberg führte aus, die Kinder seien nach 8—10stündiger (!) Arbeit zu müde, die Abendschulen zu besuchen; die Jugend in den Fabriken sei „in geistiger und körperlicher Beziehung verwahrlost." Kardinal Schwarzenbergs Biograph Wolfsgruber schreibt über die Beratung: „Nachdem mehrere Bischöfe nach verschiedenen Richtungen anschaulich und ergreifend das Elend und das Unglück dieser Kinder geschildert hatten, erinnerte Rauscher auch noch daran, daß beispielsweise in England die bedauernswerte Lage der Fabrikkinder so oft und so lebhaft, aber immer nutzlos, im Parlamente zur Sprache gekommen sei."
(C. Wolfsgruber: Joseph Othmar Kardinal Rauscher. Freiburg 1888, S. 162).

[27] S. Anhang 330 f.

die hohe geistliche Versammlung den Opfern des Manchesterkapitalismus bekundete, war indes der Wille zur Durchsetzung solcher Ziele erstaunlich gering; man gab sich mit einer wenig energisch gehandhabten Verordnung der Regierung zufrieden[28]. Anders als bei den Fragen, die die kirchliche Machtposition betrafen — wie z. B. die Frage der Beerdigung von nicht katholischen Personen auf katholischen Friedhöfen, die in Böhmen mehrmals zu skandalösen Kraftproben zwischen Klerus und Gesellschaft führten[29] — hat es die Kirche wegen der „sozialen Frage" nicht auf einen Konflikt mit dem widerstrebenden Bürgertum ankommen lassen. Der einzige kirchliche Vorstoß in die Industrie, der in Böhmen während der 50er Jahre an die Öffentlichkeit kam, hatte bezeichnenderweise bloß die Hebung der Religiosität der Arbeiterschaft im Auge; er scheiterte kläglich an dem Widerspruch zwischen kirchlichem Horizont und industrieller Wirklichkeit: Am 21. 12. 1857, mitten in der schlimmsten Heimsuchung der böhmischen Wirtschaft durch die Weltwirtschaftskrise, erließ der Leitmeritzer Bischof Hille einen Hirtenbrief an die Fabrikanten seiner Diözese, in dem er sie zur eifrigen Pflege religiöser Übungen unter den Fabrikarbeitern anhielt. Mit der Aufforderung, sakrale Bilder in den Fabrikationsräumen anzubringen, verband er den Wunsch, der Arbeiterschaft möge ein Teil der bezahlten Arbeitszeit zu Andachtszwecken überlassen werden. Der Brief des Bischofs stieß bei den Industriellen teils auf heftige Ablehnung[30], teils auf völliges Desinteresse; die bemerkenswerte Unkenntnis der sozialen Wirklichkeit seitens des Bischofs wurde in der böhmischen Bürokratie schadenfroh registriert[31]. Im günstigsten Falle wurde das Schreiben in den Fabriken verlesen,

---

[28] S. unten 273.

[29] Der Neustädter Bezirkshauptmann, der 1851 die Beerdigung eines Protestanten auf einem katholischen Friedhof erzwang, erhielt vom Klerus Drohbriefe mit der Ankündigung von „Höllenstrafen" (SÚA, PM 8/1/12 Nr. 2565 p.p. Sacher-Masoch an Bach, 5. 9. 1851). Das K.A. Čáslau berichtete am Ende des Jahrzehnts von häufigen Fällen, wo die Behörden gegen den Willen des Klerus, aber „zur Zufriedenheit der katholischen Bevölkerung" Protestanten auf katholischen Friedhöfen beerdigen ließen. Welche Bedeutung diese Angelegenheit hatte, geht aus einem Stimmungsbericht aus der Krise im Sommer 1859 hervor: „Als wesentliches Hindernis des guten Einvernehmens mit dem nördlichen Deutschland und namentlich mit Preussen wird von der größtenteils aus Protestanten bestehenden Bevölkerung ... das Konkordat und der Umstand bezeichnet, daß, mehrmaliger Zusagen ungeachtet, die Verhältnisse der Protestanten der katholischen Kirche gegenüber noch immer nicht gesetzlich geregelt sind. In dieser Beziehung hat der Gefertigte schon mehrmals die Äußerung vernommen, daß das katholische Österreich solange nicht erwarten hönnte, daß das protestantische Preussen an seiner Seite kämpfe, als Protestanten nicht neben Katholiken beerdigt werden dürfen." (SÚA, PMT St 15. B.A. Asch an K.A. Eger, 18. 6. 1859).

[30] „Von einer Herabsetzung der Arbeitsdauer, um die ersparte Zeit zu solchen gemeinsamen Andachtsübungen zu widmen, will vollends kein Fabrikant etwas wissen, solange nicht eine allgemeine, die Arbeitsdauer beschränkende gesetzliche Verfügung erfließt; denn der einzelne kann sich zu einem solchen Zugeständnisse ohne Gefährdung seiner Konkurrenzfähigkeit nicht herbeilassen, während andere noch bei der bisher eingeführten längeren Arbeitsdauer verbleiben." (SÚA, PMT L7 K.A. Jungbunzlau an Mecséry, 4. 5. 1858).

[31] „Die Ursache dessen liegt teils in der Apathie und Gleichgültigkeit der Fabrikinhaber in Absicht auf die religiösen Interessen ihrer Arbeiter und in dem Umstande, daß sich die gegenseitigen Beziehungen zwischen Arbeitgeber und Arbeitnehmer größtenteils nur auf das pekuniäre Interesse gründen, weshalb der Arbeitgeber entweder kein Interesse hat,

ohne daß deshalb irgend eine Maßnahme ergriffen worden wäre. Ein Teil der Unternehmer pries scheinheilig die Idee, auch bei ihnen änderte sich jedoch nichts am Arbeitsablauf in der Produktion. Mitte des Jahres 1858 stellte das Jungbunzlauer Kreisamt in einem Bericht an den Statthalter Mecséry fest, das ganze Unternehmen sei „ohne praktische Wirkungen fast spurlos vorübergegangen".

Ein anderer Weg der Fühlungnahme der kirchlichen Kräfte mit den Unterschichten, nämlich durch den Gedanken der christlichen Selbsthilfe und Selbstbildung, wie ihn der Kölner Domvikar *Kolping* vertrat, ist in Böhmen nicht selbständig gewachsen. Die Entstehung von katholischen Gesellenvereinen in Böhmen ging von einer Reise Kolpings aus, die er Anfang 1852 zur Propagierung seiner Ideen in Österreich unternahm. In Böhmen wurden Kolpings Gedanken von der tschechischen Zeitschrift des Prager Katholikenvereins „Blahověst" aufgegriffen und gefördert. Während der 50er Jahre entstanden in Böhmen nur zwei Kolpingvereine: einer in Prag unter Kolpings persönlicher Einwirkung (1852), ein zweiter in Budweis (1855)[32]. Für den Mißerfolg von Kolpings Idee in Böhmen mag neben dem immer mehr zurückgehenden Kontakt zwischen Klerus und Unterschichten (wofür besonders das Ausbleiben von Kolping-Vereinen in Nordböhmen spricht!) auch die überaus mißtrauische Haltung der Bürokratie maßgeblich gewesen sein. Die böhmischen Behörden befürchteten nicht ohne Grund die Infiltration der Gesellenvereine durch Angehörige der tschechischen Nationalbewegung[33]. Ein Einströmen nationalen Gedankenguts in die sozialen Unterschichten — wobei der national engagierte Klerus die Funktion eines Mittlers zwischen Bürgertum und Proletariat gespielt hätte — galt es aber mit allen Kräften zu verhindern.

---

oder sich scheut, in Sachen, welche seinen Erwerb nicht unmittelbar berühren, irgendeinen Einfluß oder etwa indirekten Zwang auszuüben. (...) Ein anderer Grund dürfte in der Unkenntnis der vorhandenen konkreten Verhältnisse an Seite des Herrn Bischofs gelegen sein. Der Hirtenbrief setzt nämlich das Bestehen eines patriarchalischen Verhältnisses zwischen dem Fabriksinhaber und seinen Arbeitern voraus, welches dem ersteren eine ähnliche Autorität und disziplinäre Gewalt sichert, wie jene des Familienoberhauptes oder auch des Dienstherrn gegenüber den Familienmitgliedern oder Dienstboten. Ein solches Verhältnis besteht aber in der Tat nicht." (Ebenda K.A. Leitmeritz an Mecséry, 13. 3. 1858).

[32] Vgl. Pur š: The Working-Class Movement 94. In Mähren wurden wesentlich mehr Vereine gegründet.

[33] „In Prag ist beinahe jeder Verein, der nicht ein bloßer Wohltätigkeitsverein ist, der Gefahr ausgesetzt, entweder der Tummelplatz nationaler Zwistigkeiten zu sein oder zu nationalen Zwecken ausgebeutet zu werden. Bei einem Vereine, der so tief in das praktische Leben eingreift, dessen Mitglieder der niederen Volksklasse angehören, der religiöse Zwecke verfolgt und überdies auch ein Mittel zur literärischen Bildung abgibt, wie dies bei den Gesellenvereinen der Fall ist, tritt dies in erhöhtem Maße ein." (SÚA, PM 8/1/12 Nr. 4656 Sacher-Masoch an Kempen, 5. 7. 1852). Am 29. 6. 1853 berichtete Sacher-Masoch, es habe sich „bei der Gründung des Vereins bereits die Bestrebung der tschechisch-radikalen Partei kundgegeben, ... einzelne ihrer Anhänger in den Lehrkörper einzuschmuggeln." (SÚA, PM 1850—54 8/5/26 Sacher-Masoch an Mecséry).

4. TSCHECHISCHE NATIONALBEWEGUNG

Die Untersuchung des Verhältnisses der tschechischen Nationalbewegung zur sozialen Frage bedarf einiger Vorbemerkungen.

Auf den ersten Blick mag es scheinen, als habe die — in ihrem Kern zweifellos bürgerlich-emanzipatorische — tschechische Bewegung der Jahrhundertmitte neben den dominierenden Zielen der sprachlich-kulturellen Integration und der politisch-nationalen Emanzipation wenig Interesse gehabt für die Erörterung von sozialpolitischen Themen, die außerhalb des Gesichtskreises der bürgerlichen Welt standen. Zweifellos war für die meisten Anhänger des nationalen Gedankens, entsprechend ihrem Standort im tschechischsprachigen Landesteil und in bürgerlichen bzw. kleinbürgerlichen Schichten, die Sicht auf die sozialen Probleme der Zeit von der Perspektive der eigenen Umwelt bestimmt. Man könnte sagen, daß für die breite tschechische Gesellschaft der 50er Jahre die „soziale Frage" ganz sicher die brennende Frage nach den Überlebenschancen des kleinbürgerlichen Handwerks unter den Bedingungen des modernen Kapitalismus war. Die Anstrengungen, die zum wirtschaftlichen und gesellschaftlichen Aufstieg des jungen tschechischen Bürgertums in der Konkurrenz zum etablierten deutschen Großbürgertum benötigt wurden, ließen wenig Platz zum Raisonnement über die sozialen Probleme der Unterschichten[1]. Zu bedenken ist auch die Tatsache, daß erst in den 50er Jahren in Mittelböhmen eine Industrielandschaft samt ihren Arbeiterproblemen entstand. Wenn es also auch stimmt, daß in der tschechischen öffentlichen Meinung des nachrevolutionären Jahrzehnts die Arbeiterfrage einen verschwindend geringen Raum einnimmt neben dem faszinierenden Gedanken der nationalen Emanzipation, so wäre es dennoch falsch, sich mit diesem generalisierenden Eindruck zu begnügen. Denn die detaillierte Untersuchung der verschiedenartigen Gruppen, die zusammen die tschechische Bewegung der Jahrhundertmitte ausmachen, ergibt eine überraschende Vielfalt des sozialen Denkens. Daß diese Vielfalt sich nicht in der öffentlichen Diskussion der 50er Jahre finden läßt, daß schließlich die tschechisch-nationale Bewegung auf lange Zeit rein bürgerlich-emanzipatorischen Zielen verpflichtet blieb, stand nicht von vornherein fest, war nicht nur Resultat der „objektiven" Interessen- oder Klassenposition der Nationalen. Auch die Folgen der Revolution von 1848 haben eine bedeutsame Rolle gespielt.

---

[1] Es ist nicht uninteressant, daß die marxistische Historiographie der ČSSR diese Tatsache positiv bewertet, weil die Vollendung eines tschechischen Kapitalismus unabdingbare Voraussetzung eines tschechischen Sozialismus gewesen sei: „Deswegen war es die objektive historiche Aufgabe der Zeit, mit allen Mitteln das Wachsen dieser Klasse und die Evolution des tschechischen Kapitalismus als Voraussetzung der weiteren Entwicklung zu unterstützen." (Jaroslava P e š k o v á : Utopický socialismus v Čechách v XIX. století [Utopischer Sozialismus in Böhmen im 19. Jahrhundert]. Prag 1965, S. 44).

Darum muß die Untersuchung mit einem Blick auf das Revolutionsjahr beginnen. In der Wenzelsbadversammlung am 11. März 1848 hatten die „Repealisten"[2] zusammen mit anderen demokratisch-sozialrevolutionären Forderungen an die österreichische Regierung auch eine gesetzliche Organisation der Lohnarbeit und eine staatliche Regelung der Löhne gefordert[3]. Entsprechend den Kräfteverhältnissen in der tschechischen Gesellschaft des Jahres 1848 wurde wegen der Vorlage einer anderen Adresse, welche der bürgerliche Politiker *Brauner* redigiert hatte, die Abstimmung über die tschechischen Forderungen vertagt; in Brauners Memorandum, das später im wesentlichen verabschiedet wurde, überwogen die nationalen Forderungen die sozialrevolutionären bei weitem. Der relativ frühe Zerfall der böhmischen Revolution in drei Schichten, nämlich in eine demokratisch-sozialrevolutionäre, eine bürgerlich-nationale und eine exklusiv-ständische[4], machte das Interesse an einer legislativen Lösung der Arbeiterfrage schließlich zu einem vergleichsweise störenden Detail, das der Verständigung der drei Flügel nur hinderlich sein konnte. Die sozialpolitische Aktivität der bürgerlich-nationalen Gruppe ist denn auch hauptsächlich aus dem Zwang heraus entstanden, den Rücken frei zu bekommen für eine, von sozialrevolutionären Spannungen ungefährdete Verhandlungsbasis mit der Wiener Regierung; mit der Änderung der Situation verschwanden auch die Ansätze des sozialen Engagements im tschechischen bürgerlichen Lager. Der tschechische Arzt und Philanthrop Cyrill *Kampelík*, der als Verbindungsmann und Koordinator der sozialen Bemühungen des tschechischen Bürgertums wirkte[5], hatte mit seinem — ohne klares Programm konzipierten — Arbeiterblatt „Hlásnik" wenig Glück; das Interesse und die Unterstützung durch das bürgerlich-liberale tschechische Lager verschwand schlagartig nach dem z. T. sozialrevolutionären „Pfingstaufstand" im Juni 1848[6], den man — weil er die nationalen Forderungen diskreditierte — als Katastrophe für die nationale Sache empfand. Die Orientierungslosigkeit für soziale Belange im Bürgertum ließ auch den „Národní výbor" [Nationalausschuß], das Zentrum der Bewegung im Frühjahr 1848, angesichts von Weberpetitionen aus den nordböhmischen Industriegebieten versagen; die Forderungen nach Arbeitsbeschaffung vermochten im „Národní výbor" keine Initiative zu einer Lösung des Problems der Hausindustrie zu erwecken[7].

[2] Vgl. K. S l a v í č e k : Tajná politická společnost Český Repeal v roce 1848 [Eine politische Geheimgesellschaft von 1848 — der tschech. Repeal] Prag 1947. — Zum Repeal gehörten die vom kleinbürgerlichen Sozialismus (Proudhon) beeinflußten tschechischen Demokraten Sabina, Arnold und Vávra.

[3] U d a l c o v : Aufzeichnungen 46.

[4] P r i n z : Prag und Wien 19 f.

[5] Kampelík organisierte die Auszahlung einer geringen Arbeitslosenunterstützung. Vgl. M ü l l e r : Soziale Lage 70.

[6] Zum Pfingstaufstand vgl. P r i n z : Prag und Wien 68 ff.

[7] R o u b í k : K prvním pokusům 460. — K u t n a r : Sociální otázka 202. — Es nimmt solche Inaktivität nicht Wunder, wenn man bedenkt, mit welcher Naivität selbst prominente demokratische Wortführer die Arbeiterfrage betrachteten. So forderte z. B. Josef Kajetan Tyl in seinem „Pražský Posel" [Prager Bote] i. J. 1848 Eintracht zwischen Arbeitern und Fabrikherren, denn: „Dieser ist wie ein Kopf, jene wie Glieder; sollen diese gegen den Kopf zürnen?" (J. K. T y l : Pražský Posel 1848. Prag 1966, S. 147).

Freilich, auch die radikalen Demokraten waren nichts weniger als eine geschlossene politische Formation mit einem klar definierten sozialpolitischen Programm[8]. Gerade die radikale studentische Intelligenz, die sich im Frühjahr 1848 mit den Prager Baumwolldruckarbeitern eine Art von Fußtruppe für demonstrative Aktionen schaffen wollte, verband mit diesem Zweckbündnis[9] kein aktives Interesse für die sozialen Nöte der Unterschichten. Die radikale Demokratie, darunter besonders der aus großbürgerlichem Hause stammende Josef *Frič*, welcher der Initiator der Verbindung zur Arbeiterschaft war, versuchte mit ihrer eigenen politisch-revolutionäen Aktivität an die sozial-revolutionäre Tradition einer „starken", nicht verelendeten Arbeitergruppe anzuknüpfen, die in der Auseinandersetzung mit Arbeitgebern und Staat auf Erfolge zurückblicken konnte. Die Druckereiarbeiter waren die „Aristokratie" innerhalb der böhmischen Textilarbeiterschaft, ihrer hohen manufakturiellen Qualifikation entsprach ein großes Selbstbewußtsein und Gemeinschaftsbewußtsein[10]. War dem Zusammenwirken von Arbeitern und Radikalen im Frühjahr 1848 immerhin ein Erfolg insofern beschieden, als die Prager Gemeindeverwaltung bezüglich der Lohnforderungen

---

[8] U d a l c o v : Aufzeichnungen 209. — Vgl. auch: J. M a t o u š e k : Karel Sladkovský a český radikalism za revoluce a reakce [K. S. und der tschechische Radikalismus während Revolution und Reaktion]. Prag 1929, S. 83.

[9] „Mitglieder dieser beiden Korps (Slavia und Svornost) hatten schon längere Zeit vor Pfingsten und vorzüglich das Haupt der Slavia (Fritsch jun.) die Drucker aufgefordert, es mit der Svornost und der Studentenschaft zu halten; die Svornost werde ihnen Waffen geben, damit sie vereint für den Fall, wenn ihnen etwas nicht bewilligt werden sollte, es mit der Gewalt der Waffen durchsetzen. Dies geschah bei einer Verabredung im St. Wenzelsbad. Von dieser Zeit an zeigten die Drucker ein widerspenstiges Benehmen und erklärten ausdrücklich ihre Tendenz dahin, daß Nationalfabriken errichtet werden müßten." (Bericht der Untersuchungskommission des Militärgerichtes zur Untersuchung des Pfingstaufstandes, zit. bei S o l l e : Stávky 19 f.).

[10] Der Anstoß zu den böhmischen Arbeiterunruhen von 1844 ging von den Prager Baumwolldruckarbeitern aus. Zeitgenössische Beobachter vermerkten den auffälligen Unterschied zwischen den Aufständischen der beiden gleichzeitigen sozialrevolutionären Unruhen in Schlesien (Weberaufstand) und Böhmen: die schlesischen Weber seien verzweifelt und verhungert gewesen, die Prager Baumwolldrucker traten als „handfeste Männer" in „fast militärischer Ordnung" auf. Über das Standesbewußtsein der Baumwolldrucker berichtete Sacher-Masoch in einem Bericht vom 4. 4. 1850: „Durch diese Mißgriffe entstand einesteiles in den Kottondruckern der Dünkel, als bildeten sie eine Arbeiterklasse, die ein ausgezeichnetes Recht vor anderen Armen besitze, die öffentliche Unterstützung zu beanspruchen, sowie andererseits die Einbildung, sie seien imstande, durch ihr kompaktes Zusammenhalten und ihre größere Zahl die öffentlichen Autoritäten einzuschüchtern und ihnen das Verlangte abzutrotzen. In diesem Sinne nahmen auch die Kottondrucker alle Vorsorgen, die für sie getroffen wurden und alle Unterstützungen auf, die man ihnen mit Übergehung oft viel bedürftigerer Armen aus bloßer Furcht vor neuen Unruhen bei verschiedenen Gelegenheiten zuwendete. Die Revolution von 1848 fand sonach in dieser Arbeiterklasse eine schon rebellisch disziplinierte Truppe, die sich daher auch bei allen Vorgängen bis zum Juni 1848 tätig verwenden ließ." (Zit. bei S o l l e : Stávky 189 f.). — Zu den charakteristischen Unterschieden zwischen schlesischen und böhmischen Aufständischen vgl. E. W o l f g r a m m : Der böhmische Vormärz, im besonderen die böhmischen Arbeiterunruhen des Jahres 1844 in ihren sozialen und politischen Zusammenhängen. In: Aus 500 Jahren 187.

auf die Fabrikseigner Druck ausüben mußte[11], so sollte die Verbindung doch eine Episode bleiben; die Niederlage der Radikalen im Prager Pfingstaufstand beendete die engen Kontakte. Zwar begann der kleinbürgerliche Flügel der Radikaldemokraten im Sommer 1848 in seiner Publizistik eine gesteigerte Werbung um die Unterstützung der sozialen Unterschichten, die Struktur der tschechischen Landesteile veranlaßte sie aber, dabei vor allem die agrarischen Besitzverhältnisse in Betracht zu ziehen[12]. Die Werbung um das von der Bauernbefreiung enttäuschte Landproletariat[13] nahm auch beim linken Flügel der tschechischen Sammlungsbewegung der „Slovanská lípa" einen breiten Raum ein; die Zeit freilich, die der tschechischen sozial-revolutionären Propaganda auf dem flachen Lande noch blieb, war zu kurz, als daß sich daraus eine Bewegung hätte entwickeln können, die dem Druck der Reaktion nach 1849 Widerstand leisten konnte. Das einzige Resultat der Verknüpfung von nationaler Bewegung und agrarischen Unterschichten, das die Gegenrevolution überdauerte, war der „Landwirtschaftsverein" der „Slovanská lípa" in Perutz, in dem die soziale Bewegung der Revolutionszeit als Selbsthilfe- und Sparkassenbewegung zu überwintern versuchte; 1851 wurde der Verein verboten[14]. Nur ein kleiner Teil der Radikaldemokraten vertrat eine klare sozialpolitische Programmatik, die an den Saint-Simonismus und an die Theorie Louis *Blancs* anknüpfte[15]. Die Bedeutung dieser Gruppe wuchs, als unter dem Eindruck der erstarkenden Gegenrevolution im Frühjahr 1849 eine Annäherung der radikalen Demokraten beider Nationen in Böhmen zustande kam; die Gefühlspolemik gegen das deutsche Besitzbürgertum Böhmens wich langsam einem Ein-

---

[11] Der Polizeibericht von 1850 sah darin schon „Sozialismus": „Es wurde mit denselben ein förmlicher Kursus in den neuesten sozialistischen Doktrinen abgehandelt und das Recht auf Arbeit wurde zu ihren Gunsten dadurch realisiert, daß ein Bürgermeister den Fabrikanten — sie mochten wollen oder nicht — vorhielt, den Druckern einen fixen Arbeitslohn auszusetzen (...). Die so bearbeitete und besoldete Truppe hat sich auch bei jeder Gelegenheit prompt und schlagkräftig bewiesen und ein tieferes Eingehen in die Anschläge des Juniaufruhrs hätte auch diese Machinationen in das Tageslicht gebracht." (s. vorige Anmerkung)

[12] U d a l c o v : Aufzeichnungen 199 ff.

[13] „Diesen wunden Fleck der gesellschaftlichen Zustände des Landvolkes hat die Partei der Aufwiegler richtig aufzuspüren gewußt. Landwirtschaftliche Versammlungen müssen den Vorwand abgeben, um in diese leicht aufzuregende Volksmasse, welche durch den Umschwung der Verhältnisse sogleich greifbare materielle Vorteile zu erlangen gehofft hatte, den Samen der Unzufriedenheit auszustreuen und Zwietracht in die Dorfgemeinde zu werfen." (SÚA, PG 1846—49 2/44 K.A. Rokitzan an Min. d. Inneren, 11. 4. 1849).

[14] An der Spitze des Vereins stand der Priester Wondra in Perutz. Von 1848 bis 1851 sank die Zahl der Mitglieder von 220 auf 20. Der Verein wollte „Slawentum und Proletariat" verbinden. Nach dem Scheitern des Vereins verließ Wondra den geistlichen Stand und ging als Ökonomieverwalter in die Nähe Prags (SÚA, PGT 1849—52 A/11 B.A. Laun an K.A. Prag, 25. 1. 1851). — Vgl. auch den von P r i n z publizierten Geheimbericht (Prag und Wien 165 f.).

[15] U d a l c o v : Aufzeichnungen 206. — Vávra forderte im „Pražský večerní list" [Prager Abendblatt], durch Änderung der Erb- und Steuergesetzgebung die bürgerliche Gesellschaft gerechter zu machen (Abschaffung der indirekten Steuern), desgleichen verlangte er die Kodifizierung des Rechtes auf Arbeit. F. Kopp verlangte in der „Včela" [Biene] die Ersetzung des individuellen Erbrechtes durch ein Erbrecht des Staates und die Organisation der Produktion durch den Staat.

gehen auf die soziale Problematik der modernen Industriegesellschaft. So referierte Arnold, der kurz vorher noch über die Hartherzigkeit der Prager Reichen, d. h. des deutschen Besitzbürgertums, gewettert hatte[16], im Frühjahr 1849 in der „Občanské noviny" [Staatsbürgerzeitung] über den Trend zur Polarisierung der Gesellschaft durch die Einwirkung der Industrialisierung[17]. Es kam jedoch nicht zu einer wirklichen Klärung der politischen Programmatik im radikalen Lager. Es mißglückten die Versuche der radikalen Prager Studenten, vermittels sozialrevolutionärer Propaganda im Mai 1849 beim Landproletariat Unterstützung für den Kampf gegen die Reaktion zu finden[18]; in der Programmatik der hastig vorbereiteten republikanischen Mai-Verschwörung von 1849 nahmen — verständlich bei der Verschiedenartigkeit der Beteiligten — sozialpolitische Forderungen eine ganz untergeordnete Stellung ein. Bakunin, der zur Beschleunigung der Aufstandsvorbereitung aus dem aufständischen Dresden kam, schlug „sozialistische" Maßnahmen gleichsam als Mittel zum Zweck, zur Anschürung der politisch-revolutionären Begeisterung der Bevölkerung vor[19]; das einzige konkrete Ziel, auf das man sich schließlich einigte, war die Propagierung einer Aufteilung des feudalen Großgrundbesitzes zwecks Sympathiewerbung bei der Bauernschaft[20]. Zur gleichen Zeit vollzog sich indes unter dem Eindruck der sozialrevolutionären Gärung in Prag eine noch stärkere Abschließung des bürgerlichen Lagers nach links, so daß sogar Vertreter der tschechischen Nationalpartei beim Statthalter Mecséry, aus Furcht vor einer Sozialrevolution, um die Verhängung des Belagerungszustandes baten[21]. Auch das

---

[16] Arnold schrieb in den „Občanské noviny" vom 4. 2. 1849, „daß der Reiche der Schmutz, Abschaum und Schimpf des jetzigen Zeitalters ist." (V o l f : Náladová zpráva 42).

[17] Zd. Š a m b e r g e r : Die revolutionäre Zusammenarbeit der tschechischen und sächsischen Demokraten im Frühjahr 1849. In: Aus 500 Jahren 260 f.

[18] Ein Konfidentenbericht vom 25. 5. 1849 führte aus: „Die jungtschechische Propaganda hat 30—40 Emissäre vor 10—14 Tagen aufs Land entsendet, um die sozialistische Partei zu organisieren. (. . .) Das erste Fähnlein — 4 Mann hoch — kam gestern spät an; es wird vom Souffleur der tschechischen Bühne angeführt. (. . .) Ihrer Aussage nach fanden sie bei der arbeitenden Klasse im Rakonitzer Kreise gute Aufnahme. In den Städten bermerkten sie wenig Sympathie für den Sozialismus (. . .). Sie sagen ferner aus, daß an eine Erhebung der arbeitenden Klassen nicht zu denken, höchstens könnte hie und da ein kleiner Putsch losbrechen." (AVA, Nachlaß Bach Kt. 22).

[19] Zd. T o b o l k a : Případ Karla Sabiny [Der Fall K. Sabina]. Sborník věnovaný dějinám dělnického hnutí a socialismu I. Prag 1921, S. 33. — Eine gute Vorstellung von der Gedankenwelt der zumeist studentischen Verschwörer vermitteln die Verhöre der Beteiligten. František Girgl (vgl. oben 161) sagte vor dem Militäruntersuchungsgericht über Sozialismus-Diskussionen mit dem Mitangeklagten Adolf Straka aus; dieser habe den Sozialismus wie zu erkennen war als eigener Überzeugung, sondern ebenfalls eingelernterweise verteidigt und dabei in Hitze geratend und nicht vermögend, selbst genügende Gründe auszuführen, endlich erklärt(e): „A was, über das könnt Ihr nicht entscheiden und ich nicht, es muß dies Männern vorbehalten bleiben, welche alle Werke über Politik gelesen und durch Reisen in allen Ländern sich die Überzeugung von den politischen Zuständen verschafft haben, wie Bakunin." (Zit. b. M a t o u š e k : Sladkovský 166).

[20] Š a m b e r g e r : Zusammenarbeit 284.

[21] Leo Graf Thun schrieb am 9. 5. 1849 an seinen Vater Fr. A. Thun: „Es ist keinem Zweifel unterworfen, daß die Bürgerschaft und selbst die Oppositionspartei bis zu Hawliček, Claudi und Pinkas herunter nicht wollen, daß jetzt Aufruhr ausbreche. (. . .) Unter an-

234

gewerbliche Kleinbürgertum Prags, dessen Existenz durch das Revolutionsjahr angeschlagen war, rückte von den radikalen Demokraten ab[22]. Der endgültige Sieg der gegenrevolutionären Kräfte war durch die Aufdeckung der Mai-Verschwörung und die Verhängung des Belagerungszustandes über Prag gesichert.

Die Zerschlagung und fast vollständige Eliminierung der sozial-revolutionär gesinnten Kräfte der tschechischen Nationalbewegung war die Folge. *Sabina, Arnold* und *Sladkovský* verschwanden mit vielen anderen in den österreichischen Gefängnissen. In einem Militäruntersuchungsgefängnis entstand im Jahre 1850 auch die letzte — gänzlich erfolglose — Willenskundgebung der sozialrevolutionären Radikaldemokratie: *Sladkovskýs*[23] Denkschrift „Über den Urgrund alles Übels in der menschlichen Gesellschaft"[24], die ausgerechnet an den österreichischen Kultusminister Graf Leo *Thun* adressiert war. Ob Sladkovskýs Memorandum Thun überhaupt erreicht hat, ist nicht mehr festzustellen[25]; sicher ist freilich, daß der enragierte Ver-

---

derm: mein Freund Slavik [bürgerlicher tschechischer Nationaler von 1848] hat neulich am Sonntag vom Pöbel Schläge bekommen, weil er mit zur Ruhe mahnt. Das scheint vortrefflich gewirkt zu haben. Trojan, der bis dahin für Freilassung der Arretierten sprach, fand sich bemüßigt, sogleich zu meinen, es sei durchaus notwendig, Ernst zu entwickeln, wenn solche würdigen Männer schon insultiert werden etc." (Im selben Brief, von anderer Hand, wahrscheinlich Thuns Frau): „Es muß dermaßen gegährt haben, daß viele aus der tschechischen Partei zu ihm gelaufen kamen und ihre Besorgnisse und Wunsch nach Hilfe aussprachen." (StA Litoměřice Abt. Děčín. Rodinný archiv Thun A 3/XXI J. 1 Nr. 29). Baron Khevenhüller, der Militärkommandant von Prag, hatte am 22. 4. 1849 an Schwarzenberg berichtet, daß Mecséry „von dem Herrn Palacky und dem Demagogen Claudi selbst von dem aufrührerischen Zwecke der hiesigen fanatischen Partei in Kenntnis gesetzt" worden sei (AVA, Nachlaß Bach Kt. 8).

[22] „Von vielen Seiten ist den Studierenden mit einer fürchterlichen Rache der Bürger gedroht worden, wenn es ihnen je wieder beifallen sollte, einen Krawall in dieser Hauptstadt hervorzurufen, und dadurch die vermöglichen Klassen zu verscheuchen, von welchen die Professionisten aller Art leben." (SÚA, PG 46—49 20 b/69 Sacher-Masoch an Mecséry, 4. 3. 1849).

[23] Zu Karel Sladkovský (1823—1880) vgl. W u r z b a c h 35 (1877) 122 ff. u. OSN 24 (1905) 328 ff. — S., Sohn eines Prager Schneidermeisters, studierte in Wien Jurisprudenz und begann, als die Revolution ausbrach, gerade die Justizlaufbahn in Niederösterreich. Durch seinen Stiefvater Trnka (ebenfalls ein Schneidermeister) von Jugend an mit nationalem Gedankengut vertraut, beeinflußt andererseits durch die in Wiener Studentenkreises virulente demokratische Bewegung, wurde Sladkovský — der aus familiären Gründen im März 1848 zufällig zu Hause war — schnell eine Schlüsselfigur der Prager Revolution. Als Studentenvertreter sprach er in der Wenzelsbadversammlung und war einer der Führer des Pfingstaufstandes. Der Verhaftung durch Windischgrätz entzog sich S. durch die Flucht nach Wien, von wo aus er publizistisch gegen die konservative Politik der tschechischen Reichstagsabgeordneten kämpfte. Im Winter 1848 kehrte S. nach Prag zurück, wirkte im Vorsitz der „Slovanská lípa" beteiligte sich an der Maiverschwörung. 1849 verhaftet, wurde S. im August 1850 zunächst zum Tode, dann zu langjähriger Kerkerstrafe verurteilt. Als kranker Mann wurde S. 1857 amnestiert und arbeitete zuerst in der Verwaltung der Ölfabrik seines Schwagers in Kolín. Das wiedererwachende politische Leben sah ihn als einflußreichen Publizisten und radikal-nationalen Agitator. 1862 wurde er Mitglied des böhmischen Landtags. In den 60er und 70er Jahren war S. als Führer der jungtschechischen Fraktion Mitglied ungezählter Vereine, Kommitees etc., zudem einer der populärsten tschechischen Festredner.

[24] Im deutschen Original publiziert im Anhang zu M a t o u š e k : Sladkovský 109—135.

[25] Ebenda 62.

fechter eines feudalen Konservativismus wenig geeignet gewesen wäre, für *Slad-kovskýs* Angriff auf die Grundlagen der Gesellschaft — wobei auch eine Polemik gegen die Monogamie enthalten war[26] — Sympathien zu entwickeln. Obgleich es sich also um ein politisch wirkungsloses Dokument handelt, das unbemerkt von der Öffentlichkeit in den Mühlen des bürokratischen Schriftverkehrs hängenblieb, lohnt sich doch eine kurze Betrachtung von Sladkovskýs Arbeit. Karel *Sladkovský*, einer der Hauptinitiatoren von Pfingstaufstand und Maiverschwörung, verband in seinen Gedanken eine ungewöhnlich radikale Staats- und Gesellschaftskritik mit der Hoffnung auf eine Sozialreform unter tschechisch-nationalen Vorzeichen. Auf der hellen Folie eines Urkommunismus mit idealer Güter- und Weibergemeinschaft sah Sladkovský den modernen Staat als eine perfekte Zwangsanstalt zum Schutze der Ausbeuter vor den Forderungen der Ausgebeuteten; die Entstehung des Staates überhaupt führte Sladkovský auf unvollkommene (bzw. unvernünftige) Organisation der Arbeit zurück, vermittels welcher dem ursprünglich gleichrangigen Organisator der Arbeit (Arbeitgeber) die Möglichkeit geboten wurde, aus Gründen des Egoismus den Arbeitern nicht das volle Äquivalent der geleisteten Arbeit zu entgelten, d. h. also den *Mehrwert* einzubehalten[27]. Die Wirkung der ungerechten Mehrwertverteilung wurde von Sladkovský anhand von Beispielen des zeitgenössischen Wirtschaftslebens drastisch vorgerechnet. Handwerkliches und industrielles System der Produktion wurden, als prinzipiell auf dem selben Ausbeutungsmechanismus beruhend, gleichermaßen verworfen[28]. Freilich, für den Übergang zum Kommunismus, dem *natürlichen Ziel der Menschheit*[29], erschien die fabrikmäßige Großproduktion als eine positive technische Voraussetzung[30]. Wiewohl *Sladkovský* die Institution des Staates im letzten Sinne als bloße Funktion der Klassengesellschaft sah, verschmähte er es dennoch nicht, sozusagen realpolitisch-pragmatisch an den konkreten österreichischen Staat zu appellieren: „Allein wendet man ein, der Staat muß den Fabrikseigentümer beschützen, der gleichsam nur auf die stillschweigende Bedingung hin, daß er in seiner Fabrik nach Belieben schalten und walten könne, die Fabrik errichtet hat. Hier könnte ich nun sagen, hat denn der

---

[26] Ebenda 132 f.
[27] „Als aber der Arbeiter zur Einsicht kam und sich gegen den Arbeitgeber auflehnte, war die Vereinigung sämtlicher Arbeitgeber gegen die Arbeiter eine natürliche Folge, und es entstand der Staat als Zwangsanstalt zur Beschützung des auf der Grundlage eines unvernünftigen Maßstabes erwachsenen Eigentums." (ebenda 121).
[28] Ebenda 123 f.
[29] Ebenda 130.
[30] „Ich frage nun, was fehlt denn in einer solchen Fabrik zu einer vernunftgemäßen Assoziation der Arbeit? Der Arbeiter braucht nur zu sagen, es müsse offene Rechnung geführt werden, er werde alle diejenigen Personen, die bisher in der Fabrik wirklich etwas leisten, selbst in Dienst nehmen und zahlen, dem Fabrikseigentümer, der hierbei gar nichts tut, die Zinsen seines Kapitals mit 5 %, wie es das itzige Gesetz will, pünktlich mitrechnen, den Rest seines Verdienstes aber nach dem Verhältnis der Arbeit unter die Glieder seines eigenen Körpers teilen. Wäre dieser Schritt von der Seite des Arbeiters unnatürlich, ist es ein Sprung, ist diese Fabrik nicht soweit gediehen, daß man dies ohne die geringste Störung der Industrie tun kann? So weit ist die Menschheit zu ihrem endlichen Ziele vorgerückt, sie fühlt es auch schon und wird es in kurzem klar erkennen." (ebenda 125).

Staat, als er diesen Schutz dem Fabrikeigentümer stillschweigend zusicherte, hat der Staat damals gewußt, daß er die größere Hälfte, ja gewiß zwei Drittel der Arbeitskraft seiner Angehörigen dem Fabrikeigentümer als eine Art von Sklaven oder Leibeigenschaftsrecht zugestehe[31]?" Das Motiv, das Sladkovský Hoffnungen hegen ließ, gerade Österreich werde beispielgebend für Ost und West die soziale Welt verändern, indem es den Klassenstaat überwinde, war der halbslawische Charakter der Monarchie: die Slawen nämlich, vermöchten „die Menschheit arbeiten zu lehren", weil einzig bei ihnen noch die Erinnerung an den zu geschichtlicher Zeit praktizierten Kommunismus lebendig sei[32]; die weltgeschichtliche Mission der Slawen sei der Sozialismus[33].

Der österreichische Staat der 50er Jahre, jeder sozialen Bewegung abhold[34], konnte nicht geneigt sein *Sladkovskýs* Vorschläge auch nur zur Kenntnis zu nehmen. Aber auch im tschechisch-nationalen Lager ist bis zu dem Zeitpunkt, als über die deutsche Arbeiterbewegung sich der Einfluß des Marxismus geltend machte, eine

---

[31] Ebenda 125.

[32] „Die Slawen kennen das Paradies der Gütergemeinschaft, sie haben es genossen, und die Erinnerung durchweht noch ihre Brust. Sie sind in der Geschichte der Menschheit die Träger des Prinzips der Arbeit, der Eintracht! (...) Die Slawen sind dazu berufen, die Menschheit arbeiten zu lehren und ich glaube gezeigt zu haben, daß ihre Zeit gekommen ist." (ebenda 134 f.).

[33] Es ist ganz offenbar, daß Sladkovský hier im Banne von Palackýs — auf Herders Slawenkapitel fußender — Geschichtsdeutung stand. Das Beispiel zeigt, wie stark die nationale Ideologie selbst auf den vergleichsweise „modernen" Mehrwerttheoretiker und abstrakt denkenden Kritiker der bürgerlichen Gesellschaft zu wirken imstande war. Weniger verwunderlich ist dies bei den beiden Zeitgenossen Sladkovskýs, die ebenfalls eine besondere Affinität der Slawen zum Sozialismus verkündeten: Augustin Smetana und František M. Klácel waren beide exzentrische Randfiguren der nationalen Bewegung und im Gegensatz zu Sladkovský nicht an ökonomischen, sondern einzig an philosophisch-theologischen Fragen interessiert. Der Kreuzherr Smetana (vgl. W u r z b a c h 35 (1877) 165 ff. u. OSN 24 (1905) 492 ff.), der 1851 nach einem skandalösen Bruch mit der kirchlichen Hierarchie als Exkommunizierter starb, hatte 1848 das Herannahen eines slawischen „Liebereiches" angekündigt: „Die Forderung der Gleichheit oder der Kommunismus ist in der Tat der Charakter der Gegenwart. (...) Der natürliche Charakter der Slawen, die gut, sanft, friedliebend und so vorzüglich zur Ausbildung des Sozialismus geeignet sind und deren Zeit eben deshalb in der vergangenen blutgetränkten Geschichte nicht gekommen war, wird sie zu Trägern des kommenden Liebereiches machen..." (Die Bedeutung des gegenwärtigen Zeitalters. Prag 1848, S. 28 u. 49). — Ebensowenig wie Smetana machte sich der Brünner Augustiner Klácel (vgl. W u r z b a c h 12 (1864) 1 f. u. OSN 14 (1899) 281 ff.) Gedanken über die ökonomisch-politischen Details einer Änderung der Gesellschaftsordnung. Klácel propagierte 1848 die Gründung des „Česko-moravské bratrstvo" [Böhmisch-mährische Brüderschaft], einer schrittweise wachsenden Vereinigung der tschechischen Nation, die dann den Anstoß zur Verbrüderung der ganzen Menschheit geben sollte (vgl. Václav T i l l e : Božena Němcová. Prag 1938, S. 116). Seinen Gedanken, daß nicht das Eigentumsprinzip, sondern die egoistische Nutzung des Eigentums auf dem Weg in eine bessere Zukunft abgeschafft werden müsse, hat Klácel in seinen „Listy přítele k přítelkyni o původu socialismu a kommunismu" [Briefe eines Freundes an eine Freundin über den Ursprung von Sozialismus und Kommunismus] ausgeführt (vgl. L. S v o b o d a : F. M. Klácels „Briefe eines Freundes an eine Freundin über den Ursprung des Sozialismus und Kommunismus". In: Ost und West in der Geschichte des Denkens und der kulturellen Beziehungen. Festschrift f. E. W i n t e r . Berlin 1966, S. 626 ff.).

[34] S. unten 248 ff.

derart radikale Kritik an den wirtschaftlichen Grundlagen der bürgerlichen Gesellschaft niemals wieder laut geworden. *Sladkovský* selbst ist nach seiner Amnestierung (1857) nie mehr auf seine sozialrevolutionären Antezedentien zurückgekommen; in seiner politischen Laufbahn nach 1860 hat er nur mehr nationale und demokratische Ziele verfochten[35].

Allein tonangebend in der tschechischen Bewegung wurde nach dem Desaster der Radikaldemokraten zunächst wieder das bürgerlich-liberale Zentrum um *Palacký* und *Rieger*. Vollauf damit beschäftigt, die wenigen organisatorischen Anknüpfungspunkte der nationalen Sache vor den Schikanen des neoabsoluten Polizeistaats zu retten, vermochte die bürgerliche Führung der Bewegung — *Rieger* ausgenommen[36] — bis in die 60er Jahre kein Interesse für die soziale Frage zu entwickeln[37].

Mit Anton Heinrich *Springer*[38], der 1850 nach Deutschland emigrierte, verlor das bürgerliche tschechische Lager zudem die einzige Persönlichkeit, die über den Stand der westeuropäischen Diskussion der „sozialen Frage" umfassend informiert gewesen war. Springer, der Schwiegersohn des großbürgerlich-liberalen tschechischen Politikers Alois Maria *Pinkas,* hatte als junger Universitätsdozent vom Herbst 1848 bis zum Juni 1849 über die „Geschichte des Revolutionszeitalters" gelesen und dabei zum Schluß auch die soziale Frage behandelt. Springer hatte dabei — freilich ohne auf die böhmischen Verhältnisse näher einzugehen — scharfe sozialkritische Töne angeschlagen[39]. Das Industriebürgertum anerkenne „nur in

---

[35] M a t o u š e k : Sladkovský 86.

[36] S. unten 246 f.

[37] Der große Journalist Karel Havlíček beispielsweise hat in seinem bis 1852 währenden erbitterten publizistischen Kampf gegen den Neoabsolutismus sozialpolitische Themen fast vollkommen ausgespart; wo Havlíček auf den Sozialismus oder Kommunismus zu sprechen kam, wurde das Problem mit leichter Hand abgetan: „Ohne große Beweise und Erläuterungen sieht hier auf den ersten Blick jeder, daß eine solche Lehre höchstens närrisch ist, und daß sie aus den Köpfen einiger Wirrköpfe ausgeschwärmt ist, die aus dem Menschen immer etwas Besseres oder Schlechteres machen wollten, immer etwas anderes aber, als der Mensch ist." (Zit. b. P e š k o v á : Utopický socialismus 176).

[38] Über Springer vgl. W u r z b a c h 36 (1878) 268 ff. — OSN 23 (1905) 915.
J. H e i d l e r : Antonín Springer a česká politika v letech 1848—1850 [A. Springer und die tschechische Politik in den Jahren 1848—1850] Prag 1914.

[39] „Von allen Monopolen und Privilegien, welche einst in der Gesellschaft geherrscht, ist nur ein einziges noch aufrecht geblieben, das Monopol des Besitzes. Unter dem Namen der Bourgeoisie hat der Besitz der Leitung des Staates, wie des Verkehrs sich bemächtigt und die ganze Menschheit in zwei schroff getrennte, feindselige Klassen, in Besitzende und Besitzlose, geschieden. An sich vollkommen berechtigt (denn das Eigentum ist nichts anderes als die Äußerung der freien Persönlichkeit) hat der Besitz durch seine unverhältnismäßige Anhäufung in den Händen einzelner weniger, durch seine politischen Übergriffe, seine Herrschsucht und Lieblosigkeit den Charakter der gehässigsten Aristokratie an sich genommen und den grimmigsten Kampf gegen sich hervorgerufen. Die Zahl der Feinde des privilegierten Besitzes wird noch dadurch gesteigert, daß derselbe nicht nur die materielle Arbeitskraft für seine Privatinteressen ausbeutet, sondern auch die fortschreitende Bildung übermütig von sich stößt, in törichter Verblendung jetzt, nachdem er sich auf den Rücken der früheren Geburtsaristokratie gehoben, der ferneren Bewegung Stillstand anbefiehlt" (A. H. S p r i n g e r : Geschichte des Revolutionszeitalters. In öffentlichen Vorlesungen an der Prager Universität. Prag 1849, S. 652 f.).

seltenen Fällen ein anderes Band zwischen sich und den Mitmenschen ... als das eigene materielle Interesse", wodurch "sogar die nackte Existenz zum Gegenstand der Konkurrenz" geworden sei[40]. Springer hatte die "unbeschränkte Herrschaft des Kapitals in der Gegenwart" und die "selbstsüchtigen Prinzipien" der modernen bürgerlichen Gesellschaft angeprangert. Sozialrevolutionäre Gedanken hielt Springer für den "notwendigen Rückschlag auf die Hetzjagd, welche die zu vereinzelten Individuen zersplitterte moderne Gesellschaft anstellt, um einander die Existenz abzujagen"[41]. Freilich, wenig konkret blieb zunächst Springers *eigene* Antwort auf die soziale Frage; er bejahte das Streikrecht, lehnte jedoch die sozialistischen und kommunistischen Theorien ab; Mechanisierung und Bildung hielt Springer — darin typisches Kind des liberalen Optimismus — für die einzigen wahren Motoren des sozialen Fortschritts, der freilich zu einer Sache von Jahrhunderten[42] erklärt wurde: "Nicht die Aufhebung des Eigentums, nicht die Überlieferung der Gesellschaft an die hungernden, bildungslosen Proletarier, vielmehr die Verallgemeinerung des Eigentums, die Hebung des Proletariats bilden das wahre, aber freilich noch sehr ferne Ziel der sozialen Reform[43]."

Sehr viel konkreter, aber auch bescheidener, auf Praktikabilität ausgerichtet, wurden *Springers* Vorstellungen während einer nationalökonomischen "Bildungsreise", die er 1850 zusammen mit Rieger nach England unternahm. *Rieger* und *Springer* verfolgten das Ziel, in der Auseinandersetzung mit den englischen Verhältnissen festen sozialpolitischen Grund unter den Füßen zu gewinnen, um für die künftige Beurteilung der sozialen Entwicklung des Industrielandes Böhmen gewappnet zu sein[44]. Die Resultate seiner Erkundung in den Fabrikdistrikten der damals modernsten Industrienation Europas veröffentlichte Springer in der renommierten tschechischen Wissenschaftszeitschrift, dem "Časopis českého Museum" [Zeitschrift des böhmischen Museums][45], ausdrücklich mit der Hoffnung, die gebildete tschechische Öffentlichkeit für die soziale Frage zu interessieren. Springer knüpfte die Verbindung zur nationalen Bewegung, indem er die Lösung der Arbeiterfrage als unabdingbar für die Wohlfahrt der Nation erklärte; Wohlfahrt aber sei der erste Schritt zu politischer Freiheit[46]. Das von Springer im "Časopis českého Museum" entworfene Programm könnte man als bürgerlich-reformistisch bezeichnen. *Springer* lehnte zwar Friedrich *Engels'* These von der Verkettung des industriellen Fortschrittes mit der Verelendung ab[47], räumte aber ein, daß angesichts der herrschenden Ausbeutungspraxis der Arbeiterschaft keine Aufstiegshoffnungen blieben[48].

[40] Ebenda 638.
[41] Ebenda 656 f.
[42] Ebenda 654.
[43] Ebenda 652.
[44] Vgl. J. H e i d l e r : Příspěvky k listáři Dra. F. L. Riegra [Beiträge zum Briefwechsel Dr. F. L. Riegers]. I. Prag 1924, S. 75.
[45] Studie sociálního života v Anglicku [Eine Studie über das soziale Leben Englands]. CČM 24 (1850) S. 123—154 u. S. 576—595.
[46] "Unser politisches Streben muß zuerst auf die Verbesserung aller ökonomischen Verhältnisse ausgehen. Armut der Nation ist auch ihre Untertänigkeit, Reichtum aber ihre Freiheit." (ebenda 578).
[47] Ebenda 123.
[48] Ebenda 141 u. 144.

Dies jedoch sei zu ändern: im eigenen Interesse[49], so Springer, müsse das Bürgertum die Führung der Arbeiterschaft übernehmen, die gegenwärtig dem Kapital noch hoffnungslos unterlegen sei. Der Assoziationsgedanke, damit also auch die Idee der gewerkschaftlichen Vereinigung, das Bewußtsein von der Gleichartigkeit der Interessen, schließlich der Gedanke des Streiks, müßten vom Bürgertum der Arbeiterschaft nahegebracht werden, diese müsse „beinahe mit Gewalt aus der Gleichgültigkeit herausgerissen werden"[50]. Die wichtigste Voraussetzung zur Lösung der sozialen Frage war für Springer die Anteilnahme der bürgerlichen Öffentlichkeit an der Lage der Arbeiter, denn wo „die Angst vor der öffentlichen Meinung ist, da wagt man nicht so leicht, den armen Arbeiter zu unterdrücken"[51]. So erschien Springer das Wachsen großstädtischer Industrie als die beste Garantie für eine Besserung der sozialen Verhältnisse[52]; auch die Misere der nordböhmischen Arbeiterschaft führte er auf mangelnde Publizität zurück, die aus der Abgelegenheit der Industriegebiete resultiere.

Springer kam nicht mehr dazu, seine Überzeugung, daß allein schon Information über die soziale Frage eine positive Wendung des Bürgertums zur Arbeiterschaft bewirken müsse[53], an der Wirklichkeit zu erproben. Uneingelöst blieb das Versprechen, die tschechische Öffentlichkeit weiter mit den wirtschaftlichen und sozialen Problemen der Zeit zu konfrontieren.

Zunächst verstummte alle Diskussion sozialpolitischer Themen im tschechischen Lager. Die amtbekannte tschechische nationale Intelligenz, die ihre bürgerliche Stellung aus der Niederlage von 1849 retten konnte, tat gut daran, durch Ausklammerung des während der 50er Jahre tabuierten Themas der Arbeiterfrage überflüssige Kollisionen mit den neoabsoluten Behörden zu vermeiden. Auch Springers Reisegefährte, der Taktiker *Rieger*, wartete mit der Veröffentlichung seines sozialpolitischen Credo vorsichtig bis zum Jahre 1860[54]. „Entgleisungen", wie zum Beispiel ein Artikel der von tschechischen Literaten redigierten offiziösen „Pražské noviny" [Prager Zeitung] aus dem Jahre 1852, der über die englische Arbeiterbewegung berichtet hatte[55], wurden durch die Stabilisierung der staatlichen Presseaufsicht bald ganz unmöglich gemacht. Andererseits ist daran zu denken, daß das aufsteigende tschechische Gewerbebürgertum zunächst nichts weniger als sozialreformerische Ziele hatte, sondern Ruhe zur Arrondierung seiner

---

[49] „Wenn uns die Menschenliebe nicht zu solchen Vereinen führen wird, seien wir uns sicher, daß uns Egoismus und Sorge um die eigene Erhaltung dazu bringen werden." (ebenda 136).
[50] Ebenda 134.
[51] Ebenda 151.
[52] „Wenn die Fabriken auf das ganze Gebiet verteilt sind und eine von der anderen weit entfernt ist, so wird die Konkurrenz der Fabrikanten untereinander — so wie in den Großstädten — unmöglich; der ansässige Arbeiter verläßt in seiner Entschlußlosigkeit die Arbeit nicht so leicht und unterwirft sich lieber allen möglichen Nachteilen . . . , verliert er aber doch seine bisherige Ernährung, so findet er keine andere, oder nur mit großen Schwierigkeiten und noch größeren Opfern." (ebenda 151).
[53] Ebenda 153.
[54] S. unten 246 f.
[55] V o l f : Náladová zpráva 47.

wirtschaftlichen Positionen brauchte[56]; ein Bedürfnis, das von der nationalen Intelligenz wohl berücksichtigt werden mußte, wollte sie nicht ihre materielle Basis verlieren[57].

Wenn die Behörden in den 50er Jahren *Kampelík* der Verbreitung sozialistischen schen Ideenguts unter der Arbeiterschaft seiner ärztlichen Praxis in Ostböhmen verdächtigte[58], so war dies wohl mehr auf Kampelíks ungewöhnlich intensive menschliche Anteilnahme an den Nöten der Unterschichten — eine Tatsache, die offenbar auf die bürgerliche Gesellschaft befremdend wirkte — zurückzuführen, als auf die tatsächliche Virulenz sozialistischen Ideengutes. Kampelíks Publikationen zur Lösung der „sozialen Frage" in Böhmen jedenfalls, die nach 1859 erschienen, waren ganz utopischer, unpraktischer Natur und nahmen keine Änderung der industriellen Gesellschaft in ihre Programmatik auf[59].

Ähnlich weit entfernt von der sozialen Wirklichkeit war die, an die umfassende Revolutionsbegeisterung der Radikaldemokraten von 1848 anknüpfende Schülerverschwörung der „Bratři červeného praporu"[60] [Brüder der roten Fahne]. In dieser Schülerverbindung, die sich 1853 aus einem Sparverein am Altstädter Gymnasium in Prag entwickelte, gingen nationale Begeisterung und die Verehrung für die tschechischen Heroen des Hussitenzeitalters eine naive Verbindung ein mit pubertären sozialrevolutionären Ideen. Die geheimniskrämerische Revolutionsromantik war wohl der Hauptmotor der Cliquenbildung; auch wenn in den Zusammenkünften von Sozialrepublik und Verteilung des Geldes der Fabrikanten an die Arbeiter die Rede war, so ist die Entstehung dieses Revolutionszirkels von 14—17jährigen doch eher als eine typische Reaktion der nationalbegeisterten Gymnasialschülerschaft (das Altstädter Gymnasium war das Zentrum der tschechischen philologischen Intelligenz) auf die dumpfe Enge des neoabsoluten Polizeistaates zu betrachten, als daß man daraus auf das Überleben von sozialrevolutionärer Programmatik im tschechischen Bürgertum schließen könnte. Indes entfaltete der böhmische Polizeiapparat bei der Entdeckung der „Verschwörung" bluti-

---

[56] Ein wohlunterrichteter Geheimbericht aus dem Jahre 1853 über die Haltung des nationalen tschechischen Bürgertums führte aus: „. . . der ansässige Bürger und Bauer ist schon an und für sich gegen jede Unruhe, weil er eine Vermehrung der Steuern, Einquartierung etc., manche auch im Hintergrunde den Kommunismus sehen;" (s. Anhang 338).

[57] An dieser Stelle sei der Hinweis auf das Paradoxum gestattet, daß der „Utopist" Sladkovský die Problematik einer Sozialreform viel klarer analysiert hat als der „Realist" Springer: Sladkovskýs Kritik des Mehrwertprinzips beschränkte sich nicht auf die indutriellen Verhältnisse, sondern konstatierte die grundsätzliche Interessenidentität a l l e r Arbeitgeber — also gerade auch der Handwerksmeister und kleinbürgerlichen Geschäftsleute — gegenüber ihren Arbeitern. Springer hingegen hat diese Tatsache nirgendwo in seine Überlegungen aufgenommen; in seinem Vertrauen auf die positive Macht der bürgerlichen öffentlichen Meinung vermochte er allenfalls in der „Unbildung" des tschechischen Mittelstandes ein kleines Hindernis für sein Konzept erblicken (S p r i n g e r : Studie 136).

[58] R o u b í k : K prvním pokusům 471.

[59] Kampelík schlug die Auswanderung in die östlichen Teile der Monarchie vor, dort sollten slavische Kollektivsiedlungen ohne Privateigentum entstehen (vgl. K u t n a r : Vystěhovalectví 60 ff.).

[60] Vgl. J. V o l f : Červený prapor. Osvěta 44 (1914) S. 329 ff. — S t r e t t i o v a : O starých časech 210 ff. — P u r š : Jan Neruda a „Bratři červeného praporu".

gen Ernst, die Hauptbeteiligten wurden wegen Hochverrats zuerst zum Tod, dann zu langjährigen Freiheitsstrafen verurteilt.

Konkreter, weil ein praktisches Problem betreffend, war da eine Stimme zur sozialen Frage, die anläßlich der schweren Hungerkrise der Hausindustrie um die Wende 1852/53 aus dem tschechischen Lager kam. Neben den vielen Bittschriften und Analysen des Untergangs der Hausindustrie, die aus den deutschsprachigen Webereigebieten an die böhmische Statthalterei kamen, meldete sich auch ein Angehöriger der tschechisch-nationalen Bewegung aus Nordböhmen zu Wort. Freilich war es kein prominenter Tscheche, nur so ist die Freimütigkeit seines Engagements verständlich. Im März 1853 schickte der Náchoder Bürger Josef *Hubka*[61] ein Memorandum über die Weberfrage direkt an *Mecséry*. Darin wurde kein Zweifel daran gelassen, daß die kommerzielle Versklavung der Weber durch das fortgeschrittene Verlagssystem, die Ausbeutung der Arbeitskraft durch den Handel die Gründe für die Untergangsmisere der Branche seien. Hubka meinte, daß ohne staatliche Eingriffe in die kapitalistische Mechanik für die Hausweberei nichts zu hoffen sei. Wie alle anderen Memoranden zur Weberfrage blieb Hubkas Vorstoß völlig folgenlos; die große Webereienquete, die Mecséry im Frühjahr 1853 veranlaßte[62], führte nur zu einer Katalogisierung und Archivierung der verschiedenartigsten Stellungnahmen.

Zunächst schwieg die tschechische Bewegung während einiger Jahre zur sozialen Frage.

Erst *Šimáček,* als Angehöriger einer Generation, die von der Revolution nicht mehr kompromittiert war, hat es gegen Ende der 50er Jahre wieder gewagt, der tschechischen Öffentlichkeit Arbeiterprobleme vorzulegen. Es versteht sich, daß es dem unermüdlichen Prediger für die wirtschaftliche Emanzipation des Kleinbürgertums nicht um eine grundsätzliche Kritik des Kapitalismus gehen konnte. So klammerte Šimáček im „Posel" das Thema der Massenverelendung zwar nicht aus, vermied es aber, sich auf eine detaillierte Auseinandersetzung über die Ursachen einzulassen[63]. Wichtiger schien es dem Praktiker Šimáček, auch die Arbeiterschaft in

---

[61] Über Hubka vgl. K u t n a r : Sociální otázka 218. Josef Hubka war Sohn des Bürgermeisters der nordostböhmischen Weberstadt Náchod. Schon vor 1848 hatte Hubka nach seinem Studium als Rechtsberater der armen Weber gewirkt. 1848 war er im Mittelpunkt der politischen Bewegung in Náchod; er organisierte die Errichtung der Nationalgarde in Náchod und den umliegenden Städten. Hubka war mit dem tschechischen Nationalen Peter Faster in Prag befreundet und reiste 1848 zwischen den beiden Städten hin und her. Nach der Revolution tauchte er zunächst unter. Im Frühjahr 1848 versuchte er, als Sachverständiger für die Weberfrage an den Reichstag von Kremsier geschickt zu werden. Wie viele andere gescheiterte Revolutionäre von 1848 war er in den 50er Jahren Mitarbeiter bei der Grundentlastung.

[62] S. unten 283.

[63] „Die Armut des arbeitenden Volkes ist uns wohlbekannt; viel haben wir in dieser Hinsicht gelesen, was berühmte Männer geschrieben haben. In neuester Zeit ließ ein Minister S. M. des belgischen Königs eine Schrift mit Zahlen verfertigen. Aus dieser Schrift, an der zuverlässige und vereidigte Leute gearbeitet haben, geht hervor, daß dem belgischen Arbeiter täglich (so scheint es uns) ca. 2 Centimes (nach unserem Geld ca. $1/2$ Kreuzer) dazu fehlen, um nur die tierischen Bedürfnisse zu befriedigen, von den religiösen, sittlichen und überhaupt rein menschlichen ganz zu schweigen. Viel haben wir auch mit eigenen Augen gesehen, aber diese Sache ist so heikel, berühmte Männer haben darüber

sein umfassendes Konzept der Selbsthilfe einzubeziehen. Denn die unbegrenzten Möglichkeiten, die es in der expandierenden Wirtschaft für jeden gab, der „mit Ausdauer und festem Willen alle Schwierigkeiten und Nöte" zu überwinden entschlossen war[64], standen nach *Šimáček* auch dem Arbeiter offen. Von diesem grundsätzlich optimistischen Ansatz her ist es zu verstehen, daß das sozialpolitische Programm des „Posel" sich im wesentlichen in Appellen nach zwei Seiten niederschlug: einmal wurde die Arbeiterschaft aufgerufen, sich die Aufstieg verbürgende kapitalistische Ethik von Fleiß, Sparsamkeit und bürgerlicher Ehrenhaftigkeit anzueignen[65], also genau das zu tun, was Šimáček dem tschechischen Kleinbürgertum empfahl. Zum anderen beschwor Šimáček die Arbeitgeber, patriarchalisch die Emanzipation ihrer Arbeiter selbst in die Hand zu nehmen und zu fördern[66]. Šimáček ist indes auch der Auseinandersetzung mit konkreten krassen Mißständen nicht ausgewichen. In weiser Rücksicht ging er dabei auf die Vorurteile seiner kleinbürgerlichen und bäuerlichen Leser gegenüber dem „Proletariat" ein und brachte heikle Forderungen — wie die Begrenzung des Arbeitstages auf 12 Stunden und die Abschaffung der Kinderarbeit — im „Posel" nur nach behutsamer Einführung vor[67]. Der entscheidende Beitrag Šimáčeks zur Diskussion der sozialen Frage im tschechi-

---

nachgedacht, aber das endliche Fazit war, daß sie mit den Achseln gezuckt haben. Ja, mein Teurer, es ist ein Krebs, der sich tief in den Körper der menschlichen Gesellschaft gefressen hat; ein Krebs, der einen besonderen Arzt verlangt, den schon die ganze Welt als Messias erwartet. Eins geht aber daraus hervor, daß nämlich die Maschinen schuldlos sind, schuld ist das Menschenherz . . ." (Posel z Prahy 1857/I, 218 f.).

[64] Ebenda 1857/I, 217.

[65] Šimáček gab auch der Arbeiterschaft selbst Schuld an ihrer schlechten Lage: „Wie weit aber der Arbeiterstand selbst die Schuld an seiner Armut trägt, wissen Sie, weil Sie ein vernünftiger Mensch sind. (. . .) Die Kinder werden schlecht erzogen (wer daran schuld ist, wollen wir nicht ermitteln), die Ehen werden unter Personen geschlossen, die noch zehn und fünfzehn Jahre ledig bleiben könnten, die Sonntage werden verlumpt, bis kein Kreuzer in der Tasche bleibt. Im Sommer denkt man nicht an den Winter, so daß, wenn der Schnee fällt, die Sachen ins Pfandhaus gebracht oder an die Juden verschleudert werden. Überhaupt ist sehr wenig Ordentlichkeit, sehr wenig Mäßigung zu beobachten. (. . .) Und wie die Eltern, so gewöhnlich die Kinder. Wirklich, hier sind traurige Aussichten! Schwer ist es eben, sich auf die Beine zu helfen, aber es ist nicht unmöglich. Wenn man sieht, wie so mancher bettelarme Jude, der mit einem Sack und ein paar Kreuzern seine Schliche und Geschäfte angefangen hat — wenn wir also sehen, daß er sich in ein paar Jahren zu gewissem Wohlstand verhilft, da stellt sich uns die Frage: warum auch unsere Arbeiter nicht? Natürlich, der eiserne Wille und die Ausdauer, die den Juden überall begleiten, die ihm befiehlt, vorwärts zu schreiten, um sein Ziel zu erreichen, diese Genügsamkeit und Bescheidenheit mangelt unseren Leuten." (Posel z Prahy 1857/I, 219. — Vgl. auch Anhang 326 ff.).

[66] „Jeder Herr soll sich selbst betrachten, als habe ihn die Vorsehung an die Spitze einer größeren oder kleineren Gruppe gestellt, um sie zum Wohlstand zu führen, d. h. zu körperlicher und seelischer Sittlichkeit, zur Verschönerung des Lebens, zur Erkenntnis, daß außer der groben Materie hier auch ein ewiger Geist ist, der alles durchweht und das Leben wirkt. Die Arbeiter betrachtend soll er denken, daß sie nach der Familie und der Verwandtschaft seine Nächsten sind, die er pflegen soll, daß sie seine Schützlinge sind, mit denen er eine Art Familie bildet."

[67] Vgl. dazu den im Anhang 329 wiedergegebenen Ausschnitt aus dem „Posel", wo Šimáček seine Forderung nach menschenwürdiger Behandlung einem bäuerlichen Korrespondenten in den Mund legt.

schen Lager liegt indes nicht in der Entwicklung relativ abstrakter sozialethischer Maximen. Viel wichtiger ist, daß der Herausgeber des „Posel" als einer der ersten das neue tschechische Industrieproletariat konsequent als Teil der projizierten, durch Selbstbildung zu schaffenden Nation akzeptierte und aus dieser Voraussetzung die Arbeiterfrage mit der nationalen zu verbinden verstand. In gewisser Weise nahm *Šimáček* — freilich zurückhaltender und mit praktischem Augenmaß für die Tragfähigkeit seiner Argumente — damit Motive auf, die in der Radikaldemokratie der Revolutionszeit lebendig gewesen waren. Das Thema der Ausbeutung des Tschechen durch den Deutschen[68] hielt im „Posel" zum zweiten Mal seinen Einzug in die tschechische Publizistik. Der „Posel" nahm sich der neuen tschechischen Arbeiterminderheiten im nordböhmischen Industriegebiet an und polemisierte scharf gegen die Vernachlässigung der Zugewanderten durch Staat, Kirche und Gemeinden[69]. Šimáček forderte für die Minderheiten tschechische Schulen und tschechische Seelsorge[70]; den Leitmeritzer Bischof *Hille* forderte er auf, mit seinen Industrieseel-

---

[68] Den selben Tenor, aber mit irrationalen Beschwörungen des Weltgerichtes und düsteren Drohungen im Sagenton vermischt, hatte zuletzt ein im Juli 1849 gedrucktes, jedoch sofort konfisziertes Flugblattgedicht angeschlagen. In dem „Dwanáctý červen" [12. Juni, das Datum des Pfingstaufstandes 1848!] betitelten Poem wurde die Identität von Deutschen = Reichen behauptet; der Tscheche sei die S k l a v e , der im eigenen Haus vor den fremdnationalen Eindringlingen im Staube kriechen müsse (Grenzboten 1849/II, 120). Der Verfasser des Flugblattes war der Student Jan Sekavec, ein Mitglied der tschechisch-protestantischen Gemeinde des Pastors Kossuth und der Studentenverbindung „Českomoravské bratrstvo" [Böhmisch-mährische Brüderschaft], die tief in die Maiverschwörung von 1849 verwickelt war. Sekavec wurde als Autor des Gedichtes entdeckt, wegen „Kommunismus" verhaftet und starb 27jährig im Gefängnis (L u k á š e k : Košut 43).

[69] Bei der Beschreibung der Lage der tschechischen Zuwanderer wurde nicht mit krassen Einzelheiten gespart: „Diese Armen finden hier, was sie suchten. Hunger und Not, weswegen sie ihre industriearmen Gemeinden verließen, wo sie sich nicht ernähren konnten, sind gestillt; der Leib freut sich ungewohnter Sattheit, aber die Seele fällt dem Verdienste zum Opfer. (...) Der größte Sittenverfall, die ungezäumte Haltlosigkeit, alle möglichen Laster und der gemeine Kommunismus in der Ehe brachten ihnen die Verachtung der deutschen Mitbürger ein, und so kam es, daß für diese Leute „a böhmischer" [deutsch im Original!] ein Inbegriff aller Ausschweifungen ist. Die Kinder dieser armen Leute besuchen keine Schulen, und niemand zwingt sie, welche zu besuchen. Die Fabrikbesitzer nützen die Körperkräfte der angeworbenen Arbeiter aus, an die Errichtung irgendwelcher Schulen für die Kinder ihrer Arbeiter denken sie nicht im Traume. Junge und Mädchen, manchmal kaum acht Jahre alt, beginnen schon mit ihren unsittlichen Eltern zur Arbeit zu gehen, zum Rüben- und Zichorienbau oder in die Fabrik. Da ist überall Gelegenheit genug, daß durch schamlose Reden und schändliche Beispiele der letzte Rest von Unschuld vergiftet wird, den der sündhafte Haushalt dem kleinen Herzen noch übriggelassen hat. Von Gebet keine Rede. Man erzählte mir, daß zwölfjährige Kinder von Gott überhaupt keine Ahnung haben, aber höchst sündig Heiraten spielen. Besonders beim weiblichen Geschlecht zeigt sich der roheste Verfall. Es wohnen immer einige Familien, Kinder, Kleinkinder und Erwachsene zusammen in einem fast unterirdischen Loch oder in einem schwarzen, verfallenen und engen Zimmer. Da legt sich jeden Abend jeder neben den, zu dem ihn eben der sündhafte Trieb lockt, ohne Unterschied der Verwandtschaft und des Alters. (...) Die Anzahl der unehelichen Kinder wächst in der Umgebung von Lobositz jedes Jahr in größerem Maße, macht irgendwo die Hälfte, ja sogar die große Mehrheit aller in diesem Jahr geborenen Kinder aus." (Posel z Prahy 1858/I, 235 ff.).

[70] Ebenda.

244

sorge-Plänen Ernst zu machen und tschechische Priester nach Nordböhmen zu holen[71]. Im „Posel" wurden Arbeiterbibliotheken zur Hebung des tschechischen Selbstbewußtseins propagiert[72] und gegen die Entstehung eines tschechisch-deutschen Mischjargons in den neuen Industriezentren Mittelböhmens polemisiert[73]. Zur Kollision mit dem Interesse des neoabsoluten Staates an „Ruhe" in den sozialen Verhältnissen kam es, als Šimáček 1858 einen Streik der Kampagnearbeiter der Zuckerfabrik Schoeller im Bezirk Karolinenthal[74] zum Anlaß nahm, um im „Posel" die schlechte Behandlung der Arbeiterschaft zum Teil auf die Sprachbarriere zwischen deutscher Fabrikverwaltung und tschechischen Arbeitern zurückzuführen; zur Abhilfe der Mißstände wurden Fabrikreglements und Gewerbegerichte gefordert[75]. Die Zuckerarbeiter-Nummer des „Posel" wurde sofort konfisziert, weil die Behörden im Hinblick auf die Weltwirtschaftskrise eine Verbindung von sozialen und nationalen Spannungen panisch fürchteten[76]. Es nützte Šimáček nichts, daß er persönlich bei Mecséry intervenierte und auf die sozialen Einrichtungen anderer europäischer Länder als Vorbild seiner sozialpolitischen Vorschläge hinwies[77].

Es hätte indes nicht der staatlichen Repressalien bedurft, um Šimáčeks sozialreformerische Appelle der Resonanz in der tschechischen Gesellschaft zu berauben. Denn die angesichts des erwarteten Endes des Absolutismus sich neu formierende

---

[71] Ebenda 1858/I, 239.

[72] Ebenda 1858/I, 396.

[73] Ebenda 1858/II, 41 f.

[74] Vgl. Š o l l e : Stávky 194.

[75] Posel z Prahy 1858/II, 52 ff. — Šimáček forderte die Überwachung der Fabriken durch die Gendarmerie; Friedensrichter, welche unabhängig von den Fabrikanten sein müßten, sollten ein umfassendes Arbeiterschutzprogramm überwachen. Gemeindevorstände und Ortsseelsorger sollten ständig die Fabriken kontrollieren. Šimáček malte ein rosiges Bild der bäuerlichen Sozialverhältnisse, wo der Herr für den Knecht sorge. Šimáčeks Artikel schloß: „In unserem aufgeklärten 19. Jahrhundert werden Vereine gegen Tierquälerei gegründet; wäre es nicht an der Zeit, Vereine zum Vorteile der Fabriksarbeiter einzurichten?"

[76] Päumann schrieb an Mecséry am 13. 7. 1858, Šimáček habe in seinem Artikel („Ein Wort in Betreff der bei Rübenfeldern beschäftigten Arbeiter zum Behufe der Verhütung trauriger Auftritte") „alles getan, um ... abermals allen Haß der Leser gegen das Verfahren der Fabrikanten und ihrer Diener zu wecken, und die Arbeiter als unschuldige Verfolgte und als Dinge hinzustellen, welche dem amerikanischen Sklaven gleich und noch ärger als das Vieh behandelt zu werden pflegen." Empört war Päumann auch darüber, daß Šimáček wiederum „auch bei dieser mit den Nationalverhältnissen in höchst entferntem Zusammenhange stehenden Angelegenheit" die Sprachfrage in den Mittelpunkt gestellt hatte: „Wird nun ins Auge gefaßt, daß von den in Böhmen bestehenden 45 Rübenzuckerfabrikanten nur drei in deutschen, alle übrigen aber in tschechischen Gegenden gelegen sind, so ist die Gefahr, daß durch die Helfershelfer des Redakteurs auf Grund dieses Artikels eine Agitation unter den Arbeitern versucht werden und zu traurigen Resultaten führen könnte, gewiß als sehr naheliegend anzusehen." Päumann bedauerte den Formalismus der Gerichte, welche zu lasch in der Verfolgung solcher Angelegenheiten seien, da sie offenbar „eine Aufreizung zu Feindseligkeiten wohl nur dort erblicken zu wollen scheinen, wo der Verfasser es ausdrücklich sagt, daß er zu Feindseligkeiten aufreize." (SÚA, PM 1855—59 8/4/96:1).

[77] Vinařického korrespondence III/324

großbürgerliche Spitze der Nationalbewegung dachte nicht daran, soziale Forderungen ins Programm zu nehmen; nationale, verfassungsrechtliche Zugeständnisse galt es von der Wiener Zentralregierung zu erlangen. Zwar recherchierte gegen Ende de 50er Jahre die Schriftstellerin Božena *Němcová* — enfant terrible der gutbürgerlichen tschechischen Kreise — im Auftrag des Brauereibesitzers und Mäzens Ferdinand *Fingerhut* [Vojta *Náprstek*] die Verhältnisse in den Fabriken Innerböhmens[78]; zwar zeigten sich bescheidene Anfänge eines gesteigerten sozialen Interesses bei der jungen literarischen Intelligenz, die sich 1858 um den Almanach „Máj" gruppierte[79], zwar warnte der Philantrop *Kampelík* 1859 aus Ostböhmen, die Nation verliere ihre Kraft, wenn sie sich nicht um ihr „armes Volk" kümmere[80]: an der vorerst rein bürgerlich-nationalen Stoßrichtung der tschechischen Bewegung änderte dies nichts. Wie die sozialpolitischen Vorstellungen der tschechischen Führungsgruppe um Palacký beschaffen waren, zeigten *Riegers* 1860 veröffentlichte Gedanken zur sozialen Frage[81]. Riegers späte Verarbeitung jener im Jahre 1850 zusammen mit *Springer* unternommenen Englandreise offenbarten im Gewande einer Auseinandersetzung mit *Engels'* „Lage der arbeitenden Klassen in England" den großbürgerlichen, dabei sozial defensiven Interessenstandpunkt des Verfassers. Bei Rieger finden sich fast wortwörtliche Parallelen zu den Ansichten des deutschen Unternehmertums über die Arbeiterfrage[82]; vehemente Eigentumsapologetik[83] und Fortschrittsglaube[84] sind mit der Klage über Entsittlichung[85]

---

[78] Bezeichnenderweise sind die sehr detaillierten und dadurch zwangsläufig schockierenden Beobachtungen der Němcová über Frauen- und Kinderarbeit, Arbeitsunfälle etc. erst sehr spät aus dem Nachlaß publiziert worden. Vgl. Božena N ě m c o v a : Básně a jiné práce [Gedichte und andere Arbeiten]. Prag 1957, S. 155 ff.

[79] Vgl. M. P o h o r s k ý : O t. zv. Kosmopolitismus Majovců [Über den sog. Kosmopolitismus der Maj-Gruppe]. ČL (1955), S. 118 ff. — Der Sinn für die soziale Realität artikulierte sich im „Máj" freilich noch ganz poetisch als „Weihe der Armut".

[80] Posel z Prahy 1859/II, 103.

[81] F. L. R i e g e r : Průmysl a postup výroby jeho v působení svém k blahobytu a svobodě lidu zvlaště pracujucího [Industrie und Produktionsfortschritt und deren Einfluß auf Wohlstand und Freiheit des Volkes, besonders des arbeitenden]. Leitomischel 1860.

[82] Vgl. die oben S. 186 zitierte Äußerung der Handelkammer Budweis mit der Riegers: „Das Schicksal des armen Arbeiters ist überhaupt zu unserer Zeit schon viel glücklicher; die Behausung des armen Arbeiters und Handwerkers ist heute nicht selten schöner und bequemer eingerichtet als früher die Fürsten und Edlen ihre Gemächer einrichten konnten; er selber besitzt bessere Kleider und eine bessere Wohnung und wenn nicht immer, so doch gewöhnlich bessere Kost. Und wenn wir heutzutage öfters von der Armut des Arbeitervolkes hören und lesen als früher, so ist es nicht deswegen, weil dieser Stand jetzt schlimmer daran ist als damals, sondern deshalb, weil heute die Teilnahme der Philanthropen größer ist..." (ebenda 17). Aufschlußreich ist auch ein Vergleich von Riegers Forderung nach volkswirtschaftlichem Unterricht für die Arbeiter: „Dieser Unterricht würde austreiben, daß man die Ungerechtigkeit dort sieht, wo keine ist" (ebenda 162) mit den Ideen der Pilsner Handelskammer (s. oben 191).

[83] Es entbehrt nicht einer pikanten Note, daß der durch glückliche Erbschaft und Mitgift zu großbürgerlichem Status gelangte Rieger die Erblichkeit des Eigentums eigens verteidigte: „Manche Denker und mutmaßlichen Weltbeglücker versuchten verschiedene Pläne zu entwerfen, auf denen sie den Wohlstand der Menschheit gründen zu können meinten, wobei deren Organismus ganz verändert wurde. Aber alle diese bislang unterbreiteten Vorschläge sind unhaltbar und unverwirklichbar, sofern sie das Prinzip des p e r s ö n - l i c h e n u n d e r b l i c h e n E i g e n t u m s antasten. Sozialismus und Kommunismus

246

und politische Unzuverlässigkeit der Arbeiter verkoppelt. Nichts kennzeichnet besser die Denkweise Riegers als der „sozialreformerische" Vorschlag, man möge Fabriken grundsätzlich aufs Land verbannen, um die Städte von den umsturzverdächtigen proletarischen Massen zu befreien[86].

Daß *Rieger,* für ein Menschenalter der politische Führer des tschechischen Bürgertums, dennoch ein sozialpolitisch vergleichsweise interessierter Mann gewesen ist, läßt sich an den „Böhmischen Skizzen" (1860) Jan *Palackýs,* des Sohnes des großen Historikers, ablesen. Hier ist bei der vorgeblich umfassenden Darstellung der böhmischen Gegenwart von der Existenz einer Arbeiterschaft überhaupt nicht die Rede; nur am Rande werden „Überbevölkerung ... Pauperismus und ... dadurch entstehende(n) Demoralisation, die im Erz- und besonders im Riesengebirge so verbreitet sind" erwähnt[87].

Die Arbeiterschaft blieb solange verdrängt vom politischen Horizont des breiten tschechischen Bürgertums, bis die heftigere politische Auseinandersetzung der 60er Jahre die nationalen Kontrahenten nötigte, sich nach Hilfstruppen umzusehen. Von hier datiert das Interesse des linken Flügels des Jungtschechen für die Arbeiter der mittelböhmischen Industrieregion[88]; hier beginnt die echte Adaptierung sozialreformerischer Motive durch die tschechische Bewegung.

---

würden, wenn sie dies beschnitten, auch jeden Trieb und Anreiz zu Tätigkeit, Nachdenken, Arbeit und Erzeugung abschaffen. Damit würden sie nicht nur das Weiterleben der Industrie und die Erfindung neuer Maschinen ... unterbinden, sondern würden auch die bereits erfundenen Maschinen in Vergessenheit geraten lassen; sie ließen die schon arbeitenden Maschinen verrosten und brächten so nicht nur unter die Arbeiter, sondern unter alle Stände eben jene Armut, jenen Mangel aller Güter und aller Notwendigkeiten, welche man mit diesen Vorschlägen abzuschaffen versucht." (ebenda 162).

[84] Rieger schrieb, daß „der Hauptgrund für die unglückliche Lage des Volkes nicht in der ungleichen Verteilung der Güter, sondern vielmehr in der Mangelhaftigkeit der Erzeugung" liege (ebenda 5).

[85] Ebenda 136 f.

[86] Ebenda 142. — Rieger begründete seine Forderung damit, daß „der Arbeiter in der Stadt diese Zeit [d. h. Freizeit] meistens in der Kneipe sitzt und spielt, ja sogar oft im Konkubinat oder unbeweibt lebt; so fällt er bei seiner Unordnung oft in Unzufriedenheit und Verzweiflung, woraus sich dann leicht erklären läßt, warum dieses Volk immer so geneigt ist, jeden Aufstand zu unterstützen, ob er in guter oder in böser Richtung angefangen wird." (ebenda 141).

[87] Die Beschreibung der sozialen Gliederung der Bevölkerung in Böhmen liest sich bei Palacký so: „Böhmen hat noch Stände, wie im Mittelalter ganz Europa ... Es hat einen nicht sehr zahlreichen Adel, ... eine nicht zahlreiche Geistlichkeit, einen politisch wichtigen Kaufmannsstand, einen zahlreichen aber armen Bürgerstand, eine zahlreiche Bürokratie und einen wohlhabenden, selbständigen Bauern — die Elemente der Gesellschaft bis auf die Juden, und endlich die Armee." (a.a.O. 38).

[88] Vgl. P u r š : The working-Class Movement 91 ff. — S. B u d í n : Jan Neruda a jeho doba [J. N. und seine Zeit]. Prag 1960. — I. P f a f f : Jan Neruda a české demokratické hnutí v letech šedesátých [J. N. und die tschechische demokratische Bewegung in den sechziger Jahren]. Prag 1963.

5. DIE FÜHRENDEN MÄNNER DES NEOABSOLUTEN REGIMES

Der Ausgangspunkt für die Generallinie der Haltung der maßgeblichen Führungskräfte des neoabsoluten Systems gegenüber der „sozialen Frage" liegt im Trauma der Ereignisse von 1848. Ein Rückblick auf die Entwicklung der österreichischen Revolution und besonders der Wiener Vorgänge ist daher für das Verständnis unerläßlich.

In der ersten Phase der Revolution waren die an die Macht gelangten liberalen Kräfte sich darüber im Klaren, daß ein Zusammenwirken von Bürgertum und Wiener Arbeiterschaft, welches den Sturz des Metternich-Regimes ermöglicht hatte, auch für die Stabilität der liberalen Errungenschaften unabdingbar war. Deshalb war die Antwort der liberalen Regierung auf die sich rapide verschlechternde Arbeitslage im Gefolge des Revolutionskrieges in Italien der Versuch, die auftretenden sozialen Spannungen auf dem Wege eines großzügigen Arbeitsbeschaffungs- und Investitionsprogrammes zu lösen. Der erste Ansatz einer staatlichen Regelung der sozialen Frage ging somit zurück auf das Sicherheitsbedürfnis der labilen liberalen Kräfte vor den radikalisierten Arbeitslosen. Die Bildung eines Ministeriums für öffentliche Arbeiten[1] war der Ausdruck der Tatsache, daß der Staat willens war, als ein regulierender Faktor der Wirtschaft aufzutreten.

Der vom Sozialdenken des Josephinismus geprägte *Baumgartner*[2], der im Mai Minister für öffentliche Arbeiten wurde, legte im Sommer 1848 ein 12-Punkte-Programm vor, welches als Vorläufer einer künftigen „Arbeiter-Ordnung" Ansätze zu sozialpolitischen Normen enthielt und das den sozialrevolutionären Druck abfangen sollte[3]. Zugleich freilich mobilisierte auch schon der demokratische Wiener Sicherheitsausschuß die bürgerlichen Nationalgarden und die Wiener öffentliche Meinung gegen die „überspannten Forderungen" der Arbeiterschaft[4]. Das von Baumgartner organisierte staatliche Arbeitsbeschaffungsprogramm geriet schon im August in eine schwere Krise; *Schwarzer*, Baumgartners Nachfolger im Kabinett *Wessenberg-Doblhoff-Dier*, mußte den Taglohn herabsetzen und die Arbeitslosenbeschäftigung einschränken[5]. Die Vorzeichen des endgültigen Scheiterns dieses „modernen" Weges der öffentlichen Sozialpolitik, bewirkt durch die mangelnde finanzielle Absicherung der neuen Regierung, radikalisierte die Arbeiterschaft und ließ Forderungen nach sozialen Garantien laut werden. Der Bruch mit dem Bürgertum, das sich nun seinerseits bedroht fühlte, war bald unvermeidbar geworden. Auf dem Höhepunkt der sozialen Krise im Sommer 1848 schwankten

---

[1] Friedrich W a l t e r : Die österr. Zentralverwaltung III/1, 71 ff.

[2] Zu Baumgartners Rolle als Handelsminister in den 50er Jahren s. oben 139.

[3] F. P r i n z : Die soziale Frage in Wien und die Anfänge der österreichischen Arbeitergesetzgebung im Jahre 1848. Saeculum 20 (1969) Heft 1, S. 117 ff.

[4] P r i n z : Prag und Wien 72.

[5] P r i n z : Soziale Frage 120.

die liberalen Kräfte zwischen einem konstruktiven und einem „polizeilichen" Versuch der Lösung für die sozialen Spannungen; *Schwarzer*, in der Theorie Optimist in der „sozialen Frage"[6], ließ im August 1848 „grobe Exzesse der Arbeiter" militärisch unterdrücken. Im September waren die Gegensätze zwischen der Nationalgarde der Innenstadt und der Arbeiterschaft im Weichbild der Stadt bereits unüberbrückbar geworden; die Drohung mit dem Maschinensturm markierte die endgültige Spaltung von bürgerlicher und sozialer Revolution[7]. Angesichts der vitalen Bedrohung der wirtschaftlich-sozialen Machtverhältnisse schlug das vage sozialreformerische Interesse der Liberalen, das im Vormärz eine wichtige Rolle als Katalysator für die Integration der zur politischen Macht strebenden bürgerlichen Kräfte gespielt hatte[8], in die militante Verteidigung des sozialen „Besitzstandes" um. Alexander *Bachs* — des Mannes, der der neoabsoluten Epoche den Namen geben sollte — Aufstieg vom Sprungbrett des Wiener Sicherheitsausschus-

---

[6] S. oben 212 ff.

[7] P r i n z : Soziale Frage 120.

[8] In den „Grenzboten, dem stark meinungsbildenden Forum der liberalen Stimmen Österreichs vor 1848, spielte z. B. die Kritik an der Untätigkeit des Metternich-Regimes angesichts der sozialen Krise der späten 40er Jahre eine große Rolle; lautstark nahm man hier Partei für die leidenden Unterschichten. — Der Werdegang Alexander Bachs ist für diese allgemeine Entwicklung besonders typisch: im Vormärz gehörte er — neben dem Wiener „Juridisch-politischen Leseverein" — zahlreichen humanitären, „sozial engagierten" Gesellschaften und Vereinen an, die im Metternich-Staat ja fast die einzigen legalen Möglichkeiten zur Bildung von Anknüpfungspunkten von politischen Kontakten des Bürgertums waren. (Mit richtigem Instinkt hat denn auch der Metternichsche Polizeistaat hinter den vielfältigen humanitären Zielen solcher Vereinsbildungen die Formierung politisch unliebsamer Kraftzentren gewittert und ihr Entstehen argwöhnisch beobachtet.) Im Vormärz beschäftigte sich Bach auch mit Überlegungen zur Lösung der Arbeiterfrage (s. Bachs Gedanken zur Arbeiterfrage im Anhang 329 f.). Freilich, daraus auf ein kontinuierlich durchgehaltenes tragfähiges sozialpolitisches Konzept Bachs zu schließen, wie dies neben Bachs erstem Biographen L o e w (S. 44) auch M i k a (Bürgertum und Absolutismus in Altösterreich 40) und F. W a l t e r (Eine österr. Denkschrift über den Stand der sozialistischen Bewegung zu Anfang des Jahres 1850. VSWG 50 (1963) S. 208) tun, scheint mir verfehlt. Entscheidend für die Beurteilung der bürgerlichen Haltung in einer so zentralen Frage darf nicht die Ancienität einer Quelle sein; die „Modernität" von irrelevanten Gedankenspielen während des Vormärz darf nicht zu dem Schluß verleiten, der Verfasser sei dann zeit seines Lebens ebenso „engagiert" geblieben. Für die historische Würdigung der Rolle des Bürgertums vor und nach der Revolution von 1848 ist es dienlicher, das Schema der Festnagelung der historischen Persönlichkeit auf ihre ideologischen Bekenntnisse (wie vor allem in der Auseinandersetzung der liberalen Historiographie mit dem Neoabsolutismus gebräuchlich), und zwangsläufig daraus folgend, die Konstatierung des „Verrats an der Idee" möglichst beiseite zu lassen. Dieses Schema provoziert Polemik (wie bei dem liberalen „Zeitgeschichtler" R o g g e in seinem Österreich I) oder Apologetik (wie bei Bachs Biographen L o e w). Übersehen wird dabei, daß durch die Ereignisse der Jahrhundertmitte die Gedankenmodelle, welche die politisch machtlosen bürgerlichen Liberalen im Vormärz durchgespielt hatten, entscheidend modifiziert wurden. In den 10 Jahren des Absolutismus kam ein m o d i f i z i e r t e r Liberalismus zumindest in der Sozialpolitik zur allgemeinen Gültigkeit; Bachs „Sozialpolitik", die ja, entgegen dem Bewußtsein der liberalen Zeitgenossen der entscheidende Kitt des Regimes war, war insofern typisch liberal geblieben. — Zu Bachs humanitärer Vereinstätigkeit im Vormärz („Wiener allgemeiner Hilfsverein", „Rumford-Suppenanstalt" etc.) vgl. L o e w : Bach 31 ff. u. AVA, Nachlaß Bach, Kt. 16.

ses zur politischen Macht hängt unmittelbar mit dem Bruch zwischen Bürgertum und Unterschichten zusammen: *Bachs* Geschick bei den Aktionen des liberalen Bürgertums gegen das Gewicht der Arbeiterschaft (z. B. in der Frage des Wahlrechts der Arbeiter) machte ihn für die labile junge östereichische Regierung interessant[9]. Anläßlich der bürgerkriegsähnlichen Auseinandersetzung der bürgerlichen Nationalgarden mit den maschinenstürmenden Arbeitern der Vorstädte entwickelte Bach als neuer Justizminister des Kabinetts Wessenberg-Doblhoff-Dier erstmals die Idee eines Machtinstruments gegen die Sozialrevolution, einer „Armee nach innen", die er dann als Innenminister nach 1849 in der Gendarmerie verwirklichte[10].

In Bachs Bewußtsein und dem seiner bürgerlichen Mitarbeiter, die doch selbst auf der Leiter der Revolution gegen die feudal-bürokratischen Kräfte an die Schaltstellen der Macht gelangt waren, blieb als gesinnungsprägender Eindruck aus dem Jahre 1848 haften, daß auf die Arbeiterschaft als einer Art proletarischen Kettenhundes der liberal-konstitutionellen Kräfte nur solange zu rechnen gewesen war, als bei ihr noch nicht das Bewußtsein ihres politischen Gewichtes erwacht war. Die Emanzipation des Proletariats von dieser seiner — für das politisch aktive Bürgertum bequemen Rolle ließ die soziale Kameraderie schlagartig verschwinden; die bürgerlichen Politiker begannen sich mit den polizeistaatlichen Methoden zu befreunden, vermittels welcher das vormärzliche Regime das liberale Bürgertum schikaniert hatte und gegen die sich die bürgerliche Revolution des März 1848 doch so energisch gerichtet hatte.

Entscheidend verstärkt wurde diese Wandlung der sozialpolitischen Haltung der liberalen Kräfte durch die Entwicklung der politischen Verhältnisse in Westeuropa. Frankreich, das politische Modell-Land par excellence, an dessen gesellschaftlicher Entwicklung der Liberalismus manchmal sogar naiv die Prognose für die Zukunft der österreichischen Verhältnisse ableiten zu können glaubte, exerzierte den österreichischen Liberalen im Juni 1848 seine vorläufige Lösung der „sozialen Frage" vor. In der Pariser „Junischlacht", der mit 12—15 000 Toten unerhört blutigen Unterdrückung des Pariser Proletariats durch die bürgerlich-liberale Regierung, sahen die österreichischen liberalen Politiker die Weichen für das nächste Jahrzehnt gestellt[11]. In Bachs ministerieller Tätigkeit nach 1849 wurde dieser Bestandteil des liberalen Denkens politisch relevant. Nimmt man hinzu, daß Bach im radikalisierten Wien des Oktober 1848 dem Lynchmord durch das Proletariat nur mit knapper Not entgangen war, so erscheint verständlich, daß er seit 1848 geradezu hypnotisch fixiert war auf die unmittelbare Bedeutung der sozialen Ver-

---

[9] P r i n z : Prag und Wien 67. — Derselbe: Soziale Frage 116 f.

[10] P r i n z : Prag und Wien 104.

[11] In der aus dem Bach-Kreis stammenden Denkschrift „Über die Stellung der Sozialdemokratie zu Anfang 1850" wurde die zentrale Stellung der Juni-Schlacht von 1848 als eigentlicher Wendepunkt des Revolutionsjahres ausdrücklich vermerkt: „. . . nur die göttliche Fügung verhinderte damals, die sittliche Welt in Frankreich, vielleicht in Europa, in ein Chaos zurückzuschleudern." (W a l t e r : Eine Denkschrift 210 f.). — Zur Faszination des Bürgertums durch die Ereignisse in Frankreich s. auch oben 203.

hältnisse Westeuropas und Frankreichs[12]. Das Hantieren mit der Allgemeingültig-
keit des Modells der in Frankreich erstmals zutage getretenen blutigen Klassen-
auseinandersetzungen für ganz Europa einschließlich Österreichs[13] wurde für
Bach[14] ein kontinuierlich verwendeter Bestandteil seiner politischen Praxis; der
Rahmen seiner sozialpolitischen Gedankengänge war seit 1848 bestimmt durch
die Alternative von „roter" Republik einerseits und Militärdiktatur andererseits[15]. Um deshalb für alle Eventualitäten mit Informationen gerüstet zu sein,
unterhielt Bach im Rahmen seines in ganz Europa 1849/50 aufgebauten Geheim-
dienstnetzes[16] in Paris eine Agentur, die darauf spezialisiert war, die „sozialdemokratischen" Bestrebungen Frankreichs zu beobachten[17]. Nach der Etablierung
Londons als maßgeblicher Zentrale der sozialrevolutionären Kräfte ließ sich Bach
auch von dort, besonders über *Marx'* und *Engels'* Tätigkeit berichten[18]. Dieser zentralen Stellung polizeilich-repressiver sozialpolitischer Gedankengänge in Bachs
Überlegungen widerspricht nicht, daß es auch nach dem Aufstieg Bachs zur politischen Macht im Sommer 1848 bei ihm noch Ansätze zu einer konstruktiven
Sozialpolitik gegeben hat. *Bach*, als ein Mann, welcher weniger den Doktrinarismus
des zeitgenössischen Bürgertums als dessen unbändigen gesellschaftlichen Aufstiegs-
willen symbolisierte, war auch für den Fall eines Linksrucks der österreichischen
Entwicklung gewappnet. Auf dem Höhepunkt der sozialen Krise in Wien im
Sommer 1848 veranlaßte der damalige junge Justizminister die Vorarbeiten für
eine praktische Sozialgesetzgebung, so z. B. für die Einführung von Fabrik-
gerichten[19].

---

[12] Auch Bachs Vorgänger und Lehrmeister, der Innenminister Franz Graf Stadion, hatte
um die Wende 1848/49 geglaubt, die politische Entwicklung ganz Europas werde von
der Entwicklung Frankreichs entscheidend bestimmt werden (vgl. dazu R o g g e : Österreich I/66).

[13] HHSTA, I.B. 1849/890.

[14] Karl Marx hat, wenngleich mit anderen Schlußfolgerungen, in dieser Hinsicht die gleichen Ansichten gehabt wie Bach.

[15] So verbreitete Bach z. B. im Februar 1850 in seinem Sprachrohr, der lithographierten
„Österreichischen Korrespondenz", düstere Andeutungen bezüglich der Zukunft Österreichs. Wenn sich in Frankreich eine soziale Auseinandersetzung anbahne, so sei auch in
Österreich eine Bedrohung durch sozialrevolutionäre Kräfte im großen Umfang zu erwarten; Bach sagte eine unvermeidliche Einbuße an bürgerlichen Freiheiten voraus, die
durch den Gegenschlag der staatlichen Kräfte schmerzliche, aber notwendige Folge sein
werde (AAZ 1850, S. 868). — Daneben hat Bach freilich die Empirie nicht verschmäht
und schon im Herbst 1849 durch die Statthaltereien nach Verbindungen von Revolutionären des Jahres 1848 nach Paris und London recherchieren lassen, ein Unternehmen,
das freilich ohne rechte Resultate blieb (HHSTA, I.B. 1849/798).

[16] S. unten 257 ff.

[17] HHSTA, I.B. 1850/4097.

[18] HHSTA, I.B. 1850/2106.

[19] AVA, Nachlaß Bach Kt. 4. Am 28. Juli 1848 verlangte Bach von Karl Beyer, einem
Juristen des niederösterreichischen Merkantil- und Wechselgerichtes, ein Gutachten über
die Einführung von Gewerbe- und Fabriksgerichten in Österreich. Beyer, der seine Arbeit
zusammen mit dem niederösterreichischen Gewerbeverein begann, wurde durch die Oktoberrevolution unterbrochen; von da an blieb die Arbeit auf Grund des gewandelten
politischen Klimas liegen. Den Umschwung der Einstellung der führenden Gruppen zur
Arbeiterfrage signalisierte das Verbot aller Arbeitervereine, das als eine der ersten Amts-

Als es im Gefolge des ersten Konjunkturaufschwunges im Jahre 1849 zu Streiks und Arbeitskämpfen kam, hat Bach daran gedacht, für den Staat die Schiedsrichterrolle in der sozialen Auseinandersetzung zu beanspruchen und dadurch die politisch unzuverlässige Arbeiterschaft für den neuen Staat zu gewinnen[20]. Bachs wohlbegründete und zukunftsweisende Gedanken wurden freilich im Handelsministerium nicht aufgenommen. *Bruck* lehnte jeden Eingriff des Staates in die Wirtschaft als expansionshemmend ab und antwortete Bach, es sei „eine durch vielfältige Erfahrung erprobte und allgemein anerkannte Wahrheit, daß das Gedeihen und die erfolgreiche Entwicklung der gewerblichen Betriebsamkeit überhaupt und der Fabriksindustrie insbesondere in der möglichsten Freiheit der Bewegung beruhe . . .“[21]. Bach hat sich mit dieser Ablehnung zufriedengegeben und

handlungen vom neuen Innenminister, dem Grafen Franz Stadion, am 6. 12. 1848 erlassen wurde. Das Verbot wurde damit begründet, daß die Arbeitervereine „die Herbeiführung anarchischer Zustände, den Umsturz der gesellschaftlichen Ordnung und den Bürgerkrieg" sich zur Aufgabe gestellt hätten (F r i e d j u n g : Österreich I/338 f.).

[20] Über die Motivation des Innenministerium gibt der bemerkenswerte Brief Bachs an den Handelsminister Bruck vom 7. 11. 1849 Aufschluß: „Unter den obenerwähnten beunruhigenden Symptomen und unter den Anlässen zu Widersetzlichkeiten und Versuchen der Selbsthilfe stehen die Reibungen und Streitigkeiten zwischen den Fabriksherren und ihren Arbeitern, zwischen Handwerkern und ihren Gesellen — über die Höhe des Arbeitslohnes, der Berechnungsart desselben, über die Arbeitszeit und dergleichen so ziemlich in erster Reihe; Arbeitsverweigerungen von Gesellen eines oder des anderen Fabrikationszweiges nehmen überhand — und an Berufungen auf Vorteile und Erleichterungen, welche die Arbeiter während der Zeit der Gesetzlosigkeit im vergangenen Jahre, allerdings teilweise nicht im Wege eines vollkommen freiwilligen Einverständnisses ihrer Fabriksherren, sich zu verschaffen wußten und die sie nun zu behaupten streben, stehen die teilweise unter das Maß der Billigkeit herabsteigenden Versuche der Fabriksherren, jene Vorteile zu verringern, schroff entgegen und bieten so dem sozialen Kampf der Gegenwart täglich neue Nahrung. Unsicherheit des Erwerbes — welche den Arbeiter und seine Familie leider wie ein Gespenst verfolgt, wird, wenn auch die Unsicherheit des Rechtes, das ihm gegen seine Brotherren und letzteren gegen ihn zukömmt, hinzutritt, einen Zustand beständiger Reibung und Feindseligkeit erhalten, der zu ernsten Besorgnissen Anlaß bietet. Es liegt gleicherweise im Gebiete der Notwendigkeit wie einer ferneren Regierungspolitik, daß die Schlichtung jener Differenzen von der Regierung ausgehe und daß jene billigen Vorteile und Rechte, welche den Arbeitern eingeräumt werden müssen, ihnen von dem Gesetze verliehen und gewahrt werden, während itzt die neuerdings bestrittenen Vorteile, die sie im vorigen Jahre sich zu verschaffen wußten, und welche sie ihre Errungenschaften nennen, als eine Frucht der Revolution dastehen, als solche aber dem für politische und soziale Irrlehren empfänglichen und ungebildeten Arbeiter doppelt teuer sind und leicht zum Anlaß werden könnten, daß er seine Hoffnungen auf Erhaltung bisheriger und Erreichung neuer Vorteile nicht auf das Gesetz und die Regierung, sondern eben auf die Revolution zu setzen und zu gründen stets geneigter würde." (Zit. nach HHSTA, I.B. 1849/820 und B o r o d a j k e w y c z : Gewerbefreiheit 374).

[21] „So bedauerlich die neuerlich zum Vorschein gekommenen Widersetzlichkeiten unter den hiesigen Fabriksarbeitern sind, so vermag ich dennoch von meinem Standpunkte aus auf deren Beilegung keinen direkten Einfluß zu nehmen. Denn es ist eine durch vielfältige Erfahrung erprobte und allgemein anerkannte Wahrheit, daß das Gedeihen und die erfolgreiche Entwicklung der gewerblichen Betriebsamkeit überhaupt und der Fabriksindustrie insbesondere in der möglichen Freiheit der Bewegung beruhe, und ein imperatives Eingreifen der Regierung durch Zwangsgebote, welche zum Zwecke haben, den aus gegebenen Verhältnssen von selbst hervorgegangenen Einrichtungen in der Geschäftsöko-

— man muß wohl sagen, wider besseres Wissen — zugesehen, daß die hochpolitischen Belange der „sozialen Frage" zu einer nebensächlichen Agenda des liberalen Handelsministeriums wurden. In Bachs Kreis war auch der Gedanke des „sozialen Königtums"[22] als eines Weges zur Lösung der „sozialen Frage" nicht unbekannt[23]. Freilich scheint sich Bach bewußt geworden zu sein, daß die Installierung jeder Art von „sozialem Königtum" unter den gesellschaftlich rückständigen Bedingungen Österreichs eine zweite Revolution gegen eine der wichtigsten Stützen des neuen Regimes, das kapitalistische Großbürgertum, bedeutet hätte. Solche Wege zu beschreiten empfahl sich nicht angesichts der fast unbedingten Abhängigkeit der österreichischen Finanzpolitik von den privaten Kapitalmächten. So wurde neben dem vielen, was das Frankreich *Napoleons III.* den liberalen Vertretern des österreichischen Neoabsolutismus *(Bach, Bruck)* an Anregung und Vorbild lieferte, die — in Ansätzen positive — Sozialpolitik des Seconde Empire nicht als Beispiel in

nomie der Gewerbs- und Fabriksanstalten eine bestimmte Richtung zu geben und dem Gewerbsfleiße in der freien Wahl der Mittel und Wege zur gewinnbringenden Herstellung seiner Erzeugnisse Schranken zu setzen, nichts als hemmend einwirkt. Es leuchtet somit auch von selbst ein, daß die Arbeitsverhältnisse namentlich in Bezug auf Höhe und Feststellung des Arbeitslohnes, Arbeitszeit etc., welches doch den hauptsächlichen Grund der vorliegenden Beschwerden bildet, sich nicht durch Normen oder gesetzliche Bestimmungen regeln lassen, sondern daß dies dem Übereinkommen der beiden Parteien überlassen bleiben müsse." (Zit. n. B o r o d a j k e w y c z : Gewerbefreiheit 375).

[22] Der große deutsche Soziologe Lorenz von Stein, der seit den 50er Jahren in Wien lehrte, hatte in seinem 1850 erschienenen Fazit der bisherigen europäischen Sozialgeschichte, der „Geschichte der sozialen Bewegung in Frankreich von 1789 bis auf unsere Tage" einzig einem „Königtum der sozialen Reform" noch eine Zukunft zugestanden. Ansätze zu einer solchen Politik gab es im Frankreich Louis Napoleons nach 1850; der Kaiser-Diktator wandte seine Interessen neben Bürger- und Bauerntum auch der Arbeiterschaft zu und versuchte seine Macht auf eine möglichst breit gestreute wirtschaftliche Prosperität zu bauen. Über Stein vgl. F. J o n a s : Geschichte der Soziologie. Reinbeck b. Hamburg. 1968. Bd II, S. 132 ff. — Über Napoleon III. vgl. R o s e n b e r g : Weltwirtschaftskrise, S. 17.

[23] Eine anonyme Denkschrift im Nachlaß Bachs bezieht sich ausdrücklich auf die Ideen Louis Napoleons. In der Studie vom 24. 11. 1850, betitelt „Wie von den Regierungen die Idee des Sozialismus zu Gunsten der Völker auszubeuten wäre" wurde die Beseitigung des Großkapitals durch staatliche Enteignung vorgeschlagen; Staatskapitalismus und staatliche gelenkte Investitionspolitik sollten das Proletariat aufheben. Die Überbevölkerung der westlichen Reichshälfte sollte mit Staatskapital in Ungarn als Kolonisten angesiedelt werden (AVA, Nachlaß Bach, Kt. 17). — Eine andere Denkschrift, deren Informationen Bach für außerordentlich bedeutsam hielt, weil sie aus den Kreisen der deutschen demokratischen Emigration in Paris stammte (HHSTA, I.B. 1850/2925), und die er zirkulieren ließ, vertrat ähnliche Standpunkte. Von einem streng gegenrevolutionären Standpunkt aus wurde hier argumentiert, die sozialrevolutionären Kräfte könnten zu einer Stütze des Regimes werden: „Mit einigen progressiven Zugeständnissen, Regulierung der Arbeit und des Geldes, öffentlichen Wohltätigkeitsanstalten (unentgeltliche Bäder, Waschhäuser, Backöfen, medizinische Anstalten, gesunde und bequeme Wohnungen, Primarschulen), Eröffnung besserer Aussichten, vor allem aber Konstituierung eines billigen, auf dem Prinzipe der Einkünfte und der allgemeinen Gleichmäßigkeit beruhenden Steuersysteme kann man diese große Fraktion den verderblichen revolutionären Tendenzen entreißen. Die wirklich sozialistische Partei ist demnach nicht die größte Gefahr unserer Epoche, da dieselbe durch einige sukzessive Konzessionen leicht zu leiten und durch eine einsichtsvolle und zu gleicher Zeit feste Regierung im Zügel zu halten ist." (AVA, Nachlaß Bach, Kt. 24).

Österreich wirksam. Entscheidend für die Sozialpolitik des Jahrzehnts von 1850 bis 1860 wurde — wie schließlich auch bei Bach[24] — die Verdrängung aller positiven sozialpolitischen Ansätze durch den Sieg eines Sozialdenkens in den neoabsoluten Machtzentren, bei dem Proletariatsfurcht, Revolutionshysterie und Wirtschaftsliberalismus bunt gemischt waren, wobei je nach der ideologischen Färbung der führenden Persönlichkeit das eine oder das andere dominieren mochte. Das Resultat war jedenfalls fast völlige Stagnation aller sozialpolitischen Denkansätze seitens des Staates[25]. Für die zweite Gruppe der Machtinhaber des neoabsoluten Systems, die bürokratischen Josephiner und Absolutisten wie *Kübeck*[26], die Anhänger der Militärdiktatur wie *Windischgrätz*[27] und *Kempen*[28], war das Trauma von 1848 nicht minder prägend für ihre Beurteilung der sozialen Frage. Obwohl die Emanzipation und die sozialen Forderungen der Arbeiterschaft nicht deren wirtschaftliche Position bedroht hatten, waren die turbulenten Ereignisse der Revolution doch nicht dazu angetan gewesen, die Angst vor dem dunkelbedrohlichen Phänomen des „Kommunismus" abzuschwächen, die für das Denken des Vormärz typisch gewesen war[29]. Im Gedächtnis der Absolutismus-Verfechter blieb bestimmend, daß die Arbeiterschaft Wiens und Prags den radikalen demokratischen Flügel der Revolution zeitweise unterstützt und verstärkt hatte. In einer bezeichnenden Verkennung von Ursache und Wirkung verwechselte man die verschiedenen sozialen Forderungen der proletarischen Unterschichten, die mit diesem Zweckbündnis gefördert werden sollten, mit einem festumrissenen Programm zur Herstellung der totalen Anarchie[30]. Auch politisch-reformerische Angehörige des ständischen Adels, die in den Strudeln des Jahres 1848 ins Zwielicht geraten waren, wie der spätere Unterrichtsminister Graf *Thun*, verschmähten nicht den Hinweis auf die Alleinschuld des Proletariats an den revolutionären Ereignissen, falls sie auf diese Weise den Ruch der Illoyalität abstreifen und politisch wieder manövrierfähig werden konnten[31]. In den Radikalisierungserscheinungen des großstädtischen Proletariats während des Jahres 1848 glaubte das „vormärzliche" Bewußtsein den vage gefühlten Komplex von Verbrechen und An-

---

[24] S. unten 259 f.

[25] S. unten 268 ff.

[26] S. oben 21.

[27] S. oben 19.

[28] S. oben 23.

[29] „Man meinte, daß Sozialismus im Grunde nichts anderes sei als Kommunismus, von dem man aber auch nichts wußte, und von dem man sich bloß ganz abenteuerliche Vorstellungen machte, so ungefähr wie die Katholiken vom Fegefeuer und der Hölle." (E. V i o - l a n d : Die soziale Geschichte der Revolution in Österreich. Leipzig 1850, S. 63).

[30] Fürst Alfred Windischgrätz, der Führer der Konterrevolution im Jahre 1848, hielt anläßlich der Überreichung eines Lorbeerkranzes durch konservative Bürger in Prag eine Dankrede, in der er ausführte (Januar 1850), „daß man drei Klassen von Personen annehmen könne, die Wohlgesinnten, die mit der Regierung Hand in Hand gehen, dann solche, die im Ursprung der Bewegung getäuscht, mitunter rechtliche Absichten gehabt hätten, jedoch von der Umsturzpartei benützt worden, und endlich jene, denen jede Form nur zum Vorwand für Kommunismus diene, um Auflösung des gesellschaftlichen Zustandes herbeizuführen." (AAZ 1850, S. 532).

[31] P r i n z : Prag und Wien 100.

archie zu erkennen, der mit der Desorganisation der westeuropäischen Gesellschaft zusammenhing[32]; das Übergreifen solcher Entwicklung auf Österreich, deren erste Anzeichen man in der Revolution erblicke, galt es mit allen Mitteln zu verhindern. Die „Kommunismus"-Furcht war für die Gruppe der reaktionären Absolutisten somit nur die verbindende griffige Formel, mit der der Widerwillen gegen die Ansteckung Österreichs durch die moderne gesellschaftliche Entwicklung gefaßt wurde.

Für den Adel, welcher in der praktisch bis 1850/51 als Nebenregierung fungierenden Militärdiktatur der Städte unter Belagerungszustand (Wien, Prag) das entscheidende Wort zu reden hatte, wurde zum „Kommunismus" praktisch schon jeder Versuch, seine soziale Stellung durch legislative Maßnahmen anzugreifen. So haben neben *Windischgrätz* auch viele andere Angehörige der Aristokratie ihrer tiefen Verletzung über die Zerstörung der feudalen Welt durch die Aufhebung des Patrimonialverbandes in einer Denunziation der bürgerlichen Politiker als „Kommunisten" Ausdruck gegeben[33]; daß aus solch einseitigem Interessenstandpunkt keine konstruktive Auseinandersetzung mit den Problemen einer beginnenden Industriegesellschaft erwachen konnte, ist evident. *Kübeck*, der nach 1850 entscheidenden Anteil an der Formung des politischen Klimas in den obersten Kreisen des neoabsoluten Systems hatte, empfand in seiner Abscheu vor revolutionärer Bewegung die Sozialrevolution als unvermeidliches legitimes Kind der bürgerlichen Revolution. Sozialismus verstand er schlechthin als das „Negative" aller Gesellschaft: „Der Sozialismus als Theorie ist ein Kriminalkodex in ironische Tugendlehre übersetzt[34]." Dem Begriff des „natürlichen" Wirtschaftskosmos bei den Manchesterliberalen entsprach bei den feudalen und bürokratisch-militärischen Reaktionären die Vorstellung von „Naturgesetzen" der Gesellschaft, durch die die Ungleichheit legitimiert wurde. Auf anderem Wege zwar als die Liberalen, nämlich über das historische Recht[35], gelangte man ebenso wie jene zu einer schrankenlosen Eigentums-Apologetik. Die „Heiligung" des Besitzprinzips bei Kübeck[36] ergänzte sich sehr gut mit dem primitiven „Manichäismus"[37] Windisch-

---

[32] Kübeck notierte am 1. 3. 1850: „Der Sozialismus als letzte Entwicklung der Revolutionstheorie. Er sollte Antisozialismus heißen, weil er eben den Naturgesetzen der menschlichen Gesellschaft entgegen steht. Er ist auch nicht neu und ist in jedem Staate ohne Unterschied der Kulturstufe in den Strafgesetzen dargestellt und in seinen einzelnen Äußerungen verzeichnet. — Diebstahl, Raub, Mord, Hochverrat, Empörung sind Ergebnisse und Äußerungen gegen alle Vorzüge der Naturgaben, des Eigentums, der Macht, der Einsicht, der Tugend, kurz gegen alle jene Ungleichheit der Stellungen und des Besitzes, wodurch das Bedingnis der Gesellschaft, nämlich die Ordnung, das Recht, die Sicherheit und die draus hervorgehende Freiheit verwirklicht ist." (K ü b e c k : Tagebücher II/50).

[33] S. oben 36.

[34] K ü b e c k : Tagebücher II/50.

[35] Ebenda 54. Kübeck notierte am 29. 1. 1851: „Die Tradition begründet das Eigentum; durch dessen Vererbung schafft und sichert sie die Familien, die Stämme, das Volk oder den Staat. (...) Das ist der Sinn und die Bedeutung des historischen Rechtes."

[36] In einem Schriftstück aus dem Jahr 1855 (dem Todesjahr Kübecks) notierte Kübeck, nichts sei heiliger als das Eigentum (ebenda 150).

[37] Der Terminus ist hier selbstverständlich als sozialpsychologische Metapher gebraucht.

grätzs, dem die Gesellschaft nur mehr in Böse und Gute, d. h. Bejaher oder Verleugner der heiligen gesellschaftlichen Naturgesetze zerfiel[38].

Es gab zwar auch in der Zeit der Militärdiktatur um 1850 Ansätze zu konstruktiven sozialpolitischen Maßnahmen, wie z. B. den Versuch der Errichtung gewerblicher Schiedsgerichte in Wien, den der Wiener Militärbefehlshaber „Papa" *Welden* unternahm[39]. Sie verschwanden jedoch alsbald wieder in der Versenkung, nachdem die turbulente Konjunktur abgeflaut war und deshalb keine dringende Not zur Regelung der Lohn- und Arbeitsstreitigkeiten mehr bestand. Für die am Gedanken der Militärdiktatur orientierten Männer, die auch nach der Aufhebung der Belagerungszustände an der Macht blieben, war weiterhin das Niveau der Auseinandersetzung mit der sozialen Frage typisch, das der Kriegsminister Graf *Latour* im Sommer 1848 mit seinem Vorschlag bestimmt hatte, die unruhigen Wiener Arbeiter durch Masseneinziehung zur Linieninfanterie kaltzustellen[40]. Der Militär *Kempen*, der nach 1852 die Polizeipolitik des Neoabsolutismus bestimmte, hat die Probleme der Sozialrevolution und des Arbeitskampfes zusammen mit allen anderen Formen der Gegnerschaft zum Regime wahllos in einen Topf geworfen.

---

[38] 1855 sagte der Fürst gesprächsweise zum Kaiser, die Gesellschaft bestehe nur aus konservativen oder subversiven Kräften, wobei gegen die letzteren mit den Mitteln des Strafrechts vorgegangen werden müsse (K ü b e c k : Tagebücher II/108).

[39] AAZ 1850, S. 468. — Welden versuchte im Winter 1850, der gleichermaßen von einer regen Industriekonjunktur wie von Veredelungserscheinungen bei der Arbeiterschaft gekennzeichnet war, der Militärdiktatur durch Spendenaktionen und Fürsorgeeinrichtungen Sympathien bei den Unterschichten zu erwerben (Ostdeutsche Post 1850, Nr. 4).

[40] P r i n z : Soziale Frage 115.

6. BACHS GEGENREVOLUTIONÄRE POLITIK 1849—1852

Das stärkste Band, das — neben der Wahrung des Eigentumprinzips — die in ihrer politischen Programmatik überaus weit divergierenden Fraktionen der nach 1849 einflußreichen Kräfte zusammenhielt, was das Ziel, den Zerfall der österreichischen Monarchie zu verhindern. Mit einer Art von Zwangsläufigkeit mußte daher aus dieser Voraussetzung das Verständnis der sozialen Frage bei *Bach* durch seine großangelegte gegenrevolutionäre Tätigkeit beeinflußt werden, die er als Gehilfe und Organisator von Schwarzenbergs Politik nach 1849 entfaltete. Ein wichtiges Instrument des Kampfes für den zentralistischen österreichischen Machtstaat wurde der von Bach 1849 mit großem persönlichen Engagement und enormer Schnelligkeit aufgebaute österreichische Geheimdienst („Staatspolizei")[1]. In dieser Organisation fanden „Spezialisten" des vormärzlichen Polizeiapparates[2] gleichermaßen Verwendung wie kooperationswillige Revolutionsflüchtlinge aller politischen Schattierungen[3]. Bachs Geheimdienst betrieb eingehende Recherchen in ganz Europa, die sich mit der Fortexistenz der 1848/49 geschlagenen, aber noch virulenten politischen Kräfte befaßten. Die Emigrationszentren Paris und London, später auch Nordamerika, standen im Mittelpunkt des Interesses. Wenngleich der Geheimdienst in erster Linie als ein Instrument zur Bekämpfung der gegen die Einheit Österreichs gerichteten revolutionären Bewegung konzipiert war (und so z. B. einen intensiven „Agentenkrieg" gegen die ungarischen Emigranten unter Ludwig *Kossuth* führte)[4], wurde er für Bach doch mehr und mehr zu einem umfassenden Informationsmittel über die wirkliche Kräfteverteilung im nachrevo-

---

[1] Material über den Aufbau der Staatspolizei befindet sich im AVA, Nachlaß Bach, Kt. 29.

[2] HHSTA, I.B. 1851/9818; 1851/8252.

[3] So wurde z. B. schon im Sommer 1849, nach der Auflösung der Frankfurter Nationalversammlung, mit dem deutschböhmischen Linken Giskra über eine Zusammenarbeit mit dem österreichischen Geheimdienst verhandelt. Giskra's Unzuverlässigkeit ließ allerdings die Verbindung nach ersten Erfolgen einschlafen (HHSTA, I.B. 1849/373). Die Verbindungen, die zu Karl Marx in der Londoner Emigration angeknüpft wurden, waren erfolgreicher. Er lieferte für den Bachschen Geheimdienst Dossiers über die demokratische Emigration in England, gleichermaßen von finanzieller Misere wie von dem Wunsche getrieben, den von ihm bekämpften anderen Emigrationsgruppen durch die Anschwärzung bei den reaktionären Kräften Europas zu schaden: „... es ist nun, durch Vermittlung des Frankfurter Korrespondenten und Freiligraths, mit dem seit 10 Jahren vertraulicher Verkehr unterhalten wird, auch der bekannte Sozialdemokrat Karl Marx für Mitteilungen über das Treiben der politischen Flüchtlinge in England gewonnen worden, die umsomehr Ausbeute versprechen, als er von seinem Standpunkt der bitterste Gegner obgedachter Parteihäupter ist und ihm alles daran liegt, dieselben in jeder Weise ... zu bekämpfen und bloßzustellen. (...) Dem Marx und so auch Freiligrath wurde eine Retribution von 20—24 fl für wertvolle Aufsätze der Art in Aussicht gestellt, wodurch zur Bekämpfung der Flüchtlingsmachinationen in England sehr scharfe Waffen gewonnen sind." (HHSTA, I.B. 1852/31).

[4] HHSTA, I.B. 1849/512.

lutionären Europa. Vor allem, weil der ehemalige Revolutionär Bach auch die Anwerbung von Informanten aus dem Lager der Emigranten beförderte, gelang es dem Geheimdienst häufig, über die traditionelle verzerrte Zeichnung des „Staatsfeindes" aus polizeilich-gouvernementaler Perspektive hinauszukommen[5]. Dennoch haben charakteristische Färbungen der geheimdienstlichen Ergebnisse gerade in der Beurteilung der „sozialen Frage" die Entwicklung des bürgerlich-liberalen Weltbildes Bachs hin zu einem pessimistischen, umfassend gegenrevolutionären Standpunkt gefördert, der zu Bachs Sozialpolitik als *Polizeipolitik* führte.

Schon zu Beginn der Unterwanderung der Emigrationszentren waren die Anfänge der internationalen sozialistischen Bewegung in den Gesichtskreis des Geheimdienstes getreten. Fast alle Informanten des Geheimdienstes waren sich darin einig, daß die *Arbeiterschaft* der ausschlaggebende Faktor der zukünftigen europäischen Entwicklung sein werde[6]. Die „Geburtskonstellation" von Bachs „Staatspolizei" bewirkte nun eine Beurteilung des Informationsmaterials, die einer objektiven Sicht auf den Stand der sozialen Auseinandersetzung in Europa nicht förderlich war. Mit der Übernahme von altgedienten „Spezialisten" des Vormärz und der Anknüpfung an das Metternichsche „Informationsbüro"[7] floß zwangsläufig auch dessen globale Mißdeutung der sozialen Bewegung als „Anarchie" bzw. „Kommunismus" in die Ideen des neuen Geheimdienstes ein; ebenso ist evident, daß bei einem Teil der Mitarbeiter aus dem Kreis der Revolutionsflüchtlinge — besonders bei jenen, die weniger wertvolles Material zu liefern imstande waren — die Versuchung nahe lag, durch möglichst düstere Ausmalung des „Feindbildes" die Unentbehrlichkeit ihrer Dienste unter Beweis zu stellen[8]. Die Wiener Geheimdienstzentrale schuf sich jedenfalls von Anfang an eine passende Berufsideologie und verstand sich als einzig wirksamer Damm gegen die Flut zersetzender Anarchie[9].

---

[5] AVA, Nachlaß Bach, Kt. 16, 22, 23, 24—29. Die „Wochenberichte" des Geheimdienstes, die zum Teil in Bachs Nachlaß erhalten sind, sind zumeist eine sine ira et studio erstellte Bestandsaufnahme der politischen Bewegungen in Europa um 1850. Die Vermutung liegt nahe, daß Bach, der als einer der wenigen bürgerlichen Revolutionäre von 1848 unbeschädigt aus dem Desaster von 1848 zur hohen Machtposition aufgetaucht war, sich durch rechtzeitige Information über die Kräfteverhältnisse auch für die Zukunft einen gewissen Handlungsspielraum offenhalten wollte.

[6] Besonders deutlich in: „Politischer Bericht über Deutschlands Zustände", datiert Ende 1850 im AVA, Nachlaß Bach, Kt. 16.

[7] HHSTA, I.B. 1851/9818.

[8] S. unten 261 Anm. 16.

[9] Nordberg, einer der vormärzlichen Geheimdienstler, der für Bach den Aufbau der Staatspolizei leitete, berichtete Bach am 7. 7. 1849 über die ersten Resultate der Recherchen und analysierte die gegenwärtige Lage: „ ... wie sehr mußten die Unternehmungen der letzten Jahre von Erfolgen begleitet sein, wo das kommunistisch-demokratische Element immer mehr um sich griff und die Verfechter der Revolutionspartei sich nach und nach über halb Europa ausbreiteten, ohne daß von Seite der deutschen Regierungen gegen die Fluten der Anarchie, weder durch zeitgemäße Konzessionen noch durch energische Repressivmaßregeln etwas Erhebliches geschehen wäre." Mit feinem Takt ließ Nordberg die Phase der bürgerlichen Revolution vom März 1848 außer Betracht, in welcher der Adressat des Briefes eine wesentliche Rolle gespielt hatte, wenn er weiter fragte: „Werden die Männer vom Mai und Oktober in Berlin und Wien ... urplötzlich auf ihre Pläne und Hoffnungen Verzicht leisten? Sie werden es nicht!"

Es sollte nun das entscheidende Resultat der geheimdienstlichen Analyse Europas nach der Revolution sein, daß sich Bach der Eindruck aufdrängen mußte, die bis 1848 getrennt marschierenden, ja teilweise gegensätzlichen Bewegungen der sozialen Reform einerseits und der politischen Revolution andererseits seien nach der Niederlage von 1848 ein Zweckbündnis eingegangen[10], ein Eindruck, der sich angesichts der verständlichen Desorganisationserscheinungen in allen politischen Lagern dem nicht lückenlos informierten Beobachter leicht aufdrängen konnte[11]. Da in der Reihe der von dieser nun umfassenden Opposition negierten Werte auch die vitalen Interessen des liberalen Bürgertums bedroht wurden, war es für Bach eine fast zwangsläufige Konsequenz, daß angesichts des gemeinsamen Feindes in einer Koalition der „erhaltenden" Kräfte auch einige bürgerlich-liberale Maximen geopfert werden mußten. Bachs Annäherung an die Kräfte der antiliberalen Reaktionspolitik, sein Umschwenken zum Restaurationskatholizismus ist nur aus diesen Voraussetzungen verständlich[12]. Dem vermeintlichen Zweckbündnis der Zersetzung antwortete das Zweckbündnis des Bürgertums mit der Reaktion. Insofern war *Bach* nicht der Verräter an den liberalen Ideen, als welcher er dem zeitgenössischen Bürgertum erschien, sondern nur ein besonders typischer Fall, in dem sich der allgemein europäische Vorgang einer Opferung der *sekundären* ideologischen Werte des Bürgertums als Gegenleistung für den Schutz seiner sozialen Existenz durch den reaktionären Absolutismus manifestierte. Bach ist denn auch nicht müde geworden, die Notwendigkeit dieser Allianz (und damit die Legitimität

Nordberg beschwor Bach, daß dem „einheitlichen Plane" der kommunistischen Umsturzpropaganda nur durch eine zentralisierte europäische Staatspolizei ein Damm entgegenzusetzen sei (HHSTA, I.B. 1849/151).

[10] So argumentiert beispielsweise die von einem relativ gutinformierten, gegenrevolutionär eingestellten Beobachter aus Bachs Umgebung verfaßte Denkschrift: „Über die Stellung der Sozialdemokratie zu Anfang 1850". In einer sorgfältigen historischen Beweisführung wird hier der Nachweis versucht, daß sich die politische Revolutionsbewegungen und der „Sozialismus" bis 1848 feindlich gegenübergestanden hätten; seit dem Scheitern der Revolution allerdings gingen nun beide Hand in Hand. Demokratische und nationale Revolutionsbewegungen versuchten zwar die Misere und Unzufriedenheit der Unterschichten nur als Kettenhund zu benützen, und andererseits habe der „Sozialismus" nur die Verbesserung der Lage eben dieser Unterschichten zum Ziel: beide aber gingen nun zwangsläufig Hand in Hand, und die schließliche Folge werde — unabhängig von den Intentionen der beiden Bewegungen — die Herrschaft der Massen über den Staat sein. Die Denkschrift anerkannte durchaus die Berechtigung der sozialen Forderungen, hielt aber dennoch zur Rettung des bürgerlichen Gesellschaftssystems nur repressive, negative Maßregeln für einzig zweckmäßig (abgedruckt bei W a l t e r : Eine Denkschrift 216).

[11] Allein die Tatsache der Emigration bewirkt ja schon eine gewisse Nivellierung der politischen Unterschiede. Im Sommer 1850 verstieg sich ein schlechtinformierter Londoner Agent sogar zu der Behauptung, das (weitgehend aus Angehörigen der magyarischen Gentry bestehende!) Komitee der ungarischen Revolutionsflüchtlinge habe sich dem Bund der Arbeiterpartei angeschlossen (AVA, Nachlaß Bach, Kt. 24, Wochenbericht 13. 7. 1850).

[12] Die oben zitierte Denkschrift formulierte ausdrücklich diesen Vorgang und rief zu einer heiligen Allianz aller gegenrevolutionären Kräfte auf: „Religion, Familie, das Eigentum sind die festesten Stützen der Staaten in ihrer gegenwärtigen Ordnung, und es wäre eben so klug als gerecht, wenn die fortwährenden Angriffe auf jene unantastbaren Grundsätze gleich dem Verbrechen des Hochverrats als Crimen laessae (sic) societatis mit den härtesten Strafen belegt würden." (W a l t e r : Eine Denkschrift 216).

seiner Mitwirkung als ehemaliger liberaler Revolutionär an der neoabsoluten Regierung) dem Bürgertum durch eine konsequente und einseitige[13] Pressepolitik klarzumachen[14]. Ein zweiter Grund für den Trend nach „rechts" in Bachs Politik liegt in seiner Stellung im Koordinatensystem der gegenrevolutionären Kräfte. Gerade um das Jahr 1850 war die Machtposition Bachs außerordentlich labil, der Kampf der feudal-reaktionären und der militärischen Gruppen gegen den revolutionären Parvenü Bach hatte einen Höhepunkt erreicht. Es mußte für Bach daher ein höchst erwünschtes Nebenresultat der Geheimdienstarbeit sein, wenn er seinen Einflußbereich dadurch absichern konnte, daß er dem kaiserlichen Hof und seinen Beschützer Schwarzenberg gegenüber die Rolle des bestinformierten „Fachmanns"[15] und unentbehrlichen Kämpfers gegen eine unmittelbar bevorstehende europäische Sozialrevolution übernehmen konnte. In einer Allianz aller Befürworter des status quo (der ja die bürgerlichen Errungenschaften des Jahres 1848 zumindest auf dem

---

[13] Bachs Ideal einer perfekten Presse-„Influenzierung" beinhaltete gleichermaßen die ständige Verbreitung dunkler Drohungen — bezüglich der Gefährdung der bürgerlichen Gesellschaft — bei gleichzeitiger Eliminierung aller konkreten Details über Arbeiterverhältnisse und sozialreformerische bzw. revolutionäre Denkmodelle. Bach ließ beispielsweise im Januar 1850 E. S u e's „Geschichte einer Proletarierfamilie" wegen „kommunistischen" Inhalts in Wien verbieten (AAZ 1850, S. 485). Ende der 50er Jahre stellte Bernhard Meyer, Bachs Pressereferent, einen Kodex der Pressepolitik zusammen, in dem auch auf die Beeinflussung der sozialen Unterschichten Bezug genommen wurde: „Mit rücksichtsloser Hand wäre alles auszumerzen, was ins Gebiet des Sozialismus hinüberspielt; dahin die Klagen über die Not der Arbeiterklassen, über Teuerungen, Wohnungsmangel, teure Miete etc.; wenigstens in der Form, wie sie jetzt vorkommen. Ich führe z. B. nur die Steigerung der Mietzinse an. Kann die Regierung die Steigerung verhindern? Nein. Was nützt es also, immer darauf aufmerksam zu machen und den Grimm derer, die dadurch namentlich in den unteren Schichten hart betroffen werden, wach zu erhalten. Es führt dies zu einem immer sich mehrenden Unmute über das Bestehende, dem im Hintergrund wie ein Schatten an der Wand der Gedanken an dessen Umsturz auf der Ferse folgt. Damit wollte ich keineswegs gesagt haben, als sei die Besprechung derartiger, oft sehr drükkender Übelstände ganz aus der Tagespresse zu verbannen. Es kommt hier alles auf die Form an, und wo diese derart ist, daß sie der ohnehin sozialistischen Zeitrichtung, welche mehr als man glaubt, in den unteren Volksklassen bereits Wurzel gefaßt hat, Vorschub leistet, da verbanne man auch die Sache wegen der gefährlichen Form." (AVA, Nachlaß Bach, Fasz. Presse).

[14] Darf man den Polizeiberichten glauben, so war Bachs Pressepolitik in dieser Hinsicht im Laufe der 50er Jahre zunehmender Erfolg beschieden. Der Prager Polizeipräsident Sacher-Masoch berichtete am 1. 5. 1853 an Kempen: „ . . . da wurden auch die Zweifler inne, daß das Handeln dieser Partei ein solidarisches sei, daß es allen staatlichen Verbindungen Europas gleichmäßig drohe und daß daher ein Festhalten an dem von den Regierungen gebotenen Schutz wohltue." (SÚA, PM 8/1/12 Nr. 2051 p.p.).

[15] Während der Revolution von 1848 war Bach als der „Sachverständige für die wahre Volksmeinung" in den inneren Zirkel der Regierung hineingezogen worden (P r i n z : Prag und Wien 67).
W a l t e r (Eine Denkschrift 207) setzt durchaus falsche Akzente, wenn er meint, das Interesse an Arbeiterfragen sei bei Bach nach 1848 nicht erloschen, sondern habe eine passive Rolle gespielt. Es ist im Gegenteil gerade umgekehrt: aus dem „chicen" humanitären Interesse an Arbeiterfragen vor 1848 wurde bei Bach unter dem Eindruck seiner Regierungsbeteiligung ein ausgereifter, dezidierter antisozialrevolutinärer Standpunkt; erst jetzt wurde Bach zu einem wirklichen Sachverständigen in Arbeiterfragen, freilich mit negativen sozialpolitischen Vorzeichen.

Papier noch weitgehend einschloß!) bestand für Bach die Chance, seine „Sünden" bezüglich der Beteiligung an der bürgerlichen Revolution gegen den Metternich-Staat über aktuellen Fragen vergessen und vergeben zu machen. So hat er, wiewohl persönlich nicht ohne Skepsis gegenüber geheimdienstlichen Schauermären[16] über die Bedrohlichkeit sozialrevolutionärer Bestrebungen, keine Gelegenheit ungenutzt gelassen, seinen konservativen Gesprächspartnern gegenüber die Lage so schwarz wie möglich auszumalen. Der jeden Augenblick zu erwartende „Schlag" der „Umsturzpartei" gehörte, solange Bach Chef der Polizei war, zu seinem stehenden Repertoire[17]. „Die Partei des Umsturzes", so schrieb er an *Schwarzenberg* am 30. 9. 1849, „soeben durch die Träger der gesetzlichen Gewalt in Italien, Frankreich, Deutschland und Ungarn aus dem Felde geschlagen, ist nun wieder im Begriffe, in das Dunkel der geheimen Gesellschaften und Verschwörungen zurückzutreten ...". In geschickter Weise verstand es Bach, die „Angriffe gegen die bestehende staatliche und gesellschaftliche Ordnung" als Resultat ein und desselben zerstörerischen Kräftezentrums auszugeben: „Wie die Erfahrung der letzten Jahrzehnte gezeigt hat, und wie namentlich die Wahrnehmungen des letztvergangenen Jahres dartun, läßt sich diese Partei durch keine noch so schwere Niederlage völlig einschüchtern, findet vielmehr in den auf sie geführten Schlägen einen Sporn, mit verdoppelter Tätigkeit ... den Kampf ... wieder aufzunehmen. Man kann sich nicht verhehlen, daß seit kaum zwei Dezennien sie an Zahl und Kräften zu einer furchtbaren Macht sich herangebildet hat und durch Verbindung mit ihren Gesinnungsgenossen in den verschiedenen Staaten Europas einen Organismus erlangt hat, dessen Netz in allen Richtungen des Festlandes ausgebreitet ist[18]."
Hatte Bach damit aus den vielfältigen — sozialen, nationalen und politischen — Emanzipationsbestrebungen ein einziges tückisches Krebsgeschwür gemacht[19], so wußte er dennoch eine Chance, der Auflösung Einhalt zu gebieten: dem unterirdischen Netz der Subversion konnten sich die Staaten Europas entziehen, wenn sie sich zu enger Kooperation entschlossen. Österreich aber mußte sich einen schlagkräftigen, in ganz Europa wirksamen Geheimdienst ausbauen, der unabhängig von den diplomatischen Vertretungen gleichsam eine konterrevolutionäre Exe-

---

[16] So beschwerte sich z. B. am 11. 11. 1849 ein Pariser Agent beim Leiter des Geheimdienstes, daß Bach seine Verschwörungstheorien nicht entsprechend gewürdigt habe: „Mit dem größten Erstaunen fand ich Ihre geehrte Zuschrift vom 2. November, daß man Hohen Orts das Dasein ... einer weitausgedehnten sozialistischen, alle kommunistischen Systeme umfassenden Verbindung durchaus in Zweifel zieht und die Tatsache aller Begründung entbehrend betrachtet." (HHSTA, I.B. 1849/560).

[17] HHSTA, I.B. 1851/5536.

[18] HHSTA, I.B. 1849/151.

[19] Um die Plausibilität seiner Unterwühlungsthese noch zu erhöhen, scheute sich Bach nicht einmal die groteske Behauptung vorzubringen, eine jüdische revolutionäre Weltverschwörung sei ein Teil der Umsturzkräfte: „Wir sehen bereits und zwar mit großer Aussicht auf Erfolg eine neue Gesellschaft ihre Tätigkeit entwickeln, welche bei der Tenacität ihrer Anhänger und der ihnen zu Gebote stehenden reichlichen Mittel besonders gefährlich zu werden droht. Es ist dies ein geheimes ... Bündnis der Juden, welches von London, Paris, Brüssel und Frankfurt aus zwar zunächst die Emanzipation ihres Stammes verfolgt, aber ... allen revolutionären Gesellschaften die Hände bietet, indem es sie in der Presse, wie durch Geldmittel bedeutend unterstützt." (HHSTA, I.B. 1849/151).

kutive sein sollte[20]. Als gefährlichstes der geheimen „Generalkomitees" der Revolution in London und Paris bezeichnete Bach nun die Assoziationen der *Arbeiterschaft*; die vorgeschobenen sozialemanzipatorischen Zwecke seien nur zur Vernebelung der wahren Ziele bestimmt[21], in Wahrheit sei die Leitung des „großen geheimen Bundes der Arbeiterpartei"[22] mit dem Hauptquartier in London mit der Organisierung eines straff zentralisierten Systems von revolutionären Arbeitergruppen in ganz Europa beschäftigt.

Bach gelang es nach solchen Schilderungen vollkommen, Schwarzenberg dazu zu bewegen, den Kampf gegen die Arbeiterbewegung zu einem integralen Bestandteil seiner mitteleuropäischen Machtpolitik zu machen[23]. In der Frage der Frontstellung gegen die Sozialrevolution bestanden seit Beginn des Jahres 1849 lockere Kontakte zwischen den deutschen Regierungen[24]. Unter *Bachs* Einfluß begann *Schwarzenberg* nach 1850, als der Einfluß Österreichs auf Deutschland gewachsen war, vermittels der Bundeszentrale in Frankfurt Kontakte mit anderen europäischen Regierungen aufzunehmen, die einem gemeinsamen Vorgehen gegen die Arbeiterbewegung dienten[25]. Innerhalb Deutschland gedieh die Zusammenarbeit bis zum Frühjahr 1851 immerhin so weit, daß über einen konkreten Plan zur „Erzielung einer einheitlichen Staatspolizei in Deutschland" verhandelt wurde[26]. Ebenfalls im Zusammenhang mit der Tätigkeit des Geheimdienstes stand die erste Annäherung des Liberalen Bach an die Vertreter einer restaurativen Ver-

---

[20] Nicht ohne Genugtuung konnte Bach am Ende des Jahres 1849 den gelungenen Aufbau seines Geheimdienstes damit ins rechte Licht rücken, daß er die schlechte Information der diplomatischen Vertretungen Österreichs über die sozialrevolutionären Bewegungen unter Beweis stellte (HHSTA, I.B. 1849/890). Bach rühmte sich sogar, eine bessere Kenntnis der sozialen Lage und der „sozialdemokratischen" Bewegung Frankreichs zu besitzen als die Pariser Polizei.

[21] „Die Arbeiter- und Turnvereine, diese Pflanzschulen des deutschen Demokratismus, gehen ihrer Umformung entgegen, da sie von den obersten Führern der Revolutionspartei als die Haupthebel der in Absicht liegenden Regeneration der staatlichen Verhältnisse betrachtet werden . . ." (HHSTA, I.B. 1849/151).

[22] AVA, Nachlaß Bach Kt. 24, Wochenbericht vom 13. 7. 1850.

[23] Vor allem die Österreich benachbarte Schweiz geriet bald in der Frage der Aufnahme von sozialrevolutionären Flüchtlingen unter starken österreichischen Druck (HHSTA, I.B. 1851/4985).

[24] AVA, Nachlaß Bach, Kt. 16; HHSTA, I.B. 1850/2191. — Vgl. auch W a l t e r : Eine Denkschrift 214; S a m b e r g e r : Die revolutionäre Zusammenarbeit 264 f.

[25] HHSTA, I.B. 1851/9670; 1850/820.

[26] HHSTA, I.B. 1851/5536. Anläßlich der Eröffnung der Prag-Dresdener Bahn traf sich auf Bachs Anregung hin der Wiener Polizeidirektor Weiß v. Starkenfels mit dem preußischen Polizeipräsidenten Hinkeldey aus Berlin, dem Polizeidirektor Wermuth aus Hannover und dem zuständigen sächsischen Regierungsrat Eberhard in Dresden. Ergebnis der Unterredung war es, bis zur endgültigen Formierung einer deutschen Zentralgewalt das deutsche Bundesgebiet — auch über den Kopf der „demokratisch" infizierten kleineren deutschen Regierungen hinweg — nach Interessensphären der einzelnen Geheimdienste aufzuteilen; die Souveränität der kleineren Staaten sollte also auf dem Sektor der Gegenrevolution stillschweigend außer Kraft gesetzt werden. Als Fernziel wurde ausgehandelt, eine Nachrichtenzentrale zu schaffen, vermittels welcher ein ständiger telegraphischer Austausch von Informationen bewerkstelligt werden sollte; Paß-, Melde- und Schubpraxis sollten vereinheitlicht werden, ein aktuelles Schwarzbuch gefährlicher Subjekte sollte periodisch erscheinen.

teidigung des österreichischen Katholizismus, und zwar mit der Denunziation der deutschkatholischen Bewegung und der „freien Gemeinden"[27] als Brutstätten der sozialistisch-demokratischen Agitation durch Informanten des Geheimdienstes[28]. Die mit schwachen formaljuristischen, an Rechtsbeugung grenzenden Argumenten legitimierte Unterdrückung der Sekte[29] brachte Bach das Wohlwollen der kirchlichen Hierarchie ein, das später eine der wichtigsten Stützen seiner stets gefährdeten politischen Position werden sollte. Auch die Methode der „Konfinierung", d. h. der physischen oder besser gesagt der *geographischen* Ausschaltung mißliebiger Personen ohne Inanspruchnahme der Justiz auf administrativem Wege wurde von Bach im Zusammenhang mit der Unterdrückung der Deutschkatholiken entwickelt[30]. So stammt also auch diese, für die im Neoabsolutismus praktizierte

---

[27] Zum Deutschkatholizismus vgl. W i n t e r : Frühliberalismus 162 ff. Der Deutschkatholizismus war zunächst eine radikaldemokratische Bewegung innerhalb der katholischen Kirche, die von dem schlesischen Geistlichen J. Ronge ausging und sich Mitte der 40er Jahre von der katholischen Kirche abspaltete. Der Einfluß war besonders stark in den Schlesien benachbarten Böhmen. Friedrich Engels hat den Deutschkatholizismus den religiösen Ausdruck des revolutionären Widerstandes gegen das vormärzliche Regime im Gewande kirchlicher Kämpfe genannt.

[28] HHSTA, I.B. 1851/9053/7685/9067. — Burger, der Statthalter der Steiermark, schrieb am 6. 10. 1851 an Thun über die Deutschkatholiken: „Der Zweck . . . ist, wie jedermann weiß, ein politischer. Er heißt Sozialismus. Ihre Führer sind vermögens- oder gesinnungsbankrotte Menschen, abtrünnige Priester, bekannte Anhänger der Umsturzpartei. Die von ihnen angeworbene Genossenschaft findet sich fast ausschließlich in den Reihen des gewerblichen Proletariats." Die philosophisch-religiösen Ziele seien nur ein Deckmantel, da es „sich von selbst versteht, daß es ihnen bei der Werbung und Bearbeitung des Handwerkerstandes nicht um die Begründung naturphilosophischer Auffassungen, sondern um die praktische Anwendung des Unglaubens nach der Schule eines Babeuf; nicht um die Köpfe, sondern um die Fäuste ihrer Jünger und Nachfolger zu tun ist." (HHSTA, I.B. 1851/9067.)
Bach verstand es, dem katholisch-restaurativen kaiserlichen Hof gegenüber die sozialrevolutionären Tendenzen der Sekte drohend herauszustreichen. In seinem Wochenbericht für den Kaiser vom 18. 8. 1851 berichtete er: „In den gewerbsreichen Gegenden von Rumburg, Warnsdorf, Schluckenau, die mit den durch und durch radikalen sächsischen Ortschaften Saibritz, Naustadt, Neusatz etc. in ununterbrochenem täglichen Verkehre stehen, dauern die Agitationen für den Deutschkatholizismus fort. Hier soll die Stimmung sehr bedenklich sein, da sie bei dem vorwaltenden Elemente der arbeitenden Klasse mehr den Charakter des Kommunismus annimmt und der Haß der Arbeiter gegen die Fabrikanten bereits einen hohen Grad erreicht hat." (HHSTA, I.B. 1851/8641).

[29] Bach verbot am 16. 11. 1851 die deutschkatholische Sekte in ganz Österreich (SÚA, PM 1850—54 5/1/20).

[30] Einer der Führer der Wiener Deutschkatholiken war während der Dauer des Belagerungszustandes von Wien nach Brünn ausgewiesen worden. Der mährische Statthalter wollte nun den Mann ebenfalls nicht in Brünn wohnen sehen, da er von ihm verderblichen Einfluß auf die zahlreiche Brünner Arbeiterschaft befürchtete. Das Dilemma der Behörden, die den rechtlich völlig unbescholtenen Mann nicht willkürlich irgendwo festhalten konnten, löste Bach (nachdem er zunächst rechtsstaatliche Bedenken vorgebracht hatte, damit aber nicht Erfolg gehabt hatte) durch die Erstellung eines Gutachtens, worin die Reaktivierung eines erstmals im galizischen Aufstand 1846 praktizierten Verbannungsmodus („Konfinierung") als zweckmäßige Maßregel vorgeschlagen wurde (HHSTA, I.B. 1851/9053). —
Der bekannteste Fall einer „Konfinierung" in den 50er Jahren war jener des tschechi-

Mischung von Rechtsstaatlichkeit und willkürlicher Exekutivpraxis (worüber sich das liberale Bürgertum so empörte) so typische Erscheinung aus der Auseinandersetzung mit vermeintlichen sozialrevolutionären Kräften.

Bachs Propaganda, in welcher die Situation der europäischen Gesellschaft als ein permanentes Ringen der „guten" Kräfte mit der tausendköpfigen Hydra der Sozialrevolution dargestellt wurde, blieb nicht auf den engen Kreis der neoabsoluten Führungsspitze beschränkt. Sobald der Geheimdienst detaillierte Ergebnisse erbrachte, reichte Bach diese an die österreichischen Statthaltereien weiter; außerdem wurden die Früchte der Zusammenarbeit mit anderen europäischen Regierungen den Länderchefs zur Warnung für ihren Bereich mitgeteilt: schon im September 1849 schickte Bach einige — freilich noch ungereimte — Informationen an den böhmischen Statthalter *Mecséry,* in denen von einer Verbindung der französischen Sozialisten mit der tschechischen Bewegung gemunkelt wurde[31]. Mecsérys Nachforschungen nach solchen Kontakten mußten begreiflicherweise erfolglos bleiben. Im März 1850, als die Schweizer Regierung Angehörige deutscher Arbeitervereine des Landes verwies, teilte Bach die 280 Namen den böhmischen Behörden mit[32], am 24. Juni des gleichen Jahres erschien ein Bachsches Zirkular, das auf wandernde Handwerksgesellen aufmerksam machte, welche Mitglieder demokratischer Arbeitervereine in Preußen und Sachsen waren. Im Zusammenhang mit der „Amtshilfe" der europäischen Regierungen konnte Bach, der übrigens zusehends zu einem geschätzten Experten in Arbeiterfragen wurde[33], der böhmischen Statthalterei während des Jahres 1850 über die „Organisation des Bundes der Arbeiter

---

schen Nationalhelden und Publizisten Karel Havlíček, der von Bach nach Brixen verbannt wurde.

[31] HHSTA, I.B. 1849/519, Bach an Mecséry, 4. 9. 1849: „In letzter Zeit hat sich die „Propaganda generale" in Paris unter dem Namen „Société universelle" reorganisiert und gestaltet sich unter der Oberleitung der „solidarité républicaine" rasch zu einem sozialrevolutionären Unternehmen um. (...) Es liegt nun im Plane dieser mächtigen, im Sinne der Lehren Proudhons arbeitenden Assoziation sich über ganz Europa zu verbreiten und vor allem auch Anhaltspunkte in den österreichischen Staaten, namentlich in Wien, Graz und Prag zu begründen, wozu ihr die eben in Paris anwesenden österreichischen Untertanen Rieger und Professor Szebek behilflich werden sollen. Es ist nicht zu bezweifeln, daß sich die obersten Leiter der europäischen Umsturzpartei... vorerst wieder auf die Propagierung sozialrevolutionärer Grundsätze im friedlichem Wege werfen werden und zu diesem Zwecke würde die aus der „banque du peuple" (einer Einrichtung des bekannten Proudhon) hervorgegangene „Société universelle" allerdings einen ausgiebigen Kern bilden. Umso dringender notwendig ist es, der Entwicklung dieser Umtriebe in ihren verschiedenen Verzweigungen zu folgen." Die Untersuchungen Mecsérys über sozialistische Neigungen Riegers mußten begreiflicherweise ohne Ergebnis bleiben. Ein Nachspiel zu Verdächten dieser Art gab es noch einmal im Frühjahr 1853, als aus Straßburg — offensichtlich aufgrund eines Irrtums der Absender bezüglich des politischen Charakters des Adressaten — eine sozialdemokratische Propagandaschrift an František Palacký geschickt wurde. Die sogleich mit Aufregung unternommenen Nachforschungen nach tschechischen „Sozialisten" blieben wiederum ohne jedes Resultat (SÚA, PP/P/56:38).

[32] HHSTA, I.B. 1850/3372. — Vgl. R o u b í k : K prvním pokusům 469).

[33] Nachdem er ein Memoriale über die Organisation der französischen Stoffdrucker der bayerischen Regierung mitgeteilt hatte, bat diese, von Bach auch in Zukunft auf dem Laufenden gehalten zu werden. Auf Bachs Anregung hin überwachten die bayerischen Behörden die Statistik der Abwanderung nach England (HHSTA, I.B. 1851/4344).

(Völkerbund)", über die gewerkschaftliche Assoziation der französischen Stoffdrucker, über die „wandernde Legion" des J. Ph. *Becker* und über die preußischen
Arbeitervereine berichten[34]. Mitte 1850, als von Deutschland aus ein dilettantischer
Versuch gemacht wurde, kommunistische Propaganda im Sinne *Cabets* in Böhmen
zu verbreiten, alarmierte Bach auf Mecserys Anzeige hin die ganze Monarchie[35].
Wenig später, im August 1850, stellte indes Bach in einem Brief an Mecséry befriedigt fest, daß durch das vereinte Zusammenwirken der konservativen Kräfte
die Arbeiterassoziationen nunmehr fast auf dem ganzen Kontinent verboten seien
und daß London das letzte Refugium der subversiven Kräfte sei[36]. Mit der Mitteilung, daß bisher alle Anzeichen für einen Erfolg der sozialistischen Propaganda
in Österreich fehlten, verband er die Aufforderung, jede bedenkliche Wahrnehmung sofort nach Wien zu melden. In Mecsérys Rundschreiben an die böhmischen
Unterbehörden, das aus Bachs Anweisung hervorging, wurde die Bachsche Interpretation der Arbeiterbewegung weitergegeben und damit bei den Lokalbehörden
einer Beurteilung der „sozialen Frage" Vorschub geleistet, in der jeder Versuch
einer Selbsthilfeorganisation der Arbeiterschaft als Teil eines umfassenden teuf-
lischen Planes erscheinen mußte[37]. Die ersten Ergebnisse der von Mecséry anberaumten Analyse der Möglichkeit einer Sozialrevolution in Böhmen waren für
die Statthalterei zufriedenstellend. Die Hauptgefahr, daß nämlich die Hauptstadt

---

[34] SÚA, PGT 1849—52, A 11; HHSTA, I.B. 1851/4344.

[35] SÚA, PGT 1849—52 A/11 Bach an alle Statthalter 17. 6. 1850.

[36] Roubík: K prvním pokusům 469. — Bach nahm die Bedeutung der Londoner Zentrale
der Arbeiterbewegung durchaus ernst: als im Januar 1851 die Handelskammern und
Gewerbevereine Facharbeiter zur Fortbildung auf die Londoner Industrieausstellung
schicken wollten, ermahnte Bach die Statthalter zur peinlichen Kontrolle der Ausgewählten. Mecséry wurde davor gewarnt, daß die Arbeiterbewegmng versuchen werde, die
böhmischen Arbeiter zur Gründung von Filialen in Böhmen zu bewegen. Die Liste der
von der Prager Handelskammer Ausgewählten fand jedoch schließlich Bachs Zustimmung, da es sich fast durchwegs um Handwerksmeister handelte; nur zwei böhmische
Facharbeiter gingen nach London (ebenda 474. — Vgl. auch Verhandlungen Handelskammer Prag 63). Bach verstärkte während der ganzen Dauer der Ausstellung seine in
London operierende Staatspolizei bedeutend (HHSTA, I.B. 1851/8996).

[37] „Die wichtigen Daten, welche das Einschreiten der französischen Regierung bezüglich
der Verbindung der Stoffdrucker in Paris in der neuesten Zeit zutage gefördert hat, bestimmen mich, auf diesen Gegenstand in einem Zeitpunkt zurückzukommen, wo die
Demokratie und in ihrem Gefolge der Sozialismus und Kommunismus wieder das Haupt
zu erheben beginnt und die gespannteste Aufmerksamkeit der Regierungsorgane in Anspruch nimmt. Der ostensible Zweck dieser Verbindung besteht in der Unterstützung
dürftiger Arbeiter auf der Basis der Wechselseitigkeit und Solidarität. Dieser menschen-
freundliche Zweck dient jedoch nur zum Vorwande der verderblichsten Bestrebungen.
Der Ruin der Fabriketablissements, die Desorganisation der Industrie, ein despotisches
Verfügen über die Arbeitskraft zum Nachteile der Fabriksherren, eine künstlich hervor-
gerufene Erwerbslosigkeit sind das nächste, und die Organisierung einer geschlossenen
Phalanx für eine neue revolutionäre Schilderhebung das endliche Ziel dieser Verbindung.
Als Mittel zu diesem Ziele führen teils Unterstützungen, welche an Arbeiter, die auf
Befehl des Vereins die Arbeit willig einstellen, aus Vereinsmitteln ausgezahlt, teils
schwere Strafen und Verfolgungen, die von dem geheimen Tribunal gegen fleißige und
ordentliche Arbeiter, die dem Befehle der Verbindung nicht folgen, dekretiert und durch
Teilnehmer der Verbindung mit unerheblicher Strenge exekutiert werden." (SÚA, PGT
1849—52 A/11 Mecséry an alle Kreisämter 29. 11. 1858).

Prag mit ihrem politischen Gewicht für ganz Böhmen in den Strahlungsbereich der deutschen Arbeiterbewegung geraten könnte, schien aus Gründen der Sprachbarriere zwischen der überwiegend tschechischen Arbeiterschaft Mittelböhmens und den Trägern der Bewegung in Deutschland gebannt zu sein. Befriedigt registrierte die Prager Polizei die Funktion des erwachenden nationalen Bewußtseins auf tschechischer Seite als eine Immunisierung gegen „westliche" sozialrevolutionäre Ansteckung[38].

Am 7. 1. 1851 schließlich verlangte Bach von allen Statthaltereien umfassende Berichte über das soziale und politische Verhalten der Arbeiter, ihre Lage und über eventuelle Verbindungen nach England[39]. Die Antworten aus der ganzen Monarchie lauteten beruhigend in bezug auf die Industriearbeiterschaft; einzig die Handwerksgesellen erschienen auf Grund ihrer Wander-Tradition als anfällig für den „Sozialismus"[40]. Auch die Recherchen der böhmischen Kreis- und Bezirksbehörden sahen keine Gefahr für die Staatssicherheit durch die Arbeiterschaft: das niedrige Kulturniveau, die soziale Desorganisation, überhaupt die unausgesetzte Sorge um das nackte Leben seien ausreichende Hindernisse für einen assoziativen Zusammenschluß; gegen Infiltration durch Wanderung schütze die Gebundenheit an den Boden[41].

Im Dezember 1851, als sich die innenpolitische Krise Frankreichs zuspitzte, versuchte Bach noch einmal mit einem Rundschreiben bei den Behörden das Gefühl wachzurufen, an einer welthistorischen Entscheidung zwischen den Kräften der Anarchie und der Ordnung teilzuhaben[42]. Der endgültige Sieg des Absolutismus in Frankreich und Österreich um die Jahreswende 1851/52[43], besonders aber das Ergebnis der Arbeiter-Enquete vom Frühjahr 1851, beruhigten Bach über das Gewicht der Arbeiterschaft in Österreich. Zwar unterließ er es auch weiterhin nicht, besonders gegenüber dem kaiserlichen Hof wider besseres Wissen den Popanz der Sozialrevolution anschaulich zu schildern und damit die Vorurteile der höchsten gesellschaftlichen Kreise zu bestätigen, doch geschah dies — wie oben erläutert —

---

[38] Sacher-Masoch führte aus, daß vom März bis Juni 1848 auch in Prag sozialrevolutionäre Stimmung unter der Arbeiterschaft geherrscht habe. Es könne jedoch „schon jetzt mit Wahrscheinlichkeit prognostiziert werden, daß diese Versuche, eben weil sie von Deutschland ausgehen, hier schwerer Eingang finden würden und daß in der sprachlich gemischten Klasse der Gewerbsgehülfen die Sprache eine Scheidung bildet und voraussichtlich auch ferner bilden wird, die zum Zwecke einer Verbrüderung zu verwischen kaum irgend ein Interesse mächtig genug sein dürfte. Statt engerer Verbindungen unter den Gesellen waren in letzter Zeit eher Spaltung und Reibungen unter ihnen — der Sprache wegen — bemerkbar." (SÚA, PGT 1849—52 A/11 Sacher-Masoch an Mecséry, 9. 9. 1850).

[39] SÚA, PGT 1849—52 A/11.

[40] HHSTA, I.B. 1851/4344.

[41] SÚA, PGT 1849—52 A/11.

[42] SÚA, PM 8/1/12 Nr. 9747 pr. — In seinem Rundschreiben vom 9. 12. 1851 drückte Bach die Befürchtung aus, eine sozialrevolutionäre Bewegung könne von Frankreich aus nach Österreich übergreifen. Er ordnete vorsorglich Vorbereitungen zur Schließung der Grenzen, der Personenüberwachung, der Postkontrolle etc. an.

[43] Kübeck notierte am 23. 12. 1851, der Staatsstreich Louis Napoleons habe die „Mord- und Raubsucht der Roten" endlich vernichtet (W a l t e r : Nachlaß 84).

zu dem Zwecke, sich als Schützer gegen den „Kommunismus" unentbehrlich zu machen[44].

Auf der Basis der Gewißheit, daß Österreich in der Frage der sozialen Bewegung — entgegen dem Bild der unmittelbar auf die Revolution folgenden Zeit — nicht in Gefahr war, unmittelbar in den Strom der europäischen Entwicklung hineingerissen zu werden, konnte die Kanalisierung und Unterdrückung aller sozialemanzipatorischen Bewegung nun mit den Mitteln des Polizeistaates abgewickelt werden.

---

[44] So z. B. in einem Wochenbericht für den Kaiser vom 18. 8. 1851 über die Stimmung unter der nordböhmischen Arbeiterschaft: „Hier drohen die gefährlichen Bestrebungen der Umsturzpartei in Konstituierungen von sogenannten Unterstützungsvereinen, die aber nur der Deckmantel politischer Umtriebe und nicht als Arbeiterverbrüderungen sind, gänzliche Verderbnis der Bevölkerung." (HHSTA, I.B. 1851/7685).

7. NEGATIVE UND POSITIVE SOZIALPOLITIK DES NEOABSOLUTEN SYSTEMS

Im Sommer 1850 versuchte *Bach*, vermittels legislativer und administrativer Maßnahmen die Infiltration Österreichs durch sozialrevolutionäres Gedankengut aus Westeuropa zu unterbinden. Zwar waren schon im ersten Zuge der Gegenrevolution alle Arbeiterverbände durch Bachs Vorgänger im Amt, den Grafen Franz *Stadion*, verboten und aufgelöst worden[1], doch war Bach sich darüber im Klaren, daß die Zerschlagung der örtlichen Organisationen nur eine halbe Maßnahme blieb, solange der Staat nicht die überregionalen Verbindungsstränge unter Kontrolle bekommen hatte. Aus allen seinen Informationen wußte Bach, daß die Träger der Arbeiterbewegung par excellene die qualifizierten Manufakturarbeiter und die Handwerksgesellen waren, eine Personengruppe also, für welche ausgedehnte Binnenwanderung teils durch traditionelle zünftische Bestimmungen obligat war, teils durch den Bedarf an geschulten Fachkräften im industriell rückständigen Österreich befördert wurde. Bachs Gesetzespläne, die — ausdrücklich als Modell für eine gesamtdeutsche Gesetzgebung konzipiert — den Transport der Ideen zusammen mit der unkontrollierten Fluktuation der Arbeitskräfte unterbinden sollte, sahen die Trennung der Bevölkerung in Gruppen verschiedenen bürgerlich-rechtlichen Status vor[2]. Zugleich mit der Liberalisierung des Paß- und Reisewesens[3], einem wesentlichen Programmpunkt der Bachschen Reformpläne für Österreich, der auch noch 1850 als notwendige Folge der konstitutionellen Erungenschaften von 1848 verstanden wurde[4], ließ Bach im Innenministerium detaillierte Überlegungen für eine Einstufung der Arbeiterschaft als einer Gruppe minderen Freiheitsrechts anstellen.

Im Juni 1850 wollte Bach den liberalen Handelsminister *Bruck* dafür gewinnen, das Wandern der Gesellen grundsätzlich verbieten zu lassen[5]. Als Bruck sich zwar für die Aufhebung des zünftischen Wanderzwanges aussprach, von einer derart tiefgreifenden legislativen Einschränkung der industriellen Binnenwanderung im Hinblick auf die dringend notwendige technische Vervollkommnung der österreichischen Industrie aber nichts wissen wollte, entschloß man sich, um eine Vermittlung zwischen den Standpunkten zu erleichtern, zur Einholung eines Gutachtens von seiten eines staatspolizeilichen Fachmannes. Das Gutachten des Wiener Poli-

---

[1] S. oben 252 Anm. 19.

[2] HHSTA, I.B. 1850/2531.

[3] Am 23. 4. 1850 hatte Bach mit dem Ministerialerlaß Nr. 8143 den Paßzwang für die Monarchie aufgehoben und statt dessen den „Heimatschein" als Legitimationsmittel eingeführt (AVA, Nachlaß Bach, Kt. 44).

[4] So das Gutachten des Ministerialrats Creppi vom 1. 9. 1850 (AVA, Nachlaß Bach, Kt. 44).

[5] HHSTA, I.B. 1850/2351, Bach an Bruck, 28. 6. 1850: „Das Wandern hingegen gibt die Handwerksgesellen der Erfahrung zufolge den Gefahren der Verführung und Bestechung durch revolutionäre Parteiungen preis und dient häufig nur dazu, ein völlig organisiertes mobiles Heer der Revolution aus ihnen zu bilden."

zeidirektors *Weiß*[6] versuchte Bachs und Brucks Intentionen zu vereinigen und schlug eine Beibehaltung des (liberalen) freien Rechtes auf Erwerb wo auch immer vor; Weiß anerkannte jedoch die Motive Bachs durch die Einführung von Sonderbestimmungen für die Administrativbehörden: der grundsätzlichen Wandererlaubnis sollte durch Einschränkungen die Gefährlichkeit genommen werden. Vorgesehen war die Beschränkung der Wandererlaubnis auf ein Jahr, eine Verlängerung sollte nur unter Beibringung eines Wohlverhaltenszeugnisses erteilt werden. Die Disziplinargewalt der Zünfte sollte erneuert werden. Sie sollten als verlängerter Arm der Staatssicherheitspolitik fungieren. Im August 1850 gab Bach Weißens Vorschläge an die Statthalter zur Begutachtung weiter, nachdem er sie noch mit dem Zusatz versehen hatte, daß den Mitgliedern von Arbeitervereinen auch harmloser Natur die geographische Mobilität grundsätzlich verwehrt bleiben sollte. Indes hatten die Pläne Bachs in dieser Form auch mit der Unterstützung der Statthaltereien keine Chance, weil die vorgeschlagene Reaktivierung der zünftischen Organisation dem liberalen wirtschaftlichen Reformprogramm Brucks, das auf die Gewerbefreiheit zusteuerte, zuwiderlief.

Das Gutachten zur Paßfrage, das daraufhin für Bach im Innenministerium von dem Gubernialrat *Creppi* im September 1850 erstellt wurde[7], sah eine völlige Modernisierung der Paßbestimmungen für alle Personen vor außer solchen, die lohnabhängige Arbeiter waren. Während im allgemeinen eine Identitätskarte als Ausweis für uneingeschränkte Bewegungsfreiheit genügen sollte, was für die „Klasse der Arbeiter" die Einführung obligater Arbeitsbücher (eine Art von industriellem „Wehrpaß") vorgeschlagen, die einen lückenlosen Überblick über Aufenthalt und Wohlverhalten des Arbeiters ermöglichten. War damit fast jede Unsicherheit bei der Beurteilung der politischen Färbung eines Betroffenen schon ausgeschaltet, so sah das Gutachten zur Perfektionierung der staatlichen Überwachung und zur Ausschaltung der „Binnenwanderung" sozialrevolutionären Gedankenguts die Errichtung einer zentralen Meldestelle im Innenministerium vor. Dort sollten, gesondert nach Beruf, Nationalität und besonderen Merkmalen aus den Arbeitsbüchern die Meldungen aller Bevölkerungsverschiebungen innerhalb der Monarchie zusammenlaufen. Der Gutachter schätzte *Bachs* Faible für moderne zentralisierte Institute richtig sein, als er seine Vorschläge als perfekte „Vereinigung aller einschlägigen Fäden in einer Hand" pries.

Bachs Wünsche nach *legislativer* Kodifizierung der Trennung der bürgerlichen Gesellschaft von den Unterschichten wurden durch die — in seinem Sinne — außerordentlich günstigen Resultate der Arbeiterenquete vom Frühjahr 1851 etwas gedämpft; die politische Entwicklung des Jahres 1851 schließlich mit ihrer — im Zentrum der Macht — dramatischen Tendenz zur Errichtung eines ungeschminkten kaiserlichen Absolutismus beschlagnahmte die Aufmerksamkeit Bachs und rückte vorerst die Probleme seiner eigenen machtpolitischen Stellung in den Vordergrund. Erst im Dezember 1851 lebte die Diskussion um einen Sonderstatus der Arbeiterschaft durch ein zweites Gutachten des Wiener Polizeidirektors Weiß[8] noch

---

[6] HHSTA, I.B. 1850/2351.
[7] AVA, Nachlaß Bach, Kt. 44.
[8] HHSTA, I.B. 1851/820, datiert 3. 12. 1851.

einmal auf. Weiß ging nun von der völligen Desorganisation, Antiquiertheit und mangelnden Eignung der Zünfte für die Zwecke der Disziplinierung der Industriearbeiterschaft aus und entwickelte im Anschluß daran Gedanken, die eine Abtrennung der Arbeitspolizei von der Zuständigkeit der Gemeinden und die Errichtung von Arbeiterherbergen[9] unter polizeilicher Regie vorsahen. Indes machte die politische Entwicklung solche Bemühungen um die Zementierung der sozialen Position des Bürgertums überflüssig: die um die Jahreswende 1851/52 erfolgende Umwandlung der — potentiell — konstitutionellen Monarchie in einen absoluten Staat schränkte die bürgerlichen Rechte generell ein, verschärfte deshalb auch die Paß- und Reisegesetze drastisch[10] und machte dadurch einen rechtlichen Sonderstatus für die Unterschichten überflüssig. So sah Bach im Februar 1852 dem Einströmen von Arbeitern aus dem Revolutionsherd England bereits ganz gelassen entgegen; ja, in der nun etablierten Gewißheit von der Schrankenlosigkeit der Exekutive konnte er die Bereicherung der in der Anpassungskrise an den Weltmarkt befindlichen österreichischen Industrie durch qualifizierte Arbeiter, unbeschadet ihrer möglichen Infektion durch die Arbeiterbewegung, sogar begrüßen[11].

Die wirtschaftliche Gesetzgebung der 50er Jahre hat — wie es in Anbetracht der Macht- und Ideenkonstellation in der Zentrale des neoabsoluten Systems unschwer vorzustellen ist — für die Arbeiterschaft wenig Positives gebracht. Schon zu Beginn der Machtübernahme durch die neuen Kräfte im Winter 1848/49 zeigte sich ganz deutlich, daß die starke Fraktion der Wirtschaftsliberalen um den Handelsminister *Bruck* nicht gesonnen war, die schmale Basis des — zu dieser Zeit noch konstitutionellen — Staates im Bürgertum durch lästige (und nach der liberalen Theorie überflüssige) Eingriffe in den Wirtschaftsraum zu gefährden. Symptomatisch für die Scheu der Wiener Zentrale, sich auf einen Konflikt mit dem Industriebürgertum einzulassen war die Tatsache, daß die Verhandlungen über Arbeits- und Lohnfragen, welche die Prager Baumwolldruckarbeiter angesichts der labilen Position der Unternehmer im Jahre 1848 im Wege der Statthalterei mit dem Handelsministerium begonnen hatten, Anfang 1849 abrupt vom Tisch verschwanden[12]. Andererseits blieb nach der Konsolidie-

---

[9] Weiß forderte den Zwangsaufenthalt auf der Herberge während Zeiten der Arbeitslosigkeit.

[10] Mit dem Paßgesetz vom 3. 5. 1853. Vgl. dazu R o g g e : Österreich I/285 f.

[11] Als im Winter 1851/52 die Arbeitskämpfe in England einen Höhepunkt erreichten und ein Teil der von den Unternehmern ausgesperrten Arbeiter nach dem Kontinent strömte, geriet der Prager Polizeipräsident Sacher-Masoch (hierin ganz gelehriger Schüler der früheren Weltuntergangsschilderungen Bachs!) in Panik und verlangte von Mecséry die Alarmierung der Grenz- und Polizeibehörden. Mecséry teilte seine gegensätzlichen Ansichten Bach mit, und erhielt dessen volle Unterstützung, er teilte vollkommen Mecsérys Meinung, der am 22. 2. 1852 geschrieben hatte: „Solche ausgezeichneten Arbeiter durch ein allgemeines Verbot von den k. k. Staaten ferne zu halten, hieße aber geradezu einem regen Aufschwung unserer Fabrikindustrie hindernd entgegenzutreten, und ließe sich vom nationalökonomischen Standpunkte umso schwerer rechtfertigen, als eben im gegenwärtigen Momente infolge des neuen Zollsystems die einheimische Industrie die äußersten Anstrengungen macht, um aus dem Kampfe mit der ausländischen Konkurrenz siegreich hervorzugehen." (SÚA, PM 1850—54 8/1/27).

[12] S t r a u ß : Deutschböhmische Arbeiterbewegung 57.

rung des Regimes das Handelsministerium bei seinem Liberalismus auch gegenüber den wirtschaftlich Starken konsequent und lehnte auch Interventionen *zugunsten* der Unternehmer ab, wenn diese die Kodifizierung detaillierter arbeitsrechtlicher Normen verlangten, welche über bestehende allgemeine gesetzliche Repressalien hinausgingen. Wohl wissend, daß durch die objektiven Kräfteverhältnisse bei freiem Spiel der Kräfte eine Gefährdung des Übergewichts der Kapital- und Unternehmerseite nicht zu besorgen war, vertrat das Handelsministerium die Ansicht, es sei Sache der Betroffenen selbst, sozialethische Forderungen — gleichviel, ob von Arbeitgeber- oder Arbeitnehmerseite aufgestellt — zur Geltung zu bringen[13]. Falls überhaupt die große Enquete zur Lage der Arbeiterschaft, welche das Handelsministerium „im Interesse der Industriellen und Arbeiter" im Frühjahr 1851 im Wege der Handelskammern durchführen ließ[14], als empirische Vorstufe einer weiteren Sozialgesetzgebung gedacht war, so zeigte doch schon der Modus der Durchführung (nämlich die Daten hauptsächlich durch die einseitig interessierten Unternehmer erheben zu lassen, die aus Gründen der Steuerersparnis dazu tendierten, möglichst hohe Löhne anzugeben[15]), wie vorsichtig das Handelsministerium bei allgemein verbindlichen Fragen die Unternehmerseite anzufassen gewillt war. Bezeichnend für den Geist, in dem die Enquete geführt wurde, ist die Tatsache, daß z. B. bei der Frage nach der Krankenversorgung der Arbeiterschaft von keiner Seite die Rede auf das noch rechtsgültige Hofdekret vom 18. 2. 1837 kam, das den Arbeitgeber zu vierwöchiger Zahlung von Krankenhauskosten verpflichtete[16]; dieser Umstand beleuchtet sehr gut, wie wenig Neigung im Handelsministerium bestand, selbst bestehende Gesetze zur Geltung zu bringen, wenn sie den Arbeitgebern lästig waren.

Die einschneidendste gesetzliche Normierung im Wirtschaftsbereich war die erneute Aufnahme des *Verbotes jeder Art von Arbeitskampf* in das neue österreichische Strafgesetzbuch vom 27. 5. 1852; auch im liberalen Gewerbegesetz von 1859 wurde der Streik verboten[17].

Um die Reste von Selbstbewußtsein zu beseitigen, die bei der Arbeiterschaft von 1848 her unter Umständen noch vorhanden waren, schuf das Strafgesetzbuch von 1852, ganz im Geiste einer schroffen Trennung zwischen bürgerlicher Gesellschaft und der Unterschichten, für die Lohnabhängigen im weitesten Sinne eine besondere Art des Strafvollzuges, welche von den auf Angehörige der bürgerlichen Gesellschaft angewendeten Methoden abwich: die Prügelstrafe wurde wieder eingeführt[18].

---

[13] S. oben 195.

[14] Das Resultat waren
a) Bericht der Handels- und Gewerbekammer in Prag über die Arbeitslöhne und die zur Unterstützung der Gewerbearbeiter bestehenden Anstalten im Prager und Pardubitzer Kreise. Prag 1851;
b) der oben zitierte Bericht der Reichenberger Handelskammer.

[15] Vgl. P u r š : The Situation 161.

[16] F. G a e r t n e r : Der Ausbau der Sozialversicherung in Österreich. ASS 29 (1909) S. 419 f.

[17] W a e n t i g : Gewerbliche Mittelstandpolitik 64.

[18] Bach hatte beim Kaiser schon im August 1851 für diese Wiedereinführung geworben. In einem Wochenbericht für den Kaiser schrieb er: „Es wird gewünscht, daß gegen Lehrlinge,

Obwohl die krassen sozialen Gegensätze, die durch die Arbeiterenquete von 1851 offenbar wurden, einschneidende staatliche Eingriffe dringend erforderlich gemacht hätten, kam es in der Gesetzgebung bestenfalls zu *Ansätzen* eines sozialen Fortschritts. Es versteht sich fast von selbst, daß die Lohnfrage dabei vollkommen ausgeklammert blieb. Im Berggesetz vom 25. 5. 1854, in welchem — als Vorstufe zum Gewerbegesetz — die umfassende Normierung eines ganzen Wirtschaftsbereiches festgelegt wurde — wurden die Montanunternehmen verpflichtet, Versorgungs- und Unterstützungsanstalten ins Leben zu rufen[19]. Auch hier verzichtete der Staat ausdrücklich auf die Anwendung von Druck bei der Realisierung der Normen. Das Gewerbegesetz vom 20. 12. 1859[20], das letzte Resultat der Reformgesetzgebung des neoabsoluten Systems, war ganz im liberalen Geist gehalten und beschränkte sich in seinem § 85 auf die unbestimmte Aufforderung an die Unternehmer, Unterstützungskassen[21] ins Leben zu rufen und verbindliche Fabriks-

Leute aus den unteren Volksklassen ... bei Exzessen, Übertretungen usw. nach Umständen die körperliche Züchtigung wieder in Anwendung komme, weil Arreststrafen auf selbe keinen Eindruck machen, und nur die Furcht vor empfindlichen Körperstrafen sie in den Schranken zu halten vermag, wie denn auch wirklich die Wahrnehmung gemacht wurde, daß seit Aufhebung der körperlichen Strafen die erwähnten Klassen in ihrem Benehmen den ruhigen Bürgern gegenüber viel frecher geworden sind." (HHSTA, I.B. 1851/7323). — Über den positiven Eindruck der Wiedereinführung der Prügelstrafe im böhmischen Bürgertum berichtete der Polizeipräsident Sacher-Masoch am 5. 7. 1852 an Kempen: „Die Wiedereinführung der körperlichen Züchtigung als Strafe für gewisse Gesetzesübertretungen und für gewisse Klassen der Bevölkerung ist allerdings ein Greuel in den Augen der Männer der Freiheit und jener Leute, welche einer übelverstandenen Humanität huldigen. Die Freunde der Ordnung dagegen begrüßen die Wiederkehr zu dem Grundsatze einer zwar traurigen, aber unabweisbaren Notwendigkeit, zu einem Strafmittel, ohne dessen Anwendung es unmöglich wird, bei dem ungebildeten Teile der Bevölkerung das Ansehen des Gesetzes aufrecht zu erhalten." (SÚA, PM 8/1/12 Nr. 4656).

[19] B r a f : Studien 36. — Das Berggesetz von 1854 machte im § 210 allen Montanunternehmern die Auflage, entweder im eigenen Werk oder in Zusammenarbeit mit anderen Bergwerksbesitzern „Bruderladen" nach dem Muster der bereits bestehenden zu errichten. Eine Beitrags- und Beitrittspflicht der Arbeitnehmer war vorgeschrieben, den Unternehmern stand es frei, ob sie freiwillig finanzielle Unterstützung beitragen wollten oder nicht. Der § 103 regte zwar die Bergbehörden an, auf den Zusammenschluß möglichst vieler Bruderladen hinzuwirken, gab aber den Behörden dazu keinerlei Druckmittel in die Hand. Die Bemühungen der Bergbehörden in diese Richtung blieben dann auch lange Zeit zähen Widerständen ausgesetzt; die Unternehmer erkannten richtig, daß mit der Einrichtung einer separaten Bruderlade ohne regionalen Anschluß ein vorteilhaftes Druckmittel im Arbeitskampf geschaffen war: denn da der Arbeiter, gleichviel, wie lange er beschäftigt war, mit dem Ausscheiden aus dem Unternehmen jeden Anspruch auf seine Beiträge verlor, wurde ihm dadurch das einzige legale Mittel im Arbeitskampf, der Wechsel des Arbeitsplatzes (ein im Saisongeschäft des expandierenden Bergbaus wirksames Mittel zur Lohnerhöhung, das sich z. B. in der ersten Konjunktur um 1850 für die Arbeiter günstig erwiesen hatte) erschwert. — Die offiziöse Publikation „Soziale Verwaltung in Österreich am Ende des 19. Jahrhunderts" attestierte den sozialen Normierungen des Berggesetzes „vollständige Unzulänglichkeit", sie seien „dürftig" gewesen (a.a.O. Heft 1/67).

[20] Zur Vorgeschichte des Gewerbegesetzes s. oben 137 ff.

[21] Zur Kassengründung waren im Grunde nur Großunternehmen gehalten, da der § 85 bestimmte, Unterstützungsanstalten seien zu errichten, „wenn mit Rücksicht auf die große Zahl der Arbeiter oder der Natur der Beschäftigung eine besondere Vorsorge für die

ordnungen zu kodifizieren. Einzig ein dekorativer Schnörkel war angesichts der wirtschaftlichen Machtverhältnisse und des erklärten Willens des Staates, selbst keine aktive Kontrolle der Wirtschaft auszuüben, der § 47 a des Gewerbegesetzes, der gleichsam als Pendant zum Koalitionsverbot der Arbeiter auch Zusammenschlüsse zu Kartellen der Arbeitgeber zum Zwecke der Lohnsenkung unter Strafe stellte[22].

Die Frage der *Kinderarbeit* schließlich, die bei den Vertretern des neoabsoluten Staates im Gegensatz zur Haltung des Industriebürgertums durchaus als Skandal empfunden wurde[23], blieb ebenfalls durch den Gesetzgeber ungelöst. Zwar war die Erlaubnis, Kinder zu beschäftigen, durch ein Hofdekret vom 11. 6. 1842 entscheidend eingeschränkt worden[24], aber dieses Verbot war in den 50er Jahren bereits weitgehend vergessen, jedenfalls wurde seine Einhaltung von den Behörden nicht kontrolliert[25]. Auf die Initiative der österreichischen Bischöfe hin erfolgte gegen Ende 1856 eine Bekräftigung der einschränkenden Normen, die aber in Böhmen auf hartnäckigen Widerstand eines Teils der Unternehmer stieß[26].

Unterstützung der Arbeiter in Fällen der Verunglückung oder Erkrankung nötig erscheint". — Die Statistiken der 60er Jahre erweisen, daß nur eine Minderheit der nordböhmischen Unternehmer Hilfs- und Krankenkassen errichtete. Ebenso existieren bis 1872(!) z. B. in vielen Fabriken des Reichenberger Bezirkes keine der vom Gesetz von 1859 vorgeschriebenen verbindlichen Fabriksordnungen (vgl. dazu B r a f : Studien 143 und 150). — Alle sozialen Normierungen blieben im großen und ganzen bis in die 80er Jahre wirkungslos. Erst die Sozialpolitik der Regierung Taaffe, die auch Kontrollinstanzen einführte, hat einen merklichen Fortschritt gebracht (vgl. G a e r n t n e r : Sozialversicherung 420).

[22] Der § 479 lautet: „Verabredungen von Gewerbsleuten, Fabriks- oder Arbeitsunternehmern oder Dienstgebern, um eine Umänderung in den Arbeits- oder Lohnverhältnissen zu erwirken oder um den Preis einer Ware oder einer Arbeit zum Nachteile des Publikums zu erhöhen oder zu ihrem eigenen Vorteil herabzusetzen oder einen Mangel zu verursachen, sind als Übertretungen zu bestrafen."

[23] S. Anm. 26

[24] Das Hofdekret vom 11. 6. 1842, das an die Kinderschutzverordnungen des Josephinismus (Dekrete vom 20. 11. 1786 u. 18. 2. 1787) anknüpfte, setzte das Mindestalter der arbeitenden Kinder mit 9 Jahren fest. Maximale Arbeitszeit für 9—12jährige sollten 10 Std. sein, für 12—16jährige 12 Std. Nachtarbeit von Kindern wurde verboten. Die Fabrikanten waren gehalten, für Schulunterricht der arbeitenden Kinder zu sorgen. Die Überwachung der Bestimmungen oblag den Ortsobrigkeiten und dem Klerus (W a e n t i g : Gewerbliche Mittelstandspolitik 31 f.).

[25] Der Kreishauptmann von Jičín, Tschary, deutete in seinem Bericht an Mecséry vom 21. 3. 1857 vorsichtig an, daß die Bestimmungen über die Kinderarbeit keineswegs eingehalten wurden: „Wenn auch der gesetzliche Grundsatz, daß Kinder unter 12 Jahren dem Schulbesuche nicht entzogen werden dürfen . . . beobachtet wird, so erscheinen doch die Kinder, zum größten Teil Mädchen, meist sehr klein und schwach." (S. Anhang 334).

[26] „Es kann nicht geleugnet werden, daß einzelne habsüchtige Fabrikanten mit der beschränkten Verwendung der Kinder keineswegs einverstanden sind, ebenso, daß einzelne unvernünftige Eltern unzufrieden sind, ihre Kinder nicht so frühzeitig als möglich zum leichten Erwerb in den Fabriken verwenden zu dürfen; von jedem einsichtsvollen und wahren Menschenfreunde wird aber jener Verordnung der höchste Beifall gezollt, da durch die Beschränkung der Arbeitszeit, Aufnahme der Kinder von einem doch gereiften Alter, Verhaltung derselben zum Schulbesuche und Fernhalten derselben von offenbar gesundheitswidrigen Beschäftigungen der nun einmal nicht zu beseitigende Übelstand,

Das Gewerbegesetz von 1859 übernahm im wesentlichen die Bestimmungen des Hofdekrets von 1842 und blieb wie jenes noch lange Zeit in der Praxis völlig wirkungslos[27].

Der neoabsolute Staat, auf anderen legislativen Gebieten so produktiv, versagte im Bereich der Arbeitsgesetzgebung. *Bachs* propagandistische Erklärung von 1857, das „Christentum allein [sei] ... der wahre Sozialismus", mit dem der Minister den sozialen Charakter des Regimes kennzeichnen wollte[28], nimmt sich auf diesem Hintergrund wie blanker Hohn aus.

---

daß überhaupt Kinder in Fabriken verwendet werden, doch einigermaßen gemildert wird." (SÚA, PM 8/1/19:2 Nr. 124 p.p. Päumann an Kempen, 1. 1. 1857).

[27] Die Sitzungsberichte der Handelskammer Reichenberg von 1870 verbürgen, daß die Bestimmungen des Gewerbegesetzes bezüglich der Kinderarbeit völlig auf dem Papier blieben: „Es ist allgemein bekannt, daß gegen die ausdrückliche Bestimmung der Gewerbeordnung bisher in den Fabriken Kinder von 8—14 Jahren ebensolange arbeiten wie Erwachsene." (Zit. nach B r a f : Studien 138).

[28] „Das Christentum allein ist der wahre Sozialismus; seine lebendige Geltendmachung das wirksamste Gegengift gegen den falschen Sozialismus. Wenn der Staat auf wahrhaft christliche Weise sich der armen, kranken, überhaupt der leidenden Glieder der Gesellschaft annimmt, so hat er einen großen Schritt zur Heilung eines der bedenklichsten Übel der Zeit getan." (Rückblick auf die jüngste Entwicklungsperiode Ungarns. Wien 1857, S. 36. — Das Büchlein ist eine von Bach und seinem Pressereferenten Meyer gemeinsam verfaßte Apologie des neoabsoluten Systems mit besonderer Berücksichtigung der Ungarn-Politik Bachs).

8. DIE BÖHMISCHE BÜROKRATIE UND DIE „SOZIALE FRAGE"

Die Haltung der *Provinzialbürokratie,* des Gerüstes des neoabsoluten Systems in Böhmen, ist in bezug auf die „soziale Frage" überaus vielfältig und widersprüchlich gewesen. Eingespannt in die gegensätzlichen Eindrücke der Indoktrinierung durch *Bachs* gegenrevolutionäre Zirkularschreiben einerseits, die Anschauung schockierender Verelendungserscheinungen durch die unmittelbare Nähe zum Leben der Unterschichten andererseits, wurde es besonders der mittleren und unteren Bürokratie unmöglich, eine befriedigende Antwort auf die Herausforderung durch die soziale Misere zu finden; es kam nicht einmal zu einer für die Bürokratie selbst vollständig akzeptablen Interpretation der sozialen Vorgänge. Die von Bach nach 1848 erneuerte österreichische Bürokratie war angetreten mit dem Auftrag, die politischen Vorgänge des „demokratischen" Jahres 1848 durch eine Ersetzung der Politik vermittels perfektionierter Verwaltung vergessen zu machten. Die Intentionen der neoabsoluten Regierung, politische Interessen durch eine Beförderung der wirtschaftlichen Prosperität aller Schichten überflüssig zu machen, waren darauf angewiesen, die „Volksstimmung" permanent im Einklang mit dem Regierungswillen zu erhalten. Daß im — verglichen mit der Struktur der anderen Teile der Monarchie — hochindustrialisierten Böhmen das *Bewußtsein der Arbeiterschaft* ein wesentlicher Bestandteil dieser „Volksstimmung" war, ist den Organisatoren des neuen Systems von Anfang an klar gewesen[1]. Gerade der Umstand aber, daß die Behörden, als Repräsentanten des neoabsoluten Systems einziger Gesprächspartner der Unterschichten, nach Lage der Dinge nichts Entscheidendes zur Verbesserung des status quo zu tun in der Lage waren, hat bewirkt, daß die Arbeiterschaft nicht für den Staat gewonnen werden konnte. Die Erkenntnis der Exponenten des neuen Systems, daß die wahren „politischen" Entscheidungen von nun an auf dem *wirtschaftlich-sozialen* Sektor fallen würden[2], hat sich letztlich gegen die Interessen des neoabsoluten Staates gekehrt. Weniger Skrupel bei der Definition des Zustandes der arbeitenden Unterschichten als die liberalen Publizisten[3] hatte die böhmische Bürokratie. Gleichviel, ob als Resultat einer näheren Konstatierung der Lebensumstände der Unterschichten oder Ergebnis einer pauschalen Verdächtigung der Arbeiterschaft als asozialer

---

[1] In dem von dem Prager Polizeipräsidenten Sacher-Masoch ausgearbeiteten, seit 1851 verbindlichen Modell für die Erstattung der „Stimmungsberichte" war deshalb die Frage nach dem Verhalten der Arbeiterschaft als wichtiger Punkt enthalten (s. oben 14).

[2] Der Statthalter Mecséry gab dieser Programmatik des Regimes in seiner Ansprache anläßlich der Eröffnung der Prager Handelskammer begeistert Ausdruck: er sagte, „manche hohle Theorie angeblich volksbeglückender Afterweisheit" sei nun endgültig überholt, die Nationalökonomie regiere die Stunde und ein unpolitisches Zeitalter breche an (Verhandlungen Handelskammer Prag 2).

[3] S. oben über Pisling und Schwarzer S. 216 ff u. 212 ff.

Personengruppe, ist im Sprachgebrauch der Bürokratie mit wenigen Ausnahmen der Begriff des „Proletariats" ganz allgemein für die lohnabhängigen Arbeiter verwendet worden. Die Einigkeit über diesen Terminus erleichterte die Überbrückung von sozialpolitischen Standpunkten ganz unterschiedlicher Prägung innerhalb der Bürokratie. Der Prager Polizeipräsident *Sacher-Masoch* formulierte 1851 präzise die bei den Behörden verwendete Definition: das Proletariat sei „die vom Tage- oder Wochenlohn lebende Klasse, vorzüglich die Arbeiter der Fabriken oder Gewerbe"[4]. Über diesen grundsätzlichen Konsensus in der groben Einordnung der Arbeiterschaft hinaus trat — je nach dem Standpunkt des Betrachters und den Umständen der Äußerung — ein ganzes Spektrum positiver oder negativer Attribute: für *Mecséry* war das Proletariat im Jahre 1848 — als er mit vielen guten Reformvorschlägen seinen Posten als böhmischer Statthalter antrat[5] — die Masse der armen „unglücklichen" Menschen[6]; der Prager Polizeipräsident Sacher-Masoch verstand unter dem „Proletarier" (über seine oben angeführte allgemeine Definition hinaus) geradezu ein Negativbild der bürgerlichen Existenz. Sacher-Masoch sprach von dem „rohen, ungebildeten Proletarier, der weder einen guten Schul- noch Religionsunterricht genossen hat und in der Regel arbeitsscheu ist"[7]. Daß dieser vom Bürgertum abweichende negative gesellschaftliche Zustand selbst verschuldet war, darüber hatte Sacher-Masoch wenig Zweifel, moralische Defekte wie „Zügellosigkeit und Immoralität"[8] waren die Ursachen. Auch der Kreispräsiden von Böhmisch-Leipa im nordböhmischen Industriegebiet hielt das Proletariat in erster Linie für „entsittlicht"[9].

Die Überlegungen der böhmischen Bürokratie bezüglich der politischen Bedeutung der Arbeiterschaft standen begreiflicherweise besonders in der ersten Zeit nach der Revolution im Zeichen der Angst vor einer Sozialrevolution und spiegelten die von Bach aus Westeuropa importierte Sozialismus- und Kommunismus-Furcht wider, ja, manche Antworten auf Bachs Arbeiter-Enquete vom Frühjahr 1851 übertrafen bei weitem die Düsternis der Prognosen des Innenministers[10]. Hier ging die Tradition der naiven Verdächtigung jeder Ordnungswidrigkeit und jedes Diebstahls als Resultat „republikanisch-sozialistisch-kommunistischer" Ideen (wie es das Kreisamt Pilsen im Winter 1848 formulierte[11]) und die Methode der Abwehr sozialemanzipatorischer Regungen der Arbeiterschaft mit den Argumenten der bürgerlichen Moral[12] eine Synthese mit dem modernen „Feindbild" Bachs

---

[4] SÚA, PM 8/1/12 Nr. 1466 p.p. Sacher-Masoch an Bach, 7. 6. 1851.

[5] S. unten 282.

[6] SÚA, PG 46—49 2/28 Mecséry an Stadion, 28. 12. 1848.

[7] Vgl. 277 Anm. 14.

[8] SÚA, PM 8/1/12 o. Nr. — Sacher-Masoch an Kempen. 6. 5. 1852.

[9] SÚA, PM 1850—54 1/7/31 K.A. Böhmisch-Leipa an Mecséry, 30. 5. 1853. — Daß die negative Betonung des Begriffs „Proletariat" wenn nicht überwog, so doch starke Strahlung besaß, scheint mir deutlich aus dem Versuch eines der Arbeiterschaft günstig gesinnten Beobachters aus dem Umkreis der Polizei hervorzugehen, der die Existenz jenes verrufenen Proletariats für Böhmen glatt leugnete. Vgl. dazu Anhang 338.

[10] Vgl. im Anhang 331 f. den Bericht des Bezirkshauptmannes von Teplitz, Thiemann.

[11] SÚA, PG 46—49 15 b/10 K.A. Pilsen an Mecséry, 20. 11. 1848.

[12] Ein hervorragendes Beispiel dafür ist die Broschüre des Kreiskommissars von Warnsdorf Herget aus dem Jahre 1848 mit dem Titel „Wohlgemeinter Rat an die Warnsdorfer Lohn-

ein[13]. Der Prager Polizeipräsident Sacher-Masoch hielt sich genau an Bachs Sprachregelung und erklärte die Arbeiterschaft zu einem bloßen *Werkzeug* der politischen Revolutionäre. An eine andere als rein polizeiliche Lösung dieser „Arbeiterfrage" dachte Sacher-Masoch zunächst nicht[14]; die „Macht der Verhältnisse und der Kanonen"[15] zusammen mit der Konjunktur schienen dem Polizeipräsidenten zumindest zu Beginn des Jahrzehnts ausreichende Beruhigung zu gewähren. Später hat er immer wieder energisch die Schaffung eines strengen Dienstbotengesetzes gefordert. Freilich, von der Unterstellung einer generellen Lust zur Sozialrevolution bei der Arbeiterschaft ging der mißtrauische Polizeipraktiker auch später nicht ab, er hat denn auch jede demonstrative Regung der Arbeiter mit seinen Befürchtungen in Verbindung gebracht. Als im Notwinter des Jahres 1854 ein Haufen

weber", in der jedes Aufbegehren gegen die gottgewollte Ungleichheit als „Neid" verurteilt wurde: „Es kann nicht anders sein! Nicht alle können dieselben Geschäfte betreiben, dieselben Ämter verwalten, es können auch nicht alle Gleiches oder gleichviel besitzen. Der Fleißige und der Sparsame wird selbst bei gleichen Umständen immer mehr haben, als der Träge und Verschwender. Auch muß der Gewerbs- und Fabriksinhaber und Handelsmann mehr Gebäude, Einrichtungen und Vermögen besitzen als jener, welcher durch ein kleines Geschäft und Handwerk sich nährt. Das bringt die Sache notwendig mit sich. Es soll daher der Arbeiter nicht neidisch auf den Gewerbs- oder Fabriksinhaber hinsehen, weil dieser mehr als er besitzt. Sein großes Geschäft fordert ja notwendig einen großen Besitzstand. Dabei hat er auch größere Sorgen, große und verwickelte Geschäfte, muß oft große Verluste erleiden, hat oft Tag und Nacht keine Ruhe, wogegen der Arbeiter, bei einem weit geringeren Vermögen mehr Ruhe genießt und seine Tage oft zufriedener verlebt!" (Publiziert bei S t r a u ß : Deutschböhmische Arbeiterbewegung 227 f.).

[13] Das Ergebnis solcher Synthese war die Konstruktion einer unausweichlichen Teleologie aller (auch der bürgerlichen) emanzipatorischen Tendenzen, freilich in düsteren Farben, als Weg zum Chaos stilisiert. Der Kreishauptmann von Teplitz, Thiemann, behauptete, der „Kommunismus" und „Sozialismus" habe mit der Erringung konstitutioneller Institutionen für das Bürgertum nur ein Nahziel erreicht; der „Geist des Stolzes und der Widerspenstigkeit", aus der Idee der Volkssouveränität entstanden, werde nicht rasten, bis die Gesellschaft zerstört sein werde. Ausdrücklich wurde ein Zusammenhang zwischen materiellen Umständen und Emanzipationswünschen geleugnet, für Thiemann war die Sozialrevolution, einem irrationalen Prinzip gehorchend, permanent im Gange (s. Anhang 331 f.). — Daß die Bachschen Informationsschreiben, selbst weit entfernt von einer umfassenden Kenntnis der sozialistischen Theorien Westeuropas, im Denken der damit berieselten Bürokratie nur verschwommene Eindrücke hinterließen, liegt nahe. Übrig blieb zumeist nur der Name Proudhons und sein (übrigens von Brissot übernommenes, wie J o n a s' Geschichte der Soziologie II/41 nachweist) polemisches Wort „Eigentum ist Diebstahl".

[14] „Die Stadthauptmannschaft macht es sich auch zur Pflicht, alle vorkommenden Fälle von Auflehnungen der Arbeiter mit unnachsichtiger Strenge zu bestrafen und so wenigstens repressiv gegen das Umsichgreifen dieses Übels zu wirken. Der oppositionelle Geist der Arbeiterklasse gegen die Regierung hat einen Grund in den Agitationen der revolutionären und sozialdemokratischen Partei, welche bei dem rohen, ungebildeten Proletarier, der weder einen guten Schul- noch Religionsunterricht genossen hat und in der Regel arbeitsscheu ist, stets solchen Einflüsterungen geneigtes Gehör findet. Die Prager Arbeiterunruhen im Jahre 1844, die Haltung des Proletariats im Jahre 1848 haben es bewiesen, daß letzteres ein williges Werkzeug der Revolution sei und nur des Anlasses und der Anleitung bedürfe, um der Regierung Widerstand zu leisten." (Sacher-Masoch an Mecséry, 28. 6. 1851. Publiziert bei Š o l l e : Stávky 160 f.).

[15] SÚA, PM 8/1/12 Nr. 1466 p.p. Sacher-Masoch an Bach, 7. 6. 1851.

Arbeitsloser tumultarisch beim Prager Bürgermeister *Wanka* Beschäftigung verlangte, sah *Sacher-Masoch* wiederum den umfassenden revolutionären Geist am Werk, der „den Behörden an den Puls zu fühlen" versuche[16].

Die Behörden Mittelböhmens, des am stärksten von der ökonomischen Umwälzung betroffenen Landesteils, haben schon 1851 scharfsichtiger die „Widerspenstigkeit" der Arbeiterschaft mit der wirtschaftlichen Entwicklung in Verbindung gebracht. Der Prager Kreispräsident Graf *Mercandin* machte die Zerstörung des früher relativ statischen Gesellschaftsbildes durch Grundentlastung und inflationäre Entwicklung für die sozialen Spannungen verantwortlich[17]. Im November des gleichen Jahres, als die Inflationserscheinungen weiterhin nachteilig auf die Lebenshaltungskosten der Unterschichten einwirkten, unterbreitete Mercandin der Statthalterei den Wunsch der meisten Bezirkshauptmannschaften nach staatlicher Normierung der Arbeitsverträge von Dienstboten, vermittels welcher eine gleitende, mit der Bewegung des Lebenshaltungsindex gekoppelte Lohnzahlung gesichert werden sollte, als Remedium gegen soziale Spannungen[18].

Von einem ähnlichen Ansatz her schätzte auch der Kreispräsident von Eger, Graf *Rothkirch*[19], die politische Bedeutung der Arbeiterschaft ein. Für ihn hatten die westeuropäischen sozialistischen Ideen früher oder später auch in Österreich mit Anhängern zu rechnen, solange es benachteiligte Bevölkerungsteile gab, denen nicht durch staatliche Eingriffe zu einer zufriedenstellenden Existenz verholfen wurde. Der Staat stehe nur vor der Wahl, entweder durch Reformen den sozialen Nährboden der Revolution zu verändern oder gewärtig sein zu müssen, daß die Zwangsgesetze der wirtschaftlichen Entwicklung mit ihren unausbleiblichen Krisen die Arbeiterschaft im Interesse des nackten Überlebens zur Selbsthilfe zwingen würden[20]. Auch *Mecséry* war sich über den Zusammenhang zwischen Elend und Bereitschaft zu sozialrevolutionärem Denken im klaren. In einem Brief an Bach vom Februar 1852 schrieb er: „Der Ultrasozialismus . . . fußt in dem Mißverhältnisse zwischen den Bedürfnissen und den Befriedigungsmitteln, der Zunahme der ersteren und

---

[16] SÚA, PP 1853—57, R/3/37. Wanka hatte panikartig reagiert: „Überzeugt, daß ähnliche Auftritte nicht allein bei diesem Proletäriate (sic) sondern auch bei anderen Arbeiterklassen bald Nachahmung finden werden, wenn denselben nicht am Anfange Einhalt getan wird . . ."

[17] SÚA, PGT 1849—1852, A 11, K.A. Prag an Mecséry, 5. 5. 1851.

[18] SÚA, PM 8/1/12 Nr. 15257, K.A. Prag an Mecséry, 13. 11. 1851.

[19] Zu Rothkirch vgl. W u r z b a c h : 27 (1874) 105 f. Karl Graf von Rothkirch-Panthen (1807—1870), einer der fähigsten Verwaltungsbeamten Böhmens, lehnte 1848 den Statthalterposten von Böhmen ab (den dann Mecséry bekam) und war bis 1856 Präsident des Egerer Kreises. Von 1856—1860 war Rothkirch Landespräsident der Bukowina. Ab 1861 war Rothkirch Abgeordneter des böhmischen Landtags und des Reichsrates; 1866/67 bekleidete er für kurze Zeit den Posten des böhmischen Statthalters.

[20] S. Anhang 333 — Zu Rothkirchs Vorschlägen vgl. auch F. K u t n a r : Tři návrhy na řešení dělnické otázky v době Bachova absolutismu [Drei Vorschläge zur Lösung der Arbeiterfrage in der Zeit des Bach-Absolutismus]. Zápisky KČSDAS 3 (1958), S. 22 f. — Es ist immerhin bezeichnend, daß selbst ein interessierter Mann wie Rothkirch die Vertreter zweier gänzlich verschiedener sozialistischer Schulen, ja, erbitterte Gegner, nämlich Louis Blanc und Proudhon (vgl. dazu J o n a s : Geschichte der Soziologie II/37) in einen Topf warf.

der Abnahme der letzteren. Jenes Mißverhältnis und die mit demselben Schritt haltende Massenarmut, diese unheimliche Geburt der Neuzeit, sind der Boden, in dem der Ultrasozialismus so maßlos wuchert[21]." Freilich leugnete Mecséry die Existenz solcher Erscheinungen für Böhmen. Die Tatsache, daß Österreich als Agrarstaat politisch von der Arbeiterschaft nichts zu befürchten hatte, erschien ihm zusammen mit der Aussicht auf die „Unermeßlichkeit des Stoffreichtums in dem Kaiserstaate" hinreichende Beruhigung zu gewährleisten. Einzig eine Ansteckung der nordböhmischen Grenzgebiete durch die des „Sozialismus" verdächtige Sekte des Deutschkatholizismus aus Sachsen besorgte der Statthalter[22]. Immerhin, aus der selbstverständlichen Überzeugung des gewiegten Verwaltungspraktikers von der Interdependenz materieller und politischer Entwicklung heraus hat Mecséry geschickt bei allen politischen Krisensituationen, die mit einer sozialen Misere zusammentrafen, die öffentlichen Bauvorhaben forciert[23], ein Verfahren, das sich auch schon bei der Vereitelung des Überspringens des Dresdner Aufstandes auf die benachbarten böhmischen Gebiete im Frühjahr 1849 vorzüglich bewährt hatte[24].

Die niedere Bürokratie besonders der Notstandsgebiete hat sich in der Moralisierung und Politisierung über die Verhältnisse der Arbeiterschaft schon bald ganz zurückgehalten, die praktischen Fürsorgeprobleme des nächsten Tages nahmen einen zu großen Raum ein, als daß man sich allzuviel Spekulationen über umstürzlerische Pläne der Arbeiterschaft hätte hingeben können; die Tatsache, daß sozialrevolutionäre Töne seit 1849 kaum mehr aus den Unterschichten zu vernehmen waren[25], mag dazu beigetragen haben. In ihren Berichten äußerten sich die Beamten eher verwundert über das Ausbleiben einer Hungerrevolte angesichts der skandalösen Zustände. So rätselte z. B. der Kreispräsident von Böhmisch-Leipa in einem Brief an Mecséry vom 9. Juli 1854 über die „staunenswerte Resignation" der Opfer der industriellen Revolution[26]. Selbst in der Krise des Frühjahrs 1859 hat es keine größeren Sorgen wegen des Verhaltens des Proletariats gegeben[27].

Die Phänomene der sozialen Desorganisation sind von den niederen Behörden durch die unmittelbare Nähe oft erfaßt worden; es brauchte jedoch eine gewisse Zeit, bis man auch an eine Analyse der Gründe für die Elendserscheinungen ging. So war vor allem am Beginn der 50er Jahre, als sich die tiefgreifenden wirtschaftlichen Strukturveränderungen noch nicht offen abzeichneten, vielfach noch ein statisches, an den vorindustriellen agrarischen Verhältnissen orientiertes Wirtschaftsmodell im Denken der Bürokratie lebendig: mit dem Kreislauf von guten

---

[21] SÚA, PM 1850—54 8/5/1 Mecséry an Bach, 8. 2. 1852.

[22] Ebenda.

[23] SÚA, PM 8/1/12 Nr. 2662 Mecséry an Bach/Kempen, 28. 2. 1854.

[24] Der Jungbunzlauer Kreispräsident Baron Kotz hatte damals kurzfristig 3000 fl aus der Kreiskasse flüssig gemacht, und damit für kurze Zeit eine große Zahl Arbeitsloser gebunden (vgl. S a m b e r g e r : Die revolutionäre Zusammenarbeit 278).

[25] S. unten 301 ff.

[26] S. unten 301.

[27] SÚA, PMT 1859/St 15.

und schlechten Jahren[28] war indes kein erhellender Zugang zu den Problemen des rapiden sozialen Wandels und einer progressiven Verelendung zu finden. Die Übernahme eines großen Teils vormaliger Patrimonialbeamten (d. h. von Leuten, die vornehmlich von der Sphäre des landwirtschaftlichen Großgutes geprägt waren!) in den Staatsdienst nach 1848 mag zur Zählebigkeit eines solchen agrarischen Wirtschaftsmodells beigetragen haben; hinzu kommt, daß die niedere Bürokratie vor allem der Notstandsgebiete aus Gründen eines verständlichen Zweckoptimismus mit dem Festhalten an dem Rhythmus von guten und schlechten Zeiten zu trösten versuchte, indem sie in jeder kleinen lokalen Konjunkturbewegung die definitive Erledigung ihrer Sorge um die hungernde Bevölkerung herannahen glaubte[29]. Wichtig für das Wirtschaftsdenken der Bürokratie sollte es auch werden, daß die häufigen kleinen Konjunkturflauten der 50er Jahre — mit ihrer automatisch eintretenden lokalen Massenarbeitslosigkeit — das Augenmerk der Behörden auf das Problem der *absoluten* Arbeitslosigkeit fixierten, wodurch lange Zeit die Sicht dafür getrübt wurde, daß auch bei Vollbeschäftigung unter manchesterliberalen Bedingungen zunehmende Verelendung möglich war. Noch 1851 hatte selbst ein so aufgeschlossener und sozial scharfsichtiger Mann wie der Kreispräsident von Eger, der Graf *Rothkirch,* die wunden Punkte in der sozialen Lage der Arbeiterschaft nur in den „traurigen Erfahrungen der Fabriksarbeiter zur Zeit einer Gewerbsstockung, einer Krankheit, im Alter" zu sehen vermocht[30].

Andererseits kam im Gefolge der wirtschaftlichen Entwicklung und der Ökonomisierung des öffentlichen Lebens mehr und mehr die liberale Nationalökonomie mit ihrer Betonung der Sachzwänge im Denken der Bürokratie zum Zuge. Die unteren Lokalbehörden, die vielfach sozial engagiert waren, nahmen den Sieg des schrankenlosen Wirtschaftsliberalismus „zähneknirschend" zur Kenntnis. Den stärksten Anstoß zur Aktivierung des Raisonnements über die soziale Problematik der Wirtschaftsentwicklung gab die sich von Jahr zu Jahr verschlimmernde Krise der untergehenden Hausindustrie. Die Weberei-Enquete der Statthalterei

---

[28] Das beste Beispiel dafür ist Hergets Flugblatt an die Warnsdorfer Weber: „Die Zeiten sind nicht gleich, die eine bringt mehr, die andere weniger, in guten Tagen muß an die Schlimmen gedacht und für diese etwas zurückgelegt werden." (S t r a u ß : Deutschböhmische Arbeiterbewegung 228). — Eine erstaunliche Ausnahme in dieser Hinsicht war der Oberbeamte der Herrschaft Hohenelbe, J. Krikava, der schon vor der Revolution in einem Memoire an das „Komitee zur Unterstützung der hilfsbedürftigen Erz- und Riesengebirgsbewohner" auf die Analogie der Entwicklung in Nordböhmen und in England hingewiesen hatte. Krikava hatte die krasse Diskrepanz von Unternehmergewinnen und Löhnen heftig angeprangert und das Gespenst des „Kommunismus" an die Wand gemalt (K u t n a r : Sociální otázka 197).

[29] So besonders die Beamten im Erz- und Riesengebirge. — Mecséry z. B. glaubte am 14. 1. 1857, die Arbeiternot in Nordböhmen habe nun ein Ende, es mache sich eine auffallende Besserung der materiellen Lage der zahlreichen Arbeiterklasse bemerkbar, und es ließe „sich mit Rücksicht auf die meisten Industriezweige und insbesondere jene der Gebirgsgegenden andauernd günstige Handelskonjunkturen ... erwarten, daß in der nächsten Zukunft jeder eigentliche Notstand ferne gehalten und die öffentliche Wohltätigkeit und Fürsorge der Regierung gar nicht oder nur in unerheblichem Maße wird in Anspruch genommen werden müssen." (SÚA, PM 8/1/12 Nr. 480 pr. Mecséry an Bach/Kempen).

[30] S. Anhang 333.

von 1853[31] brachte die Ansichten der Lokalbürokratie über die soziale Frage in ihrem Bereich zu Tage. Die Bezirkshauptmannschaften der Webereigegenden, Tür an Tür mit dem Elend lebend, bezeichneten die Verhältnisse im Textilverlagsgeschäft schlicht als „Ausbeutungs-Intrige"[32]. Wenn der Hohenelber Bezirkshauptmann das Absinken der ehemals handwerklichen Hausweber zu proletarischen Fabriksarbeitern beklagte, die als Masse außerhalb jedes bürgerlichen Lebens standen[33], so war dies freilich eine Romantisierung der „Selbständigkeit" der Hausweber, denen während der 50er Jahre gar nichts Besseres geschehen konnte als die *relative* wirtschaftliche Besserstellung in der Fabrikproduktion. Dennoch zeigt solche rückwärts gewandte Sehnsucht nach einem Wirtschaftssystem von selbständigen Individuen, daß es in der niederen Bürokratie auch starke *menschliche* Anteilnahme am Schicksal der verelendeten Arbeiterschaft gegeben hat. Der gleiche Beamte gab in seinem Bericht seiner tiefen Bestürzung Ausdruck, daß das Industriebürgertum in seinem Handeln bloß noch als menschlicher Exponent der nackten nationalökonomischen Gesetze fungiere und daß hier neben dem Streben nach Bereicherung jedes andere Lebensziel verschwunden sei[34].

Während indes die Behörden der Webereibezirke vollkommen auf das Problem der Verdrängung der handwerklichen Produktion durch die maschinelle Industrie fixiert waren, die größte Sorge daher die strukturelle Arbeitslosigkeit war[35], öffneten die Erfahrungen der 50er Jahre und besonders die Folgen der Wirtschaftskrise 1857—59 wenigen Angehörigen der Bürokratie die Augen dafür, daß mit der Vollbeschäftigung *allein* die „soziale Frage" nicht gelöst war. Ein einsames Zeugnis für den Prozeß dieser Bewußtseinserhellung, erstaunlich in der Offenheit und Klarheit der Analyse der Verhältnisse, war der leidenschaftliche Appell des Kreishauptmanns von Jičín, *Tschary* an den Statthalter Mecséry im Jahre 1857[36]. Tschary erkannte klar die verheerenden Folgen des Manchestertums für die gesamte Sozialstruktur Nordböhmens; in seinem Bericht an Mecséry erklärte er das „physische Wohl von tausenden armen Leuten" zum wichtigen öffentlichen Interesse. In dem Appell des Jičíner Kreishauptmanns wurde energisch gegen die Deklassierung der Arbeitslebens zu einer Domäne des ausschließlichen Privatrechts Stellung genommen; in einem Ansatz zu einer grundsätzlichen Kritik der liberalen Wirtschaftstheorie nannte *Tschary* die *Arbeit* den eigentlichen Faktor der Kapitalakkumulation.

---

[31] S. unten 283.
[32] So der Bezirkshauptmann von Semil (Ostböhmen). Zit. bei K u t n a r : Sociální otázka 228.
[33] Ebenda 222.
[34] Ebenda 229.
[35] Wenige Beamte gaben sich um die Mitte des Jahrzehnts über die Folgen dieses Prozesses noch so optimistischen Hoffnungen hin wie der Kreishauptmann von Königgrätz, der am 30. 9. 1856 an Mecséry geschrieben hatte: „Wenn auch die Handweberei und Spinnerei den diesfälligen Fabriks- und Maschinenerzeugnissen nach und nach weichen müssen und jährlich mehr Boden verlieren, so ist es doch beruhigend, wenn dieser anscheinend unvermeidliche Fall nur allmählich eintritt und nicht durch einen plötzlichen Mangel an der gewohnten Arbeit und Verdienst dem Arbeiterproletariate Mangel und Not und der Administration Verlegenheit bereitet wird." (SÚA, PM 8/1/19:2, Nr. 371 pr.).
[36] S. Anhang 334 f

Die höheren Kreise der Bürokratie, in Statthalterei und Polizeidirektion, weiter entfernt von der unmittelbaren Anschauung des Elends, entwickelten mehr Gleichmut in der Beurteilung der „sozialen Frage". Zwar hatte *Mecséry* seine Tätigkeit als böhmischer Landeschef durchaus mit dem festen Willen aufgenommen, vermittels „durchgreifende(r) und umsichtige(r) Schritte" die Lage des Proletariats entscheidend zu ändern[37], ja, der Statthalter hatte noch im Mai 1849 in einem Brief an den Innenminister erwähnt, daß „der Staatsverwaltung die Lösung der so wichtigen Aufgabe obliegt, das Los der Arbeiter zu verbessern, daß diese nicht, nachdem der Arbeitgeber ihre Arbeitskraft in seinem Interesse ausgebeutet, hilflos ihrem Schicksal überlassen werde"[38]. Aber alle diese — in der labilen politischen Lage der Jahre 1848/49 aus Gründen der Staatsraison wohlangebrachten — guten Vorsätze verblaßten zunehmend mit der Konsolidierung des neoabsoluten Systems. Alsbald stellte sich Mecséry ganz auf die Basis der verschwommenen Vorstellung eines wirtschaftlichen „Gemeinwohls", welche dem von der als zwangsläufig verstandenen ökonomischen Entwicklung Benachteiligten Resignation und Opfer zugunsten der Gesamtheit abverlangte[39]. Folgerichtig hat Mecséry in der Folge auch jeden Eingriff in die Wirtschaft abgelehnt, selbst bei krassen Mißständen verwies er einzig auf die Strafjustiz[40], welche objektive Gesetzesverletzungen zu ahnden habe, eine Haltung, die freilich angesichts der wirtschaftlichen Machtverhältnisse einer Billigung der Ausbeutung gleichkam. Die von den liberalen Opponenten des neoabsoluten Systems verlästerte „Vielregiererei" der hohen Bürokratie verhielt sich der Wirtschaft gegenüber überaus enthaltsam[41]. Mecséry selbst gab sich — wie oben dargelegt — überdies während der ersten Konjunkturjahre nach 1850 ganz unrealistisch optimistischen Vorstellungen über den Zustand der böhmischen Gesell-

[37] SÚA, PG 46—49 2/28 Mecséry an Stadion, 28. 12. 1848.

[38] SÚA, PG 46—49 2/28 Mecséry an Stadion, 14. 5. 1849. — Es ist immerhin symptomatisch, daß Mecsérys Brief sich um die Beamtenbesoldung drehte und die Arbeiterfrage nur in einem Nebensatz erwähnt wurde!

[39] In seiner programmatischen Rede anläßlich der Eröffnung der Prager Handelskammer kam Mecséry auch auf die unvermeidlichen Interessenkollisionen zwischen den verschiedenen konkurrierenden bzw. voneinander abhängigen Wirtschaftsteilen zu sprechen. Nachdem Mecséry den Existenzkampf der Hausweberei erwähnt hatte, sagte er: „Diese Mißtöne zum harmonischen Klang zu verschmelzen — das große Ganze vor Augen zu haben — dem Nationalwohlstand und Reichtum in seiner Gesamtheit das kleine unwesentliche Interesse unterzuordnen — jedem solchen Interesse nicht nach seinem absoluten, sondern nach seinem relativen Gewichte seinen Wert und seine Geltung in der großen Wagschale des Völkerglücks anzuweisen", sei die Aufgabe der Handelskammer (Verhandlungen Handelskammer Prag 2).

[40] Das betrifft vor allem Mecsérys Haltung gegenüber Fällen von rücksichtsloser Ausbeutung durch das Truck-System. Vgl. dazu P u r š : The Situation 176.

[41] Selbst inoffizielle Einflußnahme hat die Statthalterei strikt abgelehnt. Im November 1851 berichtete der Bezirkshauptmann von Benešov der Statthalterei, eine fürstlich Windischgrätzsche Textilfabrik habe Massenentlassungen vorgenommen und man befürchte Ausschreitungen der Arbeitslosen. Der Bezirkshauptmann bat die Statthalterei auf privatem Wege, auf den Fürsten Einfluß zu nehmen, die Fabrik nicht ganz zu schließen. Mecséry lehnte mit dem Verweis auf die absolute Freiheit des Wirtschaftslebens ab: „Gestalten sich aber die gegenwärtigen Geschäftsverhältnisse den Unternehmern offenbar ungünstig, so wird ein behördlicher Einfluß ohne Erfolg bleiben und es wird der Sorge der Spinner überlassen, einen anderen Nahrungsweg zu betreten..." (zit. ebenda 167).

schaft hin; das „normale Verhältnis zwischen den Besitzenden und den Besitzlosen" glaubte Mecséry in Böhmen noch durch administrative Maßnahmen festhalten zu können[42]. Später, als es unmöglich wurde, die Augen vor den Elendserscheinungen zu verschließen, zog sich der Statthalter auf irrationale Argumente zurück und resignierte ohne zu zögern: „radikale Mittel zur Hebung dieses Krebsübels der menschlichen Gesellschaft" stünden nicht zur Verfügung, schrieb er 1855 an Bach[43].

Mecsérys sozialpolitische Aktivität hat sich in bescheidenen Grenzen gehalten. Die einzige größere Aktion war eine von der Statthalterei im Frühjahr 1853 veranstaltete Enquete über die Gründe der „Webernot", der schweren Hungerkrise der Haustextilindustrie. Von den Resultaten dieser Untersuchung machte Mecséry keinen Gebrauch, das Material wanderte ins Archiv[44]. Einzig zur Forcierung humanitärer Maßnahmen mochte sich Mecséry verstehen, freilich stand hier der Gedanke der Staatsraison stark im Vordergrund: so verfolgte der Statthalter z. B. bei der Organisation der gehäuften Wohltätigkeitsakte anläßlich der Vermählung des Kaisers (1854) ganz bewußt das Ziel, bei den Prager Unterschichten Gefühle von Loyalität und Sympathie für das Kaiserhaus hervorzurufen[45]. Wenn Mecséry im Frühjahr 1855 auf persönlichen Befehl des Kaisers nach Nordböhmen reiste, um sich einen Überblick über den dortigen Notstand zu verschaffen[46], so geschah auch dies zum Zwecke der positiven Selbstdarstellung des Regimes; mit einer ernsthaften Auseinandersetzung mit den Problemen der industriellen Verelendung hatte es kaum etwas zu tun. Wie schlecht informiert Mecséry gerade über die sozialen Verhältnisse des industrialisierten Nordböhmen war, zeigte sich während der Wirtschaftskrise 1857, als Nachrichten über die skandalöse Ausbeutung der Arbeiterschaft sogar bis in die liberale Presse nach Wien gelangten und dort bald Aufsehen erregten. Der Statthalter wurde davon vollkommen überrascht und mußte erst einen Bericht aus Nordböhmen anfordern, um ins Bild gesetzt zu werden[47]. Es kennzeichnet die Immobilität der Statthalterei in sozialpolitischer Hinsicht, das *Tscharys* Brandruf (das Resultat von Mecsérys Nachfrage), der in der Aufforderung zu konkreten und schleunigen Reformen gipfelte[48], bei Mecséry lediglich Ratlosigkeit hervorrief; der Statthalter ersuchte den Prager Polizeipräsidenten *Päumann* um ein Gutachten über Tscharys Vorschläge. Falls Tscharys Brief einen Moment des Zweifels in Mecsérys sozialpolitischem Credo wachgerufen haben sollte, so wurde dies durch das bornierte, von einem herzlosen Polizeistandpunkt aus formulierte Gutachten Päumanns behoben. Päumanns Brief wischte die von Tschary aufgeworfene Problematik der Privatsphäre der Fabrikanten kommentarlos vom Tisch und machte moralische Defekte der Arbeiter-

---

[42] SÚA, PM 1850—54 8/5/1 Mecséry an Bach, 8. 2. 1852.
[43] SÚA, PM 8/1/19:2 Nr. 682 Mecséry an Bach/Kempen, 17. 1. 1855.
[44] Vgl. K u t n a r : Sociální otázka 232.
[45] SÚA, PM 1850—54 1/1/48. In ganz Böhmen wurden für diverse wohltätige Zwecke insgesamt 80 367 fl gespendet.
[46] AAZ 1855, S. 1685.
[47] Zur Vorgeschichte von Tscharys Vorschlägen vgl. K u t n a r : Tři návrhy 28.
[48] S. unten 290.

schaft für ihre Misere verantwortlich[49]. Nur in „Staatsrücksichten", nämlich der zu gewärtigenden Untauglichkeit der Arbeiterbevölkerung für den Militärdienst mochte der Polizeipräsident ein Motiv zur Regelung der Fabriksverhältnisse sehen. Eine Aktivität Mecsérys befürwortete Päumann nur für den Fall, daß das von *Toggenburg* vorbereitete Gewerbegesetz noch nicht in naher Zukunft zu erwarten sei. Indes wich der Statthalter dem lästigen Problem aus und unternahm nichts[50].

Solche Voraussetzungen machen verständlich, daß auch die untere Bürokratie es kaum jemals unternommen hat, selbst irgendwelche Eingriffe in die Arbeitswelt zugunsten der Arbeiterschaft zu wagen. Wenngleich die Lokalbürokratie die Erscheinungen der industriellen Revolution, besonders die Zerstörung der Basis der Hausindustrie durch die Mechanisierung der Industrie mißtrauisch und argwöhnisch verfolgte, so waren die niederen Beamten doch — bei der faktisch durch das Handelsministerium forcierten absoluten Gewerbefreiheit im Industriesektor (Konzessionsliberalismus) dagegen völlig machtlos[51]. Bei persönlicher Einflußnahme im Interesse der Arbeiterschaft mußten sich die Behörden mit leeren Tröstungen durch die Unternehmer abspeisen lassen[52]. Der hilflose Groll der Beamten angesichts des Triumphes des Wirtschaftsegoismus[53] konnte sich nicht zu aktiver Stellungnahme gegen das Interesse der Unternehmer entwickeln, weil die positive Gesetzgebung dazu wenig Handhabe bot. Wo etwas zugunsten der Ar-

---

[49] „Obgleich die anstrengende Verwendung der Fabriksarbeiter auf dem Übereinkommen der selben mit ihren Fabriksherren beruht und erstere sich hiezu freiwillig einverstehen, um einen höheren Arbeitslohn zu gewinnen, zu welchem Verdienste sich in den Gebirgsgegenden nicht leicht eine andere Erwerbsquelle darbietet, obgleich ferner die Vergeudung dieses Wochenlohnes in Putz und Lustbarkeiten eine Folge der mangelhaften moralischen und wirtschaftlichen Bildung dieser Volksklasse ist, welchem Übel durch Belehrung von der Kanzel gesteuert werden sollte: so erheischen es doch Staatsrücksichten, dem Verfalle des moralischen und physischen Wohles und der mitunter eintretenden Untauglichkeit der Arbeiter zum Wehrstande durch einen geregelten Arbeitsbetrieb und durch Gründung von Unterstützungskassen vorzubeugen." (SÚA, PM 1855—59 11/28/20 Päumann an Mecséry, 14. 5. 1857).

[50] Kutnar: Tři návrhy 33 f.

[51] Das hat nicht verhindert, daß das Industriebürgertum in der Frage der Mechanisierung die Bürokratie höheren Orts als Hemmschuh des Fortschritts anschwärzte. S. dazu oben 194 Anm. 38.

[52] Der Königgrätzer Kreishauptmann schrieb am 30. 9. 1856 an Mecséry über eine „von dem Fabriksbesitzer erteilte(n) tröstlichen Versicherung, daß von jener Firma bezüglich der stärkeren Kottone bisher beschäftigten mehr als 1500 Handwebern aus ihrer Arbeit und ihrem Verdienste nichts entzogen werden soll." (SÚA, PM 8/1/19:2 Nr. 371 pr.).

[53] Der Bezirkshauptmann von Hořowitz berichtete am 29. 12. 1854 an die Prager Kreisregierung über Massenentlassungen in den Komoraner Eisenwerken, von denen auch viele altgediente Werksangehörige betroffen wurden: „... so hat der gehorsamst Gefertigte nicht unterlassen, auf diesen Beamten durch zweckmäßige Vorstellungen einzuwirken und denselben zur Wiederaufnahme dieser Individuen in die Arbeit zu vermögen; allein diese Verwendung blieb unter der Versicherung: er habe für diese Leute keine Arbeit, dann unter der Behauptung: man könne den Fabriksherren zur Beibehaltung der entbehrlichen Arbeiter nicht verhalten, leider fruchtlos." Der Bezirkshauptmann verurteilte nachdrücklich dieses „in jeder Beziehung harte und gefühllose Benehmen" (SÚA, PM 8/1'12 Nr. 23351, B.A. Hořowitz an K.A. Prag 29. 12. 1854).

beiterschaft geschah, da war es dem spontanen und selbständigen Eingreifen eines couragierten Beamten zu danken, der das Risiko eigenmächtigen Handelns auf sich nahm. Als beispielsweise der Bezirkshauptmann von Tetschen im Jahre 1855 den Unternehmer *Pitschmann* dazu zwang, sich um die Versorgung eines in seiner Fabrik verletzten Mädchens zu kümmern, so hatte der Beamte dabei weniger Rückhalt in den gesetzlichen Normen (nämlich dem „Verpflegungskostennormale", dem ja auch die Statthalterei kaum zur Wirksamkeit verhalf) als in der aufgebrachten öffentlichen Meinung der Tetschener Arbeiterbevölkerung[54]. Der energisch sozialreformerisch gesinnte Kreishauptmann von Jičín, Tschary, brauchte vom Februar bis Ende September 1857, um bei der Statthalterei den Rücken frei zu bekommen für eine bloße „Aufforderung" an die Unternehmer, einen Schritt in Richtung auf menschenwürdigere Verhältnisse in den Fabriken zu tun[55]. Es blieb den Lokalbehörden kaum mehr als die Möglichkeit, bei periodischen Arbeitslosigkeiten mit der Bitte um Arbeit in den Fabriken hausieren zu gehen[56] oder bei Lohnverhandlungen zugunsten der Arbeiter zu intervenieren. Vor allem versuchte man, die von der Gesetzgebung pönalisierten Versuche zum Arbeitskampf möglichst vor dem Ausbruch eines regelrechten Streiks (und der damit unvermeidlichen harten Unterdrückung durch die Gendarmerie) durch Einmischung abzufangen und als Schiedsrichter wenigstens bescheidene Vorteile für die Arbeiter herauszuholen bzw. die Verschlechterung von Lohnbedingungen zu verhindern[57]. Inwiefern die dabei oftmals vermeldete „Zufriedenheit beider Teile" den Tatsachen entsprach, ist indes nicht mehr festzustellen.

Wenn auch mit wenigen Ausnahmen bei der unteren Bürokratie wenig Initiative bezüglich der Änderung der *Ursachen* der Verelendung gewagt wurde, so hat doch die nach 1848 neu antretende Verwaltung eine umfassende Fürsorgeverpflichtung der öffentlichen Hand für die notleidende Bevölkerung immerhin empfunden und sich — intern — zur Verantwortung bekannt. Durch die *Stadion*schen Reformen war den Gemeinden (als Erben eines Teiles der patrimonialen Organisation) die Zuständigkeit für das „Armenwesen" aufgebürdet worden. Die Mittel der kommunalen „Armenfonds", zur Linderung schicksalshafter, individueller „Armut" gedacht, erwiesen sich aber bald als vollkommen unzulänglich für die Bewältigung der progressiven Massenarmut. Die Kreis- und Bezirksbehörden, die aus Gründen einer vermeintlichen Staatsraison von Anfang an eine starke Einmischung und „Mitregierung" in Gemeindesachen ausübten, wurden dadurch zwangsläufig in die „Verwaltung" der Armut mithineingezogen; die Stagnation der kommunalen Selbstverwaltung nach der Etablierung der offenen Neoabsolutismus (zu Beginn 1852) tat dazu ein weiteres. Von der Absicht der Behörden, sich vornehmlich mit der Funktion der Koordination und Anregung privater Wohltätigkeit zu begnü-

---

[54] P u r š : The Situation 178 f.

[55] Tschary schrieb dann am 29. 9. 1857 an Mecséry: „Über den Erfolg der . . . an die Besitzer der Spinnfabriken wegen angemessener Beschränkung der Arbeitszeit bis auf die Dauer von 15 Stunden und Gestattung einer Rast von 1 Stunde mittags und ¼ Stunde zum Frühstück und Vesperbrot — von mir erlassenen Aufforderung werde ich erst im künftigen Monate Erkundigungen einziehen können." (SÚA, PM 8/1/19:2 Nr. 17 g.P.).

[56] SÚA, PM 8/1/12 Nr. 23351 B.A. Hořowitz an K.A. Prag 29. 12. 1854.

[57] SÚA, PM 8/1/19:2 Nr. 1230 pr. K.A. Eger an Mecséry, 24. 9. 1859.

gen[58], blieb nicht viel übrig: der Sieg des hochliberalen Denkens im Bürgertum einerseits, die allgemeine Geld- und Kreditverknappung gegen Mitte des Jahrzehnts andererseits machten die spontane Privatwohltätigkeit angesichts der Verelendung in zunehmendem Maße zu bloßen Tropfen auf dem heißen Stein[59]. So war die Bezirksbürokratie in ihrem Kampf gegen Hunger und Elend auf ihre eigene Erfindungsgabe und Glückszufälle angewiesen, welche die Mittel zur Hilfeleistung herbeischafften. Der Ruf der Bezirks- und Kreisbehörden nach einem staatlich finanzierten Strukturverbesserungsprogramm für die permanenten Notstandsgebiete der Haustextilindustrie[60] fand in Prag und Wien keine Resonanz, so daß auch die von den Behörden forcierten Hilfsmaßnahmen völlig unzureichend bleiben mußten. Das Aushilfsmittel der Arbeitsbeschaffung durch öffentliche Bauvorhaben[61] ließ sich wegen der schwachen Finanzmittel der Kreis- und Bezirksverwaltungen nicht ausreichend einsetzen. Wenn die Bezirksbürokratie noch 1851 meinte, der Staat habe die *Pflicht*, durch öffentliche Bauvorhaben die Bevölkerung vor dem nackten Hunger zu schützen[62], so verstummten solche Äußerungen des guten Willens im Laufe der Jahrzehnts, da angesichts des desolaten Zustandes der österreichischen Finanzen Hilfe von „oben" nicht zu erhoffen war. Je mehr sich die Behörden zur alleinigen Übernahme der Sorge für das materielle Wohl der Arbeiterbevölkerung gedrängt sahen, desto mehr versuchten sie im Bewußtsein der Unzulänglichkeit ihrer Mittel wenigstens in der Öffentlichkeit den Anschein zu vermeiden, der Staat bekenne sich zu einer Fürsorgever-

---

[58] Der Grundsatz der Prager Statthalterei war zu Beginn des Jahrzehnts, „daß die Hilfe des Staates erst dann, wenn Privatmittel nicht mehr ausreichen, in Anspruch genommen werden dürfe..." (HHSTA I.B. 1851/9251). Der Kreispräsident von Pilsen glaubte im November 1851 noch, durch Verbesserung des Managements die Armenfrage aus der Welt schaffen zu können: „Endlich aber wären die k. k. Bezirkshauptmannschaften auch zugleich aufzufordern, in den ihnen zugewiesenen Gemeinden, wo sich eine bedeutende Anzahl dürftiger Familien vorfindet, Unterstützungskomittees zu bilden und zu denselben die Gemeindevorstände, Seelsorger, sowie überhaupt vertrauenswürdige Personen beizuziehen, welche für ihre ärmeren Gemeindemitglieder milde Sammlungen aus Viktualien... einzuleiten hätten und zu welchem Behufe den k. k. Bezirkshauptmannschaften auch zugleich die Befugnis einzuräumen sein dürfte, nötigenfalls einen entbehrlichen Betrag aus den Armeninstitutskonkretalkassen zum Ankaufe der unerläßlich notwendigen Vorräte im billigen Preise gegen nachträgliche ordentliche Verrechnung zu verwenden." (SÚA, PM 8/1/12, Nr. 736 praes. K.A. Pilsen an Mecséry, 5. 11. 1851).
[59] Schon im Frühjahr 1853 schrieb Mecséry an Bach, vom Besitzbürgertum sei nicht mehr viel finanzielle Hilfe zu gewärtigen, da „von der Privatwohltätigkeit, die in der letzten Zeit bei verschiedenen Gelegenheiten über die Gebühr in Anspruch genommen wurde, keine ausgiebige Hilfe zu erwarten ist." (SÚA, PM 8/1/12 Nr. 8244 Mecséry an Bach/ Kempen 28. 2. 1853).
[60] Dieser Ruf nach Geld für die Arbeitsbeschaffung ist ein fester, in fast allen „Stimmungsberichten" der Bürokratie wiederkehrender Bestandteil während der 50er Jahre.
[61] In welch bescheidenen Größenordnungen operiert wurde, macht der Jubel des Egerer Kreispräsidenten Rothkirch über ein Geschenk des Kaisers von 6000 fl. zur Arbeitsbeschaffung im Erzgebirge deutlich; selbst bei Zugrundelegung der niedrigsten Lohnsätze der Zeit konnte damit nur ein Bruchteil der arbeitslosen Bevölkerung kurzfristig beschäftigt werden (SÚA, PM 8/1/12 Nr. 3659 K.A. Eger an Mecséry 3. 4. 1852).
[62] So der Karlsbader Bezirkshauptmann an den Kreispräsidenten von Eger am 24. 11. 1851 (SÚA, PM 8/1/12 Nr. 93).

pflichtung. Die Pläne des Prager Kreispräsidenten *Obentraut,* der zur Rationalisierung der Fürsorge vorschlug, die kommunalen Mittel zur Verfügung der Bezirksbehörden einzuziehen und größere Kompetenzbereiche in staatlicher Verantwortung zu schaffen[63], blieben begreiflicherweise unausgeführt; selbst ein sozialpolitisch fortschrittlicher Beamter wie der Egerer Kreispräsident Rothkirch forderte 1853 „größte Vorsicht" bei der Durchführung von Hilfsaktionen, damit der Anschein der Spontaneität und Einmaligkeit der Hilfe durch die öffentliche Hand gewahrt bleibe[64]. Nachdem es kaum möglich war, den *Einkünften* der Arbeiterschaft aufzuhelfen, versuchte die böhmische Bürokratie wenigstens auf die *Preise* der Lebensnotwendigkeiten Einfluß zu nehmen; indes sind alle Versuche, das liberale Marktprinzip von Angebot und Nachfrage zu durchbrechen, gerade bei den Lebensmittelpreisen — von lokalen Erfolgen abgesehen — vollständig gescheitert[65].

Daß alle gutgemeinten Aktionen, die nicht das Prinzip der manchesterliberalen Wirtschaft selbst antasteten, angesichts der wirtschaftlichen Entwicklung rein „kosmetischen" Charakters bleiben mußten, hat die Bürokratie während der 50er Jahre fortschreitend erkannt. Der umfassende Optimismus, mit dem sie ihre Tätigkeit zu Anfang des Jahrzehnts begonnen hatte, wich zusehends der Resignation in den oberen Chargen und der Verbitterung bei der Lokalbürokratie. Diese Verbitterung wurde zeitweise noch erhöht durch überflüssige Erschwerung der Hilfstätigkeit der Behörden durch die Gendarmerie, welche ohne jede Rücksicht auf die sozialen Verhältnisse die rigorosen Sicherheits- und Meldebestimmungen des neoabsoluten Systems durchführte[66].

---

[63] SÚA, PM 8/1/19:2 Nr. 2024 pr. K.A. Prag an Mecséry, 2. 7. 1855.

[64] Rothkirch schrieb am 20. 5. 1853 an Mecséry, die Hilfsaktion von 1852 während der Winter-Hungermonate habe die Gefahr einer öffentlichen Meinung gezeigt, wonach der Staat v e r p f l i c h t e t sei, die Armen zu unterstützen: „Jede außergewöhnliche Unterstützung zur Linderung des Notstandes, die dermal in einem höheren Grade erforderlich sein wird, erheischt in ihrer Anwendung die größte Vorsicht, um nicht jene Übelstände und tiefgreifenden verderblichen Folgen zu erneuern, die die allgemeinen Unterstützungen aus Anlaß der früheren Notjahre begleiteten. Sie müssen vor allem ... ohne allem Aufsehen, soweit dies möglich, die Beschäftigung der erwerbslosen Arbeitsfähigen vermitteln, bei unausbleiblicher direkter Hilfeleistung dieselbe lediglich durch die Vermittlung der Armeninstitute darreichen." (SÚA, PM 1850—54 1/7/31).

[65] S. unten 292 ff.

[66] Dazu zwei Beispiele: Der Bezirkshauptmann von Kaaden (Westböhmen) schrieb im August 1852 an das Kreisamt Eger: „Ebenso habe der übermäßige Eifer, recht viele Ergreifungen auszuweisen, in letzter Zeit den vom Gebirge zum Schnitte herabgekommenen Taglöhnern unnötige Quälereien verursacht. Die Schnitter, die oft aus demselben Bezirk waren, hatten nämlich ihre Heimatscheine nicht mit der behördlichen Vidierung versehen und die Gendarmerie habe solche Leute rücksichtslos und oft aus den entferntesten Teilen des Bezirkes zur Bezirkshauptmannschaft eingeliefert, ein Vorgang, der in jenen Bezirken, wo man froh sein muß, wenn die Bevölkerung einen Erwerb findet und nicht der öffentlichen Unterstützung anheimfällt, wahrlich zu bedauern ist." (SÚA, PM 8/1/12 Nr. 341 B.A. Kaaden an K.A. Eger 28. 8. 1852).
Der Kreishauptmann von Jičín berichtete am 8. Januar 1854 an Mecséry, daß die arbeitslose Bevölkerung aus den Gebirgsgegenden nun, nachdem auch in der Landwirtschaft der tieferen Teile keine Arbeit mehr vorhanden sei, bettelnd über Land ziehe. Die Gendarmerie schiebe aber die Bettler rücksichtslos in ihre Heimatgemeinden ab, wo ihnen der

Die böhmische Statthalterei registrierte den periodischen Hungernotstand in den Gebieten der Haustextilindustrie nach der Mitte des Jahrzehnts schließlich als zwangsläufige, quasi jahreszeitlich bedingte Erscheinung[67]. *Mecséry* hatte schon vorher (1853) bei Spekulationen über eine Änderung der Elendsbedingungen zu wenig konkreten Träumereien Zuflucht gesucht. „Erwünscht wäre es", schrieb er im August 1853 an Bach, „wenn sich ein Erwerbszweig auffinden ließe, der keine schwierige Vorbildung erfordert und dauerhaften Absatz der Erzeugnisse verspricht[68]." Schon Anfang 1854 gestand sich Mecséry (allerdings immer noch beschönigend!) die völlige Machtlosigkeit der Administration gegenüber den Konjunkturschwankungen ein, als er schrieb, daß „es unmöglich ist, eine in so großem Maßstabe eingetretene Kalamität von der Bevölkerung ganz abzuwenden[69]." Wie hilflos mußte der staatliche Apparat auf die Verelendungserscheinungen im Gefolge der Weltwirtschaftskrise reagieren, wenn der Statthalter im Herbst 1858 eine Überschwemmungskatastrophe, die in Nordböhmen zahlreiche Fabriken getroffen hatte, begeistert begrüßte, weil durch die nötigen Aufbauarbeiten viel Arbeit geboten wurde[70].

Über die praktische Hilfstätigkeit hinaus hat es während der 50er Jahre auch — freilich vergleichsweise bescheidene — Überlegungen zu einer tiefgreifenden Lösung der Proletariats-Poblematik gegeben. Die Anfänge dazu stammten noch ganz aus der moralisierenden Betrachtung der Verelendungserscheinungen durch die Bürokratie des Vormärz. In dem „wohlgemeinten Rat an die Warnsdorfer Lohnweber" des Kreishauptmannes *Herget* vom Frühjahr 1848 war das Problem der Proletarisierung eigentlich auf die Frage der mangelnden Sparsamkeit der Arbeiterschaft reduziert[71]. Für alle darüber hinausgehenden Schwierigkeiten empfahl Herget die Höherbildung des sittlichen Status, vermittels welchem auch widrige Lebensverhältnisse gemeistert werden konnten[72]. Manche Bezirksbehör-

---

sichere Hunger drohe. „Sollte es nicht tunlich sein, der Gendarmerie indirekt anzudeuten, gegen die arbeitssuchenden dürftigen Gebirgsbewohner für die Dauer des Notstandes ein nachsichtigeres Verfahren zu beobachten, so würden Tausende erforderlich werden, um die Überzahl Arbeitsloser zu unterstützen." Der Kreishauptmann forderte ein staatlich bereitgestelltes Reisegeld für die Arbeitssuchenden (SÚA, PM 8/1/12 Nr. 175 g.P.).

[67] So Mecséry in einem Bericht an Bach/Kempen vom 31. 3. 1855. (SÚA, PM 8/1/19:2 Nr. 4250 pr.).

[68] SÚA, PM 8/1/12 Nr. 8477 pr. Mecséry an Bach/Kempen, 31. 8. 1853.

[69] SÚA, PM 8/1/12 o. Nr. Mecséry an Bach/Kempen, 28. 2. 1854.

[70] SÚA, PM 8/1/19:2 Nr. 9282 pr. Mecséry an Bach/Kempen 18. 10. 1858.

[71] „Indes muß ich Euch auch freundschaftlich raten, Euch einer weisen Sparsamkeit zu befleißigen und Euch nichts anzugewöhnen, was Geldauslagen macht, zu Eurem Glück nichts beiträgt und leicht entbehrt werden kann. (...) Wer nur einen geringen Verdienst hat, der lasse üble Angewohnheiten beiseite, damit er nicht in Not gerate. Man gönnt Euch gewiß jede anständige Freude, jeden erlaubten Genuß, die Regierung will Euch alle zufrieden wissen; doch muß der Mensch, damit er sich nicht wehe tue und in Nachteil gerate, sich zuweilen etwas versagen." (S t r a u ß : Deutschböhmische Arbeiterbewegung 228 f.).

[72] „Wollen wir nur dafür sorgen, daß wir alle gleich vernünftig, gleich gut und edel werden, dann werden wir uns über die bestehenden, notwendigen Ungleichheiten nicht sonderlich zu beschweren haben." (ebenda 228).

den haben tatsächlich zu Beginn des Jahrzehnts im Appell an die Sparsamkeit der Arbeiterschaft noch einen Sinn gesehen[73].

Klarer sah da der Egerer Kreispräsident Graf *Rothkirch* die Probleme, als er 1851 die Schaffung eines Arbeiterkassensystems vorschlug und dafür von Staat und Unternehmern Opfer verlangte. Rothkirchs Modell sah die Möglichkeit des Erwerbs eines kleinen Grund- oder Hausbesitzes für die Arbeiterschaft vor, wodurch Krisenzeiten besser überstanden werden sollten. Die Vorschläge Rothkirchs waren als Therapie für die Tendenz der Arbeiterschaft gedacht, in Krisenzeiten sozialrevolutionären Ideen zuzuneigen; die „Opfer" wurden im Eigeninteresse der bürgerlichen Gesellschaft und der Unternehmer gefordert[74]. Es versteht sich fast von selbst, daß Rothkirchs Ideen im bald darauf errichteten offenen Polizeistaat, wo das Besitzinteresse durch Repressivmaßregeln ausreichend zu schützen war, in der Statthalterei nicht diskutiert wurden. Rothkirch, der um 1850 aus politischen Gründen ein Gegner der Bildung von selbständigen Arbeitervereinen gewesen war, vollzog nach dem Scheitern seiner Pläne eine Wendung und förderte in seinem Einflußbereich energisch die Arbeiterselbsthilfebewegung. Er hat sie auch gegenüber der Statthalterei in Schutz genommen, die am liebsten alle Arbeiterunterstützungsvereine zu politischen Vereinen erklärt und ihr Bestehen damit weitgehend von der Polizei abhängig gemacht hätte. Am 12. 1. 1853 protestierte Rothkirch bei Mecséry gegen die Unterdrückung der Selbsthilfevereine: „Ihr Bestand ist nützlich, in der Natur der Verhältnisse gegründet, notwendig. Ihrer Entartung dürfte durch eine positive, fördernde Einflußnahme der Regierung auf ihre Gestaltung weit sicherer vorgebeugt werden, als durch die Verweigerung der Bewilligung, die sie nur den Augen der Behörden entrückt[75]." Der gleichen Haltung, durch praktisch zu verwirklichende Maßnahmen die Verhältnisse schrittweise zu bessern, entstammte sein Vorschlag, in Böhmen Arbeitsämter zu errichten, um zumindest ein Einpendeln der sprunghaften und oft ganz widersprüchlichen Lage auf dem Arbeitsmarkt zu erreichen[76].

---

[73] So z. B. der Joachimsthaler Bezirkshauptmann in einem Brief an Rothkirch vom 23. 6. 1851 (SÚA, PM 8/1/12, Nr. 34).

[74] Siehe Anhang 334. — Zu Rothkirchs Gedanken seien einige Bemerkungen gestattet: Die pauschale Disqualifizierung aller vordergründig sicherheitspolitischen Argumente, welche die Bürokratie vielfach zur Erhärtung ihrer Reformvorschläge an die oberen Dienststellen verwendet hat, durch die marxistische Historiographie (so auch K u t n a r : Tři návrhy 24 über Rothkirch) erscheint mir nicht glücklich. Ganz abgesehen vom zeitgenössischen Bewußtsein, von dem selbstverständlich die Bürokratie ebenfalls geprägt war, darf nicht vergessen werden, daß, wer in den 50er Jahren auf Gehör in den Machtzentren spekulierte, sich tunlichst hauptsächlich macht — bzw. sicherheitspolitischer Argumente bediente, um nicht als humanitärer Idealist abgetan zu werden. Daß Rothkirchs Vorschläge, wären sie verwirklicht worden, tatsächlich z. B. die Bewegungsfreiheit der Arbeiterschaft aufgrund der Ortsbindung eingeschränkt hätten, ist mit Sicherheit nicht des Grafen böser Absicht, sondern seiner mangelnden Kenntnis der wirtschaftlichen Zusammenhänge zuzuschreiben.

[75] SÚA, PM 1850—54 8/5/21.

[76] „Nachdem aber unter den erwerbslosen Individuen mitunter doch häufig erwerbsfähige und auch arbeitslustige Leute vorkommen, welche nur wegen Abgang von Beschäftigungsquellen den Bettelstab ergreifen, so wäre die Errichtung von Anfrageämtern für Arbeiter am flachen Lande, in welchen sowohl die Dienstgeber als auch die Arbeiter nach dem

Von der ganzen niederen Bürokratie wurde während der 50er Jahre immer wieder die Änderung des Steuersystems zugunsten der Besitzlosen gefordert[77].

Die radikalsten Reformvorschläge hat im Jahr 1857 der Jičíner Kreishauptmann *Tschary* vorgebracht. Er befand, es sei Sache der Gesetzgebung, die „zahlreiche Masse der Arbeiter gegen die blendende Macht des Geldes und gegen die Willkür der Fabriksherren in Schutz zu nehmen." Tschary verwies auf die englische Arbeitergesetzgebung und forderte gesetzliche Normierung der Arbeitszeiten, ein Verbot der Kinderarbeit, gesetzliche Bestimmungen über Unfallschutzeinrichtungen und ein staatlich gefördertes Fabrikkassensystem[78].

Selbst in Kreisen der Polizei gab es, nachdem die von Bach 1849—51 angeheizte Sozialrevolutions-Panik abgeklungen war, Gedanken an eine partielle Verbesserung der staatlichen Fürsorge für die Arbeiterbevölkerung. Wenngleich beim Polizeipräsidenten Sacher-Masoch Motive der Polizeiraison (Ruhe und Ordnung) stets eine starke Rolle spielten[79], so gab es doch in seinem Informationskreis — mit seiner ausdrücklichen Befürwortung — weitergehende Gedanken. In einer „Vertraulichen Mitteilung über die Stimmung in Prag" wurde versucht, das staatliche Interesse auf die Chance zu lenken, sich in der Arbeiterschaft eine „wichtige Stütze" zu schaffen. Freilich, so gutwillig der Berichterstatter die soziale Frage durch die Errichtung von Kindergärten, Waschhäusern und öffentlichen Brotspenden angehen wollte, so ließ er den entscheidenden Punkt, nämlich wie „die Bedrückung ... ihrer Arbeitgeber" (d. h. durch ihre Arbeitgeber) beendet werden konnte, in einem kleinen Nebensatz wohlweislich undiskutiert[80]. Sacher-Masoch, der die Vorschläge seines Informanten für höchst „wichtig und beherzigenswert" hielt, fügte in seinem Begleitschreiben an Mecséry hinzu, vor allem die Unentschiedenheit im nationalen Bewußtsein der Prager Unterschichten gelte es für Regierungszwecke auszunützen. Der Polizeidirektor bemängelte es deshalb, daß „seit dem Jahre 1848 in Prag für das Wohl der arbeitenden Klassen viel zu wenig geschehen" sei. Eine Eingriffs*pflicht* des Staates hielt Sacher-Masoch gleichwohl nicht für nötig; er gab sich der Illusion hin, daß man quasi privat durch Mobilisierung der Finanzkräfte der bürgerlichen Prager Gesellschaft und durch das gesellschaftliche Prestige des Landeschefs die nötigen Mittel für durchgreifende soziale Hilfsmaßnahmen aufbringen könne[81].

Unterschiede der Dienstleistungen die Vermittlung finden, sehr ersprießlich." (SÚA, PM 8/1/19:2 Nr. 203 pr. K.A. Eger an Mecséry, 27. 3. 1856).

[77] SÚA, PM 8/1/12 u. 8/1/19:2 viele Belege.

[78] S. Anhang 335 f.

[79] Sacher-Masoch berichtete am 5. 3. 1854 an Kempen über den Notstand in Prag und schloß, es sei „höchste Zeit ... daß zur Beruhigung der Gemüter Zeichen humanen Mitgefühls gegeben werden." (SÚA, PPT 1854/28).

[80] S. Anhang 339.

[81] „Höchst wichtig und beachtenswert ist dasjenige, was der Vertrauensmann über die Stimmung in den niederen Volksschichten und über die Bedürfnisse derselben niedergeschrieben hat. Obwohl unter der dieser Klasse angehörenden Bevölkerung beide Nationalitäten vertreten sind und das Nationalitätenbewußtsein bei den einzelnen Individuen keineswegs erstickt ist, so gehören sie doch keiner Partei an, oder vielmehr jede Partei kann sie haben, je nachdem es Zeit und Umstände mit sich bringen. (...) So verdorben wie der Pöbel in manchen anderen Hauptstädten ist unsere niedere Bevölkerung noch nicht;

Eine Sonderstellung nehmen die Gedanken der Bürokratie über die Weberfrage ein: sie waren eingespannt in die Zwickmühle des unaufhebbaren Gegensatzes zwischen dem Nahziel der Behörden, nämlich der Ermöglichung des nackten Lebens für die Hausweberbevölkerung und dem Wissen, daß es auf lange Sicht keine Chance für diese veraltete Produktionsform gab; der erklärte Wille der Regierung, niemals zu einem Zunft- und Protektionssystem zurückzukehren, ließ darüber keinen Zweifel offen.

Die breit gefächerten Detailvorschläge zur Institution von „Weberordnungen", die das Verhältnis von Arbeitgeber und -nehmer reglementieren sollten, stießen auf das Desinteresse der böhmischen Statthalterei, welche als Sachwalter des liberalen Wirtschaftsprogramms der Wiener Regierung die Vorschläge durch Nichterledigung wirkungslos machte[82]. Der ebenfalls aus der Bürokratie stammende Gedanke der Gründung einer gemeinnützigen Anstalt zum Einkauf der Rohmaterialien und Vertrieb der Erzeugnisse war angesichts der ökonomischen Tendenzen der Zeit von vorneherein zum Scheitern verurteilt, ein Versuch wurde nicht unternommen[83].

Auch die Krise der Hausindustrie im Erzgebirge (besonders Spitzenklöppelei) veranlaßte die Bürokratie zu immer neuen Plänen für Sanierungsprojekte. *Rothkirch* glaubte noch 1853, durch Errichtung von staatlich geförderten Industrieschulen das Hausgewerbe soweit perfektionieren zu können, daß dadurch die Grundlage für eine neue Konjunktur geschaffen würde[84]. Zwei Jahre später verlangte der Kreishauptmann von Saaz von Mecséry nur noch eine schleunige Sanierung des öffentlichen Schulwesens im Erzgebirge, um die apathisch verelendete Bevölkerung, die „unglücklichen Bewohner, welche sich bisher von ihrer elenden Geburtsstätte zu trennen nicht vermögen", wenigstens in der nächsten Generation für die Auswanderung in Gebiete mit besseren Lohnchancen vorzubereiten[85].

„panem et circenses" ist auch hier das Stichwort des Tages. Solange ihre materiellen Bedürfnisse notdürftig gedeckt sind und solang sie sich soviel verdienen, daß sie sich dann und wann ein kleines Vergnügen gönnen können, werden sie stets Freunde desjenigen sein, von dem sie wissen, daß er ihrer Nöte eingedenk und sie zu befriedigen bemüht ist. Aber in dieser Hinsicht glaube ich die Bemerkung nicht unterdrücken zu dürfen, daß mir seit dem Jahre 1848 in Prag für das Wohl der arbeitenden Klasse viel zu wenig geschehen zu sein scheint. Während in anderen großen Städten Armenschulen, Kleinkinderbewahranstalten, Krippen teils errichtet, teils vermehrt und (namentlich in der Residenzstadt Wien) Brotverbackungen in großem Maßstabe ins Leben gerufen, große Wasch- und Badeanstalten eingerichtet worden sind, ist von allem dem in Prag seit 1848 gar nichts oder doch viel zu wenig geschehen. Wenn auch die Regierung nicht zunächst berufen ist, solche Unternehmungen auf Staatskosten entstehen zu machen ... so bin ich doch ebenso fest überzeugt, daß durch den von der Regierung gegebenen Impuls sehr viel zum Gedeihen der wichtigsten Humanitätsanstalten beigetragen werden könnte." (SÚA, PPT 1853/51 Sacher-Masoch an Mecséry, 2. 3. 1853).

[82] K u t n a r : Sociální otázka 229 ff.
[83] Ebenda.
[84] SÚA, PM 1850—54 1/7/31 K.A. Eger an Mecséry, 30. 5. 1853.
[85] SÚA, PM 8/1/19:2 Nr. 230 pr. K.A. Saaz an Mecséry, 5. 7. 1855.

9. BÖHMISCHE BÜROKRATIE UND LEBENSMITTELFRAGE

Viel ausführlicher als mit der Frage der *Löhne* der Arbeiterschaft haben sich die Behörden mit dem Problem der — bis 1857 fast ununterbrochen zunehmenden *Teuerung* befaßt. Denn konnte die Arbeiterfrage noch ausgeklammert werden, weil an das heikle Problem der Beziehungen zwischen Arbeitgeber und -nehmer nach Lage der Dinge nicht gerührt werden durfte und zudem das öffentliche Bewußtsein den ganzen Komplex der sozialen Seite der industriellen Sphäre fast ganz verdrängt hatte, so betraf die Teuerung die gesamte Bevölkerung, nur die Großbauern ausgenommen. Mittelstand und Kleinbürgertum wurden dadurch hart getroffen, die Staatbeamten selbst waren durch die Diskrepanz zwischen fixen Gehältern und Preisauftrieb Leidtragende der Entwicklung[1]. Für das neoabsolute Regime, das sich anstatt auf parlamentarische Verankerung auf die günstige „Stimmung" der Bevölkerung stützen wollte[2], wurden die steigenden Preise von Anfang an zu einem Hauptproblem: zwar war es gelungen, durch die Grundentlastung einen großen Teil der Bauern zufriedenzustellen, das liberale Bürgertum war wenigstens vorläufig durch die wirtschaftlichen Entfaltungsmöglichkeiten mit dem neuen Staat ausgesöhnt worden. Der ganze Rest der Bevölkerung aber mußte, wenn der Staat auf einem so elementaren Gebiet versagte, an der Entwicklung gerade *der* Loyalität, welche dem Regime als die krisenfestete erschien (nämlich der auf materielle Prosperität gegründeten) gehindert werden. Eine Vorahnung solcher Risiken mochte *Bach* bewogen haben, die Regelung der Lebensmittelversorgung in die staatliche Kompetenz einzubeziehen: im § 68 c des „Wirkungskreises für die politischen Behörden" wurde bestimmt, daß die Administration dafür sorgen solle, „daß die unentbehrlichen Nahrungsmittel in zureichender Menge zum Verkaufe gebracht werden[3]." Freilich war damit noch keine Einflußnahme auf die Preisentwicklung eröffnet. Bereits im Dezember 1851 mußte Bach in einem Stimmungsbericht für den Kaiser die wachsende Verbitterung der „unteren Volksschichten" über die Teuerung erwähnen[4]. Aus Böhmen mahnte im gleichen Jahr der Prager Polizeipräsident Sacher-Masoch, man müsse den Lebensmittelpreisen als einem „Gegenstand von höchster Wichtigkeit" alle Aufmerksamkeit schenken[5]. 1852 war die Klage über die Teuerung schon zu einem „stehende(n) Motiv aller Besprechungen an öffentlichen und Privatorten geworden" der Unmut der Bevölkerung, so schrieb Sacher-Masoch, sei eine Erscheinung, die von der Regierung keineswegs mit Gleichgültigkeit angesehen werden kann[6]."

---

[1] S. oben 112 ff.

[2] S. oben 57 f.

[3] W a l t e r : Zentralverwaltung III/2, 87 (Vortrag Bachs vom 7. 4. 1850).

[4] HHSTA, I.B. 1851/9329.

[5] SÚA, PM 8/1/12 o. Nr. Sacher-Masoch an Bach, 5. 10. 1851.

[6] SÚA, PM 8/1/12 Nr. 5624 Sacher-Masoch an Kempen, 31. 7. 1852.

Die Verantwortung für die Preisentwicklung schob die Bevölkerung ganz der Regierung zu[7]. Für die negative Entwicklung der Loyalität dem Staat gegenüber blieben die Nuancen der Vorwürfe letztlich unerheblich: der Mittelstand, der die wirtschaftlichen Zusammenhänge besser überblickte, warf dem Staat Tatenlosigkeit gegenüber der Getreidespekulation vor[8]; die Unterschichten neigten dazu, die Teuerung für einen bewußt feindseligen Akt des Staates gegen die Armen zu halten[9]. In der gespannten Situation am Vorabend des Krimkrieges befürchteten die Behörden bereits die Gefahr neuer revolutionärer Bewegungen auf den Staat zukommen. Die in den Berichten der Bürokratie oft strapazierte Unterscheidung zwischen der guten „politischen" Einstellung und der Bitterkeit der breiten Bevölkerung über schlechte Lebensverhältnisse vermochte den Behörden keine Beruhigung mehr zu gewähren[10]. Zum Unmut des aufgebrachten Mittelstandes trug nicht wenig bei, daß die gelenkte offiziöse Presse (im Sinne von *Bachs* Taktik der Ausklammerung aller negativen Phänomene)[11] den Lebensmittelnotstand leugnete. Der Teplitzer Bezirkshauptmann warnte im Februar 1854 vor einer Überschätzung der staatlichen Einflußmöglichkeiten auf die öffentliche Meinung: „Es ist oft angezeigt, die Wahrheit zu verschweigen, die Verbreitung der Unwahrheit ist immer gefährlich." Im selben Bericht wurde festgestellt, es sei nicht mehr weit, bis das Volk zur Gewalttätigkeit gereizt sei[12]. Im Prager Bürgertum begann man von einem drohenden „Krieg der Besitzlosen gegen die Besitzenden" zu munkeln[13]. Am 28. Februar 1854 mußte Mecséry über Drohbriefe gegen Getreidehändler und „Marktexzesse" nach Wien berichten[14].

[7] SÚA, PM 8/1/12 Nr. 3717 p.p. Sacher-Masoch an Kempen, 1. 9. 1853. — 1854 berichtete ein Prager Konfident, „daß die Mißstimmung besorglich um sich greife und vorzüglich gegen die höchste Landesverwaltung gerichtet sei; man trage sich selbst mit Gerüchten herum, daß der Herr Statthalter aus Besorgnis vor dem Unwillen des Volkes sich nicht öffentlich zeige, daß ihm bereits nachgeschossen worden sei und daß er Drohbriefe erhalten habe, welche Aushilfe verlangen." (SÚA, PPT 1854/74).

[8] Sacher-Masoch schrieb am 31. 7. 1852 an Kempen: „Es ist allerdings nicht so leicht — wie des Volkes Meinung ist — durch Dazwischenkunft der Regierung dem Getreidewucher ein Ziel zu setzen und angemessene Getreidepreise zu sichern." (SÚA, PM 8/1/12 Nr. 5624). —
Mecséry berichtete am 28. 2. 1854 an Bach/Kempen, daß „der beschränkte Verstand des gemeinen Mannes die traurige Lage der Dinge einzig und allein der Getreideausfuhr und den wucherischen Spekulationen der israelitischen Getreidehändler zur Last legt und ebenso über die Mittel zur Abwehr des Notstandes ein kurzsichtiges Urteil fällt." (SÚA, PM 8/1/12 Nr. 2662).

[9] Ein konfidentieller Bericht über die Stimmung in Prag während des Kaiserbesuches 1854 führte aus: „Überhaupt scheine unter dem gemeinen Volk die Ansicht vorherrschend, daß die Behörden über Wohlfeilheit und Teuerung willkürlich zu verfügen hätten..." (SÚA, PPT 1854/74).

[10] Sacher-Masoch schrieb darüber am 1. 9. 1853 an Kempen: „In mehreren Staaten waren diese Erscheinungen von Volksaufläufen und argen Gassenexzessen begleitet, und es dürfte keinem Zweifel unterliegen, daß diese Frage von den Anhängern und Emissären der Umsturzpartei auf eine geschickte Weise zur Aufregung des Pöbels ausgebeutet wird." (SÚA, PM 8/1/12 Nr. 3717 pp.).

[11] S. oben 260.

[12] SÚA, PM 8/1/12 Nr. 18 pr. B.A. Teplitz an K.A. Eger 18. 2. 1854.

[13] SÚA, PPT 1854/95.

[14] SÚA, PM 8/1/12 Nr. 2662.

Die böhmischen Behörden haben sich indes nicht damit begnügt, die Klagen über die Teuerung nach Wien weiterzugeben; sie haben auch versucht, die Gründe der Misere aufzudecken und Abhilfe zu schaffen. Zu Beginn des Jahrzehnts glaubte die Bürokratie noch, die Ursache der Preissteigerungen liege im Mißbrauch der Monopolstellung der zünftischen Müller und Bäcker. Deshalb versuchte man sogleich, durch Revision der polizeilichen Vorschriften und strenge polizeiliche Überwachung der Preisgebarung die Preise stabil zu halten[15]. Das Vorgehen der Behörden hatte — von kurzfristigen Erfolgen abgesehen — keine günstige Wirkung, da das aus dem Vormärz überkommene Instrumentarium der Preiskontrolle („Brottaxe")[16] nur zur Regelung überschaubarer, örtlich begrenzter Märkte ausreichend war. Was die Bürokratie erreichte, war eine Verschlechterung ihres Verhältnisses zum Nahrungsmittelgewerbe und zu den mit diesen eng liierten Gemeindevertretungen[17],

---

[15] In Prag brach die Polizei im Herbst 1851 einen Bäckerstreik gegen die von der Behörde verweigerte Erhöhung der Brottaxe (HHSTA, I.B. 1851/8294). — In Brüx erzwangen die Behörden im September durch Einsatz der Gendarmerie eine Senkung der Brotpreise (SÚA, PM 8/1/12 Nr. 11399, B.A. Brüx an K.A. Eger, 24. 9. 1851).

[16] Durch die „Taxe" oder „Satzung" wurden die Brotpreise anhand der Durchschnittspreise des Getreides auf dem Markt für jeweils einen Monat im voraus festgelegt.

[17] Es ist in diesem Zusammenhang zu berücksichtigen, daß die Preisüberwachung durch das Gemeindegesetz von 1849 in die Verantwortlichkeit der Kommunen gerückt wurde. Die Einmischung der politischen Behörden in die Marktvorgänge konnte deshalb nur durch die Inanspruchnahme der im Gemeindegesetz vorsichtig vorbehaltenen eventuellen Regierungskontrolle der Gemeindefunktionen legitimiert werden. Es versteht sich von selbst, daß die Beschneidung der noch jungen Gemeindeautonomie durch die Bürokratie auf viel Widerstand stoßen mußte. Der Polizeipräsident von Prag, Sacher-Masoch führte 1851 einen aussichtslosen Kampf mit dem (vom Nahrungsmittel-Bürgertum stark durchsetzten) Prager Stadtrat um die Preiskontrolle. Erbittert beschwerte sich Sacher-Masoch am 5. 10. 1851 in einem Bericht an Bach über die „von dem Stadtrat kundgegebene Tendenz, einzelne Korporationen zum Nachteile des gesamten übrigen Publikums in ihren monopolistischen Bestrebungen zu schützen." (SÚA, PM 8/1/12 o. Nr.). — Selbst der in politischer Hinsicht ansonsten der Regierung dienstbare Prager Bürgermeister Wanka ließ es in der vitalen Frage der Preise auf den Konflikt mit den Behörden ankommen (Wanka stammte selbst aus einer Brauer-Familie). — Am 3. 10. 1851 berichtete der Kreishauptmann von Pilsen, daß es in den Gemeinden „aus verwandtschafts- und Kostengeistverhältnissen" dauernd zur „Umgehung der Gesetze und zur Verletzung einer unparteiischen Amtsführung" komme. In Písek manipulierten die Bäcker zusammen mit den mit ihnen verwandten Stadträten die Preise, den städtischen „Aufsichtsorganen" kam eine eher dekorative Rolle zu (SÚA, PM 8/1/12 Nr. 565 pr. K.A. Pilsen an Mecséry, 3. 10. 1851). Die Bezirksbehörden des ganzen Pilsner Kreises zogen sich im Winter 1851 die Feindschaft des Nahrungsmittelgewerbes zu, weil die Revision von Maßen und Gewichten streng vorgenommen wurde; der Kreishauptmann von Pilsen, der darüber berichtete, fügte hinzu, daß bald wieder alles beim alten war, weil die Stadträte sich immer wieder schützend vor die Praktiken der Gewerbebürger stellten (SÚA, PM 8/1/12 Nr. 857 pr. K.A. Pilsen an Mecséry, 1. 1. 1852).
1854 entließ die Stadt Písek einen kommunalen Polizeikommissar, weil er dem Nahrungsmittelgewerbe zu genau auf die Finger geschaut hatte (SÚA, PM 8/1/12 Nr. 561 K.A. Pilsen an Mecséry, 27. 10. 1854).
Der Bezirkshauptmann von Písek war in diesem Zusammenhang schon 1851 zu der Überzeugung gelangt," daß die aus der Bürgerschaft gewählten Gemeindevorstände dem Zwecke nicht entsprechen." (SÚA, PM 8/1/12 Nr. 565 pr. K.A. Pilsen an Mecséry 3. 10. 1851).

eine Tatsache, die angesichts der Schlüsselstellung, welche das Nahrungsmittel-produktionsbürgertum in der tschechischen Nationalbewegung einnahm, nicht gering veranschlagt werden darf.

Neben diesen Versuchen, mit rein administrativen Maßnahmen ans Ziel zu gelangen, baute die Bürokratie auf die Belebung der Konkurrenz[18]: die Statthalterei begünstigte die Ausdehnung des Marktes für die modernen Dampfmühlen. Wenn man allerdings im Jahre 1851 noch geglaubt hatte, daß dadurch „eine wohltätige Konkurrenz im Interesse der ärmeren Volksklasse" hervorgerufen werden könne[19], so mußte der Prager Polizeipräsident Sacher-Masoch wenige Jahre später erkennen, daß gerade die Dampfmühlen — durch ihren großen Ausstoß in dominierender Position — alle Profitmöglichkeiten ausnützten, so daß das Gegenteil der behördlich angestrebten Zielsetzung erreicht wurde[20]. Auch die Überwachung der Getreidemärkte hatte nicht den gewünschten Erfolg, nachdem im Zuge der erhöhten Getreidespekulation und der Verknüpfung des böhmischen Getreide-marktes mit dem Weltmarkt die Bedeutung der lokalen Marktplätze erheblich zurückgegangen war. So wurde das Vertrauen der Bürokratie in die Möglichkeiten „wohlfeilheitspolizeilicher"[21] Maßnahmen immer geringer; die vormärzliche Vorstellung, daß eigentlich nur schlechte Ernten steigende Preise verursachen könnten, verschwand im Laufe der 50er Jahre[22]. Bereits im Herbst 1851, als trotz einer guten Ernte in Böhmen der Getreidepreis ständig stieg, vermutete Sacher-Masoch, das ausgedehnte Spekulationen die Ursache dieser Preistendenz seien[23]. *Mecséry* verlangte im August 1853 von der Regierung in Wien eine umfassende gesetzliche Normierung des Lebensmittelmarktes[24]; indes unternahm die Regierung keinen Schritt in dieser Richtung. Im Jahre 1854, als die Versorgungslage in Böhmen

[18] Auch Bach hatte zu Beginn des Jahrzehnts in der Beseitigung des zünftischen Monopols durch eine moderne Gewerbegesetzgebung den Weg zur Senkung der Preise gesehen (HHSTA, I.B. 1851/9329, Bericht für den Kaiser vom 1. 12. 1851).

[19] „Da nun diese ansehnliche Ausdehnung des Marktes für die über einen bedeutenden Kapitalfond disponierende und zunächst aus intelligenten Handelsleuten bestehende Dampfmühlengesellschaft ein neuer Sporn sein dürfte, ihre seitherige Tätigkeit zu verdoppeln, so steht auch zu erwarten, daß sie Alles aufbieten werde, um sich die nötigen Getreidevorräte beizeiten aus jenen Gegenden beizuschaffen, wo die Ernte, wie z. B. im Banate im laufenden Jahre in quanto u. quali vortrefflich ausgefallen ist, wodurch daher jedenfalls eine wohltätige Konkurrenz im Interesse der ärmeren Volksklassen hervorgerufen und somit auch auf die Belebung der Energie der hierkreisigen Müller sehr heilsam eingewirkt werden dürfte, um eine bessere Ware um billigere Preise zu liefern." (SÚA, PM 8/1/12 Nr. 736 pr. K.A. Pilsen an Mecséry, 5. 11. 1851).

[20] SÚA, PM 8/1/12 Nr. 3717 Sacher-Masoch an Kempen, 1. 9. 1853.

[21] SÚA, PM 8/1/19:2 Nr. 2024 K.A. Prag an Mecséry, 2. 7. 1855.

[22] Mecséry schrieb am 30. 6. 1856 an Bach/Kempen: „... man hat es jedoch nach den Erfahrungen der Vorjahre aufgegeben auf günstige Ernteergebnisse die Hoffnung billigerer Preise zu bauen." (SÚA, PM 8/1/19:2 Nr. 6931 pr.).

[23] Sacher-Masoch nannte besonders die Heereslieferanten (SÚA, PM 8/1/12 o. Nr. Sacher-Masoch an Bach, 5. 10. 1851).

[21] Mecséry schrieb am 31. 8. 1853 an Bach/Kempen, daß er es „für eine der dringendsten Mahnungen der Zeit halte, auf die entsprechende Regelung des Getreidehandels, der Marktordnungen, der Körnermasse und der Marktpreisausweise, dieser so tief ins Leben eingreifenden Verhältnisse, im Wege der Gesetzgebung hinzuwirken." (SÚA, PM 8/1/12 Nr. 8477 pr.).

kritisch wurde, weil (hervorgerufen durch den riesigen Getreidebedarf der Militärverwaltung im Gefolge des Krimkrieges) hohe Lebensmittelpreise zu der kriegsbedingten Wirtschaftsrezession[25] hinzukamen, versuchte Mecséry auf eigene Faust, das Preisproblem zu lösen. Der erste Schritt des Statthalters war eine Befragung der Kreis- und Bezirksbehörden über die Verhältnisse auf dem Getreidemarkt[26], die freilich nichts erbrachte, was über die Analyse der Prager Polizeidirektion von 1852[27] hinausging. Fast alle Lösungsvorschläge waren ebenso umfassend wie unrealistisch: die meisten Beamten waren der Meinung, mit dem Ausschluß der Händler jüdischen Glaubens sei das Problem aus der Welt zu schaffen[28]. Manche, denen zwar nicht solche Vorurteile den Blick verstellten, verkannten dennoch die Realitäten: sie glaubten, man könne durch ein generelles Verbot allen Zwischenhandels zwischen Erzeuger und staatlich kontrolliertem Markt die Uhr zurückdrehen und die kleinen Wirtschaftsräume des Vormärz wiederherstellen. Der Prager Kreispräsident *Obentraut* wollte den Getreidehandel wenigstens wieder von Konzessionen abhängig machen und dadurch den Markt überschaubar gestalten[29]. Naiver noch waren die Pläne des Kreishauptmannes von Pilsen. Er schlug vor, der Staat möge den Getreidebedarf für militärische Zwecke als Naturalsteuer beim Bauern selbst einheben und dadurch den Spekulationshandel dämpfen; der gleiche Beamte versprach sich von einem Appell des Statthalters an den humanitären Sinn der adeligen Großgrundbesitzer günstige Folgen für die Lebensmittelpreise: „Es dürfte unter solchen Umständen ein besonderes Glück für die ärmeren Volksklassen sein, wenn ein hochlöbliches k. k. Statthalterpräsidium es genehm finde, die größeren Herrn Gutsbesitzer Böhmens in huldreicher Weise zu begrüßen, damit dieselben wenigstens einen Teil ihrer Getreide- und Kartoffelvorräte mit Ausschließung aller Getreidehändler zu Gunsten der dürftigen Volksklassen um mäßigere Preise zum Verkauf beförderten ...“[30]
Mecséry ist schließlich auf keinen dieser Vorschläge eingegangen. Klarer als die Unterbehörden sah er nach Abschluß der Enquete, daß die Administration angesichts der Stellung des Staates zur Wirtschaft gegenüber den Gesetzen der freien Konkurrenz machtlos war. Der Statthalter schloß sich der Meinung *Rothkirchs* an,

---

[25] S. oben 104.

[26] SÚA, PM 1855—59 8/3/1.

[27] S. oben 111 Anm. 8.

[28] Der Kreishauptmann von Pilsen nannte die „ultraspekulativen israelitischen Getreidehändler" als Schuldige, welche „ganz Österreich herzlos auszubeuten" gewillt seien: „Dieses echt jüdische Treiben, welches leider bei der bestehenden Freiheit des Getreidehandels durch kein positives Gesetz verpönt und daher auch nicht zu hindern ist, erzeugt im Volke eine immer reger werdende Mißstimmung gegen diese israelitischen Getreidespekulanten, welche noch dadurch gesteigert wird, daß man sie im Verdacht hält, absichtlich die Bauern als Urproduzenten von dem persönlichen Besuche der Märkte möglichst abzuhalten ...“ (SÚA, PM 8/1/12 Nr. 99 pr. K.A. Pilsen an Mecséry, 22. 2. 1854).

[29] „Ich halte mich für überzeugt und stehe dafür mit meiner Erfahrung ein, daß, solange der Getreidehandel nicht an besondere Befugnisse geknüpft wird ... auch das Sinken der Getreidepreise ein frommer Wunsch, und jedes Streben der Behörden für die Erzielung wohlfeilerer Getreidepreise in anderen Richtungen hin eine fruchtlose Bemühung bleibt." (SÚA, PM 8/1/12 Nr. 2024. K.A. Prag an Mecséry, 2. 7. 1855).

[30] SÚA, PM 8/1/12 o. Nr. K.A. Pilsen an Mecséry, 22. 2. 1854.

der in seinem Votum vom 31. 11. 1854 gewarnt hatte, der Staat werde am Ende in der Öffentlichkeit noch hilfloser dastehen, wenn er sich auf einen aussichtslosen Kampf gegen die „natürlichen" Preisbewegungen einlasse[31].

Darüber hinaus erkannte Mecséry genau, daß durch noch so umfassende Administrationsmaßregeln keine tiefgreifende Änderung zu bewerkstelligen war, solange der Staat an einem seiner Kernprinzipien, der unbedingten Wahrung des Eigentumsprinzip, festhalten wollte[32]. Die antisemitischen Vorschläge der niederen Bürokratie schließlich hielt der Statthalter keiner Diskussion würdig. Mit „längst erloschenen Vorurteilen" mache man keine erfolgreiche Politik, so schrieb er in seinem Bericht an Bach über die Enquete, der hohe Anteil jüdischer Geschäftsleute am Getreidehandel sei eher ein Zufall[33]. Auch teilte Mecséry nicht die Illusion, der Adel sei frei von der „durchwegs materielle Tendenzen verfolgenden Spekulationswut der Gegenwart"[34]; erhellte doch ein eben zur Zeit der Enquete stattfindendes Ereignis schlaglichtartig, daß der grundbesitzende Adel mitnichten gesonnen war, die Profite aus der expandierenden Agrarindustrie dem „allgemeinen Besten" zu opfern: im Oktober 1854 hatte die arme Bevölkerung des Bezirks Nymburg die vom Adel stark durchsetzte „Patriotisch-ökonomische Gesellschaft" inständig gebeten, bei der Regierung ein allgemeines Verbot der Alkoholerzeugung aus Kartoffeln, der „Nahrung der Armen"[35], zu befürworten; dieses Gesuch war aber vom Geschäftsführer der Gesellschaft, dem Grafen Albert *Nostitz*, abgewiesen worden[36].

Im November 1854 hatte Mecséry bereits resigniert, die Preissteigerungen erschienen ihm als „ein Übel, gegen welches alle Sätze der Theorie und alle Versuche der Praxis fruchtlos ankämpfen"[37]. Was übrig blieb, waren vage Hoffnungen; der Kreishauptmann von Pilsen beispielsweise schrieb dem Statthalter am

---

[31] SÚA, PM 1855—59 8/1/3.

[32] „Die ... projektierte Anhaltung der Produzenten zum Marktbesuche läßt sich durch keine imperative Einflußnahme, sondern nur im Wege der gütlichen Aufforderung, deren Beachtung aber dem einzelnen anheimgestellt bleiben muß, bewirken und ein zwangsweises Einschreiten in dieser Beziehung könnte nur eine schädliche Rückwirkung auf die landwirtschaftliche Produktion äußern. Gleiche Folgen dürfte auch die ... Maßregel der Verhaltung der Produzenten, einen angemessenen Teil der Vorräte zum Markte zu bringen und daselbst zu verkaufen sowie des Verbotes, Getreide außer dem Markt zu verkaufen nach sich ziehen, indem diese Maßregeln ... sich als ein zu tiefes Eingreifen in das Eigentumsrecht herausstellen, würden." (SÚA, PM 1855—59 8/3/1 Mecséry an Bach, 23. 2. 1855).

[33] „Die Ausschließung der Israeliten dürfte bei dem Umstande, als deren überwiegende Beteiligung am Getreidehandel lediglich in der Vorliebe derselben für den Handel überhaupt und zum Teile auch in der Indolenz und dem Mangel an Unternehmungsgeiste der christlichen Bevölkerung zu suchen ist, durch nichts zu rechtfertigen sein und lediglich als eine mit der dermaligen bürgerlichen Stellung der Israeliten nicht vereinbarlichen Erneuerung einer ... Beschränkung der Israeliten zu betrachten sein." (ebenda).

[34] Das hatte der Kreishauptmann von Pilsen in seinem Brief an Mecséry vom 22. 2. 1854 angenommen.

[35] Diese Forderung nach einem Verbot des Kartoffelverbrauchs für industrielle Zwecke taucht in den Stimmungsberichten immer wieder als dringender Volkswunsch auf.

[36] SÚA, PM 8/1/12 Nr. 1040 Nostitz an B.A. Nymburg, 12. 10. 1854.

[37] SÚA, PM 8/1/12 Nr. 12660 pr. Mecséry an Bach/Kempen, 15. 11. 1854.

Jahresende 1854, nur vom Ausbau des österreichischen Eisenbahnnetzes sei „am ehesten eine Ausgleichung und dauerndes Feststellen der Getreidepreise" zu erwarten[38].

Als Mecséry im Mai 1855 ein vormärzliches Verbot des Getreideverkaufs auf dem Halm republizierte, geschah dies schon ohne allen Glauben an den Erfolg der Maßnahme und sollte hauptsächlich zur Beruhigung der aufgebrachten öffentlichen Meinung dienen[39].

Zwar gaben die Getreidepreise nach 1857 etwas nach[40], doch war dies nicht das Verdienst der Behörden, sondern eine Begleiterscheinung der Wirtschaftskrise. Der Lebensstandard wurde dadurch nicht wesentlich angehoben, da durch die Krise eine Schmälerung von Löhnen, Gehältern und Erträgen eintrat, der volkswirtschaftlich erwünschte Effekt der Getreidepreissenkung also damit entfiel. Zudem ging das Gesamtniveau der Preise nicht auf den niedrigsten Stand der ersten Konjunkturjahre 1849/50 zurück.

Allzu spät erkannte die Regierung in Wien, welche katastrophalen Folgen die Verschlechterung der Lebensbedingungen für die staatliche Loyalität insgesamt haben konnte. Eine im August 1858 von *Bach* angeordnete Enquete über die Gründe der allgemeinen Teuerung[41] des letzten Jahrzehnts lief zu langsam an, als daß sie dem Regime das Instrumentarium für eine wirksame Preispolitik rechtzeitig hätte liefern können. Überdies muß die Frage offen bleiben, ob sich die Lenker des neoabsoluten Staates zu einer Modifikation des Dogmas vom freien Spiel der Kräfte auf dem Markt hätten durchringen können. Hinzu kommt, daß eine wirksame Preispolitik nur im Wege einer staatlichen Beteiligung am Markt (Interventionskauf und -verkauf) möglich gewesen wäre. Der Gedanke an einen solchen Weg war Bach zwar durchaus vertraut[42], indes genügt ein Blick auf die öster-

---

[38] SÚA, PM 8/1/19:2 Nr. 638 pr. K.A. Pilsen an Mecséry, 29. 12. 1854.

[39] SÚA, PM 1855—59 11/1/5 Mecséry an Bach, 1. 5. 1855.

[40] S. Anhang 344.

[41] Bach schrieb am 2. 8. 1858 an alle Polizeidirektionen: „ . . . der wichtige Einfluß, den die Approvisionierungsverhältnisse nicht nur auf den allgemeinen Wohlstand, auf Handel, Industrie und Gewerbe, auf die Preise aller übrigen Lebensbedürfnisse, sondern auch auf die Stimmung der Bevölkerung und auf die öffentliche Ruhe und Ordnung auszuüben geeignet sind, lassen es als eine der wichtigsten Aufgaben der Administrativbehörden erscheinen, die Ursachen dieser anhaltenden Preissteigerung aufzusuchen und zu erforschen, und wenn derselben solche Umstände und Verhältnisse zu Grunde liegen sollten, auf deren Regelung oder Beseitigung von Seite der Regierung ein günstiger Einfluß ausgeübt werden kann, jene Maßregeln zu ergreifen, welche die Rückkehr zu den normalen Preisen der genannten wichtigen Lebensbedürfnisse anzubahnen geeignet erscheinen." (SÚA, PM 1855—59 8/3/20).
Die vorsichtige Formulierung Bachs verrät, wie sehr er sich der Machtlosigkeit des Staates auf dem Gebiet der Wirtschaft bewußt war.

[42] Das geht aus den Verhandlungen hervor, die 1856 zwischen dem Innenministerium und der böhmischen Statthalterei über die Frage der Regulierung der Fleischpreise geführt wurden. Anstelle der Fleischtaxe (einer Vorausbestimmung der Preise nach Marktdurchschnittswerten ähnlich wie beim Brot) schlug Bach dem Statthalter Mecséry die Errichtung von „Fleischkassen" vor, d. h. die Behörden bzw. Kommunen sollten sich Kreditinstitute schaffen, die durch Massenaufkauf und Verkauf die Preise beeinflussen könnten (Bach an Mecséry, 9. 5. 1856). Angesichts der Kreditnot ist dieser Gedanke nicht über das Stadium

reichischen Staatsfinanzen in den 50er Jahren, um diese Möglichkeit auszuschließen[43]. So blieb letztlich der „starke" neoabsolute Staat auf Grund seiner Unfähigkeit, wirklich steuernd in die Wirtschaft einzugreifen, auch auf diesem wichtigen Gebiet der Wirtschafts- bzw. „Sozial"-Politik erfolglos.

---

des Raisonnements hinausgediehen. Zum Scheitern mag auch ein Gesichtspunkt beigetragen haben, den der Prager Kreishauptmann Obentraut in einem Brief an Mecséry vom 26. 11. 1856 anführte: in den kleinen böhmischen Städten sei der Fleischverbrauch so gering, daß eine „Fleischkasse", die ihre Monopolstellung ja nur durch den Großumsatz erwerben könne, vollkommen sinnlos sei (SÚA, PM 1855—59 8/3/12:20).

In den nordböhmischen Industriegebieten haben die Bezirksbehörden aus eigener Initiative manchmal den Brot- und Kartoffelpreis durch subventionierten Großeinkauf und Verkauf drücken können, Erfolge, die freilich spärlich waren, weil die zur Verfügung stehenden Fürsorgemittel viel zu gering waren, um daraus eine dauernde Einrichtung zu machen (SÚA, PM 8/1/12 Nr. 40 K.A. Jičín an Mecséry, 29. 3. 1852, Nr. 5048; K.A. Eger an Mecséry, 3. 5. 1852).

[43] Auch ein gleichsam „natürlicher" Weg der Marktbeeinflussung war der österreichischen Regierung durch die Veräußerung der Staatsdomänen an die Nationalbank (zur Schuldendeckung) zu Beginn des Jahrzehnts versperrt worden. Dazu äußerste sich der Kreishauptmann von Pilsen gegenüber der Statthalterei im Dezember 1853, wenngleich im Rückblick die Verhältnisse allzusehr idealisierend: „Solange die hohe österreichische Staatsverwaltung im Besitze zahlreicher Domänen war, hatte sie ein leichtes Mittel durch die Beschickung des Marktes mit eigenen Getreidefuhren wohltuend auf die Erniedrigung überspannter Getreidepreise einzuwirken, um illimitierten herzlosen Spekulationen ein Ziel zu setzen." (SÚA, PM 8/1/12 Nr. 918).

10. ZUR VORGESCHICHTE DER BÖHMISCHEN ARBEITERBEWEGUNG

Die wenigen, vom Polizeistaat immer wieder rasch unterdrückten Ansätze zu einer „Arbeiterbewegung" während der 50er Jahre sind in der deutschen und (aus naheliegenden Gründen) natürlich besonders in der neueren marxistischen Historiographie der ČSSR bereits so detailliert und erschöpfend dargestellt worden[1], daß sich die vorliegende Arbeit auf einen kurzen Abriß und Ergänzungen beschränken kann. Vor allem erscheint es mir nötig, auf eine in der Literatur etwas vernachlässigte Frage einzugehen, nämlich wenigstens in Umrissen, da die Quellen leider sehr spärlich fließen, das Bild zu zeichnen, das sich die Arbeiterschaft zwischen 1850—60 von ihrer Stellung in Gesellschaft und Staat gemacht hat, wenn man so will, das „Bewußtsein" der Arbeiter zu rekonstruieren.

Daß sich die Arbeiter Nordböhmens ihren Lebensumständen nach als bloße mechanische Kraft verstehen mußten, ist bereits weiter oben dargelegt worden[2]. Immerhin gab es zwischen der Haltung der Arbeiter in der Haus- und jener in der Fabrikindustrie gewisse Unterschiede: die Hausweber vermochten nur in der Maschine und den Maschinenimporten die Ursache für ihr Elend zu sehen[3], die Fabrikarbeiter machten — wenigstens zu Beginn des Jahrzehnts — ihre Arbeitgeber für die miserablen Lebensbedingungen verantwortlich[4]. Die Ansätze einer Frontstellung gegen die Unternehmer wichen freilich im Gefolge der wiederholten Hungerkrisen einer allgemeinen apathischen Resignation. Der Kreishauptmann von Saaz berichtete z. B. am 5. 7. 1855 an Mecséry, daß die Arbeiterschaft Lohnreduktionen „in der Erkenntnis, daß die Ursachen außer dem Bereiche ihrer Dienstherren liege"[5] klaglos angenommen habe. Amtliche und bürgerliche Be-

---

[1] D e u t s c h : Geschichte der österreichischen Gewerkschaftsbewegung 25 ff. — S t r a u ß : Deutschböhmische Arbeiterbewegung 60 ff. — C. H o r á č e k : Počátky českého hnutí dělnického [Anfänge der böhmischen Arbeiterbewegung]. Prag 1933. — Zdeněk T o - b o l k a : Textiláci, první průkopníci dělnického hnutí v Čechách [Die Textilarbeiter als erste Vorkämpfer der Arbeiterbewegung in Böhmen]. Prag 1950. — R o u b í k : K prvním pokusům. — Š o l l e : Stávky. — Jaroslav P u r š : Dělnické hnutí v českých zemích 1849—1871 [Die Arbeiterbewegung in den böhmischen Ländern 1849—71]. Prag 1961; englische Fassung: The Working-Class Movement. — Vgl. auch die umfassende Übersicht über die neuere tschechische Historiographie zur Arbeiterbewegung in Böhmen im „Austria History Yearbook" 1966. Bd. II, S. 213 ff. (J. Kočí und J. Kořalka).

[2] S. oben 173.

[3] Pisling berichtet, er habe „auf vielen Orten noch eine fast gespenstische Furcht vor der Maschine und einen gewissen Trotz gegen die angetroffen, welche diese »Teufeleien« ins Land gebracht . . ." (Nationalökonomische Briefe 3 f.). — Vgl. auch K u t n a r : Sociální otázka 216.

[4] Bericht über die materielle Lage der Arbeiter im Böhmisch-Leipaer und Gitschiner Kreis Böhmens, S. 3: die Arbeiter glauben, „daß der Arbeitgeber den Lohn allein diktiert".

[5] SÚA, PM 8/1/19:2 Nr. 230 pr.

obachter haben gerade die „großartige Resignation ... mit welcher der Entbehrung äußerstes Maß getragen"[6] werde, nicht genug zu rühmen gewußt. *Peez* philosophierte 1856 über den „milden" Charakter der nordböhmischen Hausweber, der sich so vorteilhaft von der „proletarierhaften Verbissenheit" der Arbeiter in den deutschen Industriegebieten unterscheide[7]. Daß von der Ausbildung eines breiten „Klassenbewußtseins" unter solchen Umständen keine Rede sein konnte, ist einleuchtend. Auch das Fehlen großstädtischer Siedlungen, die Zersplitterung der Bevölkerungsmassen auf viele kleinere Fabrikdörfer haben (genauso wie 1848) verhindert, daß der unzweifelhaft vorhandene soziale Zündstoff zum Antrieb einer sozialrevolutionären Massenbewegung werden konnte; im Gedächtnis der Arbeiter Reichenbergs (der einzigen größeren Stadt) lebte noch in den 50er Jahren die Erinnerung an die blutige Unterdrückung und völlige Fruchtlosigkeit der Maschinenstürmer im Jahre 1844[8].

In der mittelböhmischen Industrieregion, besonders in Prag, lagen die Dinge in gewisser Weise anders. Zwar empfand auch hier die Arbeiterschaft die drückende ökonomische Abhängigkeit vom Unternehmer[9], aber sie wurde hier in weit geringerem Maße passiv hingenommen. Gerade die Arbeiter Prags hatten ja in der Revolution das Bewußtsein des eigenen politischen Gewichts erlebt; der Nachklang der revolutionären Bewegung war auch noch während der 50er Jahre lebendig. Dazu kam zu Beginn des Jahrzehnts der Arbeitskräftemangel in der mittelböhmischen Region, der das Selbstbewußtsein der Arbeiter stärkte: im Juni 1851 wurde über „gänzliche Lockerung des Subordinationsverhältnisses und vielfache(n) Erscheinungen von Mangel an Gehorsam gegen die Gewerbe-Dienstherren und Arbeitgeber" und über „Mangel an Achtung vor dem Gesetze" geklagt[10]. Die Tatsache, daß der neoabsolute Staat sich trotz aller reformerischen Attitüde gerade der Verantwortung für den sozialen Bereich entschlug, hat das Überleben demokratischen Gedankenguts gefördert; es kam am Beginn des Jahrzehnts zu keiner Identifikation der Arbeiterschaft mit dem Staat. *Sacher-Masoch* berichtete im Juni 1851 über radikale Stimmen unter den Arbeitern an Mecséry: „Es wird von denselben vielseitig die Meinung ausgesprochen, daß es in der Absicht der Regierung liege, die armen, gemeinen Leute zu unterdrücken, daß es jedoch den Regierungen nicht gelingen werde, den Forderungen des Zeitgeistes zu widerstehen, daß die Gewalt beim Volke sei und die Regierungen des Volkes wegen, nicht aber letzteres der Regie-

---

[6] P e e z : Briefe 1451. — Auch in den amtlichen Berichten ist die „staunenswerte Resignation" wiederholt vermerkt worden.

[7] „Es will etwas sagen, in einer großen Anzahl armer Hütten gewesen zu sein, ohne eine Spur von jener proletarischen Verbissenheit angetroffen zu haben, die leider an anderen Orten unseres großen deutschen Vaterlandes nicht fehlt, und die dem oberflächlichen Beobachter so leicht die wohlgemeinte Teilnahme an der Armut verleidet" (P e e z : Briefe 1451).

[8] Zum Reichenberger Maschinensturm 1844 vgl. S t r a u ß : Deutschböhmische Arbeiterbewegung 45 ff.

[9] Bezeichnenderweise verlangten Arbeiter in der Prager Vorstadt Smíchov im Frühjahr 1849 eine Verkürzung der Arbeitszeit mit dem Hinweis auf die gleichzeitige Aufhebung der Robot der Bauern (R o u b í k : K prvním pokusům 460 f.).

[10] SÚA, PM 8/1/12 Nr. 1466 p.p. Sacher-Masoch an Bach, 7. 6. 1851.

rungen wegen da ist . . ."[11]. Und in einem Tagesrapport der Prager Polizeispitzel wurde ebenfalls 1851 die Äußerung eines Handwerksgesellen festgehalten, in der es hieß, „man solle die arbeitende Klasse nicht so sklavisch behandeln, daß, wenn das arbeitende Volk einmal Dämme und Ströme durchbricht, keine Bajonette noch die Belagerung ihnen Einhalt tun kann"[12]. Solche Äußerungen darf man freilich, schon weil sie vereinzelt sind, nicht für Zeugnisse unheilbarer Staatsfeindschaft der Arbeiterschaft nehmen[13]. Daß die Hoffnung, der Staat werde sich auf seine Wohlfahrtsaufgabe besinnen, nicht ganz erloschen war, geht aus der 1853 konfidentiell eruierten Meinung der Prager Arbeiter hervor, „daß die Regierung unter gewissen Verhältnissen zu ihrer Unterstützung und Erhaltung verpflichtet sei"[14]. Tatsächlich wären die Chancen, die Arbeiterschaft durch sozialpolitische Maßnahmen für den Staat zu gewinnen, nicht schlecht gewesen. Ein ausführlicher Konfidentenbericht aus dem Jahre 1853, der unbeeinflußt von bürgerlicher Revolutionsfurcht die Lage und Haltung der Prager Arbeiter schilderte, stellte einem solchen Beginnen eine überaus günstige Prognose. „Wenn diese Leute Erwerb haben, sind es die friedlichsten und gutmütigsten Menschen", schrieb der Beobachter; er selbst habe bei seinem häufigen Umgang mit den Arbeitern festgestellt, daß „sie sich bei gehöriger Behandlung nach Belieben leiten lassen"[15]. Ein anderes, für die 50er Jahre typisches Faktum war die weitgehende nationale Indifferenz der Arbeiterschaft[16], ein Umstand, der zum Ausgangspunkt einer erfolgreichen Politik des Unterlaufens der bürgerlichen bzw. kleinbürgerlichen nationalen Zentrifugaltendenzen vermittels Sozialpolitik hätte werden können[17]. Freilich war diese nationale Indifferenz immer labil. Die Teuerung, die in Prag die tschechischsprachigen Unterschichten stärker in Mitleidenschaft zog als die deutschsprachige besitzende Oberschicht, hatte ja bereits 1853 auch

---

[11] Sacher-Masoch an Mecséry, 28. 6. 1851. Zit. n. Š o l l e : Stávky 160.

[12] Die selbe konfidentielle Mitteilung referiert weiter die Äußerung: „ . . . den Menschen einsperren treffen sie, aber die Lage zu verbessern achten sie nicht darauf." (SÚA, PM 8/1/12 Wochenrapport 22.—29. 7. 1851).

[13] Aus naheliegenden Gründen hat besonders die neuere marxistische Historiographie die Quellenbelege für „Sozialismus" bzw. „revolutionäre" Einstellung der Arbeiterschaft stark strapaziert; die Relativierung der Quellenaussage durch die Berücksichtigung des ideologischen Standpunktes des Verfassers (ganz besonders wichtig bei den Quellen, die aus der Tätigkeit der Polizei stammen; vgl. oben 277 die Einstellung Sacher-Masochs zur Arbeiterschaft!) scheint mir dabei etwas zu kurz gekommen zu sein. Mir erscheint in diesem Zusammenhang die von den Wiener Konfidenten Kempens eruierte Meinung der Arbeiterschaft über die Revolution von 1848 aufschlußreich zu sein: „Selbst unter der arbeitenden Klasse hört man, wenn das Gespräch jene Zeit zum Gegenstand hat, die Äußerung: Zu was war die ganze Geschichte, seit der Zeit ist der Verdienst und die Teuerung weit größer." (HHSTA I.B. 1859/487).

[14] SÚA, PPT 1853/241. — Ebenfalls 1853 wurde konfidentiell eruiert, die Prager Arbeiterschaft habe vom staatlichen Arbeiterwohnungsbau in Frankreich erfahren und erwarte sich ähnliche Maßnahmen vom österreichischen Staat (SÚA, PPT 1853/139).

[15] S. Anhang 338 f.

[16] S. oben 290.

[17] Spätere österreichische Regierungen (Schäffle in den 70er Jahren, besonders Koerber nach 1900) haben dieses Modell ja dann zu praktizieren versucht; sie scheiterten nicht zuletzt daran, daß der Zeitpunkt, wo solche Politik noch erfolgreich einhaken konnte, längst versäumt war.

eine gewisse „Nationalisierung" der sozialen Spannungen mit sich gebracht[18]. Ähnliche Begleiterscheinungen hat aller Wahrscheinlichkeit nach die Empörung der Prager Unterschichten über die verschwenderische Prachtentfaltung des Besitzbürgertums anläßlich des Kaiserbesuches im Krisenjahr 1854 gehabt[19]. Die Loyalität zur Dynastie, welche das Besitzbürgertum der 50er Jahre so betont zur Schau trug, hatte der oben zitierte arbeiterfreundliche Konfident im Jahre 1853 in Ansätzen auch bei der Arbeiterschaft zu sehen geglaubt; der Militärdienst, so der Beobachter, sei eine Pflanzschule der Anhänglichkeit an den Kaiser[20].

Die Erscheinungen des Jahres 1859, wo „der Rückzug unserer tapferen Armee ... von derlei Subjekten ganz vergnügt aufgenommen"[21] wurde, wo die Niederlage in Italien allenthalben in Spottliedern kommentiert wurde[22] und die Prager Polizei besorgt das „keckere" Auftreten der Arbeiter in den Prager Vorsädten registrierte[22], zeigen freilich deutlich, daß während der 50er Jahre der deutsche Charakter des Staates wie auch der Mangel an Sozialpolitik das Hinübergleiten der tschechischen Arbeiterschaft ins Lager der tschechischen Nationalbewegung vorangetrieben hatten.

Wenden wir uns nun, nach dieser notgedrungen groben Skizzierung des „Bewußtseins" der Unterschichten dem zu, was in der diesbezüglichen Historiographie als Beginn der „Arbeiterbewegung" bezeichnet wird, wiewohl von einer Arbeiterbewegung im modernen Sinne des Wortes für die 50er Jahre nicht gesprochen werden kann. Daß es zu Ansätzen solidarischen Handelns der Arbeiter unter den Bedingungen des Polizeistaates überhaupt gekommen ist, bleibt erstaunlich genug. Die verschiedenen Formen der Assoziation, seien es Streiks, Arbeiterselbsthilfevereine oder Handwerksgesellen-Bruderschaften sind während des Neoabsolutismus zumeist ohne jeden Kontakt miteinander aus besonderen lokalen Voraussetzungen entstanden. Alle Versuche, darüber hinaus zu einer Verknüpfung der Einzelbemühungen zu gelangen, hat der Polizeiapparat rigoros unterbunden. Die beste Organisation besaßen seit dem Vormärz die qualifizierten Manufakturarbeiter, in erster Linie die Baumwolldruck-Facharbeiter. Sie versuchten am hartnäckigsten, auf ihre Selbsthilfekassen gestützt, zu einer Art „gewerkschaftlichen" gemeinsamen Handelns zu gelangen und dadurch ihre Spitzenstellung unter der

---

[18] Ein konfidentieller Bericht von 1851 bemerkt, infolge der Teuerung sei es zu Feindseligkeit gegenüber den Prager Deutschen gekommen (HHSTA I.B. 1851/7743). — In den konfidentiellen Berichten aus Prag wurde auch vermerkt, daß im Gefolge der Teuerung die Anziehungskraft der betont tschechisch-nationalen helvetischen Gemeinde des Pastors Kossuth auf die Fabrikarbeiter Prags bedeutend zugenommen habe (SÚA, PPT 1854/28).

[19] SÚA, PPT 1854/28.

[20] Siehe Anhang 339.

[21] SÚA, PMT 1859/St. 15 K.A. Písek an Mecséry, 21. 6. 1859.

[22] Vgl. F. Roubík: Posměšné písně o italském tažení roku 1859 [Spottlieder über den italienischen Feldzug im Jahre 1859]. In: Česká Revue XXII.

[23] „An der Klasse der Nichtbesitzenden will der Bezirkshauptmann zu Karolinenthal bemerkt haben, daß selbe ein unbescheidneres keckeres Benehmen angenommen und die einberufenen Reservisten sich groben Tadel erlaubt haben." (SÚA, PMT St 15 K.A. Prag an Mecséry, 21. 6. 1859).

Arbeiterschaft zu halten[24]. Über die Hälfte der von 1849—59 in Böhmen registrierten Streiks bzw. Streikversuche ging von Baumwolldruckern aus, welche die Verschlechterung von Lohn- und Arbeitsbedingungen verhindern wollten[25]. Trotzdem wurden die Baumwolldrucker, wiewohl sie ihre Interessen so energisch vertraten, deshalb noch nicht zum Kern einer späteren Arbeiterbewegung, weil ihr Berufsstand durch die Mechanisierung bereits während der 50er Jahre weitgehend verschwand[26].

Das Unterstützungskassenwesen konnte nach der Revision aller Kassenvereine im Gefolge des neuen Vereinsgesetzes nicht mehr als Organisationsbasis einer Arbeiterbewegung wirken. 1853 wurde die Leitung der „Fabrikskassen" zumeist dem Unternehmer selbst übertragen. Die Beschränkung der Vereinszugehörigkeit auf die Dauer der Beschäftigung in der betreffenden Fabrik wurde obligatorisch, wodurch sich die Abhängigkeit der Arbeiter vom Unternehmer noch erhöhte. Überdies unterlagen die Arbeitervereine der ständigen eindringlichen Überwachung durch die Behörde[27].

Zur eigentlichen Keimzelle der böhmischen Arbeiterbewegung wurden die Bruderschaften der Handwerksgesellen, die sich innerhalb der sich auflösenden alten Zünfte bildeten. 1848/49 wurden bereits Versuche unternommen, die Gesellen offiziell aus dem Zunftverband zu lösen und gewerkschaftlich zu organisieren[28]. Zwar scheiterte dies, und ähnliche Versuche gewerkschaftsähnlicher Verbindungen konnten dann nur im Geheimen angeknüpft werden, wo ihnen im stets argwöhnischen, „sozialistische Umtriebe" witternden Polizeistaat meist keine lange Dauer beschieden war. 1851 wurde eine Verbindung von Handschuhmachergesellen[29] und Dachdeckergesellen[30] aufgedeckt, 1857 ein Hutmacherverein[31]. Aber als 1859 durch das Gewerbegesetz die Zünfte aufgelöst wurden, waren es Handwerksgesellen (die teilweise durch die Wanderung mit der Arbeiterbewegung in Deutschland bekannt geworden waren), welche die Versuche zur Organisierung der Arbeiter wieder aufnahmen. So entstand der erste Arbeiterbildungsverein in Reichenberg aus der Initiative von Handwerksgesellen[32]. Die Verbindung zur Fabrikarbeiterschaft kam durch ehemalige Handwerksgesellen zustande, die im Gefolge des Niederganges des zünftischen Handwerks in Fabriken übergewechselt waren. In der mittelböhmischen Industrieregion formierte sich ebenfalls nach 1859 unter dem Einfluß des linken Flügels der tschechischen Nationalbewegung eine gewerkschaftliche Bewegung, die sich die griffige Verbindung von nationalen und sozialen Forderungen

---

[24] R o u b í k : K prvním pokusům 460 ff. — P u r š : The Working-Class Movement 75 f. — D e u t s c h : Gewerkschaftsbewegung 25 f.

[25] Vgl. Š o l l e : Stávky.

[26] S. oben 150.

[27] SÚA, PM 1850—54 8/5/5 Mecséry an K.A. Böhmisch-Leipa, 7. 5. 1853.

[28] P u r š : The Working-Class Movement 81.

[29] R o u b í k : K prvním pokusům 473. — Š o l l e : Stávky 158.

[30] R o u b í k : K prvním pokusům 473.

[31] Š o l l e : Stávky 159 f. (Bericht Päumanns über die Angelegenheit).

[32] P u r š : The Working-Class Movement 96.

gegen das „deutsche" Kapital zu eigen machte[33]. So war in nuce schon am Beginn der böhmischen Arbeiterbewegung die Spaltung in nationale Lager vorhanden, die dann am Ende des Jahrhunderts die Lösung der nationalen Frage auf „proletarischer" Basis verhinderte.

[33] Ebenda 97 f.

SCHLUSSFOLGERUNGEN

Der Neoabsolutismus hat den einzigen und in der Geschichte Österreichs letzten Versuch gemacht, aus der vielgestaltigen Monarchie einen modernen „Nationalstaat" zu machen. Dieses Unterfangen ist gescheitert, obwohl wirtschaftliche und politische Zentralisierung und Egalisierung weit vorangetrieben worden waren. Uns haben nicht die vordergründigen Ursachen des Mißerfolges des Neoabsolutismus interessiert, es ging uns vielmehr darum, in der Sozialgeschichte des stillen Jahrzehnts nach der Revolution die Entwicklungslinien und Modelle sozialen und politischen Verhaltens zu suchen, die später das Schicksal der Monarchie entschieden haben. Böhmen als Herzland des vielzitierten „Nationalitätenkampfes" bot sich dafür an.

Die bedeutendsten Motoren der gesellschaftlichen Entwicklung nach 1848 waren — wie überall in Europa — technische und kommerzielle Revolution; Industrialisierung und Hochkapitalismus veränderten gemeinsam binnen kurzem das Bild der böhmischen Sozialstruktur. Am Eingang der Epoche steht die Bauernbefreiung, selbst ein Kind des bürgerlichen Zeitgeistes, dem auch die moderne Technologie und das neue Wirtschaftsdenken entstammten. Die Entlastung des Bodens verringerte den Entwicklungsrückstand Böhmens gegenüber Westeuropa; in die gleiche Richtung wirkte der schnelle wirtschaftliche Anschluß Österreichs an den Weltmarkt. So waren die 50er Jahre eine Zeit des stürmischen Umbruchs; das große Thema des 19. Jahrhunderts, der Übergang von einer ständisch-agrarischen zu einer horizontal wie vertikal mobilen industriellen Massengesellschaft erscheint gleichsam komprimiert in den sozialen Phänomenen des scheinbar so immobilen neoabsoluten Jahrzehnts.

Die Grundzüge der horizontalen Mobilität sind rasch skizziert: Die Grundentlastung hob die Bodenhaftung der Landbevölkerung auf, sie gab überdies den Anstoß zur Zersetzung der dörflichen Sozialstruktur. In die Städte und zu den neuen Industriegründungen strömten die entwurzelten Kleinbauern und die Landarmut. Zentrum der Wanderung war das Herz Böhmens mit der Hauptstadt Prag, dessen Vorstädte rasch wuchsen. Aber auch die Vorstädte der kleinen Landstädte vergrößerten sich. Diese Entwicklung war deshalb so bedeutsam, weil durch sie die *nationalen* Konturen Böhmens verändert wurden: der Zuzug der teschechischsprachigen Landbewohner in die Städte veränderte deren sprachliche bzw. nationale Struktur. Diese Erscheinung wurde zwar in der vom Vorwalten des Deutschtums geprägten neoabsoluten Epoche nicht sichtbar, zeigte ihre Bedeutung jedoch sofort beim Wiederbeginn der politischen Aktivität in den 60er Jahren. 1848 war Prag noch eine deutsch geprägte Provinzstadt gewesen, 1860 war es eine tschechische Großstadt mit einer kleinen deutschen Minderheit. Durch die Arbeiterzuwanderung in die nördlichen, deutschsprachigen Gebiete wurden auch hier die nationalen Mehr-

heitsverhältnisse verändert, freilich in weit geringerem Maße als dies in Innerböhmen geschah. Wichtig wurden die tschechischen Minderheiten im deutschsprachigen Gebiet dennoch, weil durch ihre Existenz der nationale „Kleinkrieg"
der späteren Jahrzehnte verschärft wurde. Soweit die quasi „mechanischen" Vorgänge der Binnenwanderung. Sie trug zur Veränderung der sprachlichen Konturen
Böhmens bei, man irrte aber, wenn man in ihr allein die Ursache für die tiefer-
gehende Veränderung des nationalen Kräftefeldes suchen würde. Bedeutsamer für
die zukünftige politische Entwicklung waren die Phänomene der vertikalen sozialen
Mobilität nach 1849, d. h. der Auf- oder Abstieg der verschiedenen Schichten der
böhmischen Gesellschaft.

Die *Bauern* erlebten nach der Grundentlastung einen raschen materiellen und
sozialen Aufstieg. Sie profitierten an den steigenden Lebensmittelpreisen, konnten
Kapital ansammeln und wurden im Verein mit dem eng verflochtenen Landbürger-
tum in zunehmendem Maße unternehmerisch tätig. Das Bauerntum, überwiegend
tschechischsprachig, rückte dem Bürgertum also näher. Die Verbindung zum
tschechischen Nationalgedanken wurde durch die landwirtschaftliche Fortschrittsbewegung hergestellt, die den Aufstieg des Bauerntums begleitete und vorantrieb;
sie nahm auch nationale Fortschrittsziele in ihre Programmatik auf. Sozialer Aufstieg, schnell wachsende Kommunikation der Agrargebiete mit den Städten und
die Bemühungen der tschechisch-nationalen Intelligenz ließen die Integration der
Bauern in die „Nation" nach 1848 in Ansätzen beginnen[1]. Für die ländlichen
Unterschichten verschlechterten sich die Lebensbedingungen. Ohne den — wenngleich geringen — sozialen Schutz durch den ehemaligen patrimonialen Verband
fiel die Landarmut den Konkurrenzgesetzen der Wirtschaft schnell zum Opfer und
sank zum Landproletariat herab.

Einen bedeutenden Aufstieg erlebte das *Wirtschaftsbürgertum* Böhmens, das zum
großen Teil identisch war mit dem deutschen bzw. deutsch-jüdischen Großbürgertum. Die Expansion von Industrie, Kapital und Handel gab dieser Schicht materiellen Auftrieb. Mit dem materiellen Aufstieg aber ging der soziale einher, denn
die Gesetze des bürgerlich-industriellen Zeitalters ordneten die Gesellschafts-
pyramide weitgehend nach dem Gradmesser des wirtschaftlichen Erfolges. Unter der
Decke des sich ostentativ monarchisch-konservativ gerierenden Staates entfalteten
sich das Selbstbewußtsein und die Zukunftssicherheit des industriellen Großbürgertums. Man fühlte sich als Vertreter des „westlichen", „europäischen" Fortschritts,
man begann in erhöhtem Maß über die Provinz hinauszudenken. Die Beziehungen
zu Wien, dem Zentrum des Kapital- und Wirtschaftsmarktes, wurden enger. Das
Bürgertum fühlte sein Denken im Einklang mit dem liberalen und materialistischen
„Zeitgeist". Der Stolz auf steigende Produktionsziffern, auf das Wachstum der

---

[1] H r o c h : (Vorkämpfer 139) hat als Voraussetzung für die Teilnahme des Bauerntums
an der nationalen Bewegung folgende Kriterien herausgearbeitet:
a) Freiheit von feudaler Abhängigkeit,
b) Möglichkeit sozialer Mobilität und weiterer, den lokalen Raum sprengender ökonomischer und kultureller Beziehungen,
c) ein gewisser Bildungsgrad, durch den die Religion das ideologische Monopol verliert.
Diese Voraussetzungen beginnen für das tschechische Bauerntum erst nach 1848.

Wirtschaftskraft war — wenn man so will — das *„Nationalgefühl"* des deutschsprachigen Großbürgertums. Erst wenn man sich die ökonomisch motivierten Überlegenheitsgefühle vergegenwärtigt, denen sich das deutsch-böhmische Wirtschaftsbürgertum hinzugeben verlockt sah, versteht man die langanhaltende Fehleinschätzung der nationalen Kräfteverhältnisse durch eben jenes Bürgertum nach 1860[2]. Zur gleichen Zeit, als wichtige Führungspositionen in der Wirtschaft und damit, auf die Zukunft gesehen, auch im Staat, von den Deutschböhmen erobert wurden, wuchs freilich in aller Stille auch die Kraft des tschechischen Bürgertums.

Die Anfänge des tschechischsprachigen Industriebürgertums waren bescheiden. Seine Basis war der stete, krisenfeste Aufstieg der Nahrungsmittelgewerbe und die damit zusammenhängende Expansion der landwirtschaftlichen Industrie. Tschechische Müller, Bierbrauer, Zuckerfabrikanten und landwirtschaftliche Maschinenhersteller waren es zunächst, die den Übergang vom Handwerk zur industriellen Produktion schafften. Um Mißverständnisse zu vermeiden, muß hier betont werden, daß man nicht allein (wie dies z. T. die marxistische Historiographie tut) die Entstehung eines spezifisch „tschechischen" Industriebürgertums auf den sozusagen „objektiven" Grund der Expansion der in tschechischsprachigen Gebieten gelegenen Nahrungsmittelindustrien zurückführen kann. Der nationale Antagonismus des deutschen und tschechischen Bürgertums in der zweiten Jahrhunderthälfte war nicht bloß „Überbau" des ökonomischen Gegensatzes zweier verschiedener Produktionszweige, womit übrigens nicht geleugnet werden soll, daß die ökonomischen Gegensätze später zur Verhärtung der nationalen Frontstellung ihr Teil beigetragen haben. Man muß hier vielmehr auch an den Willen der Träger der nationalen Idee denken, die tschechische Unabhängigkeit auch durch die Etablierung einer „nationalen" Wirtschaft voranzutreiben. Die Anstrengungen, die westliche Technologie und die Wirtschaftstechniken zum Bestandteil der *tschechischen* Wissenschaft zu machen, lassen sich jedenfalls nicht allein aus wirtschaftlichen Antrieben erklären. Schon die allgemeine Zweisprachigkeit des tschechischen Bürgertums um die Jahrhundertmitte[3] spricht gegen eine solche Auffassung; das tschechische Wirtschaftsbürgertum hätte sich das nötige industrielle know-how auch in deutscher Sprache aneignen können. Daß die im Vormärz noch gültige Formel: wirtschaftlicher Aufstieg = Germanisierung nach 1849 nicht mehr zutraf, hat aber noch einen anderen Grund. Es ist nämlich daran zu erinnern, daß das Prestige der (germanisierenden) „Staatsstudien" nach der Revolution stark abnahm; der junge akademische Nachwuchs aus tschechischen Familien drängte sich zu den „reellen" Studien, die raschen sozialen Aufstieg ohne Germanisierung boten. Nimmt man die neuerdings sozialgeschichtlich erhärtete Tatsache hinzu, daß der tschechische Nationalismus im Laufe des Jahrhunderts zunehmend eine Ideologie der *Jugend*

---

[2] Sacher-Masoch hat das Bewußtsein des deutschböhmischen Wirtschaftsbürgertum einmal knapp präzisiert: „Der deutsche Stamm in Böhmen bewohnt größtenteils die industriellen Gegenden, geht dem tschechischen an Intelligenz und Wohlhabenheit voraus und hat sowohl hiedurch sowohl als durch den Gebrauch der deutschen Sprache bei den Regierungsbehörden ein bedeutendes Übergewicht über den letzteren." (SÚA, PM 8/1/12 Nr. 1566 p.p. Sacher-Masoch an Bach, 7. 6. 1851).

[3] Vgl. H e l l e r : Z minulé doby II/117.

geworden war[4], so wird deutlich, warum die wachsende Zahl der technologisch bzw. kommerziell Ausgebildeten das tschechisch-nationale Wirtschaftsbürgertum rasch verbreitete. Es ist bekannt, daß der Nationalismus die Ideologie aufsteigender, mit einer überlegenen Oberschicht konkurrierender bürgerlicher Schichten ist[5]. Legt man dieses Modell der Entwicklung der 50er Jahre zugrunde, so wird verständlich, warum die sichtbare Führungsrolle des bürgerlich-westlichen d. h. in Böhmen „deutschen" Denkens keine Entnationalisierung des zweisprachigen tschechischen Wirtschaftsbürgertums bewirken konnte. Die Anziehungskraft der tschechischen Nationalidee wird aber erst recht deutlich, wenn man einen Blick auf das tschechische Kleinbürgertum wirft. Das Kleinbürgertum, vorwiegend in handwerklichen Berufen tätig, sah sich in den 50er Jahren in ungünstigster Lage: seine zünftische Verfassung war weitgehend zerfallen, einheimische Fabrikindustrie, eigene Kapitalarmut, der Anschluß Österreichs an den Weltmarkt, kurz, die Gesetze der entfesselten Wirtschaftskonkurrenz machten die handwerkliche Produktion vorerst zu einem Wirtschaftszweig ohne rechte Zukunft. Dabei fielen wirtschaftliche Gegensätze mit nationalen Konturen zusammen: der tschechische Handwerker war durch das *deutsche* Unternehmertum benachteiligt, die Kapitalkonzentration im *deutschen* Wien entblößte das flache Land aller Kreditreserven, viele Kleingewerbetreibende befanden sich in drückender Abhängigkeit vom deutschsprachigen Wucherkapital. Für das depossedierte, durch die Teuerung binnen weniger Jahre empfindlich in Lebensstandard und Sozialstatus getroffene tschechische Kleinbürgertum leistete die tschechische Nationalidee Ersatz für die Beschädigung des bürgerlichen Selbstgefühls[6]. Der Tenor dieser Nationalidee, das Unglück der Tschechen den Aktionen der Deutschen zur Last zu legen, mußte die heftigen wirtschaftlich motivierten Antipathien des Kleinbürgertums gegen das großbürgerliche „deutsche" Kapital auf lange Sicht zu einem intensiven Chauvinismus anheizen. In den 50er Jahren ist nur die antisemitische Komponente des kleinbürgerlichen Chauvinismus zutage getreten, weil der Polizeistaat offenen Ausbrüchen des Hasses gegen das Deutschtum enge Schranken setzte. Mit dem Wiedererwachen des politischen Lebens aber wurde die Verbindung von antikapitalistischem, antideutschem und antisemitischem Gedankengut im radikal-tschechischen Gewande sogleich ein starker Motor der politischen Agitation[7]. Bedenkt man, daß in der tschechischen

---

[4] Vgl. die Ausführungen von H r o c h (Vorkämpfer 148) über die „Verjüngung" der tschechischen Nationalbewegung während des 19. Jahrhunderts.

[5] P r i n z : Probleme 341.

[6] Bezeichnend ist in diesem Zusammenhang eine Polizeinotiz aus den 50er Jahren, die ausführt, daß die „tschechisch nationale Oppositionspartei ihre Anhänger größtenteils unter herabgekommenen Bürgern ... zählt." (HHSTA I.B. 1850/8026 Stimmungsbericht vom 7. 9. 1851). — Daß die Haltung des Kleinbürgertums für den Erfolg einer nationalen Bewegung entscheidend war, betont O. B a u e r : Die Nationalitätenfrage und die Sozialdemokratie. Wien 1907, S. 268. Auch H r o c h (der sich ja nur mit der Zeit bis 1848 beschäftigt hat) vermerkt in einem Ausblick auf die Zeit nach der Revolution, daß „im Kleinbürgertum die Zukunft des unterdrückten Volkes verborgen" lag; H r o c h beschäftigt sich freilich nicht mit den Gründen für den Eintritt des Kleinbürgertums ins nationale Lager (H r o c h : Vorkämpfer 125).

[7] Es ist an dieser Stelle nicht uninteressant, den böhmischen Publizisten Fernand Stamm zu zitieren, der 1856 viel zu optimistisch-harmonisierend meinte, die Mischung der Natio-

Diaspora das Deutschtum mit dem deutschsprachigen jüdischen Bürgertum fast identisch war, so ermißt man die Tragweite der hier beschriebenen Entwicklung. Allein, mit dem „kompensatorischen" Effekt des Nationalismus ist die Assimilierung des Kleinbürgertums durch das nationale Lager jedoch nicht hinreichend erklärt. Hinzu kommt, daß gerade aus den Reihen der nationalen Bewegung selbst erfolgversprechende Methoden des wirtschaftlichen Überlebens im Konkurrenz-Kapitalismus angeboten wurden. Genossenschaftswesen, Selbsthilfe- und Assoziationsidee sind im nationalen Gewande von Vertretern der Nationalbewegung propagiert worden; das Erstarken des kleinbürgerlichen Selbsthilfe- und Vereinswesens — in Westeuropa ein national neutraler Vorgang — haben in Böhmen zur Eingliederung des kleinbürgerlichen Mittelstandes in das von der nationalen Ideologie projizierte „tschechische Volk" geführt und den demokratischen Grundtenor tschechischen Selbstverständnisses wesentlich mitbestimmt.

Als eine Zeit des Abstiegs erlebte auch die *Arbeiterschaft* den Neoabsolutismus. Mit den Begriffen von Ausbeutung, Verelendung, ja radikaler Vertreibung aus der bürgerlichen Gesellschaft drückt man das Schicksal der Arbeiter in jenen Jahren wohl nicht zu krass aus. Die Kehrseite des bürgerlich-liberalen Zeitgeistes war der schrankenlose Konkurrenzegoismus; die unorganisierte, schwache Arbeiterschaft, vom Staat außerdem an jeder Selbsthilfe gehindert, bekam ihn brutal zu spüren. Die Gesellschaft schwieg zur „sozialen Frage". Deutsches Großbürgertum, tschechisches Bürgertum, die Intelligenz und die mächtige Kirche haben der Ausbeutung mit wenigen Ausnahmen gleichmütig zugesehen bzw. die mißliche Lage der „unteren Klassen" aus dem optimistischen Bewußtsein verdrängt[8]; wer die Gesellschaft und den Staat an ihre soziale Verantwortung mahnte, durfte auf wenig Resonanz hoffen. Die Schäden, welche industrielle Revolution und Hochkapitalismus der Industriearbeiterschaft zufügten, trafen in weit größerem Maße den deutschen Bevölkerungsteil als den tschechischen; einmal, weil die Industrialisierung der

nalitäten komme dem wirtschaftlichen Fortschritt Böhmens zustatten: „Der gegenseitigen Einwirkung, welche diese verschiedenen Volksstämme auf einander üben, der dadurch hervorgerufenen Konkurrenz, dem Wetteifer und der nach Talent und Neigung gewählten Beschäftigungsweise, welche lange schon eine allgemeine Arbeitsteilung veranlaßte, und bei welcher dem Tschechen vorzugsweise der Feldbau, dem Deutschen die Werkstätte der Industrie und der Bergbau und den Juden der Handel zufiel, sind gewiß die glücklichen Erfolge in allen diesen Teilen zuzuschreiben und weit entfernt, daß Böhmen durch die Verschiedenheit seiner Nationalitäten einen Nachteil in seiner Entwicklung erleiden sollte, verdankt es ihr vielmehr den hohen hervorragenden Standpunkt, den es unter den Kronländern der Monarchie einnimmt." (S t a m m : Verhältnisse 57 f.).

[8] Man kann die Stärke des guten bürgerlichen Gewissens gegenüber der „sozialen Frage" ermessen, wenn man die fast groteske Stellungnahme zu diesem Problemkreis liest, welche H. B e n e d i k t noch 1958 (!) publiziert hat; B e n e d i k t schreibt über das Wirtschaftsbürgertum des 19. Jahrhunderts: „Sie lehnten in der Theorie die Fürsorgepflicht des Staates ab und legten die Wohlfahrtspflege der freien Gesellschaft auf. Der wirtschaftliche Liberalismus erhielt sich so lange, als die freie Wirtschaft ihrer sozialen Pflicht entsprechen konnte, und ist überall dort verschwunden, wo ihr die Kräfte entzogen wurden, ihre soziale Funktion auszuüben. In der Zeit des Kaisers Franz Joseph war sich die Privatwirtschaft ihrer sozialen Pflichten bewußt und hat sie auch erfüllt ..." (H. B e n e d i k t : Die wirtschaftliche Entwicklung der Franz-Josephs-Zeit. Wien-München 1958, S. 23 f.).

... mehrere Menschenalter früher einsetzte als die
... des Jahrzehnts beginnende industrielle Erschließung Mittelböhmens,
zum anderen, weil in den Leichtindustrien Nordböhmens eine bedeutende Expansion von Frauen- und Kinderarbeit stattfand, was in der schwerindustriellen mittelböhmischen Region nicht möglich war. Die Auswirkungen dieser Tatsachen für die spätere politisch-nationale Entwicklung sind bekannt: die deutsche Arbeiterschaft Böhmens ist nicht Teil der „deutschböhmischen Nation" geworden; der „Internationalismus", welcher der deutschböhmischen Arbeiterbewegung vom deutschböhmisch-nationalen Lager vorgeworfen wurde[9], war nur die zwangsläufige Folge der anhaltenden Verdrängung aus der bürgerlichen Gesellschaft vermittels Ausbeutung. Betrachtet man einmal in solchem Lichte die „nationale" Politik der großbürgerlichen Deutschböhmen in der liberalen Partei, so wird das Fragwürdige des Anspruches, für die „Deutschen Böhmens" zu sprechen, ganz deutlich.

Die tschechische Arbeiterschaft der Prager Region hingegen ist nach einer Zeit nationaler Indifferenz nach dem Erwachen des politischen Lebens in enge Beziehung zum kleinbürgerlich-radikalen, d. h. zunächst jungtschechischen Flügel der Nationalbewegung getreten; der soziale Gegensatz zum Unternehmertum fiel mit dem nationalen zusammen, da bis lange in die 70er Jahre das tschechische Unternehmertum wenig auffällig hervortrat, so daß es für die Nationalbewegung nahe lag, die Arbeiterschaft vermittels kombinierter national-sozialer Programmatik ins nationale Lager zu führen. Im Gegensatz zur Lage in der deutschböhmischen Bevölkerung wurde also die tschechische Arbeiterschaft in steigendem Maße Teil der Nation. In den späteren Jahrzehnten des Jahrhunderts war der Aufbau einer rein tschechischnationalen Sozialpyramide der analogen Entwicklung bei den Deutschböhmen stets einige Schritte voraus.

Der Blick auf die „soziale Frage" führt zum letzten, wichtigsten Punkt unseres Fazits: der Frage nach der Rolle des *Staates* im Jahrzehnt nach der Revolution. Der neoabsolute Staat trieb durch seine zentralisierende und egalisierende Tendenz die Entwicklung der Wirtschaft voran, die Wiener Ministerien waren die Schrittmacher der finanziellen und industriellen Konzentration. Profitiert hat davon das deutsche Wirtschaftsgroßbürgertum, es hat dem Grundgedanken des Neoabsolutismus, dem deutschen Zentralismus, auch nach 1859 die Treue gehalten. Der Zersetzung der Gesellschaft, der Deklassierung von Kleinbürgertum und Arbeiterschaft, desgleichen der Polarisierung der agrarischen Gesellschaft hat der Staat nicht Einhalt geboten, er hat es nach seiner grundsätzlich liberalen Haltung zu allen wirtschaftlichen Fragen auch nicht tun können. Der Wirtschaftsliberalismus des Neoabsolutismus beweist, wie sehr der Staat der 50er Jahre, bei allem konservativ-monarchischen Anstrich, ein Staat des Bürgertums war, der sich trotz alledem seiner Herkunft aus der Revolutionsmüdigkeit der „Besitzenden" aller Art stets bewußt blieb. Die stete Verteidigung des engen liberal-bürgerlichen Eigentumsprinzips ist denn auch der Haupthemmschuh einer aktiven staatlichen Sozialpolitik gewesen, übrigens lange über den Zusammenbruch des Neoabsolutismus hinaus. Der gute Wille einzelner

---

[9] So z. B. B. J. P f i t z n e r : Nationales Erwachen und Reifen der Sudetendeutschen. Brünn-Prag-Leipzig-Wien. o. J., S. 441.

Beamten konnte angesichts des Rückzugs des Staates aus dem Wirtschaftsbereich nichts Positives bewirken. Von der durch die liberale Geschichtsschreibung als Ursache vieler Schwächen der Monarchie angeprangerten „Omnipotenz" des Neoabsolutismus bleibt — so gesehen — wenig übrig. Aber auch die neuerdings wieder gepriesene[10] „josephinische" Beamteninstruktion *Stadions,* die *Bach* übernahm[11], in welcher der Bürokratie die Aufgabe eines fortschrittlichen „Sauerteigs" in der bürgerlichen Gesellschaft angewiesen wurde, ist, auf diesem Hintergrund gesehen, nichts als eine wohlgemeinte, aber nirgends wirklich realisierte Regierungsprogrammatik geblieben. Bedeutungslos deshalb, weil die Kardinalprobleme der industriellen Massengesellschaft der zweiten Jahrhunderthälfte nicht mehr Fragen des bürgerlichen Zusammenlebens betrafen, sondern die gewaltigen Probleme der „sozialen Frage". Die Entwicklung des bürokratischen Selbstverständnisses von einem hochgespannten Optimismus zu Beginn des Jahrzehnts bis zur müden Resignation am Schluß der 50er Jahre, die durch die materielle Deklassierung der ganzen niederen Beamtenschaft wesentlich verstärkt wurde, scheint mir dafür zu sprechen, daß die Beamtenschaft dies — wenngleich vage — gefühlt hat. Das Versagen des neoabsoluten Systems, gegenüber der von der Revolution hinterlassenen Aufgabe, den sozialen Bereich gerecht zu ordnen, hat auch die 1848/49 noch nicht national „infizierten" Schichten dem Nationalismus in die Arme getrieben und damit letztlich die Zukunft der Monarchie entschieden. Statt an der Spitze der sozialen Bewegung zu bleiben und sie zu lenken, gab der Staat die Sozialentwicklung preis; die Nationalismen haben konsequenterweise dieses Vakuum zu füllen und für sich zu nützen gewußt und in zunehmendem Maße soziale Zielsetzungen in ihre Programme aufgenommen; sie sind dadurch attraktiv und angesichts der bis zum Zusammenbruch der Monarchie ungelösten sozialen Probleme immer aktuell geblieben. Wenn man so will, dann hat sich an Österreich Ernest *Renans* berühte Formel bewahrheitet, daß die Nation ein plébiscite de tous le jours ist, das immer stärker zu Ungunsten des Staates ausfallen mußte, je glaubwürdiger sich die Nationalitäten auch im sozialen Bereich als quasi „embryonale" Staatsstrukturen zu etablieren wußten.

Am Schluß seien in diesem Zusammenhang noch einige Bemerkungen über die beiden nach dem Zusammenbruch des Neoabsolutismus lange Zeit politisch führenden Gruppen gestattet. Das liberale Bürgertum, das während des Neoabsolutismus erzwungene politische Tatenlosigkeit mit intensiver wirtschaftlicher Tätigkeit kompensierte, hat in den langen Jahren, wo es an den Hebeln der politischen Macht saß, weitgehend plutokratische Interessenpolitik gemacht und die Verantwortung für die „soziale Frage" von sich geschoben. *Giskras* frivoles Wort, daß die „soziale Frage" in Bodenbach (d. h. an der sächsisch-böhmischen Grenze) aufhöre[12], ist typisch für die Blockierung allen politischen Weitblicks durch einseitige Wirtschaftsinteressen; es nimmt nicht Wunder, daß der Staat, d. h. Legislative und Verwaltung, von den Liberalen keine Anstöße auf sozialpolitischem Gebiet erhielt.

---

[10] Vgl. T h i e n e n - A d l e r f l y c h t : Thun 193.
[11] Die Instruktion findet sich vollständig gedruckt bei W a l t e r : Zentralverwaltung III/2, 105 ff.
[12] C h a r m a t z : Lebensbilder 90.

sätze der Gewinnmaximierung in vollem Maße aufgenommen. Kapitalspekulation, industrielle Tätigkeit, Profit an der Lebensmittelteuerung lassen die spätere Politik der „feudalen Konservativen" um Graf Leo *Thun*, auf der Basis einer Wiedereinführung der „Schutzpflicht" des Adels auf lokaler Ebene eine Erneuerung des Staates von unten zu beginnen (bei selbstverständlich gesetzlicher Verankerung der exzeptionellen Stellung des Adels!), zumindest fragwürdig erscheinen. „Schutzpflicht" konnte es in der Epoche der industriellen Massengesellschaft nur mehr geben, wenn sie vom *Staat* vermittels allgemeiner Sozialpolitik ausgeübt wurde[13]. Auf den Staat in dieser Richtung einzuwirken oder durch spektakuläre Privatinitiative die Entwicklung an sich zu reißen, hat der Adel während des Neoabsolutismus versäumt. *Thun* berief zwar Lorenz von *Stein* nach Wien; *Steins* Gedanken eines „sozialen Königtums" dem Monarchen kraft ihres gesellschaftlichen Prestiges nahezubringen, hat die Aristokratie jedoch unterlassen[14]. Bedenkt man, daß die ersten Ansätze zur Sozialpolitik in Österreich schon während der Revolution von 1848 gemacht wurden, so wirkt das Eintreten der feudalen Konservativen für die Sozialgesetzgebung in den 80er Jahren wenig avantgardistisch. Sie folgte mit einigem Zögern lediglich der relativ progressiven reichsdeutschen Sozialgesetzgebung und kam zu einer Zeit, wo die Arbeiterschaft schon massive politische Forderungen stellte. Auch diente sie nicht zuletzt parteipolitischen Zwecken, nämlich der Schwächung der liberalen Parteien; die Probleme des Landproletariats blieben bezeichnenderweise ausgespart. Am späteren Widerstand des Hochadels gegen das allgemeine Wahlrecht gemessen, relativiert sich die feudale Kritik am plutokratischen Zensusprinzip erheblich. Ohne damit die positiven Züge der adeligen Politik verneinen zu wollen, muß doch gesagt werden, daß die neoständischen Remedien der Zeit nach 1860 den Zerfall der böhmischen und österreichischen Gesellschaft in scharf getrennte Interessen- und Nationalgruppen nicht hätten verhindern können.

Kehren wir zu unserem Ausgangspunkt zurück. Der Neoabsolutismus der 50er Jahre, darin auch repräsentativ für die nachfolgenden bürgerlichen Regierungen, konnte aus Österreich keinen „Nationalstaat" machen (d. h. die national noch indifferenten Schichten der Loyalität gegenüber dem supranationalen Staat verpflichten), weil der sozialpolitisch passive Staat die Gesellschaft den Eigengesetzlichkeiten der Wirtschaft überließ.

---

[13] Die Schlußfolgerungen bzw. historischen „Prognosen" von T h i e n e n - A d l e r - f l y c h t scheinen mir in diesem entscheidenden Punkt nicht realistisch zu sein (vgl. T h i e n e n - A d l e r f l y c h t : Thun, bes. 130 ff.).

[14] Auch hier scheint mir T h i e n e n - A d l e r f l y c h t s Urteil schief; er bemerkt, das Bürgertum der Zeit sei nicht reif gewesen für den Gedanken des „sozialen Königtums", deshalb habe Stein in Österreich keine Wirkung gehabt. Dagegen muß eingewandt werden, daß aus naheliegenden Gründen das „soziale Königtum" eine Sache der Dynastie ist, an ihr lag es, Initiative zu entwickeln. Man kann nicht, wenn man schon rückblickend das „soziale Königtum" als die eigentlich zukunftsweisende Form für die Monarchie erkennt, den Monarchen von der Unterlassung aller sozialpolitischen Initiative freisprechen (vgl. ebenda 114).

Es ist müßig, für vergangene Politik moralische Zensuren auszuteilen, zumal sich die „Sozialpolitik" der Monarchie um die Jahrhundertmitte nicht wesentlich von jener der anderen Staaten Europas unterschied. Indes muß festgehalten werden, daß Österreich, um die nationalen Zentrifugalkräfte erfolgreich zu binden, sich an die *Spitze* der sozialen Entwicklung Europas hätte stellen müssen. Die „Inkubationszeit" des nachrevolutionären Jahrzehnts zu nutzen wurde versäumt. In den späteren Jahren der Monarchie ging es, trotz Sozialpolitik, tatsächlich nur mehr um die von den nationalen Ideologen 1848/49 proklamierte Auseinandersetzung der „Völker" mit dem „Staat".

Bei der Herausgabe sämtlicher Stücke wurde nach den heute verbindlichen Grundsätzen verfahren und die Orthographie normalisiert (vgl. dazu J. Schultze in Bl. f. deutsche Landesgeschichte 102/1966, 1—10).

Nr. I   Wien 14. 5. 1850

„Darstellung der ungerechten Bestimmungen der Grundentlastungsgesetze"
(gekürzt)

StA Litoměřice [Leitmeritz], Abt. Děčín [Tetschen], Nachlaß Graf Leo Thun.
A 3 XXI D 52 fol. 183—209.

Noch tiefer aber dringt das Gesetz in die Familien und staatsökonomischen Verhältnisse. Mit Ausnahme großer reicher Gutsbesitzer sind die meisten Berechtigten außer ihrem Besitze ohne Vermögen, ein großer Teil mehr oder minder verschuldet. Das Gesetz entzieht ihnen ein Viertel, die Hälfte wohl auch noch mehr von ihrem Eigentum, demnach läßt sich die Quote nicht entziffern, die durch die Anwendung seiner Grundsätze für sie entfallen wird. Der größere Besitzer wird sich beschränken, der kleinere wird darben, der Veschuldete sein Eigentum verlassen, der nicht befriedigte Gläubiger seine Forderung verlieren müssen. Eine ganz reich dotierte Klasse sinkt mit einem Schlage auf einen niederen Wohlstand herab, ist gezwungen, Hausstand und Bedürfnisse zu beschränken, verfällt wohl gar der Armut. Ein Teil ihrer Jahresbezüge ist durch Schätzung und Auflassung unter, ein Teil in das Eigentum des Verpflichteten übergegangen. Der letztere vermehrt wohl zeitlich den Wohlstand der Massen, erhält aber eine ganz andere volkswirtschaftliche Richtung, verschwindet mitunter durch die Verteilung aus dem Kreise des Verkehrs und wird durch die steigenden Abgaben teilweise absorbiert werden. Die Verluste der Berechtigten werden daher großenteils unfruchtbar bleiben in fremder Hand, sie werden aber lähmend einwirken auf jenen Teil der Industrie und Volkswirtschaft, der auch durch ihn in Tätigkeit erhalten wurde. Die Glieder einer reichen Mittelklasse werden aus dem Volkshaushalte teils ganz scheiden, teils die früheren Zuflüsse seinem Betriebe vorenthalten müssen, verminderter Absatz wird verminderte Beschäftigung und Erzeugung zur Folge haben, der elektrische Schlag ausgehend von dem Entschädigungsgesetze wird alle Glieder der Bevölkerung durchlaufen. Das Einkommen der Berechtigten aus den zu entschädigenden Bezügen bildet einen namhaften Teil des Nationaleinkommens, übernetzt das ganze Reich, befruchtet es in allen seinen Teilen in herabsteigender Verwendung durch Millionen Hände, es ist eines der wichtigsten Triebräder der Staatsmaschine, dessen Stillestehen tief in das staatliche Leben eingreifen wird. Die Entkräftigung einer der größten Klassen der Besitzenden wird die Ursache von Stockungen des Betriebes, Erwerbes und Verkehres in der ganzen Ausdehnung der Monarchie sein und seine Opfer aus allen Klassen nehmen, die Verluste der Berechtigten werden fortzeugen im ganzen Lande.

So bringt jede Beschränkung der Entschädigungsbezüge über das Maß der Billigkeit nicht zu berechnende Verluste für das Allgemeine und auch die Abzüge zum Nutzen des Staatsschatzes gemacht, müssen sich zu seinem Nachteile wenden, und zu Ausfällen in anderen Zweigen führen, welche die gehofften Vorteile überwiegen. Der Begriff des Staatshaushaltes ist gleichbedeutend mit dem Begriffe des Volkshaushaltes. Die Kraft des Staates liegt in der Kraft des Volkes, und ein armes schwaches Volk bildet einen armen schwachen Staat. Was die Staatsverwaltung an dem Volke zu ersparen oder zu verdienen glaubt an übermäßigen Abzügen und Abgaben, ist die Kraft des Staates, die sie selbst verzehrt, und so das Stammkapital vernichtet, von dessen Ertrage, klug verwendet, die Staatsmaschine im Betrieb erhalten werden soll. (. . .) Die soziale Demokratie strebte die Vernichtung des Eigentums, den fortgesetzten Kampf der verschiedenen Schichten der Bevölkerung an, der endlich zu Ausgleichung des Besitzes führt, und was ihr nicht gelang, dazu werden unwillkürlich die Mittel ihr geboten. Sie hat durch das Gesetz einen Sieg ohne Kampf gewonnen, sie wird nicht versäumen ihn auszubeuten.

Nr. II   2. 12. 1850

Aus einem Brief von Karl Graf Wolkenstein an Leo Graf Thun über die Folgen der Grundentlastung

StA Litoměřice [Leitmeritz], Abt. Děčín [Tetschen], Nachlaß Graf Leo Thun.
A 3 XXI D 78 fol. 445—451.

Es ist namentlich jetzt von Interesse, den Übergang von der alten Form zu der neuen zu beobachten — zumal dieser Übergang auf dem Lande viel greller, dagegen die Veränderung in der Begriffsweise und den Stimmungen der Landbevölkerung eine viel langsamere ist. Actu (?) nachdem der dort weder sehr intensive, noch sehr verbreitete Schwindel vorüber ist, denken und fühlen die meisten wohl ziemlich so, wie vor 4 oder 5 Jahren; so ist der Gehalt des Lebens bei ihnen kein wesentlich verschiedener geworden. Die Formen aber sehen wir Stück für Stück abfallen, und neue an deren Stelle errichten. Daß mit dem völligen Aufräumen der alten Formen allmählich auch der Geist gänzlich entweichen werde, der sie belebt und in ihnen gelebt hat, daran zweifle ich nicht; denn keine Richtung des Geistes, keine Stimmung des Gemütes kann in dieser Welt bestehen und wirken, ohne sich an sichtbare Formen zu halten, selbst die Religion kann es nicht. Aber nicht ebenso ist mit den neuen Formen auch der neue Geist, oder überhaupt ein Geist gegeben. Ob sich der nun finden werde, oder ob wir gleich unserem auserwählten Vorbilde Frankreich durch Menschenalter uns auf den Gefrierpunkt der Negation abquälen werden, wo das Alte tot und das Neue nicht lebendig ist, ob die politische Reformation des 18. und 19. Jahrhunderts glücklicher sein werde als die religiöse des 15. und 16., die es in ihrer weiteren Entwicklung wohl zur Glaubenlosigkeit, aber nicht zu einem neuen Glauben bringen konnte, und um einen Glauben zu gewinnen allem Anscheine nach wieder zu dem alten zurückkehren muß, darüber sind die Meinungen geteilt — und habe ich, wie Du weißt, meine eigenen schmerzlichen Grillen. Als Egoist habe ich eben keine Ursache, die Veränderung zu bedauern, die sich eben in dem gegenwärtigen Momente macht. Ich werde sittlicher und materieller Verantwortung ledig, mag der Staat zusehen, wie er besser damit fertig wird. Ist doch der neue modus vivendi recht eigentümlich das Werk des auf sich selbst stellenden Egoismus, der sich dabei auch ganz behaglich finden

316

könnte, würde ihn nicht die ganz gegründete Furcht quälen, daß er früher oder
später auf einen noch derberen und rücksichtsloseren Egoismus stoßen werde
(Radikalismus—Sozialismus). Aber so, wie ich bin, mit jener Vorliebe für sittliche
und gemütliche Beziehungen, wie sie in die menschlichen Verhältnsse seit Jahrhunderten verwebt waren, nicht ohne Verständnis (wenigstens bilde ich mir es
ein) für die verlorene Weisheit, welche den Menschen in seiner Ganzheit anzufassen und durch vielverschlungene materielle, geistige, gemütliche Fäden anein-
anderzuknüpfen und dem Egoismus Gegengewichte zu setzen wußte, ohne Glauben in die modernen Institutionen und in die Fruchtbarkeit der Versuche, organi-
sches Leben hervorzurufen, während man gleichzeitig die verbindenden und
wärmeerzeugenden Elemente verbannt, und mit dem Lichte allein Leben zu
wecken und zu erhalten wähnt, durch die Erfahrung belehrt, daß der Geist des
Zerreißens nicht bei den größeren Kreisen stehen bleibt, sondern tiefer und tiefer
hinabreicht und endlich auch an die letzten Knoten, die Familie geht (die Zivilehe),
kurz, so wie ich bin, kann ich auch die Aufräumung der letzten patrimonialen
Trümmer nicht ohne bedauernden Rückblick in die Vergangenheit betrachten.

Nr. III   1. 2. 1849

Aus einem Brief von Karl Graf Wolkenstein an Leo Graf Thun über die Zukunft
des böhmischen Adels

StA Litoměřice [Leitmeritz], Abt. Děčín [Tetschen], Nachlaß Graf Leo Thun.
A 3 XXI C 129 fol. 739—743.

Die europäische Menschheit in ihrem dermaligen Stadium hat, wie mir scheint,
nur zwei Wege vor sich. Entweder sie kehrt zu den Prinzipien organischer Kon-
struierung der Gesellschaft zurück, oder sie geht auf dem Wege der Negation und
Desorganisation weiter. Im ersten Falle muß sie das Prinzip der Ungleichheit
anerkennen, denn es gibt keine Organisation ohne Höher- und Niedrigergestellte,
ohne Abhängigkeit und Unterordnung, keine Organisation, die den Stärkeren,
Reichen, Vornehmen für die Dauer dem Schwächeren, Ärmeren, Niedrigeren
unterzuordnen vermöchte, und keine Revolution kann mehr bewirken, als daß
andere Leute die Stärkeren, Reicheren, Vornehmeren werden als die es bisher
waren. (...) Ja wenn die Leute sich aufrichtig Antwort geben wollten auf die
Frage, warum sie die Aristokratie herunterreißen wollen, so werden sie sich ge-
stehen müssen, daß es darum geschehe, damit ihre Söhne leichter Offiziere, Gou-
verneure, Präsidenten werden können, als es bisher der Fall war, sohin aus einem
rein aristokratischen Wesenszuge. Was mir unser Österreich im besonderen betrifft, so muß ich bekennen, daß ich mir vorderhand wenigstens ein demokratisches Österreich ebensowenig denken kann, als ich mir ein protestantisches Österreich denken könnte. (...) In dem österreichischen Völkerkonglomerat werden
sich zentripetale und zentrifugale Bestrebungen, Gelüste auf Suprematie bald von
der Seite des einen, bald von der Seite des anderen Stammes und die entsprechende
Repression wohl noch auf lange Zeit hinaus fortsetzen. Sollen diese Kämpfe bloß
von rohen demokratischen Kräften ohne einem (sic) moderierenden Medium
durchgeführt werden, so würden wir in völlig unerträgliche Zustände verfallen.

Dermalen übt die Armee (ein namentlich bei uns aristokratisches Wesen) und auf sie gestützt die Regierung die Funktion des Mediatums. Da man aber doch nicht fortwährend mit solcher Armee gegen sich selbst gerüstet dastehen kann, so wird es notwendig, jedenfalls ersprießlich, noch andere solche Media in Wirksamkeit zu setzen. Solche sind die Aristokratie und die Geistlichkeit. Beide wurzeln zumeist allerdings in einzelnen Provinzen und Stämmen, haben aber dabei mehr als andere Stände und Lebensverhältnisse eine starke Beigabe von universellen Momenten. Der Besitz in mehreren Provinzen, Heiraten und Verwandtschaften, die Sitten und Lebensgewohnheiten, die den deutschen, böhmischen, ungarischen Edelmann in einem gemeinsamen, seinem Stande, zusammenführen und anderes mehr stellen den Adel auf einen höheren Standpunkt als des Kirchtums, oder seiner provinziellen oder nationalen Interessen. (...) Seine Grundlagen in unseren Ländern sind: ein großer, in Böhmen und Mähren in der Tat kolossaler Grundbesitz (vielleicht ein Dritteil oder $1/4$ des Ackerlandes und $2/3$ des Waldbesitzes) und all die Bedeutung, der Einfluß, die ein solches Verhältnis, wohlbenützt, auf die ganze Agrarbevölkerung gewährt. Ferner der Umstand, daß der gemeine Mann uns für etwas anderes hält und noch lange für etwas anderes, als er ist, halten wird; endlich der, daß wir in Sitten und Gewohnheiten, in Denk- und Handlungsweise in der Tat ein Spezifisches sind. Ich fühle mich nicht berufen, Übermut und Frivolität und all die anderen Auswüchse zu entschuldigen, die namentlich in der letzten Zeit vor dem Falle wucherten — aber die Gerechtigkeit muß man unserem Adel im Großen und Ganzen widerfahren lassen, daß er den Sinn für Ehre, den Mut sie zu vertreten, bewahrt und daß er sich ferne gehalten hat von all den Gemeinheiten, welche die Sucht nach Erwerb und Gewinnen mit sich führt, und namentlich dem tiers état anklebt. All dies sind spezifische Eigenschaften, die namentlich der gemeine Mann zu schätzen weiß — und dazu kommt als ein nicht unerhebliches Moment eine Lebensart, die andere nachäffen, aber selten nachahmen können. Alle diese Momente soll der Adel allen Ernstes pflegen. Position, Institution, Gesetze können das erleichtern oder erschweren (wie es jetzt geschieht), aber unmöglich können sie es, wie ich glaube, nicht machen. Ja, es war vielleicht das Unglück des Adels, daß er sich auf das Gerüste politischer Institutionen, das ihn umgab, allzusehr verließ. Faßt er die Warnungen der Zeit recht auf, sucht er seine Stützen in sich selbst, in seinen natürlichen Grundlagen, so wird er durch den Verlust jener künstlichen Gerüste leicht noch mehr gewinnen als verlieren, und es wird dann der Moment schon kommen, oder der Modus sich finden, wo und wie er sich die abgängigen Balken durch andere ersetzen kann. (...) Wenn heute der böhmische Adel sich zu einer Solidarität bekennt, so stehen ihm ohnezweifel kolossale Summen zu Gebot, die er zur Regelung seiner Kreditverhältnisse, zur Hebung seiner Vermögenszustände, zu öffentlichen Zwecken verwenden kann — ja mit denen er, wenn es not tut, eine Armee aufstellen kann. Gemeinschaftliche Fonds ließen sich kreieren, um jüngere Familienmitglieder zu dotieren und das Beisammenbleiben des Besitzes, allen Gesetzen zum Trotz, zu erleichtern, es ließe sich letzteres selbst zu einer Ehrensache machen. Wir können Erziehungsinstitute gründen, die unsere Kinder in den Grundsätzen bestärken, die wir selbst haben. Ist uns die neue Gerichtsorganisation lästig, wir können ihr wenigstens teilweise aus dem Wege gehen, indem wir unter uns Schiedsgerichte errichten. (...) Kurz, eine freiere Gestaltung hat im staatlichen Leben die Bedeutung und Wirkung, welche Straßen und Eisenbahnen und andere Erleichterungen der Kommunikation in strategischer Beziehung haben. Sie nützen demjenigen, der sie geschickt zu benützen versteht, und schaden demjenigen, der davon gar keinen oder einen ungesetzlichen Gebrauch macht!

Weiß der Adel die Mittel nicht zu nützen, die er in großem Maße besitzt, weiß er den korporativen Sinn nicht zu beleben, obwohl Konformität der Ansichten, Erziehung, Gefühlsweise, der Drang von außen, und die mäßige Zahl der Individuen, die unter einen Hut zu bringen sind, es in jeder Beziehung erleichtern dann wäre ihm wohl nicht zu helfen, er hätte aber auch niemand anderem die Schuld beizumessen als sich selbst. (...) Seine hervorragende, spezifische öffentliche Stellung muß daher meines Erachtens aus seinem wirklichen reellen Gewichte (das in jenen Momenten liegt) hervorgehen, und nicht umgekehrt das Gewicht in der öffentlichen Stellung gesucht werden. (...)

Was hat die französische Pairskammer, was haben die deutschen 1. Kammern dem Adel genützt, was würde uns im Jahre 1848 die erste Kammer des Pat. v. 25. April gefruchtet haben? So haben wir uns wenigstens das unwürdige Schauspiel erspart, uns selbst das Todesurteil zu sprechen. Lassen wir die Demokratie ihr Spiel abwickeln, lassen wir die Welt ungestört das Spektakel von Volkskammern genießen, deren Gewichts- und Inhaltslosigkeit täglich mehr hervortritt, die sich stündlich tiefer in ihrer eigenen Unfähigkeit und Unmöglichkeit verwickeln und endlich der Mißachtung verfallen, greifen wir nicht früher nach der Frucht, ehe sie reif ist. Was etwa inzwischen auch an Grundrechten und anderen Gesetzen für Zeit und Ewigkeit Mißliches, Störendes, Verletzendes zu Stande kommen mag, es wird keine Ewigkeit währen und ohne Störungen und Nachteile sind solche Krisen einmal nicht durchzumachen.

Nr. IV   15. 10. 1857

Brief aus Jungbunzlau (Polizeiliche Übersetzung)
Posel z Prahy 1857/II, 315—319. SÚA, PM 1855—59 8/4/96:1.

Der letzte Brief im vorhergehenden Hefte des Boten aus Prag hat uns eine große Freude bereitet; besonders erfreuten wir uns an den Worten S. a. Majestät: „dabei wird meine aufrichtigste Sorge darauf gerichtet sein, daß alle einzelnen Volksstämme immer in ihrem volkstümlichen Gepräge erhalten bleiben, und daß denselben bei der Pflege ihrer Sprachangelegenheiten Rücksicht zuteil werde." Wichtige Worte dies, welche nicht oft genug wiederholt werden können, und welche, wie wir hoffen, bald zur Tat werden, wobei wir allerdings auch selbst uns bemühen müssen, jeder nach seinen Kräften, der eine auf diesem, der andere auf jenem Felde.

Sehen wir fleißig auf die Gesetze, welche zum Schutze der Sprache und unserer Bestrebungen erlassen worden sind, und weichen nicht einen Schritt von denselben ab.

Führen wir in böhmischen Gemeinden durchgehends böhmische Verhandlungen ein und achten wir darauf, daß die Wissenschaft im nationalen Gewande verbreitet werde. Bringen wir die Eingaben an die Behörden in tschechischer Sprache ein, wodurch wir allerdings gleichfalls nur zu eigenem Vorteile arbeiten werden, denn dann werden wir alles, was uns der Rechtsfreund aufschreibt auch verstehen und nicht leicht verkürzt werden. Denn die Behörden sind gehalten auf die Sprache der Parteien zu achten und denselben Rechnung zu tragen, Bescheide in derselben Sprache vorzutragen und herauszugeben und dies zwar auf klare und verständliche Weise. Wir haben allerdings schon einige Male aus öffentlichen Blättern (denen es obliegt, zu belehren und auf Gebrechen und Übergriffe aufmerksam zu machen) entnommen, daß hie und da gegen die tschechische Sprache der Nation große Sünden begangen werden; ja es wurde dies nicht selten auch im „Boten" besprochen, auch die Museumszeitschrift brachte in ähnlichen, besonders Schulangelegenheiten einen Artikel aus der Feder des Karl Vinařicky. Vielleicht bestehen noch mehr derlei Gebrechen, als hierüber geschrieben worden ist, denn es hat nicht jeder Geschick und genügend Bekanntschaften, um eine Nachricht für ein öffentliches Blatt einzusenden und das Unrecht zu erkennen, in der Meinung, es sei gut, was und wie es ist, und könne nicht anders sein, indem er vermutet, es sei dies nach dem Gesetze.

So verhält sich dies z. B. mit dem land- und forstwirtschaftlichen Vereine in Jungbunzlau, von welchem erst kürzlich in der Zeitung geschrieben stand, er bemühe sich, dem böhmischen Bauer, was die Sprache betrifft, gerecht zu werden, damit sie jede Abhandlung zu verstehen und daraus Nutzen zu ziehen vermöchten. Denn dies ist der Hauptzweck landwirtschaftlicher Vereine; der große, auch mehr gebildete Grundbesitzer, welcher in landwirtschaftlichen Büchern und Schulen sich Erfahrung holt, bedarf ihrer weniger. Aber in dieser Beziehung geschieht bisher wenig, ja beinahe nichts.

Für die Mitglieder aus dem Bauernstande ist dies sehr traurig und sie halten sich darüber auf, bleiben auch größtenteils zu Hause, was sehr zu bedauern ist. Sie schmähen sehr darüber, daß sie unkundig der deutschen Sprache, bei der Beratung zwei Stunden und länger sitzen sollen, ehe sie ein böhmisches Wort zu hören bekommen und daß alles andere, obgleich sicher sehr lehrreich, für sie verloren geht. Es ist daher ihr einziger Wunsch, daß die Verhandlung in böhmischer Sprache eingeführt werde, wobei sie auch ihre Erfahrungen zum gemeinsamen Wohle mitzuteilen vermöchten; denn obgleich es niemandem verwehrt werde, böhmisch zu sprechen, so scheue man sich dennoch in altherkömmlicher Weise vor den deutschen Herren Rednern aufzutreten*.

---

* Was für eine Scheu — Freunde! Fangt nur an, geht mit Lust daran und glaubet mir, daß Euch die deutschen Herren Redner gern anhören und sobald ihr etwas Verständiges vorgebracht habet, noch Lob und Dank spenden werden. Ihr müßt sie selbst fürs Böhmische ködern: sie sprechen sicher böhmisch, aber über landwirtschaftliche Gegenstände bringen sie ihre Mitteilungen nach altem Brauch lieber deutsch vor. Sich zu scheuen wäre kindisch und würde Euch nicht zur Ehre gereichen. Denkt über die Gegenstände, welche Euch auf dem gedruckten Blatte mit der Einladung bekannt gegeben werden, zu Hause gehörig nach, bereitet Euch hübsch vor, damit Euch die Rede hübsch vom Munde fließe

Sie glauben auch, daß alle Mitglieder einen gleichen Anteil und gleiches Recht hätten, und daher beim Vereine viele wegen einigen nicht verkürzt werden sollten**.

[Zusatz Šimáčeks:]

Es ist klar, daß die landwirtschaftlichen Vereine, sollen sie etwas bezwecken, den Landmann an sich ketten müssen und dies wird geschehen, sobald man die Verhandlung in seiner Sprache einführt. Sonst wird ihre Wirksamkeit gewaltig beengt. Und deshalb sprechen auch wir noch einmal diesen Wunsch aus, und fügen gleich den zweiten bei, die löbliche patr. ökonomische Gesellschaft, welche das ganze Land, und daher auch beide Nationalitäten vertritt, möge sichs nicht verdrießen lassen, in ihrem Hause die Aufschriften auf der Kanzlei usf. auch in böhmischer Sprache anzubringen, wie sich dies ohnehin gehört. Schon vor mehr als einem halben Jahre machten wir auf diese Angelegenheit aufmerksam; sie scheint zwar sonst unerheblich, erwägen wir jedoch, daß man gegenwärtig alles nach äußeren Merkmalen beurteilt, so müssen wir doch darauf dringen, daß der Gleichberechtigung Genüge geschehe.

Nr. V   1853

Aus einem konfidentiellen Bericht über die „Zwecke der Besedapartei"

SÚA, PPT 1853/90.

Eine andere Fraktion, zu der namentlich Rieger, Pinkas, Villány, Palacký, Redakteur Kodym, Dr. Wrsak, Dr. Bělský, Sekretär des Gewerbevereins, der städtische Ökonomieverwalter Haklík, Dr. Horáček, Fleischhauer Horáček, Kober, der Notar Sláma in Soběslau, in Neupaka und Humpoletz die Kaufleute Záhorský und Radimský, der Dr. Esop in Neubydschow, Kommandant des Zuzuges im Jahre 1848, der Müllermeister Bača in Rožmitál, der Bräuermeister Mnouček, Holzhändler Resak in Podskal, Mařata, Wirt in der Lindengasse, Bräuer Wanka etc. gehören, hält die Belehrung und Erziehung zwar für ein gutes, aber zu langsames Mittel, wobei stets zu befürchten ist, daß die Regierung auf solche Lehrer aufmerksam gemacht, sie entfernt und durch ihr ergebene Männer ersetzt, wo dann jene ihren Lebensunterhalt verloren und ihrer Partei gar nichts genützt haben. (. . .) Überhaupt müsse alles vermieden werden was die Aufmerksamkeit der Regierungsorgane erregen könnte, man müsse die Regierung gleichsam einschläfern. Vor der Hand solle man sich hauptsächlich die sogenannte reelle Bildung

---

    und dann sprecht ohne Scheu. Sprecht Ihr ja doch zu Euren Nachbarn; Herr oder Nichtherr, alle sind Nachbarn und niemand hat ein größeres Recht im Leben und vor dem Gesetze, es sei denn, er habe sich durch seinen Kopf, seine Verdienste um eine gute Sache, welche der Gemeinde oder dem Allgemeinen vorteilhaft ist, erworben. (Der Redakteur)

** Das ist unsere Rede, aber habt Euch nur dazu, sprecht, tretet auf. Da waren z. B. bei der Ausstellung und Beratung des Kolíner Vereines (wie bekannt am 7. u. 8. Oktober) Landleute, welche sich durchaus nicht dadurch beirren ließen, daß einige Mitglieder, obgleich Böhmen, deutsch sprachen; sondern ohne Scheu böhmisch ihre Meinung vorbrachten und alle hörten mit Freude ihre Reden an und belobten die vernünftige Sache, die verständige Einsicht. (Der Redakteur)

der Jugend und des Volkes angelegen sein lassen und in dieser Beziehung das Möglichste tun; es werde wieder einmal, und zwar hoffentlich bald, ein Jahr 1848 kommen, wo die Regierungen den Kopf verlieren und die Demokraten einen Sieg erringen, ihn jedoch besser als das erste Mal benützen würden. Als ein solches Moment wird namentlich die bevorstehende Auflösung der Türkei und der daraus wahrscheinlich entstehende Weltkrieg bezeichnet. Bezeichnend ist Riegers dermaliges Motto: Až semeno dozraje, samo odpadne (bis der Same reif wird, fällt er von selbst aus). Man sieht, wie sich die Anhänger dieser zweiten Fraktion jetzt sehr viel auf dem industriellen Felde herumtummeln und sich da einen Ruf zu verschaffen suchen.

Nr. VI

Aus dem Votum des Grafen Heinrich Clam-Martinitz über den Baugartnerschen Entwurf des Gewerbegesetzes

StA Litoměřice [Leitmeritz], Abt. Děčín [Tetschen], Nachlaß Graf Leo Thun.
A 3 XXI D 265 fol. 435—449.

Es entgeht mir nicht, daß ich, indem ich es wage, mich gegen ein Prinzip auszusprechen, welches in gewerblich-legislatorischer Hinsicht gegenwärtig ziemlich allgemein als maßgebend gehalten, ein allgemeines „Anathema" auf mich lade. Es sind aber nur wenige Jahre verflossen, daß ein ähnliches Anathema in politischlegislatorischer Beziehung gegen alle jene ausgesprochen wurde, welche nicht der damals allgemein herrschenden Richtung huldigten. Vor nicht länger als einem Jahrzehnte war es zur Glaubenssache geworden, daß Preßfreiheit, Assoziationsfreiheit, ein gewisser Grad von Konstitutionalismus und dgl. zum Heile des Staates notwendig seien, Gewerbefreiheit gehörte selbstverständlich schon damals zu den unbedingt anzustrebenden Gütern. Die Ereignisse der Letztzeit haben zum Glücke über jene Richtung in politischer Beziehung den Stab gebrochen: der Standpunkt von damals ist — um mich eines vielfach mißbrauchten Ausdruckes zu bedienen, ein „überwundener". In gewerbslegislatorischer Beziehung aber ist dieselbe Richtung noch immer die herrschende, weil der Einfluß dieser Sphäre der Gesetzgebung auf das Ganze des Staates und der Gesellschaft nicht so unmittelbar ist wie bei jener; weil die Saat einer falschen Gewerbsgesetzgebung kaum in Jahrzehnten reift, während die Frucht verfehlter politischer Institutionen augenblicklich oder doch schnell zu Tage kommt, weil endlich eben deshalb bei den letzten großen Erschütterungen die Rückwirkungen auf dem Felde der Gewerbsgesetzgebung noch nicht mit Klarheit hervortreten konnten.

Gleich wie man damals in politischer Richtung sich zwar zu jenen als allgemein gültig angenommenen liberalen Prinzipien bekannte, vor den äußersten Konsequenzen aber doch zurückschreckte und irgendeinen Riegel dagegen vorzuschieben sich bemühte, der jedoch mit den Folgerungen des obersten Prinzipes innerlich nicht vereinbar war, so geht auch die korrelate Richtung in gewerbsgesetzlicher Beziehung zwar aus von dem Prinzipe der Gewerbefreiheit, welche als allgemeine anerkannte Schibeleth, als nur allmählig zu erreichender Zielpunkt betrachtet wird; man weigert sich aber doch den Konsequenzen dieses Prinzipes unbedingt

322

zu huldigen; man wagt nicht ganz zu brechen mit den auf dem entgegengesetzten Prinzipe beruhenden Institutionen; (...)

Wie aber gesagt ist es eben jenes allgemeine Prinzip der Gewerbefreiheit, und die als notwendige Korrolar darausfolgende Atomisierung der Gewerbsstandes, gegen welche — auf die Gefahr hin als Finsterling zu gelten — ich mich entschieden auszusprechen mich verpflichtet fühle. Der das leitende Prinzip aussprechende § 207 erkennt jedem, der die gesetzlich vorgeschriebene Befähigung besitzt, ein Recht auf die Erlangung des Gewerbes zu. Ein solches allgemeines Recht — das in dieser Fassung unter den s. g. allgemeinen Menschenrechten Platz finden könnte — besteht doch ebensowenig, als etwa ein Recht jedes ausstudierten Juristen, der die persönliche Befähigung zum Staatsdienste nachweist, auf eine Anstellung, des Rechtsgelehrten auf die Advokatie u. dgl. So sehr es in dem Geiste einer weisen Agrargesetzgebung liegt, durch die Verhinderung der unbegrenzten Teilung von Grund und Boden dafür zu sorgen, daß der Grund seinen Mann ernähre, so soll die Gewerbsgesetzgebung dafür sorgen, daß auch das Gewerbe seinen Mann ernähre. (...) Es könnte also nur — wenn ich mich so ausdrücken darf — die Gewerbspolitik jene Prinzipien diktieren, die Voraussetzungen nämlich, daß dieselbe Bedingung des Aufblühens der Gewerbstätigkeit, die conditio sine qua non von des Flors von Handel und Gewerbe sei. Und eben darin tritt eine unbefangene Prüfung der Lehren der Geschichte jener Voraussetzung entschieden entgegen. Die Gewerbsfreiheit — sowie die intermediären Stadien, welche dahin führen — stellte an die Stelle des gefürchteten Monopols der Innungen den Egoismus des einzelnen und in letzter Linie das Monopol des Geldes. Die Rivalität, die unbeschränkte Konkurrenz zwingt den Gewerbtreibenden nur auf Wohlfeilheit und Schnelligkeit der Erzeugung, auf Unkosten der Solidität des Erzeugnisses hinzuarbeiten, seine Mitkonkurrenten darin zu überflügeln. In diesem Wettstreite aber — der übrigens gewiß zu allem eher als zum wohlverstandenen Interesse des Publikums führt — kann nur derjenige bestehen, dem die Macht des Kapitals die unbeschränkte Ausbreitung seines Gewerbes erlaubt, und in letzter Auflösung wird an die Stelle des Monopols von zwanzig und dreißig Müllern das einer Dampfmühle, statt des Monopols von einem Dutzend Schneider das eines oder zweier „Kleiderfabrikanten" usw. treten. (...) Aber gesetzt auch, man wollte zugeben, daß die Gewerbstätigkeit unter der Einwirkung der Gewerbsfreiheit zu ungeahnter Höhe sich heben müsse, so tritt doch die zweite Frage vor, ob mit jener Blüte der Gewerbstätigkeit auch die des Gewerbsstandes gleichen Schritt halten werde? Und hiemit tritt die politische Bedeutung des Prinzips der Gewerbsfreiheit oder eigentlich ihres notwendigen Korrolars: der Atomisierung des Gewerbsstandes drohend in den Vordergrund. Das Prinzip der Gewerbsfreiheit steht jeder korporativen Gliederung diametral entgegen: jeder Gewerbstreibende ist auf sich selbst angewiesen, jener andere, dasselbe Gewerbe Treibende, ist sein Konkurrent, sein Gegner. Kein gemeinschaftliches Interesse verbindet, ihre Interessen führen sie vielmehr auseinander. Und ebenso, wie zwischen den Gewerbtreibenden untereinander jeder Verband, jede organische Gliederung schwindet, so ist es auch zwischen dem einzelnen Gewerbtreibenden und seinen Hilfsarbeitern. Der Lehrling, der Geselle wird zum Arbeiter, zum Taglöhner, zur

Maschine, die der — immer mehr zum Fabrikanten sich umbildende — Gewerbsmann benützt solange er sie braucht, wegwirft wenn er ihrer nicht mehr bedarf. (...) die Frucht dieser Zersetzung ist das Proletariat; das Proletariat der
verarmten, durch die Konkurrenz erdrückten Gewerbstreibenden, wie das Proletariat der individualisierten, ihrer sozialen Stellung entrückten Arbeiter. Ist dieses Proletariat aber einmal vorhanden, ist dem Wohlstand weniger, dem Schim-
mer eines künstlichen Gewerbsflors die Existenz ganzer Klassen zum Opfer gebracht, dann werden alle repressiven oder präventiven Mittel der Staatsgewalt,
alle Anstrengungen von Assoziationen und Vereinen nicht imstande sein, das
Übel einzudämmen, und über kurz oder lang wird die Zersetzung des allgemeinen Fundaments den Zusammensturz des ganzen unnatürlichen Gebäudes nach
sich ziehen. Fest überzeugt, daß dies in letzter Linie die unausbleiblichen Folgen
einer anorganischen Gewerbsgesetzgebung sind, daß alle Palliativen und Fiktionen
den Strom nicht aufhalten werden, wenn er einmal in dieses Bette geleitet ist, daß
das Wohl der Gesellschaft fester begründet ist auf einem kernhaften, lebendig
organisierten, wohlhabenden Gewerbsstande, möge er selbst an Schnelligkeit und
äußerlichem Glanze der Entwicklung ein weniges zurückbleiben (im Wesen und
in der Wirklichkeit wird er es doch nicht) als auf einem unter dem Damokles-
schwerte des Proletariats schwebenden Agglomerate von sich feindlich gegenüber-
stehenden Individuen, überzeugt endlich, daß in nicht zu ferner Zukunft ein weit
gewichtigeres Anathema als jenes, welches jetzt die Gegner der Gewerbefreiheit
trifft, gegen uns ertönen wird, wenn wir die letzten Reste, die natürlichen Anknüpfungspunkte organischer Konstruktion zu zerstören beflissen sind — kann
ich mich nur entschieden gegen das Prinzip des Gesetzes aussprechen.

Nr. VII   11. 4. 1850

Brief eines Arbeiters über die Haltung der Unternehmer
Ostdeutsche Post 1850, Nr. 86.

Wien, 10. April. Wir erhalten aus der schlichten Feder eines Arbeiters folgende
Zuschrift, welche wir nicht anstehen der Öffentlichkeit zu übergeben, und wäre es
auch nur, um einige flüchtige Blicke in das Leben jener Klasse zu werfen, welche
der Einsender vertritt.

„Geehrteste Redaktion! Als ich in Nr. 75 Ihres Blattes zu meinem Erstaunen den
Artikel wegen Aufhebung des Belagerungszustandes gelesen hatte, konnte ich es
mir nicht versagen, Sie auf einiges aufmerksam zu machen. Es heißt nämlich daselbst: „Verdrossenheit, Trägheit und Unbotmäßigkeit der Hilfsarbeiter, trotz
der hohen Arbeitslöhne, sind allgemein."

Als im Jahre 1848 durch die politischen Umwälzungen alle Geschäfte ruhten, da
gab es manche Arbeitgeber, welche ihre Arbeiter, die sie schon durch mehrere
Jahre beschäftigt hatten, nicht plötzlich ohne Erwerb lassen wollten, konnten aber
den früheren Lohn nicht geben, indem sie selbst keine Aussicht hatten, wie sie die
Waren an Mann bringen werden. Darum kamen beide Teile darin überein, daß der
Arbeiter mit einem geringeren Lohn sich zufrieden stellen müsse.

Nachdem aber die Geschäfte sich in etwas wieder gebessert hatten, wollten viele von den Arbeitgebern den geringen Lohn gar nicht oder nur etwas erhöhen, nie mehr aber zu dem früheren Lohn, den sie vor dem März 1848 gegeben, zurückkehren. Dadurch entstand Verdrossenheit unter den Arbeitern, zumal sie sich noch bewußt waren, daß der Arbeitgeber ihrer notwendig bedarf, indem viele durch die Kämpfe in Ungarn und Italien der Arbeit entzogen oder durch den Ausnahmezustand als hier nicht zuständig ausgewiesen waren. Die meisten Arbeiter würden sich zufrieden gestellt haben, wenn man ihnen den früheren Lohn gegeben hätte, obwohl es nicht mehr der frühere Lohn ist, weil wegen des hohen Silberagios alle Lebensbedürfnisse bedeutend teurer als früher sind. Oder trifft die Teuerung nur den Arbeitgeber? Bei den meisten Geschäften, besonders mit Lebensmitteln oder anderen unentbehrlichen Artikeln, legen die Arbeitgeber einen höheren Preis auf die Ware, welches ich auch natürlich finde, weil sie auch vermöge des Kurses die Rohprodukte teurer bezahlen müssen. Der Arbeiter aber bei Fleischern, Bäckern und Müllern hat deshalb nicht mehr; im Gegenteil, man entzieht im wieder das, was man ihm im Jahre 1848 zugelegt hatte.

Ein zweiter Grund der Verdrossenheit ist wohl auch der, daß viele Arbeitgeber den mühsam und redlich verdienten Lohn dem Arbeiter sozusagen als Geschenk hingeben, als ob man ihn nicht verdient hätte und als ob der Arbeitgeber dabei zu Schaden kommen möchte. Diese Herren wollen noch nicht einsehen, daß der Herr nicht ohne Diener, und der Diener nicht ohne Herrn sein kann, und daher das, was der Fabrikherr mit den Arbeitern bedungen hat, diesem mit allem Recht gebührt und nicht als Geschenk betrachtet werden kann.

Was die Trägheit der Arbeiter betrifft, so kann sie doch meines Erachtens nicht allgemein angenommen werden; denn arbeitscheue Menschen gab es zu allen Zeiten und wird es immer geben. — Allerdings mag es manche Geschäfte geben, bei welchen ein fühlbarer Mangel an Arbeitern ist, und die Arbeitgeber vielen Unannehmlichkeiten ausgesetzt sind; doch ist es lange noch nicht so arg, als in den früheren Jahren, wo wir mit Frankreich in Krieg verwickelt waren, wo alle waffenfähigen Männer außer Landes waren, da war Mangel an Arbeitern, und zwar so, daß mancher Arbeitgeber 100 oder mehr Gulden zahlen mußte, um einen Arbeiter an sich zu fesseln. So arg ist es bei weitem noch nicht.

Was die besagte Unbotmäßigkeit anbelangt, so glaube ich nur darunter das verstehen zu müssen, was der Arbeiter dem Arbeitgeber schuldig ist, nämlich ihn in allen seinen redlichen Unternehmungen zu unterstützen und hilfreiche Hand zu bieten, allen seinen eingegangenen Verpflichtungen getreulich nachzukommen und ihm die schuldige Achtung zu erweisen; allein ebenso kann auch der Arbeiter die ihm zukommende Achtung verlangen. Daß aber der Arbeiter sich zum kriechenden Tier herabwürdigt, das können und werden Sie nicht verlangen.

Was die Konkurrenz nach außen anbelangt, so kann der Grund nicht so sehr in dem Arbeitslohn liegen, als viel mehr in der ausgebreiteten Fabrikation durch Maschinen. Der Lohn ist so ziemlich überall nach den Lebensmitteln berechnet; und im Gegenteil habe ich schon oft von jenen Arbeitern, welche das Ausland besuchten, gehört, daß sie sich an fremden Plätzen nicht besser befänden als in Wien, folglich kann ich im hiesigen Arbeitslohn keine Störung der Konkurrenz entdecken. Leben muß doch der Arbeiter überall, und möglich soll es ihm doch auch werden, etwas auf die Seite zu bringen, um mit der Zeit selbständig zu werden und dem Staat dadurch nicht zur Last zu fallen; traurig genug ist es, wenn einer sein Ziel durch Unglücksfälle oder aus Liederlichkeit und Leichtsinn nicht erreicht, aber noch trauriger wäre es, wenn der Arbeiterstand dazu bestimmt wäre, ewig Diener zu sein und nie zu einer Selbständigkeit zu gelangen.

Lebensgewohnheiten, ja, die haben sich eingefunden, die kann ich aber nicht allein auf dem Arbeiter ruhen lassen, sondern ich muß sie auf alle Stände ausdehnen. Es sind die Folgen des vielen Papiergeldes, mit diesem hat sich der Luxus in alle Schichten der Gesellschaft geschlichen und schlechte Beispiele verderben gute Sitten. Viele reden dem Luxus freilich das Wort, er soll die Fabrikation beleben, doch ich kann mich nicht darein finden.

Nun nehmen Sie diese gut gemeinten Zeilen hin von einem Arbeiter, der es zwar nicht versteht, seine Ideen in schöne Worte zu kleiden, weil er es nicht so gründlich erlernen konnte, aber es redlich meint mit dem Staate und seinen Nebenmenschen, und darum nicht will, daß einem ein Unrecht zugefügt wird. J. F., Arbeiter aus Wien."

Nr. VIII

Šimáček zur Arbeiterfrage (gekürzt)

Posel z Prahy 1857/I, 291—298.

Der Arbeiter ist gewöhnt, den Fabrikanten als seinen natürlichen Feind anzusehen; warum bemüht er sich also nicht, gegen dessen sittliche und materielle Kraft auch seine sittliche und materielle Kraft aufzustellen? Ist dies unmöglich? Es ist möglich, wie das schöne Beispiel von David Morris zeigt, der vor einigen fünfzehn Jahren noch ein einfacher Arbeiter war und der nun Besitzer zweier Kattunfabriken ist. Sein Schicksal war das Schicksal hunderter anderer Arbeiter; doch war er ein ungewöhnlich ordentlicher und beliebter Mensch, der mit seinen Bemühungen weiter strebte, dabei still und nachdenklich war.

Sobald es in der Frühe sechs schlägt, müssen die Arbeiter in der Fabrik und an der Arbeit sein. Nur einmal geschah es, daß sich David Morris um einige Augenblicke verspätete, und diese Begebenheit gab doch den Ausschlag für sein Lebensschicksal. Der Herr nämlich war gerade schlechter Laune, er fuhr ihn auf harte Weise an und Morris, beleidigt über das unwürdige und ungerechte Verhalten, erkühnte sich, sich zu verteidigen und wurde entlassen. Wegen seiner Tüchtigkeit bekam er sofort anderswo Arbeit; bald wurde von seiner Ordentlichkeit und Tüchtigkeit gesprochen. Die Kapitalisten vertrauten ihm Geld an, da sie unbegrenztes Vertrauen zu ihm hatten und so geschah es, daß David Morris der Mann ist, den ganz England kennt, von dem überall geschrieben wird. Denn weil er einmal Arbeiter gewesen war, vergaß er nie das Schicksal des Arbeiters. Du findest in England vielleicht besser eingeführte, über größere Mittel verfügende Fabriken, nirgends aber erscheint Dir das Verhältnis des Herrn zu den Arbeitern in solchem Lichte wie hier, nirgends vielleicht kannst Du finden, daß soviel für die Arbeiter getan wurde. David Morris meint über die Arbeiter: „Sie sind nicht deshalb zu bedauern, weil sie wenig verdienen, sondern deshalb, weil sie den Verdienst nicht zur rechten Zeit, am richtigen Platz und zum rechten Zweck auszugeben verstehen." Und bestimmt treffen diese Worte zu. Weiter sagt David Morris: „Willst Du dem Arbeiter Wohltaten erweisen, glaube, er wird es nicht anerkennen. Was Du zu seinem Wohl einrichtest, er wird glauben, daß Du es aus Gewinnsucht tust, zu Deinem eigenen Vorteil und ihm zum Nachteil. Daß er seine Kinder in die Schule schickt, welche Du gegründet hast, davon will er nicht einmal hören; zu den Maschinen ist das nach seiner Meinung nicht nötig. Legst Du Wert auf seine Reinlichkeit, seine Bildung — er antwortet Dir mit Spott. In der Tat mußt Du ihn zu seinem Besseren treiben. Die Ursache dessen ist ein großes Mißtrauen. Er kann unmöglich verstehen, daß es der Wunsch des Herrn sein könnte, ihm ein anständiges Familienleben zu sichern. Er glaubt nicht, daß der Herr wünschen könnte, daß seine Kinder gut erzogen werden; er glaubt nicht, daß es dessen Wunsch sei, daß er sich wie ein Mensch anständig und rein halte, vom Bade Gebrauch mache. Dies alles ist ihm Hinterlist. Jedoch! Es steht zu hoffen, daß das Mißtrauen bald überwunden wird und daß dann die Ausbildung des Arbeiterstandes der beste Damm gegen Not und Jammer sein wird. Gebildete und sparsame Arbeiter werden imstande sein, entweder am Betrieb ihres Herrn teilzunehmen oder auf eigene Faust etwas zu unternehmen, wobei sie immer gut fahren werden. Würde es zehn gelingen, so ist sicher, daß es auch tausenden anderen gelingen würde." David Morris richtete seinen Arbeitern gemeinsame Wohnungen ein, für die Kinder eine gemeinsame Schule und einen Platz zum Spielen. Er richtete weiter eine gemeinsame Küche ein, für die er selbst alles Notwendige einkauft, in großen Mengen und deshalb so billig. Er richtete eine gemeinsame Sparkasse ein und hält selbst an den Winterabenden volkstümliche Vorträge über Kräftelehre, Heilkunde, Mechanik usw. Er schuf eine gute Bibliothek, damit sich der Arbeiter an Feiertagen und in freien Augenblicken mit einer guten Sache beschäftigen kann. Er legte gemeinsame Parkanlagen an, an denen jeder seinen Anteil hat; er baute gemeinsame Bäder und Hallen zum Wäschewaschen. Auf seine Weisung geschah es, daß jeden Abend große Bottiche mit Wasser in die Werkstatt gebracht wurden, auf daß die Arbeiter sich waschen konnten; er sorgt dafür, daß sich die Arbeiter zweimal wöchentlich umkleiden, daß sie immer saubere, gute und haltbare Wäsche haben, denn Morris geht von dem Grundsatz aus, daß reine Wäsche bei dem Arbeiter mehr vermag als zehn Predigten. Kurzum, David Moris lehrte die Arbeiter, wie sie ihr Geld anlegen konnten und sollten, damit sie durch wenig ihre Bedürfnisse befriedigten und immer etwas beiseite legen konnten. Er lehrte die Arbeiter die Wonne kennen, welche gut erzogene Kinder bieten. Kurz: er machte dem Arbeiter das Leben angenehm, er gab ihm die moralische Grundlage, die wir bei uns völlig vermissen. Weiter war es sein Grundsatz, den Arbeiter nicht zu beeinträchtigen, indem er nicht ihr Befehlshaber war, sondern ihr Ratgeber, wobei er selbst von ihnen Ratschläge annahm. Die Ausführung der Sachen überließ er immer den Arbeitern. So leiteten sie selbst die Sparkasse und die Küche usw. Ihm war es genug, den Impuls dazu gegeben zu haben. „Wenn sich die Arbeiter helfen wollen, so sollen sie gemeinsam Betriebe gründen; ein mächtiger Damm wird so gegen das Proletariat gebaut und bewirkt, daß der Gewinn, der einem zufallen würde, unter die Menge verteilt wird. Die Vermehrung der Armut wird gehindert. Dem Arbeiter leuchtet ein Stern, seinem Glanze eilt er nach, er begleitet ihn auf der Bahn zu einem besseren Leben."

Diese schönen Gedanken verdienen sicher bemerkt und verbreitet zu werden und wir haben Freude daran, daß sie bei uns einwurzeln. (...) Lieb ist es uns, daß wir imstande sind, hier wiederum eine Stimme aus dem Volke zu Wort kommen zu lassen. (...) Das Blatt lautet: „Gleich zu Anfang stelle ich mich gegen die Meinung, daß es dem Arbeiter schlechter geht als sonst, daß ihm die Maschinen zum Nachteil gereichen, daß ihm in vergangenen Zeiten Rosen geblüht haben. Eine Lüge ist dies, eine nackte Lüge! Dem Arbeiter ist es nie besser gegangen als jetzt. Ich bitte Sie, worüber beschwert er sich? Gebratene Tauben sind einem nie in den Mund geflogen, arbeiten mußte man immer und immer wurde gearbeitet. Was sollen wir armen Landwirte sagen? Was bleibt uns übrig nach aller Mühe, nach Arbeit bis aufs Blut und auf die Knochen? Wahrhaftig wenig, fast nichts. Der Arbeiter zahlt keine Steuern, kümmert sich um nichts, keine Lasten drücken ihn, was er verdient, das hat er. (...) Soviel aber ist sicher, daß es dem Arbeiter nie so gut gegangen ist, wie gerade jetzt, wo er sich tagein tagaus über die Maschine beklagt. Wo gab es denn je so viele Fabriken? Die Menschen waren nur gerade kläglich beim Handwerk beschäftigt oder bei landwirtschaftlicher Arbeit. Jetzt drängt sich alles in die Fabriken, denn die Fabrik gewährt Arbeit im Sommer wie im Winter. (...) Reisen Sie nur, wohin immer Sie blicken werden, überall werden Sie aus den Essen Rauchsäulen aufsteigen sehen — überall Fabriken, überall Anwerbung von Arbeitern. ‚Zahlt der Grundbesitzer nicht mehr, so gehen wir lieber in die Fabrik‘, so sagt der Arbeiter, so spricht das Gesinde und der arme Landwirt ist zu bedauern. Ja gut, Taglöhner, sagt ein jeder, aber schauen Sie doch auf andere, wie schlecht es ihnen geht. — So, so, schlecht geht es ihnen! Gestern hat mich gerade der Weg um die Fabrik am Kessel geführt, wo tagsüber so viel Getriebe und Pochen ist, daß der Mensch taub werden kann. In diesem Augenblick war es gerade wesentlich ruhiger. Ich schaue hin und bemerke die Arbeiter um einen großen Tiroler, der ihnen Seidentücher anbot. Einige hatten schon gekauft und hielten zwei, drei Stück in den Händen, andere kauften gerade, ohne zu handeln und zahlten den geforderten Preis. Es geht ihnen tatsächlich nicht so schlecht, dachte ich mir, wenn es ihnen möglich ist, seidene Tücher zu kaufen. Wir armen Landwirte müssen uns solche Gelüste versagen. (...) Glauben Sie aber trotzdem, daß ich den Arbeitern Unrecht tue, dann bitte ich Sie nicht zu versäumen, am Samstag abend und am Sonntag in die gemeinen Kneipen zu schauen, jene Plätze, wo der Abschaum der Gesellschaft zusammenkommt. Hier finden Sie ... Arbeiter genug und abergenug. Grobe Lustbarkeiten, nichtsnutzige Reden und unanständiges närrisches Benehmen überzeugen Sie, daß Sie im Mittelpunkt von ungezügeltem Gesinde sind. Mit dem Montag aber fängt die Not und das Elend und das Wehklagen an. So geht es vor sich, Sie können sich selbst davon überzeugen. Verdient nun der Geselle um einige Groschen mehr als er braucht, so weiß er schon nicht mehr wohin damit, schon sticht ihn der Hafer. Ein Jammer ist, daß er das Geld nicht genießen kann zu rechter Zeit, am rechten Platz und zum richtigen Zweck. Wie wäre es, wenn wir Landwirte ebenso handeln würden? Erinnern Sie sich an die Prager Drucker — viele verdienten im Monat 50, 60, 70 Silbergulden? Was für Leute waren das, was haben sie erwirtschaftet? Wir haben es noch im Gedächtnis, es war eine übermütige, unbändige Gesellschaft, mit schlechten Sitten, bis auf den Grund verdorben. Es kamen die Maschinen, sie übernahmen die Arbeit anstelle der mutwilligen böswilligen Leute — da gab es ein Geschrei, denn ganze Familien waren brotlos. Das ist die strafende Nemesis! — (...)

Eines steht fest, wogegen sich jeder gewissenhafte Mensch und überhaupt jeder, der im Arbeiter seinen Bruder sieht, nicht aber eine Maschine oder ein Vieh, auflehnen muß: das ist die unmenschliche und unbarmherzige Überbürdung des Arbeiters mit Arbeit. Es ist gewissenlos, wenn gefordert wird, der Arbeiter solle 18, 20 Stunden täglich arbeiten; gewissenlos, unchristlich und unmenschlich ist es! Gewissenlos ist es, heranwachsende Kinder in die Arbeit einzuspannen und ihnen den ganzen Tag lang keine Pause, keine Zerstreuung zu gewähren, während sie doch die Schule besuchen und ihre Jugend genießen sollten. Eine in den Himmel schreiende Sünde ist es, durch die Gesetze aller Länder und die öffentliche Meinung verworfen und verdammt! (...) Traurig ist es weiter für den Arbeiter, daß er nirgends einen Weg sieht, der ihn nach Jahren in bessere Verhältnisse führt; er ist ohne Hoffnung: Arbeiter ist er von Kindheit an, Arbeiter wird er bleiben bis zum Tode! So denkt er und das ist es, was ihn manchmal kleinlaut, kränklich, verzweifelt und vergeßlich stimmt! Er versucht in lärmenden Belustigungen seinen elenden Stand in der Gesellschaft zu vergessen. Darum sollten gewissenhafte Herren darauf sehen, daß es anders werde, damit der Fabrikarbeiter umdenkt. Deshalb sollten die Damen Sorge tragen um die Arbeiterkinder, deshalb sollten Schulen für die verwahrloste Jugend eröffnet werden."

Nr. IX

Alexander Bach zur „sozialen Frage":
„Mittel zur Verbesserung des Loses der Arbeiter"

AVA, Nachlaß Bach Kt. 34.

1. Beteiligung an den politischen, Volks- und an den Gemeinderechten

2. Teilnahme an der eigenen Verwaltung ihrer Interessen und namentlich an den Schiedsgerichten zur Entscheidung der Differenzen zwischen Meister und Gesellen

3. Unentgeltlicher und ausreichender Unterricht. Kinderbewahranstalten, Armenschulen für erwachsene Kinder, Sonntagsschulen, Industrialschulen, Lesekabinette, populäre Zeitungen.

4. Aufhebung der indirekten Abgaben auf die unentbehrlichsten Lebensbedürfnisse, namentlich Abschaffung der Salz-, Mehl-, Platz- und Schlachtsteuern.

5. Beteiligung der Arbeiter am Gewinn:

   a) Fixierung eines Minimums der Löhne

   b) Assoziation der Arbeiter zu gemeinschaftlichen Arbeiten bei Eisenbahnen und zur Übernahme von Ateliers unter Garantie des Staates.

   c) Beteiligung der Arbeiter am Kapitalgewinn

      I. Durch Steuer pro Gesell oder pro Dienstboten in kleinen Betrieben

II. In der großen Industrie durch Anteil am Gewinn oder Steuer pro Kopfzahl der Arbeiter

III. Verwendung dieser Einnahme:
   A. zur Errichtung von Pflegekassen
   B. Hilfskassen
   C. zu Prämien für die Arbeiter

IV. Schutzzoll zum Schutze der Arbeiter

6. Errichtung von gewerkschaftlichen Hilfsvereinen, Brotbäckereien, Suppenanstalten, städtischen Sparkassen, gemeinschaftlichen Wohnungen

7. Errichtung von Spar- und Hilfskassen, Leihanstalten

8. Industrial- und Ackerbaubanken

9. Ackerbaukolonien

10. Einkommensteuer

Nr. X

Votum der österreichischen Bischofskonferenz im Jahre 1856 an die österreichische Regierung

Aus: W o l f s g r u b e r : Rauscher 162.

Durch Verhältnisse, welche mit der ganzen europäischen Entwicklung zusammenhängen, wächst überall, doch vorzüglich in großen Städten die Zahl der Familien, welche im bürgerlichen Leben keine gesicherte Stelle haben, ja welche mit oder ohne ihre Schuld kaum für den nächsten Tag des Notdürftigsten sicher sind. Deswegen wächst eben in großen Städten hart neben den Kundgebungen der feinsten Bildung oder auch der Überbildung die Menge von Kindern, welche fast alles Unterrichts entbehren und sogar in den Anfangsgründen des Glaubens Fremdlinge sind. Hiermit stehen die Fabriken im Zusammenhange, welche den Eltern Gelegenheit verschaffen, die Tätigkeit ihrer Kinder so früh wie möglich zu verwerten. Die versammelten Bischöfe blicken mit innigem Mitleid auf das Schicksal der Knaben und Mädchen, welche, sobald ihre Kräfte irgendwie ausreichen, zum Dienst der Maschine verwendet werden, um an Leib und Seele zu verkrüppeln. Mit Dank erkennen sie die wohltätige Absicht, in welcher verordnet wurde, daß an Sonn- und Feiertagen oder in Abendstunden auf Kosten des Fabrikbesitzers für den Unterricht der schulpflichtigen bei ihm arbeitenden Kinder gesorgt werden müsse. Allein eine sonntägliche Stunde kann nicht genügen, und unmittelbar nachdem sie acht oder zehn Stunden in dumpfen Räumen bei einer einförmigen Beschäftigung zugebracht haben, muß ihre Empfänglichkeit für den Unterricht fast gänzlich abgestumpft sein. Die kurze Erholungszeit zwischen der vor- und nachmittäglichen Arbeit darf keine Beschränkung erleiden. Soll also der Zweck erreicht werden, so muß des Morgens vor Beginn der Arbeit eine Stunde für den Unterricht ausgemittelt werden; wenn nicht täglich, so doch dreimal in der Woche. Doch können nicht einmal die schlimmsten Übelstände gänzlich ausgeschlossen werden, sofern nicht den Fabrikbesitzern verboten wird, Knaben oder Mädchen, welche das zehnte Jahr noch nicht vollendet haben, in den Fabriken zu verwenden. Die Heilsamkeit einer solchen Maßregel liegt am Tage und die Berufung auf das Gebot der Notwendigkeit, welche manche ihr entgegenstellen, scheint auf ausländische Zustände besser als auf österreichische zu passen.

Nr. XI   1. 2. 1851

Aus der Stellungnahme des Bezirkshauptmanns von Teplitz Thiemann zur Arbeiterfrage
SÚA, PGT 1849—52 A/11.

Die Gefahr für die gesamte Existenz der modernen Zustände durch die kommunistisch-sozialen Bestrebungen ist so eminent, daß die konservativen Stimmen ihren Warnerruf nicht laut und anhaltend genug erheben können. Das stärkste Bollwerk gegen dieses Grundübel der europäischen Zustände ist mit dem Absolutismus und seinen im Laufe der Jahrtausende gewordenen, durch die Autorität geheiligten Institutionen gefallen. Die kommunistisch-sozialen Elemente bildeten den Ausgangspunkt der letzten Revolution, sie gaben die Arme her im Kampfe, sie setzten sich auf die durch Überrumpelung erledigten Throne (Tuillerien), sie agitierten und schrien in Volksversammlungen, Vereinen und Kammern, solange bis sie erreicht hatten, was zu erreichen war: Vernichtung einer jeden Autorität und des großen Grundbesitzes, und Einführung demokratischer Institutionen in der Gemeinde, vor Gericht und in der Regierungsform, mit welchen sie künftighin ihre zerstörenden Tendenzen ungehindert auf legalem Weg verfolgen können. Der Sozialismus und Kommunismus haben gesiegt und die Früchte des Sieges behalten, auch nach den durch die Armeen erlittenen Niederlagen. Es war töricht anzunehmen, daß diese erbitterten Feinde der Gesellschaft diese ihre Errungenschaften durch jene sich werden entreißen oder schmälern lassen, die aus Unkenntnis, Leichtsinn oder Neuerungssucht ihre Verbündeten waren und jetzt auf einem gewissen Punkte (der konstitutionellen Monarchie) nach der Meinung jener auf halbem Wege stehen bleiben wollen. Wir müssen uns auf den Kampf mit diesen Elementen gefaßt machen, sie werden ihn führen mit dem Mut der Verzweifelnden, mit der ganzen Wucht ihrer Massenhaftigkeit und mit allen Schrecken der Rohheit und Rücksichtslosigkeit, deren nur diese, an nichts als an sich selbst glaubenden Menschen fähig sind. Was jetzt geschieht, ist nur Vorbereitung zum Kampf. Die neuen Institutionen vernichten die Scheu vor Verbrechen und Gewalttat in den Gemütern der anders Erzogenen, die offiziösen Vertreter von Räubern und Dieben verbreiten in öffentlichen Gerichtssitzungen Grundsätze, die aller Sitte und jedem Rechte entgegen sind, und machen somit offiziös Progaganda für jene Assoziationen unter den Arbeitern, deren Losungswort lautet „Eigentum ist Diebstahl".

Ich bin hier nicht berufen, die aus dieser Sachlage folgenden Konsequenzen zu entwickeln, die Gegenwart deutet eindringlich darauf hin, die Zukunft wird sie traurig genug verwirklicht sehen. Die diese Bemerkung veranlassende hohe Verordnung vom 10. Januar l. J. bestätigt nur zu sehr die Wirklichkeit der herannahenden Gefahr. Überall, so heißt es dort, zeigt sich der sozial-demokratische

Geist der Führer, welcher sich der Arbeitermassen zu bemächtigen strebt und eine einheitliche Leitung, welche ihren Zentralpunkt in London hat. Es sei daher von höchstem Interesse, das Umsichgreifen sozialistischer Grundsätze unter den Arbeitern und die Bewegungen derselben nach England oder von dorther wahrzunehmen. Mit der Wahrnehmung allein wird das Übel nicht abgewendet, es muß vielmehr mit Entschiedenheit entgegengetreten werden. Man nimmt gewöhnlich an, die Armut sei die vorzüglichste Ursache jener Tendenzen; ich habe etwas anderes erfahren. Der Arme trägt sein hartes Geschick gewöhnlich mit bewunderungswürdiger Ergebenheit, er achtet den Besitz, weil er nur von ihm Unterstützung ewarten kann. Wäre Armut das eigentliche Element sozialistischer Bestrebungen, dann müßte unser Erzgebirge schon längst der Gipfelpunkt derselben geworden sein. Die sozialistisch-kommunistischen Bestrebungen haben vielmehr ihren Grund teils in jenem durch die Idee der Volkssouveränität erzeugten Geiste des Stolzes und der Widerspenstigkeit, teils in dem sittlichen Verderben der Arbeiter, die in den Zeiten des Verdienstes an Genüsse sich gewöhnen, zu deren Befriedigung sie in den Zeiten des Mangels die Mittel mit Gewalt auftreiben wollen. Gegen die Verbreitung der Lehre der Volkssouveränität und gegen die fortschreitende Entsittlichung der Arbeiter muß zunächst das Bestreben einer konservativen Regierung gerichtet sein. Noch muß ich hier bemerken, daß die Überwachung der Arbeiter den neuen Administrativbehörden sehr erschwert ist, indem sie nicht einmal Reisedokumente mehr auszufertigen haben.

Nr. XII   12. 2. 1851

Aus der Stellungnahme des Kreishauptmanns von Eger Rothkirch
zur Arbeiterfrage (gekürzt)
SÚA, PGT 1849—52 A/11.

Allein hiemit will ich keineswegs gesagt haben, daß dieser Gegenstand der vollsten Aufmerksamkeit der Regierung nicht bedürfe. Ist auch durch die Entlastung des Grund und Bodens, durch die bisherige Überwiegenheit der Agrikultur über die Manufaktur, durch das günstige Verhältnis der Produktion zum Verbrauche, und durch die eifrigen Bestrebungen des hohen Handelsministeriums zur Belebung der Industrie und des Handels für Österreich überhaupt die günstige Perspektive gestellt, daß arbeitswillige Hände zureichende Beschäftigung finden werden, so vermag dies doch nicht für alle Fälle volle Beruhigung zu gewähren. Früher oder später werden die Lehren Proudhons und Louis Blancs auch über Österreichs Grenzen dringen und wenn nicht beizeiten vorgekehrt wird, durch den blendenden Reiz ihrer Grundideen auch Wurzel fassen. England hat ein bleibendes Interesse, am Kontinent Wirrnisse zu provozieren, die — sei es nun durch politische Umwälzungen, sei es durch soziale Revolutionen — die Gewerbstätigkeit der Festlandstaaten hemmen. Die Umsturzpartei Frankreichs dagegen hat die furchtbare Macht der arbeitenden Klassen zu sehr kennengelernt, als daß sie nicht dieselben zur Beförderung ihrer politischen Pläne fortan zu benützen wünschen sollte. Es ist daher auf eine dauernde Tätigkeit der Propaganda zu rechnen und ein Entgegenarbeiten unerläßlich.

Die Ideen, die den Arbeitern vorgespiegelt werden, dauernde Verbesserung ihrer materiellen Existenz, Emanzipierung des ganzen Arbeitsstandes von der Herrschaft des Kapitals, gegenseitige brüderliche Unterstützung und Hilfeleistung, sind zu lockend, als daß sie nicht auch hierzulande Anklang finden sollten, sobald die Bedingungen zu ihrem Gedeihen vorhanden sind. Ich zweifle nicht, daß im Falle des Eintretens einer Industriekrisis die Not, die dann unter den vermögens- und obdachlosen Arbeitern eingreift, die Überzeugung von der Unzulänglichkeit der Kräfte des einzelnen gegenüber solchen allgemeinen Kalamitäten die Einwirkung von außen, die Vorspiegelung der obigen Ideen auch unsere itzt so ruhige Fabriksarbeiter den Agitatoren in die Arme treiben würde. Die traurigen Erfahrungen der Fabriksarbeiter zur Zeit einer Gewerbsstockung, einer Krankheit, im Alter, müssen dieselben notwendigerweise, sobald der gehörige Bildungsgrad vorhanden ist, zu Vereinen verbinden, welche die wechselseitige Unterstützung zum Zwecke haben. (...) Allein durch solche, an sich selbst sogar wünschenswerten Vereine, ist das Element, der fruchtbare Boden für die Propaganda geschaffen. Leicht sind dann die verbundenen leicht beweglichen Arbeitermassen entflammt, die Mittel, ursprünglich bestimmt zu lobenswerten Zwecken, bilden dann in den Händen der Vereinsleiter einen ergiebigen Fond zur Verfolgung der trügerischen Ideen und gewähren den Agitatoren eine Macht, die allerdings bedenklich werden muß. Eine bloße Überwachung wird jetzt ebensowenig diesen naturgemäßen Gang zu hindern als Repressivmaßregeln dann die allgemein gewordenen Ideen auszurotten vermögen. Ich halte es für unerläßlich notwendig, daß die Regierung den Arbeitern diese Vereine entbehrlich mache, die Vorteile, die ihnen die Assoziation zu bieten vermögen, selbst verschaffe, dadurch das Vertrauen derselben für sich gewinne, den Fond, den dieselben durch einen Verein bilden würde, der Verfügung der Agitatoren und der leicht entflammten Gesamtheit entrücke, der ordnungsliebenden Mehrzahl die Möglichkeit der Begründung einer gewissermaßen gesicherten Existenz gewähre, und durch Trennung der strebsamen fleißigen Arbeiter von den liederlichen, unzufriedenen und gefährlichen die Macht der großen Masse zersplittere. Es gibt Perioden, wo der Fabrikarbeiter mehr erwirbt als gewöhnlich, ja mehr als er bedarf. Es ist nicht bloß in seinem, es ist vorzüglich im öffentlichen Interesse gelegen, daß er in solchen Zeiten sich nicht an Bedürfnisse gewöhne, die er später zu befriedigen außerstande ist, die ihn verderben und unzufrieden machen, sondern daß er in so günstigen Perioden ein Ersparnis sammle, von dem er sich dann — wie dies namentlich bei den am Lande lebenden Arbeiter nicht selten geschieht — allenfalls ein Häuschen kauft, um sich von der Last des Mietzinses zu befreien, ein Stück Feldes pachtet, auf dem er seinen Erdäpfelbedarf anbaut, das ihn bei einer Krankheit, zur Zeit einer Stockung oder im Alter vor Hunger bewahrt. Es ist kein Zweifel, daß, wenn von Seiten der Regierung Sparkassen für die Arbeiter mit gewissen Begünstigungen errichtet würden, die Mehrzahl derselben wöchentlich einen Notpfennig zurücklegen, dadurch das Motiv zur Assoziation entfallen, der Sparsame, Ordnungsliebende bald der Klasse der Proletarier entrückt, den Ideen des Kommunismus unzugänglich gemacht, ein Freund der gesetzlichen Ordnung und der Regierung werden würde. Für die Zwecke der Propaganda würden dann nur die Arbeitsscheuen, Liederlichen erübrigen, welche die Sache umso eher in Verruf zu bringen geeignet wären. Eine solche Sparkasse könnte immerhin auch zur Vermittlung eines wechselseitigen Vereins für Fälle der Krankheit benützt werden und jedenfalls zur Kräftigung des konservativen Elementes unter den Arbeitern wesentlich beitragen. Als Bedingung zum Gedeihen wäre jedenfalls die, daß das Institut die möglichst größten Vorteile bieten müßte, in welcher Beziehung sowohl der Staat diesem hochwichtigen Gegenstande, als auch die Fabriksherren, deren Interesse hiebei mit dem der Regierung Hand in Hand geht, einige Opfer zu bringen sich wohl bereit finden würden.

Ich halte einen präventiven Einfluß der Regierung in dieser Richtung im Angesichte der sozialen Bewegungen der Neuzeit für höchst nötig.

Nr. XIII   23. 3. 1857

Brief des Kreishauptmanns von Jičín Tschary an Mecséry (gekürzt)

SÚA, PM 1855—59 11/28/20.

Die angeführten Daten zeigen, daß hinsichtlich der Arbeitszeit, der Behandlung der Arbeiter überhaupt ein ungleichmäßiges, rein willkürliches Verfahren beobachtet wird. Gegen die Ansicht der Fabriksherren, daß es ja nur von dem Entschlusse des Arbeiters abhänge, sich den vorgezeichneten Bedingungen zu fügen, die vorgeschriebene Arbeitszeit einzuhalten, oder die Fabrik zu verlassen, daß es sich sonach lediglich um ein privatrechtliches Übereinkommen handle, muß eingewandt werden, daß nebst diesen Privatinteressen auch das physische Wohl von tausenden armen Leuten und die Wohlfahrt ganzer Gemeinden und ausgedehnter Gegenden, mithin wichtige öffentliche Interessen in Betrachtung zu ziehen sind. Wenn auch der gesetzliche Grundsatz, daß Kinder unter 12 Jahren dem Schulbesuche nicht entzogen werden dürfen, auch in den Fabriken festgehalten und beobachtet wird, so erscheinen doch die Kinder — zum größten Teil Mädchen — welche man in den Fabriken beschäftigt findet, meist sehr klein und schwach. Sollen dieselben, statt sich körperlich zu entwickeln, nicht einem baldigen Siechtum verfallen, und ein frühes Grab finden, so bedarf es einer angemessenen Schonung ihrer Kräfte und der Mittel zur Erholung; denn die Fabriksarbeit schwächt den Körper ungleich mehr als die Beschäftigungen des Feldbaues. Der Feldbau hat eine harte, aber abwechselnde Arbeit, die fast immer in freier Luft getrieben wird und nicht bloß ermüdet, sondern auch abhärtet. Der Fabriksarbeiter dagegen ist stets in eingeschlossener, unreiner Luft, in Dunst und Staub, mit einer monotonen, höchst ermüdenden Arbeit beschäftigt. Da er ein Sklave der Maschine ist, die er nicht zum Stillstehen bringen kann, so darf er sich keinen Augenblick Erholung gönnen, muß unausgesetzt aufmerksam bleiben, vor der Maschine hin und hergehen. Lungentuberkulose und variköse Fußgeschwüre sind daher Krankheiten, die sich häufig und sehr bald bei den Fabriksarbeitern einstellen und sie einem schnellen Tode oder langjähriger Krankheit zuführen. Da nun die Fabriksarbeiter erfahrungsgemäß dem Leichtsinne ergeben sind und die Mädchen insbesondere den größten Teil ihres Wochenlohnes auf Sonntagsputz verwenden, so erübrigen sie in der Regel nichts für den nicht selten eintretenden Fall einer Fabriksstockung, für Krankheit und frühzeitige Erwerbsunfähigkeit.

Bei dem in der Regel noch immer fühlbaren Mangel von Fabrikssparkassen, Assekuranzanstalten oder Arbeiterunterstützungsvereinen fallen sodann diese Unglücklichen den Gemeinden zur Last, zumal die Fabrikherren sich nicht für verpflichtet halten, für ihre ehemaligen nun brotlosen Arbeiter, durch deren Hände sie erfahrungsgemäß in kurzer Zeit Vermögen, ja Reichtümer erworben haben, höchstens außer einigen unbedeutenden Almosenspenden, die die Armen kaum vor Hunger schützen, Sorge zu tragen, wenn auch nicht verkannt wird, daß die Fabriksherren dies für die Länge der Zeit auch nicht im Stande sein würden, weil sich die Zahl dieser Arbeiter von Jahr zu Jahr steigern wird. Arbeiterkassen, durch Zurücklassung eines Teiles des Wochenlohnes und milde verhältnismäßige Beiträge der Fabriksherren fundiert und unterhalten, erscheinen daher als ein dringendes Bedürfnis, zumal wenn man weiter erwägt, daß die Fabriksarbeiter sich sehr leicht zu Heiraten entschließen, weil sie ohne auf die Anschaffung von Handwerksgeräten, Rohprodukten etc. bedacht sein zu müssen, ihren Wochenlohn für das gemeinschaftliche Haushalten hinreichend finden und die Hoffnung hegen, daß auch ihre Kinder sich in der Fabrik sehr bald Geld verdienen können. Insofern erscheint es allerdings wahr, daß durch die Fabriken die Vermehrung und Zusammenhäufung des Proletariats begünstigt werde, wovon fast alle Fabriksorte das beste Zeugnis geben. Wenn sonach das Aufblühen der Fabriken in technischer und kommerzieller Hinsicht rein als Fortschritt bezeichnet werden kann, so lassen sich doch bedeutende soziale und politische Schattenseiten derselben nicht verleugnen. Je größer das Kapital und die Bildung sind, welche die Errichtung und Leitung der Fabriken erfordert, desto weniger hat der arme Arbeiter Aussicht, sich zu irgendeiner Selbständigkeit aufzuschwingen. Die Kluft zwischen Fabriksherren und Arbeiter ist viel gößer, als zwischen Meister und Gesellen. Während bei den Handwerkern die sichere Aussicht auf stufenweises Vorwärtskommen eine große sittliche Stützung ist, verleitet der Gedanke, den Fabrikslohn selbst bei allem Fleiße niemals bedeutend gesteigert zu sehen, zu Leichtsinn und Sittenlosigkeit. Trunkenheit bei Männern, Prostitution bei Mädchen sind die gewöhnlichen Folgen. Das Fabrikswesen legt eine große Macht über viele Menschen in die Hand eines einzelnen, und die Abhängigkeit der Arbeiter von den Fabriksherren würde es diesem allerdings möglich machen, für seine Arbeiter viel Gutes zu wirken; da jedoch dieser Umstand nicht immer in der angedeuteten Richtung benützt wird, so erscheint es als eine Aufgabe der Regierung, die zahlreiche Masse der Arbeiter gegen die blendende Macht des Geldes und gegen die Willkür der Fabriksherren in Schutz zu nehmen.

In England, wo die Gesetzgebung die Einmischung in Privatangelegenheiten gewiß tunlichst vermeidet, hat man gleichwohl die Notwendigkeit einer gesetzlichen Regelung des Fabrikswesens erkannt und die Regierung hat durch ein Gesetz, den „Factories Regulation Act", durch die Abteilung der Manufakturgegenden in Distrikte und durch Aufstellung eigener Regierungsorgane („Factory Inspectors") dafür gesorgt, daß in den Fabriken ein möglichst gleichmäßiges Verhältnis zwischen Fabriksherren und den Arbeitern bestehe. Die einzelnen Fabriksordnungen müssen daher überall den allgemeinen gesetzlichen Bestimmungen angepaßt sein. Wenn nebst den oben detaillierten Verhältnissen noch der Umstand in Betracht zu ziehen ist, daß bei Bemessung der Einkommenssteuer das Erträgnis einer Spindel ohne Rücksicht auf Tag- oder Nachtarbeit im hiesigen Kreise auf 2 fl. 10 Kr. CM veranschlagt und die Steuer pro Spindel mit 6½ Kr. CM bemessen wird, wodurch die Fabriken, welche nur bei Tag arbeiten, im offenbaren Nachteil gegen jene sind, welche Tag und Nacht in Betrieb stehen, so erscheint ein Gesetz über den Bau und die innere Einteilung der Fabriken zur Vermeidung von Unglücksfällen, welche bei den gegenwärtig oft sehr engen Räumen zwischen einzelnen Maschinen nur zu leicht möglich sind, über die Erfordernisse zur Aufnahme in die Fabriken überhaupt, insbesondere aber das Alter der aufzunehmenden Kinder und deren Verpflichtung zum Besuch der Sonntagsschulen, über die tägliche Arbeitszeit im Sommer und im Winter, mit besonderer Bestimmung einer Rast zum Frühstück, Mittagmahl und Vesperbrot, über die Lohnabzüge für versäumte Zeit, über die Gründung von Fabrikskassen zur Unterstützung kranker, erwerbsunfähiger Arbeiter und deren Witwen und Waisen, ein Gesetz über die Regelung des Fabrikswesens überhaupt, als ein unabweisliches Bedürfnis, wobei die Einwendung der Fabriksbesitzer, daß durch die Beschränkung der Arbeitszeit die Entwicklung der Industrie gehindert werde, einfach durch die Tatsache zu widerlegen ist, daß auch jene der oben bezeichneten Etablissements, wo die Arbeiter sowohl bezüglich der Dauer der Arbeit als der Raststunde und der unentgeltlichen ärztlichen Behandlung der Kranken (z. B. in Jungbuch) schon jetzt ein humaneres Verfahren genossen, dennoch von Jahr zu Jahr an Ausdehnung und Umfang zugenommen haben. Unmöglich aber kann die Anhäufung materieller Vorteile für Einen mit Hintansetzung jeder Rücksicht auf die Gesundheit und das Leben von tausend Armen gestattet werden.

Nr. XIV   1853
  „Vertraute Mitteilung über die Stimmung in Prag" (gekürzt)
                      SÚA, PPT 1853—51.

Bald nach den Juniereignissen des Jahres 1848 teilte sich die tschechische Demokratie in 2 Parteien, nämlich: 1. in jene Partei mit stark roter Färbung, welcher Sabina, Gauč, Arnold, der junge Fryč mit dem „česko-moravské bratrstvo" anhingen und deren Organe die „Noviny slovanské lípy" und Arnolds „Občanské noviny" und der zuerst von Knedlhans-Liblinsky, später von Chocholousek redigierte „Večerny list" waren und 2. in die Partei der gemäßigten Demokraten, genannt „Strana Národní", auch wohl „Partei des Havlíček", weil des letzteren Blatt „Národní noviny" und später sein „Slovan" ihre Ansichten verfochten. Die erstgenannte Partei verstummte, nachdem ihre Führer großenteils verhaftet worden waren, ganz; es ist jedoch höchst wahrscheinlich, daß sie im Geheimen noch fortexistiert, und mit den Häuptern der demokratischen Propaganda in Verbindung steht, wie dieses wenigstens viele unter den Anhängern der Partei des Havlíček behaupten, die unter anderen auch den Dr. Bojislav Pichl, Bräuer Fingerhut und den bei ihnen eben in keinem guten Ruf stehenden Pravoslav Trojan als Mitglieder dieser Partei bezeichnen. Was die Partei des Havlíček betrifft, die man jetzt wohl auch „Strana besední" nennt, so ist sie in Prag und auf dem Lande ziemlich verbreitet und namentlich hat des Havlíčeks Name bei den tschechischen Landsleuten, die seine „Narodní noviny", „Slovan" und „Epistoly kutnohorské" zahlreich abnahmen und andächtig lasen, einen sehr guten Klang. Zu den Anhängern dieser Partei zählt namentlich der größte Teil der tschechischen liberalen und jungen Professoren sowie der Studentenschaft in Prag und auf dem Lande, die Besucher der „Městka beseda" auf dem Lande, die Mitglieder der ehemaligen tschechischen Lesevereine und Filialen der „Slovenská lipa", ein Teil der in den letzten Jahren absolvierten Beamten besonders bei den judiziellen und technischen, weit weniger bei den politischen Fächern. Ihr ostensibles Wirken ist jetzt ein rein literarisches, obschon es sich nicht leugnen läßt, daß es unter ihnen Männer geben mag, die etwas ganz anderes im Schilde führen, sich jedoch wohl hüten, es der Masse ihrer Gesinnungsgenossen anzuvertrauen, sondern sondierend die gelegene Zeit zur Realisierung ihrer Pläne erwarten. Auffallend ist bei dieser Partei, die immer mehr Boden gewinnende Idee des Panslavismus und Neigung zu Rußland, „diesem rein slawischen Staate" („tato ryza slavjanska říše"), auf den sich die Blicke richten, und von dem viele Errettung von dem Joche der dieser Partei so verhaßten Deutschen erwarten. Diese Neigung wird von den Parteiführern aufs kräftigste genährt, besonders bei der Jugend, bei welcher man das slavische Nationalgefühl weckt und denen man, besonders den Technikern, die Aussichten zeigt, die die Industrie und der Ackerbau, so unterstützt, öffnen. Und wirklich, dieser Same ist auf kein unfruchtbares Land gefallen. Es ist unter dieser Partei ein Gerücht verbreitet, daß viele ihrer Führer mit Rußland in Verbindung stehen und selbst Unterstützung bekommen, wie dieses Reich auch bereits alle südslawischen Schriftsteller und Parteiführer sowie die gesamte griechische nicht unierte Geistlichkeit im Solde haben soll. Förmliche Versammlungen halten diese Männer weder in Prag noch auf dem Lande, höchstens kommen sie hier in gewissen Gasthäusern zusammen, vermeiden jedoch ängstlich jedes Gespräch über Politik und überhaupt alles, was sie kompromittieren könnte. Doch bei häuslichen Zusammenkünften und Besuchen, wo sie vor dem Horchen sicher sind, besprechen sie eifrig die Angelegenheiten ihrer Partei und beklagen sich bitter über die ihnen von den Regierungsorganen in den Weg gelegten angeblichen Hindernisse, zu denen sie besonders die strenge Überwachung der Presse und der tschechischen Schauspiele, die Erschwerung der Bildung tschechischer Dilettantentheater auf dem Lande, das Herbeiziehen nichtslawischer Ausländer als Professoren an die Prager Hochschule etc. rechnen, während, wie sie sagen, die deutsche Presse, das deutsche Theater weit nachsichtiger behandelt wird. So herrscht bei ihnen der feste Glaube, daß jede böhmische Theatervorstellung, jeder tschechische Lehrvortrag von geheimen Agenten überwacht und darüber rapportiert, kurz daß ein allgemeines Überwachungssystem eingeführt ist, dem namentlich die Tschechen unterliegen. Großes Aufsehen hat unter ihnen in neuester Zeit das ziemlich verbreitete und von ihnen geglaubte Gerücht gemacht, daß die tschechische Realschule in Prag aufgehoben werden solle, so wie sie sich überhaupt bitter beklagen, daß, während auf dem deutschen Gymnasium die tschechische Sprache „pouze z milosti" vorgetragen wird, auf dem tschechischen Gymnasium selbst mehrere Gegenstände deutsch vorgetragen werden müssen. Der Minister Graf Thun ist bei ihnen nicht im mindesten beliebt, ihm schreiben sie auch zu, daß er im Vereine mit der bei ihnen ebenfalls nicht beliebten höheren Geistlichkeit die Elementarschule niederhält, und den Lehrern, welche den Schülern slawische Ideen beibringen wollen, dieses unmöglich macht.

Unter der hohen Geistlichkeit betrachten sie besonders als Feind der Aufklärung und der tschechischen Nation den Erzbischof von Prag und den Bischof Hanl zu Königgrätz, sowie Schafgotsch zu Brünn. In neuester Zeit haben sie Preußen zum Beispiel aufgestellt, das für die tschechische Bevölkerung in der Grafschaft Glatz Schullehrerseminarien errichtet. Obgleich nun, wie gezeigt, unter dieser Partei es der revolutionären Elemente genug gibt, so ist doch von ihr keine Revolution zu befürchten. Die meisten sehen bei den jetzigen Umständen die Unmöglichkeit einer gewaltsamen Umstürzung ein, viele sind Beamte oder wollen es werden, sie fürchten sich daher zu kompromittieren. Der ansässige Bürger und Bauer ist schon an und für sich gegen jede Unruhe, weil er eine Vermehrung der Steuern, Einquartierung etc., manche auch im Hintergrunde den Kommunismus sehen; endlich sind die vielen zu dieser Partei zählenden sogenannten Gelehrten — wie alle Gelehrten furchtsam — und würden beim ersten Schusse weglaufen. Ja, wenn jemand an dieser statt den Genannten eine Revolution machen wollte und an einem entfernten Orte und wenn er ihnen dann ein panslawisches Reich auf dem Teller präsentieren möchte, so würden sie mit Vergnügen zugreifen, denn loyale Elemente gibt es unter ihnen wenig. Die neuesten Vorgänge in Montenegro und den slawischen Nachbarländern haben natürlich für die Tschechen das größte Interesse; namentlich glaubt man, daß Rußland seine Hand im Spiele habe und die Südslawen nicht werde fallen lassen. Noch vor einem Jahr war es der sehnlichste Wunsch vieler, daß diese Provinzen österreichisch würden, indem man glaubte, daß durch diesen Zuwachs das slawische Element in Österreich die Oberhand gewinnen werde; dermalen ist es der allgemeine Wunsch dieser Partei, daß sie, wie Serbien, entweder selbständig oder wenigstens russisch würden, da man sonst ihre Germanisierung befürchtet. Vieles haben zu diesem Wunsche die Zeitungen in Deutschland beigetragen, die fort schrieben, die Donau müsse von der Quelle bis zur Mündung ein deutscher Fluß werden und die schon im Geiste die in diesen Ländern entstandenen blühenden Kolonien und Fabriken sahen, was den Tschechen sehr unangenehm klang. Der Gefertigte wiederholt noch einmal seine Ansicht, daß von dieser Partei keine Revolution ausgehen wird, außer es würde sie für dieselbe jemand anderer außer Landes machen, was viele, ohne Zweifel mit Unrecht, von Rußland erwarten.

Eine andere Klasse, von der man befürchtet, daß die Wühler unter ihnen Rekruten für ihre Umtriebe finden würden, ist die Arbeitsbevölkerung Prags, wohl auch der größeren Landstädte, welche Leute man mit Unrecht Proletarier nennt, da in Böhmen der Ausdruck ganz unpassend ist, da wir hier doch kein eigentliches Proletariat haben. Der Gefertigte wagt es auch von dieser Partei zu behaupten, daß von ihr gar keine Unruhen zu befürchten sind, höchstens eine Wirtshausrauferei und wenn es am ärgsten zugeht, ein kleiner, auf kluge Weise ohne alle Gewaltmaßnahmen zu bändigender Krawall. Wenn diese Leute Erwerb haben, sind es die friedlichsten und gutmütigsten Menschen, und Erwerb finden sie am Ende doch noch immer. Wenn auch manchmal eine Stockung eintritt, so ist sie nur momentan, sie ist bald wieder vorüber. In der neuesten Zeit, wo der Staat und Private so viele und große Bauten unternehmen, ist gar für diese Leute gesorgt. Dann besteht auch ein großer Teil dieser Leute aus ehemaligen Soldaten, die es gleichsam als einen Ehrenpunkt ansehen, dem Kaiser treu zu bleiben. Oft hört man so einen Menschen sagen: „Ja jsem byl také císařským mužem." Die von vielen ausgesprochene Behauptung, daß der unter dieser Klasse herrschende Geist ein höchst revolutionärer ist, indem sich dieses durch die häufigen Widersetzungen gegen die Wache zeigt, ist nicht wahr. Denn erstens sind diese Widersetzungen nicht viel mehr als vor dem Jahre 1848, nur wurden sie damals wenig bekannt, jetzt kommt jede mit dem Urteile in die Zeitung und macht so großen Effekt. Dann hat der Gefertigte während seines häufigen Umgangs mit diesen Leuten eingesehen, daß sie sich bei gehöriger Behandlung nach Belieben leiten lassen. Wenn sie sehen, daß man sie teilnehmend nach ihren Anliegen fragt, ihnen Rat erteilt, sie gegen die häufig vorkommende Bedrückung der Juden, wohl auch ihrer Arbeitgeber schützt, sind sie stets dafür dankbar. Viele Widersetzungen gegen die Wache sind auch sehr oft von dieser provoziert durch barsches Benehmen, übel angewendeten Diensteifer, Mißverständnisse etc. Störrische Leute gibt es wohl einige, aber nicht so viele, wie man glaubt, und für diese ist der Belagerungs- zustand vortrefflich.

Obgleich, wie gesagt, unter der Arbeiterklasse es sehr wenige revolutionäre Ele- mente gibt, so erfordert sie doch alle Aufmerksamkeit der Regierung, für die sie eine wichtige Stütze werden kann. Zunächst wird hier die Aufmerksamkeit der Organe der Regierung auf die Nahrung gelenkt, und zwar besonders auf das Brot, als den hauptsächlichsten Teil der Nahrung dieser Klasse. Da diese Leute selten das von den Landleuten oder den Schwarzbäckern erzeugte Brot kaufen, so sind sie größtenteils auf das Bäckerbrot angewiesen, das ihnen wohl jetzt zwar vollwichtig, aber dafür in der schlechtesten Qualität — mit wenigen Ausnah- men — angeboten wird und sehr wenig sättigt. Im vorigen Winter, wo besonders dieser Klasse die Wohltat der Brotverteilung zuteil wurde, war diesen Leuten geholfen, heuer sind sie wieder an den Bäcker gewiesen, dessen schlechtes Brot sie genießen müssen. Die Nachricht, daß die Dampfmühlen große Brotmengen backen würden, erfüllte diese Leute mit Freude, es ist aber bis jetzt noch nicht dazu gekommen und zwar, wie man allgemein spricht, wegen der heftigen Oppo- sition der Bäcker und Müller, und des mit ihnen befreundeten Stadtrates (der — nebenbei gesagt — es mit allen Ständen und Parteien verdorben hat). Was den Trunk dieser Leute betrifft, so trinken die wenigsten Bier, sondern meist Branntwein, der auch Schuld an ihrem physischen und moralischen Ruin ist. Könnte man es bewirken, daß das Bier, das wegen dem hohen Preise von ihnen nicht getrunken werden kann, billiger würde, so würden die meisten, einige un- verbesserliche Säufer ausgenommen, lieber Bier trinken, da sie wohl wissen, daß sie das Bier nährt und stärkt, und der Branntwein sie nur die Sorgen vergessen macht. Im Sommer trinken viele die sogenannten „Patoky", welche in Cholera- Zeiten sehr schädlich wirken.

Was die Wohnungen dieser Klasse betrifft, so sind sie meistens schlecht. In den alten Häusern, die von diesen Leuten besetzt sind, läßt sich wohl wenig verbessern, höchstens daß man das Vermieten der auch feuergefährlichen Mansarden und der Kellerwohnungen verbietet. Doch es gibt jetzt in den ärmeren Stadtviertels bereits viele neue gut gebaute Häuser mit lichten, hohen Zimmern, die trotzdem sehr ungesund sind und alles in ihnen schimmelt. Daran sind nur diese Leute selbst schuld, wenn sie in das trockenste Quartier einziehen, so wird es bald feucht, indem sie darin waschen und kochen und der in großer Menge entwickelte Wasserdampf sich an den Wänden verdichtet. Bereits hat man in mehreren großen Städten des Auslands auf Aktien große Waschanstalten errichtet, die den Aktionären annehmbare Dividenden bringen und dem Allgemeinen überaus nützen. Man hat hier in Prag bereits auch Waschhäuser, doch sind sie zu klein und wenige und werden meistens von den Dienstboten besserer Klassen, die eben jede Feuchte ihrer Wohnung vermeiden wollen, benützt. Eine solche Anstalt in Prag, ebenfalls auf Aktien gegründet, wo jeder gegen ein mäßiges Entgelt warmes Wasser erhalten und waschen könnte, wäre für die Aktionäre und das Publikum ersprießlich und die Hausbesitzer könnten sich dann immer das Waschen in den Wohnungen verbieten. Man könnte damit noch eine andere, wohltätige Anstalt verbinden, wie dieses auch anderwärts der Fall ist, nämlich eine Badeanstalt, denn der minder Wohlhabende kann sich den ganzen Winter über nirgends baden.

Im Sommer wäre die Einrichtung der sogenannten gemeinschaftlichen Spiegelbäder nützlich; denn die ausgewiesenen Badeorte sind oft zu entfernt oder zu seicht, steinig und schlammig und die an verbotenen Badeanstalten häufig vorkommenden Arretierungen bringen, so lobenswert auch der Grund des betreffenden Verbotes ist, nur Unzufriedenheit hervor. (...) Eine besondere Aufmerksamkeit verdient auch die sehr vernachlässigte Erziehung der Kinder der unbemittelten Klassen. In Stadtteilen, wo Kleinkinderbewahranstalten bestehen, sind die Kinder wenigstens in ihrem zartesten Alter darin gut aufgehoben, aber die Zahl dieser Anstalten ist noch zu gering. Kommt nun das Kind in ein etwas fortgeschrittenes Alter, wo es nicht mehr diese Anstalten besuchen kann, also etwa von 6—12 Jahren, so ist es erst dem Verderben ausgesetzt. Es geht entweder in keine Schule oder lernt in derselben wenig und hat außer den Schulstunden Gelegenheit genug, Schlechtes zu lernen. Viele Kinder werden auch wohl von den Eltern mit Rettig und Zündhölzern oder gar betteln geschickt und lernen dabei stehlen, wie dieses die Akten hinlänglich nachweisen. Diesem sollte durch strenge Gesetze vorgebeugt und zugleich durch Errichtung von Bewahranstalten den Eltern, die den Tag über ihrem Erwerb nachgehen müssen, Gelegenheit gegeben werden, ihre 6—12jährigen Kinder vor dem Verderben zu sichern; sie könnten daselbst neben den gewöhnlichen Schulgegenständen, die sie sehr oft in der Schule nur schlecht lernen, auch noch gewisse Vorkenntnisse, die ihnen als künftigen Handwerkern nützlich sind, erlernen.

Der praktische Nutzen dieser Anstalten hat sich in England und Amerika deutlich gezeigt, und daher, und vom Besuche der Sonntagsschulen rührt zum Teil der Grund der Überlegenheit des dortigen Handwerks über unseren Handwerkern, die alles nur mechanisch lernen, und selten imstande sind, mit der Zeit fortzuschreiten und mit dem Auslande zu konkurrieren, da sie oft nur schlecht lesen, nach Zeichnungen und dergleichen gar nicht lesen können.

Was die ebenfalls zahlreiche Klasse der Handwerker betrifft, so dürfte unter diesen die revolutionäre Propaganda am meisten Anhang finden. Die meisten Handwerker, durch die Fabriken und auch wohl durch eigene Indolenz verarmt, glauben fest, daß ihnen bei dem Zollanschlusse an Deutschland erst das Garaus gemacht wird, da sie dann mit den Erzeugnissen ausländischer Fabriken und Handwerker weder was Quantität, noch was Qualität betrifft, werden konkurrieren können. Daher die große Auswanderungslust unter ihnen und zwar nicht mehr nach Amerika, wo ihnen die dortigen Handwerker überlegen sind, sondern nach Rußland und Serbien, wo sie, wie ihnen fort gesagt wird, viel Arbeit und gute Bezahlung erwartet, während sie ihr Leben hier kümmerlich fristen. Die Idee, nach Serbien auszuwandern, wurde hauptsächlich durch zwei Männer angeregt, nämlich durch den dermalen schon ausgewanderten Maler Scholle und den Leinwandhändler Schlesinger, welcher letztere dermalen jedoch in Böhmen bleiben will und bereits eine Mühle gekauft hat, jedoch fort Handwerker nach Serbien wirbt, besonders Schlosser und Schmiede, vor einiger Zeit auch Salpetersieder. Dabei soll ihm auch hilfreiche Hand bieten der Geschmeidewarenhändler Vinzenz Rott, sowie der Bildhauer Heidelberg, welcher letztere selbst auswandern wollte und sehr ungehalten war, daß ihm keine Reisebewilligung zuteil wurde.

Unter den Handwerksgesellen hat Wurzel gefaßt die Idee der Gewerbefreiheit, die sie auch praktisch durchführen und „pfuschen"; besonders ist dieses bei jenen Gewerben der Fall, wo nicht viele Werkzeuge nötig sind, daher bei Schneidern und Schustern; so arbeitet mehr als die Hälfte der verheirateten Schuster- und Schneidergesellen in Prag auf eigene Hand; dadurch werden nicht bloß die Meister beeinträchtigt, sondern es entspringen daraus auch eine Menge Veruntreuungen, indem diese Leute sehr oft die ihnen anvertraute Arbeit verkaufen oder versetzen. Diesem Übelstande, sowie vielen anderen könnte durch strenge Beaufsichtigung von Seiten der sogenannten Stadtviertler abgeholfen werden, wenn diese Leute zu was taugen möchten, und nicht im höchsten Maße bestechlich wären, was man übrigens beinahe allen Magistratsbeamten nachsagt, die sich jeden Schritt bezahlen lassen und denen alles feil ist. Besonders sind den revolutionären Ideen zugänglich die in den Fabriken arbeitenden Handwerker, wo besonders die Ausländer solche Ansichten verbreiten. Doch sind auch am Ende die Handwerker weniger zu fürchten, als man glaubt, denn es gibt Leute, die alles schwarz sehen und bei jeder Veranlassung eine Revolution wittern.

Nr. XV

Industrialisierung in Böhmen

B r a f : Studien 117 f. — S c h w i e d l a n d : Kleingewerbe 89 u. 129.

Wollspinnerei:

Im Bezirk der Handelskammer Reichenberg gab es:

Jahr	Fabriken	Spindeln	Arbeiter
1852	5	19 920	keine Daten vorh.
1856	9	50 920	2885
1860	18	103 590	6350

Baumwollspinnerei:

Im Reichenberger Kammerbezirk gab es:

			auf 1 Fabrik entfallen	
Jahr	Spinnereien	Spindeln	Spindeln	Arbeiter
1852	30	182 621	6 087	203
1856	42	256 605	6 109	145
1860	46	333 026	7 244	159

Gerberei in Böhmen:

Jahr	Handwerksbetriebe	Fabriken
1841	2120	17
1890	715	65

Seifensiederei in Böhmen:

Jahr	Handwerksbetriebe	Fabriken
1841	1046	1
1890	270	14

Schuhmacherei in Wien:

Jahr	Selbständige Meister	Meister auf fremde Rechnung
1854/56	800—1000	1600—1700

Nr. XVI

Schwerpunkte der Binnenwanderung in Böhmen

Kárníková : Vývoj obyvatelstva 143 u. 157 ff.

	1850/51	1857	Zuwachs in %
Prag (Stadt)	118 405	142 588	+ 20
Karolinenthal	9 627	12 048	+ 25
Lieben	2 210	3 804	+ 72
Smíchov	5 273	9 147	+ 73

Noch deutlicher wird die Wachstumsdynamik von außen nach innen bei einer Analyse der Bevölkerungszunahme der ringförmig um Prag liegenden Ortschaften. Dem inneren Ringe gehören an: Karolinenthal, Žižkov, Smíchov, Holešovitz-Bubny, Vinohrady, Vyšehrad. Dem äußeren Gürtel gehören an: Lieben, Vršovice, Nusle, Podolí, Košíře, Bubenč.

	1850/51	1857	1869
1. (innerer) Gürtel	18 443	27 631	
2. (äußerer) Gürtel	6 626	12 118	
Kladno	1 542	5 499	14 048
Reichenberg	13 184	18 854	
Warnsdorf	4 432	11 977	
Rumburg	4 378	8 175	
Dux	1 341	2 166	
Brüx	3 375	4 984	
Teplitz	3 565	6 845	

Nr. XVII

Löhne und Gehälter während der 50er Jahre

SÚA, PM 8/1/12. — C h a r m a t z : Österreichs innere Politik I/31. — P a l a c k ý :
Böhmische Skizzen 69 u. 77. — Bericht über die materielle Lage (Reichenberg) 36, 48, 70.
S t a m m : Verhältnisse 68.

(Die Zahlen geben den Durchschnittsjahresverdienst an)

Technologen, Spitzenkräfte der Wirtschaft	10 000—12 000 fl
Prager Kanonikus	12 000 fl
Statthalter	8000 fl + Spesen
Universitätsprofessor	1400 fl
Bezirkshauptmann	1200 fl
Polizeispitzel*	1200 fl
Pfarrer	300—400 fl
Hilfsseelsorger	50—100 fl
	(+ Kost und Wohnung)
Volksschullehrer	130 fl
Lehrergehilfe	70 fl
Buchdruckergeselle	260,6 fl
Handwerksgesellen	100—150 fl
Fabrikarbeiter	100—200 fl
Fabrikarbeiterin	50—100 fl
Kinder in Fabriken	22,8—87,5 fl
Hausweber	50—100 fl
Knecht	25—40 fl
	(+ Kost und Wohnung)
Magd	15—25 fl
	(+ Kost und Wohnung)

---

* 1200 fl zahlte die Polizei dem Konfidenten Karel Sabina, um ihm „das Erscheinen in der
Gesellschaft" zu ermöglichen (P u r š : K případu Karla Sabiny 55).

Nr. XVIII

Preise

M ä r z : Industriepolitik 20. — J e c h l : Großgrundbesitz, S. XXX. — Böhmen. Land
und Leute 157. — S c h i f f : Agrarpolitik 90. — G r u b e r : Handelskammer Prag 149.

Kohle:

1 Zentner Stückkohle:

Jahr	
1850	14 kr
1851	18 kr
1855	20 kr
1858	22 kr

Holz:

1 niederösterr. Klafter:

Jahr	Hartholz	Weichholz
1836—45	5,50 fl	4,19 fl
1853	9,78 fl	7,95 fl
1856—60	9,65 fl	7,57 fl

Getreide:

Durchschnittspreise, Metzen in Gulden:

Jahr	Weizen	Korn	Gerste
1851	3,64	2,73	2,14
1852	4,34	2,90	2,78
1853	4,64	3,73	2,90
1854	6,16	5,59	3,80
1855	6,18	5,07	3,69
1856	5,56	4,08	3,13
1857	4,36	2,71	2,27
1858	4,29	2,67	2,40

Rindfleisch:

1 Zentner:

Jahr	
1842—46	14 fl 60 kr
1847—51	17 fl 32 kr
1852—56	21 fl 87 kr
1857—61	23 fl 35 kr

Das Agio:

Jahr	Niedrigster Kurs	Höchster Kurs	Durchschnittskurs
1848	101	117	109,36
1849	105	127	113,85
1850	111	150	119,82
1851	116,75	134	126,05
1852	110	125	119,45
1853	107,75	116	110,57
1854	114,75	146,60	127,85
1855	109,12	129,25	120,90

VERZEICHNIS DER ABKÜRZUNGEN

AAZ	=	Augsburger allgemeine Zeitung
ASS	=	Archiv für Sozialwissenschaften und Sozialpolitik
BohJb	=	Bohemia-Jahrbuch des Collegium Carolinum
ČCM	=	Časopis českého Museum (Zeitschrift des böhmischen Museums)
ČDV	=	Časopis pro dějiny venkova (Zeitschrift für die Geschichte des flachen Landes)
ČL	=	Česká literatura (Tschechische Literatur)
ČSCH	=	Československý časopis historický (Tschechoslowakische historische Zeitschrift)
HZ	=	Historische Zeitschrift
JbVGDB	=	Jahrbuch des Vereins für die Geschichte der Deutschen in Böhmen
JbWG	=	Jahrbuch für Wirtschaftsgeschichte
NÖB	=	Neue österreichische Biographie
ÖBL	=	Österreichisches biographisches Lexikon
OSN	=	Ottův slovník naučný (Konversationslexikon)
SAP	=	Sborník archivních prací (Sammelschrift für Archivarbeit)
SbH	=	Sborník historický (Historische Sammelschrift)
SOF	=	Südostforschungen
StJb	=	Stifter-Jahrbuch
VCAZ	=	Věstník československé akademie zemědělství a věd (Anzeige der tschechoslowakischen Akademie für Agrarwissenschaft)
VSWG	=	Vierteljahresschrift für Sozial- und Wirtschaftsgeschichte

UNGEDRUCKTE QUELLEN:

AVA	=	Allgemeines Verwaltungsarchiv Wien
HHSTA	=	Haus-, Hof- und Staatsarchiv Wien
StA Litoměřice	=	Státní archiv Litoměřice (Staatsarchiv Leitmeritz)
SÚA	=	Státní ústřední archiv Praha (Zentrales Staatsarchiv Prag)

LITERATURVERZEICHNIS

Augsburger Allgemeine Zeitung 1850—1856.

Ausweis über den Vermögensstand und die Gebahrung der Vorschußkasse des Prager Meisterkollegiums vom 19. August 1850 bis 18. August 1853. Prag 1853.

Bauer, O.: Die Nationalitätenfrage und die Sozialdemokratie. Wien 1907.

Benedikt, H.: Alexander von Schoeller 1805—1886. Wien 1958.

Ders.: Die wirtschaftliche Entwicklung der Franz-Joseph-Zeit. Wien 1858.

Beer, A.: Die Finanzen Österreichs im XIX. Jahrhundert. Nach archivalischen Quellen. Prag 1877.

Bericht der Handels- und Gewerbekammer Budweis . . . 1854—1856. Budweis 1858.

Bericht der Handelskammer in Eger . . . im Jahre 1851. Eger 1852.

Bericht der Handels- und Gewerbekammer in Prag . . . für 1851. Prag 1852.

Bericht der Handels- u. Gewerbekammer zu Reichenberg . . . 1857—1860. Reichenberg 1862.

Bericht der Handels- und Gewerbekammer zu Reichenberg . . . für 1852. Reichenberg 1853.

Bericht über die materielle Lage der Arbeiter im Böhmische-Leipaer und Gitschiner Kreise Böhmens. Im Auftrage des Hohen k. k. Ministeriums für Handel, Gewerbe und öffentliche Bauten, erstattet von der Handels- und Gewerbekammer zu Reichenberg. Prag 1852.

Blahověst [Segensbote] 1856—58.

Bohmann, A.: Bevölkerungsbewegungen in Böhmen mit besonderer Berücksichtigung der Entwicklung der nationalen Verhältnisse. München 1958.

Böhme, H.: Deutschlands Weg zur Großmacht. Studien zum Verhältnis von Wirtschaft und Staat während der Reichsgründungszeit 1848—1881. Köln-Berlin 1966.

Böhmen. Land und Volk. Geschildert von mehreren Fachgelehrten. Prag 1864.

Borodajkewycz, T. v.: Gewerbefreiheit und konservativer Geist. In: Festschrift Walter Heinrich. Graz 1963.

Braf, A.: Studien über nordböhmische Arbeiterverhältnisse. Prag 1881.

Brauner, F. A.: Böhmische Bauernzustände. Wien 1847.

Bretholz, B.: Geschichte Böhmens und Mährens. Bd. IV. Reichenberg 1924.

Brügel, L.: Soziale Gesetzgebung in Österreich 1848—1918. Wien-Leipzig 1919.

Bürgerliches Bräuhaus in Pilsen 1842—1892. Pilsen 1892.

Charmatz, R.: Lebensbilder aus der Geschichte Österreichs. Wien 1947.

Ders.: Österreichs innere Geschichte 1848—1895. Bd. I. 3. Aufl. Berlin 1918.

Červinka, F.: Obdobi Bachova absolutismu [Die Zeit des Bach-Absolutismus]. Dějepis ve škole 4 (1957).

Ders.: Český nacionalismus v XIX. století [Der tschechische Nationalismus im 19. Jahrhundert]. Prag 1965.

Czernin, E. Graf: Bemerkungen über Verhältnisse des böhmischen Adels 1860. Prag 1861.

Czoernig, C. v.: Österreichs Neugestaltung 1848—1858. Sonderdruck der österreichischen Ethnographie. Wien 1857.

Das Beamtentum in Österreich. Eine sozialpolitische Schrift. Wien 1851.

Der österreichische Verein für chemische und metallurgische Produktion. 1856—1906. Prag 1906.

Deutsch, J.: Geschichte der österreichischen Gewerkschaftsbewegung. Wien 1908.

Die Bildung von Gutsgebieten in Böhmen. Von einem Mitglied der böhmischen Gemeindekommission. Prag 1860.

Die Grenzboten. Hrsg. G. Freytag und J. Schmidt. 1848—59.

Die Großindustrie Österreichs. Festgabe zum glorreichen fünfzigjährigen Regierungsjubiläum S. M. des Kaisers Franz Joseph I. Dargebracht von den Industriellen Österreichs. Bd. III. Wien 1898.

Diviš, J. V.: Beiträge zur Geschichte der Zuckerindustrie in Böhmen. Kolin 1891.

Dormizer, M. — *Schebek*, E.: Die Erwerbsverhältnisse im böhmischen Erzgebirge. Prag 1862.

Eckstein, A.: Das Parlament. Wien 1879.

Eder, K.: Der Liberalismus in Altösterreich. Wien 1955.

Festschrift des Journalisten- und Schriftstellervereins Concordia 1859—1909. Wien 1909.

Feyl, O.: Die Entwicklung des Sokolgründers Heinrich Fügner im Lichte seiner Prager Briefe an den böhmischdeutschen Konservativen Joseph Alexander von Helfert in den Jahren 1848—1865. In: Deutsch-Slawische Wechselseitigkeit in sieben Jahrhunderten. Berlin 1956.

Franz, G.: Liberalismus. München 1955.

Frič, J. V.: Spisy [Schriften] I. Prag 1956.

Friedjung, H.: Österreich von 1848—1860. 2 Bde. 2. Aufl. Stuttgart-Berlin 1912.

Ders.: Historische Aufsätze. Stuttgart-Berlin 1919.

Gewerbe und gewerbliche Fachschulen im nördlichen Böhmen. Offizielle Berichte der Reichenberger Handels- und Gewerbekammer. Hrsg. H. Hallwich. Reichenberg 1873.

Gaertner, F.: Der Ausbau der Sozialversicherung in Österreich. ASS 29 (1909).

Grünberg, K.: Die Bauernbefreiung und die Auflösung des gutsherrlich-bäuerlichen Verhältnisses in Böhmen, Mähren und Schlesien. 2 Bde. Wien 1894.

Grundl, A.: Die Fabrikabendschule der „Streicherkinder". In: Heimat und Volk. Forschungsbeiträge zur sudetendeutschen Geschichte. Brünn-Leipzig-Wien 1937.

Hallwich, H.: Firma Franz Leitenberger. Prag 1893.

Hantsch, H.: Die Geschichte Österreichs. Bd. II. 3. Aufl. Graz-Wien-Köln 1962.

Havránek, J.: Die ökonomische und politische Lage der Bauernschaft in den böhmischen Ländern in den letzten Jahrzehnten des 19. Jahrhunderts. JbWG 1966/II.

Heidler, J.: Příspěvky k listári Dra. F. L. Riegra [Beiträge zum Briefwechsel Dr. F. L. Riegers]. Bd. I. Prag 1924.

Heller, S.: Z minulé doby našeho života národního, kulturního a politického [Aus der Vergangenheit unseres nationalen, kulturellen und politischen Lebens]. Český čtenář 10 (1918).

Helfert, J. A. v.: Geschichte Österreichs vom Ausgange des Wiener Oktoberaufstandes 1848. 3 Bde. Prag 1872.

Horská-Vrbová, P.: K otázce vzniku české průmyslové buržoasie [Zum Problem der Entstehung der tschechischen Industriebourgeoisie] ČSČH 10 (1962).

Hroch, M.: Die Vorkämpfer der nationalen Bewegung bei den kleinen Völkern Europas. Eine vergleichende Analyse zur gesellschaftlichen Schichtung der patriotischen Gruppen. Prag 1968.

Jahn, V.: Die Vorschuß- und Kreditvereine (Volksbanken) in Böhmen. Ein Beitrag zur Vereinsstatistik Böhmens. Prag 1870.

Jahresbericht der Handels- und Gewerbekammer in Budweis ... 1857—1860. Budweis 1863.

Jahresbericht der Handels- und Gewerbekammer Pilsen ... 1856. Prag 1857.

Jahresbericht der Handels- und Gewerbekammer Pilsen ... 1853. Prag 1854.

Jaksch, F.: Lexikon sudetendeutscher Schriftsteller und ihrer Werke für die Jahre 1900 bis 1929. Reichenberg 1929.

Jechl, J. H.: Der böhmische Großgrundbesitz. Prag 1874.

Jonas, F.: Geschichte der Soziologie. Bd. II. Reinbeck bei Hamburg 1968.

Kabeš, J.: Počátky hospodářské spolků v Čechách (1848—1855) [Anfänge der landwirtschaftlichen Vereine in Böhmen 1848—1855]. ČDV 1936.

Kann, R.: Das Nationalitätenproblem der Habsburger Monarchie. 2 Bde. 2. Aufl. Graz-Köln 1964.

Kárníková, L.: Vývoj obyvatelstva v českých zemích 1754—1914 [Die Entwicklung der Bevölkerung in den böhmischen Ländern 1754—1914]. Prag 1965.

Dies.: Vývoj uhelného průmyslu v českých zemích [Die Entwicklung der Kohlenindustrie in den böhmischen Ländern]. Prag 1960.

Kestenberg-Gladstein, R.: The Jews between Czechs an Germans in the Historic Lands 1848—1948. In: The Jews of Czechoslovakia. Bd. I. Philadelphia 1968.

Klier, Č.: České spořitelnictví v zemích koruny české do roku 1906 [Das tschechische Sparkassenwesen in den Ländern der böhmischen Krone bis zum Jahre 1906]. Prag 1908.

Klutschak, F.: Böhmische Adelssitze als Zentralpunkte volkswirtschaftlicher und humanitärer Bestrebungen. Bd. I. Schloß Tetschen. Prag 1855.

Ders.: Der Führer durch Prag. 7. Aufl. Prag 1857.

Knauer, O.: Österreichs Männer des öffentlichen Lebens von 1848 bis heute. Wien 1960.

Kodevová, O.: Die Lohnarbeit auf dem Großgrundbesitz in Böhmen in der zweiten Hälfte des 19. Jahrhunderts. Historica 14 (1967).

Kossuth, F. W.: Mein Gefängnis und Exil. Elberfeld 1860.

Kreutzberg, K. J.: Beiträge zur Würdigung der Industrie Industriellen Österreichs. Prag 1854 f.

Kubka, F. — *Novotný*, M.: Božena Němcová. Prag 1941.

Kudlich, H.: Rückblicke und Erinnerungen. 3 Bde. Wien-Pest-Leipzig 1873.

Kübeck, M. v.: Tagebücher des Karl Friedrich Freiherrn von Kübeck. 2 Bde. Wien 1909.

Kutnar, F.: Počátky hromadného vystěhovalectví z Čech v období Bachova absolutismu [Die Anfänge der Massenauswanderung in der Zeit des Bach-Absolutismus]. Prag 1964.

Ders.: Prokroková generace rolnictva z doby po zrušení poddanství [Die fortschrittliche Bauerngeneration in der Zeit nach der Aufhebung der Untertänigkeit]. In: Sociologie a historie zemědělství 2 (1966).

Ders.: Sociální otázka tkalkovská v polovině 19. století [Die soziale Frage in der Weberei um die Mitte des 19. Jahrhunderts]. SbH 2 (1954).

Ders.: Tři návrhy na řešení dělnické otázky v době Bachova absolutismu [Drei Vorschläge zur Lösung der Arbeiterfrage in der Zeit des Bach-Absolutismus]. Zápisky 3 (1958).

Lambl, J. B., *Zemliczka*, F., *Hiller*, F. (Hrsg.): Beiträge zur Geschichte der Landeskultur des Königreichs Böhmen im Jahrhundert 1791—1891. Prag 1891.

Johann Liebig. Ein Arbeiterleben. Geschildert von einem Zeitgenossen. Leipzig 1871.

Loew, H.: Alexander Freiherr Bach. Phil. Diss. (Masch.-Schrift). Wien 1947.

Lukášek, J.: Bedřich Vilém Košut a náboženské poměry v revoluční době r. 1848 a za vlády absolutismu [Friedrich Wilhelm Kossuth und die religiösen Verhältnisse in der Revolutionszeit des Jahres 1848 und während der Herrschaft des Absolutismus]. Prag 1927.

März, E.: Österreichische Industrie- und Bankpolitik in der Zeit Franz Josephs I. Am Beispiel der k. k. priv. österreichischen Credit-Anstalt für Handel und Gewerbe. Wien 1968.

Malý, J.: Naše znovuzrození. Přehled národního života českého za posledního půlstoletí [Unsere Wiedergeburt. Übersicht über das nationale tschechische Leben während des letzten Halbjahrhunderts] 6 Bde. Prag 1880—1884.

Matoušek, J.: Karel Sladkovský a český radikalism za revoluce a reakce [K. S. und der tschechische Radikalismus in Revolution und Reaktion]. Prag 1929.

Mauthner, F.: Erinnerungen (Prager Jugendjahre). Frankfurt 1969.

Mayr, J. K. (Hrsg.): Das Tagebuch des Polizeiministers Kempen von 1848—1859. Wien 1931.

Meißner, A.: Geschichte meines Lebens. Prag 1884.

Ders.: Revolutionäre Studien aus Paris 1849. 2 Bde. Frankfurt 1849.

Ders.: Schwarzgelb. Roman aus Österreichs letzten zwölf Jahren. 8 Bde. unter verschiedenen Untertiteln. Berlin 1861—1864.

Meyer, B. — *Bach*, A.: Rückblick auf die jüngste Entwicklungsperiode Ungarns. Wien 1857.

Mika, E.: Bürgertum und Absolutismus in Altösterreich. Der Weg des Dr. Alexander Bach. Austria 1 (1946).

Mischler, E. — *Ulbrich*, J.: Österreichisches Staatswörterbuch. 4 Bde. 2. Aufl. Wien 1905/09.

Mischler, P.: Zur Abhilfe des Notstandes im Erz- und Riesengebirge. Prag 1862.

Mitteilungen aus dem Gebiete der Statistik. Hrsg. von der Direktion der administrativen Statistik im k. k. Handelsministerium. Wien 1858 Heft 1 u. 4.

Müller, P.: Feldmarschall Fürst Windischgrätz. Revolution und Gegenrevolution in Österreich. Wien-Leipzig 1934.

Müller, I.: Die soziale und wirtschaftliche Lage der unteren Bevölkerungsschichten in Böhmen, Mähren und Schlesien im Jahre 1848 (St. Ex. Arbeit Masch.-Schrift). München 1968.

Muneles, O.: Bibliografický přehled židovské Prahy [Ein bibliographischer Überblick über das jüdische Prag]. Prag 1952.

Nach dem Reichsrate. Eine Stimme aus Böhmen. München 1860.

Němcová, B.: Básně a jiné práce [Gedichte und andere Arbeiten]. Prag 1957.

Neue österreichische Biographie ab 1815. Wien 1923 ff.

Novak, B. N. (Hrsg.): Brixenské listy Karla Havlíčka bratru Františkoví [Die Brixner Briefe Karel Havlíčeks an seinen Bruder František]. Havlíčkův Brod 1957.

Österreichisches Biographisches Lexikon 1815—1850. Hrsg. von der österr. Akademie der Wissenschaften. Graz-Köln 1957 ff.

Ostdeutsche Post 1850.

Ottův slovník naučný [Konversationslexikon] 27 Bde. Prag 1890—1908.

Palacký, J.: Böhmische Skizzen von einem Landeskinde. Leitomischl 1861.

Pešková, J.: Utopický socialismus v Čechách v XIX. století [Utopischer Sozialismus in Böhmen im 19. Jahrhundert]. Prag 1965.

Pisling, Th.: Germanisierung oder Tschechisierung. Leipzig-Heidelberg 1861.

Ders.: Nationalökonomische Briefe aus dem nordöstlichen Böhmen. Prag 1856.

Pfitzner, J.: Nationales Erwachen und Reifen der Sudetendeutschen. Brünn-Prag-Leipzig-Wien o. J.

Ders.: Bakuninstudien. Prag 1932.

Ders.: Sudetendeutsche Geschichte. 2. Aufl. Reichenberg 1937.

Ders.: Zur nationalen Politik der Sudetendeutschen in den Jahren 1848/49. JbVGDB 3 (1932).

Pohorský, M.: O tzv kosmopolitismu Majovců [Über den sog. Kosmopolitismus der Gruppe „Maj"]. ČL 3 (1955).

Posel z Prahy [Bote aus Prag] (Hrsg. F. Šimáček). 1857—1859.

Přehled československých dějin II. 1848—1918 [Abriß der tschechoslowakischen Geschichte II. 1848—1918]. Hrsg. Československá akademie věd. Prag 1960.

Prinz, F.: Die böhmischen Länder von 1848—1914. In: Handbuch der Geschichte der böhmischen Länder. Hrsg. K. Bosl. Bd. III. Stuttgart 1968.

Ders.: Hans Kudlich (1823—1917). München 1962.

Ders.: Prag und Wien 1848. München 1968.

Ders.: Probleme der böhmischen Geschichte. BohJb 6 (1965).

Ders.: Die soziale Frage in Wien und die Anfänge der österreichischen Arbeitergesetzgebung im Jahre 1848. Saeculum 20 (1969).

Ders.: F. Palacký als Historiograph der böhmischen Stände. In: Probleme der böhmischen Geschichte. München 1964.

Purš, J.: The Industrial Revolution in the Czech Lands. Historica 2 (1960).

Ders.: Jan Neruda a „Bratři červeného praporu" [Jan Neruda und die „Brüder der roten Fahne"] ČSČH 10 (1962).

Ders.: K případu Karla Sabiny [Zum Fall Karl Sabina]. Prag 1959.

Ders.: The Situation of the Working Class in the Czech Lands in the Phase of the Expansion and Completion of the Industrial Revolution 1849—1873. Historica 6 (1963).

Ders.: The Working-Class Movement in the Czech Lands in the Expansive Phase of the Industrial Revolution. Historica 10 (1965).

Rauchberg, H.: Die deutschen Sparkassen in Böhmen. Prag 1906.

Redlich, J.: Das österreichische Staats- und Reichsproblem. Leipzig 1920.

Reschauer, H.: Geschichte des Kampfes der Handwerkerzünfte und der Kaufmannsgremien mit der österreichischen Bureaukratie. Vom Ende des 17. Jahrhunderts bis zum Jahre 1860. Wien 1882.

Richter, K.: Über den Strukturwandel der grundbesitzenden Oberschicht Böhmens in der neueren Zeit. In: Probleme der böhmischen Geschichte. München 1964.

Rieger, F. L.: Průmysl a postup výroby, jeho v působení svém k blahobytu a svobodě lidu zvlaště pracujícího [Industrie und Produktionsfortschritt und deren Einfluß auf Wohlstand und Freiheit des Volkes, besonders des arbeitenden]. Leitomischl 1860.

Rogge, W.: Österreich von Vilagos bis zur Gegenwart. Bd. I. Wien 1873.

Rosenberg, H.: Die Weltwirtschaftskrisis von 1857—1859. Stuttgart-Berlin 1934.

Roubík, F.: K prvním pokusům o organisaci dělnictva v Čechách [Zu den ersten Versuchen einer Organisierung der Arbeiterschaft in Böhmen]. Sociální Revue 11 (1930).

Šamberger, Zd.: Die revolutionäre Zusammenarbeit der tschechischen und sächsischen Demokraten im Frühjahr 1849. In: Aus 500 Jahren deutsch-tschechoslowakischer Geschichte. Hrsg. K. Obermann — J. Polišenský. Berlin 1958.

Schebek, E.: Richard Ritter von Dotzauer. Prag 1895.

Schiff, P.: Österreichs Agrarpolitik seit der Bauernbefreiung. Tübingen 1899.

Schmalfuß, F. A.: Die Deutschen in Böhmen. Prag 1851.

Schwarzenberg, Fürst Karl zu: Geschichte des reichsständischen Hauses Schwarzenberg. Neustadt 1963.

Schwarzer, E. v.: Geld und Gut in Neuösterreich. Wien 1857.

Schwiedland, E.: Kleingewerbe und Hausindustrie in Österreich. Bd. I. Leipzig 1894.

Seibt, F.: Der Nationalkampf im Spiegel der sudetendeutschen Geschichtsschreibung 1848 bis 1938. StJb 6 (1959).

Silberbauer, G.: Österreichs Katholiken und die Arbeiterfrage. Graz-Wien-Köln 1966.

Šimák, J. V. (Hrsg.): Dopisování Jana Krouského a jeho přátel [Briefwechsel Jan Krouskýs und seiner Freunde]. Prag 1932.

Smetana, A.: Die Bedeutung des gegenwärtigen Zeitalters. Prag 1848.

Šolle, Zd.: Dělnické stávky v Čechách v druhé polovině 19. století [Arbeiterstreiks in Böhmen in der zweiten Hälfte des 19. Jahrhunderts]. Prag 1960.

Sombart, W.: Die deutsche Volkswirtschaft im 19. Jahrhundert. 3. Aufl. Berlin 1913.

Soziale Verwaltung in Österreich am Ende des 19. Jahrhunderts. Hrsg. Spezialkomitee für Sozialökonomie, Hygiene und öffentliches Hilfswesen. Wien 1900.

Springer, A.: Aus meinem Leben. Berlin 1892.

Ders.: Die österreichische Monarchie in Bezug auf ihre materiellen und ökonomischen Verhältnisse. Gegenwart 9 (1855).

Ders.: Geschichte des Revolutionszeitalters. In öffentlichen Vorlesungen an der Prager Universität. Prag 1849.

Ders.: Studie sociálního života v Anglicku [Eine Studie über das soziale Leben Englands]. ČČM 24 (1850).

Stamm, F.: Verhältnisse der Land- und Forstwirtschaft des Königreichs Böhmen. Prag 1856.

Steiner, F. G.: Die Entwicklung des Mobilbankwesens in Österreich. Wien 1913.

Sto let Jednoty k povbuzení průmyslu v Čechách 1833—1933 [Hundert Jahre Verein zur Erweckung der Industrie 1833—1933]. Prag 1934.

Strauß, E.: Die Entstehung der deutschböhmischen Arbeiterbewegung. Prag 1925.

Stubenrauch, M. v.: Statistische Darstellung des Vereinswesens im Kaisertume Österreich. Wien 1857.

Sueß, E.: Erinnerungen. Leipzig 1916.

Světozor [Weltschau; Illustr. Zeitschrift] 1867—71.

Swoboda, L.: Klácels „Briefe eines Freundes an eine Freundin über den Ursprung des Sozialismus und Kommunismus". In: Ost und West in der Geschichte des Denkens und der kulturellen Beziehungen. Festschr. f. E. Winter. Berlin 1966.

Thienen-Adlerflycht, Ch.: Graf Leo Thun im Vormärz. Grundlagen des böhmischen Konservativismus im Kaisertum Österreich. Graz-Wien-Köln 1967.

Tille, V.: Božena Němcová. Prag 1938.

Tobolka, Zd.: Das böhmische Volk. Prag 1916.

Ders.: Případ Karla Sabiny [Der Fall Karl Sabina]. Sborník věnovaný dějinám dělnického hnutí a socialismu 1 (1921).

Ders.: Politické dějiny československeho národa od roku 1848 až do dnešní doby [Politische Geschichte des tschechoslowakischen Volkes vom Jahre 1848 bis zur Gegenwart]. 5 Bde. Prag 1932—1937.

Treue, W.: Wirtschafts- und Sozialgeschichte Deutschlands im 19. Jahrhundert. In: B. Gebhard: Handbuch der deutschen Geschichte. Bd. III. 8. Auflage. Stuttgart 1960.

Týdeník pražské mistrovské porady [Wochenblatt des Prager Meisterkollegiums]. 1852.

Tyl, J. K.: Pražský posel 1848 [Prager Bote 1848]. Prag 1966.

Udalcov, I. I.: Aufzeichnungen über die Geschichte des nationalen und politischen Kampfes in Böhmen im Jahre 1848. Berlin 1953.

Uhlirz, K. u. M.: Handbuch der Geschichte Österreichs und seiner Nachbarländer Böhmen und Ungarn. Graz-Wien 1944.

Übersicht der Gewerbs- und Handelsstatistik des Kreises Budweis ... 1851.

Urfus, V.: Průmyslový liberalismus a české měšťanstvo v období národního obrození [Gewerbeliberalismus und tschechisches Bürgertum in der Zeit des nationalen Wiedererwachens]. Právněhistorické studie 10 (1964).

Verhandlungen der Handels- und Gewerbekammer in Prag von ihrer Begründung am 18. November 1850 bis zum Schluß des Jahres 1857. Prag 1859.

Violand, E.: Die soziale Geschichte der Revolution in Österreich. Leipzig 1850.

Volf, J.: Náladová zpráva policejního ředitele o pražském dělnictvu v roce 1853 [Ein Stimmungsbericht des Polizeidirektors über die Prager Arbeiterschaft]. Sborník věnovaný dějinám dělnického hnutí a socialismu 2 (1921).

Vomáčková, V.: Die Bourgeoisie in Böhmen und der deutschen Zollvereine im Jahre 1848. In: Aus 500 Jahren deutsch-tschechoslowakischer Geschichte. Hrsg. K. Obermann — J. Polišenský. Berlin 1958.

Vrbová, P.: Hlavní otázky vzniku a vývoje českého strojírenství do roku 1918 [Hauptfragen der Entstehung und Entwicklung des böhmischen Maschinenbaus bis zum Jahre 1918]. Prag 1959.

Waentig, H.: Gewerbliche Mittelstandspolitik. Leipzig 1897.

Walter, F.: Aus dem Nachlaß des Freiherrn Carl Friedrich Kübeck von Kübau. Tagebücher, Briefe, Aktenstücke (1841—1855). Graz-Köln 1960.

Ders.: Die österreichische Zentralverwaltung. 3. Abt. Von der Märzrevolution 1848 bis zur Dezemberverfassung 1867. Bd. I. Die Geschichte der Ministerien Kolowrat, Fiquelmont, Pillersdorff, Wessenberg-Doblhoff und Schwarzenberg. Wien 1964.

Ders.: Eine österreichische Denkschrift über den Stand der sozialistischen Bewegung zu Anfang des Jahres 1850. VSWG 50 (1963).

Wenzig, J.: Grundideen der Erziehung mit nationalem Charakter. Leitomischl 1860.

Weyr, F.: Der Zerfall Österreichs. Neue Rundschau 1918.

Winter, E.: Frühliberalismus in der Donaumonarchie. Berlin 1968.

Ders.: Tausend Jahre Geisteskampf im Sudetenraum. Das religiöse Ringen zweier Völker. 2. Aufl. München 1955.

Ders.: Leben und geistige Entwicklung des Sozialethikers und Mathematikers Bernard Bolzano 1781—1848. Halle 1949.

Wolfsgruber, C.: Joseph Othmar Kardinal Rauscher. Freiburg 1888.

Wurzbach, C. v.: Biographisches Lexikon des Kaisertums Österreich, enthaltend die Lebensskizzen denkwürdiger Personen, welche seit 1750 in den österreichischen Kronländern geboren wurden oder darin gelebt und gewirkt haben. 60 Bde. Wien 1856—1891.

Zdekauer, E.: Über die Organisation von Handwerker- und Gewerbevereinen. Prag 1849.

Zöllner, E.: Geschichte Österreichs. 2. Aufl. München 1961.

Zunkel, F.: Die Entfesselung des neuen Wirtschaftsgeistes 1850—1875. In: Moderne deutsche Wirtschaftsgeschichte. Hrsg. K. E. Born. Köln 1966.

354

356

REIHE: VERÖFFENTLICHUNGEN DES COLLEGIUM CAROLINUM

HANDBUCH DER SUDETENDEUTSCHEN KULTURGESCHICHTE

Bd. 1: Ernst S c h w a r z : Die Ortsnamen der Sudetenländer als Geschichtsquelle.
2. durchgesehene, teilweise umgearbeitete und erweiterte Auflage.
1961 — 405 Seiten mit 12 Abbildungen, 1 Grundkarte und 13 Deckblättern —
kart. DM 37,—, Ln. DM 40,—

Bd. 2: Ernst S c h w a r z : Sudetendeutsche Sprachräume.
2. durchgesehene und teilweise erweiterte Auflage.
1962 — 386 Seiten mit 59 Abbildungen — kart. DM 39,—, Ln. DM 42,—

Bd. 3: Ernst S c h w a r z : Volkstumsgeschichte der Sudetenländer. Teil 1: Böhmen.
1965 — 455 Seiten mit 81 Abbildungen — kart. DM 42,—, Ln. DM 46,—

Bd. 4: Ernst S c h w a r z : Volkstumsgeschichte der Sudetenländer. Teil 2: Mähren-
Schlesien.
1966 — 534 Seiten mit 56 Abbildungen — kart. DM 50,—, Ln. DM 54,—

Bd. 5: Franz J. B e r a n e k †: Atlas der sudetendeutschen Umgangssprache. Band 1.
1970 — 222 Seiten mit 100 Karten — Ln. DM 54,—

BOHEMIA-JAHRBUCH DES COLLEGIUM CAROLINUM

Bd. 1 (1960) ff.

SONSTIGE VERÖFFENTLICHUNGEN

Handbuch der Geschichte der böhmischen Länder. 4 Bände, pro Lieferung (80 Seiten)
kart. DM 25,—
Bereits erschienen: Bd. I — 1966/67 — XXIV + 638 Seiten — Ln. DM 218,—
Bd. III — 1967/68 — XI + 503 Seiten — Ln. DM 166,—
Bd. IV — 1969/70 — XV + 393 Seiten — Ln. DM 142,--
Bd. II — 1971 — 2 Lieferungen

Heinrich K u h n : Handbuch der Tschechoslowakei.
1966 — 1021 Seiten — Plastikeinband DM 142,—

Heinrich K u h n : Biographisches Handbuch der Tschechoslowakei. Loseblatt-Ausgabe in
Lieferungen, pro Seite DM —,10. Bereits erschienen: 3 Lieferungen

Zwischen Frankfurt und Prag (Vorträge).
1963 — 155 Seiten mit 1 Karte — Ln. DM 20,—

Detlef B r a n d e s : Die Tschechen unter deutschem Protektorat.
Teil 1: Besatzungspolitik, Kollaboration und Widerstand im Protektorat Böhmen und
Mähren bis Heydrichs Tod (1939—1942).
1969 — 372 Seiten — Ln. DM 45,—

Aktuelle Forschungsprobleme um die Erste Tschechoslowakische Republik (Vorträge).
1969 — 209 Seiten — Ln. DM 28,—

Versailles-St.Germain-Trianon. Umbruch in Europa vor fünfzig Jahren (Vorträge).
1971 — 198 Seiten — Ln. DM 28,—

Das Jahr 1945 in der Tschechoslowakei. Internationale, nationale und wirtschaftlich-
soziale Probleme (Vorträge).
1971 — 316 Seiten — Ln. DM 38,—

Weiters sind erschienen:

12 Bände in der Reihe: Wissenschaftliche Materialien und Beiträge zur Geschichte und
Landeskunde der böhmschen Länder.

5 Bände in der Reihe: Forschungen zur Geschichte und Landeskunde der Sudetenländer.

Ausführliche Veröffentlichungsverzeichnisse können bei jeder Fachbuchhandlung ange-
fordert werden.

Rückgabe spätestens am

FZ DIN 1500   ekz Best. Nr. 2708